LADY BLENNERHASSETT
Née Comtesse de Leyden

MADAME DE STAËL
ET SON TEMPS
(1766-1817)
AVEC DES DOCUMENTS INÉDITS

(Portrait d'après GÉRARD)

OUVRAGE TRADUIT DE L'ALLEMAND
PAR
Auguste DIETRICH

TOME TROISIÈME

PARIS
LOUIS WESTHAUSSER, ÉDITEUR
10, RUE DE L'ABBAYE, 10

1890

Tous droits réservés

MADAME DE STAËL

ET SON TEMPS

LADY BLENNERHASSETT
Née Comtesse de Leyden

MADAME DE STAËL

ET SON TEMPS

(1766-1817)

AVEC DES DOCUMENTS INÉDITS

(Portrait d'après GÉRARD)

OUVRAGE TRADUIT DE L'ALLEMAND
PAR
AUGUSTE DIETRICH

TOME TROISIÈME

PARIS
LOUIS WESTHAUSSER, ÉDITEUR
10, RUE DE L'ABBAYE, 10

1890

Tous droits réservés

A

LA CHÈRE MÉMOIRE

DE MES AMIES DE FRANCE

ARTHÉMINE DE KLINGLIN, COMTESSE DE MENTHON

✣ 8 FÉVRIER 1871

ROSELINE DE VILLENEUVE

MARQUISE DE FORBIN D'OPPÈDE

✣ 28 FÉVRIER 1884

                              LADY BL.

MADAME DE STAËL

ET SON TEMPS

CHAPITRE PREMIER

Ici se pose cette question : Que savait Weimar, que savait l'Allemagne, de la femme qui, avide de pain intellectuel, franchissait son seuil en fugitive ?

Le début littéraire de Mme de Staël, les *Lettres sur Jean-Jacques Rousseau*, avaient été remarquées au-delà du Rhin, et une traduction en avait paru dès 1789 [1].

Depuis la publication des *Heures* et de l'*Almanach des Muses*, c'est-à-dire depuis 1795, Schiller et Gœthe, Wieland et ses collaborateurs, n'avaient plus perdu de vue les travaux de la jeune femme. Ses œuvres de jeunesse, publiées à Lausanne, puis à Leipzig en 1795 et 1796 [2], attirèrent d'abord l'attention

---

[1] Mme de Staël, *Briefe über Rousseau*, Leipzig, Kummer, 1789. — * Campe, *Lettres de Paris à l'époque de la Révolution*, 305 et sqq.

[2] Mme de Staël, *Recueil de morceaux détachés*, Lausanne, 1795, Leipzig, 1796, renfermant *Zulma et trois nouvelles*,

de Gœthe. « Dès mon arrivée ici (à Iéna) », écrivait-il à Schiller, « je me suis occupé du livre de Mme de Staël (l'*Essai sur les Fictions*), qui me donnera plus d'ouvrage que je ne pensais ; pourtant, je le traduirai, car ce n'est pas bien long, cinquante-cinq pages au plus de mon écriture. J'expliquerai, dans une petite préface à l'éditeur, le procédé de traduction que j'ai suivi. Pour vous épargner des corrections, j'ai cherché à rapprocher l'original de nos idées et à donner quelque chose de plus précis, suivant notre manière, au vague de l'expression française. Vous trouverez beaucoup de bonnes choses dans les détails ; mais comme l'auteur est exclusif, tout en étant spirituel et honnête, il ne peut se mettre d'accord avec lui-même ; je pense que vous parviendrez à tirer un excellent parti de cet écrit. Je voudrais que votre travail fût aussi clair et aussi courtois que possible, afin que, plus tard, on pût l'envoyer à Mme de Staël et introduire ainsi la ronde des *Heures* jusque dans la France nouvelle [1] ». Une autre lettre de Gœthe, datée d'Eisenach, revenait sur le même sujet : « J'ai profité du calme dont je jouis ici pour traduire, pour transplanter, faudrait-il plutôt dire, l'écrit de Mme de Staël. Une méthode toute féminine et la langue française m'ont donné bien du fil à retordre, le rapprochement surtout de ses idées avec

---

précédées d'un Essai sur les Fictions (réimprimées plus tard dans les *Œuvres complètes*).

[1] * *Correspondance entre Schiller et Gœthe*, 4ᵉ édition, I, 79-80, lettres 107 et 108. Gœthe à Schiller, Weimar, 6 et 10 octobre 1795.

les nôtres et ses éternels *mais*. A présent que j'ai fini, je vais faire imprimer la chose et vous la recevrez aussitôt [1] ».

A quoi Schiller répondait : « J'attends l'écrit de Mme de Staël avec une impatiente ardeur. Je suis également d'avis, si l'espace le permet, de publier le morceau en une seule fois. Mes observations se trouveront dans la livraison suivante ; le lecteur, qui aura déjà fait les siennes, m'écoutera avec plus d'intérêt ». Quelques jours après il ajoutait : « J'ai oublié de vous parler de Mme de Staël. Son travail est fait avec beaucoup d'esprit, et comme il renferme plus de lueurs que de véritable clarté, il se prête très bien à un commentaire. Il serait difficile d'y mettre de l'harmonie proprement dite, et cela n'en vaudrait d'ailleurs pas la peine. Mais on peut tenter de le faire pour les détails et je me suis arrêté sur certains points qui ne seront pas hors de saison ».

Cependant on était arrivé à la moitié de décembre et rien encore n'avait paru, de sorte que Gœthe engageait Schiller à ne pas différer au-delà de février l'impression de l'opuscule, des exemplaires français commençant à pénétrer en Allemagne [2]. La traduction de Gœthe (*Versuch über die Dichtungen*) fut insérée dans la seconde livraison des *Heures* de 1796. Il promettait, dans une note, de commenter

---

[1] * *Annales gœthiennes*, 1885, 381. Gœthe à Schiller, 13 octobre 1795.

[2] * *Correspondance entre Schiller et Gœthe*, I, 81, 84, 97, n°s 109, 114, 128. A Gœthe, Iéna, 16 et 26 octobre 1795 ; à Schiller, Weimar, 15 décembre 1795.

l'essai de Mme de Staël ; mais il ne donna pas suite à sa promesse.

Les plus grands, nous le savons, sont les plus indulgents. Mme de Staël, à son tour, devait en faire l'expérience. Après la publication de l'essai, Schiller écrivait, à propos du journal l'*Allemagne*, rédigé par J. F. Reichardt, que l'insecte, suivant sa coutume, n'avait pu s'empêcher d'enfoncer l'aiguillon et d'insulter l'œuvre de Mme de Staël [1].

Pendant que Gœthe la traduisait et que Schiller promettait de la commenter, elle-même avait achevé le livre *Sur l'influence des Passions*. Gœthe, à propos de cet ouvrage, disait à son illustre ami : « C'est un livre fort intéressant. Ecrit au contact du grand monde, dans lequel l'auteur a vécu, il est rempli d'observations spirituelles, délicates et hardies ».

Peu de temps après il revient sur ce livre : « Vous recevrez dans quelques jours l'ouvrage de Mme de Staël, dont M. de Humboldt a dû vous parler. Il est tout à fait intéressant d'observer comment une nature aussi ardente passe par le feu de cette terrible Révolution, à laquelle elle a dû prendre une si grande part, et comment ce feu purificateur ne laisse subsister en elle que les sympathies tout humaines et intellectuelles. Peut-être pourrait-on faire un extrait suivi des plus beaux passages de son travail et les publier dans les *Heures* ; peut-être suffirait-il de prendre un chapitre ; mais il faut se hâter, car à Pâques il en paraîtra une traduction. Je vous fais juge en

---

[1] * *Correspondance entre Schiller et Gœthe*, I, 183, n° 225. A Gœthe, 16 octobre 1796.

cette matière¹ ». Plus loin, Gœthe remarque que le livre de Mme de Staël est la pierre de touche d'après laquelle il convient de la juger elle-même². Schiller se déclara absolument acquis au projet de son ami et gagné par certaines idées de l'opuscule de Mme de Staël, qu'il trouvait excellentes. Mais, dans l'intervalle, survint un livre de Diderot qui le captiva tellement qu'il oublia la promesse faite à Gœthe. La lecture de cet ouvrage et de celui de Mme de Staël lui fut, dit-il, d'une véritable nécessité intellectuelle au moment où son propre travail, qui l'absorbait tout entier, eût trop limité son horizon³.

Ce travail n'était autre que *Wallenstein*. Chercher et trouver ainsi, dans le monde intellectuel évoqué par la jeune femme, un refuge contre les tragiques conflits qui troublaient le sien, quel plus délicat hommage lui eût pu rendre le poète? Gœthe, pendant ce temps, était tout à ses recherches scientifiques. « Mes travaux sur l'optique avancent », écrivait il, « Knebel y prend de l'intérêt, et cela m'est très avantageux, car il est bon de voir qu'on n'écrit pas pour soi seul. C'est d'ailleurs avant tout un exercice de l'esprit qui calme les passions et dédommage

---

¹ * *Correspondance entre Schiller et Gœthe*, I, 203, 205, 208, n°s 247, 248, 250, 253. A Schiller, Weimar, 30 novembre, 5, 7 et 10 décembre 1796.
² * *Annales gœthiennes*, 1880, 416. Gœthe à Kœrner, Weimar, 8 décembre 1796.
³ * *Correspondance entre Schiller et Gœthe*, I, 204, 208, 210, n°s 249, 252, 255. A Gœthe, Iéna, 6, 9, 12 décembre 1796.

de ces mêmes passions, comme Mme de Staël le prouve au long dans son livre ¹ ».

Les appréciations n'étaient pas toujours aussi favorables. Schiller, ayant lu les *Nouvelles* de Mme de Staël, peu faites, il faut bien en convenir, pour justifier l'intérêt de Gœthe, portait sur elles ce jugement : « Elles caractérisent parfaitement cette nature nerveuse, raisonneuse, et complètement antipoétique, ou plutôt cette absence de nature chez un esprit si riche. Cette lecture vous met de mauvaise humeur ; j'ai éprouvé ce qu'en pareil cas vous éprouvez vous-même : on partage absolument la disposition morale de l'auteur, ce dont on se trouve très mal. Il manque à cette personne toutes les belles qualités de la femme, et cependant les défauts de son livre sont parfaitement féminins. Elle sort de son sexe sans s'élever au-dessus. J'ai toutefois rencontré çà et là quelques jolies réflexions qui, du reste, ne manquent jamais chez elle, et qui indiquent qu'elle sait jeter sur la vie un regard perspicace ». Cette fois encore Gœthe fut plus indulgent. Il se contenta de répondre qu'il connaissait les *Nouvelles* de Mme de Staël et que c'étaient des productions étonnamment passionnées ².

A ce moment on discutait en Allemagne pas seulement l'écrivain, mais la femme. Dès janvier 1797, c'est-à-dire juste à l'époque où le flot des injures et

---

¹ * *Correspondance entre Schiller et Gœthe*, I, 198, n° 242. A Schiller, Weimar, 17 décembre 1796.
² * *Ibid.*, II, 85, 86, nos 481 et 482. A Gœthe, Iéna, 20 juillet 1798 ; Weimar, 21 juillet 1798.

des calomnies montait contre elle, Bœttiger écrivait à Auguste-Guillaume Schlegel, en lui envoyant quelques numéros du journal royaliste *La Quotidienne*, qu'il trouverait peut-être quelque divertissement à prendre connaissance de cette attaque satanique [1]. Un peu plus tard, Guillaume de Humboldt, revenu d'Espagne, renoua l'écheveau. Il envoya à Gœthe, « par l'intermédiaire d'un jeune Danois », le livre *De la Littérature*, que l'auteur accompagnait de quelques lignes au grand poète, par lesquelles débutait sa correspondance avec lui. « Parmi vos nombreux admirateurs », lui disait-elle, « il n'en est point, je crois, qui sente votre ouvrage avec un enthousiasme plus profond que moi. La lecture de *Werther* a fait époque dans ma vie comme un événement personnel, et ce livre ainsi que la *Nouvelle Héloïse* sont les deux chefs-d'œuvre de la littérature selon moi [2] ». « Mme de Staël vous honore », écrivait Humboldt, « et elle serait heureuse de recevoir à son tour quelques mots de vous. Je n'ai encore passé qu'une quinzaine de jours ici avec elle, mais je l'ai vue journellement. Je l'aime beaucoup ; avec un grand nombre de traits des plus féminins il lui manque passablement, je l'avoue, de ce que nous nommons les belles qualités de la femme, et avec une intelligence admirable elle est rarement spiri-

[1] * A. G. Schlegel, Correspondance inédite en 24 volumes, Bibliothèque de Dresde. Bœttiger à A. G. Schlegel, 7 et 29 janvier 1797.
[2] * *Annales gœthiennes*, 1884, 112. Mme de Staël à Gœthe, Paris, 28 avril 1799.

tuelle. Mais elle est d'une inépuisable bonté ; même dans le milieu si mesquin où elle vit si souvent, elle ramène tout aux idées et aux sentiments ; elle accorde sous ce dernier rapport ses droits à la nature, ne raisonne jamais, ainsi qu'on le fait ici, jusqu'à ce que toute vérité soit anéantie et se dissipe en vains sons, mais se raisonne bien plutôt elle-même sur les points où le simple raisonnement n'a plus rien à voir, est toujours impartiale et large dans ses vues, grande et noble dans sa façon de sentir. Elle m'apparaît toujours comme un caractère libre et un hardi esprit qui, du jour où il commence à agiter ses ailes, est retenu dans les langes de l'étroitesse française. Sous certains rapports ses livres valent moins qu'elle, comme c'est notre cas à nous tous ; sous d'autres, ils valent mieux. Dans la conversation, en effet, elle est rarement aussi solitaire dans son indépendance, aussi calme et profonde que dans ses écrits. Son livre *Sur l'influence des Passions* me semble son œuvre la meilleure ; mais, envisagée au point de vue du fond, elle ne saurait être que faible. Pour apprécier l'état de la littérature dans tous les pays et à toutes les époques, il manque à la fois à Mme de Staël la philosophie et l'érudition. Elle n'a aucune idée nette du but que l'homme doit atteindre et envisage toutes les littératures avec l'œil d'une Française. Vous serez étonné de voir comme les Grecs sont mal jugés. Nous autres Allemands nous n'apprécions pas assez l'immense avantage qu'il y a pour nous à ce qu'Homère et Sophocle nous soient devenus accessibles et en quelque sorte apparentés. Vous jugerez vous-même de sa façon de se rendre compte de nous. C'est souvent le même refrain que celui du Père Bouhours : « Un Allemand peut-il avoir de l'esprit ? », ou celui que je lisais récemment encore dans les *Jugements des Savants* de Baillet : « Les Allemands dans leurs écrits restent toujours Allemands ». Mais on rencontre aussi chez elle certaines affirmations qui ont bien plus de valeur ; comme celle-ci, par exemple : « En Allemagne les idées sont encore ce qui intéresse le plus au monde. Les Allemands n'ont point une patrie politique, mais ils se sont fait une patrie littéraire et philosophique, pour la gloire de laquelle ils sont remplis du plus noble enthousiasme. Les hommes éclairés de l'Allemagne ont pour la plupart un amour de la vertu, du beau dans tous les genres, qui donne à leurs écrits un grand caractère. Ce qui distingue leur philosophie, c'est d'avoir substitué l'austérité de la morale à la superstition religieuse. En France, on s'est contenté de renverser l'empire des dogmes, etc. ».

« Elle a sur votre *Werther* une remarque bien spirituelle. Elle dit qu'on vous blâme d'avoir donné à Werther une autre souffrance encore que l'amour, d'y avoir ajouté l'humiliation qu'éprouve son orgueil de se voir soumis à des conditions sociales si inégales, et elle continue : « Gœthe voulait peindre un être souffrant par toutes les affections d'une âme tendre et fière, il voulait peindre ce mélange de maux qui seul peut conduire un homme au dernier degré du désespoir. Les peines de la nature peuvent laisser encore quelques ressources : il faut que la société jette ses poisons dans la blessure pour que la raison soit tout à fait altérée et que la mort devienne un besoin ». On sait que Napoléon, dans son entretien avec Gœthe, a porté sur ce problème de *Werther* un jugement tout autre que celui de Mme de Staël.

Guillaume de Humboldt poursuit : « S'il était en votre pouvoir d'obtenir pour Mme de Staël des comptes rendus impartiaux et bienveillants, vous lui feriez plaisir. J'ajouterai à son livre un appendice en français que j'ai écrit ici (il a été publié dans le *Magasin* de Millin), afin de lui faire connaître, à elle et à quelques autres, les principales idées de mon livre. Ce travail m'a intéressé, parce qu'il m'a appris comment on doit louvoyer quand on veut naviguer dans la direction allemande par un vent français, et j'ai visé à écrire aussi purement en français que cela m'a été possible [1] ».

Le travail en question, rédigé à l'instigation de Mme de Staël, avait pour objet le Musée des Petits-Augustins. Ce musee contenait, disposés dans l'ordre chronologique depuis Clovis jusqu'à Louis XV, des objets d'art, des tableaux, des portraits surtout, échappés au vandalisme révolutionnaire et dispersés jusque-là dans Paris.

Gœthe remercia Humboldt, et celui-ci lui répéta une fois de plus combien le jugement de son ami sur le livre de Mme de Staël lui avait fait plaisir, ce

---

[1] * *Correspondance de Gœthe avec les frères de Humboldt*, 1795-1832, cité par F. Th. Bratraneck, III, 159-161, n° 29. Guillaume de Humboldt à Gœthe, Paris, 30 mai 1800. Comparer *Annales gœthiennes*, 1887, 69.

jugement étant marqué au coin d'une équité que l'auteur rencontrait bien rarement. « Comme à vous », ajoutait-il, « il m'a toujours semblé que le milieu français où l'a jetée l'éducation était trop étroit pour elle, qu'elle s'efforçait d'en sortir, sans toutefois y arriver. C'est un singulier phénomène de trouver parfois dans une nation des intelligences animées par un souffle étranger dans ces liens de la nationalité, et je ne voudrais point décider s'il n'y a pas lutte chez Mme de Staël entre le génie héréditaire, c'est-à-dire le génie allemand, et celui qui provient de l'éducation [1] ».

A partir du mois de mai 1800, où elle avait pris congé de Guillaume de Humboldt à Paris pour retourner à Coppet, Mme de Stael ne le revit plus pendant des années. Il était ministre résident de Prusse à Rome au moment où elle vint en Allemagne, et ils se retrouvèrent dans la ville éternelle pendant l'été de 1805.

Un autre hommage, bien différent du ton mesuré et viril de Humboldt à son endroit, parvint d'outre-Rhin à Mme de Staël : Rahel Levin, stimulée par le livre *Sur les Passions*, s'adressait en ces termes à Brinckmann : « Vous m'écrivez magistralement sur Mme de Staël, et je regrette fort de ne pouvoir faire imprimer votre lettre. Il est vrai qu'en ce cas les derniers la liraient, mais aussi les premiers. Je vous ai complément compris, croyez-le ! Enseignez-lui

---

[1] * *Correspondance de Gœthe avec les frères de Humboldt*, cité par F. Th. Bratraneck, III, 168, n° 31. Guillaume de Humboldt à Gœthe, Paris, 10 octobre 1800.

l'allemand. Dites-lui qu'elle a « au fond de l'Allemagne » une sincère adoratrice ; qu'à l'heure la plus malheureuse de ma vie elle est venue à mon secours comme une divinité bienfaisante ; que « la terre m'avait manqué sous les pieds », et qu'alors je lus ceci dans son livre, que vous m'aviez donné : « A vingt-cinq ans, la terre nous semble manquer sous nos pieds ». Notre ami, notre bien-aimé nous abandonne — « Nous devons chercher notre bonheur dans la faculté d'aimer, personne ne peut nous l'enlever » ; en lisant cela, je la connus et lui vouai mon affection... Dites-lui de ne pas me mépriser parce que je suis une femme ; que moi-même j'ai eu beaucoup de peine à lui rendre justice. Dites-lui que vraisemblablement je la connais mieux qu'aucun de ceux avec qui elle a pu jamais être liée. Vous savez ce que Gœthe est pour moi. Tout, ma vie intérieure entière et lui sont identiques pour moi. Mais je ne crois pas que Gœthe lui eût été de quelque secours ; sans doute, si elle l'avait compris, elle aurait compris le reste ; il est une pierre de touche, on se forme par lui, il est l'étoile polaire de la vie, mais on doit être tout sans lui. Peut-être, si elle était une Allemande !... En somme, on doit être tout par soi-même [1] ».

L'explication de cette lettre tumultueuse, c'était le désespoir qu'éprouvait alors Rahel de la rupture de ses relations avec le comte de Finkenstein, fils du ministre d'Etat de Prusse ; elle croyait ne jamais pouvoir lui pardonner, « à moins d'en arriver à avoir

[1] * Varnhagen von Ense, *Rahel. Mémorial pour ses amis*, I, 182-183. Rahel à Brinckmann, 9 mars 1799.

un autre cœur que son cœur à elle ». Ce qui l'avait si puissamment empoignée dans ce livre, c'était d'y trouver la trace d'une expérience semblable[1].

Le Premier Consul avait pris soin d'assurer à Mme de Staël un succès d'un autre genre. Il avait fait interdire *Delphine* par l'Electeur de Saxe. Les libraires ne pouvaient suffire aux demandes de ce livre, dont il avait paru trois traductions allemandes, car l'interdiction de l'Electeur se limitait à la vente à Leipzig et la favorisait partout ailleurs[2]. Gœthe ne donna pas suite à son dessein d'écrire sur ce roman, mais il en parle comme d'une production faisant honneur à l'époque.

Ce fut donc précédée de l'inévitable cortège de sympathies et d'antipathies contre lesquelles la passivité même la plus complète ne protège guère en ce monde, que Mme de Staël arriva à Weimar le 13 décembre 1803, « le soir, à la lumière, à quatre heures et demie », comme Henriette de Knebel ne manque pas de le remarquer à son frère Charles, avec cet intérêt pour le menu détail qui distingue les provinciaux.

Mme de Staël alla habiter la maison de la comtesse Werthern, qui passait pour être hantée. Les revenants l'épargnèrent, mais un soir elle trouva ouvertes toutes les portes qu'on avait fermées et elle appela ses gens, craignant les voleurs. Elle assura le lende-

---

[1] * Ludmilla Assing, *Vie sentimentale de Rahel*, I-18, et 121.

[2] * J. F. Reichardt, *Lettres confidentielles de Paris*, I, 473, III, 14-16. — * Bonstetten, *Lettres à Friderike Brun*, I, 171.

main que ses domestiques allemands avaient parlé comme les chœurs de la *Fiancée de Messine*[1].

L'impression première produite dans la ville classique par la visite de Mme de Staël fut incontestablement celle qu'éprouverait une fourmilière troublée tout à coup dans son activité habituelle. Le signal du mécontentement fut donné par Schiller. La voyageuse était encore à Francfort, qu'il écrivait à Gœthe, à Iéna : « Nous pouvons nous attendre à voir bientôt ici Mme de Staël. Si elle comprend l'allemand, je ne doute pas que nous en ayons raison ; mais lui expliquer notre religion en termes français et lutter contre sa volubilité native, c'est là une tâche trop rude. Vous ne vous tireriez pas aussi facilement d'affaire que Schelling avec Camille Jordan, qui venait à lui tout rempli de Locke. — Je méprise Locke, dit Schelling, et son adversaire se tut[2] ». Le jour de l'arrivée de Mme de Staël, Gœthe, dont Charles-Auguste désirait très vivement le retour, écrivait sur un ton tout aussi peu avenant : « Il était à prévoir que, Mme de Staël arrivant à Weimar, on m'y rappellerait. Je m'étais consulté d'avance pour n'être pas pris à l'improviste et avais décidé de rester ici. J'ai juste assez de forces physiques, dans ce vilain mois surtout, pour suffire à la besogne difficile que j'ai le devoir de mener à bien... Si Mme de Staël veut venir

---

[1] * H. Duntzer, *Correspondance de Knebel avec sa sœur Henriette*, 1774-1813. Henriette Knebel à Charles, 7 janvier 1804.

[2] * Schiller et Gœthe, *Correspondance*, II ², Berlin, 1870. A Gœthe, 30 novembre 1803.

me voir, elle trouvera un logement meublé et une table bourgeoise ; nous nous verrons, nous causerons sérieusement ensemble, et elle restera aussi longtemps qu'elle le voudra. Ce que j'ai à faire ici est terminé de quart d'heure en quart d'heure ; le reste de mon temps lui appartiendra. Mais voyager par un pareil temps, faire toilette, paraître à la cour et dans le monde, cela m'est impossible, absolument comme à vous en des circonstances analogues.

« Je confie tout cela à votre amicale intervention, car je ne désire rien tant que faire la connaissance de cette femme remarquable et que j'honore profondément, et je désire au même degré qu'elle se décide pour moi à ce voyage de quelques lieues. Elle aura trouvé en route une plus méchante hospitalité que celle que je lui offrirai. Arrangez cette affaire avec votre délicatesse et votre amitié habituelles, et si quelque chose d'important se passe, envoyez-moi un exprès [1] ».

Le lendemain de son arrivée, Mme de Staël avait dîné à la cour, où, conformément aux traditions de cette famille princière, elle avait reçu l'accueil le plus aimable. « De vieux châteaux où l'on s'amuse », c'est ainsi que Voltaire avait défini les résidences allemandes. Mme de Staël, de son côté, dit que Weinar « n'était pas une petite ville, mais un grand château ». Quelques mois avant son arrivée, Charles-Auguste et les siens s'étaient installés dans le nouveau palais, dont Charlotte Schiller a tracé cette

[1] *Schiller et Gœthe, Correspondance*, II, 350, n° 925. A Schiller, Iéna, 13 décembre 1803.

description bien connue : « Cette installation a été un *événement* qui nous intéressait tous. Les chambres sont vraiment fort belles et toutes les vieilleries ont disparu ; les meubles ont apporté de l'harmonie. La salle d'audience n'est pas encore terminée. On passe les dimanches dans la chambre aux orangers et dans celle aux peupliers. En dépit de toute la somptuosité, on se trouve à l'aise... Le premier jour où l'on dîna au Château, la duchesse, qui était de très bonne humeur, se laissa mener partout par le duc et jusque dans la cuisine ; une vieille et sale récureuse de vaisselle en sortit et, dans sa joie, embrassa le duc. Bref, ce fut une vraie fête. Les habitants donnèrent des sérénades, on dansa dans toutes les rues ; il y eut un bal pour chaque classe d'ouvriers. Mais plus beau que tout cela était le ciel ; je n'ai jamais rien vu d'aussi splendide que, ce soir-là, la lune se levant sur le long bâtiment et au-dessus des arbres du parc [1] ».

Une autre plume féminine, celle de Henriette de Knebel, institutrice de la princesse Caroline, fille de Charles-Auguste, plus tard princesse héréditaire de Mecklembourg, nous rend compte de la première apparition de Mme de Staël dans ce milieu : « Très vive, parlant bien et beaucoup », écrit-elle à son frère, « extraordinairement vite, mais d'une façon claire et agréable... C'est une femme du grand monde et elle s'adresse de préférence aux gens les plus distingués

---

[1] * Caroline de Wolzogen, *Œuvres posthumes*, II, 205. Charlotte Schiller à Guillaume de Wolzogen, Weimar, 4 septembre 1803.

de la société, mais elle est très polie, aimable et affable envers chacun. Ses yeux sont beaux et intelligents, mais son visage un peu noirâtre. Elle est de taille moyenne et un peu forte, les yeux et les cheveux noirs. Elle revient ce soir. Nous aurons également les Gore, les Schiller, etc. ».

Ce soir-là, au thé de la duchesse, Mme de Staël vit pour la première fois l'auteur de *Wallenstein* ; il était en uniforme de cour et elle le prit pour un général. Revenue de son erreur, elle lui parla, dès le début, de la philosophie de Kant et de la supériorité du drame français [1]. La simplicité sérieuse et l'absence de toute recherche dans la personnalité de Schiller produisirent sur elle une impression si profonde, qu'elle quitta vite le ton badin qu'elle avait commencé par prendre. Elle a dit plus tard que la muse de Schiller, c'était la conscience, et à partir de cette première rencontre elle lui voua la respectueuse admiration qui pénètre son jugement sur lui. La première pièce du poète allemand qu'elle vit représenter à Weimar fut le *Camp de Wallenstein*, qui lui causa un vif plaisir ; mais elle conserva toujours une prédilection particulière pour *Marie Stuart*, comme pour « la plus pathétique de ses tragédies [2] ».

Dans l'intervalle, Schiller s'était acquitté de la tâche d'excuser l'absence de son ami, Gœthe, et l'Allemagne avec lui, n'étaient pas alors dans leur constellation la plus favorable. Au mois de mars pré-

---

[1] * H. Düntzer, *Gœthe et Charles-Auguste*, II, 458. — Mme de Staël, *De l'Allemagne*, 2e partie, chap. 8.
[2] Mme de Staël, *De l'Allemagne*, 2e partie, chap. 18.

cédent était mort Klopstock ; Kant devait suivre le 12 février 1804. Schiller n'avait guère plus un jour de bien-être ; dans son âme vibraient, comme de derniers accords, les chants de liberté de *Guillaume Tell*. Herder luttait contre la mort et succomba le 18 décembre 1803. Sa disparition fut ressentie à la cour comme une perte personnelle. « La duchesse-mère me fait pitié », écrivait Henriette de Knebel ; « elle ne croyait pas devoir être témoin de cet événement. Notre duchesse se montre calme comme le destin, mais la petite princesse dit qu'elle est très accablée et qu'elle déplore cette mort ; seule Mme de Stael ne doit s'apercevoir de rien ; la duchesse se laisse emporter et électriser par son animation ; je n'ai rien à redire à ce qu'on trouve du goût à son esprit et à son beau langage, mais elle-même ne prendrait certainement pas mal la chose, si la duchesse trahissait plus de sensibilité. Mme de Stael amuse beaucoup le duc, qui croit entendre un homme distingué, tant sa conversation est rapide, juste et variée... Elle est absolument affranchie de la préciosité et du pédantisme si souvent fatals à nos femmes de lettres ; rien d'exagéré, d'à moitié mûr ; elle est saine en dépit de toute sa finesse. Personne ne s'impose moins, de sorte que les rapports avec elle sont toujours agréables. Elle dit qu'à l'époque de la Terreur presque personne n'était malade et que même peu de gens mouraient de maladie... La conversation de Mme de Stael révèle réellement le talent le plus rare qu'il m'ait encore été donné de constater, car il est fait de puissance et de douceur ; jamais rien de tranchant, de décidé, qui rend une femme en particulier souvent désagréable et disgracieuse ; elle est du reste tout aussi éloignée d'une condescendance affectée, et pourtant personne ne sait mieux qu'elle céder et rentrer dans la vraie voie. La preuve de son grand talent, c'est que sa conversation est un excitant, jamais une fatigue, et, si par paresse ou par manque d'habitude on éprouve le lendemain quelque hésitation à se rapprocher d'elle, on se sent doucement entraîné et le mécontentement disparaît. Plus d'une fois j'ai noté cette impression chez la duchesse... Mme de Staël n'attire pas, on s'attache à elle. Elle parle de Bonaparte, qu'elle n'aime pas, avec esprit et justice. Elle disait récemment qu'il avait pris Charles-Quint pour modèle, avec cette différence « que Charles Quint voulait devancer son siècle, et Bonaparte voulait reculer le sien ». Elle est très mécontente de son organisation de l'instruction publique, et comme elle ne peut souffrir le catholicisme, elle voit avec beaucoup de peine la jeunesse élevée dans la bigoterie... Elle était chez nous l'autre jour (chez la jeune princesse) avec le duc, et veut revenir bientôt avec sa petite fille, charmante enfant de sept ans, qui promet de ressembler à sa mère par l'esprit[1] ».

Ainsi se passèrent les premiers jours à Weimar, sans qu'il fût question du retour de Gœthe. Accablé de besogne et à peine remis d'une grave maladie,

[1] H. Dùntzer, *Correspondance de Knebel*. Henriette Knebel à son frère Charles, 23 décembre 1803 et 3 janvier 1804.

il était toujours à Iéna ; c'est là que vint le trouver une lettre de Charlotte Schiller qui le pressait de revenir.

« C'est la malédiction attachée aux choses terrestres », répond-il à Charlotte, « que notre amie, pour laquelle en temps opportun je ferai volontiers trente lieues et plus, doive arriver juste au moment où je suis forcé de dérober mon attention à ce que j'ai de plus cher au monde. Ce moment est pour moi le plus désagréable de l'année, celui où je comprends très bien que Henri III ait fait assassiner le duc de Guise, uniquement parce qu'il faisait mauvais temps, et où j'envie Herder d'avoir été enterré [1] ».

En attendant, sa correspondante lui envoyait les nouvelles les plus rassurantes sur Mme de Staël. « Je suis persuadée », lui disait-elle, « qu'elle vous intéressera infiniment aussi ; son esprit, sa vivacité de sentiment entraînent tout le monde, et ce que j'aime le mieux en elle, c'est son sérieux, le vif intérêt qu'elle prend aux choses qui lui plaisent. Elle est plus simple que nos femmes de lettres allemandes et tient plus compte des autres, — ceci soit dit entre nous ». Mme de Staël, ajoute la femme de Schiller, n'est accompagnée par aucun homme ; Villers est retourné à Paris, Benjamin Constant est pour le moment à Gœttingue. Elle s'entend très bien avec le duc, qui s'entretient volontiers avec elle. Wieland, qui lui fut présenté au souper de la duchesse-mère,

---

[1] * *Correspondance entre Gœthe et Schiller*, appendice, II, 388-389, n° 13. Gœthe à Mme Charlotte Schiller, Iéna, 20 décembre 1803.

ayant exprimé le désir de la voir en *tête-à-tête*, elle l'invita pour le lendemain matin. « Nous devons, continue Charlotte, toujours maintenir vivantes en ce temps-ci nos forces intellectuelles. De plus, notre existence matérielle est si mesquine, que nous ne pouvons être riches que par l'imagination, et il nous est difficile d'épancher notre cœur. tandis qu'une nature comme la sienne n'a qu'à absorber le flot qui lui vient du dehors pour se renouveler et être aimable. Si Mᵐᵉ de Staël reste plus d'un jour chez vous, demandez-lui de déclamer quelque chose ; elle a pris des leçons de la Clairon. Elle parle de l'harmonie des tragédies françaises et soutient que les Allemands ne peuvent avoir aucune idée de Racine s'ils ne l'entendent pas bien déclamer. Mais quelque belles choses qu'elle nous dise sur ce sujet, elle ne nous convertira pas si aisément, et Schiller défend les Allemands de son mieux ». Gœthe ne sera pas fâché d'apprendre, est-il dit à la fin de cette lettre, que Mᵐᵉ de Staël ne boit pas de thé, seulement un peu de vin rouge à table, et que ses besoins physiques sont très subordonnés à ses besoins intellectuels ; « ce qu'il lui faut avant tout, c'est une distraction constante [1] ».

Le 15 décembre, au lendemain de cette lettre, Mᵐᵉ de Staël elle-même avait annoncé son arrivée à Gœthe, en se déclarant prête à aller le trouver à Iéna.

« Je vous avais écrit ce matin ici, Monsieur, vous

[1] * *Annales gœthiennes*, 1883, 245. Charlotte Schiller à Gœthe, Weimar. 14 décembre 1803.

devez croire que mon premier désir en venant en
Allemagne est de vous connaître et de m'honorer de
votre bienveillance ; je reste ici jusqu'au 1ᵉʳ de l'an ;
si vous y venez plusieurs jours avant ce moment je
vous y attendrai ; si votre santé ne le permettait pas,
ayez la bonté de me l'écrire et j'irai passer deux
jours à Iéna avec vous ; il ne me faut pas moins de
temps pour vous exprimer mon admiration et pour
recueillir quelques-unes de vos pensées qui germe-
ront dans mon esprit le reste de ma vie [1] ».

Ces lignes décidèrent Achille à quitter enfin sa
tente. Il répondit en français, langue dont il se servait fréquemment dans sa jeunesse, et parfois pour
correspondre avec Mᵐᵉ de Stein : « Voilà, Madame,
une des contradictions les plus frappantes. Vous
vous trouvez à Weimar et je ne vole pas vous porter
les assurances d'un parfait dévouement. Cependant
je ne me plaindrai pas ni des affaires momentanément compliquées ni des indispositions physiques,
qui me retiennent ici ; ces accidents me sont chers,
car ils me procurent un bonheur que je n'aurai jamais osé souhaiter. Vous vous approchez de l'ermite qui fera son possible pour écarter ce qui pourrait l'empêcher de se vouer entièrement à la bienve-
nue. Vous éclairerez ses jours tristes, et les soirées
infinies passeront comme des moments. Soyez persuadée, Madame, que je sens tout le prix de votre
bonté et que j'attends avec impatience le moment de

---

[1] * *Annales gœthiennes*, 1887, 5. Mᵐᵉ de Staël à Gœthe.
Weimar, 15 décembre (1803).

vous exprimer combien je vous suis attaché. Je vous arrange un petit logis dans mon voisinage [1] ».

A ce moment on annonça au théâtre de Weimar une représentation de *La Fille naturelle*, pièce que Mme de Staël avait fortement désiré voir, et elle demanda en conséquence à Gœthe de vouloir bien lui permettre de différer un peu sa visite. « Je n'ai besoin que de deux chambres », écrivait-elle, « une pour ma fille âgée de six ans et l'autre pour moi ; je suis la personne du monde la plus indifférente à tout le matériel de la vie et j'y penserai encore moins que de coutume quand je serai avec vous — je vous dis cela pour que vous n'imaginiez pas de me recevoir comme une dame de Paris, mais comme la femme du monde qui a le plus pleuré à Verther et au comte d'Egmont — si vous ne revenez pas avec moi lundi je vous avertis que je serai un peu blessee. On prétend ici qu'il n'est pas fier à moi d'aller vous chercher et peu galant à vous de ne pas venir me voir. Moi je consens avec plaisir à ce premier hommage que mon esprit et mon cœur vous rendent avec tant d'abandon. Mais si je ne vous ramenais pas dans ma voiture, je sais d'avance que cela me ferait beaucoup de peine. — Voilà une lettre écrite comme si je vous avais vu toute ma vie, mais ne vous ai-je pas lu toute ma vie ? Mais votre Verther n'est-il pas l'ouvrage que j'ai relu cent fois et qui s'est uni à tou-

---

[1] * *Annales gœthiennes*, 1884, 113. Gœthe à Mme de Staël, décembre (1803). A rapprocher des pages 120-123, qui renferment des passages de lettres de Gœthe à Schiller la concernant (1803-1804).

tes mes impressions. Adieu, Monsieur, adieu, à samedi ; si je ne renverse pas dans vos montagnes, je serai chez vous à une heure ». « Non, Madame »,répondit cette fois Gœthe, « ce ne sera pas vous qui ferez par ces neiges le petit mais très désagréable trajet. Cette semaine me suffit pour arranger les affaires qui me tenaient ici. Samedi je viens me vouer tout à vous et j'espère que vous voudrez prendre le dîner chez moi avec M. et Mme de Schiller. Mon impatience de vous voir, Madame, s'accroît de jour en jour et vous seriez sûrement contente d'un ancien ami si vous pouviez lire ce qui passe et repasse dans mon âme...[1] »

Une lettre de Schiller, du 21 décembre, devait préparer une fois encore à la rencontre avec la célèbre étrangère fêtée par Weimar. « Mme de Staël », écrivait-il, « vous apparaîtra telle que vous avez dû vous la construire *à priori*. Tout en elle est d'une seule pièce, et elle n'a aucun trait étranger et faux ni pathologique. Voilà pourquoi, malgré l'énorme différence des natures et des idées, on se sent parfaitement à l'aise près d'elle, on peut tout entendre de sa part et tout lui dire. Elle représente l'esprit français sous un jour parfait et extrêmement intéressant. Dans tout ce que nous appelons philosophie, par conséquent sur les principes et les conclusions les plus élevés, on est en désaccord avec elle, et ce désaccord persiste en dépit de son éloquence ; mais

[1] *Annales gœthiennes*, 1884, 113-11 . Mme de Staël à Gœthe, Weimar, 18 décembre 1803, n° 114. Gœthe à Mme de Staël, 19 ou 20 décembre 1803.

son naturel et ses sentiments valent mieux que sa métaphysique, et sa belle intelligence devient souvent du génie. Elle veut tout expliquer, tout comprendre, tout mesurer, elle n'admet rien d'obscur, rien d'impénétrable, et ce que le flambeau de sa raison ne parvient pas à éclairer n'existe pas pour elle. De là sa violente aversion pour la philosophie idéaliste, qui conduit, selon elle, au mysticisme et à la superstition, et c'est là un air méphitique qui la tue. Elle n'a aucun sens pour ce que nous nommons poésie ; elle ne peut s'approprier, des œuvres de ce genre, que le côté oratoire, passionné et général ; elle ne louera rien de faux, mais elle ne discerne pas toujours le vrai. Vous conclurez de ces quelques mots que la netteté, la décision et la vivacité spirituelle de sa nature ne peuvent qu'exercer une influence bienfaisante. La seule chose qui fatigue chez elle, c'est l'agilité absolument extraordinaire de sa langue, qui vous oblige, pour la suivre, à vous transformer en un pur organe de l'ouïe. Malgré mon peu d'habitude du français, je me tire passablement d'affaire avec elle ; vous qui parlez mieux cette langue, vous communiquerez facilement... L'essentiel, en ce moment, est de ne plus tarder à vous rencontrer avec elle et de sortir d'un certain état d'énervement. Il est très regrettable que cette intéressante visite nous arrive si mal à propos, alors que des affaires urgentes, la mauvaise saison et les tristes événements, au-dessus desquels on ne saurait trop s'élever, planent si péniblement sur nous [1] ».

[1] *Schiller et Gœthe*, *Correspondance*, Berlin, 1878, n° 1125.

Tandis que cette lettre parvenait à Iéna, l'invitation de Gœthe arrivait sous le toit de Schiller. Il écrivait, dans une meilleure disposition d'esprit, à son assidue correspondante Charlotte : « Mme de Staël me pardonnera si, conformément à l'usage, je ne vais pas lui présenter le premier mes civilités. Je ne suis pas libre d'assez bonne heure pour cela... Ce que j'aimerais, ce serait de rester en petit comité ; si vous voyez quelqu'un que je puisse inviter, faites-le moi savoir. Nous pouvons nous estimer heureux que ces tristes images de maladies et de morts soient en une certaine mesure dissipées par cette nature débordante et que notre foi dans la vie se trouve ainsi ranimée [1] ».

Enfin, le jour de Noel, chez la duchesse-mère, Mme de Staël vit Gœthe pour la première fois. Au dire de Bœttiger, elle fut déçue dans son attente, parce qu' « elle s'était imaginé un Werther tout au plus un peu vieilli ». « Je voudrais mettre son esprit dans un autre corps », aurait-elle dit : « il est inconcevable qu'un esprit aussi supérieur puisse être si mal logé ». Gœthe, faisant allusion à la première rencontre de Mme de Staël avec Schiller, lui demanda en badinant pour qui elle l'aurait pris lui-même dans son uniforme de cour ; elle répondit qu'il ne

---

Schiller à Gœthe, 21 décembre 1803. Rapprocher les lettres de Charlotte Schiller à Gœthe. * *Annales gœthiennes*, 1883, 247-249, 18 et 21 décembre 1803.

[1] * *Correspondance entre Schiller et Gœthe*, appendice, II, 388, n° 12, 389, n° 14. Gœthe à Mme Charlotte Schiller, Iéna, 19 et 23 décembre 1803

l'aurait pas trompée et y aurait paru à son plus grand avantage, « à cause de votre bonne et belle rotondité », ajouta-t-elle avec un geste fort significatif[1]. On rapporte d'elle ce mot : « Gœthe pouvait être aimable quand il était sérieux, mais il ne devait jamais plaisanter ».

A ces débuts de leurs relations il y eut un désaccord provoqué par le drame de *La Fille naturelle*. Le 21 décembre, cette pièce avait été donnée pour la quatrième fois sur la scène de Weimar ; mais, comme l'écrivait Henriette de Knebel à son frère, « l'*Eugénie* de Gœthe, à part quelques endroits, a fort déplu à Mme de Stael. Elle dit qu'à Paris on n'aurait pas supporté le premier acte... Cependant elle ne saurait vouloir le blesser par une critique défavorable[2] », ajoutait Mlle de Knebel avec un vague pressentiment de ce qui allait arriver.

La nouvelle production de Gœthe avait du reste, pour le cœur français de Mme de Stael, un attrait indépendant du mérite littéraire de l'œuvre.

Les événements de la Révolution française avaient excité à différentes reprises la verve du poète. Ils fournirent le fond historique à l'un de ses chefs-d'œuvre, l'épopée de *Hermann et Dorothée*, achevée en 1796. Plusieurs années auparavant il avait tenté de reproduire ses impressions d'alors sous forme dramatique. *Le grand Cophte*, avec ses réminiscences de Cagliostro et du cardinal de Rohan, auquel le per-

---

[1] H. Düntzer, *Gœthe et Charles-Auguste*, II, 461, 467
[2] H. Düntzer, *Correspondance de Knebel*. Henriette à son frère Charles, 3 janvier 1804.

sonnage du chanoine emprunte plus d'un trait, fut représenté en 1791 sur la scène de Weimar. On a trouvé dans les archives de Gœthe le début d'une tragédie révolutionnaire se déroulant à Strasbourg, et dont le titre eût été : *La jeune fille d'Oberkirch.* En 1793 il composa, en quelques jours, une satire dramatisée contre le prosélytisme jacobin, intitulée *Le Citoyen-général.* Le gentilhomme allemand qui est un des principaux personnages de la pièce réduit au silence le héros, Schnaps, avec un accent qui est bien celui de Gœthe : « Laissez les pays étrangers arranger eux-mêmes leurs affaires, et n'observez l'horizon politique que tout au plus le dimanche et les jours de fête. Que chacun commence par soi, il trouvera beaucoup à faire. Mettons à profit le temps de paix qui nous est accordé, procurons à nous-même et aux nôtres de légitimes avantages ; nous contribuerons de la sorte au bien général [1] ».

Puis suivit le drame politique *Les Révoltés*, avec ce passage significatif : « Nul ne peut juger et blâmer que sa propre classe. Tout blâme jeté sur des inférieurs ou des supérieurs est mêlé d'idées accessoires et de petitesses : on ne peut être jugé que par des égaux. Mais, précisément parce que je suis un bourgeois qui se propose de demeurer tel, qui reconnaît la grande importance de la classe supérieure dans l'Etat et a des raisons pour l'apprécier, je suis impitoyable aussi à l'égard des petites chicanes de l'envie, de l'aveugle haine qui n'est produite que par

---

[1] * *Le Citoyen-général*, scène 14.

CHAPITRE PREMIER

l'égoïsme, qui lutte prétentieusement contre les prétentions, se formalise des formalités sans avoir même de réalité, car elle ne voit que l'apparence, où elle pourrait voir du bonheur et des suites [1] ».

La pièce resta inachevée, et, comme les productions relatives à la France que nous venons d'énumérer, elle ne possède guère d'autre valeur que de nous renseigner sur les vues personnelles de Gœthe. La part active qu'il prit à la campagne contre la France à la suite de son souverain ne les modifia pas. On a remarqué qu'il acheva alors la traduction du *Reinecke Fuchs* et qu'il prenait plaisir à voir « comment, dans cette Bible mondaine et profane, l'espèce humaine se dévoile tout naturellement dans sa franche bestialité [2] ». Ce qui contrariait ses idées, ce n'était ni la chute d'un trône, ni moins encore la chute d'une dynastie. C'était plutôt l'interruption violente de ce développement régulier qui lui expliquait non seulement le monde physique, mais aussi le monde historique, l'abandon de cette autorité légale qui était pour lui l'instrument indispensable du progrès. De là les mots connus :

La maudite France, dans notre époque troublée, comme
                                      [autrefois
Le luthéranisme, fait reculer la paisible culture [3].

Et ces autres :

Tous les apôtres de la liberté me furent toujours odieux :

[1] « *Les Révoltés*, acte III, scène 1.
[2] « Frédéric Vischer, *Petites contributions à la caractéristique de Gœthe. Annales gœthiennes*, 1883, 39.
[3] « Gœthe, *Les quatre Saisons : L'Automne*, distique 68.

Chacun ne cherchait au fond que l'arbitraire pour soi.
Veux-tu délivrer le peuple ? Ose le servir.
Veux-tu savoir combien cela est dangereux ? Fais-en l'épreu-
[ve¹.

    Les impressions reçues alors ne s'effacèrent plus. Leur trace est visible dans bon nombre de ses poésies lyriques, dans les épigrammes vénitiennes surtout. Il lui resta un arrière-goût de mépris pour l'humanité prise collectivement, que son intimité avec Schiller ne parvint pas à dissiper. Ce fut celui-ci qui, dans son *Démétrius* entre autres, vint au-devant des idées politiques de Gœthe. Ces idées s'adoucirent toutefois et se concilièrent, dans sa personnalité à la fois si harmonique et si débordante de vie, avec une indulgence bienveillante pour l'homme individuel. Le pessimisme n'eut aucune prise sur Gœthe, mais sa foi dans l'amélioration de l'espèce, en admettant qu'elle eût jamais existé, se trouva encore amoindrie. Littérairement, cette indifférence grandissante pour le jugement de la foule s'accentua dans le dessein bien arrêté de ne plus rien écrire « qui ne fût lu et apprécié des hommes qui mènent ou ont mené une vie large et animée ² ». C'était le renoncement volontaire à la popularité, qui, Schiller l'a indiqué, ne devait jamais être le partage de son illustre ami ; la conviction toujours croissante « que la grandeur et

---

¹ * Gœthe, *Epigrammes vénitiennes*, n° 31.
² * H. Grimm, Gœthe à Charles-Auguste sur Egmont. *Gœthe*, 20ᵉ lecture, 357. — * Eckermann, *Conversations avec Gœthe*, 11 octobre 1828. — * W. Helm, *Pensées sur Gœthe. Gœthe et le public*, 169, 173.

l'intelligence n'existent et n'existeront jamais que dans la minorité ».

C'est à une élite de ce genre que s'adressait la dernière des productions de Gœthe relatives à la Révolution française, *La Fille naturelle*. On a remarqué que c'est la première de ses œuvres dont le point de départ, emprunté aux lois physiques, aboutit pour ainsi dire à un fatalisme à rebours [1]. Le drame, qui devait former la première partie d'une trilogie, se déroule presque exclusivement dans un dialogue entre des personnes qui n'ont pas de noms propres et sont ainsi présentées comme de simples types dissimulés sous un symbolisme nuageux. Le roi a des traits de ressemblance avec Louis XV [2], mais l'action ne repose pas sur des données historiques. Elle est empruntée aux mémoires d'une aventurière, parus en 1798 [3]. Cependant l'intérêt du public, éveillé en faveur de grands événements, ne se laissait plus dédommager par la destinée des individus de la suppression de ceux-ci. Captivés par les grandes beautés de la pièce, Schiller et plus encore Fichte vantèrent l'art de la composition, qui transfigurait l'effort individuel et le faisait servir à un but idéal [4].

---

[1] * H. Grimm, *Gœthe*. 23e lecture, 427.
[2] * *La Fille naturelle*, acte 1er, scene 6.
[3] *Mémoires historiques de Stéphanie-Louise de Bourbon-Conti*, écrits par elle-même. L'auteur de ce livre curieux, mais plein de détails romanesques, se prétend fille naturelle du duc de Bourbon et de la duchesse Mazarin. Les uns disent qu'elle mourut en Russie, les autres la font mourir à Orléans en 1825.
[4] Schiller à Humboldt, août 1803.

Dans l'admiration première des époux Herder se manifestait leur opposition contre Schiller[1]. Un jugement moderne, qui découvre dans *Eugénie* « une profonde conception politique demeurée incomprise », n'a pas trouvé d'échos[2]. La critique de l'époque, éblouie au début par la magistrale représentation donnée à Berlin, se montra hostile au fond[3], et Gœthe, bien que préparé au jugement du public, se sentit blessé de ce que Guillaume Schlegel lui-même n'eut pas un mot pour la pièce[4]. Mme de Stael partageait l'avis du public. « Elle avait », raconte Gœthe, « imposé en quelque sorte une représentation. Mais, étant donné le peu de mouvement mimique de la pièce, que voulait-elle tirer de la richesse du langage, absolument incompréhensible pour elle? Elle me dit que j'avais eu tort de traiter ce sujet, que le livre auquel je l'avais emprunté n'était pas estimé et que son héroïne jouissait d'un mauvais renom. Comme je réfutais en plaisantant de telles objections, elle répondit que c'était précisément notre défaut, à nous autres auteurs allemands, de ne pas nous préoccuper du public[5] ».

[1] * *Annales gœthiennes*, 1881, 424. C. Herder à Jean-Paul, 12 avril 1803. — * R. Haym, *Herder*, 767.

[2] * V. Hehn, *Sur les vers de Gœthe. Annales gœthiennes*, 1885, 218. — * Frédéric Vischer, *Petites contributions à la caractéristique de Gœthe. Annales gœthiennes*, 1883, 17.

[3] * Braun. *Gœthe jugé par ses contemporains*, III, 39, 41-46, 65, 72, 79-84, 97.

[4] * W. Helm, *Pensées sur Gœthe*, 120, note. Gœthe à Sulpice Boisserée.

[5] * Gœthe, *Annales. Œuvres complètes*, édition Cotta, 1840, XXVII, 150. Année 1804.

CHAPITRE PREMIER

Quant à l'attitude personnelle du poète par rapport aux événements qui avaient exercé une si puissante influence sur la pensée et la vie de Mme de Staël, cette œuvre ne laissait subsister aucun doute. Dès le premier acte, le roi s'exprime ainsi :

« Noble enfant, si la foule peut te paraître importante, je ne te blâme pas ; elle est importante, mais ceux en petit nombre qui sont créés pour dominer cette foule par leur action, leur rôle, leur pouvoir, sont plus importants encore ».

Et plus loin :

« Oh ! ce temps a des signes effrayants. Ce qui est en bas grossit, ce qui est en haut s'affaisse, comme si chacun ne pouvait trouver qu'à la place de l'autre la satisfaction de ses vœux insensés, ne se sentir heureux que quand il n'y aura plus de distinction, quand tous, entraînés par un même torrent, nous nous perdrons dans l'Océan sans laisser de traces. Oh ! résistons sans faiblir [1].. »

On devine sans peine, en relisant *Eugénie*, quels étaient les passages qui fixaient l'attention de Mme de Staël. Il y en a qui sont au nombre de ce que Gœthe a dit de plus beau, aux femmes surtout, les vers, entre autres, qui commencent par ces mots : « L'époux entraîne irrésistiblement sa compagne dans la sphère de sa propre existence ..». Mais l'ensemble de la pièce lui demeura étranger. Une remarque d'Auguste-Guil-

---

[1] « *La Fille naturelle*, acte 1er, scène 5.

laume Schlegel traduit ce qu'elle dut éprouver. Le talent de Gœthe y est défini comme « bien plus dramatique que théâtral ». Bientôt on se raconta à Weimar que Mme de Staël avait nommé *Eugénie* « un noble ennui », et que le poète avait mis fin à sa critique en faisant observer qu'il avait dépassé la quarantaine [1].

Dans ces conditions, ce fut presque une bonne chance que, le lendemain même de son retour, Gœthe, tombé malade par suite d'un refroidissement, dut garder le lit quelques jours et la chambre plusieurs semaines. Mme de Staël ne put contenir si longtemps son impatience. Et cela d'autant moins qu'elle apprit que Gœthe, qui ne voulait pas la voir, recevait la visite du professeur Wolf, de Halle. Une année nouvelle venait de commencer ; elle écrivit au poète : « Schiller vous a-t-il dit que je vous boudais ? Je vous dis ce compliment de nouvelle année. Si je m'établissais ici, vous feriez bien de me traiter comme tout le monde, mais pour quinze jours n'auriez-vous pas dû me les donner sans chicaner ? Venez demain me voir, je serai seule pour me fâcher sans témoin. Ne faut-il pas que j'avoue que je suis jalouse d'un professeur, nouveau genre de jalousie, dont j'étudierai les sentiments [2] ».

Gœthe lui-même annonça à Schiller qu'il avait reçu pour la première fois, le 23 janvier, Mme de Staël

[1] * H. Düntzer, *Gœthe et Charles-Auguste*, II, 461, 471.
[2] * *Annales gœthiennes*, 1884, 115. Mme de Staël à Gœthe, 1er janvier 1804, n{os} 116 et 117. Billets sans date, n{os} 118 à 131.

chez lui. « L'impression qu'elle produit », dit-il sur un ton d'assez mauvaise humeur, « demeure toujours la même ; malgré toute sa politesse, elle se conduit assez grossièrement, comme une voyageuse séjournant auprès des hyperboréens, dont les vieux chênes et les sapins séculaires, dont le fer et l'ambre se convertiraient assez facilement en objets utiles ou gracieux. En attendant, elle nous force à exhiber nos vieilles tentures en signe d'hospitalité, et nos armes rouillées pour nous défendre [1] ».

Quoi qu'il en fût, nulle trace de ces mouvements d'irritation ne pénétra à la surface. Mme de Staël lui apportait la traduction de deux de ses poèmes, *La Fiancée de Corinthe* et *Le Dieu et la Bayadère*, et elle retrouva bientôt la disposition d'esprit nécessaire pour lui dire : « Je vous aime de tout mon cœur, de tout mon caractère, et de tout mon talent, si j'en ai », ou pour lui citer Racine : « Bajazet, écoutez, je sens que je vous aime ». Elle avait besoin de lui, non seulement à cause de son incomparable mérite, mais parce que, plus que personne à Weimar, il était prêt à comprendre le monde intellectuel duquel elle sortait.

Gœthe est revenu à différentes reprises sur ce qu'il devait aux Français ; il a dit à Eckermann, dans sa vieillesse, combien il avait reçu des Grecs et d'eux. Dès l'enfance, il parlait couramment leur langue ; sans grammaire et sans maître, il l'avait apprise, comme une seconde langue maternelle, pen-

[1] * *Correspondance entre Schiller et Gœthe*, II, 302, n° 942. A Schiller, 23 janvier 1804.

dant les événements de Francfort qu'il décrit dans *Vérité et Poésie*, et imprimé dans sa mémoire des passages des tragédies de Racine. Il vit représenter par une troupe de comédiens français des pièces de Destouches, Marivaux, La Chaussée, le *Devin du village* de Jean-Jacques Rousseau, le *Père de famille* de Diderot, l'*Hypermnestre* de Lemierre, quelques pièces aussi de Molière. Presque enfant encore, il conçut le plan d'une pastorale en français ; étudiant à Leipzig, il traduisit la première scène du *Menteur* de Corneille. A Strasbourg, il lut beaucoup d'auteurs français, entre autres Rabelais. Ses premiers drames étaient écrits sous l'influence des modèles français. Il suffit de nommer *Werther* pour indiquer la part qui appartient à Jean-Jacques Rousseau dans le développement de Gœthe. *Clavigo* ramène à Beaumarchais. Diderot ne lui semblait pas seulement le plus allemand des Français, il avait encore avec lui d'autres points de contact [1]. Dans sa correspondance avec Schiller, les productions de la littérature française occupent une place éminente. Jusqu'à sa mort il écrivit de temps en temps des lettres en français, bien que, depuis sa correspondance avec sa sœur en cette langue, il eût de plus en plus oublié le style familier. La traduction du *Mahomet* de Voltaire se place en 1799 ; l'année suivante vint *Tancrède*, une pièce préférée de Mme de Staël. A la fin de 1804 il entreprit la traduction du *Neveu de Rameau* de Diderot, accompagnée de notes sur

[1] A. Caumont, *Gœthe et la littérature française*. Programme du lycée de Francfort, 1885.

les écrivains français. La discussion sur les trois unités, la loi et la construction de la tragédie française, l'intéressa aussi en ce sens surtout, qu'elle l'amena de bonne heure à les combattre [1]. Vers la fin de sa vie, en 1830, il revint sur ce sujet et exprima son jugement en termes remarquables : « Souhaitons-nous un nouveau Racine, même avec les défauts de l'ancien. Les chefs d'œuvre de la scène française restent à jamais des chefs-d'œuvre. Leur représentation m'a hautement intéressé même dans mon enfance, alors que j'habitais Francfort ; c'est à ce moment que je conçus le dessein d'écrire des drames ».

Et passant à Victor Hugo et à sa révolte contre le classicisme, il ajoutait : « La nation française est la nation des extrêmes ; elle ne connaît de mesure en rien. Appuyé sur une force morale et physique étonnante, le peuple français pourrait soulever le monde, s'il savait trouver le point central... C'est l'unique peuple de la terre dans l'histoire duquel nous rencontrions la nuit de la Saint-Barthélemy et la fête de la Déesse Raison, le despotisme de Louis XIV et les orgies des sans-culottes, et, presque dans la même année, la prise de Moscou et la capitulation de Paris. Il faut donc craindre qu'en littérature aussi, après le despotisme d'un Boileau, on voie apparaître la licence effrénée et le rejet de toute loi [2] ».

Ce vif intérêt de Gœthe pour les choses françaises,

---

[1] * H. Düntzer, *Vues de Gœthe sur l'essence de la tragédie*. *Annales gœthiennes*, 1881, 132.

[2] * *Annales gœthiennes*, 1886, 226-227. *Deux visites d'un Polonais à Gœthe*, 1829, 1830.

même quand il s'affirmait aux dépens de ses vues à elle, demeurait pour Mme de Staël une source d'excitation qu'elle eût vainement cherchée ailleurs. Dans l'entourage de Schiller on était parfois tenté de lui répondre, en citant le poète lui-même :

> Tu invoques des dieux étrangers
> Qui ne sont pour nous ni sacrés ni respectables[1].

Gœthe, au contraire, possédait la large sympathie intellectuelle qui acceptait les choses du dehors comme celles de son propre pays et ignorait les divergences nationales. Mais Gœthe n'était pas toujours abordable, et Charles-Auguste lui-même frappait parfois inutilement à sa porte. « Ce serait très gentil », lui écrivait le prince vers le milieu de janvier, « si demain soir tu invitais à prendre le thé chez toi Mme de Staël, Schiller et sa femme, la petite Schardt, les Seebach, la Iagemann, les Schlick, les Einsiedel et moi, si ensuite tu nous donnais quelque chose de froid — ou même rien de pareil — mais si tu faisais faire de la musique, besogne dont personne ne s'acquitterait aussi bien que Destouches. Réponds-moi donc un mot à ce sujet [2] ». La réponse fut négative, et Mme de Staël dans l'intervalle dut se tirer d'affaire sans Gœthe. Elle réussit au-delà de toute attente.

A Weimar, d'où Bœttiger annonçait dans la *Gazette universelle* du 31 janvier, et de la façon la plus

---

[1] * *Annales gœthiennes*, 1883, 248. Charlotte Schiller à Gœthe, 21 décembre 1803.
[2] * H. Düntzer, *Gœthe et Charles-Auguste*, II, 463.

CHAPITRE PREMIER

solennelle, la présence de Mme de Staël, la faculté de celle-ci à s'accommoder aux caractères les plus différents devait surtout lui servir auprès des personnalités princières qu'unissait à la cour de Thuringe une étroite vie de famille. Charles-Auguste d'abord, si facile à gagner aux choses de l'esprit, était à l'égard des Français sous l'impression des événements de 1793 et leur refusait l'ombre même de sentiment moral. Dans une lettre écrite pendant l'année néfaste, il s'exprimait ainsi sur leur compte : « Chacun doit s'efforcer d'inspirer à ses enfants la plus grande simplicité, qui seule donne un bonheur durable. A quoi sert en effet le soi-disant atticisme si vanté des Français, de cette nation chez laquelle est complètement éteint tout ce qui est honnête et solide, tout ce qui assure la conservation, la dignité et l'avenir ? L'homme n'a jamais été destiné à être une plante de serre-chaude ; dès qu'il reçoit cette culture, il périt[1] ».

Les préférences de ce prince s'adressaient plutôt aux Anglais ; ceux d'entre eux qui venaient à Weimar étaient sûrs d'y trouver le meilleur accueil. Malgré ces dispositions et quand il s'agissait des individus, nul préjugé national n'influençait sa connaissance des hommes. Le commerce avec Mme de Staël produisait sur lui une action bienfaisante et comme rafraîchissante, et les visiteurs de celle-ci le rencontraient souvent dans la maison Werthern, discutant avec elle toutes les questions possibles de lit-

---

[1] * H. Geltzer, *La littérature allemande moderne*, II, 382. Charles-Auguste sur les Français, 13 janvier 1793.

térature, de philosophie et de politique. Un jour qu'elle condamnait comme inconvenant le détail de la pipe de tabac dans la *Louise* de Voss, il lui rappela les pourceaux dans Homère. Une autre fois il contesta la vérité de cet axiome qu'elle défendait avec chaleur : Les grandes pensées viennent du cœur. « Monseigneur, voici la philosophie de Kant en italien », lui écrivait-elle le jour anniversaire de la naissance de la duchesse Louise ; « le troisième cahier est le meilleur ; il y a, dans les sentiments, une noblesse et une élévation qui m'ont singulièrement captivée, et quoique Votre Altesse prétende qu'elle n'est pas romanesque, je ne crains pas de lui envoyer en ce genre ce qui me plaît.... Aujourd'hui, ce qui nous occupera tous, c'est un hommage à la meilleure et à la plus noble des femmes. On me mande de Paris que la descente est renvoyée à l'automne prochain. Voilà un bien long billet, n'y répondez qu'à dîner, mais agréez, avec un intérêt bienveillant, un hommage respectueux et reconnaissant [1] ».

Quant à la génération précédente, celle qui appartenait complètement encore au dix-huitième siècle, qui en avait gardé l'insouciante gaieté et une plus grande faculté de jouir, l'entente était assurée d'avance. La duchesse Amélie, Mlle Thusnelda de Gœchhausen, sa dame d'honneur bien connue, qui fixée depuis vingt-cinq années à la cour avait vieilli avec sa maîtresse et gardé, comme elle, toute sa

---

[1] L'Auteur des Souvenirs de Mme Récamier, *Coppet et Weimar : Mme de Staël et la grande-duchesse Louise*, 45, Paris, 1862.

sérénité¹, Wieland enfin, se surpassèrent en éloges à l'égard de la femme illustre qui les ravissait. « Pourquoi ne venez-vous pas chez nous voir un phénomène dans la personne de Mme de Staël ? », écrivait la duchesse à Knebel, qui ne voulait pas quitter Ilménau, où il demeurait depuis 1797, époque de son mariage avec une chanteuse. « Elle vous plairait certainement. Elle est pleine d'amabilité, sans égoïsme, sans prétention ; elle sait apprécier en chacun ce qu'il vaut. Il faut la connaître personnellement pour se faire d'elle de tout autres idées ; elle passe chez moi presque toutes ses soirées ». Et dans un *post-scriptum* l'amie du prince des poètes ajoutait ce qui, à ses yeux, en disait plus que tout le reste : « Mme de Staël a une idée très claire de Gœthe² ».

Sur le conseil de Wieland, Henriette de Knebel écrivait également à son frère qu'il se repentirait toute sa vie de ne pas venir à Weimar. L'auteur d'*Obéron* ayant entendu Mme de Staël déclamer, se félicita d'avoir vécu assez longtemps pour voir une telle femme ³. Il la priait parfois de penser et de parler moins vite ; elle répondait en badinant qu'elle lui volerait telle ou telle pensée, mais que, s'il était bien aimable, elle consentirait à dire où elle l'avait prise ⁴.

---

¹ * *Lettres de la mère de Gœthe à la duchesse Anne-Amélie,* Weimar, 1885. Lettre 1 et note 4, page 127.
² * Knebel, *Œuvres posthumes*, I, 208. La duchesse Amélie à Knebel, 7 janvier 1804.
³ Henry Crabb Robinson, *Diary, reminiscences and correspondence*, 1789-1866, I, 117.
⁴ * H. Düntzer, *Correspondance de Knebel avec sa sœur Henriette*, 194 et 195, 7 et 19 janvier 1804.

Au milieu de ce monde qui s'était imposé comme loi suprême une sagesse facile et toute esthétique, et qui, dans l'absence de cette loi, suivait l'humeur du moment, il s'agissait de plus de gagner une personne toute différente, qui ne se rendait pas facilement et naivement comme les autres, qui ne se laissait jamais aller, à plus forte raison séduire, un caractère ferme et discipliné, d'une dignité un peu sévère : la duchesse Louise de Saxe-Weimar. Parmi les nombreux témoignages que nous possédons sur elle, il y en a deux qui sont particulièrement propres à nous faire pénétrer dans cette nature noble et difficilement accessible : le premier est celui d'une femme en tout dissemblable de l'épouse de Charles-Auguste, l'autre lui est décerné par le duc lui-même.

La femme, Charlotte de Kalb, écrit : « La duchesse Louise était une nature plastique. Beaucoup s'approchaient d'elle avec une confiance respectueuse. Elle avait choisi elle-même son attitude, qui ne souffrait ni modification ni émotion, interdisant même à la nature la plainte de la douleur. Un pareil être est juste dans son appréciation de la conduite des autres, car il sait bien : Si je portais atteinte à ma loi, je serais comme eux ! Constamment égale, naturelle, libre comme la chasteté virginale, inaccessible à toute mobile mesquin[1] ».

Cette appréciation, sous laquelle semble se dissimuler un sentiment de gratitude personnelle, est complétée par une lettre de Charles Auguste à Kne-

[1] * Emile Palleske, *Charlotte*, 1879, 173.

bel, écrite en 1788. « L'apparition des Gore à Weimar », dit le prince en parlant d'une famille anglaise qui était venue y séjourner, « a eu un excellent résultat, que je n'osais guère espérer..,. Jamais encore je n'ai entendu ma femme louer quelqu'un à ce point, et peu de personnes ont reconnu aussi nettement qu'Emilie les mérites de celle-ci. Ces Anglais finiront sûrement par se fatiguer de leur vie errante, et Emilie, qui a toujours eu pour l'Allemagne une prédilection particulière, peut dans ses vieux jours et quand ma femme aura vieilli à son tour, former peut-être avec nous une alliance nécessaire à toutes deux, car ma femme vit tout à fait solitaire, sans avoir auprès d'elle une seule créature féminine qui satisfasse son besoin d'amitié. La Stein et la Herder, avec beaucoup de mérites, mais trop peu *à leur aise*, sont trop légères pour elle. Ma femme n'exerçant aucun talent de nature à assouplir sa manière d'être, court le danger de vivre trop isolée et de perdre complètement la conscience d'un certain attrait si nécessaire à l'existence. Comme j'ai dû me consacrer au service de la grande patrie allemande, je ne puis toujours assurer à ma femme la société qu'il lui faut, et puis la société exclusive des hommes n'est pas convenable pour des femmes ; elles perdent alors le charme particulier à leur sexe et deviennent des hermaphrodites que je n'ai jamais pu trouver aimables [1] ».

---

[1] * Knebel, *Œuvres posthumes*, I, 167. Charles-Auguste à Knebel, 22 janvier 1788.

Bien des années plus tard, la duchesse Louise noua des liens sérieux d'amitié avec une femme, ainsi que son époux l'avait souhaité. Mais au lieu de la compagne de sa jeunesse elle choisit la Française que tant de circonstances de tout genre semblaient éloigner d'elle. Ces rapports furent maintenus aussi longtemps que possible par une correspondance entre elle et Mme de Staël. Quand la châtelaine de Coppet écrivait à la princesse allemande : « Je vous révère comme la plus noble personne que j'ai connue et ce sentiment me suivra jusqu'à la mort », ce n'était point là une phrase de convention, mais l'expression d'une admiration sincère et profonde. Et quelques années après son premier départ de Weimar, quand sous le coup des catastrophes de 1806 se révéla chez la duchesse Louise une faculté héroïque de souffrance et d'action, son amie lui écrit de Suisse, dans la plénitude de l'attente satisfaite : « J'ai eu la gloire, Madame, d'avoir prédit ici ce que vous feriez là-bas [1] ».

Cette hospitalité de Weimar, si cordialement offerte et acceptée, n'enleva rien pour cela à Mme de Staël de l'indépendance de ses idées. Même avec Gœthe elle redoutait si peu la contradiction, qu'une âme qui ne savait pas oublier, Mme de Stein, redescendue au rôle de simple spectatrice, écrivait à son fils : « Je crois que Mme de Stael a inspiré à Gœth le besoin de voir de nouveau autour de lui des femmes un peu plus cultivées que celles qu'il a vues jus

---

[1] L'auteur des Souvenirs de Mme Récamier, *Coppet Weimar*, 93 94, 156. Mme de Staël à la duchesse Louise Coppet, octobre 1807, 26 novembre 1809.

qu'ici ». A la suite de longs et confidentiels entretiens avec lui, Mme de Staël s'exprimait ainsi sur son compte : « Il y a un double Gœthe, le poète et le métaphysicien. Le poète est lui-même, l'autre est son fantôme. Mais il me semble que lui-même a souvent peur pour son autre *Soi*, comme on dit qu'il y a des visionnaires qui se voient double. Quand ce fantôme se met devant ses yeux, Gœthe, qui est lui-même, s'effraye, recule, se renferme en soi-même : puisse un génie bienfaisant le délivrer de cette funeste doublure. Car sans elle il est et il sera toujours le plus grand homme en originalité et en conceptions pures en Allemagne [1] ».

Un jour il lui envoya son fils en la priant d'écrire quelque chose dans l'album du jeune homme. Elle n'aimait guère ces collections qu'elle appelait des registres mortuaires ; pourtant elle céda. Benjamin Constant, qui alors était présent, lui conseilla ironiquement de transcrire l'épigraphe mise par Montesquieu en tête de l'*Esprit des Lois*. Mme de Staël écrivit : « Mon aimable enfant, je ne puis pas dire : imitez votre père, parce que les dons du ciel ne s'imitent pas, mais soyez le digne héritier de la gloire de votre père, et souvenez-vous d'un vers de vos plus célèbres poètes : *Der Ruhm ist edler Seelen unvergae glich Erbtheil* (La gloire est l'impérissable héritage des nobles âmes) ».

Ce qui l'étonnait surtout, quand elle observait le genre de vie des hommes célèbres réunis à Weimar,

---

[1] * Bœttiger, *Journal du Matin*, 1855, 659.

c'était leur simplicité et la modestie avec laquelle ils se contentaient de très faibles traitements, bien que Mme de Staël trouvât la vie tout aussi chère en Saxe qu'à Paris. Son jugement sur la partie masculine du monde élégant de Weimar se rencontrait avec celui de Gœthe et n'était rien moins que flatteur. « Ils ont tous l'air comme s'ils n'étaient pas encore nés », dit-elle un jour comme en passant à la jeune princesse, fille du duc. « Ils sont donc encore de l'autre côté de l'enfance », ajoute à cela Henriette de Knebel ; « et, en effet, ils ont un intérieur tout à fait innocent, au point qu'on pourrait toujours leur dire quelque chose de nouveau, si on en ressentait le désir ». Les dames furent mieux traitées ; elle trouvait chez elles plus de culture, et elle ne se dérobait nullement aux devoirs et aux plaisirs de la société. Au début elle dînait chaque jour au Château, « où l'on ignorait comment on pourrait plus tard se passer d'elle ». Elle allait aussi au bal, « habillée avec beaucoup de goût et dansant fort bien, car elle s'acquitte à merveille de toutes les pratiques de la vie mondaine. Elle joue au whist, touche du piano et chante très agréablement. Elle aime beaucoup la chanson des reîtres dans le *Camp de Wallenstein* et dit qu'elle a « toute la gaieté et toute la mélancolie du militaire ».

Il y avait encore un côté de la vie sociale par lequel ce petit Weimar était supérieur à d'autres villes allemandes, et non seulement, il faut bien l'avouer, aux villes d'alors. Sur cette scène restreinte les hommes valaient non ce qu'ils représentaient, mais ce qu'ils étaient, et Wieland pouvait dire en s'appuyant sur sa propre expérience : « Dans la bonne société il n'y a pas de différence de rangs ; un *gentleman* peut aller partout *tête levée* et ne vaut guère moins que n'importe qui. Et l'on n'est pas *gentleman* par la naissance, mais par les qualités personnelles. Si çà et là, en Allemagne, les choses se passent différemment, nous autres du moins n'en voulons pas tenir compte [1] ».

Il était, du reste, fort naturel que, dans cette atmosphère toute nouvelle, Mme de Staël se crût de plus en plus transportée dans un vaste atelier intellectuel, où ceux-là seuls qui avaient une tâche à remplir se sentaient à l'aise et à leur place. « On s'amuse chez vous quand il n'y a pas de plaisirs », disait-elle, et la tâche qu'elle s'était proposée se dessinait devant ses yeux en contours de plus en plus nets. Dès le début de son séjour en Allemagne elle avait commencé à fixer ses impressions dans le journal qui existe encore en partie [2], mais qui bientôt ne lui suffit plus. Elle demanda à Gerando de l'aider pour une portion du livre sur l'Allemagne qu'elle voulait écrire ; il n'y serait question de métaphysique qu'autant que celle-ci contribuerait à faire comprendre le caractère allemand. A Weimar comme partout ailleurs, elle regrettait ses amis de France. « Ce Camille (Jordan) », ainsi se termine sa lettre, « est

---

[1] * Wieland, *Lettres à Sophie Laroche*, 223, Weimar, 14 février 1781.

[2] La comtesse d'Haussonville, dans la *Jeunesse de Lord Byron*, 122, mentionne ce journal de sa grand'-mère.

pourtant un insigne paresseux ; pas un mot de lui depuis deux mois. Il a une paresse à la Narbonne, et cependant je veux croire qu'il n'a de la légèreté que la grâce. Nous qui sommes solides, mon cher Gerando, nous sommes exacts[1] ». En attendant, elle invoqua l'assistance de ses nouveaux amis d'Allemagne. Sur sa prière, Bœttiger s'adressa à Knebel en lui demandant de noter à son intention des pensées sur la poésie allemande. Il le fit et écrivit à son ami en lui envoyant le manuscrit : « Le sujet est riche, et je suis loin de l'avoir épuisé. Ainsi j'ai complètement laissé de côté toute appréciation sur la philosophie. Vous savez combien, sous ce rapport aussi, j'estime les écrivains français, dont les ouvrages me sont mieux connus que ceux de nos propres compatriotes. Ce que j'aurais dû dire encore à l'article poésie, pour me faire bien comprendre sur les avantages des tendances allemandes, c'est que la poésie française contient bien plus de rhétorique que de véritable culture, et que c'est à ce dernier point qu'ont visé les Allemands. Entre parler et créer, cependant, la différence est infinie. Ne vous imaginez pas que je veuille louer les Allemands outre mesure. Le goût leur fait souvent défaut, et Mme de Stael n'a que trop raison quand elle dit que « les Allemands manquent de goût presque généralement ». C'est malheureusement le cas chez nos plus grands poètes, auxquels fait défaut un certain tact qui s'acquiert plus par le commerce du monde que par la contempla-

[1] De Gerando, *Lettres inédites et souvenirs biographiques*, 62-63. Mme de Stael à Gerando, Weimar, 26 février 1804.

tion. La récente *Eugénie* peut en offrir un petit exemple. J'excepte toutefois Wieland ; ses défauts sont ceux d'un esprit très productif. Les *Dialogues* dont il a fait suivre dernièrement le roman de son fils sont pour moi un modèle achevé de finesse et de goût¹ ».

Cette prévenance littéraire de Knebel causa un vif plaisir à Mme de Stael. « On voudrait lui donner ce qu'on a de meilleur », mandait Henriette à son frère, « car sa façon d'accueillir ce qu'on lui offre est vraiment trop aimable ² », ce qui n'empêchait pas Mme de Stael de faire ses réserves. Quand on lui disait que le genre de talent de Wieland se rapprochait le plus du génie français, elle ne manquait pas de répliquer que pour cette raison même il lui était impossible de le placer si haut, un Allemand ne pouvant être assez Allemand ³. Wieland lui-même ne pensait guère autrement, car il plaisante de la singulière erreur des Français, qui croyaient voir en lui « le Voltaire de l'Allemagne », erreur à laquelle il fut redevable du reste d'échapper plus tard au pillage⁴.

Mme de Stael ne se dissimulait pas non plus combien il lui restait à faire à elle-même afin de pénétrer dans cet esprit allemand qu'elle aspirait d'autant plus à comprendre, qu'il ne demandait de sa

---

¹ * Knebel, *OEuvres posthumes*, III, 65. Knebel à Bœttiger, 3 février 1804.

² * H. Duntzer, *Correspondance de Knebel*, 197. Henriette à son frère Charles, 4 février 1803.

³ Henry Crabb Robinson, *Diary, reminiscences and correspondence*, I, 117.

⁴ * Wieland, *Choix de lettres remarquables*, 133.

part aucune rupture avec le passé. « Il me semble, écrit-elle, que les étrangers eux-mêmes n'aiment pas que nous renions notre patrie et qu'aucune émigration n'a jamais réussi [1] ».

Pour atteindre ce but, elle travaillait sans relâche, acceptait rarement des invitations à la cour, mais donnait de petits dîners chez elle; elle cherchait aussi, grâce à l'assistance d'un étranger fixé pour un temps à Weimar, à jeter en quelque sorte un pont entre le monde intellectuel qui l'environnait et celui dans lequel elle avait vécu jusque-là. Cet étranger était un jeune Anglais plein de talent, très apprécié de Gœthe, Henry Crabb Robinson, venu en Thuringe pour achever son éducation, et qui bientôt se rendit en Espagne comme correspondant du *Times* [2].

Bœttiger lui écrivit à la fin de janvier que Mme de Stael, activement occupée de la traduction de l'*Esthétique* de Schelling, dont elle semblait se tirer à merveille, désirait faire sa connaissance et l'invitait à dîner. Il l'obligerait fort, ajoutait-il, s'il voulait jeter pour elle sur le papier quelques vues sur le système de Schelling, « transporté du monde de la philosophie dans le monde de l'intelligence ». Tout convaincu qu'il était que pas un mot de lui sur la philosophie allemande ne pouvait soutenir l'examen devant des juges compétents, Robinson se disait aussi que, malgré cela, il pourrait être de quelque

---

[1] * M. Isler, *Lettres posthumes de Charles de Villers*, 296. Mme de Stael à Villers, Weimar, 28 décembre 1803.

[2] * *Correspondance entre Gœthe et Knebel*, I, 329, et *Lettres de Gœthe à Zelter*, V, 280.

utilité en pareille matière à une dame française, fût-ce à Mme de Staël. Il promit donc ce qu'elle désirait et se présenta chez elle. Elle le reçut à la mode de son pays, *decorously*, suivant son expression, dans son lit, en train d'écrire, son bonnet de nuit sur la tête. Elle s'entretint avec lui jusque dans l'après-midi, et, à partir de ce jour, l'invita souvent à sa table. Habituellement, en pareille circonstance, il n'y avait auprès de la maîtresse de maison qu'une dame, la première fois Mme de Kalb. A une autre occasion vint Charles-Auguste, auquel Mme de Staël présenta Robinson en ces termes : « J'ai voulu connaître la philosophie allemande ; j'ai frappé à la porte de tout le monde, Robinson seul l'a ouverte ».

Le jeune Anglais chercha avant tout à lui faire comprendre Gœthe ; mais il la jugea bien vite incapable de se rendre un compte exact des raisons de sa supériorité. Elle s'était assimilé jusqu'à un certain degré l'admiration universelle dont il était l'objet ; mais malgré ses sympathies intellectuelles si promptes, elle n'avait jamais pénétré le sens des plus fines de ses épigrammes, de celle-ci par exemple :

Toutes les neuf, elles m'ont souvent fait signe : je veux parler
[des Muses ;
Mais je ne pris pas garde à elles, je pressais ma maîtresse sur mon
[sein.
Or, j'ai quitté ma bien-aimée, et les Muses aussi m'ont quitté ;
Alors je lançai des regards furtifs, cherchant un couteau ou une
[corde.
Mais l'Olympe est plein de dieux. Tu vins me sauver,
Ennui ! Tu es salué père des Muses.

Robinson lui ayant dit à ce propos qu'elle n'avait

pas compris Gœthe et ne le comprendrait pas, ses yeux étincelèrent et elle lui répliqua de sa voix sonore et avec un beau geste qui lui était familier : « Monsieur, je comprends tout ce qui mérite d'être compris ; ce que je ne comprends pas n'existe pas ». Le jeune homme s'inclina. C'était à table. Le repas terminé, M*me* de Staël s'approcha de lui, lui tendit affectueusement la main et dit : « J'ai été fâchée un moment, mais c'est fini ». Une autre fois il lui citait le beau passage de Kant : « Il y a deux choses qui, plus je les contemple, remplissent mon esprit d'une admiration croissante : le ciel étoilé au-dessus de ma tête et la loi morale au-dedans de moi ». Elle s'élança de son siège en s'écriant : « Ah ! comme cela est beau ! ». Plusieurs années après, cependant, lisant la traduction de ce passage dans le livre *De l'Allemagne*, Robinson trouva, à son grand déplaisir, qu'elle débutait par ces mots : « Pour les cœurs sensibles il y a deux choses qui, plus on les contemple », etc.

En une autre circonstance elle lisait devant lui, Bœttiger et quelques autres invités, sa traduction de *La Fiancée de Corinthe*, ce poème que Herder, soit dit en passant, n'a jamais cessé de qualifier d'« horrible ». Tous louèrent ses vers, à l'exception de Robinson. En réponse à une de ses questions, il lui dit qu'elle n'avait pas remarqué le trait final et par suite ne l'avait pas traduit. « Vous tous m'avez louée, Robinson seul m'a corrigée », observa-t-elle en se tournant vers son auditoire. Elle discuta longtemps avec le jeune Anglais sur la qualification de « musique pétrifiée » donnée par Schelling à l'architecture, avant d'accepter cette expression, qu'elle releva plus tard avec éloge.

Le 22 janvier, Jean de Muller, en route pour Berlin, arriva à Weimar. Mme de Stael le reçut comme une ancienne connaissance dont les talents extraordinaires provoquaient son admiration. Plus tard, quand il se fut rangé du côté de Napoléon, elle le jugea avec une sévérité bien rare chez elle. Le 17 ou le 19 mars, de retour de Berlin, il assista, au théâtre de Weimar, à une des premières représentations de *Guillaume Tell*. Quand vint l'endroit où Stauffacher raconte le meurtre du roi Albrecht, tous les assistants, tournés vers la loge où avait pris place le grand historien, applaudirent chaleureusement.

Presque en même temps que lui, le 20 janvier, Benjamin Constant était arrivé à Weimar ; le lendemain soir on donna *Clavigo*. Ce jour-là il vit Gœthe et consigne son impression dans son *Journal*. « Finesse, amour-propre, irritabilité physique jusqu'à la souffrance, esprit remarquable, beau regard, figure un peu dégradée, voilà son portrait ». Puis un peu plus tard : « J'ai dîné aujourd'hui avec Gœthe, et je sens qu'un Français, même quand il n'approuve pas tout ce qui se fait dans son pays, est toujours mal à l'aise avec des étrangers. J'ai en effet avec Gœthe une gêne dans toute conversation. Quel dommage que la philosophie mystique de l'Allemagne l'ait entraîné ! Il m'a avoué que le fond de cette philosophie était le spinosisme. Les mystiques de Schelling ont en effet une grande idée de Spinosa. Mais pourquoi vouloir allier à cela des idées religieuses? et, qui pire est, le catholicisme? C'est, disent-ils, parce que le catholicisme est plus poétique. Et Gœthe dit : « J'aime mieux que le catholicisme me fasse du mal que si on m'empêchait de m'en servir pour rendre mes pièces plus intéressantes ». L'abus de l'analogie se rencontre beaucoup chez Gœthe et surtout dans ses préventions en chimie et dans les sciences exactes ». Ailleurs : « Souper très intéressant chez Gœthe. C'est un homme plein d'esprit, de saillies, de profondeur, d'idées neuves; mais c'est le moins bon homme que je connaisse ». A propos de *Faust*, qu'il ne pouvait connaître que comme fragment, Benjamin Constant prononce l'étonnant jugement que voici : « Relu le *Faust* de Gœthe. C'est une dérision de l'espèce humaine et de tous les gens de science. Les Allemands y trouvent une profondeur inouïe; quant à moi je trouve que cela vaut moins que *Candide*; c'est tout aussi immoral, aride et desséchant, et il y a moins de légèreté, moins de plaisanteries ingénieuses et beaucoup plus de mauvais goût ». « Décidément il y a bien de la bizarrerie dans l'esprit de Gœthe », dit-il à un autre endroit, en joignant à cette appréciation un commentaire assez semblable à celui de Mme de Staël relativement à *Eugénie* : « Singulier système que celui de ne compter le public pour rien et de dire à tous les défauts d'une pièce : *Il s'y fera!* Au fait », ajoute-t-il perfidement, « je crois que Gœthe n'est pas très fâché des absurdités de Schiller ».

Il dit de Wieland : « Je cause après dîner avec lui

Esprit français, froid comme un philosophe et léger comme un poète... Incrédule au fond, mais désirerait croire, parce que cela conviendrait à son imagination qu'il voudrait rendre poétique et parce qu'il est vieux... Wieland est très aimable, mais très incrédule ».

Il parle en détail du grand événement du jour à Weimar, l'achèvement du *Guillaume Tell* de Schiller, « véritable lanterne magique mal arrangée, mais avec beaucoup plus de beautés scéniques qu'il n'y en a dans les autres pièces (du poète)... Il y a une foule d'incidents ridicules ; par exemple, la destruction d'une bastille, exécutée par un seul homme avec le calme allemand et un petit marteau ! Le caractère de Tell est le seul bien tracé ». « J'ai la visite de Schiller », dit-il ailleurs. « C'est un homme de beaucoup d'esprit sur son art, mais presque uniquement poète. Il est vrai que les poésies fugitives des Allemands sont d'un tout autre genre et d'une toute autre profondeur que les nôtres ».

Il apprécie ainsi la *Louise* de Voss : « Il y a là une simplicité admirable et une imitation littérale d'Homère... Ce genre simple a d'autant plus de charme qu'on a le cœur plus usé ; l'exactitude des descriptions matérielles de la vie a de l'attrait pour celui à qui tout est devenu indifférent ». Il traite *Les Hussites* de Kotzebue de pièce détestable. « Soixante enfants à la fois sur le théâtre, point de plan, point de caractère, point de tableaux de mœurs, point de fidélité historique. C'est misérable. Les mœurs des Hussites, leur fanatisme, leur cruauté et leurs convictions, tout cela aurait pu être du plus grand intérêt. Tout est manqué. Il n'a su nous montrer que quelques soldats ivres, préparant leurs armes pour embrocher des enfants ». Il lut chez Gœthe, dans la *Phèdre* de Racine, le rôle d'Hippolyte, tandis que Mme de Stael représentait l'héroïne. Mais ce qui l'intéressait le plus à ce moment, c'était la continuation de son livre sur les Religions, dont il refit le plan de la première partie. Il lisait à ce sujet les écrits de Herder et d'un écrivain beaucoup moins connu, Meiners. « Herder est comme un lit bien chaud et bien doux où l'on rêve agréablement ; Meiners est utile, mais ennuyeux ». « Système doux et enthousiaste », dit-il encore à propos de Herder, « mais rien d'assez positif ». « Je trouve toujours un plaisir infini à la lecture de Herder », dit-il encore un peu plus loin ; « son septième livre sur l'origine et les progrès du christianisme est d'une philosophie étonnante. C'est tout à fait la contre-partie de l'absurde ouvrage de Chateaubriand ». « Herder fait l'observation ingénieuse qu'aucune religion prise a la lettre ne serait praticable : transaction de l'idéal des religions avec les possibilités pratiques. Une autre observation importante, c'est que tout est bon ou mauvais suivant les temps et les livres. Je ferai une grande application de cette vérité dans mon ouvrage et je n'oublierai pas que j'y traite simplement des rapports de la religion avec la morale, toute la partie scientifique devant être écartée ; sans cela je ferais un ouvrage comme Dupuis ». Il commence à recopier son Introduction d'après ce nouvel ordre d'idées : « Une distinction heureuse », insiste-t-il de nouveau, « est à conserver entre le sentiment religieux et les religions positives. Cette distinction éloigne la brutalité de l'athéisme en laissant toute liberté. L'athéisme dogmatique est ennemi de tout ce qui est beau et de tout ce qui est libre ». Il eut un jour, dit-il, une conversation avec Jean de Muller sur une question intéressante : la création ou la non création du monde. « Suivant la décision prise sur cette question, la marche du genre humain paraîtrait diamétralement inverse. S'il fut créé : détérioration. S'il ne le fut pas : amélioration ».

Comme toujours, quand il se trouvait en Allemagne, il réagissait contre les choses françaises. « Il y a dans la conversation des hommes allemands, même non lettrés », dit-il quelque part, « une sorte de bon sens et de calme qui repose et dont je sens d'autant plus le mérite que je me rapproche de la France. En quittant l'hospitalier territoire de Weimar, je vais rentrer dans un monde où je ne rencontrerai plus cette bienveillance dont j'ai contracté l'habitude. Je ne trouverai plus dans les esprits l'impartialité et l'amour du vrai qui m'ont été si agréables et si utiles en Allemagne ». Et ailleurs : « Visite de Schlichtgroll, bon petit homme de la sixième classe des hommes de lettres en Allemagne. Ici, tous les hommes de lettres quoique sans esprit ont cela de supérieur à la classe qui fait leur pendant en France, qu'ils sont très instruits et ont des idées très libérales. Schlichtgroll a sur la religion des idées plus justes et plus véritablement tolérantes que la totalité de nos croyants et les sept huitièmes de nos philosophes ». Il dit à un autre endroit : « Les Français ne pensent qu'à faire effet ! La vérité, la vraisemblance, l'utilité, l'honnêteté, rien ne leur paraît aussi important que de faire de l'effet ». Une attaque dirigée par un journal français contre Gœthe lui fait enfin écrire ceci : « J'ai lu dans l'*Allgemeine Zeitung* la traduction d'un morceau du *Mercure* sur Gœthe. On dirait que ces gens-là sont fous, si l'on ne savait que ce sont des gueux. Il y a évidemment un plan bien suivi pour établir dans les sciences, dans les lettres, dans les comédies, dans les romans, la disposition étroite et soumise qui favorise le catholicisme. Les ennemis de la Révolution se sont instruits par leur sottise et sont aujourd'hui bien plus habiles qu'autrefois. C'est un pari de certains hommes contre l'esprit humain ; je doute qu'ils le gagnent [1] ».

Bien que Benjamin Constant parlât parfaitement allemand et que Mme de Staël lui facilitât l'accès auprès des célébrités de Weimar, sa présence passa assez inaperçue. Gœthe seul fait mention de lui avec bienveillance dans ses *Annales*. Ici encore faisait défaut à Constant la chaude sympathie qui suppléait, chez Mme de Staël, à la faculté de pénétrer, mieux qu'elle ne pouvait le faire, les choses et les idées de l'Allemagne. On remarque que, tandis qu'elle le nommait par son prénom et le traitait comme une sorte de frère cadet, il lui parlait du ton le plus res-

[1] Benjamin Constant, *Journal intime. Revue internationale,* publiée à Rome, 10 janvier 1887, 91-96, 98, 100, 102, 103, 106.

pectueux, bien qu'il fût souvent d'un avis opposé au sien et ne laissât passer aucune occasion de le lui dire [1]. Weimar avait d'ailleurs le bon goût d'accepter sans plus amples commentaires des relations envers lesquelles les mœurs allemandes de ce temps-là préparaient à l'indulgence. Sans parler d'autres personnalités ni de la situation domestique de Gœthe, il y avait alors Charlotte de Kalb, dont la vie est trop connue pour la rappeler ici, et Caroline de Wolzogen, divorcée depuis 1794 de son premier mari, M. de Beulwitz, mais remariée la même année avec le cousin dont elle portait le nom, tandis qu'à Iéna une autre Caroline, la plus forte tête de son sexe dans l'époque classique, la « femme aux trois maris » du romantisme, s'était séparée peu de mois auparavant de son second époux, Auguste-Guillaume Schlegel, pour s'unir à Schelling, pendant que Frédéric Schlegel faisait les démarches préparatoires qui conduisirent à son second mariage avec Dorothée Mendelssohn, femme du banquier Veit. Ce fut à Mme de Staël à s'étonner en voyant que l'on changeait d'époux aussi paisiblement que s'il se fût agi d'arranger les incidents d'un drame inventé à plaisir. Elle raille finement ces singuliers types de femmes allemandes, à la fois légères et sentimentales, « exaltées sans cesse jusqu'à l'affectation et dont les douccreuses expressions effacent tout ce que l'esprit et le caractère peuvent avoir de piquant et de prononcé ; elles ne sont pas franches, sans pourtant être fausses ; seulement

---

[1] Henry Crabb Robinson, *Diary, reminiscences and letters*, I, 116, 118-119.

elles ne voient ni ne jugent rien avec vérité, et les événements réels passent devant leurs yeux comme de la fantasmagorie... Le bon naturel des hommes et des femmes fait qu'on ne mêle point d'amertume à ces faciles ruptures ; et comme il y a chez les Allemands plus d'imagination que de vraie passion, les événements les plus bizarres s'y passent avec une tranquillité singulière [1] ».

Une de ces femmes de lettres de Weimar, Caroline de Wolzogen, belle-sœur de Schiller et sa future biographe, était entrée dès 1802 en correspondance avec Mme de Stael, qui lui demandait un précepteur allemand ; cette dernière avait fait savoir, par Guillaume de Humboldt ou Brinckmann, à l'auteur du roman *Agnès de Lilien*, que c'était le premier livre allemand qu'elle avait lu dans l'original et celui qui, après *Werther*, lui avait causé le plus vif plaisir [2]. Éloge d'ailleurs en accord avec celui de la critique allemande, qui, par la bouche des frères Schlegel, attribuait à Gœthe ce roman paru sans nom d'auteur en 1798. M. et Mme de Wolzogen étaient absents de Weimar à l'arrivée de Mme de Stael, et pendant ce temps Charlotte Schiller adressa à son beau-frère une lettre où elle lui décrit ces journées d'hiver de 1804. « Nous vivons », dit-elle, « dans une perpétuelle tension d'esprit. Tandis que nos âmes seraient plutôt portées à de silencieuses méditations, force nous est faite de nous tenir sur la défensive

---

[1] Mme de Staël, *De l'Allemagne*, 1re partie, chap. 3 : les Femmes.

[2] * Caroline de Wolzogen, *Œuvres posthumes*, II, 277.

et de déployer de l'esprit et de la perspicacité pour faire front à la spirituelle et vive M™° de Staël. Elle s'agite continuellement et veut tout savoir, tout voir, tout examiner. En dépit de ce sérieux dans l'esprit, elle a la nature superficielle des Français. S'il est permis de le dire, il y a en elle une sorte d'audace dans les jugements, qui nous choque parfois, nous autres Allemands, toujours prêts aux concessions ; mais qui, chez elle, loin d'être inspirée par un mobile condamnable, provient plutôt d'un noble amour pour la vérité. Dans la société, toutefois, on aime mieux ce qui est arrondi que ce qui est anguleux, et toujours se tenir aux aguets, toujours veiller au défaut de la cuirasse, cela est fatigant..... Chez la Staël on entend tout sans déplaisir, parce qu'elle a un beau langage et ne dit pas un seul mot insignifiant. Mais si, à Paris, j'entendais ainsi raisonner sur les productions allemandes, sur les chefs-d'œuvre des Français, sur leur unité de temps et de lieu, sur *le peuple*, etc., et cela par des gens sans idées et sans valeur, la chose me serait extraordinairement pénible. La volubilité de sa langue ne saurait se dire. Humboldt n'est rien à côté de M™° de Staël, et cependant il s'entend parfois à bavarder. Elle écrit un grand livre sur son voyage, sur l'Allemagne, sur la philosophie, qui l'occupe beaucoup, et en particulier sur la littérature allemande... La Staël est souvent aussi au Palais (chez la duchesse Amélie), et là c'est la Gœchhausen qui l'adore le plus ; Bœttiger s'acquitte dans les règles de l'office de *petit-maître* et est à mourir de rire quand il parle français. Nous allons le perdre, mais sans que la mort l'abatte, ce qui est un heureux *événement :* il s'en va à Dresde, dans les pages. Gœthe a été indisposé trois semaines, et Schiller et Wieland ont dû sauver seuls l'honneur des lettres ; puis Schiller à son tour à été malade douze jours environ ; maintenant il va mieux et sortira pour fêter son jour de naissance [1] ». Cette lettre est du 28 janvier. Quelques jours auparavant, Gœthe avait pour la première fois donné l'hospitalité à M°™ de Staël, et peu après il devint aussi son hôte ; mais, obligé de se ménager, il refusait toutes les autres invitations, et se bornait à l'intimité. A une de ces occasions, elle écrivait à Schiller : « Gœthe s'est engagé à venir vendredi chez moi à sept heures pour y souper ; si vous vouliez honorer de votre présence ce souper tout à fait intime, — ne me refusez pas, vous qui êtes aussi simple dans vos manières qu'illustre par votre génie, — il n'y aura que Gœthe, vous, Benjamin Constant et moi — vous viendrez sans toilette, n'est-ce pas, et (faisant allusion à une conversation avec lui) vous rendrez heureux tous mes *moi*, l'empyrique, l'absolu, etc. [2] ». Mais Schiller, de plus en plus absorbé par son œuvre et obligé de la terminer à l'époque fixée par le théâtre de Berlin pour la première représentation de *Guillaume Tell*, était fatigué, surexcité, et aspirait au repos.

---

[1] * Caroline de Wolzogen, *Œuvres posthumes*, II, 217. Charlotte Schiller à W. de Wolzogen, Weimar, 28 janvier 1804.

[2] * Ulrichs, *Lettres à Schiller.* M™° de Staël à Schiller, 20 février 1804.

Or, c'était là une chose que Mme de Staël ne connaissait pas. Un jour que le poète lui parlait de son projet d'emprunter un sujet de drame à l'histoire des Pays-Bas, il ajouta qu'il préférerait ne pas écrire sa pièce plutôt que de la nommer à l'avance, ce qui n'arrêta nullement Mme de Staël, qui finit par lui faire avouer que ce drame porterait le nom de *Marguerite* [1].

Ce qui devait nécessairement arriver arriva. Mme de Stael trouva les Allemands, même les plus grands d'entre eux, prêts à reconnaître sa supériorité sur tous les points où ils se sentaient vraiment inférieurs : la part active prise aux catastrophes et aux grandes transactions politiques, la connaissance de la nature humaine, affinée par des luttes soutenues en commun, par l'observation des instincts, des motifs et des passions dont se composent les incidents de ces drames plus tragiques encore que ceux qu'évoquait leur imagination de poète. Ces avantages, ils les appréciaient d'autant plus qu'ils s'en savaient privés, au plus grand détriment de leur œuvre. Wieland, que Mme de Stael engageait à choisir un sujet tiré de l'histoire contemporaine, répondit par une profession de foi sur l'impuissance des œuvres littéraires en général, envisagées au point de vue de leur influence sur les gouvernants et les destinées des Etats. Il tournait sa roue, disait-il, parce que l'oisiveté le tuait ; quant à un résultat, il n'y comptait pas [2].

[1] * K. A. Bœttiger, *Choses littéraires et contemporains*, II, 251, note.
[2] * Id., Ibid., I, 263.

Le besoin de voir se dérouler devant lui une vie forte et mouvementée conduisit, dans l'été de 1804, Schiller à Berlin. « Mes travaux », dit-il à cette occasion, « doivent agir sur un public d'élite, et je me trouve dans un milieu si étroit et si mesquin, qu'il est vraiment étonnant que je puisse produire jusqu'à un certain point quelque chose qui s'adresse aux hautes sphères de l'Etat et de la société [1] ». C'était le même sentiment qui, pendant qu'il travaillait à la trilogie de *Wallenstein*, lui avait fait écrire à Gœthe : « Je perds un temps et une force infinis à écarter les obstacles de la situation que le sort m'a faite et à entrer en possession de mes instruments propres, afin de m'attaquer à un objet qui m'est aussi étranger que le monde vivant, et surtout le monde politique [2] ».

Lui et son illustre ami ne se sentirent découragés que dans les moments où Mme de Staël leur demandait ce qu'ils ne pouvaient lui donner : la conciliation de leur propre monde poétique et d'un état intellectuel pour la vraie compréhension duquel toutes les conditions, ils le savaient, lui faisaient défaut et qui, d'ailleurs, ne pouvait se révéler subitement, même à un don de divination aussi merveilleusement perspicace que le sien. Le conflit entre les affinités personnelles et le contraste des idées, entre les pôles opposés de l'éducation et de la nationalité, et les

---

[1] * Caroline de Wolzogen, *Œuvres posthumes*, I, 421. Schiller à Wolzogen, 16 juin 1804.

[2] * *Correspondance entre Schiller et Gœthe*, I, 198, n° 242. Schiller à Gœthe, Iéna, 18 novembre 1796, et II, 1, n° 396, 2 janvier 1798.

points de contact du pouvoir créateur et de la supériorité intellectuelle, explique le ton des communications échangées entre Schiller et Gœthe au sujet de Mme de Staël, quand le premier moment d'admiration fut passé. « Ma pièce m'absorbe tout entier », écrivait Schiller à son ami Kœrner, « et voilà que le démon m'amène ici la *philosophe* française qui est bien, de toutes les créatures vivantes que j'ai rencontrées, la plus mobile, la plus prête au combat et la plus fertile en paroles. Mais c'est aussi la plus cultivée, la plus spirituelle des femmes, et si elle n'était pas réellement intéressante, je ne me dérangerais pas pour elle. Tu peux penser combien une telle apparition, placée sur les sommets de la culture française, tout à fait opposée à la nôtre, et qui nous arrive subitement du fond d'un autre monde, doit contraster avec la nature allemande et avant tout avec la mienne. Elle détourne de moi à peu près toute poésie, et je m'étonne de pouvoir encore faire quelque chose. Je la vois souvent, et comme par dessus le marché je ne m'exprime pas facilement en français, j'ai réellement de rudes heures à passer. On est obligé pourtant d'estimer et d'honorer hautement cette femme pour sa belle intelligence, et même pour son libéralisme et son esprit ouvert de tant de côtés [1] ». Cela était encore assez indulgent ; mais on ne devait pas s'en tenir là. « Maintenant que je suis malade et maussade »,

---

[1] * *Correspondance entre Gœthe et Schiller*, II 2, 1127. Schiller à Kœrner, Weimar, 4 janvier 1804 ; puis 1129 et 1130, Schiller à Gœthe, sans date.

écrivait à son tour Gœthe quelques jours plus tard, « il me semble à peu près impossible de soutenir de nouveau de telles conversations avec notre étrangère. C'est vraiment pécher contre le Saint-Esprit que de lui faire la moindre concession ». Et Schiller de répondre : « Mᵐᵉ de Staël veut encore rester trois semaines ici. En dépit de toute l'impatience propre aux Français, je crains bien qu'elle n'expérimente par elle-même que nous autres, Allemands de Weimar, nous sommes aussi un peuple changeant et qu'on doit savoir s'en aller à temps. . J'ai vu Mᵐᵉ de Staël hier chez moi, et je la reverrai aujourd'hui chez la duchesse-mère. On en est toujours au même point avec elle. On songerait au tonneau des Danaïdes, si l'on ne se rappelait plutôt l'aventure d'Oknos et de son âne ¹ »... « Depuis le départ de notre amie, il me semble que je relève d'une grande maladie ² ».

Après les rois les charretiers, en tête le philologue Riemer. A la suite d'une observation plus ou moins malveillante de Gœthe, il s'imagina de confier au papier des remarques sur la voix de Mᵐᵉ de Staël, qui s'était fait entendre de l'appartement de Gœthe jusqu'à la chambre où Riemer était en train de guider les études classiques du jeune fils du poète ³.

Blessé plus encore dans son goût que dans son

---

¹ * *Correspondance entre Gœthe et Schiller*. Ibid., II ², 1131, 1132. Schiller à Gœthe, 13 et 14 janvier 1804. L'âne d'Oknos est une allusion fort désobligeante à un passage de Pausanias sur la descente d'Ulysse aux enfers.
² * Ibid., II. 365, n° 956. Schiller à Gœthe, sans date.
³ * F. W. Riemer, *Communications sur Gœthe*, II, 497.

amitié, Guillaume de Humboldt, bien des années après et lorsque la correspondance entre Gœthe et Schiller eut été livrée à la publicité, s'exprima de la façon suivante au sujet des critiques de ses amis de Weimar : « Dans une correspondance intime », écrivait-il à son amie Charlotte Diede, « on peut, comme dans la conversation, se permettre certaines petites railleries, car on n'a pas de mauvais desseins et l'on sait exactement comment on sera compris. Mais si on livre ces lettres au public, il faut supprimer de semblables passages, et Gœthe, qui a publié cette correspondance, a été trop peu attentif ». Et passant au jugement dont son amie avait été l'objet à Weimar, Humboldt dit en termes très frappants : « Gœthe et Schiller devaient être injustes envers Mme de Stael, car ils ne la connaissaient qu'imparfaitement. Mme de Stael valait beaucoup moins par le côté littéraire que par le caractère et les sentiments. L'esprit et l'âme se confondaient en elle d'une façon qui lui appartenait en propre. C'est ce dont Gœthe et Schiller ne pouvaient se rendre un compte assez exact. Ils ne la connaissaient que par des conversations, et d'une manière imparfaite, car ils ne pouvaient s'exprimer en français avec une entière liberté. Ces conversations les ennuyèrent, parce qu'ils se virent contraints d'y prendre part, sans être a même de s'exprimer avec clarté et facilité dans un organe étranger. Et ainsi celle qui provoquait ces conversations leur devint à charge. Ils ne savaient rien de sa véritable et intime nature de femme. Ce qu'on disait de son caractère trop masculin appartient au trivial bavardage que se permettent les gens vulgaires des deux sexes sur les femmes dont l'intelligence et la manière d'être dépassent leur horizon. S'abstenir de juger ce qui nous dépasse, c'est là un mérite trop noble pour qu'il soit bien fréquent [1] ».

Guillaume de Humboldt, quand il écrivait ces lignes, ignorait que Schiller était arrivé, bien avant lui, à une conclusion à peu près identique et qui effaçait tout ce qu'un mouvement de lassitude avait pu lui dicter vis-à-vis de Gœthe et sous la pression des circonstances défavorables. Le 5 janvier 1805 il avait écrit à sa sœur Christophine : « Mme de Stael est un phénomène pour son sexe ; peu d'hommes l'égalent en esprit et en éloquence, et, malgré cela, il n'y a chez elle nulle trace de pédantisme ou d'obscurité. Elle a toute la finesse que donne l'usage du grand monde, et avec cela un sérieux rare et une profondeur d'esprit tels qu'on ne les acquiert que dans la solitude [2] ».

Gœthe, lui aussi, semble avoir compris qu'il y avait là quelque chose à réparer. Aux assertions échappées au laisser-aller de l'intimité, il ajouta un récit de ses relations avec Mme de Stael écrit dans le ton sérieux des *Annales* et qui complète le tableau de la vie de Weimar à cette époque.

« L'hiver était venu avec toute sa violence », dit-il ; « les routes étaient couvertes de neige ; on ne

[1] * Guillaume de Humboldt, *Lettres à une Amie*, II, 225-227, 2 août 1832.

[2] * *Correspondance de Schiller avec sa sœur Christophine et son beau-frère Reinwald*, 247.

pouvait franchir la Schecke, hauteur escarpée en face d'Iéna. Mᵐᵉ de Staël me pressait de plus en plus ; mes affaires étaient terminées, et je résolus de retourner à Weimar... Une partie du séjour de cette femme illustre fut pour moi de l'histoire. Nos communications commencèrent par des billets, puis vinrent les tête-à-tête et les réunions en très petit comité. C'était peut-être là le meilleur moyen d'apprendre à la connaître et aussi de me faire connaître d'elle, autant que la chose était possible ».

Puis il continue par une concession que seul il lui a faite.

« Sa personne avait quelque chose de ravissant au point de vue physique comme sous le rapport intellectuel, et elle paraissait n'être point fâchée qu'on n'y fût pas insensible. Que de fois avait-elle dû fondre ensemble la prévenance, la bienveillance, la sympathie et la passion ! Aussi disait-elle un jour : Je n'ai jamais eu confiance en un homme qui n'eût pas été une fois amoureux de moi. — Sa remarque est juste : car, lorsqu'un homme a ouvert le fond de son cœur et qu'il s'est livré, comme cela arrive dans l'amour, c'est un don qu'il ne peut reprendre, et il serait impossible d'offenser ou de laisser sans protection un être jadis aimé.

« Mᵐᵉ de Stael poursuivait avec résolution son projet d'apprendre à connaître notre société, de la coordonner et de la subordonner à ses idées ; de s'enquérir des détails autant qu'il se pouvait ; de s'éclairer, comme femme du monde, sur les relations sociales ; de pénétrer et d'approfondir avec sa riche nature de femme les idées générales et ce qu'on nomme philosophie. Je n'avais en principe aucune raison de dissimuler avec elle, quoique, même quand je me livre, je ne suis pas toujours bien compris ; et, cette fois, une circonstance étrangère m'enseigna la prudence pour le moment. Je reçus dans ce temps un livre français, qui renfermait la correspondance de deux dames avec Jean-Jacques Rousseau. Elles avaient mystifié d'une façon tout à fait singulière cet homme ombrageux et inabordable, en sachant d'abord l'intéresser à de petites affaires, et l'engager avec elles dans un commerce de lettres qu'elles avaient rassemblées et fait imprimer, quand elles en eurent assez de cette plaisanterie. J'exprimai à Mme de Staël mon mécontentement d'une pareille conduite ; mais elle prit la chose légèrement et parut même l'approuver, faisant entendre assez clairement qu'elle se proposait d'agir à peu près de même à notre égard. Il n'en fallait pas davantage pour me rendre attentif et prudent et me renfermer un peu.

« Les grandes qualités de cette femme écrivain, ses pensées et ses sentiments élevés sont connus de chacun, et les résultats de son voyage en Allemagne témoignent suffisamment qu'elle a bien employé son temps ».

« Son but était multiple ; elle voulait apprendre à connaître le Weimar moral, social et littéraire, et s'instruire de tout exactement ; mais elle voulait aussi être connue, et cherchait en conséquence aussi bien à faire valoir ses idées, qu'elle paraissait désireuse de pénétrer les nôtres. Elle ne s'en tenait toutefois pas là : elle voulait aussi agir sur les sens, sur le sentiment, sur l'esprit ; elle voulait nous inciter à une certaine activité, dont elle nous reprochait l'absence. Comme elle n'avait aucune idée de ce qu'on appelle devoir et de la situation tranquille et recueillie à laquelle doit se résoudre celui qui s'impose un devoir, elle voulait une action continue, des effets soudains, comme, en société, une conversation, une discussion incessantes.

« Les Weimariens sont certainement capables d'enthousiasme, peut-être même, à l'occasion, d'un enthousiasme faux ; cependant il ne fallait pas attendre d'eux l'effervescence française, surtout à une époque où la prépondérance de cette nation menaçait toute l'Europe, et où les hommes sérieux prévoyaient les malheurs inévitables qui devaient un an après, nous conduire à deux doigts de notre perte.

« Par la lecture et la déclamation, Mme de Staël voulait aussi conquérir des couronnes. Une lecture de *Phèdre*, à laquelle je ne pus assister, eut le résultat qu'on devait attendre : il devint évident une fois de plus que les Allemands avaient pour toujours renoncé à cette forme restreinte, à ce pathos mesuré et boursouflé. Ils aiment mieux se passer du beau fruit naturel qui est caché dessous, que de le faire sortir peu à peu de toutes les enveloppes qui le recouvrent inutilement.

« Philosopher en société, c'est discourir vivement sur des problèmes insolubles. C'était le plaisir et la passion de Mme de Staël. Naturellement, de réponse en réplique, elle arrivait d'ordinaire jusqu'aux choses de l'esprit, du sentiment, qui ne doivent proprement se placer qu'entre Dieu et l'individu. Avec cela elle avait, comme femme et comme Française, l'habitude constante de persister avec entêtement sur les points principaux et de ne pas écouter exactement ce que disait son interlocuteur. Par là elle éveilla en moi la malicieuse fantaisie de toujours contredire, de disputer sur tout, de réduire tout en problème, et de la mettre souvent au désespoir par une opposition obstinée. Alors elle était tout à fait aimable et manifestait de la façon la plus brillante la vivacité de son intelligence et de ses répliques.

« J'eus aussi avec elle en tête-à-tête plusieurs conversations suivies, où elle n'était pas moins fatigante à sa manière, en ce qu'elle ne nous permettait pas sur les événements les plus graves un moment de réflexion tranquille : il fallait, pour les affaires, pour les objets les plus importants, être aussi vite prêt que s'il s'était agi de recevoir un volant.

« Une petite histoire à ce sujet. Un soir. avant l'heure de réception de la cour, elle entre chez moi et me dit vivement, en guise de salutation . « J'ai à vous annoncer une importante nouvelle : Moreau est arrêté avec quelques autres et accusé de trahison envers le tyran ». J'éprouvais depuis longtemps, comme tout le monde, de l'intérêt pour ce noble caractère, dont j'avais suivi les actes et la conduite ; j'évoquai en silence le passé pour juger le présent à ma manière et en tirer des conclusions ou du moins des conjectures pour l'avenir. La dame changea la conversation, en la portant, suivant sa coutume, sur un grand nombre de choses indifférentes, et comme je continuais à être enfoncé dans mes réflexions et ne sus pas aussitôt trouver beaucoup de choses à lui répliquer, elle renouvela le reproche qu'elle m'avait déjà adressé souvent : que, selon mon habitude, j'étais encore maussade ce soir-là, et qu'il était impossible de se distraire avec moi. Je fus véritablement fâché, et lui assurai qu'on ne pouvait s'intéresser sérieusement à elle. « Vous tombez chez moi comme une bombe », lui dis-je, « vous m'étourdissez par un coup violent, et vous voulez qu'aussitôt on siffle votre petite chanson et qu'on saute d'un sujet à un autre ! ». Un semblable langage était bien ce qu'il lui fallait ; elle voulait exciter une passion, n'importe laquelle. Pour m'apaiser, elle m'exposa à fond les circonstances de ce grave événement et témoigna une grande intelligence de la situation comme des caractères.

« Une autre historiette fera également voir combien il était facile et agréable de vivre avec elle, quand on entrait dans sa manière. A un souper chez la duchesse Amélie, où il y avait beaucoup de monde, j'étais placé loin de Mme de Stael, et, cette fois encore, je demeurais silencieux et rêveur. Mes voisins de table me le reprochèrent, et cela causa un petit mouvement, dont le sujet finit par être connu des hauts personnages. Mme de Staël entendit qu'on me reprochait mon silence ; elle s'exprima là-dessus comme à l'ordinaire et ajouta : « Pour moi, d'ailleurs, je n'aime pas Gœthe, s'il n'a pas bu une bouteille de champagne ». Sur quoi je dis à demi-voix, de manière à n'être entendu que de mes plus proches voisins : « Il faut donc que nous ayons déjà bu parfois un petit coup ensemble ». Un léger rire accueillit ces paroles. Elle voulut en savoir la cause. Personne ne pouvait ni ne voulait lui redire ces paroles en français dans leur véritable sens. Enfin Benjamin Constant, qui était aussi un de mes voisins, cédant à ses instances persistantes, entreprit de la satisfaire en usant d'une phrase euphémique.

« Nous passâmes aussi avec Benjamin Constant des heures agréables et instructives. Si l'on se rappelle ce que cet homme supérieur a fait dans la suite, et avec quelle ardeur il a poursuivi sans balancer la route qu'il avait choisie, comme étant celle de la justice, on pourra se figurer quelles nobles tendances, encore enveloppées, agissaient dans un tel homme.

« Il passait quelquefois la soirée chez moi avec Mme de Staël. Jean de Muller vint plus tard se joindre à nous, et la conversation ne pouvait manquer d'être du plus haut intérêt, quand le duc voulait bien aussi prendre part à ces réunions intimes [1]. Sans doute, les événements du jour les plus importants revenaient sans cesse dans ces entretiens ; pour en distraire les esprits, je me servis avec succès de ma collection de médailles de la seconde moitié du quin-

---

[1] Comparer Schiller et Gœthe, *Correspondance*, IIIe. Gœthe à A. de Wolzogen, Weimar, 4 février 1804, et *Correspondance entre Gœthe et Schiller*, II, 361, n° 945. A Schiller, Weimar, 26 janvier 1804.

zième siècle, qui faisait passer mes hôtes des méditations politiques et des généralités philosophiques aux particularités de l'histoire. Là, Jean de Muller était sur son terrain ; il avait parfaitement présente à l'esprit l'histoire de chacun de ces hommes, plus ou moins importants, dont la figure en bronze passait sous nos yeux, et il en prenait occasion de nous citer d'amusants détails biographiques »..

Ainsi s'exprime Gœthe. Même à l'égard de la critique qui, autrefois, l'avait blessé, il fit preuve, dans ses conversations avec Eckermann, d'une indulgente équité. Il lui dit entre autres qu'il avait trop motivé ses pièces et les avait ainsi éloignées du théâtre. Il appela son *Eugénie* en particulier un enchaînement continuel de motifs, qui ne pouvait, pour cette raison, réussir sur la scène [1].

Pourtant, il ne se montra entièrement juste envers Mme de Stael que lorsqu'il eut retrouvé, dans la plus grande de ses œuvres à elle, un reflet de la sagesse et de la sérénité qui se dégagent de la sienne. « Quoi qu'on puisse dire et penser des rapports de Mme de Stael avec la société de Weimar », — ainsi s'exprime-t-il, — « ils furent certainement d'une grande portée et d'une grande influence pour la suite. Son ouvrage sur l'Allemagne, résultat de ces conversations familières, fut comme un puissant instrument qui fit la première brèche dans la muraille chinoise d'antiques préjugés, élevée entre nous et la France. On voulut enfin nous connaître, d'abord au-delà du

---

[1] Eckermann, *Conversations avec Gœthe*, 1, 197.

Rhin, puis au-delà du Canal, ce qui nous assura inévitablement une vivante influence sur l'extrême Occident. Nous devons donc bénir cette gêne et le conflit des individualités nationales qui nous semblaient alors incommodes et tout à fait inutiles [1] »

Dans ces remarquables paroles sur Mme de Staël, Gœthe, à côté du mérite intellectuel, a noté quelque chose encore qui, presque ignoré d'elle-même et déposé comme un germe dans son âme, y prit peu à peu racine, se développa, et s'éleva à une conception de la vie plus haute, meilleure et plus calme.

Mme de Staël, lorsqu'elle arriva à Weimar, se trouvait renfermée encore en grande partie dans le cercle d'idées de « l'époque des lumières » et du dix-huitième siècle. Pour elle, la Revolution n'était pas seulement un événement destiné à exercer, bien au-delà des frontières de la France, une influence durable sur les destinées de l'humanité ; elle avait attendu de cette Révolution un contre-coup direct sur le sort du peuple français par l'établissement de la liberté politique. En Allemagne également cette manière optimiste de juger des événements avait été partagée par beaucoup de personnes. Mais il n'en était plus ainsi et les choses avaient pris une direction en tout opposée. Chercher à résoudre le problème du progrès par les forces en dehors de l'homme, telle était la pensée dominante, l'essence même de la philosophie du dix-huitième siècle et de sa conséquence

---

[1] « *Annales ou Notes pour servir de complément à mes confessions de 1749 à 1822*, année 1804. *Œuvres complètes*, édition Cotta, 1840, XXVII, 143-149.

logique, la Révolution française. Elles n'attendaient la réforme du présent que d'une rupture complète avec le passé, d'une transformation totale de l'édifice social, et rendaient responsables les institutions pour tout le mal opéré par les individus. Dirigé à l'origine contre les doctrines religieuses et contre les formes politiques qui s'y rattachaient, et dont la raison première s'était perdue ou avait été défigurée jusqu'à devenir méconnaissable, le mouvement tout entier resta polémique et dogmatique, fanatique et absolutiste, comme ces mêmes institutions religieuses et politiques qu'il condamnait avec les lèvres et dont il reprit les pratiques.

Il contraignit à la liberté — ou à ce qu'il nommait de ce nom — comme, au temps de Philippe II et du duc d'Albe, on contraignait à la foi, courba les hommes sous le joug de la théorie, et châtia leur résistance par la mort.

Au bout de dix années d'une pareille expérience, la France ressembla à une caserne, et les caractères étaient ou brisés ou remplis d'une haine si inextinguible contre leurs oppresseurs, que la nation, désormais séparée en deux camps, ne retrouva le sentiment de la solidarité que dans la lutte contre l'étranger.

En Allemagne, nous l'avons dit, on avait suivi des voies diamétralement opposées.

On laissa provisoirement subsister tel quel l'état de choses extérieur, même quand il semblait tout à fait intolérable; on reconnaissait volontiers le bien là où il se rencontrait et on travaillait à construire l'homme intérieur. Il importait relativement peu que son entourage fût étroit et mesquin, ses institutions politiques défectueuses, préjudiciables même à sa prospérité matérielle, pourvu que sa personnalité morale fût libre, d'autant plus libre qu'il lui fallait l'assurer dans la lutte contre les peines et les soucis de la vie quotidienne, contre les contradictions du dehors et la défaveur de la destinée. Dans cet effort se rencontrèrent tous les pionniers de la civilisation allemande, Lessing avec Kant, Fichte avec Schiller. Sans doute, leurs doctrines eurent pour conséquence ultérieure de déterminer le développement du droit et la reconstruction de l'Etat. Mais ce n'était pas là leur but immédiat. Ils prétendaient d'abord former des caractères indépendants et des individualités morales. Avant le citoyen ils voulaient créer l'homme, avant la chose publique la personnalité. Cette idée a été exprimée en termes aussi clairs qu'éloquents, avant même la Révolution, par l'homme que son âme enthousiaste rendait le plus accessible aux rêves d'avenir des utopistes français.

Nous voulons parler de Schiller, qui en 1788 écrivait à sa belle-sœur Caroline de Beulwitz : « Je crois qu'une âme humaine dans le complet développement de ses facultés vaut plus que la société humaine la plus considérable, appréciée comme un tout. Le plus grand Etat est une œuvre humaine, l'homme est l'œuvre de l'immense et inaccessible nature. L'Etat est une création du hasard, mais l'homme est un être nécessaire ; et qu'est ce qui rend d'ailleurs un Etat grand et respectable, sinon les forces individuelles qui le composent ? L'Etat n'est qu'une résultante de la puissance humaine, une œuvre de la pensée, mais l'homme est la source de cette puissance même et le créateur de la pensée [1] ».

Ce qui éloigna les Allemands de la Révolution, ce ne furent pas seulement ses erreurs et ses crimes, ce fut surtout cette conviction que sa tâche morale avait échoué. Kant s'attachant à son idée préférée de la paix perpétuelle, pouvait espérer encore « la réalisation future de son idéal, d'une constitution libre qui exclurait la guerre offensive », et la philosophie de Fichte garder, elle aussi, le cachet révolutionnaire qui la marque d'une farouche énergie. Il n'en est pas moins vrai que rien n'était plus éloigné de la revendication de la liberté de penser de l'un, de la forte discipline imposée par l'autre à l'action individuelle, que la tyrannie de l'Etat rationaliste, qui annulait le libre arbitre et violentait les consciences.

En présence de cette résignation modeste, et si nouvelle pour elle, aux exigences d'une étroite vie de province, de cette soumission volontaire à l'ordre social et aux institutions politiques établis, de cet attachement bien germanique aux traditions du passé, de ce profond respect enfin pour l'autorité légale, Mme de Staël se trompa sur notre compte, et, jusque dans son livre *De l'Allemagne*, accusa la nation dans son ensemble de servilité, de manque d'énergie, de pédantisme qui se contentait d'être battu

[1] * Caroline de Wolzogen, *Œuvres posthumes*, I, 216.

selon les règles ; elle nous nomma des « flatteurs avec énergie et rigoureusement soumis, se servant de raisonnements philosophiques pour expliquer ce qu'il y a de moins philosophique au monde : le respect pour la force [1] ».

L'erreur, toute profonde qu'elle était, ne manquait pas d'excuses, car elle datait de l'époque du plus grand abaissement de l'Allemagne, des jours de la confédération du Rhin, de ceux d'Iéna. En présence du réveil de 1813, Mme de Staël a fait solennellement amende honorable [2]. Mais sous les autres rapports et relativement à la valeur morale des doctrines philosophiques allemandes, elle ne s'est point trompée. Nous n'avons pas à examiner ici si, même après de longs efforts et sous la conduite de Schlegel elle parvint jamais à se retrouver dans la terminologie scientifique et à pénétrer des systèmes au sujet desquels, aujourd'hui encore, les bibliothèques se remplissent de nombreux commentaires. Ce qui est certain, c'est que les doctrines de Fichte et de Kant, la sagesse sereine de Gœthe et l'idéalisme de Schiller, ont exercé une influence décisive sur son propre monde moral.

Dans cette atmosphère transparente, soumise à la loi de la conscience, disparurent pour toujours les fantômes de la morale fondée sur l'intérêt et les sophismes qui faisaient du bonheur le but de l'existence. C'en était fait de la théorie de *Delphine*, de la tentative d'interpréter la foi du devoir selon son

---

[1] Mme de Staël, *De l'Allemagne*, 3e partie, chap. 11.

inclination personnelle. Cet état, Gœthe, dans le langage qui lui est propre, l'avait défini ainsi : « Elle n'a aucune idée de ce qu'on nomme le devoir ». Par une transformation lente mais sûre, elle s'éleva à la conviction que « la destination de l'homme sur cette terre n'est pas le bonheur, mais le perfectionnement ». « C'est en vain », ajoute-t-elle, « que par un jeu puéril on dirait que le perfectionnement est le bonheur ; nous sentons clairement la différence qui existe entre les jouissances et les sacrifices... Il y a des désastres universels qui n'épargnent pas même ceux qui ont eu pour principe de ne jamais s'exposer pour les autres, et la maladie et les accidents de toute espèce disposent de notre sort malgré nous. Comment donc le but de notre liberté morale serait-il le bonheur de cette courte vie, que le hasard, la souffrance, la vieillesse et la mort mettent hors de notre puissance ? Il n'en est pas de même du perfectionnement ; chaque jour, chaque heure, chaque minute peut y contribuer ; tous les événements heureux et malheureux y servent également, et cette œuvre dépend en entier de nous, quelle que soit notre situation sur la terre [1] ».

Cette influence des idées allemandes, si puissante chez elle sur le terrain moral, M*me* de Staël ne la subit jamais cependant jusqu'à renoncer à sa propre indépendance. Non seulement que Kant lui-même marque, par sa doctrine morale, une simple étape dans la voie du développement intérieur qui l'amena au

---

[1] M*me* de Staël, *De l'Allemagne*, 3*me* partie, chap. 14.

christianisme positif ; il y avait un autre terrain encore sur lequel elle refusait à l'Allemagne de son temps le droit de se faire écouter : ce terrain était celui de la politique pratique. Ici elle resta fidèle à sa prédilection pour la race anglo-saxonne, à son propre passé et au culte de sa jeunesse.

De même que, dans son livre *De la Littérature*, elle avait mis la science politique et l'éloquence des Romains au-dessus de celles des Grecs, elle se prononça, cette fois encore, en faveur des Romains modernes, les Anglais, et crut trouver dans la supériorité des Allemands contemporains sur le terrain de la spéculation un motif de plus à leur incapacité dans le maniement des affaires publiques. « L'esprit des Allemands et leur caractère », dit elle, « paraissent n'avoir aucune communication ensemble ; l'un ne peut souffrir de bornes, l'autre se soumet à tous les jougs ; l'un est très entreprenant, l'autre très timide ; enfin les lumières de l'un donnent rarement de la force à l'autre, et cela s'explique facilement. L'étendue des connaissances dans les temps modernes ne fait qu'affaiblir le caractère, quand il n'est pas fortifié par l'habitude des affaires et l'exercice de la volonté. Tout voir et tout comprendre est une grande raison d'incertitude ; et l'énergie de l'action ne se développe que dans ces contrées libres et puissantes où les sentiments patriotiques sont dans l'âme comme le sang dans les veines, et ne se glacent qu'avec la vie ».

Mme de Staël avait la fibre trop humaine pour se résigner, comme Gœthe, à voir d'un œil impassible les événements qui, autour d'eux, ébranlaient le monde, et la mesure de liberté dont se contentait le poète n'aurait pas suffi non plus à ses espérances politiques.

« C'est une chose singulière que la liberté, et, selon moi, chacun en a facilement assez, s'il sait se satisfaire et se borner », lit-on dans les *Conversations* d'Eckermann. « A quoi nous sert un superflu de liberté que nous ne pouvons employer?... Lorsqu'on a assez de liberté pour vivre en sûreté et pour vaquer à ses affaires, cela suffit, et cette liberté s'acquiert facilement. Ensuite, nous ne sommes tous libres qu'à certaines conditions que nous devons remplir... La liberté ne consiste pas à ne vouloir rien reconnaître au-dessus de nous, mais au contraire à respecter quelque chose au-dessus de nous. Car, par le respect que nous lui témoignons, nous nous élevons à sa hauteur, et nous prouvons par notre hommage que, nous aussi, nous avons en nous un élément supérieur, et que nous sommes dignes de nous égaler à lui [1] ».

Mme de Staël, si elle les avait connues, aurait sans doute complété ces observations dans ce sens, que si le monde que Gœthe portait en lui était assez riche et assez vaste pour le satisfaire lui-même, les nations, pour remplir leur destinée, ont d'autres prétentions à élever. C'est peut-être en pensant à lui qu'elle écrivait : « Les spéculations philosophiques ne conviennent qu'à un petit nombre de pen-

[1] * Eckermann, *Conversations avec Gœthe*, I, 306-307, 18 janvier 1827.

seurs ; et loin de servir à lier ensemble une nation, elles mettent trop de distance entre les ignorants et les hommes éclairés. Il y a en Allemagne trop d'idées neuves et pas assez d'idées communes en circulation pour connaître les hommes et les choses. Les idées communes sont nécessaires à la conduite de la vie ; les affaires exigent l'esprit d'exécution plutôt que celui d'invention. Ce qu'il y a de bizarre dans les différentes manières de voir des Allemands tend à les isoler les uns des autres, car les pensées et les intérêts qui réunissent les hommes entre eux doivent être d'une nature simple et d'une vérité frappante ».

Conformément à ce point de vue, elle tenta de donner une base morale à la doctrine politique représentée par elle et d'élever la morale publique à la hauteur de la morale personnelle. « S'il y a dans la théorie un seul cas où l'homme doive manquer à son devoir », dit-elle d'accord avec Kant, « toutes les maximes philosophiques et religieuses sont renversées, et ce qui reste n'est plus que de la prudence ou de l'hypocrisie ».

Quelqu'un soutenait un jour devant elle qu'il était impossible que des hommes d'État se bornassent à l'emploi des moyens parfaitement légitimes. « Que voulez-vous que je vous dise ? », répondit-elle ; « avec du génie on n'aurait jamais besoin d'immoralité ; et sans génie, il ne faut pas accepter des places difficiles [1] ».

---

[1] Mme de Staël, *De l'Allemagne*, 3me partie, chap. 11 et 13 — Mme Necker de Saussure, *Notice sur le caractère et les écrits de Mme de Staël :* Conversation, opinions politiques.

Parvenue sur ces sommets, la pensée de Mme de Staël devait trouver le lien intime qui relie le livre *De l'Allemagne* à l'ouvrage sur la Révolution française.

CHAPITRE II

Dans les premiers jours du mois de mars, Mme de Staël arriva de Weimar à Berlin, et dès le 10 elle fut reçue à la cour de Prusse avec une attention empressée. La reine Louise, alors dans tout l'éclat de la jeunesse et du bonheur, vint au-devant d'elle en l'assurant qu'elle était impatiemment attendue. La reine-veuve, princesse de Hesse-Darmstadt, était une sœur de la duchesse Louise de Saxe-Weimar. Dans le prince d'Orange, alors présent à la cour, et qu'elle avait beaucoup vu à Paris, Mme de Staël retrouvait une connaissance des anciens jours ; elle entra en relations avec l'Electeur de Hesse, le prince et la princesse de Brunswick, et se lia d'amitié avec le prince Louis-Ferdinand. Il était âgé alors de trente et un ans, et s'il n'etait plus « le jeune Achille de l'armée, le héros aux beaux cheveux bruns flottants » que dépeint La Motte-Fouqué dans son récit de la campagne de 1794, il se trouvait en revanche dans toute la force de l'âge. C'était un brillant officier et un ardent esprit, que dévorait la soif d'agir. Un des premiers à raviver, à l'heure solennelle, la flamme presque éteinte du patriotisme prussien, il devait à peine deux ans plus tard expier les erreurs de sa jeunesse par la mort héroïque sur le champ de bataille qui a gravé le nom de ce Hohenzollern dans tous les cœurs allemands. L'ambassadeur de France, Laforest, traita Mme de Staël avec distinction, et elle put faire savoir à son protecteur, Joseph Bonaparte, combien sa courageuse amitié lui avait aplani les voies à Berlin même. Elle lui parla des projets littéraires qui devaient être le résultat de son voyage, de l'importance du monde lettré de l'Allemagne et des lacunes de son monde social. « Croyez-vous », ajoutait-elle, « que l'automne prochain on me laisserait à quinze lieues de Paris? Il me semble que le Premier Consul doit être convaincu à présent qu'il n'a rien à craindre de l'opinion républicaine, et que ceux qui pourraient parler ou croire dans le sens philosophique servent ses véritables intérêts ; j'en ai toujours été convaincue, et j'espère qu'il finira par l'être [1] ».

Cette société du Berlin d'alors, qu'on a définie comme cherchant à réaliser dans la vie réelle la théorie des belles invidualités, offrait d'incontestables avantages, à la condition de renoncer à trouver parmi eux le naturel aimable. A l'arrivée de Mme de Staël à Berlin, un des centres de réunion les plus brillants

---

[1] Du Casse, *Mémoires du roi Joseph*, X, appendice, 424. Mme de Staël à Joseph, Berlin, 17 avril 1804. (La date de la lettre est fausse, car à ce moment Mme de Staël n'était plus à Berlin).

de la capitale, la maison de la belle et distinguée israélite Henriette Herz, était déjà fermé. Mirabeau avait été son hôte et avait admiré la maîtresse de la maison, la muse tragique, comme on la nommait alors. Dix ans plus tard elle dissertait avec Schleiermacher sur l'essence de l'amour, nouait avec lui et Guillaume de Humboldt les liens d'une amitié idéale, introduisait les frères Schlegel et Jean-Paul dans la société berlinoise, déclamait à ses hôtes des passages de la récente tragédie de Schiller ou du dernier poème de Gœthe, et contenait, à quarante ans, l'amour du jeune étudiant Louis Bœrne dans des bornes platoniques. Devenue pauvre, en 1803, par la mort de son mari, elle donna des leçons de langues et déclina la main du comte Dohna, un élève de Schleiermacher, pour ne pas affliger sa vieille mère par un changement de religion qu'amena plus tard la conviction. En 1803 le prince Louis-Ferdinand la présenta à la duchesse de Courlande en disant à cette dernière : « Je vous recommande Mme Herz ; elle n'a jamais été aimée comme elle le mérite ». A partir de ce moment, Dorothée de Medem, troisième épouse du duc de Courlande, femme aimable et d'un esprit dont on vantait la souplesse, qui savait, disait-on, contenter les prétentions les plus opposées, se mit à la tête d'une société qui comptait dans son sein, d'un côté les membres de la maison royale de Prusse tels que les princes Auguste et Louis-Ferdinand et la princesse Radzivill, de l'autre les spirituelles juives Sarah Lévy et Rahel Lewin ; puis des artistes et des diplomates, des gens du monde et des lettrés, des compatriotes et des étrangers. Mme de Staël retrouva là le comte Tilly, Mme de Genlis et Jean de Müller. Elle apprit à connaître la génération expirante des « amis des lumières » dans la personne de Nicolai lui-même, qui lui demanda son avis sur son roman intitulé : *Lettres d'Adélaïde*. Mais le rapprochement de Mme de Staël avec les adversaires jurés de Nicolaï, les frères Schlegel, mit bientôt un terme à leurs relations [1].

La nouvelle génération, celle des romantiques, était presque inconnue encore. Adalbert de Chamisso habitait avec son jeune ami Varnhagen une ou deux pièces à un troisième étage, où ils étudiaient ensemble le grec et publiaient l'*Almanach des Muses* auquel collaboraient La Motte-Fouqué, Bernhardi et quelques autres qui formaient l'association de l'« Etoile du Nord ». Achim d'Arnim préparait le *Cor merveilleux de l'Enfant*, Clément Brentano était moins connu par ses premiers travaux que par ses attaques contre Kotzebue, dont les concessions au romantisme ne réconciliaient pas non plus avec lui les frères Schlegel. Mme de Stael trouva ceux-ci impitoyables à l'égard du poète dramatique qui rentrait à ce moment de Paris à Berlin. La première pièce allemande qu'elle avait vu représenter à Francfort, *Les Croisés*, était de lui et lui rappela les productions de Sedaine. Elle tint bon et ne rétracta pas son impression d'alors sur certains mérites dramatiques de

[1] Maurer-Constant, *Supplément aux Œuvres complètes de Jean de Müller*, IV, 148. Nicolaï à Jean de Müller, Berlin, 4 avril 1804.

Kotzebue. Il fallut plus d'un demi siècle à l'Allemagne pour les apprécier à son tour et surtout pour l'avouer tout haut [1].

Mme de Staël fit la connaissance intime de Rahel dans une soirée chez Brinckmann, devenu ambassadeur de Suède à Berlin. Celui ci avait invité tous ceux qui pouvaient éveiller l'intérêt de l'auteur de *Delphine*, princes du sang, savants de tout genre, dames de la cour, Fichte, la célèbre actrice Unzelmann, Iffland. Mais à peine Rahel fut-elle présentée à Mme de Staël, que celle-ci s'établit avec elle dans le coin d'un sopha, où elles s'entretinrent seules pendant plus d'une heure et demie, sans s'occuper du reste de la société. « Ensuite », continue Brinckmann, « Mme de Staël vint d'un air très sérieux à moi en disant : Je vous fais amende honorable ; vous n'avez rien exagéré. Elle est étonnante. Je ne saurais que répéter ce que j'ai dit mille fois pendant ce voyage : que l'Allemagne est une mine de génie, dont on ne connaît nulle part les richesses ni la profondeur. Vous êtes bien heureux de posséder ici une amie pareille ». Ici elle fit signe à Rahel d'approcher. « Écoutez, Mademoiselle ! vous avez ici un ami qui sait bien vous apprécier comme vous le méritez, et si je restais ici, je crois que je deviendrais jalouse de votre supériorité ». — « Vous, Madame », fit Rahel

---

[1] Mme de Staël, *De l'Allemagne*, 2ᵉ partie, chap. 25. — * M Isler, *Lettres posthumes de Charles de Villers*. 292. Mme de Staël à Villers, Francfort, 19 novembre 1803.—* Treitschke, *Notes pour servir à l'histoire du romantisme allemand. Annales prussiennes*, tome 19, p. 35.

en souriant. « Oh, non ! je vous aimerais tant et cela vous rendrait si heureuse, que vous ne deviendriez jalouse que de mon bonheur, car qui pourrait jamais vous en inspirer un pareil [1] ? ».

La rencontre avec Fichte exigeait certains préparatifs. D'abord le philologue Spalding devait expliquer sa philosophie. « Ah ! », dit-il en soupirant, « quelle dure journée pour moi que celle de demain ! Je dois, à table, traduire un livre que je ne comprends pas dans une langue que je ne parle pas couramment [2] ». Le prince Auguste de Prusse chercha à détourner Mme de Stael d'une tâche en apparence sans espoir. « Ne craignez rien », répondit-elle, « peu à peu cela ira ».

Ainsi eut lieu enfin la conversation avec Fichte lui-même ; Ancillon, alors prédicateur de la colonie française de Berlin, l'a décrite à l'écrivain américain Ticknor. Après s'être entretenue un moment avec Fichte, Mme de Staël lui dit : « Maintenant, Monsieur Fichte, pouvez-vous me donner dans le moins de temps possible, par exemple en un quart d'heure, un aperçu rapide, une idée de votre système, de façon à me faire comprendre ce que vous entendez par *votre moi*, car je n'y vois absolument pas clair ? ». Cette prétention d'exposer en un quart d'heure, à quelqu'un qui avouait n'en pas connaître le premier mot, le système qu'il avait consacré sa vie à développer d'un principe fondamental jusqu'à ce qu'enfin,

---

[1] * Varnhagen von Ense, *Mémoires*, VIII, 662-663.
[2] Karl Hillebrand, *La société de Berlin. Revue des Deux Mondes*, mai 1870, 83.

comme une toile sortie des profondeurs intimes de son être, il embrassât l'univers entier, cette prétention blessa la dignité du philosophe. Il céda cependant à des instances de plus en plus pressantes et chercha à y répondre tant bien que mal, dans son français défectueux. Mais à peine avait-il parlé dix minutes, que Mme de Staël, qui l'écoutait avec la plus sérieuse attention, l'interrompit soudain d'un air ravi : « Oh ! cela suffit, Monsieur Fichte, cela suffit ; je vous comprends à merveille. Une aventure de voyage du baron Münchhausen est le commentaire le plus frappant de votre système ». Le visage de Fichte revêtit une expression tragique, et tous les auditeurs prirent l'air de gens qui assistent au cinquième acte d'un drame. Mme de Staël seule ne parut rien remarquer et poursuivit : « Un jour le baron arriva au bord d'un grand fleuve que ne traversaient ni pont ni passerelle, ni bateau, ni barque ; il fut sur le point de désespérer, quand tout à coup il eut une heureuse inspiration. D'un geste énergique il saisit sa propre manche et s'élança ainsi sur l'autre rive. C'est précisément là, si je vous comprends bien, ce que vous avez fait, Monsieur Fichte, avec *votre moi* ». Cette saillie produisit un effet irrésistible sur toutes les personnes présentes, excepté Fichte, qui ne parvint jamais ni à pardonner ni à oublier l'épisode[1]. En dépit du tribut d'éloges qu'elle lui paya plus tard, Mme de Staël, de son côté, a avoué que Fichte

---

[1] Ticknor, *Life, letters and journals*, 1791-1871. I, 410.

lui était resté à peu près inintelligible [1], jusqu'au moment historique où sa philosophie, transportée du domaine de la théorie dans celui de l'action, se servit d'une langue qu'elle comprenait toujours. Ce moment fut celui des *Discours à la nation allemande*. Le cri d'éveil que poussa alors l'austère apôtre de la puissance indomptable de la volonté épurée, et, grâce à elle, de la victoire définitive du bien sur le mensonge, la tyrannie et la violence, ne trouva personne aussi prêt à y répondre que Mme de Staël.

Avec Schleiermacher, il n'y eut pas de rapprochement personnel. Pendant le séjour qu'elle fit à Berlin, il était établi dans le voisinage de la capitale, à Stolpe, où il cherchait à retrouver le calme de son âme, un peu troublé par son amitié idéale pour une femme mal mariée, Mme de Grunow. Mme de Staël se contenta, par la suite, de mentionner sommairement sa « théologie philosophique ».

La ville de Frédéric le Grand, au moment de la visite de la célèbre voyageuse, n'était d'ailleurs occupée que de parades et de divertissements, et tout d'abord des préparatifs d'un grand bal masqué, pour lequel on sollicita la participation de son fils et où dansa dans une pantomime représentant l'entrée d'Alexandre à Babylone, en présence de deux mille spectateurs, la belle reine de Prusse. La fille de Necker écrivit à la duchesse Louise que la fête était magnifique ; Kotzebue, raconte-t-elle, y parut dans le costume d'un prêtre de Mercure, le front cou-

[1] * Bonstetten, *Lettres à Frederike Brun*, I, 218. Coppet, 11 juin 1804.

ronné de fleurs de pavots, et si laid, qu'oublier sa grotesque figure semblait chose impossible.

Elle avait raison : le temps des fêtes allait cesser [1]. La politique suivie par la Prusse pendant une paix de près de dix ans voyait chaque jour, chaque heure, le sol se dérober sous elle. Le système de neutralité inauguré par cet Etat depuis la paix de Bâle reposait sur l'hypothèse de l'équilibre européen, et c'en était fait de cet équilibre depuis la reprise de la guerre entre la France et l'Angleterre et l'occupation du Hanovre par les troupes françaises. Les sophismes par lesquels on s'était consolé à Berlin de la perte de la rive gauche du Rhin ne tenaient plus devant ce fait, que le territoire même du Nord était désormais menacé. La prospérité extérieure et le bien-être matériel dans lesquels on avait cherché et cru trouver le dédommagement d'un idéal plus haut n'étaient pas moins compromis que l'avenir de la monarchie prussienne. A Weimar, on pouvait encore se bercer dans une trompeuse sécurité et se croire abrité au milieu de la tempête comme dans un Délos intellectuel ; à Berlin on commençait à recruter ses forces, afin de lutter pour l'existence de la patrie.

Les hommes prêts à répondre à l'appel ne faisaient pas défaut. La même année que Mme de Staël, mais un peu après elle, arriva de Westphalie à Berlin, où avait déjà été appelé Jean de Muller, le baron de Stein, nommé par le roi ministre des finances. Tous

[1] L'Auteur des Souvenirs de Mme Récamier, *Coppet et Weimar*, 50. Mme de Staël à la duchesse Louise, Berlin, 13 mars 1804.

deux trouvèrent les patriotes de leur bord sous l'impression de l'écrit intitulé : *De l'origine et du caractère de la guerre contre la Révolution française,* dont l'auteur était Frédéric Gentz. Stadion l'avait fait venir en 1802 à Vienne « comme volontaire dans la lutte contre la Révolution ». De ce centre il travailla, comme le faisait Jean de Müller à Berlin, à l'établissement d'une alliance entre l'Autriche et la Prusse, dont il condamna la lâche réserve au nom d'une théorie politique qui, partant d'Emond Burle et de la sagesse pratique de l'Angleterre, voulait que la guerre contre la Révolution fût appuyée sur les exigences morales de la doctrine de Kant. Mûri politiquement par une expérience à laquelle il refusait de soumettre l'homme intérieur, Gentz cherche la maladie de l'époque au point où lui-même avait échoué, dans la révolte au fond de son propre cœur, la frivolité, l'amour du plaisir, la sensualité, la culture intellectuelle à la fois étroite et effrénée, qui n'était nullement en rapport avec les conditions qui forment le caractère [1] ».

Le grand publiciste de l'Allemagne avait aiguisé ses armes littéraires en 1793 d'abord, par la traduction de Burke, puis par celle de Mallet du Pan, et enfin par celle de Mounier.

Sa première production indépendante fut cette *Lettre à Frédéric-Guillaume III*, qui, écrite en 1797 sous l'influence des idées de Schiller qu'il s'était

---

[1] Voir l'excellente étude de R. Haym sur Gentz, * *Encyclopédie Ersch et Gruber*, 1re partie, 58, 324.

assimilées par l'intermédiaire de Guillaume de Humboldt, réclamait du roi, au moment où il montait sur le trône, comme Posa de Philippe II, un gouvernement fondé sur la liberté et la loi. Plus dignes d'un homme d'Etat étaient les pensées qu'il exposa dans son *Journal historique* (1799 1800), pour préparer l'opinion publique de son pays à comprendre le système et la vie politiques de l'Angleterre. Ainsi se développa le cercle d'idées de l'écrit intitulé : *De l'origine et du caractère de la guerre contre la Révolution française*, qui formulait le désir « d'opposer à la Révolution l'esprit épuré de la Révolution », et qui frayait ainsi la voie au programme de Stein. En Angleterre, où il s'était rendu en 1802, il fut en rapports avec Grenville, Fox, Mackintosh, Pitt et Sheridan ; à Berlin il devint l'ami de Brinckmann, Frédéric Schlegel et Rahel ; Mme de Stael le connaissait de nom, mais ne le rencontra que plus tard. Elle ne se rendait pas compte alors que nul homme à Berlin, personne peut-être dans l'Allemagne contemporaine, se rapprochait autant de ses propres idées que le Gentz de 1804, qui croyait encore dans l'Etat établi sur des garanties libérales, et qui, pour détruire « la pourriture morale du monde », prêchait « l'alliance des forts, des purs et des bons ». Dans le Berlin d'alors elle ne pouvait voir, elle ne vit que ce qui apparaissait à tous les yeux, une ville et une société qu'une paix trop longue et chèrement achetée avait amollies et détournées de tous les hauts efforts ; une opinion publique qui semblait contempler avec indifférence la débâcle de l'édifice politique euro-

CHAPITRE DEUXIÈME

péen ; un gouvernement qui laissait se dissiper en formes vides l'esprit de Frédéric II.

C'est sous ces impressions que fut écrite sa lettre à Gœthe, du 7 avril 1804 :

« Je vous devrais des excuses, *my dear sir*, pour ne vous avoir pas encore écrit, si je ne savais pas que l'on vous fait toujours un petit plaisir secret en retardant pour vous l'occasion de répondre. Vous êtes si sûr de mon amitié et de mon admiration, que vous aimez autant qu'elle reste dans le vague, et vous ne désirez pas que manquant à toutes les lois de la nouvelle poétique, je vienne tout directement sans vague et sans mystère vous exprimer ce que je sens. Vous avez bien voulu me dire que vous auriez été bien aise de voir Berlin avec moi. En vérité, ce que j'ai de vif et de jeune dans les impressions ne peut guère s'exercer ici. C'est un pays qui ne frappe point l'imagination. La société y est alignée à la prussienne, et les femmes ici doivent être tout étonnées de vieillir, car elles disent et font la même chose pendant soixante ans de suite, et le temps ne devrait pas marcher quand les pensées, les sentiments et les circonstances sont stationnaires. Si je vivais en Allemagne, je ne m'établirais certainement pas dans une grande ville. Les Allemands ne savent pas tirer parti d'une grande ville, on n'y choisit pas sa société, on l'augmente ; on n'y sait guère plus de nouvelles publiques, mais seulement mille fois plus de commérages ; on n'y a pas plus de liberté que dans une petite ville, mais seulement un plus grand nombre d'observations, et la vie physique, boire, manger, danser, jouer, y tient mille fois plus de place qu'à Weimar. Au milieu de tout cela l'on discerne dans le monde littéraire ce qui caractérise l'Allemagne, érudition, philosophie, droiture, mais il n'y a pas l'ombre de comparaison entre ce que nous appelons société en France et ceci. Et je ne suis pas étonnée que les savants ayent en Allemagne plus de temps pour l'étude que partout ailleurs, car la séduction de la société n'existe pas. Je n'en ai pas moins été bien aise de voir un pays nouveau, d'être reçue vraiment à merveille et de rencontrer, au milieu de cette foule, des hommes et des princes, des reines et des femmes qui ont un goût aimable et bon pour tout ce qu'ils croyent distingué. Vous avez des fanatiques ici comme à Weimar, et si vous y arriviez, je suis sûre que la cour et la ville seraient aussi en mouvement que par l'arrivée d'un Bonaparte ; c'est beaucoup que le génie soit à l'égal de la puissance ». Et parlant de son dessein de retourner à Weimar, elle ajoutait : « Ces trois semaines, peut-être, hélas ! les dernières que je passerai de ma vie avec vous, je veux les consacrer à vous entendre, je veux vous voler tout ce qui se vole, cela vous laissera bien riche encore, et revenir en France avec un butin tout à fait différent de celui que nos généraux y rapportent. Adieu, vous n'avez pas besoin d'être aimé et je vous aime, c'est une preuve de plus de ce que j'ai toujours remarqué, c'est qu'on obtient aisément ce qu'on désire peu. Adieu, dictez sans gêne votre réponse, j'ai de votre écriture que je ne perdrai point ». « Soyez sûr », disait le *post-scriptum*, « qu'il n'y a pas un prince à Berlin ni un homme du monde aussi spirituel que notre duc [1] ».

Plus le présent produisait sur elle une impression décourageante, et plus s'offrait vivante devant son esprit l'image du grand roi que tout dans son royaume contribuait à rappeler. Dans aucune partie du livre *De l'Allemagne* la censure napoléonienne n'a trouvé relativement autant à biffer, que dans le court chapitre où le portrait de Frédéric apparaît comme la satire de l'état politique de la France [2]. Il fallait le feu purifiant de 1806 pour convaincre le monde que l'esprit qui avait rendu grande la Prusse était obscurci, sans doute, mais non éteint. En revanche, la capitale du Nord déployait, à côté de sa triste situation politique, une vigoureuse richesse de production intellectuelle. Dans son chapitre sur Winckelmann et Lessing, Mme de Staël, parlant des débuts de la littérature classique allemande, remarque finement et avec raison que cette littérature « est peut-être la seule qui ait commencé par la critique ; partout ailleurs la critique est venue après les chefs-d'œuvre, mais, en Allemagne, elle les a produits [3] ». Elle aurait dû ajouter, il est vrai, que cette critique était fertile à un degré que n'avait connu aucune autre.

Il était réservé à la capitale du Nord de lui offrir

---

[1] *Annales gœthiennes*, 1887, 5.
[2] Mme de Staël, *De l'Allemagne*, 1re partie, chap. 16.
[3] Mme de Staël, *De l'Allemagne*, 2me partie, chap. 6.

une forme de culture venue du pôle opposé, celui de la poésie.

Dans cette même ville où Voltaire et Frédéric avaient fondé pour un petit cercle d'élus l'empire de la raison, dont les épigones avaient fait celui de la sophistique et des « lumières » et où poussaient et prospéraient toutes les médiocrités, dans ce Berlin célébré comme la forteresse du rationalisme, régnait maintenant le romantisme.

A l'époque dont nous parlons ici, son plus grand talent et son prophète, Novalis, n'était plus, depuis 1801, au nombre des vivants. Les productions de Tieck publiées jusque là déterminaient la mesure de ce que celui-ci, son guide de la première heure et son poète le plus fécond, avait à donner ou non à la tendance nouvelle. A la critique de *Wilhelm Meister*, que le romantisme revendiquait comme une œuvre à lui, se rattachait la définition de la poésie romantique ; elle portait que du moment où ce livre ne pouvait pas être jugé d'après les idées génériques sur la poésie admises jusqu'ici, on serait forcé non pas de condamner le roman de Gœthe, mais de modifier la classification reçue [1]. Les discours *Sur la Religion* de Schleiermacher donnèrent le programme d'une nouvelle théologie, elle-même classée par Frédéric Schlegel parmi les romans, « à cause de sa subjectivité absolue ». Avec la profession de foi philosophique de Fichte s'accomplit le changement de front décisif qui pose, comme but suprême, la liberté

---

[1] * R. Haym, *L'Ecole romantique*, 251 et 280.

morale et combat la Révolution en dépassant son principe [1].

Après que Schelling, en sa qualité de plus récent représentant de l'école, eut tenté de concilier Gœthe et Fichte et de donner aux théories romantiques leur expression philosophique, la première phase du mouvement, la phase à la fois poétique et philosophique, pouvait être considérée comme close, et le moment était venu pour un juge compétent de raconter l'histoire du romantisme. Ce fut Auguste-Guillaume Schlegel qui s'en chargea dans les leçons tenues à Berlin durant les deux hivers de 1802 à 1804.

Sa formule du romantisme, qui le définissait comme la poésie des grandes nations européennes, qui d'un côté avait fondu le latin avec les dialectes des conquérants germaniques, et de l'autre le vieux-allemand avec les traditions romaines devenues chrétiennes, cette formule a été suivie de nombreuses définitions.

Presque toutes cependant ont jugé le mouvement romantique d'après ses points de départ et en opposition à la mesquine et intolérante doctrine utilitaire qui niait tout ce qu'elle ne pouvait comprendre. Ce mouvement apparut alors avant tout comme une contre révolution littéraire, comme la réaction du sentiment, de l'âme et de la poésie, qui revendiquait le droit de respecter et d'aimer ce qui, dans le passé, lui semblait digne d'imitation. Il envisageait l'homme non point séparément et en lui-même, mais dans ses

---

[1] * R. Haym, *L'Ecole romantique*, 214. — * H. de Treitschke, *Fichte : Etudes historiques et politiques*, 125, 135-136.

rapports avec l'héritage accumulé de sagesse et d'expérience qui lui venait des générations antérieures ; il ressaisissait ainsi le fil de la tradition et réveillait le sens historique que la doctrine révolutionnaire avait perdu.

C'était là précisément le point auquel se rallièrent ceux qui vinrent plus tard, quand le mouvement romantique fut passé pour eux mêmes à l'état historique et que le temps fut venu de déterminer sa signification et sa valeur durables. Cette valeur, ils ne la découvrirent point dans l'admiration du moyen âge, à laquelle Jean de Muller avait donné la première impulsion et qui n'était pas moins étroite que le mépris affiché pour lui par la Révolution. Elle se révélait bien plutôt à eux dans la conception grandiose qui appelait le peuple allemand à l'universalité de la culture comme à sa vraie direction et répondait ainsi au vœu formé par Gœthe, qui voulait qu'une littérature universelle s'assimilât les chefs-d'œuvre de tous les peuples. Par là le passé redevint vivant, l'Orient fut révélé, la Grèce et Rome transportées du début de l'histoire dans le centre, la science soumise à la méthode historique, et sur l'arbre que la poésie avait planté mûrirent les plus nobles fruits du travail et du savoir [1].

Tout cela était caché encore comme dans un germe, quand furent tenues à Berlin pendant l'hiver de 1804 les leçons sur l'histoire de la poésie. Sous

[1] * W. Scherer, *Histoire de la littérature allemande*, 616-639. — Lord Acton, *German Schools of History. Historical Review*, janvier 1886.

plus d'un rapport elles exercèrent une influence considérable. Mme de Staël elle-même la subit. Elle y retrouva bien des pensées et des problèmes que son livre *De la Littérature* avait plutôt indiqués que résolus ; la doctrine poétique et esthétique de cet ouvrage revêtait dans ces leçons de Guillaume Schlegel la forme arrêtée d'un système qui lui offrait, à côté de nombreux points de contact, des éléments de contradiction à l'égard desquels elle eut, alors et plus tard, à expliquer et à éclaircir son propre point de vue. Elle le fit avec indépendance et sous certaines réserves.

Littérairement d'abord, elle trouva les idées du livre *De la Littérature* élargies, plutôt que modifiées en principe. Elle avait insisté sur les littératures du Nord et sur Shakespeare, qui lui étaient le mieux connus ; les frères Schlegel et leur école revendiquaient maintenant, au nom du Dante et de Calderon, la prééminence poétique pour l'Italie et l'Espagne. Mme de Stael ne les suivit pas jusqu'à mettre la forme romantique au-dessus de la forme classique, mais elle reconnut l'égalité de droits de la première et son importance comme expression du sentiment chrétien, qui replie l'homme sur lui-même et développe le caractère, parce qu'il transporte le centre de gravité non dans l'inflexible destin, comme l'art antique, mais dans la volonté, et place ainsi dans la conscience le plus haut conflit dramatique que conçoive le génie de l'homme [1].

[1] Mme de Staël, *De l'Allemagne*, 2me partie, chap. 11.

Sous le rapport historique, par contre, elle ne s'entendit pas avec cette première phase du romantisme allemand. Quand celui-ci vantait le passé aux dépens des temps nouveaux, trouvait son idéal politique et religieux dans un moyen âge fantastique qui avait à peine le nom de commun avec la réalité, quand, avec Frédéric Schlegel et Novalis, il accusait la Réforme d'avoir plus entravé que favorisé la culture européenne et d'avoir détruit la floraison de l'art, elle n'admettait nullement, elle, la protestante française, qu'un tel point de vue fût un progrès.

Le moment vint où Guillaume Schlegel, non point par conviction religieuse, mais par inclination passagère pour le mysticisme et une sympathie toute esthétique pour les formes extérieures de l'ancienne Église, se crut d'accord avec les croyants catholiques et laissa entrevoir sa conversion. Revenu de son erreur, il ne se borna pas à célébrer de nouveau la Réforme comme « le monument de la gloire allemande, la source de tout progrès intellectuel, de toute amélioration morale et sociale » ; il devint agressif et écrivit sur le ton du mépris à un membre de sa famille, converti au catholicisme, que devenir catholique était le fait des peintres et de quelques sculpteurs, « mais que jamais des architectes ne s'y laisseraient prendre [1] ».

Le fidèle attachement au culte de sa jeunesse préserva Mme de Staël de semblables transformations ;

---

[1] L'Auteur des Souvenirs de Mme Récamier, *Coppet et Weimar*, 194. A. G. Schlegel à M. de Montmorency. — * A. G. Schlegel, *Rectification de quelques interprétations défavorables*, Berlin, 1828.

ce que n'avait pu sur elle la tyrannie populaire pendant la Révolution, les rêveries du romantisme le purent encore bien moins. Avec une divination qui, cette fois, tint du génie, elle reconnut, bien avant les grands historiens du dix-neuvième siècle, que le retour au passé n'était pas et ne pouvait être synonyme de réaction contre le présent. Dans *Dix années d'exil* d'abord, et plus tard dans son testament politique, se trouve le passage si justement célèbre : « On se plaît à dire que la liberté n'a été réclamée en Europe que dans le dernier siècle ; c'est plutôt le despotisme qui est une invention moderne [1] ». Ce mot constitue, sur la route pénible qui mène au progrès, une pierre commémorative destinée à protéger à jamais le nom de Mme de Staël contre l'oubli.

Entre elle et les romantiques il se noua un autre lien tout personnel. Dans ses efforts pour trouver à ses fils le précepteur désiré, elle s'était adressée aussi à Gœthe, et avait reçu de celui-ci une lettre qui devait introduire chez elle Auguste-Guillaume Schlegel. « Mme de Staël désire vous connaître personnellement », lui écrivit le poète ; « elle croit que quelques lignes de moi faciliteront la première entrevue. Je les écris volontiers, parce que je m'attire ainsi des remerciements de deux côtés, bien que mon intervention soit inutile. Conservez-moi un amical souvenir [2] ».

---

[1] Mme de Staël, *Dix années d'exil*, 2me partie, chap. 15. — *Considérations sur la Révolution française. Œuvres complètes*, XII, 25, 136 et sqq.

[2] * *Lettres de Schiller et de Gœthe à Auguste-Guillaume*

La pensée de Gœthe de proposer comme précepteur, même dans des conditions extraordinairement brillantes, un homme tel qu'Auguste-Guillaume Schlegel, cette pensée jette un jour caractéristique sur la simplicité des mœurs allemandes. Les deux frères, Auguste-Guillaume et Frédéric, n'étaient pas seulement des lettrés éminents, ils possédaient en outre sinon le génie créateur, du moins des talents de premier ordre : spirituels et mordants, l'un, interprète de l'étranger comme il n'y en a plus eu depuis lui, l'autre, critique d'une culture universelle et d'une richesse extraordinaire de pensées, dont les travaux sur la poésie de la Grèce ont été placés à côté de ceux de Winckelmann sur l'architecture grecque. La capacité de travail des deux frères était étonnante et embrassait les terrains les plus variés. Ils avaient exposé dans l'*Athenæum*, depuis 1798, les principes de la doctrine esthétique du romantisme, que Gœthe prétendait avoir établis avant eux par la définition des idées de poésie classique et romantique, tandis que Schiller, plus irritable et pressentant l'opposition, écrivait à son ami que cette manière suffisante, péremptoire, tranchante et étroite, lui faisait physiquement mal. La polémique blessante et ingrate des deux frères contre Humboldt, qui avait toujours été en bons termes avec eux, prouvait une fois de plus, au dire de Schiller, que décidément ils ne valaient rien. « Ce qu'on

---

Schlegel, Leipzig, 1846, 51. Gœthe à A. G. Schlegel, 1ᵉʳ mars 1804.

nomme âme leur manque à tous deux »[1]. En ce qui concernait l'absence de tact, le reproche était et resta mérité. Il n'en était pas moins vrai que les Schlegel avaient bien leur mérite ; Schiller lui-même l'avait reconnu quand il ne put refuser son éloge à l'élégie de Guillaume *Sur l'art des Grecs*, dédiée à Gœthe. Suivirent la tragédie d'*Ion*, l'*Almanach des Muses* publié en collaboration de Tieck, enfin les leçons de Berlin, travaux qui n'interrompirent pas la traduction de Shakespeare. Le dévouement à son art, qui le dominait si complètement que les larmes lui venaient aux yeux en parlant de Calderon, était un des plus beaux côtés de Guillaume Schlegel. « La critique meurt », lui avait écrit un jour Caroline, « les races humaines disparaissent, les systèmes changent, mais si le monde vient un jour à se consumer comme un brin de paille à la flamme, les chefs-d'œuvre de l'art seront les dernières étincelles vivantes qui s'envoleront vers la maison de Dieu, — alors seulement viendront les ténèbres ». Cette foi esthétique fidèlement gardée lui prêtait l'éloquence qui avait déjà étonné Henri Beyle lors d'une rencontre avec lui à Weimar [2].

Toutefois, en dépit de leur activité et de leur importance intellectuelles, l'inséparable compagnon de tant de personnalités éminentes de l'époque classi-

---

[1] * Eckermann, *Conversations avec Gœthe*, II, 203, et *Correspondance entre Schiller et Gœthe*, I, 343, II, 78, 88, 194. Lettres de Schiller du 22 décembre 1797, des 28 juin, 23 juillet, 16 août 1798.
[2] Stendhal, *Correspondance inédite*. I, 31.

que en Allemagne, — le souci, — suivait les deux Schlegel partout où ils allaient. En 1804, Frédéric et son frère, un peu plus âgé, avaient atteint la trentaine ; chacun d'eux était célèbre à sa façon et ni l'un ni l'autre n'avaient encore de situation assurée. En 1802 Frédéric se rendit à Paris pour s'y livrer pendant un temps à l'étude des littératures de l'Inde ; c'est à la suite de ce séjour que s'effectua sa conversion au catholicisme, connue seulement en Allemamagne en 1808. Tandis qu'il s'unissait avec Dorothée, la femme du banquier Veit, avait lieu la rupture du mariage de son frère avec Caroline Michelis, veuve Bœhmer. Son union avec elle, contractée à l'heure la plus sombre de cette destinée féminine singulièrement accidentée, avait été un acte de dévouement qui aurait mérité une reconnaissance durable. Caroline comprit la chose différemment et devint en 1803 la femme de Schelling.

Dans le « colombier » que classiques et romantiques allemands, sans distinction cette fois, avaient fait du mariage, un incident de ce genre n'empêcha pas le philosophe du romantisme et son docteur esthétique de rester en bons rapports. Tandis que Caroline partait pour le midi de l'Allemagne avec son troisième mari, Guillaume Schlegel nouait une amitié si intime avec la sœur de Tieck, Sophie Bernhardi, plus tard Mme de Knorring, que Mme de Stael désira la connaître. On lui objectait en vain que Sophie ne savait pas un mot de français. « Cela ne fait rien », répliqua-t-elle, « je la verrai parler ». Schlegel dut leur servir d'interprète et en outre tromper sur le fond de la conversation Mme de Staël, qui demandait constamment : « Qu'a-t-elle dit ? », car Sophie Bernhardi s'amusait aux dépens de tous les deux et débitait des choses impossibles à traduire.

Goethe avait eu raison de supposer que Guillaume Schlegel consentirait avec empressement à tout changement de situation. Sans parler du contre-coup qui devait suivre ses expériences personnelles, les dernières années avaient été troublées par la polémique contre Wieland, d'une part, contre les « amis des lumières », de l'autre, par les discussions du *Journal littéraire d'Iéna*, la désunion et les querelles dans son propre camp. A Weimar surtout l'opinion, depuis la rupture avec Schiller, était si peu favorable aux deux frères, que Mme de Staël, dans ses conversations avec Goethe, s'en montra influencée [1]. Ces impressions, que Goethe avait le plus possible écartées de lui, disparurent aussi chez elle après sa rencontre personnelle avec Schlegel. Elle dit à ce sujet dans la lettre à Goethe citée plus haut : « Il faut aussi que je vous remercie de la société la plus intéressante que j'aie rencontrée à Berlin, Wilhelm Schlegel. Je suis punie ou récompensée de toutes nos plaisanteries sur les Schlegel. Je ne crois pas possible d'avoir une critique littéraire plus spirituelle, plus ingénieuse que Wilhelm, et des connaissances si étendues en littérature, que lors même qu'on n'est pas de son avis, c'est de lui qu'il faut emprunter des armes. Enfin je trouve dans son caractère quelque

[1] H. Düntzer, *Goethe et Charles-Auguste*, II, 461.

chose qui ne répond pas à l'amère réputation qu'on lui a donnée et je veux attribuer à son frère ce qu'il y a de trop rude dans l'esprit de la famille pour aimer à mon aise celui-ci ».

Schlegel, lui aussi, se sentit attiré et estimé enfin comme il le méritait. Il accepta l'offre de Mme de Stael qui lui constituait des appointements de douze mille francs par an avec la promesse d'une pension, et assurait ainsi son indépendance. Dès ce mois de mars il entra dans sa famille et il s'établit entre eux des relations qui, maintenues pendant sept ans, subirent une interruption momentanée par suite d'un ordre de Napoléon, se renouèrent en 1814 et durèrent jusqu'à la mort de sa protectrice. Comme bien d'autres amitiés, elle sut aussi diriger celle-ci, à travers bien des écueils, avec une fidélité qui ne se démentit jamais et une bonté indulgente. Schlegel, « un talent, mais non un caractère », lui fournit de nombreuses occasions d'exercer ces qualités. Il n'est que juste de rappeler que dans le labyrinthe du monde intellectuel allemand, il resta pour elle un guide incomparable, et si elle reconnut sa valeur, il sut apprécier la sienne. Leur rencontre à Berlin demeura dans leur existence à tous deux un événement aussi heureux que décisif.

Tout d'abord les événements voulurent qu'il n'y eût aucune place pour les intérêts intellectuels que cette rencontre devait favoriser. L'attention de l'Europe était encore fixée sur le procès de Moreau, Pichegru et Cadoudal, dont l'histoire secrète, tracée par la main d'un ami de Mme de Stael, Claude Fauriel, a été retrouvée depuis[1]. Fauriel était après le 18 Brumaire secrétaire de Fouché, et dès le mois de mai 1802 il avait cru devoir donner sa démission. « Mais vous êtes fou », lui dit Fouché, qui avait de l'affection pour lui ; « c'est le moment plutôt de rester, nous arrivons[2] ». Pour son bonheur, le républicain Fauriel était depuis longtemps rendu à ses chères études historiques et littéraires, quand eurent lieu les événements de 1804. Son court passage à la police lui valut l'avantage de voir plus clair que bien d'autres au sujet des péripéties secrètes du drame de Vincennes. Son récit, corrigé comme on croit à certains endroits par Benjamin Constant, confirme dans les traits principaux celui des *Dix années d'exil* de Mme de Staël. Ici comme là le Premier Consul est accusé d'avoir, par les intrigues de ses agents secrets, formellement poussé les émigrés et Moreau à une conspiration qui lui fournissait l'occasion de se débarrasser de son plus grand rival militaire[3].

L'émotion éveillée par ces appréhensions chez Mme de Stael, depuis son entretien avec Gœthe, à Weimar, à la première nouvelle de l'arrestation du vainqueur de Hohenlinden, n'avait plus disparu. Elle suivait d'un œil anxieux le cours des événements, quand un matin à huit heures, tandis qu'elle repo-

[1] Claude Fauriel, *Les derniers jours du Consulat*. Manuscrit inédit, Paris, 1886.
[2] Sainte-Beuve, *Portraits contemporains*, II, 492 : *Claude Fauriel*.
[3] Claude Fauriel, *Les derniers jours du Consulat*, 148 et sqq., 287, 373. — Mme de Stael, *Dix années d'exil*, 1re partie, chap. 14 et 17.

sait encore, le prince Louis-Ferdinand passa à cheval devant les fenêtres de sa demeure, située sur le quai de la Sprée, au rez-de-chaussée, et demanda à lui parler. Elle se hâta de se lever et d'aller à sa rencontre. « Savez vous », lui dit-il, « que le duc d'Enghien a été enlevé sur le territoire de Baden, livré à une commission militaire, et fusillé vingt-quatre heures après son arrivée à Paris ? ». Mme de Staël connaissait l'antipathie du prince pour Bonaparte. « Quelle folie ! », lui répondit-elle ; « ne voyez-vous pas que ce sont les ennemis de la France qui ont fait circuler ce bruit ? ». « Puisque vous doutez de ce que je vous dis », répliqua le prince Louis-Ferdinand, « je vais vous envoyer le *Moniteur*, dans lequel vous lirez le jugement ». Un quart d'heure plus tard, elle eut entre les mains le *Journal officiel* du 21 mars, qui contenait l'arrêt de mort prononcé par la commission militaire, séante à Vincennes, contre *le nommé Louis d'Enghien*. Le billet du prince Louis-Ferdinand, qui accompagnait son envoi, débutait par ces mots : « Le nommé Louis de Prusse fait demander à Mme de Stael », etc. Il sentait l'injure faite au sang royal dans la personne de cette victime, et lui jura vengeance.

Deux jours avant le 20 mars, Chateaubriand, nommé résident français près la petite république du canton de Vaud, obtenait audience du Premier Consul. Il le trouva si changé, qu'il le crut malade. Les *Mémoires d'Outre-Tombe* accompagnent le récit de l'événement de ces paroles : « Une intelligence supérieure n'enfante pas le mal sans douleur, parce que ce n'est pas son fruit naturel et qu'elle ne devait pas le porter¹ ».

L'assassinat du duc d'Enghien avait pour but immédiat de donner aux Jacobins un gage de rupture avec les royalistes. « Enfin, le voilà des nôtres ! », s'écria, dit-on, Bernadotte, en apprenant à son beau frère Joseph ce qui venait de se passer ². Mais cet acte fit plus : il ouvrait entre Bonaparte et les honnêtes gens l'abîme qui, depuis Nivose, était resté recouvert. Auparavant, sans doute, il comptait des ennemis, mais en même temps de tels mérites, que ses adversaires les plus décidés ne croyaient pouvoir comparer les premières années du Consulat qu'aux meilleures périodes de l'histoire de France, telles que certaines portions du règne de Henri IV, par exemple ³. Après le drame de Vincennes, au contraire, surgirent des adversaires irréconciliables, et la résistance à Bonaparte devint un devoir moral. « Il passa le Rubicon du crime, et de ce jour son malheur fut écrit sur le livre du destin ⁴ ».

Le mot connu : « C'est pis qu'un crime, c'est une faute », généralement attribué à Talleyrand, est mis par Mᵐᵉ de Staël dans la bouche de Fouché. Celui-ci n'était pas à ce moment à la tête de la police impériale ; il y fut rappelé comme indispensable immédiatement après le crime de Vincennes, car,

---

¹ Chateaubriand, *Mémoires d'Outre-Tombe*, II, 299.
² Th. Iung, *Lucien Bonaparte et ses Mémoires*, II, 431.
³ Duc de Broglie, *Souvenirs*, I, 33.
⁴ Mᵐᵉ de Staël, *Considérations. Œuvres complètes*, XIII, 321.

lit-on à ce sujet dans *Dix années d'exil*, « Bonaparte revint enfin à Fouché, le seul homme qui pût vraiment le seconder, en portant, malheureusement pour le monde, une sorte de modération adroite dans un système sans bornes ». Metternich a plus tard relevé cette remarque, parce qu'il trouvait qu'elle caractérisait excellemment Fouché [1].

Dans le même ouvrage, Mme de Stael mentionne le vote de La Fayette contre l'Empire. Elle était mal informée. Il avait fait ses réserves contre le Consulat à vie et n'avait pas pris part à l'élection de 1804 [2]. Elle apprit avec joie qu'immédiatement après le 20 mars Chateaubriand avait remis sa démission. En revanche, Talleyrand, quatre jours plus tard, donna un grand bal [3].

La dernière lettre de Necker à sa fille exprimait la profonde indignation qu'il éprouvait de l'acte du 20 mars. Rien dans cette lettre ne la préparait à la nouvelle, survenue quelques jours plus tard, de la maladie subite de son père, qui lui fit quitter Berlin en toute hâte. Le 10 avril, Necker mourait à l'âge de soixante-douze ans. Ce ne fut qu'à son retour à Weimar qu'on osa dire à Mme de Staël que son père avait cessé d'exister. On savait là avec quelle douleur on aurait à compter. A l'effroi des assistants, un jour que la poste n'avait pas apporté les lettres

---

[1] * Metternich, *Papiers posthumes*, III, 446-447. — Th. Iung, *Lucien Bonaparte et ses Mémoires*, III, 294. — Mme de Stael, *Dix années d'exil*, 1re partie, chap. 15 et 17.

[2] La Fayette, *Mémoires*, V, 198-200, 217.

[3] Miot de Melito, *Mémoires*, II, 159.

CHAPITRE DEUXIÈME

attendues de Necker, Mme de Staël était tombée sans connaissance. Mlle de Gœchhausen fut chargée maintenant de la pénible tâche de lui apprendre toute l'étendue de sa perte ; c'était le 22 avril, anniversaire de sa naissance [1]. L'état qui s'ensuivit fut tel que le fils de Herder, qui était médecin, affirma n'en avoir jamais vu de semblable [2]. Benjamin Constant, qui dans l'intervalle était retourné en Suisse, et, à la nouvelle de la maladie de Necker, avait couru à Coppet, où il ne trouva plus Necker vivant, revint avec Sismondi en Allemagne. Il avait sincèrement aimé le défunt, qui le payait de retour. Mme de Staël était désormais seule et sur une terre étrangère ; il sentit quel devait être le désespoir, l'isolement de son amie, et il eut un mouvement de sensibilité vraie : « Je veux la voir, la consoler, ou du moins la soutenir. Pauvre malheureuse [3] ! »

A son arrivée à Weimar il la trouva en proie à des convulsions. Il n'essaya pas, comme d'autres, de lui offrir des consolations, mais il partagea sa douleur avec toute la puissance de sympathie qui était en lui.

Elle eut à peine l'énergie nécessaire pour prendre congé par lettre de la duchesse Louise, de la ville qui lui avait été si hospitalière et où « *son* bonheur *avait* fini ». Il n'y avait dans tout cela qu'une exagé-

---

[1] *Lettere inedite del Foscolo, del Giordano, e della signora di Stael a Vincenzo Monti*, Livorno, Vigo, 1876, 255. Mme de Stael à Monti, Bologne, 23 janvier 1805.

[2] * H. Düntzer, *Correspondance de Knebel*. Henriette à son frère, 25 avril 1804.

[3] Benjamin Constant, *Journal intime. Revue internationale*, 10 janvier 1887, 108-109.

ration apparente ; elle se sentait mordue au cœur par une douleur que le temps ne devait plus apaiser complètement. L'insomnie dont elle souffrait et qu'elle chercha plus tard à combattre par l'usage pernicieux de l'opium, date de ces tristes jours.

Au commencement de mai seulement elle put atteindre Zurich, où les époux Necker de Saussure lui amenèrent son second fils. Sa cousine ne parlait pas volontiers plus tard des scènes déchirantes qui suivirent cette réunion, mais elle a raconté que lorsque « l'abattement de la douleur en eut remplacé les grands éclats », Mme de Staël les priait de causer dans la voiture, parce que le bruit des paroles l'aidait à surmonter sa douleur. Elle était accompagnée de Guillaume Schlegel, et, comme pour peu qu'elle fût maîtresse d'elle-même, on la voyait occupée des autres, elle désirait qu'il se montrât à son avantage et lui indiquait en deux mots les sujets qu'il devait traiter. Quand l'entretien s'animait, il arrivait quelquefois que Mme de Staël se lançait tout à coup dans la conversation. Mme Necker de Saussure avait assisté avec Bonstetten aux derniers moments de Necker et put les lui retracer. Il avait remercié une fois encore tous ses amis et serviteurs pour leur affection, exprimé l'espoir d'être réuni à son épouse bien-aimée, et avait expiré en priant, occupé jusqu'à la fin par la pensée de sa fille. « On ne doit pas la blâmer de n'être pas ici », dit-il ; « je l'ai voulu ainsi ; c'est au cœur d'un père de la juger ». Il répéta cela plusieurs fois, en ajoutant que dans son cœur du moins elle n'avait jamais été méconnue. Bonstetten a remarqué que, même dans le délire de la fièvre, il ne revint jamais sur le grand rôle politique qu'il avait joué [1].

Ses dernières années et les adieux de son âme n'appartinrent plus à ce monde. Il était devenu un sage chrétien, le père des pauvres, l'ami des opprimés, et sa fille, à laquelle il avait dit un jour qu'il eût désiré être son frère pour pouvoir la protéger jusqu'à la fin [2], trouva de la consolation dans la pensée qu'elle n'était pas seule à le pleurer.

Pendant les premiers temps qui suivirent la mort de son père, une étrange disposition d'esprit s'empara d'elle. Necker avait coutume de dire de sa fille qu'elle était comme les Indiens qui, le matin, détruisent leur cabane, sans savoir où le soir ils trouveront un abri. Mais il la rendait si heureuse, parce qu'il ne contrariait en rien le besoin d'indépendance que réclamait sa nature énergique afin de ne pas s'user en luttes stériles. Il comprenait que vouloir la forcer à organiser sa vie comme tout le monde, c'était par là même nuire à ses facultés et lui imposer une vraie souffrance, et il pensait avec Mme Necker de Saussure « que Mme de Staël domptée n'était plus tout à fait Mme de Stael ». Elle le récompensa par une confiance aussi tendre que sincère que n'interrompirent ni les séparations, ni les divergences d'opinions. Indécise

---

[1] Mme Necker de Saussure, *Notice sur le caractère et les écrits de Mme de Stael.* — [*] Bonstetten, *Lettres à Friderike Brun*, I, 205, 207, Genève, 10 et 13 avril 1804. — Mme de Stael, *Du caractère de M. Necker et de sa vie privée. Œuvres complètes*, XVII, 123.

[2] Mme de Staël, *Du caractère de M. Necker et de sa vie privée. Œuvres complètes*, XVII, 96 et 118.

dans les petites choses, elle lui demandait conseil en tout, depuis les questions les plus insignifiantes, comme le choix d'une robe, jusqu'aux plus importantes et les plus graves. Ce qui prêtait avant tout de la valeur à ce qu'elle avait vu et éprouvé loin de lui, c'était l'espoir de le lui décrire et de le revivre avec lui. Il prenait soin de tout, s'intéressait à tout, et sa participation active à la destinée de sa fille le maintint moralement jeune et robuste en apparence, et donna le change à Mᵐᵉ de Stael sur la santé de son père. vieilli avant l'âge. Lorsqu'elle l'eut perdu, il lui sembla qu'un vertige s'était emparé d'elle et que tout ce qui l'entourait allait s'effondrer. Elle commença à douter du dévouement de ses serviteurs, de l'obéissance de ses enfants, de la solidité de sa fortune, se perdit dans des soucis d'argent, et répondait, quand sa cousine lui disait, à propos de ces derniers, qu'elle savait bien qu'au fond elle n'y tenait guère, que depuis la mort de son père la terre semblait lui manquer. Il fallait un acte de courage héroïque pour s'élever au-dessus d'un pareil état, et elle le puisa dans la conviction qu'il était de son devoir de conserver à ses enfants ce que son père avait acquis. Par amour pour eux, elle apprit à gouverner avec un soin minutieux la fortune de trois millions laissée par Necker, sans y comprendre sa créance sur le gouvernement français. A cette question se rapporte une série de lettres adressées par elle à Gouverneur Morris, avec lequel Necker était entré en négociations au sujet de l'acquisition de domaines aux Etats-Unis. Mᵐᵉ de Staël augmenta ces placements d'argent, pénétrée qu'elle était de l'incertitude de la situation dans sa patrie, « depuis que l'arbitraire seul y régnait [1] ». Déjà alors elle songeait à traverser une fois l'Océan. « Si j'avais vingt ans au lieu de quarante, je le ferais et irais vous visiter », écrivait-elle à Morris. « Ne me croyez-vous bon qu'à tenir compagnie aux jeunes dames ? », repliqua celui-ci. « Je vous prie d'être persuadée du contraire et de croire que les années raisonnables seules devraient être aussi celles consacrées aux voyages... Je dois vous avertir que vous ne trouveriez pas ici ce que l'habitude vous a rendu indispensable. Partout on reconnaîtrait la bonté de votre cœur ; mais très peu de gens parmi nous sont à votre hauteur intellectuelle, et nous ignorons les agréments de la bonne société française, quoique nous ayons plus de goût pour eux que nos froids ancêtres les Anglais... Bâtir des châteaux en l'air a été toujours et partout un amusement ; vouloir bâtir des châteaux en l'air en Amérique serait une mauvaise spéculation, car le travail est trop cher. Mais passer quatre à cinq mois de belle saison dans ce pays neuf et qui se développe rapidement, séjourner aussi longtemps à Philadelphie ou à New-York et employer le reste de l'année à voyager, cela me paraîtrait un genre de vie conforme à la raison [2] ».

Ni alors ni plus tard elle ne réalisa son projet de voyage aux Etats-Unis. Mais l'habile administration

[1] Jared Sparks, *Life of Gouverneur Morris*, III, 110, 111, 121, 182, 207.
[2] Jared Sparks, *Life of Gouverneur Morris*, 210, 220, 236, 242.

de sa fortune permettait à Mme de Staël de venir largement en aide aux autres, et Mme Necker de Saussure affirme qu'elle le fit. Guillaume Schlegel en eut la preuve. « Vous me blessez en me parlant d'affaires d'argent avec cette régularité », lui écrivait-elle au plus fort des anxiétés de l'année 1813 ; « vous savez que tout mon bonheur dans ce monde consiste à vous recevoir chez moi. Quand vous prenez de l'argent, c'est comme si vous me disiez : je reviens. Ainsi ne vous gênez pas et si vous voulez une autre lettre de crédit, mandez-le moi *sans gêne* et songez que c'est une déclaration d'attachement de tirer sur moi [1] ».

D'après Sainte-Beuve, qui put encore interroger à ce sujet des hôtes de Coppet, il régnait là, au milieu d'un va-et-vient perpétuel, des habitudes d'ordre unies au confort que donne la richesse, sans que celle-ci dégénérât jamais en prodigalité [2]. La maîtresse de la maison était, en ce qui la concernait, si simple et si facile à contenter, que seulement après la publication de *Corinne* elle se procura un bureau convenable. « J'ai bien envie d'avoir une grande table », dit-elle alors à sa cousine, « il me semble que j'en ai le droit à présent ». Jusque-là elle écrivait comme elle pouvait, à l'angle d'une cheminée ou

[1] Mme Necker de Saussure, *Notice sur le caractère et les écrits de Mme de Staël.* — * A. G Schlegel, Correspondance inédite, Bibliothèque de Dresde. Mme de Staël à A. W. Schlegel, Londres, 25 septembre 1813.

[2] Sainte-Beuve, *Portraits de femmes : Mme de Staël.* — Petit-Senn, *Le château de Coppet. Revue Suisse*, 1854, XVII, 492.

sur ses genoux, par égard pour son père, qui n'avait jamais désiré qu'elle embrassât la carrière littéraire. « Elle retrouvait à volonté le cours et le mouvement de ses idées ; il n'y avait point de hasard dans sa verve, et elle eût écrit dans tous les moments ses pages les plus éloquentes ; on pouvait remarquer en elle la double faculté de ne point perdre de vue un objet et de n'en être point trop préoccupée... Je n'ai jamais compris où elle prenait du temps pour méditer ses ouvrages... Une fois, à Genève, il m'arriva de lui dire : Mais vous, qui dormez toute la nuit et qui agissez ou causez tout le jour, quand avez-vous donc songé à cette ordonnance ? — Eh mais ! dans ma chaise à porteurs, me répondit-elle en riant. Or, cette chaise à porteurs, elle n'y était jamais plus de cinq minutes [1] ». Si elle avait un grand besoin de mouvement moral, l'exercice corporel ne lui était nullement nécessaire. Elle n'avait pas d'habitudes tenaces et presque pas de besoins matériels. Sa chambre, à Coppet, n'était pas plafonnée, et on y voyait les poutres. Un jour qu'on lui faisait remarquer la chose : « Voit-on les poutres ? », dit-elle ; « je n'y avais jamais pris garde. Permettez que cette année, où il y a tant de misérables, je ne me passe que les fantaisies dont je m'aperçois ». Le seul luxe auquel elle mît du prix était la facilité de loger ses amis chez elle et de donner à dîner aux personnes qu'elle avait envie de connaître. « J'ai pris un cuisinier qui court la poste », disait-elle ; « n'est-ce pas

---

[1] Mme Necker de Saussure, *Notice sur le caractère et les écrits de Mme de Staël.*

là exactement ce qu'il me faut pour donner à dîner au débotté dans toute l'Europe? ». Il est touchant de la voir, elle si généreuse envers les pauvres, s'occuper tout particulièrement de ceux qui succombaient sous le poids de la vieillesse et des privations, parce qu'ils lui rappelaient son père.

Un vieillard de sa connaissance, très vraisemblablement le baron danois de Vogt, s'étant comporté d'une manière pusillanime à son égard, elle en éprouva une douleur extraordinaire. « Je ne suis pas raisonnable », dit-elle à sa cousine, « mais que voulez-vous? il était bon, il était vieux, il était là assis à ma table, je dérangeais mes heures pour lui, et tout cela me remue le cœur ».

La mémoire de son père se tranfigura pour Mme de Staël en celle d'un consolateur et d'un protecteur, en la présence duquel elle vécut constamment. Elle se sentait protégée, consolée, secourue par lui, l'invoquait dans ses prières et lui imputait les événements heureux de sa vie. A cet amour profond et unique elle éleva un monument, la biographie de Necker, qui littérairement appartient à ce qu'elle a écrit de meilleur, bien qu'elle ait moins songé, dans ce travail que dans tout autre, aux pures qualités de forme et se soit même efforcée de rester dans l'ombre afin de concentrer toute la lumière sur l'objet de son culte. Pour y arriver d'autant plus sûrement, elle réussit à effectuer ce qui était le plus contraire à la nature de son talent : elle réprima son sentiment qui débordait, et parvint à parler de Necker avec retenue. L'émotion intérieure qui pénètre ces pages agit d'autant plus puissamment qu'elle paraît domptée, et que la douleur se dissimule comme sous un voile. Moins entraîné que convaincu et pris de sympathie pour l'homme qui a su inspirer un pareil sentiment, le lecteur adopte la conclusion de sa biographie : « L'on a vu sûrement des carrières plus heureuses, des noms plus éclatants, des destinées plus longues, des succès plus soutenus ; mais un tel dévouement pour la nation française, mais un génie si vertueux, mais un caractère si bon, un cœur si noble et si tendre, on ne le reverra plus ; ni les hommes, ni moi, nous ne le reverrons plus [1] ».

Plus de dix années s'étaient écoulées quand, revenant sur ces jours douloureux, elle ajoutait : « Je ne dois de reconnaissance véritable sur cette terre qu'à Dieu et à mon père ; tout le reste de mes jours s'est passé dans la lutte ; lui seul y a répandu sa bénédiction... Tout ce que j'ai gagné par moi-même peut disparaître ; l'identité de mon être est dans l'attachement que je garde à sa mémoire. J'ai aimé qui je n'aime plus ; j'ai estimé qui je n'estime plus ; le flot de la vie a tout emporté, excepté cette grande ombre qui est là sur le sommet de la montagne, et qui me montre du doigt la vie à venir [2] ».

Les plus proches amis de Mme de Stael ont, après sa mort, parlé de l'écrit sur Necker comme de celle de ses productions qui permettent le mieux de voir

---

[1] Mme de Stael, *Du caractère de M. Necker et de sa vie privée. Œuvres complètes*, XVII, 126-127.
[2] Mme de Stael, *Considérations. Œuvres complètes*, XIII, 306.

clair dans son âme à elle-même [1]. Jean de Müller, qui en juin 1804 vint plusieurs fois à Coppet, consacra à la mémoire de Necker un discours qui se terminait dans ces termes : Si des ruines écroulées de l'Europe vient à surgir sa pierre tumulaire, on y inscrira ces mots : il a eu de bonnes intentions et a fait ce qu'il pouvait [2]. Ce jugement est resté en définitive celui de la postérité sur le premier ministre de la France moderne. Jean de Müller n'a pas tenu la promesse qu'il avait faite alors d'écrire la vie politique de Necker. La raison qu'en donne Bonstetten est celle ci, qu'après Mme de Stael la partie de la tâche qu'elle lui réservait lui était devenue difficile [3]. Elle l'entreprit plus tard elle-même dans les *Considérations sur la Révolution*, où elle se consacra jusqu'à la fin à la mémoire de son père.

La dernière page de la biographie de Necker porte la date du 25 octobre 1804. A côté de cette occupation, le dévouement de sa cousine et de ses amis la soutint pendant cet été. Bonstetten, Sismondi, Matthieu de Montmorency, Benjamin Constant [4], les Genevois et ceux qui arrivaient de loin, partagèrent son deuil et cherchèrent à la distraire par tous les

---

[1] Mme Necker de Saussure, *Notice sur le caractère et les écrits de Mme de Staël*. — Benjamin Constant, *Mélanges de littérature et de politique. De Mme de Stael et de ses ouvrages*, 171-172.

[2] * Jean de Müller, *Œuvres complètes*, VII. *Lettres*, 131, 200.

[3] * Bonstetten, *Lettres à Friderike Brun*, I, 219, 221, 225.

[4] * M. Isler, *Lettres posthumes de Charles de Villers*, 5. Benjamin Constant à Villers, 26 mai 1864.

moyens. Un jour qu'elle visitait une imprimerie de Genève appartenant à Sismondi, celui-ci l'engagea à imprimer elle-même une feuille qui, retirée de la presse, se trouva contenir des vers à son adresse et à celle de Necker. Une grande source de distraction et d'excitation était offerte par Schlegel. Un jour, à table, il discuta violemment avec Jean de Müller, et termina le débat en contestant l'existence historique non seulement du mythique Ossian, mais aussi d'Homère et enfin de Moïse ; sur quoi Muller déclara vouloir se servir des mêmes arguments pour prouver que Charlemagne non plus n'avait jamais existé. Schlegel disait aussi que les Français témoignaient le plus hautement de la puissance créatrice de Dieu, car tous se ressemblaient, et cependant on en comptait trente millions d'exemplaires [1].

Mme de Staël acceptait ces distractions avec reconnaissance. Le commerce des gens d'esprit resta, après comme avant, un besoin pour elle. Mais de tous ses amis, celui qui fit le plus de bien à son âme était Matthieu de Montmorency. « Cet ami incomparable arrive après-demain », écrivait-elle à Gerando, « et je ne puis vous exprimer le trouble que j'éprouve, ce sentiment de joie si étranger à mon cœur déchiré, cette douleur qui se ranime précisément parce qu'il va me faire du bien, parce que je repousse et j'appelle ce céleste secours... Oh ! comme le cœur bouleverse la vie [2] ».

---

[1] * Bonstetten, *Lettres à Friderike Brun*, I, 221, 225.
[2] De Gerando, *Lettres inédites et souvenirs biographiques*.

La visite de Matthieu eut lieu en juillet, et dès ce moment elle était résolue à passer l'hiver en Italie. Une fois encore elle exprima le désir de voir Camille Jordan s'associer à elle. On l'attendait à Coppet pendant la visite de Matthieu de Montmorency, mais il n'y vint point ; sur quoi Mme de Staël le conjura par une lettre affectueusement empressée de ne pas rejeter trop précipitamment l'occasion, peut-être la dernière (si la guerre continentale avait lieu), de voir l'Italie. « Vous ne seriez pas seul avec moi », lui disait-elle, « puisque j'emmène mes trois enfants et leur savant instituteur [1]. Vous feriez un acte de charité pour une personne dont l'âme est cruellement malade, et c'est un beau motif à donner… En vérité, un grain d'enthousiasme pour l'Italie, l'amitié et le malheur, devrait vous décider ». Camille, enchaîné par ses habitudes et un peu casanier, ce semble, ne se laissa pas convaincre. « On lui voudrait plus d'entraînement », dit Sainte-Beuve, « un élan plus vif vers cette sœur de génie qui lui faisait signe tant de fois de venir [2] ».

Joseph Bonaparte, devenu prince de l'Empire, instruit du dessein de Mme de Staël, lui envoya des lettres de recommandation pour diverses personnes de Rome, une entre autres pour son oncle Fesch, où il lui disait de l'accueillir comme elle désirerait elle-même voir accueillir Joseph, s'il était à sa place.

Mme de Staël à Gerando, 18 juillet 1804 (la lettre porte la date fausse de 1806).

[1] Guillaume Schlegel.
[2] Sainte-Beuve, *Nouveaux Lundis*, XII, 302 : *Camille Jordan*.

« Mon prince, mon cher Joseph », lui écrivit-elle à son tour avec émotion, « quoi qu'il m'arrive, je ne pourrai résister à me servir de cette célébrité de mon nom, qui m'a fait tant de mal, pour faire parvenir partout ce que je sens et ce que je pense ; il y a un accent de cœur que les courtisans n'atteindront jamais... Soyez heureux ! [1] ».

Vers le même temps elle envoyait de ses nouvelles à Weimar, où l'on célébrait le mariage du prince héritier avec la grande-duchesse Maria Paulowna, et où elle voulait être présente au moins par ses vœux. La lettre, datée de Genève, est adressée à la duchesse Louise.

« J'ai été obligée », dit-elle, « de sortir de la solitude où mon cœur et ma situation me rappellent, pour venir ici recevoir la duchesse de Courlande. Elle avait été très polie pour moi à Berlin, et je suis venue lui faire les honneurs de Genève... Avec elle ou à cause d'elle arrive une nuée d'Italiens qui préludent pour moi au voyage. Par exemple, hier on m'a présenté un commandeur de Carraccioli, dont la figure a vraiment l'air d'une forêt où l'on assassine c'est tout le château d'Udolphe [2] que son visage, et cependant c'est un bon homme, et même assez commun. Je suis curieuse de l'Italien, si toutefois je puis être curieuse de quelque chose, en dehors de mes regrets.

[1] Du Casse, *Mémoires du roi Joseph*, X, 426, appendice. Mme de Staël à Joseph, Coppet, 18 septembre 1804.
[2] Allusion au célèbre roman fantastique d'Anne Radcliffe.

Mon malheur m'a pénétré d'une idée de la mort si vive, que jour et nuit je ne sens, je ne vois plus qu'elle ; mes nerfs sont tout à fait abîmés.

« La bonté de Votre Altesse m'encourage à lui parler de moi, et que peut-on lui dire d'elle-même ? La raison la plus parfaite ne dirige-t-elle pas sa vie, et ne peut-on pas toujours savoir ses actions de tous les moments, en connaissant ses devoirs ? Je ne suis pas encore parvenue à me soumettre ainsi, mais le temps fera ce que la force d'âme n'a pas su faire. J'ai reçu une lettre de Monseigneur le Duc, et je lui répondrai de Rome ; c'est une belle date ; il faut convenir pourtant que j'aimerais mieux dater de Paris.

« J'ai quelque mérite à ne pas accepter les propositions qu'on me fait ; car personne, de tous ceux qui plient, n'aurait plus besoin que moi de la récompense offerte.

« Je saurai au retour de l'Empereur [1] ce qu'il décidera sur ma créance et je me croiserai avec le Pape. J'ai quelque envie d'aller m'asseoir sur le Saint-Siège à sa place ; il me semble que mon départ est plus catholique que son voyage [2] ».

Pie VII s'était mis en route pour aller couronner l'Empereur à Paris.

Une des dernières lettres écrites par Mme de Staël

[1] Napoléon était parti pour Aix-la-Chapelle.
[2] L'Auteur des Souvenirs de Mme Récamier, *Coppet et Weimar*, 61-64. Mme de Stael à la duchesse de Saxe-Weimar, Genève, 30 septembre 1804.

avant son départ était adressée à Mme Récamier, qui avait promis de se rendre à Coppet dans le cours de l'été suivant. Elle lui recommandait le comte Copertino-Pignatelli, « un très grand seigneur comme vous savez, et, ce qui vaut mieux, un homme aimable et d'une société sûre et douce : j'aime beaucoup son frère le prince Belmonte, qui est un homme vraiment remarquable... Il faut que vous payiez mes dettes : si l'on sait cela, tout le monde me prêtera... Je vous aime, moi, plus qu'aucune autre femme de France. Hélas ! quand vous reverrai-je[1] ? ».

Peu après ces adieux, Mme de Staël franchit les Alpes. Le but de son voyage était Rome.

Gœthe regardait comme une seconde naissance, comme une vraie régénération, le jour où pour la première fois il posa le pied dans la ville éternelle. C'est là, disait à son tour Winckelmann, la grande école pour tout le monde, celle qui purifie et qui transforme. Bien qu'à un autre point de vue que pour le poète et le savant, le voyage en Italie eut pour Mme de Staël une semblable importance.

Sans doute, la situation politique de l'Italie du Nord et du centre, qui, si elle n'était pas tout à fait sous la domination française, était du moins complètement sous son influence, ne pouvait lui causer une impression satisfaisante. Ce qui existait de patriotisme s'évaporait en plaintes ou se réconciliait avec la force. Depuis que le pape avait consenti à couronner

[1] L'Auteur des Souvenirs de Mme Récamier, *Coppet et Weimar*, 65. Mme de Staël à Mme Récamier, Coppet, 2 novembre 1864.

Napoléon à Paris, il ne tenait qu'à ce dernier de se poser aussi la couronne de fer lombarde sur ce front que la nature semblait avoir destiné au diadème. A l'exception de la Toscane, la vie politique italienne y aurait perdu. Dès 1797 le général Bonaparte avait été salué par ces paroles :

> César asservit l'Italie,
> Et tu lui rends sa liberté.

Quand, revenu d'Egypte, il mit de nouveau le pied sur le sol italien, il fut plus que jamais reçu au-delà des Alpes comme un libérateur. Il bénéficia de l'interrègne du Directoire, ce gouvernement pillard, persécuteur, intolérant, qui avait réussi en très peu de temps à détruire les dernières illusions qui pouvaient encore subsister dans les populations. Les esprits libres et cultivés ne cachaient guère leur antipathie croissante pour la Révolution. Contre ses excès sauvages Alfieri lançait ses invectives; Monti écrivait la *Bassvilliana*. La fine perception légiste des Italiens n'éprouvait que du dégoût pour « tous ces Masaniellos raisonneurs » qui menaçaient d'ajourner indéfiniment l'œuvre des Beccaria et des Léopold. A côté des gens de leur espèce Bonaparte apparut comme le restaurateur de l'ordre, et quand il fut devenu empereur, comme le restaurateur possible de la nationalité. César Cantu a donné la liste des poètes italiens qui célébrèrent le vainqueur de Marengo. A leur tête se trouve Monti, rappelant à ses compatriotes que :

> L'anima altera
> Che nel gran cor di Bonaparte brilla
> Fu del' italo sole una scintilla.

Ugo Foscolo, répondant, lui aussi, à l'appel, consacre à *Bonaparte liberatore* une ode inspirée par l' « énergie républicaine ». Cesarotti, le traducteur d'Ossian, honore l'épée qui, après un laps de dix siècles, est passée des mains du « Magno » dans celles du « Massimo [1] ». A Sainte-Hélène encore, Napoléon rappelait ces hommages : partout où il passait, disait-il, l'air retentissait d'acclamations. Savants et ignorants, riches et pauvres, le clergé et la magistrature, tous étaient à ses pieds. Les Italiens aimaient jusqu'à son nom et lui-même était insensible à tout, excepté à la gloire. En vain les plus belles femmes de l'Italie cherchaient-elles à le charmer : il ne voyait que l'histoire et la postérité.

Ce n'était point un hasard si le plus haut tribut de l'art et de la poésie, le marbre de Canova et le *Cinq Mai* de Manzoni, lui fut payé par des Italiens.

L'enthousiasme pour lui était à son comble quand Mme de Staël arriva à Milan. Il eût été aussi injuste qu'inutile de prétendre devancer l'expérience et de méconnaître que les sentiments des Italiens envers Napoléon ne manquaient pas de solide fondement. Comparée à la domination étrangère qui l'avait précédée, la sienne était la transition à une monarchie nationale, et Marengo presque une victoire patriotique que la muse de Monti, le plus grand des poètes

[1] César Cantù, *Vincenzo Monti e l'età che fu sua*, 59 et sqq.

italiens alors vivants, célébrait, d'accord avec la nation, comme un triomphe sur les barbares :

> Il giardino di natura
> No pei barbari non è.

Sans doute, l'or de ce patriotisme n'était pas sans alliage. Ses vagues aspirations tendaient vers l'indépendance de l'Italie ; une aspiration plus nette et mieux indiquée, c'était celle aux dignités et aux honneurs, à tous les prix de l'ambition si longtemps réservés. L'exemple de Monti disait quels sacrifices on était prêt à supporter pour les obtenir, lui aux mains duquel était passé depuis 1803, date de la mort d'Alfieri, le sceptre de la poésie italienne, et que son illustre successeur, Manzoni, saluait en ces termes :

> Salve, o divino, a cui largi natura
> Di Dante il core e del suo duce il canto,
> Fia questo il grido dell' età futura,
> Ma l'età che fu tua tel dice in pianto.

Monti, né en 1754 à Fusignano d'une famille de pauvres paysans, avait suivi à Rome dans sa jeunesse le cardinal Borghèse et y était devenu abbé et secrétaire au service du prince Braschi, neveu de Pie VI.

Ses premières productions célébraient la papauté. La tragédie classique d'*Aristodème* parut en 1786 ; elle contraste avec la *Virginie* d'Alfieri, mais n'en est pas moins écrite sous l'influence de cette création poétique. La *Bassvilliana* raconte le meurtre du secrétaire de l'ambassade de France, Bassville, par la populace de Rome, et est dirigée contre les excès de la Révolution, dont les auteurs, les vivants comme les morts, frappés par la malédiction du poète, sont invités à comparaître devant le tribunal de Dieu. L'Italie crut entendre comme l'écho de la voix du Dante dans la mâle beauté de ces vers que Monti ne devait pas surpasser. L'influence de Milton et plus encore celle de Klopstock sur la partie mythologique et sur la composition de l'ensemble, a été indiquée il y a peu de de temps par un critique italien compétent[1]. L'apparition des armées républicaines força l'auteur de la *Bassvilliana* à se soustraire à leur vengeance par une fuite que protégea d'ailleurs le général Marmont lui-même. Monti, qui de l'état ecclésiastique n'avait accepté que le titre et l'habit, épousa en 1791 la belle Thérèse Pickler, fille du célèbre graveur sur pierre fine, alla à Milan, devint commissaire de la République cisalpine dans la Romagne et *il cittadino Monti*. En cette qualité, il célébra les vainqueurs du jour, les Français et Bonaparte, et en 1798 la Révolution elle-même, dans des poésies qui rabaissaient la louange jusqu'à la servilité et déifiaient le succès, de sorte que les mêmes vers qu'il avait dirigés peu d'années auparavant contre la tyrannie étrangère servaient maintenant, au moyen d'un simple changement de noms, à glorifier ses exploits. Puis vint l'année 1799, et avec elle l'entrée des Russes et des Autrichiens vainqueurs dans la Lombardie. Monti, forcé pour la seconde

[1] B. Iumbini, *Sulle poesie di Vincenzo Monti*, Florence, 1886. — Vicchi, *Vincenzo Monti, le lettere et la politica in Italia*, 1885.

fois de fuir, trouva dans le comte Marescalchi, ministre des affaires étrangères de la Cisalpine, qui en cette qualité résidait auprès de Bonaparte, un protecteur bienveillant qui l'emmena avec lui à Paris, jusqu'à ce que les victoires de 1800 permissent son retour dans sa patrie. A Milan il dut au duc Melzi-Eril, vice-président du nouveau gouvernement fondé sous la présidence du Premier Consul, sa nomination comme professeur de belles-lettres à l'institut de Brera et la chaire d'éloquence à l'Université de Pavie. Le chantre de Marengo n'avait pas pris possession de son siège, qu'il fut désigné comme le poète officiel du futur royaume d'Italie, et fixé ainsi à Milan [1].

C'est à ce point de sa carrière agitée, que troublaient le plus souvent d'accablants soucis matériels, que Mme de Staël fit sa connaissance par l'intermédiaire de leur ami commun, le duc Melzi, dont elle estimait grandement le noble caractère. Son premier billet au poète, qu'elle invite à venir la voir, est daté de Milan, 30 décembre 1804, « auberge de la cité ». Elle lui parle de ses poésies comme de celles qui maintiennent encore l'honneur de la littérature moderne de l'Italie [2].

[1] Voir la belle étude de * Paul Heyse sur Monti, formant appendice à sa traduction des poésies de Giuseppe Giusti. — César Cantù, *Vincenzo Monti et l'età che fu sua*, 11-53. — *Galerie historique des contemporains*, VII, 139. — Mme A. Dupin, *Poètes modernes d'Italie*. Revue de Paris, 1842, VII, 178.

[2] *Lettere inedite del Foscolo, del Giordano e della signora di Staël a Vincenzo Monti*, 1876, 249.

Ce n'était pas trop dire. Alfieri, nous le savons, avait cessé de vivre ; Manzoni, né en 1784, ne publia sa première grande œuvre dramatique, *Le comte de Carmagnola*, qu'au sommet de la vie et de l'art ; Niccolini et Silvio Pellico étaient encore des adolescents, Leopardi un enfant, Giusti n'était pas né. Le seul qui pût disputer la palme à Monti, Ugo Foscolo, publia son roman politique et werthérien, *Jacopo Ortis*, bien des années plus tard ; ses *Sépulcres* ne parurent qu'en 1807, et comme Monti, son ami d'alors, Foscolo demeurait sous l'empire de la tradition classique dominée par les modèles français [1]. Cette tradition resta incontestée en Italie jusqu'au jour où l'apparition de *Carmagnola*, en 1819, donna le signal des hostilités contre l'ancienne école, et où, six ans à peine plus tard, le romantisme créa sur la terre classique son chef-d'œuvre accompli, les *Promessi Sposi* (*Les Fiancés*).

Quand Mme de Stael se rencontra avec Monti, le poète était âgé de cinquante ans, et sa physionomie mobile, à en juger par le beau portrait d'Appiani, révélait la trace de plus d'une désillusion. Sa parole avait la sonorité de ses vers, qui, d'après sa propre définition de la poésie, devaient être « la musique de la pensée [2] », et qui, d'après la définition d'un autre, ressemblaient au chant de l'oiseau, « que tout

---

[1] * Honegger, *Histoire critique des influences intellectuelles françaises dans les derniers siècles*, 339 et sqq. — Martinetti et Traversi, *Ultime lettere di Jacopo Ortis*, Saluces, 1887.

[2] Mme A. Dupin, *Vincenzo Monti*. Revue de Paris, 1842, VII, 178.

bruit fait chanter ». Mme de Staël était si accessible à ce charme exclusif de la mélodie verbale, qu'elle en plaisantait elle-même comme d'une faiblesse. « Ce que j'aime là-dedans c'est l'absence de toute pensée », disait-elle souvent en riant, après qu'on avait déclamé devant elle de beaux vers ou des strophes lyriques qui ne disaient pas grand'chose; et elle avouait n'avoir jamais entendu sans émotion ce vers :

Votre nom ? — Moncassin. — Votre pays ? — La France ?

Seulement, dès qu'il s'agissait non point de sentiments, mais, comme chez Monti, de l'abandon du caractère, personne ne pressentait plus vite qu'elle le danger caché sous un pareil manque de convictions.

« Vous avez trop de génie, trop d'élan dans l'âme », lui écrivait-elle, « pour rester toujours sur la terre... Ne vous laissez pas trop approcher par les relations politiques : la fraîcheur s'y flétrit et c'est sur le bord de mon lac que vous aurez tout l'enthousiasme de votre pensée... Croyez bien que c'est dans votre talent et dans les chefs-d'œuvre de ce talent que vous trouverez votre force et votre indépendance. Il me semble que l'enthousiasme pour votre talent va croissant et quelquefois *mi lusingo* que je ne vous serais pas inutile dans ce pays si j'y vivais ». Et après avoir visité, à Florence, la maison d'Alfieri et vu sa veuve, elle reprenait la plume pour dire à Monti : « Alfieri était bien plus admirable par son caractère que par son talent, et un tel caractère au milieu d'un pays où ce don est si rare ! J'ai su par Mme d'Albany qu'il estimait hautement votre talent, mais votre vie n'a pas pu être aussi indépendante que la sienne ». « Quand aurez-vous fini vos travaux de poète lauréat ? », lui disait-elle une autre fois ; « je ne veux arriver à Milan que quand ils seront terminés ». Sa clairvoyance ne se faisait aucune illusion sur ce qui lui manquait, mais elle n'en était pas moins attirée par le charme qui était en lui. Après une quinzaine de jours au plus passés avec lui à Milan, elle lui écrivait, de Lodi cette fois : « J'ai pris une si douce habitude, *caro* Monti, de passer mes jours avec vous, que ce soir même il faut que je commence à vous écrire. Une habitude en quinze jours ? Oui, cela se peut. Je n'ai fait que vous reconnaître, j'ai senti en vous ma propre nature ; vous étiez un ami qui m'attendait ; certainement vous n'étiez pas une nouvelle connaissance. J'ai sur vous tous les droits du temps ; n'y a-t-il pas bien des années que nos pensées sont les mêmes ? Et dans les disputes les plus vives ne finissions-nous pas toujours par nous entendre mieux que la veille ? J'ai répété vingt fois aujourd'hui *ahi vista, ahi conoscenza*. Les sons de votre voix sont tous dans mon cœur et l'italien s'est ennobli pour moi de toutes les impressions que vous m'avez faites. Quand je suis entrée en Italie je croyais voir des poignards sous tous ces grands manteaux : à présent je me confie à ces visages, à ces accents qui dans un immense éloignement sont néanmoins un peu du même pays que vous. Envoyez-moi le sonnet *Quando Gesù*, je veux essayer de le mettre en vers français.

Caro Monti, adieu pour ce soir, je finirai demain cette lettre à Plaisance : ayez soin de votre santé, songez à la profonde amitié qui nous unit pour toujours si vous le voulez, si vous soignez une affection que votre charme a fait naître si facilement et que vos qualités doivent conserver à jamais ». De Plaisance, elle ajoutait le lendemain : « Je suis assez souffrante : la vie est redevenue pour moi ce qu'elle était, un souvenir [1] ».

A Milan, qu'elle aimait, elle connut encore le célèbre médecin Moscati, le géologue Breyslak, les écrivains Benincasa et Bossi, plus tard le cardinal Caprara et les époux Cicognara. Le mari était auteur d'une histoire de la sculpture ; sa femme, la belle et distinguée Maximilienne, divorcée d'avec le comte Rotari, nous a conservé sur le séjour de Mme de Staël à Milan une anecdote qui fut répétée à Talleyrand pendant le séjour qu'il fit à Milan à l'occasion des fêtes du couronnement, en 1805, et qu'il contait en la modifiant un peu [2]. Monti venait de traduire le satirique romain Perse et avait offert un exemplaire de sa traduction à l'auteur de *Delphine*, qui lui remit en échange un volume des œuvres de Necker. Le poète l'ayant quittée pour se rendre chez les Cicognara, déposa le livre chez eux en disant qu'il le prendrait à sa prochaine visite. A peine était-il parti que Mme de Staël arriva en voiture, ayant également à la main un livre qu'elle avait feuilleté pendant la

---

[1] *Lettere inedite*, etc., 258. Lettre de Mme de Staël, Lodi, janvier 1805.

[2] Greville, *Memoirs*, édités par Reeve, II, 187.

course. C'était Perse, et, comme Monti, elle pria qu'on voulût bien le lui garder jusqu'au jour où elle repasserait. Longtemps après, la maîtresse de la maison montrait les deux volumes, qui témoignaient de la distraction de ses amis [1].

Pendant toute la durée de son voyage en Italie, Mme de Staël entretint avec Monti une correspondance si active, qu'elle tient presque lieu d'un journal. Sa première lettre, datée de Parme, lui conte comment le débordement du Taro la retint vingt-quatre heures dans le petit endroit de San Donnino, où s'offrit aussitôt à ses yeux un tableau typique de la vie populaire italienne. Plusieurs cochers avaient été mordus par un chien enragé, et même accident était arrivé au patron de son auberge. Or, au lieu de tenter des remèdes, tous s'étaient fait bénir par un prêtre, auquel on amena dans le même but tous les chevaux de l'endroit, car c'était le jour de saint Antoine. « Ah ! Monti », ajoute Mme de Staël, qui n'est pas encore bien au fait de la vie méridionale, « un peuple se relève-t-il jamais de tout cela ? ». A Parme, le gouverneur français, le général Moreau de Saint-Rémy, lui rendit visite et l'accompagna à l'Opéra. Chez le typographe Bodoni on lui parla de Monti comme du premier poète de l'Italie, auquel on décerna l'épithète de *sulfureo*, mot qu'elle lui répéta, en ajoutant qu'il semblait véritablement posséder toutes les qualités du feu. En souvenir de sa visite, Bodoni lui donna les sonnets de Minzoni et la compo-

[1] César Cantù, *Vincenzo Monti e l'età che fu sua*, 102-103.

sition satirique du poète lombard Parini, mort en 1799, intitulée *Le Jour* (*Il Giorno*). Une édition célèbre de l'*Aminte* du Tasse, parue en 1789, était accompagnée d'une chaude dédicace de Monti à la marquise Malaspina. « Faites donc une tragédie et mettez une note pour moi », écrivait-elle à celui-ci, « ou plutôt aimez-moi assez pour qu'il vous en coûte de prononcer mon nom, et ce silence me sera bien cher ».

Parme, avec ses rues regorgeant de moines et de mendiants, lui sembla triste et misérable, tout semblable en cela à l'Infant élevé par Napoléon sur le trône d'Etrurie. A Bologne, le professeur-abbé Luigi Biamonti lui procura le plaisir d'une improvisation. Elle fut accueillie de tous côtés avec les plus grandes marques d'estime, et trouva encore le temps de faire une excursion jusqu'à la villa du comte Marescalchi. Puis elle se dirigea vers le but de son voyage, Rome. Un débordement du Tibre tel qu'on n'en avait pas vu depuis soixante-dix ans la retint deux jours aux portes de la ville éternelle, qu'elle franchit pour la première fois le soir du 3 février 1805 [1].

Sa première visite fut pour le dôme de Saint-Pierre, qui la remplit de mélancolie et d'admiration, comme tant de choses qui lui semblaient provoquer au contraste, associant en elles ce qu'il y a de plus sublime à la plus profonde misère. La contemplation de ce sol si riche en événements éveilla chez elle plus

---

[1] *Lettere inedite*, etc., 252, 254, 257. Lettres de Mme de Staël, 18 janvier, Bologne, 23 janvier, Rome, 5 février 1805.

de tristesse que d'enthousiasme. Elle aimait avant tout les nuits romaines, où la clarté de la lune faisait revivre les ruines. Ce qui la troublait, c'étaient les habitants, au sujet desquels elle ne parvenait pas à bien fixer ses idées. « On mesure ainsi constamment », écrivait-elle, « la hauteur dont l'homme est tombé ; ce qu'il est, ce qu'il fut inspire une mélancolie plus humiliante que douce... Je ne sais en vérité ce que je serais moi-même, si au lieu de l'être céleste qui a présidé à tous mes sentiments, j'avais entendu ces femmes sans amour et ces hommes sans fierté, ce langage maniéré qui s'appelle de l'esprit, et ces despotes femmes et ces esclaves amants. Mais, au nom du ciel, ne dites à personne ce que je vous écris : il y a un fond de bonté au milieu de tout cela qui me touche, et une bienveillance pour moi d'autant plus généreuse qu'elle n'est pas motivée. Il n'y a pas un mot du fond de moi que je puisse leur dire, et si je leur plais, c'est par les formes les plus superficielles de mon esprit... Il faut excepter cependant et quelques hommes et quelques cardinaux : ce sont eux en vérité qui me plaisent davantage ; comme ils ont gouverné, comme ils ont eu affaire avec les hommes et avec les choses, leur tête est beaucoup moins aride. Consalvi, Erskine, la Somoglia surtout me plaisent extrêmement, et si je vous suis infidèle, ce sera certainement pour un cardinal [1] ».

Le même ton reparaît dans cette lettre à Bonstetten.

[1] *Lettere inedite*, etc., 257, 260-263. Lettres de Mme de Staël, 5 et 7 février 1805.

« Il y a tant à dire sur ce pays, tant de mal et tant de bien », lui écrit-elle, « qu'il me semble qu'on ne peut point se défendre à dire une phrase sans la détruire, à faire une réflexion sans en opposer une autre. C'est une magie que le sentiment qui fait aimer Rome, surtout à moi qui ne trouve pas parmi les Romains une personne avec laquelle mon esprit ni mon âme puisse communiquer ; il s'établit je ne sais quelle correspondance entre le soleil et le passé qui rendrait ce séjour délicieux, si on y était avec ce qu'on aime ; mais j'ai appris depuis quelque temps à vivre toute en moi-même ; hélas ! depuis que j'existe, c'est la première fois que j'ai passé deux mois sans un premier ami, et c'est dans le ciel ici que je le cherche. Sismondi écrit des merveilles de mes succès ; il est vrai qu'on me traite très bien, surtout ici, mais c'est sans trop savoir ce que je suis ; il y a une idée confuse de tout cela qui tient le milieu entre l'admiration et la crainte, et si l'on disait que je suis un diable, cela prendrait assez bien ! Je pars après-demain pour Naples, et je reviens ici de là passer un mois sans avoir tout ce train de bals et de conversations qui me perd en entier le temps qu'il me prend. Je veux vous rendre compte de vos lettres. Gmélin est malade, je ne l'ai pas vu ; votre livre lui est remis. Mon Dieu ! ce que ce livre est vrai ! La campagne de Rome m'a frappé par le souvenir de votre livre ; c'est de la description à l'objet que mon intérêt a précédé. Je vois souvent Canova et Giuntotardi... Humboldt, qui me charge de le rappeler à votre souvenir, est une plus agréable société ; je me fais cependant avec les articles purement romains, mais ce qui est ennuyeux, ce sont les princes ; je me trouve beaucoup mieux des cardinaux qui, ayant un peu gouverné, ont quelques idées de plus. Au reste, quel besoin des idées des hommes a-t-on, quand les choses parlent tant ? Ce serait trop s'il y avait ici le sentiment et la pensée vivante [1] ».

Parmi les Romains, elle connut encore Verri, écrivain et poète, Rossi, Giuntotardi, tous amis et admirateurs de Monti et membres de l'académie romaine dite de l'Arcadie, à laquelle présidait, sous le nom de Cimante Micenio, l'abbé Godard. Cette académie, qui en 1786 avait proclamé Gœthe pasteur d'Arcadie, invita Mme de Staël à venir assister à l'une de ses séances et à réciter des vers. Elle consentit et choisit pour cette occasion sa traduction du sonnet de Minzoni sur la mort de Jésus-Christ.

Dans des lettres à Bonstetten et à Monti elle décrit la solennité. La séance fut ouverte, devant un public serré à s'écraser, par une dissertation d'un signor Nelli sur les rapports entre la poésie et la peinture. « Comme vous savez, *caro* Monti, que *la poésie est fille de l'imagination*, il s'est un peu permis de ces idées incontestables que je n'aime guère ; il m'a adressé un compliment beaucoup plus contestable, et par conséquent assez joli ». Là-dessus, l'abbé Godard nomma Mme de Staël *Arcadienne* ; le prince Chigi termina une élégie à la mémoire du cardinal Gerdil, récemment décédé, par de charmants

---

[1] * Bonstetten, *Lettres à Friderike Brun*. Mme de Staël à Bonstetten, Rome, 15 février 1805.

vers en l'honneur de la nouvelle académicienne : un autre la gratifia d'un sonnet en latin, et il ne restait plus qu'une chose à faire : c'est qu'elle se levât à son tour et lût sa traduction de Minzoni. Elle commença d'une voix tremblante, mais prit bientôt courage et fut saluée d'un tonnerre d'applaudissements. « Après, il nous est tombé sur la tête une pluie ardente de sonnets ; des jeunes gens, tous déclamant avec une fureur croissante, nous lançaient des sonnets comme si c'eût été les foudres du Vatican ; quelle vivacité, quelle énergie perdues dans l'air ! Alborghetti a mis agréablement en vers un morceau de mon ouvrage sur la littérature et je suis revenue passer la soirée chez moi, avec les Arcadiens, le cardinal Consalvi, M. de Humboldt et un jeune M. de Souza qui est très agréable ». Le lendemain on lui fit entendre une improvisatrice, la belle Isabella Pellegrini, destinée à une mort prématurée. « Avec elle était une nuée de petits poètes tous armés de sonnets. On me présente l'un qui me dit : *Sono un insetto del Parnaso*. Godard lui saisit la main et dit : *E un cigno, ne rispondo*. Quel garant et quel dialogue !... Se resserrer, se concentrer, prendre l'essence de tout, est un talent presque inconnu, et s'il n'arrive pas quelque déluge qui engloutisse toutes les tournures communes, je ne sais pas comment on s'en tirera [1] ».

« J'ai été reçue », écrivait-elle encore à Bonstetten, « avec une incroyable acclamation hier à une assemblée des Arcades, où était tout Rome, princes, car-

---

[1] *Lettere inedite*, etc, 263-266. Lettres de Mme de Stael à Monti, Rome et Velletri, 15 et 17 février 1805.

dinaux, etc. Je vous dispense à jamais de deux sonnets qui font un astre de moi ; cet astre, tel qu'il est, se tourne vers vous ! Venez d'abord quand je serai retournée à Coppet, et pensez que je suis bien plus intéressante à entendre quand j'arrive que quand je repars[1] ».

Elle trouva une compensation aux désenchantements que lui préparait la société romaine dans la reprise de ses relations avec Guillaume de Humboldt, qui résidait à Rome, dans la villa Malta, comme envoyé de Prusse, depuis la fin de 1802[2], et dont la maison formait un centre recherché des Romains et des étrangers. Mme de Staël s'y rencontra pendant plusieurs semaines avec Alexandre, revenu de ses grands voyages transatlantiques, puis avec Louis Tieck et sa sœur Sophie Bernhardi, qui était venue demander à un ciel plus doux le rétablissement de sa santé[3]

En cette année 1805, l'art allemand brillait à Rome d'un nouvel éclat. Angelica Kaufmann y représentait la peinture allemande du dix-huitième siècle. Le grand maître de l'avenir, Rauch, arrivé depuis peu, chercha et trouva dans la ville éternelle la vocation artistique qu'il pressentait[4]. Vingt-cinq années plus tôt Mme de Staël avait assisté au réveil

---

[1] Villari, *Sismondi* : Fragments de son Journal et Correspondance. *Revue historique*, 1877-78, III-IV.

[2] * Bonstetten, *Lettres à Friderike Brun*, I, 247. Mme de Staël à Bonstetten, 15 février 1805.

[3] * A. G. Schlegel, *Lettre à Gœthe*, 1805. *Œuvres complètes*, IV, 264-265, et note.

[4] * F. Eggers, *Christian-Daniel Rauch*, I, 73 et sqq.

de l'art classique romain, inauguré par le grand tableau de David, le « Serment des Horaces et des Curiaces », qui inspira le génie de Talma. Elle fut témoin à présent du renouvellement du grand art grec, tenté d'abord par le peintre allemand Carstens, porté ensuite par Canova sur le terrain de l'art plastique, et développé avec une vigueur plus sévère par l'Islandais Thorwaldsen, dont la colossale statue de Jason, qui fit époque dans l'histoire de l'art statuaire, avait pu être achevée en 1803, grâce à l'appui qui lui fut prêté par sa compatriote Friderike Brun [1]. Parmi les peintres allemands établis à Rome, il fallait encore compter Koch, le fondateur de l'école classique de paysage, et son prédécesseur Schick. Dans l'atelier de Canova, qu'elle visitait souvent le soir, en compagnie de ses amis et à la lueur des flambeaux, on admirait le monument funéraire de l'archiduchesse Christine, et la statue colossale de Napoléon, vêtu à l'antique et le laurier au front, tenant une Victoire dans sa main droite, la lance de la gauche. Le grand artiste venait également d'achever la figure couchée de la princesse Pauline Borghèse et le célèbre groupe d' « Amour et Psyché » destiné à l'impératrice Joséphine. En fait d'autres personnalités connues, Mme de Staël rencontra chez Humboldt le poète Tiedge, puis Rumohr, qui dès ce premier voyage en Italie préparait les *Recherches* qui ont exercé une action si décisive jusque sur le domaine de la critique d'art française [2].

[1] * Thiele, *Vie de Thorwaldsen.*
[2] Rio, *L'art chrétien,* I, introduction.

Elle-même apporta au graveur Gmœlin des commandes de Bonstetten et introduisit chez ses amis de Rome Guillaume Schlegel et Sismondi, qui, de son pays de Toscane, était venu la rejoindre ¹.

A l'exception de quelques artistes et de quelques érudits tels que d'Agincourt, auteur d'une histoire de l'art au moyen âge, cette réunion de gens remarquables, plongée dans la contemplation du monde et de l'art grecs, n'avait de sens et d'yeux que pour la Rome païenne et les souvenirs du temps classique. Le passé chrétien, et par suite le moyen âge, étroitement uni à lui, les laissaient indifférents, à moins de provoquer leur hostilité. C'était le moment des articles « impies » de Gœthe sur Winckelmann ². Ils marquent le point culminant de son antagonisme envers l'idéal chrétien, qui s'affirma avec une telle âpreté, que Benjamin Constant mentionne la chose à titre de curiosité ³. Comme alors Gœthe, une génération presque entière avait remplacé la foi religieuse par la foi esthétique, dont l'idéal de beauté, inaccessible aux influences romantiques, trouva son expression suprême dans l'évocation et la reproduction des types classiques. Guillaume de Humboldt, lui

---

¹ Artaud de Montor, cité par Th. Iung, *Lucien Bonaparte et ses Mémoires*, II, 50-59. — * A. Haym, *Guillaume de Humboldt*. — Villari, *Sismondi. Revue historique*, 1877-78. — * Kotzebue, *Souvenirs d'un voyage de Livonie à Rome et Naples*, Berlin, 1805.

² * Frédéric Gentz, *Correspondance avec Adam Muller*, Stutgart, 1857, 49.

³ Benjamin Constant. *Journal intime. Revue internationale*, 25 janvier 1887, 214.

aussi, était si entièrement pénétré par cette atmosphère de jouissance esthétique, que la véritable tâche de sa vie recula à l'arrière-plan, et qu'il donna au culte d'un passé idéal l'expression poétique empruntée à Schiller. « Je ne sais pour ma part que deux choses terribles », écrivait-il à Gœthe en 1804 : « ce serait de voir cultiver la campagne romaine et transformer Rome en une ville policée où nul ne porterait plus de couteau. S'il vient jamais un pape si ami du bon ordre, — et puissent les soixante-douze cardinaux l'empêcher ! — je me hâterai de m'en aller. Ce n'est qu'à condition de conserver dans Rome une admirable anarchie, une si divine solitude, qu'il reste place pour les ombres, dont une seule a plus de prix que toute cette génération ». Des accents de ce genre se retrouvent dans *Corinne*, mais ils ne dominèrent jamais aux dépens de ces profondes sympathies humaines qui restent l'irrésistible attrait du talent de Mme de Staël. De toutes les œuvres d'art rassemblées à Rome autour d'elle, aucune ne l'attirait comme le bas-relief de Canova destiné au tombeau d'Alfieri, avec une épitaphe latine qu'Alfieri avait faite pour la comtesse d'Albany et pour lui, « dans laquelle il dit que, pendant vingt-six ans, il l'a aimée plus que tout autre objet sur la terre, et où il a ajouté une note si profondément sensible sur la douleur qu'il aurait eu de mourir avant elle [1] ».

Par contre, la campagne romaine n'occupa Mme de

[1] *Lettere inedite*, etc., 165. Lettre de Mme de Staël à Monti, Rome, 15 février 1805.

Staël que parce qu'un livre de Bonstetten, elle l'avoue franchement, avait attiré son intérêt sur elle [1]. Naples seule la séduisit par la puissance irrésistible de sa beauté. En contemplant ce golfe qui, depuis tant de siècles, ne cesse d'être un enchantement pour l'œil humain, elle dit à son tour : « Ce fleuve de feu qui descend du Vésuve, et dont les vagues enflammées sont à côté de celles de la mer comme pour présenter la même idée sous des formes si différentes, ce feu éternel que l'on voit pour la première fois, cette nature si vive, ces citronniers, ces orangers dont les fruits roulent dans les rues, avec cette indifférence qui naît de la richesse, tout est admirable ici, excepté le climat moral qui fait bien ressouvenir de ne pas prendre ceci pour le paradis. Je suis arrivée avant tous ici et la première chose dont on m'a saluée, c'est que l'ambassadeur de France partait dans la nuit : il est vrai qu'il n'en est rien encore, mais le pays n'en est pas moins menacé à chaque instant par terre et par mer et il faut garder dans son imagination les impressions qu'il cause pour se les retracer dans un séjour plus tranquille [2] ». Le 2 janvier, Napoléon avait menacé la reine Caroline de la déposséder, et le dernier trône italien encore subsistant chancelait sur sa base.

La sœur de Marie-Antoinette reçut Mme de Staël de la façon la plus aimable, mais celle-ci ne s'aveu-

[1] Bonstetten, *Voyage sur la scène des six derniers livres de l'Enéide*, Genève, 1804.
[2] *Lettere inedite*, etc., 267-268. Lettre de Mme de Staël à Monti, Naples, 23 février 1805.

gla pas sur l'état des choses dans le royaume de Naples. On supprimait, dans un livret d'opéra, comme trop scabreux, les mots *amore tiranno*; mais, après aussi bien qu'avant, le gouvernement avilissait le peuple, et dans la société Mme de Staël observait les effets funestes des mauvaises mœurs, sans les compensations qui ailleurs accompagnent encore de semblables tableaux. Qu'on ajoute à cela le manque presque total d'hommes supérieurs. Pendant vingt-deux jours qu'elle y séjourna, elle ne rencontra à Naples que deux hommes remarquables, le cardinal Ruffo, et Capecelatro, archevêque de Tarente. Avec le premier, dont l'esprit la frappa, la rencontre ne fut que passagère; Capecelatro, au contraire, devint pour Mme de Staël un ami. Lié avec Gœthe et Herder, Humboldt et de Maistre, Cuvier et Walter Scott, plus tard avec Lamartine et Casimir Delavigne, c'était un homme intelligent et aimable qui, resté fidèle à sa prédilection pour plusieurs des idées du dix-huitième siècle, suivait, en politique, une ligne diamétralement opposée à celle de Ruffo et de la réaction. Mme de Staël admira ses belles collections, particulièrement un Christ de Murillo qu'elle mentionne dans *Corinne*, mais en l'attribuant au Titien[1]. Le temps n'influença pas Capecelatro dans le sens où il devait influencer Mme de Staël ; il resta un prélat libre-penseur du dix-huitième siècle. Elle demandait plus tard à son « cher archevêque » de la bénir au

---

[1] Coulmann, *Réminiscences*, I, 95-97. Mme de Staël à Mgr Capecelatro, archevêque de Tarente, Rome, 28 mars 1805. — Miot de Melito, *Mémoires*, I, 351.

moins avec une rose, comme avait fait le métropolitain de Moscou, puisqu'il était encore bien plus éloigné qu'elle ne le souhaitait de la bénédiction de la croix [1].

Le plus grand tribut d'admiration qu'elle paya à Naples, ce fut de célébrer poétiquement son ciel et sa mer bleue. Toujours sous l'aiguillon d'une douleur qui, « plus féconde que toutes les joies de la terre, remue l'âme jusque dans ses fondements », naquit l'*Epître sur Naples*. Plus attendrie qu'apaisée par le charme enchanteur de la nature, elle y exprime le désir passionné de voir un rayon de lumière pénétrer dans l'obscurité du tombeau, et le tableau splendide et riant étalé sous ses yeux se voile dans les larmes [2].

Le 16 mars elle était rentrée à Rome, où elle reçut la nouvelle de la mort d'un ami, le marquis de Blacons, qui s'était suicidé pour dettes. Elle n'avait pas encouragé l'offre qu'il lui avait faite de l'accompagner en Italie, et se fit alors des reproches de lui avoir refusé une main secourable. Il avait appartenu, comme député du Dauphiné, à la jeunesse libérale de 1789, pour laquelle sa prédilection ne se démentit jamais.

Sous l'empire de ces sentiments qui, chez elle, allaient vite jusqu'au remords, les dernières semaines de son séjour à Rome s'écoulèrent sans modifier

---

[1] Coulmann, *Réminiscences*, I, 97. Mme de Staël à Mgr Capecelatro, Coppet, 8 septembre 1814.

[2] Mme de Staël, *OEuvres complètes*, XVII, 415. *Epître sur Naples*, 1805.

beaucoup les impressions qu'elle avait d'abord reçues. « On y est tellement saisi par l'idée de la mort », écrivait-elle, « elle se présente sous tant de formes, aux catacombes, à la voie appienne, à la pyramide de Cestius, dans les souterrains de Saint-Pierre, à l'église des morts, qu'à peine si l'on se croit sûr d'être en vie et que toute émulation pour l'existence actuelle succombe devant le spectacle de ces milliers d'existences ensevelies. C'est une autre douce manière de se préparer à mourir : on en a sous les yeux tant d'exemples ! mais délirer, agir, respirer est presque impossible au milieu de toutes les ruines des espérances et des efforts humains ; je ne m'établirai donc point à Rome. De plus, le grand intérêt qui y domine, ce sont les tableaux et les statues, et je n'ai pas une si insatiable ardeur de la figure humaine que je puisse passer ma vie à la voir. Représenter un secret de l'âme, une manière de souffrir moins ou d'être plus aimée, me touche mille fois plus que ces beaux pieds, que ces belles mains dont on parle tout le jour ; et je ne trouve pas ici dans la société cette originalité qui tient lieu de tout, même de charme ».

« Je n'ai eu que quatre plaisirs vifs en Italie », écrivait-elle à Monti ; « vous entendre, voir Saint-Pierre, la mer et le Vésuve ; encore le Vésuve et vous, cela pourrait bien ne compter que pour un [1] ». Une lettre à Gœthe, datée aussi de Rome, parlait de

---

[1] *Lettere inedite*, etc., 268, 275. Mme de Staël à Monti, lettres du 23 février et du 30 mars 1805.

la possibilité de le saluer en Suisse. « Dites-vous que moi, Benjamin et Schlegel, nous vous recevrons comme un empereur, comme notre empereur très électif et point du tout héréditaire. Mon fils aussi cependant voudrait que le vôtre fût de la partie et le 15 de juin je serai à Coppet, vous attendant, vous espérant, et quoi qu'il arrive, vous aimant et vous admirant jusqu'à ma mort [1] ». Guillaume de Humboldt entretint également Gœthe du séjour de Mme de Staël à Rome : « Elle a toujours parlé de vous avec le même enthousiasme. Je fais beaucoup plus de cas d'elle qu'autrefois. Elle avait ici plus de calme et de tranquillité, n'était pas autant poursuivie par les mauvais génies qui la torturent aussi et l'égarent, et quand son activité, souvent fatigante, trouve la vraie voie, elle devient fortifiante et bienfaisante. Schlegel était ici beaucoup plus doux que je ne l'ai jamais connu ; pourtant, son commerce avec Mme de Staël lui a moins fait gagner peut-être en étendue intellectuelle que perdre en activité. Il a un talent incontestable, mais, autant que j'en puis juger, un talent subalterne, et il ne trouvera jamais sa vraie sphère que dans les traductions [2] ».

De Rome, Guillaume Schlegel adressa à Gœthe sa lettre sur les artistes qu'il avait vus au travail, lettre où il mentionne les derniers tableaux d'Angelica

---

[1] * *Annales gœthiennes*, 1887, 7. Mme de Staël à Gœthe, Rome, 20 mars.
[2] * Bratraneck, *Correspondance de Gœthe avec les frères de Humboldt*, 1795-1832, III, 227. G. de Humboldt à Gœthe, Rome, 5 juin 1805.

Kaufmann et les premiers travaux du jeune Thorwaldsen [1]. Il dédia à Mme de Staël son élégie sur Rome. Le début reproduit ses impressions à elle.

« Si tu as », dit-il, « goûté la vie au sein voluptueux de Parthénope, songe maintenant au mystère de la mort sur le tombeau du monde. Sans doute, le ciel lumineux du Latium sourit à la terre, l'horizon de Rome se profile sans nuages sur l'azur, qui s'étend splendide sur la plaine et les sept collines depuis la mer jusqu'aux monts sabins. Mais un esprit de profonde mélancolie conduit à pas lents le voyageur à travers le labyrinthe des ruines ».

Le pèlerinage poétique à travers la ville éternelle se termine par cet hommage :

« C'est ainsi, ô noble compagne, que me rencontra ton regard consolateur, cet enivrant rayon de deux astres jumeaux. La vérité réside en lui, et aussi le sublime et tendre enthousiasme qui, transfigurant jusqu'à la douleur, brille même dans les larmes. Celui à qui tu tends une main amie ne saurait désespérer, même si le scepticisme railleur fait du sentiment un fantôme. Le cœur pénétré de tendresse, cultivant le beau à côté du bien, tu connais le charme de la grâce, la puissance irrésistible de la grandeur. Tu entoures le poète d'une inépuisable magie ; ce qui éloigne entre elles les nations n'est pas un obstacle

---

[1] * A. G. Schlegel, *Lettre à Gœthe sur quelques travaux d'artistes vivant à Rome*, été de 1805. *Œuvres complètes*, IX, 231 et sqq.

pour ton esprit ailé. Laisse-moi donc te prêter l'oreille, interprète de grandes pensées, quand un discours éloquent jaillit de tes lèvres harmonieuses [1] ».

Mme de Staël avait quitté Rome sans savoir encore si elle se rendrait à Milan pendant la présence de Napoléon ou seulement après le départ de celui-ci. L'affaire des millions avancés par Necker n'était toujours pas réglée ; ses amis lui conseillèrent de la terminer par l'intervention de Joseph. Mais le moment était mal choisi pour recourir à lui. Le désir qu'avaient les Italiens d'obtenir ce Bonaparte comme roi ne se réalisait pas, parce que Joseph ne voulait renoncer ni à son droit de succession en France, ni accepter les conditions auxquelles Napoléon soumettait l'investiture de la couronne d'Italie. Lucien, de son côté, était complètement brouillé avec l'Empereur, qui voulait moins que jamais reconnaître son mariage avec Mme Jouberthon. Mme de Staël manquait donc de tout point de contact avec l'entourage de Napoléon, qui avait d'ailleurs recommandé au monde officiel en Italie de la recevoir avec tous les égards. « Il a dit », écrit Mme de Staël à Joseph, « que si j'avais été arrêtée par la reine de Naples, il m'aurait réclamée et aurait fait marcher vingt mille hommes à mon secours [2] ».

---

[1] * A. G. Schlegel, *Œuvres complètes*, édition E. Bœking. II, 24-31.
[2] Mme de Staël à Joseph Bonaparte. Milan, 14 juin 1804. Lettre inédite communiquée à l'auteur.

Tandis que, suivant son expression, couronnements et mameloucks occupaient les Milanais, elle se rendit à Florence auprès de la comtesse d'Albany. Gino Capponi, et après lui le duc de Broglie et beaucoup d'autres, n'ont pas trouvé chez cette grande dame allemande, veuve du prétendant Charles-Édouard, maîtresse d'Alfieri et enfin épouse du peintre Fabre de Montpellier, l'âme et l'intelligence à la hauteur de la destinée. Capponi dit d'elle qu'elle était « lourde de formes et d'esprit, assez matérielle (*materialotta*) », mais cultivée et raisonnable ; un peu grossière, mais non malveillante, nullement poétique ; vêtue comme une servante, elle tenait une maison comme une princesse. Alfieri ne l'aimait plus depuis plusieurs années, et il est des choses qu'elle ne comprenait pas[1]. « Une véritable commère », c'est là tout ce que le duc de Broglie trouvait à dire dans sa vieillesse sur la comtesse d'Albany [2]. Pour l'auteur de *Corinne*, par contre, elle resta en 1805 comme plus tard transfigurée par le souvenir du sentiment qu'elle avait inspiré. Pendant ce séjour à Florence, Mme de Staël se plongea dans la lecture de l'autobiographie d'Alfieri, et, dans son ignorance des faits matériels, se laissa aller à l'idée que la douleur de la perte de son ami avait blanchi les cheveux de la femme qui lui avait déjà donné un successeur [3].

Dans les premiers jours du mois de juin, Mme de

[1] Gino Capponi, *Memorie inedite. OEuvres*, V.
[2] Duc de Broglie, *Souvenirs*, I, 347.
[3] *Lettere inedite*, etc., 280. Mme de Staël à Monti, Bologne, 21 mai 1805.

Stael fut de retour à Milan. Le court intervalle qui séparait cette première visite de sa seconde avait suffi pour changer bien des choses dans la capitale de la Lombardie. Le 26 mai, Napoléon avait posé sur sa tête la couronne de fer ; Eugène de Beauharnais était devenu vice-roi, Melzi, duc de Lodi ; le ministre de l'intérieur, le comte Marescalchi, accompagnait le nouveau maître à travers les champs de bataille et les villes des provinces, et cette tournée officielle ressemblait à un triomphe. Une vie nouvelle naissait parmi les artistes, les lettrés, les dignitaires de la cour napoléonienne. Au nombre des familles aristocratiques qui avaient accepté le nouvel ordre de choses, celle du marquis Gattinara de Brême avait transporté ses pénates du Piémont en Lombardie. Napoléon appela le père au Conseil d'Etat, plus tard au ministère. Le second fils, Louis, élevé par l'abbé Caluso, ami d'Alfieri, professait une philosophie facile, pour ne rien dire de plus, qui ne l'empêcha pas d'embrasser la profession ecclésiastique. Il se recommanda à Eugène de Beauharnais par un agréable talent poétique et des formes sociales aimables, devint son aumônier et plus tard celui de la princesse sa femme. Lié avec Ugo Foscolo, qui portait encore les épaulettes, avec Monti, la comtesse d'Albany, comme plus tard avec Stendhal et lord Byron, Gonfalionieri et Silvio Pellico, il fonda et rédigea de concert avec ce dernier, en 1818, une feuille littéraire, *Le Conciliateur*, destinée à faire œuvre de polémique contre l'Autriche. Il échappa au *carcere duro*, qui attendait Pellico ; une mort prématurée l'enleva en

1820, à l'âge de trente-neuf ans [1]. Il était jeune encore quand, en compagnie d'écrivains et de lettrés, il rencontra la châtelaine de Coppet à une fête donnée à Milan en son honneur ; à cette occasion, Ferdinand Arrivabene, un écrivain aujourd'hui oublié, écrivait au Nestor de la littérature italienne, le nonagénaire Bettinelli, en parlant de Mme de Staël : « *Ha il viso di Cerere, il seno di Aglaia, il braccio e la mano di Venere* ». Il remarque qu'elle faisait glisser entre ses doigts une branche de laurier qu'elle ne déposait pas même à table ou lorsque, selon sa coutume, elle écrivait rapidement, le papier posé sur ses genoux. « Nous sommes tous amoureux d'elle, à commencer par Monti, à qui appartient la dictature », ajoutait Arrivabene [2].

Le 13 juin, lendemain de ce jour où elle l'avait revu, Monti, en sa qualité de poète officiel, alla rejoindre l'Empereur [3]. A cette nouvelle et courte entrevue, cependant, se rattache l'impression que les sentiments de Mme de Staël pour Monti n'étaient pas restés ceux de l'amitié [4], et comme preuve à l'appui, on cite sa correspondance avec lui et avant tout la

---

[1] * A. de Reumont, *La comtesse d'Albany*, II, 146 — Duc de Broglie, *Souvenirs*, I, 353. — Stendhal, *Lord Byron en Italie*. *Revue de Paris*, 1830, XII, 186 et sqq. — César Cantù, *Il Conciliatore et i Carbonari*. — De Bianchini, *Lettere inedite a Ugo Foscolo*, 173-267.

[2] César Cantù, *Vincenzo Monti e l'età che fu sua*, 111. Ferdinand Arrivabene à Bettinelli, 13 juin 1805.

[3] *Lettere inedite*, etc., 282. Mme de Staël à Monti, 13 juin 1805.

[4] César Cantù, *Vincenzo Monti e l'età che fu sua*, 97-105.

lettre écrite le jour même du départ de Monti. Mme de Staël, demeurée à Milan, lui dit : « Si vous m'aimez, si vous passez quelque temps avec moi à Coppet, vous aurez, je le sais, une grande influence sur ma vie... Vous êtes, mon ami, dans le plus beau moment pour votre gloire, si vous voulez à présent faire un ouvrage indépendant de toutes circonstances ; c'est à Coppet que votre esprit libre des inquiétudes extérieures sera dans toute sa force... J'ai eu hier Mme Monti à dîner : je me suis recommandée à elle pour votre voyage, j'ai dit des vers pour lui plaire ; c'était pour moi une plus grande puissance que toutes les dames de la cour... Enfin, pendant ces durs jours, j'ai vécu en votre présence comme les dévots. Cher Monti, j'éprouve une douleur cruelle de quitter les lieux où vous vivez ; il me serait moins amer de vous quitter vous-même, l'attendrissement répandrait quelque douceur sur la séparation, mais il y a quelque chose d'aride dans ces adieux à celui qui ne les reçoit pas ; c'est comme des prières aux pieds d'un tombeau où les cendres mêmes ne seraient plus. Je venais ici pour vous, et vous m'avez quittée... Ah! je dois vous le pardonner, mais innocemment vous m'avez brisé le cœur [1] ».

Si çà et là, à d'autres endroits de la correspondance, les sentiments de Mme de Staël à l'égard de Monti, qu'elle appelle fraternels, parlent un langage qui n'est pas d'ordinaire celui de l'amitié, il convient d'autant plus de tenir compte des restrictions dont

[1] *Lettere inedite*, etc., 282 et sqq. Mme de Staël à Monti, Milan, 13, 16 et 22 juin, 3, 9, 15, 17 et 19 juillet 1805.

elle les accompagne. C'est ainsi qu'elle lui écrivait un jour, à la suite d'un langage de ce genre : « *Caro* Monti, il faut me pardonner toutes ces folies, mon imagination est toute dans mon cœur, mon talent comme mon caractère viennent de là... Songez qu'un peu de susceptibilité est en moi une grande preuve d'affection ; je suis dans l'indifférence la personne du monde la plus facile à contenter... Je vous dis trop combien je vous aime : est-ce ainsi qu'on captive ? Vous m'avez dit une fois que vous étiez *un poco furbo* dans le sens italien ; on m'a dit à Rome que j'avais *gli occhi furbi*, mais je n'ai pas dans le caractère l'ombre d'adresse. Mon âme se répand au dehors, et je ne puis cacher ce que j'éprouve ».

Elle entendait sans cesse louer le poète aux dépens de l'homme, et ce blâme indirect augmentait son désir de voir le caractère s'élever chez lui à la hauteur du génie. Elle espérait qu'un éloignement temporaire de l'Italie, des secours pécuniaires, qu'elle offrait, comme toujours, avec une générosité délicate, avant tout l'achèvement d'une grande œuvre poétique, serviraient à assurer son indépendance. A cette intention, elle lui parlait de sujets de tragédies, tels que Marie Stuart ou Eléonore de Guyenne, épouse de Louis VII de France et aimée du sultan Saladin, ou Rosamonde et Henri II Plantagenet, ou enfin le Tasse. Elle lui envoyait les *Templiers* de Raynouard, traduits plus tard en italien par Saffi, et qui obtenaient alors à Paris un succès extraordinaire. S'il se plaignait d'éprouver les signes avant-coureurs de la vieillesse, le découragement et la lassitude, elle lui répondait que personne comme lui ne possédait la faculté de gagner les cœurs de la jeunesse. Elle aussi, disait-elle, lui avait voué un sentiment jeune et rêvait une amitié parfaite avec lui jusqu'à la fin. Elle l'engageait sans cesse à venir à Coppet avec les siens et l'abbé de Brême, afin d'y créer, loin de la politique et du bruit, l'œuvre durable de sa vie. Monti, qui dans l'automne de 1805 s'était rendu en Allemagne avec une députation italienne pour féliciter Napoléon de ses victoires dans la guerre de la troisième coalition, repassa effectivement à son retour par Coppet, où Benjamin Constant admira ses traits doux et fiers et lui entendit réciter ses beaux vers [1]. Revenu en Italie, il vécut assez pour adresser à l'empereur François d'Autriche, à la suite des événements de 1815, des hommages semblables à ceux qu'il adressait jadis à Napoléon. Le meilleur succès de ses dernières années resta sa célèbre traduction d'Homère, qui lui attira, à lui qui ne savait pas le grec, ces vers railleurs d'Ugo Foscolo, depuis longtemps brouillé avec lui :

Questi è Monti, abate e cavaliero,
Gran traduttor dei traduttor' d'Omero.

Le trait de grandeur que son amie et protectrice avait cru entrevoir n'existait pas ; Monti était au plus haut degré ce qu'on nomme en France « un génie verbal ». Leur correspondance se ralentit peu à peu ;

[1] Benjamin Constant, *Journal intime. Revue internationale*, 25 février 1887, 632.

mais Mme de Staël lui resta toujours dévouée. Une dernière lettre de lui, datée de 1815, se termine par ces mots : « *Amatemi, che ne siete ben corrisposta*[1] ». Ils se revirent l'année suivante, lors du passage de Mme de Staël à Milan avec sa fille et son gendre. Monti lui donna la cantate qu'il venait de composer en l'honneur de l'archiduc Jean, *Il mistico omaggio*, dont elle loua le beau langage : « Les objets de ces vers doivent être fort contents », ainsi conclut, un peu ironiquement peut-être, cette dernière lettre [2]. Son poète par la grâce de Dieu finit comme poète de cour. Ce n'est pas là ce qu'elle avait attendu de lui.

Le séjour à Milan fut la dernière étape du voyage de Mme de Staël en Italie. A la fin de juin 1805 elle était de retour à Coppet, qui se peupla d'amis et d'invités. En juillet elle mentionne la présence de Benjamin Constant, qui resta jusqu'en septembre, et celle de son jeune ami Hochet, qui dans l'intervalle avait traduit Machiavel. Des princes allemands, le prince de Mecklenbourg-Schwerin et le prince Frédéric de Saxe-Gotha, tous deux alliés à la cour de Weimar, arrivèrent à Genève. Le dernier était un frère du prince régnant, que Mme de Staël avait connu en Allemagne. « Est-il vrai que son frère devienne extraordinaire au delà de ce qu'il faut pour être poétique ? », demandait-elle un jour à la duchesse

---

[1] Vincenzo Monti, *Prose e poesie. Epistolario*, V, 417, Milan, 9 août 1815.

[2] *Lettre inédite*, etc., 318. Mme de Staël à Monti, Pise, 29 janvier 1816.

Louise au sujet de celui-ci, qui était un franc original. Bientôt après Chateaubriand arriva à Coppet avec sa femme. Lui qui rentrait rarement d'une promenade sans rapporter des fleurs, voire même quelques feuilles mortes, et qui, comme tous les grands peintres, aimait passionnément la nature, il fut séduit par la beauté de ce séjour et félicita Mme de Staël de pouvoir y passer sa vie. Non sans dessein, peut être, il appuyait sur son antipathie déclarée pour la société parisienne, surtout pour les survivants du dix-huitième siècle. C'est ainsi que la célèbre description de la femme incrédule, dans le *Génie du Christianisme* : « Le jour vengeur approche ; le Temps arrive, menant la Vieillesse par la main. Le spectre aux cheveux blancs, aux épaules voûtées, aux mains de glace, s'assied sur le seuil de son logis ; elle l'aperçoit et pousse un cri... », a été interprétée par les contemporains comme une allusion directe à l'amie de Rousseau et de Saint-Lambert, Mme d'Houdetot [1].

Chateaubriand a décrit en ces termes la visite qu'il avait faite à Mme de Staël à Coppet, en 1805, avec sa femme : « Je la trouvai dans son château, qui renfermait une cour attristée. Je lui parlai de sa fortune et de sa solitude comme d'un moyen précieux d'indépendance et de bonheur ; je la blessai. Mme de Staël aimait le monde ; elle se regardait comme la plus malheureuse des femmes, dans un exil dont j'aurais été ravi. Ne disputons à personne ses souffrances : il en est des douleurs comme des patries,

---

[1] Marcellus, *Chateaubriand et son temps*, 141.

chacun a la sienne¹ ». Elle avait été en effet froissée par les paroles du grand écrivain sur l'agrément et le confort de sa vie d'exilée, et elle écrivait à ce sujet à Mme Récamier : « Ah ! que M. de Chateaubriand connaît mal le cœur en me trouvant heureuse ! Il dit qu'il n'écrirait plus s'il avait de l'argent, et il considère le bonheur sous ce même point de vue. C'est un côté vulgaire, dans un homme d'ailleurs bien supérieur² ».

Elle se sentait mieux comprise lorsque, écrivant à la duchesse Louise, elle se plaignait que le retour dans les lieux où elle avait été si heureuse, l'aspect de cette nature immuable quand tout en elle était changé, ravivaient ses blessures. « Il y a quelque chose de bien misérable dans la douleur qui se renouvelle par l'aspect des lieux, mais j'ai cette faiblesse, et ma mobilité naturelle me cause et de la distraction et un amer repentir de cette distraction même ». Dans le courant de l'automne, Frédéric Schlegel vint à Coppet pour voir son frère. « Un petit homme rond, gras outre mesure, avec un nez pointu qui sort de deux joues luisantes, et sous ce nez pointu une bouche qui sourit assez mielleusement, de beaux yeux, un air subalterne, surtout quand il ne parle pas, et un air de glace quand il écoute », c'est de cette façon que le dépeint Benjamin Constant, qui ne cachait pas son antipathie pour les deux Schlegel³.

---

¹ Chateaubriand, *Mémoires d'Outre-Tombe*, III, 348, VIII, 183.

² L'Auteur des Souvenirs de Mme Récamier, *Coppet et Weimar*, 331.

³ Benjamin Constant, *Journal intime. Revue internationale*, 10 février 1887, 1129.

Bientôt après Mme de Staël consentit au sacrifice de se séparer de son fils aîné, qui se rendit à Paris pour terminer ses études. « Que dirai-je de la France à Votre Altesse ? », écrivait-elle à ce moment à Weimar. « Tous les événements du monde sont dans la tête d'un seul homme et personne ne peut ni faire un pas, ni avoir une volonté sans lui. Ce n'est pas seulement la liberté, mais le libre arbitre qui me paraît banni de la terre... Combien j'ai regretté Schiller [1] ! C'est un grand motif de moins d'émulation dans le monde pour tout ce qui est noble et vrai [2] ».

Dans ses lettres à Monti, Mme de Staël raconte avec quel intérêt elle lisait les biographies de Laurent de Médicis et de Léon X, par Roscoe, avec quelle volonté sérieuse de bien le comprendre elle s'était approchée du Dante. « Mes amis, qui sont arrivés, sont sûrement des gens de beaucoup d'esprit, mais l'esprit français a surtout besoin de son aliment de la société pour être aimable ; il lui faut des événements et des caractères à juger. Dans le silence de la campagne, il n'est pas créateur, il n'est pas poétique... J'ai dit l'autre jour par distraction *nous autres Italiens*, et tous mes amis se sont mis à rire [3] ». Il ne lui était pas échappé un seul mot encore sur ce qui

---

[1] L'auteur de *Wallenstein* était mort le 9 mai 1805.

[2] L'Auteur des Souvenirs de Mme Récamier, *Coppet et Weimar*, 72. Mme de Staël à la duchesse Louise, Coppet, 24 août 1805.

[3] *Lettre inédite*, etc., 298-307. Mme de Staël à Monti, 15, 1... et 10 juillet 1805.

l'occupait intérieurement. La première allusion aux rêves qui, sous les ombrages du parc de Coppet, peuplaient son imagination et transportaient son âme, se trouve dans une lettre à Monti en date du 8 août : « Je suis bien aise de vous dire que j'ai lu, il y a quelques jours, le commencement de mon roman sur l'Italie à mes amis, et qu'ils l'ont trouvé supérieur à tout ce que j'ai jamais écrit. Je sais pourquoi [1] ».

En Allemagne on croyait son activité absorbée par le livre qui devait être consacré à ce pays, et on y avait suivi ses pérégrinations à travers l'Italie avec un intérêt constant, auquel se mêlait cependant quelque appréhension. Même un esprit aussi exempt de préjugés que l'était celui de Guillaume de Humboldt ne supposait chez les Français ni intelligence ni sympathie pour la langue et la culture de l'Italie. Il n'était pas question encore du voyage de Mme de Staël au-delà des Alpes, qu'il écrivait à Gœthe : « La langue italienne fournit contre les Français des armes divines et dont je fais usage avec une secrète satisfaction. A dire vrai, ils ont encore moins de compréhension pour cette langue que pour la langue allemande, car dans nos poètes, si le côté vraiment poétique leur échappe presque toujours, ils s'approprient du moins le côté sentimental. Mais quant aux Italiens, à moins de bavarder de confiance sur le Tasse, le Dante et l'Arioste, ils ne les comprennent absolument pas. C'est ce que vous aurez remarqué chez Mme de Staël, qui, selon moi, est une nature très

[1] *Lettre inédite*, 311-312. Mme de Staël à Monti, 8 août 1805.

anti-poétique, sans être pour cela une nature prosaïque. Il y a réellement des gens que le côté saisissant de la poésie abat dans la poussière au lieu de les transporter dans les nues ; on peut agir poétiquement sur eux, mais sans jamais éveiller en eux la poésie elle-même. Néanmoins j'aime et j'admire infiniment Mme de Staël [1] ». Gœthe, de son côté, ne jugeait guère différemment : « Mme de Staël est en Italie », écrivait-t-il à Jean de Muller. « Son manque passionné de forme s'y accentura-t-il davantage ou bien montrera-t elle à son retour plus de sympathie pour les arts ? Le temps nous l'apprendra [2] ». « Elle n'a aucun sens artistique », s'écriait Bonstetten, en exaltant sa muse, Friderike Brun, aux dépens de son amie de Coppet ; le côté par lequel tu brilles est chez elle complètement absent. Toutes les belles choses qui ne sont ni l'esprit ni l'éloquence n'existent pas pour elle [3] ».

Ils se trompaient tous, car tous ils ne comptaient qu'avec le talent.

Dans l'intervalle, sous le ciel du Midi, au contact brûlant de la douleur, après des séparations pour lesquelles la terre n'a pas de retours, le génie s'était

---

[1] * Bratraneck, *Correspondance de Gœthe avec les frères de Humboldt*, 1795-1832, 206. G. de Humboldt à Gœthe, Rome, 25 février 1804 ; 212, Gœthe à G. de Humboldt, fin juillet 1804.
[2] * Maurer-Constant, *Œuvres complètes de Jean de Muller*, supplément, III. Gœthe à Jean de Müller, 25 janvier 1805.
[3] * Bonstetten, *Lettres à Friderike Brun*, I, 228, 26 août 1804.

éveillé, toujours attendri, secourable et bon, mais grave, le front ombragé par la couronne dont les feuilles sombres sont achetées au prix du bonheur.

Ainsi naquit, au milieu des luttes et des tempêtes, une de ces créations poétiques qui relient à jamais l'artiste à son œuvre. « Avec *Corinne* », dit Sainte-Beuve », elle est décidément entrée dans la gloire et dans l'empire. Il y a un moment décisif pour les génies où ils s'établissent tellement, que désormais les éloges qu'on en peut faire n'intéressent plus que la vanité et l'honneur de ceux qui les font. On leur est redevable d'avoir à les louer ; leur nom devient une illustration dans le discours ; c'est comme un vase d'or qu'on emprunte et dont notre logis se pare. Ainsi pour Mme de Staël, à dater de *Corinne* ». Autour d'elle, les couronnes de la jeunesse tombaient effeuillées ; solitaire au dedans d'elle-même comme la noble héroïne qu'elle a créée, elle reçut le prix qui ne trompa plus les aspirations de son âme. « La gloire », c'est elle qui le dit, « n'est pour les femmes qu'un deuil éclatant du bonheur ! »

L'histoire proprement dite, ce que l'on pourrait appeler l'échafaudage de *Corinne*, est simple, si simple et presque si banale, que les plus modestes romans parus depuis ne s'en contenteraient plus.

Le héros du livre, Oswald, lord Nelvil, un Écossais de vingt-cinq ans, se rend en Italie pour rétablir sa santé et chercher un adoucissement à la douleur de la mort de son père, que le repentir assombrit. Il arrive à Rome. Le premier spectacle qui, par une belle matinée ensoleillée, s'offre aux regards du jeune homme, est le cortège triomphal qui accompagne Corinne au Capitole, où elle va être couronnée comme poète et improvisatrice. Placée sur un char de forme antique, que tirent quatre chevaux blancs, elle est entourée d'enfants et de jeunes filles, et reçoit, dans le costume de la Sibylle du Dominiquin, les hommages des Romains. Ces hommages, elle les accepte avec un mélange de naturel, de grâce et de timidité, qui donnent à ses jeunes attraits tant de charme et d'éclat. Au Capitole elle répond aux discours des poètes de Rome en son honneur par la célèbre improvisation à l'Italie, patrie de la beauté et de l'art, messagère de la liberté et maîtresse du monde ; après quoi elle est couronnée, au milieu d'acclamations, par le sénateur de Rome.

Dans la foule enthousiaste elle a remarqué l'étranger dont le regard sérieux l'a suivie avec une admiration qu'il n'a pas cherché à dissimuler. Avant de se retirer elle se tourne vers lui, et dans ce mouvement se détache de son front sa couronne de myrtes et de lauriers. Oswald la ramasse, et, avant de la lui rendre, lui adresse quelques mots, auxquels elle répond en anglais. A partir de ce jour, lord Nelvil fréquente sa maison. Protégée par les mœurs sociales du Midi et par l'indépendance de la vie romaine, à la tête d'une grande fortune, Corinne joint les habitudes d'une existence somptueuse aux goûts de l'artiste, mais le voile qui couvre son passé, elle ne le soulève pas. La vie d'Oswald est également pour elle un livre fermé. Dans le commerce avec lui, sa sympathie rapidement éveillée devient une passion ardente. qu'elle ne cherche pas à combattre, mais sur les conséquences de laquelle elle ne s'aveugle pas. Car lui aussi il l'aime, mais non pas sans combat intérieur, trop captivé par son charme pour renoncer à elle, pas assez pour la rendre heureuse par son amour. Pour dissiper sa mélancolie, elle se constitue son guide à travers les trésors artistiques et les ruines de Rome. Elle évoque en sa faveur l'esprit des temps écoulés, fait parler les pierres et raconter leur histoire aux monuments de deux mondes.

Cette partie du livre est pénétrée par l'atmosphère de la maison Humboldt et influencée par les idées artistiques de Schlegel, qui lui-même est inspiré par Winckelmann, Lessing et Gœthe [1].

Ainsi que l'Italienne son ami anglais, l'Allemand conduit la Française à travers le sanctuaire de l'art. La théorie est empruntée aux maîtres allemands, mais les impressions de Mme de Staël sont bien les siennes propres. La description du Panthéon est aussi belle qu'originale, et l'endroit préféré de Rome reste pour elle la merveilleuse arène où le sang des martyrs a expié celui des gladiateurs. Le peintre qu'elle préfère entre tous est Michel-Ange, « parce qu'il n'a rien imité, pas même les anciens », et qu'elle le trouve à la fois éloigné d'une imitation servile de l'antique et de l'affectation de nos jours. Elle définit la campagne romaine une « terre fatiguée de gloire, qui semble dédaigner de produire ». En présence des fon-

---

[1] Voir les notes de *Corinne*.

taines de la place Saint-Pierre elle cite ce vers d'un poète français :

L'éternel mouvement et l'éternel repos.

Guillaume Schlegel relève la finesse et la vérité de cette remarque relative au Corrège, qu'il est « peut-être le seul peintre qui sache donner aux yeux baissés une expression aussi pénétrante que s'ils étaient levés vers le ciel. Le voile qu'il jette sur les regards ne dérobe en rien le sentiment ni la pensée, mais leur donne un charme de plus, celui d'un mystère céleste ». Il cite également la description du Vendredi saint dans la Chapelle Sixtine, quand les flambeaux sont éteints, que la nuit s'avance, et que les figures des Prophètes et des Sibylles apparaissent comme des fantômes enveloppés du crépuscule [1].

Là aussi se trouve cette belle page sur la musique envisagée comme le pressentiment d'une vie à venir et sur les effets qu'elle produit : « La musique double l'idée que nous avons des facultés de notre âme ; quand on l'entend, on se sent capable des plus nobles efforts. C'est par elle qu'on marche à la mort avec enthousiasme ; elle a l'heureuse impuissance d'exprimer aucun sentiment bas, aucun artifice, aucun mensonge. Le malheur même, dans le langage de la musique, est sans amertume, sans déchirement, sans irritation. La musique soulève doucement le poids qu'on a presque toujours sur le cœur,

[1] * A. G. Schlegel sur Corinne. *Œuvres complètes*, XI, 188 et 199.

quand on est capable d'affections sérieuses et profondes ; ce poids qui se confond quelquefois avec le sentiment même de l'existence, tant la douleur qu'il cause est habituelle ; il semble qu'en écoutant des sons purs et délicieux on est prêt à saisir le secret du créateur, à pénétrer le mystère de la vie. Aucune parole ne peut exprimer cette impression ; car les paroles se traînent après les impressions primitives, comme les traducteurs en prose sur les pas des poètes. Il n'y a que le regard qui puisse en donner quelque idée ; le regard de ce qu'on aime, longtemps attaché sur vous, et pénétrant par degrés tellement dans votre cœur, qu'il faut à la fin baisser les yeux pour se dérober à un bonheur si grand : ainsi le rayon d'une autre vie consumerait l'être mortel qui voudrait le considérer fixement ».

Il convient de mentionner aussi la description du théâtre italien, à propos de *Roméo et Juliette* de Shakespeare, où Corinne paraît dans le rôle de l'héroïne. Les représentants de différentes nationalités énumèrent les qualités et les défauts de Métastase, Alfieri, Goldoni, Gozzi, et finissent par déclarer que le drame italien ne doit pas s'appuyer sur l'imitation de l'étranger, mais bien sur la nouvelle donnée artistique, qui place la gaieté auprès du merveilleux et même du fantastique, et dont les auteurs allemands ont donné quelques excellents modèles[1] ». Cette proclamation du romantisme en Italie est mise sur les lèvres du compatriote de Shakespeare, lord Nelvil [2].

---

[1] * A. G. Schlegel, *Œuvres complètes*, XI, 196.
[2] Mme de Staël, *Corinne ou l'Italie*, livre VII, chap. 1.

Dans ces conversations Corinne, qui a ravi celui qu'elle aime sous les traits de Juliette, révèle une connaissance si exacte de la littérature anglaise, des mœurs et des usages de son pays, qu'il soupçonne sa vraie origine. Mais dès qu'il désire en savoir davantage sur son compte, elle s'arrête en le suppliant de ne pas détruire prématurément le court rêve du présent. Ainsi s'écoulent des mois, pendant lesquels l'amour de Corinne se manifeste en traits toujours nouveaux. Elle déploie pour Oswald toutes les séductions d'un esprit que la nature semble avoir prédisposé à la jouissance des biens de la vie ; afin de lui plaire, elle arrache aux yeux des assistants des larmes d'admiration quand, sous la figure de Juliette, elle lui dit :

> In truth, fair Montague, I am too fond,
> And therefore thou mayst think my havior light:
> But trust me, gentleman, I'll prove more true
> Than those that have more cunning to be strange.

Le charme qu'elle exerce est à son comble pendant une excursion à Naples, au cap Misène, où devant les magnificences de ce lieu presque unique sur terre, mais déjà en proie à de funestes pressentiments, elle saisit une fois encore sa lyre, et, en présence de la splendeur immuable de la nature, chante le sort des hommes destinés à mourir. « O terre ! toute baignée de sang et de larmes, tu n'as jamais cessé de produire et des fruits et des fleurs ! Es-tu donc sans pitié pour l'homme ? et sa poussière retourne-t-elle dans le sein maternel sans le faire tressaillir ? ».

Corinne sait maintenant l'histoire de lord Melvil. Tombé tout jeune, à Paris, pendant la Révolution, aux mains d'une femme indigne qui l'a détourné de ses devoirs envers son père, celui ci est mort sans que son fils, qui professait pour lui un respect sans bornes, pût lui fermer les yeux. Il a pardonné, mais à la condition qu'Oswald ne se séparerait pas une seconde fois de sa patrie, par un mariage avec une étrangère.

Il lui a destiné une épouse, Lucile, fille de lord et lady Edgermond. Celle-ci n'était alors qu'une enfant, et dans l'intervalle elle avait perdu son père ; mais la mère, une femme sévère, énergique et froide, est restée attachée à l'idée de cette union. Peu de temps après sa rencontre avec Oswald, Corinne a appris de quelle manière sa propre histoire est associée à la sienne ; mais elle n'a pas trouvé le courage de lui en faire l'aveu. Ce n'est qu'au retour de Naples, quand Oswald demande sa main et que la situation rend un plus long silence impossible, qu'elle avoue ce qu'elle sait du passé. Lord Edgermond, le père de Lucile, est aussi le sien d'un premier mariage avec une Romaine. Plusieurs années après la mort de sa mère elle suivit son père en Angleterre, où il se remaria. Elle-même s'attacha de toute sa tendresse à sa petite sœur, alors âgée de trois ans. Tant que vécut lord Edgermond, ses relations avec sa belle-mère restèrent tolérables, et elle réussit à combattre la nostalgie du Midi. Après la mort de son père, cependant, cette existence du Nord lui devint insupportable. Il y a des réminiscences personnelles, comme une revanche tardive des excommunications sociales de Juniper Hall, et, — ce que les natures vives ont bien plus de peine à pardonner, — de l'ennui qu'elle y a subi, dans ces peintures de petites villes anglaises, dans la description des longues soirées pendant lesquelles les hommes restent attablés à boire, tandis que les femmes se retirent au salon et que la conversation tourne pendant des heures dans le cercle étroit des intérêts de clocher. « Représentez-vous ». dit Corinne, « ce que c'était pour une italienne comme moi que d'être assise autour d'une table à thé plusieurs heures par jour après dîner, avec la société de ma belle-mère. Elle était composée de sept femmes, les plus graves de la province ; deux d'entre elles étaient des demoiselles de cinquante ans, timides comme à quinze, mais beaucoup moins gaies qu'à cet âge. Une femme disait à l'autre : Ma chère, croyez-vous que l'eau soit assez bouillante pour la jeter sur le thé ? — Ma chère, répondait l'autre, je crois que ce serait trop tôt, car ces messieurs ne sont pas encore prêts à venir. — Resteront-ils longtemps à table aujourd'hui ? disait la troisième ; qu'en croyez-vous, ma chère ? — Je ne sais pas, répondait la quatrième ; il me semble que l'élection du Parlement doit avoir lieu la semaine prochaine, et il se pourrait qu'ils restassent pour s'en entretenir. — Non, reprenait la cinquième ; je crois plutôt qu'ils parlent de cette chasse au renard qui les a tant occupés la semaine passée, et qui doit recommencer lundi prochain ; je crois cependant que le dîner sera bientôt fini. — Ah ! je ne l'espère guère, disait la sixième en soupirant, et le silence recommençait ». Dans cette scène Chateaubriand retrouvait un épisode de sa vie d'exilé à Londres, qu'il avait conté à Coppet [1].

A ce passage se rattache également cette anecdote, qu'une petite ville du Northumberland dont Mme de Staël n'avait jamais entendu parler, croyant se reconnaître dans sa description, se plaignit bien haut du procédé, au lieu de garder pour elle sa désagréable découverte.

L'éternelle monotonie de semblables existences paraissait se refléter, aux yeux de l'Italienne, dans les traits réguliers, mais immobiles, de ces Anglaises ses contemporaines. Toute pensée originale, tout premier mouvement était proscrit ; il lui semblait qu'une poupée remontée aurait joué son rôle beaucoup mieux qu'elle dans cet entourage. Le tableau cependant est incomplet, comme toutes les tentatives de généralisation en pareille matière. L'originalité est le trait qui manque le moins au caractère national britannique. Charlotte Brontë est sortie d'un presbytère perdu dans les bruyères du Yorkshire, Georges Eliot d'une ferme. Thomas Carlyle était fils d'un paysan écossais. Jamais méridional n'a eu plus d'activité et de fraîcheur intellectuelles que Dickens, grandi dans un milieu des plus misérables. Dans l'Angleterre, que Corinne compare à « ce manteau de plomb que le Dante décrit dans l'*Enfer* et que la médiocrité jette sur les épaules de ceux qui passent sous son joug », sont nés Byron, Shelley,

[1] Chateaubriand, *Mémoires d'Outre-Tombe*, II, 116.

Keats, ont chanté Walter Scott et Thomas Moore, Wordsworth et Coleridge. Si Mme de Staël s'est trompée en ce point, elle a par contre d'autant plus justement remarqué que ce même pays, où le simple soupçon d'un attentat aux libertés nationales a provoqué des révolutions et coûté le trône, subit sans résistance les plus pénibles exigences de la tyrannie sociale et de la contrainte traditionnelle.

Lady Edgermond est une des gardiennes de cette arche des convenances sociales et de l'inviolable coutume. Dans sa notion de ce qui sied il n'y a pas place pour le talent, bien moins encore pour les extravagances du génie. Quand elle enlève à sa fille adoptive sa dernière consolation en éloignant sa petite sœur de la maison paternelle, l'impérieux besoin de revoir sa première patrie devient chez Corinne une maladie physique et une torture morale. A ce moment des Italiens venus sur un bâtiment de Livourne s'arrêtent sous ses fenêtres et entonnent ces vers, que Monti, de son exil, adressait à sa patrie :

> Bella Italia, amate sponde,
> Pur ti torno a riveder !
> Trema in petto, e si confonde
> L'alma oppressa dal piacer.

Mais c'est le dimanche ; lady Edgermond et avec elle les idées de convenance anglaises ne permettent pas qu'on viole le jour du Seigneur par des chants profanes. C'est en vain que miss Edgermond réclame une exception. Les Italiens doivent s'embarquer le lendemain. Quelques jours auparavant sa belle-mère

lui a tenu ce discours : « Vous avez vingt et un ans ;
ainsi la fortune de votre mère et celle que votre père
vous a laissée sont à vous. Vous êtes donc la maîtresse
de vous conduire comme vous le voudrez ; mais si
vous prenez un parti qui vous déshonore dans l'opinion (celui de quitter l'Angleterre), vous devez à votre famille de changer de nom et de vous faire passer
pour morte ». L'incident relatif à ses compatriotes
italiens, insignifiant en soi, lui remet dans la mémoire, avec une nouvelle amertume, les paroles qui
l'ont blessée. Dès le lendemain le vaisseau quitte le
port britannique pour regagner Livourne, lieu de
sa destination, et miss Edgermond fait route avec
lui, accompagnée seulement d'une suivante fidèle.
Ainsi commence sa nouvelle existence à Rome.

Elle emprunte son nom de Corinne à l'histoire
d'une Grecque, amie de Pindare. Tandis qu'en Angleterre on la croit morte, l'artiste s'éveille en elle et
remporte des triomphes inespérés. La femme, par
contre, n'éprouve que des inclinations passagères,
auxquelles, maintenant qu'elle aime véritablement,
elle ne songe pas sans repentir. Mais avant tout elle
ne veut rien cacher à Oswald, pas même la circonstance que son père à lui l'a connue et n'a pas trouvé
en elle l'épouse qu'il fallait à son fils. « Lucile est
plus jeune que moi de douze années ; son nom est
sans tache, comme la première fleur du printemps ;
il faudrait, en Angleterre, faire revivre le mien, qui
a déjà passé sous l'empire de la mort... Peut-être
voulez-vous savoir, avant que de vous décider, ce
que je souffrirai si vous me quittez. Je l'ignore : il

s'élève quelquefois des mouvements tumultueux dans mon âme, qui sont plus forts que ma raison, et je ne serais pas coupable si de tels mouvements me rendaient l'existence tout à fait insupportable. Il est également vrai que j'ai beaucoup de faculté de bonheur ; je sens quelquefois en moi comme une fièvre de pensées, qui fait circuler mon sang plus vite. Je m'intéresse à tout ; je parle avec plaisir ; je jouis avec délices de l'esprit des autres, de l'intérêt qu'ils me témoignent, des merveilles de la nature, des ouvrages de l'art que l'affectation n'a point frappés de mort. Mais serait-il en ma puissance de vivre quand je ne vous verrais plus ! C'est à vous d'en juger, Oswald, car vous me connaissez mieux que moi-même ; je ne suis pas responsable de ce que je puis éprouver ; c'est à celui qui enfonce le poignard à savoir si la blessure qu'il fait est mortelle. Mais quand elle le serait, Oswald, je devrais vous le pardonner ».

Cette confession, Corinne le sait bien, fait naître le conflit tragique. Déjà l'amour de Delphine n'était pas un amour aveugle. Celui de Corinne est assez clairvoyant pour ne pas se tromper sur le résultat final, à moins qu'elle ne préfère se bercer un instant dans une illusion volontaire. Car le chevaleresque et noble Oswald, toujours prêt au danger, n'est sous un autre nom, on l'a assez dit, que Léonce lui-même, bien qu'il ne doive pas, comme celui-ci, sacrifier son amour uniquement au respect de l'opinion, mais à des mobiles plus profonds. Le premier, mais non le seul de ces mobiles, est sa piété envers la mémoire de son père. Il y a encore un autre motif non moins décisif. Dans Oswald et Corinne se rencontrent non-seulement deux créatures humaines, mais deux civilisations. La sienne à lui est celle du Nord protestant, le sentiment national porté jusqu'à l'exclusivisme. Les traditions de sa race exigent une sévère discipline au fond du cœur, à l'extérieur la réserve. Elles enseignent le respect des coutumes héréditaires, et se soumettent non-seulement aux principes, mais encore aux préjugés ; elles sacrifient à la liberté de tous l'indépendance d'un chacun et au progrès de la communauté le bien-être des individus. En certaines choses elles préfèrent la soumission purement extérieure à la révolte ouverte, envoient les incrédules à l'église, et continuent à enchaîner extérieurement aux formes convenues ceux mêmes qui les ont rejetées dans leur conscience. Dans le pays le plus libre du monde il y a des questions qui ne sont jamais discutées et des liens intolérables que personne ne secoue. Le trait puritain de cette civilisation se retrouve chez Oswald. « L'enthousiasme poétique, qui vous donne tant de charmes, n'est pas, j'ose le dire, la dévotion la plus salutaire. Corinne, comment pourrait-on se préparer par cette disposition aux sacrifices sans nombre qu'exige de nous le devoir ? Il n'y avait de révélation que par les élans de l'âme, quand la destinée humaine, future et présente, ne s'offrait à l'esprit qu'à travers les nuages ; mais pour nous, à qui le christianisme l'a rendue claire et positive, le sentiment peut être notre récompense, mais il ne doit pas être notre seul guide ; vous décrivez l'existence des bienheureux, mais non pas celle des mortels. La vie religieuse est un combat, et non pas un hymne. Si nous n'étions pas condamnés à réprimer dans ce monde les mauvais penchants des autres et de nous-mêmes, il n'y aurait, en effet, d'autre distinction à faire qu'entre les âmes froides et les âmes exaltées. Mais l'homme est une créature plus âpre et plus redoutable que votre cœur ne vous le peint ; et la raison dans la piété, et l'autorité dans le devoir, sont un frein nécessaire à ses orgueilleux égarements... Sans doute le repentir est une belle chose..., mais le repentir qui se répète fatigue l'âme, ce sentiment ne régénère qu'une fois. C'est la rédemption qui s'accomplit au fond de notre âme ; et ce grand sacrifice ne peut se renouveler [1] ».

Une tout autre manière de voir est celle de Corinne. Sans doute, l'élément méridional prédomine dans sa nature ; mais elle doit à son sang mêlé un élément cosmopolite, analogue à celui auquel aspirait le romantisme allemand comme à la fleur même de la civilisation ; jusque dans sa profession de foi catholique il y a de l'éclectisme religieux et une sage tolérance. Un jour qu'à Naples un moine lui demande la permission de bénir sa maison, pour la préserver de la contagion, elle la lui accorde ; et tandis que lord Nelvil souriait un peu de cette cérémonie, Corinne était attendrie. « Je trouve un charme indéfinissable », lui dit-elle, « dans tout ce qui est religieux, je dirais même superstitieux, quand il n'y a rien d'hostile ni

[1] Mme de Stael, *Corinne*, livre X, chap. 5 ; livre XIII, chap. 3.

d'intolérant dans cette superstition : le secours divin est si nécessaire lorsque les pensées et les sentiments sortent du cercle commun de la vie ! C'est pour les esprits distingués surtout que je conçois le besoin d'une protection surnaturelle. — Sans doute ce besoin existe, mais est-ce ainsi qu'il peut être satisfait ? — Je ne refuse jamais une prière en association avec les miennes, de quelque part qu'elle me soit offerte. — Vous avez raison, dit lord Nelvil ; et il donna sa bourse pour les pauvres au prêtre vieux et timide qui s'en alla en les bénissant tous les deux [1] ». Mais il n'est pas toujours si facile à convaincre.

Il est blessé par le caractère superficiel des Italiens, la frivolité des femmes, leur conception de l'amour. Dans l'indépendance sociale tant vantée il ne voit qu'une atteinte portée à la morale ; sous tout l'étalage des tournures poétiques du langage il sent l'absence complète de tendresse. Il trouve qu'en Italie les hommes valent infiniment moins encore que les femmes, car ils ont tous les défauts féminins et les leurs propres par dessus le marché. Ils n'inspirent aucune estime, et leur dévouement ne mérite aucune reconnaissance, car ils n'ont ni fermeté de caractère ni occupations sérieuses. L'Italie ne connaît pas le véritable bonheur dans le mariage, parce qu'elle ne connaît pas la véritable vie de famille, et que celle-ci prête en Angleterre même à la femme infidèle une certaine moralité qui manque aux méridionaux. La civilisation de ce pays lui paraît si insuffisante, que, songeant un jour à Corinne, il s'avoue à lui-même

---

[1] Mᵐᵉ de Staël, *Corinne*, livre XV, chap. 3.

qu'elle est la plus attrayante des femmes, mais une Italienne magré tout.

Celle-ci répond par l'apologie du pays qu'il méconnaît si injustement. Elle rappelle le joug subi, la défaveur des circonstances politiques, et cite le vers d'Alfieri :

> Servi siam, si, ma servi ognor frementi.

« Les Italiens », dit-elle, « ont de la sincérité, de la fidélité dans les relations privées. L'intérêt et l'ambition exercent un grand empire sur eux, mais non l'orgueil ou la vanité ; les distinctions de rang y font très peu d'impression ; il n'y a point de société, point de salon, point de mode, point de petits moyens journaliers de faire effet en détail. Ces sources habituelles de dissimulation et d'envie n'existent point chez eux ; quand ils trompent leurs ennemis et leurs concurrents, c'est parce qu'ils se considèrent avec eux comme en état de guerre ; mais en paix, ils ont du naturel et de la vérité. C'est même cette vérité qui est cause du scandale dont vous vous plaignez ; les femmes entendant parler d'amour sans cesse, vivant au milieu des séductions et des exemples de l'amour, ne cachent pas leurs sentiments et portent, pour ainsi dire, une sorte d'innocence dans la galanterie même ; elles ne se doutent pas non plus du ridicule, surtout de celui que la société peut donner. Les unes sont d'une ignorance telle qu'elles ne savent pas écrire, et l'avouent publiquement ; elles font répondre à un billet du matin par leur procureur, sur du papier à grand format, et en style de requête.

Mais en revanche, parmi celles qui sont instruites, vous en verrez qui sont professeurs dans les académies et donnent des leçons publiquement, en écharpe noire ; et si vous vous avisiez de rire de cela, l'on vous répondrait : Y a-t-il du mal à savoir le grec ? y a-t-il du mal à gagner sa vie par son travail ? pourquoi riez-vous donc d'une chose aussi simple ?

« Aborderai-je un sujet plus délicat, chercherai-je à démêler pourquoi les hommes montrent souvent peu d'esprit militaire ? Ils exposent leur vie pour l'amour et pour la haine avec une grande facilité..., mais souvent, il faut l'avouer, ils aiment mieux la vie que des intérêts politiques qui ne les touchent guère, parce qu'ils n'ont point de patrie... Il est assez simple que, dans une telle désorganisation de tous les pouvoirs publics, les femmes prennent beaucoup d'ascendant sur les hommes, et peut être en ont-elles trop pour les respecter et les admirer. Néanmoins leur conduite envers elles est pleine de délicatesse et de dévouement. Les vertus domestiques font en Angleterre la gloire et le bonheur des femmes ; mais s'il y a des pays où l'amour subsiste hors des liens sacrés du mariage, parmi ces pays, celui de tous où le bonheur des femmes est plus ménagé, c'est l'Italie. Les hommes s'y sont fait une morale pour des rapports hors de la morale ; mais du moins ont-ils été justes et généreux dans le partage des devoirs ; ils se sont considérés eux-mêmes comme plus coupables que les femmes, quand ils brisaient les liens de l'amour, parce que les femmes avaient fait plus de sacrifices et perdaient davantage ; ils ont pensé que, devant le tribunal du cœur, les plus criminels sont ceux qui font le plus de mal : quand les hommes ont tort, c'est par dureté ; quand les femmes ont tort, c'est par faiblesse.

« ... Malgré tout ce qu'on a dit de la perfidie des Italiens, je soutiens que c'est un des pays du monde où il y a le plus de bonhomie... On reproche aux Italiens trop de penchant à la flatterie ; mais il faut aussi convenir que la plupart du temps ce n'est point par calcul, mais seulement par désir de plaire, qu'ils prodiguent leurs douces expressions, inspirées par une obligeance véritable ; ces expressions ne sont point démenties par la conduite habituelle de la vie. Toutefois, seraient-ils fidèles à l'amitié dans des circonstances extraordinaires, s'il fallait braver pour elle les périls et l'adversité ? Le petit nombre, j'en conviens, le très petit nombre en serait capable ; mais ce n'est pas à l'Italie seulement que cette observation peut s'appliquer.

« Les Italiens ont une paresse orientale dans l'habitude de la vie ; mais il n'y a point d'hommes plus persévérants ni plus actifs quand une fois leurs passions sont excitées. Ces mêmes femmes aussi, que vous voyez indolentes comme les odalisques du sérail, sont capables tout à coup des actions les plus dévouées. Il y a des mystères dans le caractère et l'imagination des Italiens, et vous y rencontrez tour à tour des traits inattendus de générosité et d'amitié, ou des preuves sombres et redoutables de haine et de vengeance... Tout dort ici : mais dans un pays où les grands intérêts sont assoupis, le repos et l'insouciance sont plus nobles qu'une vaine agitation pour les petites choses.

« Les lettres elles-mêmes languissent là où les pensées ne se renouvellent point par l'action forte et variée de la vie. Mais dans quel pays cependant a-t-on jamais témoigné plus qu'en Italie de l'admiration pour la littérature et les beaux-arts ?... On n'y trouve point l'imagination blasée, l'esprit décourageant, ni la médiocrité despotique, qui savent si bien ailleurs tourmenter ou étouffer le génie naturel. Une idée, un sentiment, une expression heureuse, prennent feu, pour ainsi dire, parmi les auditeurs. Le talent, par cela même qu'il tient ici le premier rang, excite beaucoup d'envie. Pergolèse a été assassiné pour son *Stabat*; Giorgione s'armait d'une cuirasse quand il était obligé de peindre dans un lieu public ; mais... cette jalousie ne dégrade point son objet ; cette jalousie peut haïr, proscrire, tuer, et néanmoins toujours mêlée au fanatisme de l'admiration, elle excite encore le génie, tout en le persécutant [1] ».

Des considérations de ce genre assurent au roman la valeur indépendante d'une étude de mœurs. Son principal titre à la durée, comme œuvre d'art, est surtout ceci, que la multiplicité des intérêts mis en jeu ne nuit pas à l'unité de la composition, et que la sympathie reste fixée sur la noble figure de femme placée au centre du tableau déroulé autour d'elle.

Corinne pourrait penser, écrire des vers, agir comme elle le fait : elle ne serait pas digne d'amour

[1] Mme de Staël, *Corinne*, livre VI, chap. 3.

si elle ne sentait pas en femme. Du moment où elle donne son cœur, elle se dépouille de sa volonté. Le commerce avec ses amis, les plaisirs de la société, les applaudissements de la foule, les triomphes personnels, tout lui devient indifférent : elle sacrifie son talent lui-même à ce sentiment qu'elle éprouve sans jamais l'exprimer, que « quelque distingué que soit un homme, peut-être ne jouit-il pas sans mélange de la supériorité d'une femme ; s'il l'aime, son cœur s'en inquiète ; s'il ne l'aime pas, son amour-propre s'en offense [1] ». Le jour arrive où Corinne, qui possédait au plus haut degré la facilité de la parole, hésitait dans le choix des mots, et quelquefois elle se servait d'une expression qui n'avait pas le moindre rapport avec ce qu'elle voulait dire. Alors elle riait d'elle-même, mais, à travers ce rire, ses yeux se remplissaient de larmes. Aux instances d'Oswald, que cet état afflige et étonne, elle répond : « Que voulez-vous savoir de moi ? Je me regrette, et voilà tout. J'avais quelque orgueil de mon talent, j'aimais le succès, la gloire ; les suffrages mêmes des indifférents étaient l'objet de mon ambition ; mais à présent je ne me soucie de rien, et ce n'est pas le bonheur qui m'a détachée de ces vains plaisirs, c'est un profond découragement. Je ne vous en accuse pas, il vient de moi, peut-être en triompherai-je ; il se passe tant de choses au fond de l'âme que nous ne pouvons ni prévoir ni diriger ! Mais je vous rends justice, Oswald, vous souffrez de ma peine, je le vois. J'ai aussi pitié de vous ; pourquoi ce sentiment ne

---

[1] Mme de Staël, *Corinne*, livre VII, chap. 3.

nous conviendrait-il pas à tous les deux ? Hélas ! il peut s'adresser à tout ce qui respire, sans commettre beaucoup d'erreurs ».

Son amour pour Oswald n'est pas exempt de la crainte de lui déplaire, encore moins de celle de le perdre. Il la domine par les bonnes comme par les mauvaises facultés de sa nature et par l'inquiétude que ces facultés mal combinées pouvaient inspirer ; « il n'y avait pas de sécurité dans le bonheur que donnait lord Nelvil, et peut-être faut-il expliquer par ce tort même l'exaltation de la passion de Corinne [1] ». A la fois timide et passionné, parce qu'il est fait de contrastes, il occupe l'imagination de celle qu'il aime et la captive par sa mélancolie comme par le fier courage qui cherche le danger et se complaît dans la lutte avec les éléments. L'espoir d'être rassurée et protégée par lui la réconcilie avec le sentiment de la crainte physique, qu'elle a à peine connue jusqu'ici ; elle accepte avec reconnaissance les soins et les petites attentions « qui sont le plus doux lien de l'homme avec la femme ». Rien enfin ne distingue l'amour de Corinne de celui de la plus humble et de la plus dévouée de son sexe, rien, sinon ceci, qu'elle veut être aimée d'un amour raisonné.

Dans l'ivresse de la passion, pendant la tiède nuit d'été qui les surprend à Terracine, à l'heure enchantée qui suit le duo d'amour de Roméo et de Juliette, sur le lit de douleur où il la trouve en proie à une fièvre contagieuse, et, par ses soins, l'arrache à la mort, Oswald, vaincu et transporté, demandera à

[1] Mme de Stael, *Corinne*, livre XV, chap. 2; livre VIII, chap. 4.

Corinne de devenir sa femme. Elle ne l'entend pas ainsi et veut devoir le bonheur suprême de sa vie à une résolution virile et au calme du raisonnement qui décidera en sa faveur.

Là précisément est l'écueil, car dès qu'Oswald réfléchit, il ne décide plus en faveur de Corinne.

Abandonné à lui seul, il ne peut se dissimuler que la façon dont elle juge l'état social de l'Angleterre l'a profondément mécontenté ; il n'est ni prêt à renoncer à sa patrie, ni disposé à ramener la femme qu'il aime dans l'atmosphère où elle ne se sentira jamais heureuse. « On peut abdiquer la fierté dans tout ce qui tient au cœur ; mais dès que les convenances ou les intérêts du monde se présentent de quelque manière pour obstacle, dès qu'on peut supposer que la personne qu'on aime ferait un sacrifice quelconque en s'unissant à vous, il n'est plus possible de lui montrer à cet égard aucun abandon de sentiment [1] ».

Oswald sent tout cela lorsqu'il est loin de Corinne, loin de la puissance de la séduction à laquelle il ne résiste pas. A ces moments il se rappelle les conseils que lui a donnés un de ses amis d'Angleterre, qui, dans le roman, tient le langage de la prudence et de la sagesse mondaines : « Une telle femme n'est pas faite pour vivre dans le pays de Galles. Croyez-moi, mon cher Oswald, il n'y a que les Anglaises pour l'Angleterre... Tout aimable qu'est Corinne, je pense comme Thomas Walpole : Que fait-on de cela à la maison ? Et la maison est tout chez nous, vous le savez, tout pour les femmes du moins. Vous représen-

[1] Mme de Staël, *Corinne*, livre VI, chap. 3.

tez-vous votre belle Italienne restant seule pendant que vous chasserez, ou que vous irez au parlement, et vous quittant au dessert pour aller préparer le thé quand vous sortirez de table ? Cher Oswald, nos femmes ont des vertus domestiques que vous ne trouverez nulle part. Les hommes en Italie n'ont rien à faire qu'à plaire aux femmes ; ainsi, plus elles sont aimables et mieux c'est. Mais chez nous, où les hommes ont une carrière active, il faut que les femmes soient dans l'ombre, et ce serait bien dommage d'y mettre Corinne ; je la voudrais sur le trône de l'Angleterre, mais non pas sous mon humble toit [1] ».

Un muet serrement de main d'Oswald avait été la réponse à ce discours. La destinée de Corinne est décidée dans son esprit bien avant qu'elle-même lui dise que son père, avant d'expirer, a interdit son mariage avec elle. L'aveu même par lequel Corinne sacrifie son bonheur, réveille dans le cœur d'Oswald la passion qu'il devait éteindre.

Sur ces entrefaites, l'automne arrive. Il part avec Corinne pour Venise et rassure sa conscience à lui en se disant que, s'il n'épouse pas Corinne, jamais non plus il n'épousera une autre femme. Le dernier et court bonheur de cette réunion est interrompu par la guerre et par l'ordre qui rappelle lord Nelvil sous les drapeaux en qualité d'officier anglais. Après une scène déchirante, il s'arrache à l'étreinte de Corinne inanimée en promettant de revenir : « C'est un pas solennel de fait dans l'amour, que de l'avoir vaincu une fois : le prestige de sa toute-puissance est fini ».

[1] Mme de Staël, *Corinne*, livre VIII, chap. 1.

En vain Oswald a-t-il essayé, avant la séparation finale, de rassurer celle qui l'aime en lui disant : « Corinne, ton ami n'est pas un homme léger, tu le sais ; il s'en faut qu'il le soit. Tout est sérieux pour lui dans la vie ; est-ce donc pour toi seule qu'il démentirait sa nature ? ». Cette nature n'est autre que celle des choses, qui veut que chaque homme digne de ce nom se propose une tâche utile, une vocation à remplir, et qui relègue à l'arrière-plan un épisode d'amour, fût-il le plus séduisant et le plus noble. Oswald, de retour dans sa patrie et dans ses terres d'Écosse, sent ses penchants, ses habitudes, ses goûts innés se réveiller avec plus de force que jamais. L'année qu'il avait passée en Italie n'était en relation avec aucune autre époque de sa vie : « C'était comme une apparition brillante qui avait frappé son imagination, mais n'avait pu changer entièrement les opinions ni les goûts dont son existence s'était composée jusqu'alors... Il rentrait dans l'existence qui convient aux hommes : l'action avec un but ».

Un retard du départ de son régiment pour le théâtre de la guerre lui permet d'aller trouver lady Edgermond pour obtenir d'elle, comme il se l'est promis, la réhabilitation de Corinne. Elle est gravement malade, et sa fille Lucile lui prodigue ses soins. Lady Edgermond repousse la prière de lord Nelvil ; il repart pour Londres, non sans emporter dans son âme l'image de la belle jeune fille qui, résignée au devoir, consume sa jeunesse dans un triste isolement. De tous côtés des amis le pressent de remplir le dernier vœu de son père, de ne pas se sacrifier à une chimère. Dans ce conflit intérieur, les lettres à Venise deviennent plus rares ; Corinne sent à leur ton que la séparation fait son œuvre. La fièvre du désespoir s'empare d'elle ; ses pensées s'égarent ; avant de renoncer à lui pour toujours, elle veut du moins le voir encore une fois, entendre son arrêt de sa propre bouche. Sans être reconnue, elle le suit à Londres, où lady Edgermond s'est rendue à son tour avec sa fille pour consulter des médecins. Elle voit sa demi sœur et lord Nelvil au Parc, au théâtre, et remarque ou croit remarquer que Lucile aime Oswald et ne lui est pas indifférente. La beauté de Corinne, qui est un peu plus âgée qu'Oswald, et tous les dons que la nature lui a prodigués, lui semblent vains à elle-même, comparés aux seize ans de la blonde et gracieuse Lucile, à son expression angélique, à son âme timide et neuve. Sa première idée de se rencontrer avec lord Nelvil fait place à la résolution de lui écrire, qu'elle abandonne à son tour. « Car », c'est Corinne qui le dit, « que signifient les reproches en amour ? Ce sentiment serait-il le plus intime, le plus pur, le plus généreux des sentiments, s'il n'était pas en tout involontaire ? Que ferai-je donc avec mes plaintes ? Une autre voix, un autre regard ont le secret de son âme ; tout n'est-il donc pas dit ! ». Un hasard lui confirme l'inclination de sa sœur. Alors elle renvoie à Oswald l'anneau qu'il lui a donné en gage de fidélité, et supporte avec une douce résignation le coup qui brise sa vie, car la douceur, qu'on le remarque bien, est un trait distinctif de Corinne. Ainsi frappée au cœur, elle s'enfuit une seconde fois en Italie.

Avant le départ de son régiment, lord Nelvil épouse Lucile.

Ce n'est pas sans un pénible combat intérieur qu'il a pris cette résolution ; et dans son ignorance du sort de Corinne, il a essayé d'endormir sa conscience par ce sophisme, que les cœurs froids en apparence sont ceux qui sentent le plus profondément : « Il se trompait : les âmes passionnées se trahissent de mille manières, et ce que l'on contient toujours est bien faible ».

Quatre années se passent. Lady Edgermond est morte, lady Nelvil mère d'une petite fille. Dans l'intervalle, Oswald a depuis longtemps appris la vérité, et sous le soleil du tropique, dans la détresse et le danger, il a pensé plus souvent à Corinne qu'à Lucile. La mort l'a épargné, mais les fatigues de l'expédition ont ramené son ancien mal, et il repasse les Alpes avec sa femme et son enfant, dans le vague espoir de revoir encore une fois Corinne. A Florence il découvre sa trace, mais elle n'est plus que l'ombre d'elle-même et va mourir. Un ami des jours de Rome, sous les traits duquel Guillaume Schlegel voulait se reconnaître [1], le prince de Castel-Forte, ne l'a plus abandonnée depuis son retour d'Angleterre et a tâché, avec un entier dévouement, de calmer sa douleur. C'est lui qui, au nom de Corinne, prie maintenant lord Nelvil de la ménager et de ne pas chercher à la revoir avant sa mort. Cependant elle a voulu répondre à une lettre où il lui exprime son tardif repentir: « Je ne sais pourquoi je n'ai point de ressentiment

[1] Mrs Jameson, Sketches of art, literature and character, I.

contre vous, bien que la douleur que vous m'avez causée me fasse frissonner d'effroi. Il faut que je vous aime encore, pour n'avoir aucun mouvement de haine ; la religion seule ne suffirait pas pour me désarmer ainsi. J'ai eu des moments où ma raison était altérée ; d'autres, et c'étaient les plus doux, où j'ai cru mourir avant la fin du jour, par le serrement de cœur qui m'oppressait ; d'autres enfin où j'ai douté de tout, même de la vertu ; vous étiez pour moi son image ici-bas, et je n'avais plus de guide pour mes pensées comme pour mes sentiments, quand le même coup frappait en moi l'admiration et l'amour. Que serais-je devenue sans le secours céleste ? Il n'y a rien dans ce monde qui ne fût empoisonné par votre souvenir. Mes forces physiques vont en decroissant ; mais il n'en est pas ainsi de l'enthousiasme qui me soutient. Se rendre digne de l'immortalité est, je me plais à le croire, le seul but de l'existence. Bonheur, souffrances, tout est moyen pour ce but, et vous avez été choisi pour déraciner ma vie de la terre : j'y tenais par un lien trop fort... Je ne vous le cache point, vous revoir me semblait un bonheur, une émotion indéfinissable, que mon cœur enivre de nouveau préférait à des siècles de calme ; mais la Providence ne m'a point abandonnée dans ce péril. N'êtes-vous pas l'époux d'une autre ? Que pouvais-je donc avoir à vous dire ? M'était-il même permis de mourir entre vos bras ? Et que me restait-il pour ma conscience, si je ne faisais aucun sacrifice, si je voulais encore un dernier jour, une dernière heure ?... Le bonheur tel que je l'ai senti quand vous m'aimiez, n'est pas en harmonie avec notre nature : il agite, il inquiète, il est si prêt à passer !... Ah ! trouverez-vous mieux que ma tendresse ? Savez vous que dans les déserts du nouveau monde j'aurais béni mon sort, si vous m'aviez permis de vous y suivre ? Savez-vous que je vous aurais servi comme une esclave ? Savez-vous que je me serais prosternée devant vous comme devant un envoyé du ciel, si vous m'aviez fidèlement aimée ? Eh bien ! qu'avez-vous fait de tant d'amour ? qu'avez-vous fait de cette affection unique en ce monde ? Un malheur unique comme elle. Ne prétendez donc plus au bonheur ; ne m'offensez pas en croyant l'obtenir encore. Priez comme moi, priez, et que nos pensées se rencontrent dans le ciel ».

La source de l'inspiration est tarie dans le sein de Corinne ; depuis le départ d'Oswald elle n'a plus touché sa lyre. Mais en présence de la mort elle dira son chant du cygne, par lequel elle prend congé de la terre italienne. A elle aussi échappe la plainte de tous ceux qui meurent jeunes : « Des sentiments, des pensées, peut-être nobles, peut-être fécondes, s'éteignent avec moi, et, de toutes les facultés de l'âme que je tiens de la nature, celle de souffrir est la seule que j'aie exercée tout entière ». Cette souffrance est enfin vaincue. Lucile reçoit pour Oswald les adieux de Corinne, qui expire en pressant contre sa poitrine la croix du Rédempteur.

Le roman se termine par ces mots : « Que devint Oswald ? Il fut dans un tel égarement, qu'on craignit d'abord pour sa raison et sa vie. Il suivit à Rome la pompe funèbre de Corinne. Il s'enferma longtemps à Tivoli sans vouloir que sa femme ni sa fille l'y accompagnassent. Enfin l'attachement et le devoir le ramenèrent auprès d'elles. Ils retournèrent ensemble en Angleterre. Lord Nelvil donna l'exemple de la vie domestique la plus régulière et la plus pure. Mais se pardonna-t-il sa conduite passée ? le monde qui l'approuva le consola t-il ? se contenta-t-il d'un sort commun, après ce qu'il avait perdu ? Je l'ignore ; je ne veux, à cet égard, ni le blâmer ni l'absoudre ».

Dans ces calmes accents s'achève le livre, dont le moindre intérêt n'est pas celui d'exprimer l'âme même de l'auteur, d'offrir le résultat de ses méditations sur le monde et la vie. Elle se peint dans ses jugements sur les hommes, sur les instincts les plus puissants du cœur, l'amour et la douleur.

« Les habitudes, les souvenirs, les circonstances créent autour de nous je ne sais quel enlacement que la passion même ne peut détruire. Brisé pour un moment, il se reformerait, et le lierre viendrait à bout du chêne ».

« Celui qu'on aime est le vengeur des fautes qu'on a commises sur la terre, la divinité lui prête son pouvoir ». « J'ai rompu deux fois des liens que le besoin d'aimer m'avait fait contracter et que je n'ai pu me résoudre à rendre irrévocables ».

« Les femmes ont besoin d'appui, et rien ne les refroidit comme la nécessité d'en donner ». « Les sentiments légers ont souvent une longue durée, rien ne les brise parce que rien ne les resserre, ils suivent les circonstances, disparaissent et reviennent avec elles, tandis que les affections profondes se déchirent sans retour et ne laissent à leur place qu'une douloureuse blessure. » C'est Corinne enfin qui trouve en mourant cette parole de paix : « Tout comprendre rend très indulgent et sentir profondément inspire une grande bonté ».

Les deux premières éditions du roman parurent presque simultanément à Paris et à Leipzig, et du vivant même de l'auteur il atteignit la sixième édition. Son succès fut tel, que les objections isolées de la critique ne lui nuisirent en rien. La vieille école, il est vrai, se complut comme par le passé dans un blâme mesquin [1], mais Suard constata dans le *Publiciste* l'accueil fait à l'œuvre par le public européen, et une plume qui signait D. D., — selon toute apparence celle de Mlle de Meulan, la future Mme Guizot, — se fit dans les *Débats* l'interprète du suffrage des lecteurs parisiens. Au nom de la littérature, Marie-Joseph Chénier nomma l'ensemble imposant, critiqua le caractère d'Oswald et rendit hommage sans restrictions à la figure centrale [2]. Une critique d'une importance autre que littéraire s'attacha au rôle accessoire du comte d'Erfeuil. Celui-ci, le seul Français du livre, est présenté comme un homme dont les manières sont excellentes et la légèreté sans bornes ; les pires coups de la destinée parviennent à peine à altérer son humeur ; dans toutes les situations il reste, il est vrai, frivole et étourdi, mais aussi courageux, aimable et obligeant. Sans savoir un mot d'italien, il

[1] Dussault, *Annales littéraires*, III, 166-169.
[2] M. J. Chénier, *Tableau de la littérature*, 219.

va en Italie. Interrogé s'il ne songe pas à étudier cette langue, il répond que cela ne rentre pas dans ses plans, et il demeure aussi obstinément attaché à cette idée, que s'il s'agissait d'une des résolutions les plus raisonnables du monde. Il ne comprend pas son mélancolique ami Oswald, mais il impute cette circonstance à un simple malentendu, « qui vient peut-être de ce que celui-ci ne sait pas assez bien le français ». A Rome il ne trouve rien à admirer que la coupole de Saint-Pierre, parce qu' « elle ressemble à celle des Invalides ». Vers la fin du roman, c'est d'Erfeuil qui vient au secours de Corinne abandonnée ; mais il ne sait comment s'y prendre pour la consoler, et quand il essaie de parler des choses du cœur, il les nomme « ces affaires », et lui recommande, à elle qui se sait condamnée, de soigner sa santé.

A propos de cette figure du roman, parut dans le *Moniteur* une attaque violente qui relevait son manque de patriotisme et blâmait d'une manière spirituelle, mais amère, l'intérêt concentré sur l'Anglais Oswald D'après Villemain, l'auteur de cette critique était Napoléon lui-même, qui parfois ne dédaignait pas de se lancer ainsi dans les polémiques littéraires [1].

Presque tous les critiques et les essayistes en France se sont occupés plus ou moins longuement de Corinne. L'un d'eux, Benjamin Constant, a publié en 1829 des remarques à son sujet, qui sont caractéristiques. Au reproche fait au livre de prêcher un enthousiasme

[1] Villemain, *Tableau de la littérature française au dix-huitième siècle*, IV, 357.

contagieux, il répond : « Vraiment, je ne me doutais pas que ces dangers nous entourassent : je regarde autour de moi, et, je l'avoue, je ne m'aperçois pas qu'en fait d'enthousiasme, le feu soit à la maison. Où sont-ils donc, ces gens entraînés par l'enthousiasme, et qu'il est si pressant d'en préserver ? Voyons-nous beaucoup d'hommes, ou même beaucoup de femmes, sacrifier leurs intérêts à leurs sentiments, négliger par exaltation le soin de leur fortune, de leur considération ou de leur repos ? S'immole t on beaucoup par amour, par amitié, par pitié, par justice, par fierté ? Est-il urgent de mettre un terme à ces sacrifices ? A voir tant d'écrivains courir au secours de l'égoïsme, ne dirait-on pas qu'il est menacé ? Rassurons-nous ; il n'a rien à craindre. Nous sommes à l'abri de l'enthousiasme. Les jeunes gens mêmes y sont inaccessibles ; admirables par leur amour pour l'étude, leur soif de connaissances, leur impartialité, leur raison, cette raison semble les sortir de l'enfance, pour les porter de plein saut dans l'âge mûr ». Benjamin Constant appelle Oswald « ravi sans être convaincu, charmé sans être soumis : souvent heureux, jamais content de lui-même, il suit à pas incertains le char triomphal de l'être étonnant qui le subjugue et l'enchante. Il est enivré de l'amour qu'il inspire, il est ébloui de la gloire qu'il contemple, il est orgueilleux des succès dont il est témoin ; mais il jette, malgré lui, quelquefois un regard de regret vers le pays qui lui promettait des jouissances et plus dignes et plus calmes. Il trouve dans l'air qu'il respire je ne sais quoi de léger qui ne remplit pas sa mâle poitrine. Cette poésie, ces beaux-arts, ces tableaux, cette musique, lui semblent les parures de la vie ; mais la vie elle-même, la vie active, utile et noblement occupée, il se demande où elle est, et la cherche vainement autour de lui ». La conclusion de Benjamin Constant à l'égard de *Corinne*, c'est qu'aucun autre livre ne présente avec plus d'évidence cette importante leçon, que plus on a de facultés brillantes, plus il faut savoir les dompter ; que lorsqu'on offre aux vents impétueux de si vastes voiles, il ne faut pas tenir un gouvernail faible d'une main tremblante ; que plus les dons de la nature sont nombreux, éclatants et diversifiés, plus il faut marcher au milieu des hommes avec défiance et avec réserve ; qu'entre le génie révolté et la société sourde et sévère, la lutte n'est pas égale, et que pour les âmes profondes, les caractères fiers et sensibles, les imaginations ardentes, les esprits étendus, trois choses sont nécessaires, sous peine de voir le malheur tomber sur eux : savoir vivre seul, savoir souffrir, savoir mépriser [1].

Quelques années après la publication de cette étude, Sainte-Beuve se prononça à son tour sur Mme de Staël. Il dit excellemment, au sujet de *Corinne*, que du moment qu'elle se sent saisie par la passion, « par cette griffe de vautour sous laquelle le bonheur et l'indépendance succombent », il aime son impuissance à se consoler, son sentiment plus fort que son génie, son invocation fréquente à la sainteté et à la

[1] Benjamin Constant, *Mélanges de littérature et de politique*, 172 et 199.

durée des liens qui seuls empêchent les brusques déchirements. Puis passant au style, le style et la forme, sans lesquels, « de ce côté-ci du Rhin, les ouvrages les plus pensés sont destinés à mourir de leur belle mort [1] », Sainte-Beuve prononce le jugement suivant, qu'il devait modifier par la suite : « Malgré ce qu'il y a dans *Corinne* de conversations et de peintures du monde, ce n'est pas à propos de ce livre qu'il y a lieu de reprocher à Mme de Stael un manque de consistance et de fermeté dans le style, et quelque chose de trop couru dans la distribution des pensées. Elle est tout à fait sortie, pour l'exécution générale de cette œuvre, de la conversation spirituelle, de l'improvisation écrite, comme elle faisait quelquefois (*stans pede in uno*) debout, et appuyée à l'angle d'une cheminée. S'il y a encore des imperfections de style, ce n'est que par rares accidents ; j'ai vu noté au crayon, dans un exemplaire de *Corinne,* une quantité prodigieuse de *mais,* qui donnent en effet de la monotonie aux premières pages. Toutefois, un soin attentif préside au détail de ce monument ; l'écrivain est arrivé à l'art, à la majesté soutenue, au nombre [2] ». Et parlant à un autre endroit de la description de Rome dans la lettre de Chateaubriand à Fontanes, description qu'il nomme « olympienne », il dit à ce propos : « Cette belle *Lettre* a produit en français toute une école de

[1] Marcellus, *Chateaubriand et son temps*, 135. Chateaubriand à Marcellus.
[2] Sainte-Beuve, *Portraits de femmes*, 137-138 : Mme de Stael.

peintres, une école que j'appellerai *romaine*. Mme de Staël la première s'inspira de l'exemple de Chateaubriand ; son imagination en fut piquée d'honneur et fécondée... Elle n'est pas si fière, si élégante que Chateaubriand ; mais elle est aussi élevée, et, au fond, plus sérieuse [1] ».

Corinne a donné l'impulsion non-seulement en littérature, mais aussi dans l'art. Le grand peintre de l'ère napoléonienne, le baron Gérard, a fait de la scène sur le cap de Misène le sujet d'un grand tableau historique qu'il reproduisit plus tard, sur le désir de Louis XVIII. Dans les traits de la figure principale, particulièrement dans son regard, se retrouve la ressemblance, idéalisée il est vrai, avec celle qui fut le type de Corinne [2]. Cette peinture, achevée en 1821, passa aux mains du prince Auguste de Prusse, qui en fit cadeau à Mme Récamier ; elle a été souvent reproduite depuis par la gravure. Une lettre de Sulpice Boisserée à Guillaume Schlegel la fit connaître en Allemagne [3]. Non pas de souvenir, comme avait fait Gérard, mais du vivant de Mme de Staël, Mme Vigée-Lebrun, en 1807, l'a représentée en Corinne, la lyre en main et vêtue à l'antique. Le portrait fut

---

[1] Sainte Beuve, *Chateaubriand et son groupe littéraire sous l'Empire*, I, 400-405.

[2] * A. G. Schlegel, *Corinne, peinture de Gérard. Œuvres complètes*, IX, 360-368, et * *Feuille artistique du Morgenblatt de Stuttgart*, 24 janvier 1821.

[3] Les meilleures reproductions du tableau sont, parmi les anciennes, celle de Bretonnier, parmi les nouvelles, celle d'Ad. Braun.

terminé pendant un séjour de l'artiste à Coppet, exposé une année plus tard à Paris, et envoyé ensuite à M*m*e de Staël, qui l'avait commandé. « Il y a là tout votre talent », écrivit-elle à l'artiste, « et je voudrais bien que le mien pût être encouragé par votre exemple, mais j'ai peur qu'il ne soit plus que dans les yeux que vous m'avez donnés [1] ».

La traduction allemande de *Corinne*, faite par Dorothée Schlegel sous les yeux de son mari, parut avec une préface de lui peu de temps après l'original [2]. A Weimar on lut le roman avec transports, comme l'apprend à Camille Jordan Mme de Schardt, belle-sœur de Mme de Stein [3]. Knebel fut d'avis que l'auteur avait voulu rivaliser avec le début du *Tasse* de Gœthe, et loua la richesse extraordinaire de pensées. Gœthe répondit, aux réserves de son ami Reinhard, que, pour lui, il se sentait plein d'indulgence envers cette œuvre comme envers toute œuvre en général, en ce sens qu'il fallait du talent, même pour produire les choses médiocres. Il concluait par ces mots : « A la lumière de ces considérations, les défauts se fondent en qualités, et la même chose reste vraie à l'égard des individus, chez qui nous trouvons toujours à louer et à blâmer et que nous finissons par

---

[1] Mme Vigée-Lebrun, *Souvenirs*, II, 193-195. Mme de Staël à Mme Vigée-Lebrun, Coppet, 14 juillet 1809.

[2] De Gerando, *Lettres inédites*, 68-69. — * A. G. Schlegel, *Œuvres complètes*, VII, 142. — * Reuch, *Dorothée de Schlegel*, I, 191, 225. Lettres de Dorothée, 1806 et 1807.

[3] Mme Récamier, *les amis de sa jeunesse*. Camille Jordan à Mme de Staël, Lyon, 10 septembre 1807.

aimer. C'est la synthèse de la sympathie qui rend tout vivant[1] ». Gentz et Jean-Paul se montrèrent hostiles. Par contre, le premier poète tragique allemand depuis Schiller, Grillparzer, puisa dans *Corinne* l'inspiration de *Sapho*[2].

L'éloge suprême fut décerné par la reine Louise. Elle dit à son entourage que souvent elle avait dû interrompre la lecture du livre de Mme de Staël, parce que son âme était déchirée moins par la douleur que par la perte de l'espérance, qui lui rappelait sa propre destinée[3], la couronne d'épines de 1806. Qu'avaient donc de commun la tristesse pathétique du poème et le deuil de la patrie écrasée et foulée dans la poussière, sinon l'inconsolable regret qui s'attache à tout ce qui est périssable et beau sur la terre ? « J'ai vu les reines pleurer comme de simples femmes », dira Chateaubriand à Charlottenbourg, devant le tombeau de marbre de la martyre couronnée.

Dans le monde anglo-saxon, l'intérêt ne fut pas moindre. Par delà l'Océan, Gouverneur Morris lut *Corinne* avec la ferme résolution de noter en marge tout ce qui lui déplairait. Il n'était pas arrivé à la moitié du volume, qu'il jeta son crayon : « *Rare*

---

[1] * Gœthe et Reinhard, *Correspondance*, juin-août 1807. — * *Annales gœthiennes*, 1884, 129-130.

[2] * W. Scherer, *Lectures et essais*, 233 : Grillparzer. — * F. Gentz, *Correspondance avec Adam Müller*, 107. — * K. Mager, *Histoire de la littérature nationale française*, II, 80 et 199.

[3] * J. W. Schütz, *Sur le caractère et les œuvres de Mme de Staël. Les Contemporains*, III 1818.

quality of genius, to lead us in our ripe days as love in the green ones, wheresoever it will», écrivit-il à Coppet. Puis il continue dans le ton qui lui est habituel : « Je regrette que votre lord écossais, par ce beau clair de lune, n'ait pas été un peu plus entreprenant. Je me rappelle avoir entendu parler d'une pauvre jeune Allemande que les médecins avaient condamnée. Alors elle se prit à pleurer amèrement : Non, non, je ne puis pas encore mourir, il faut qu'auparavant je me marie un peu. En vérité, pourquoi faut-il que le monde perde Corinne [1] ? ».

La nouvelle génération, plus sérieuse, formula son jugement par la bouche de James Mackintosh. Il était alors aux Indes et écrivit de Bombay : « Je lis lentement *Corinne*, pour prolonger ma jouissance, et je vois avec terreur que cependant le livre sera bientôt parcouru... Adieu, création puissante et originale dont les défauts sautent tellement aux yeux qu'il ne vaut pas la peine de les énumérer, et dont quelques phrases éveillent néanmoins plus de sentiments et de pensées que les modèles littéraires les plus impeccables ! L'intrigue du roman n'a d'autre objet que de révéler le monde intérieur. Un épisode a atteint tout son but, s'il a produit un sentiment passionné. Même alors cependant on voit ce que l'auteur aurait pu faire, si elle avait donné carrière dans cette direction à son talent. L'anatomie des passions et des caractères a été de tout temps pour moi un objet d'étude si préféré, que je lui par-

[1] Jared Sparks, *Life of Gouverneur Morris*, III, 248, 18 janvier 1808.

donne même ses exagérations. Ce n'est pas que je puisse ou veuille nier qu'un don d'observation trop subtil mène à des conclusions qui sont justes seulement dans certains cas, et qui, dans d'autres, pourraient aussi bien être toutes dissemblables. Dans les descriptions, d'ailleurs, Mme de Staël est souvent aussi exacte et aussi sûre que l'observateur le plus froid. Ses tableaux de la médiocrité, de l'ennui, de l'étroitesse monotone, qui ne produiront jamais que l'envie et la jalousie ; de la supériorité intellectuelle, qui est crainte et haie, mais point comprise; de l'intelligence et de l'esprit, condamnés à s'éteindre dans l'air suffocant de la sottise, combien tout cela est vrai ! Et ensuite, avec quelle habileté les remarques d'Oswald aussi bien que le jugement modifié de Corinne elle-même, après un second séjour en Allemagne, corrigent l'impression défavorable des descriptions de la vie de province du Northumberland, et comme cette femme remarquable s'entend, d'autre part, par les restrictions des derniers chapitres, à ramener à la mesure de la vérité l'enthousiasme du début pour l'Italie ! [1] ».

Il convient de citer le jugement d'un autre Anglais, celui de lord Byron. Sur la dernière page de l'exemplaire de *Corinne* appartenant à la comtesse Guiccioli, il écrivit quelques mots de tendresse pour celle qu'il aimait. Puis il ajouta au sujet de son livre de prédilection : « J'ai bien connu Mme de Staël, mieux qu'elle ne connaissait l'Italie. Mais j'étais bien loin alors de soupçonner que je penserais jamais avec ses

[1] Sir James Mackintosh, *Mémoirs of his life*, I, 405 et 499.

pensées dans le pays qu'elle a choisi pour cadre de sa création la plus captivante. En ce qui concerne l'Italie et l'Angleterre, elle a parfois raison ; souvent aussi elle se trompe. Mais en ce qui concerne le cœur, qui ne connaît qu'une nationalité et pas de patrie, elle ne se trompe presque jamais [1] ».

Tandis que l'hostilité de quelques-uns des critiques de *Corinne* à l'égard de leur pays ne troublait en rien la jouissance esthétique des juges compétents anglais, l'Italien Ugo Foscolo reprocha au livre de Mme de Staël, dans les colonnes du *Gazettino del bel mondo*, d'avoir « *infamato l'Italia nel voler patrocinarla* ». Lui aussi, il est vrai, devait se ranger plus tard d'un avis différent [2].

L'Italie est restée reconnaissante. Aujourd'hui encore on aperçoit presque à toutes les vitrines des libraires un exemplaire de *Corinne*, comme une feuille impérissable de la couronne déposée par les étrangers sur la terre classique.

[1] Th. Moore, *Letters and journals of lord Byron*, 407.
[2] César Cantù, *Vincenzo Monti e l'età che fu sua*, 101 et 199.

CHAPITRE III

Après l'achèvement de *Corinne*, Mme de Staël se trouva à l'égard de Napoléon dans une situation analogue à celle qui avait suivi la publication de *Delphine*.

De même que 1802 marque le point culminant du Consulat, ainsi les années 1806 et 1807 sont les jours d'éclat de l'Empire, compris entre Austerlitz et Tilsitt. Les royaumes tributaires étaient établis, la Prusse abattue, la Russie gagnée, l'expérience mortelle d'Espagne non encore tentée. Sur le continent la résistance avait cessé. En janvier 1806 Gentz adressait à Jean de Müller cette lettre assez caractéristique : « Armfeldt m'a écrit ceci il y a quelque temps : Croyez-moi, il n'y a plus que les femmes qui vaillent quelque chose. — Par Dieu! il a raison. C'est un phénomène vraiment extraordinaire qu'aujourd'hui on puisse trouver dix femmes de grand cœur, animées du vif sentiment de l'honneur, d'une haine loyale contre le mal, et avec cela d'un esprit étendu, avant de rencontrer un homme doué de la moitié seulement de ces qualités ¹ ». Les événements qui suivirent de près semblèrent confirmer cet éloge presque excessif.

« Qui êtes-vous, Madame ? », demanda Napoléon à la duchesse Louise, qui, restée seule à Weimar, après la bataille d'Iéna, le reçut sur l'escalier du Château. Elle se nomma « En ce cas je vous plains », répondit-il, « car j'écraserai votre mari ». Le lendemain, à la suite d'un long entretien avec elle, il lui dit d'un ton solennel : « Croyez-le, Madame, il y a une Providence qui dirige tout, dont je ne suis que l'instrument ». « Voilà une femme à laquelle mes trois cents canons n'ont pas fait peur », dit-il en la quittant. Caroline de Wolzogen, qui était demeurée avec son mari malade dans la ville incendiée et livrée au pillage, y trouva encore dans sa vieillesse le sujet d'un roman patriotique, *Cordélia* ². Au château royal de Kœnigsberg, où l'on demeurait pénétré de cette conviction que « Dieu entassait nos péchés sur nos têtes et nous visitait dans une grande affliction », un autre cœur de femme résistait à l'épreuve et recommandait aux hommes hésitants de « rester fermes et de ne pas songer à la paix ³ ».

Tandis que ces catastrophes s'accomplissaient en Allemagne, Mme de Staël s'en désolait dans sa soli-

---

[1] * Maurer-Constant, *Supplément aux Œuvres complètes de Jean de Müller*, I, 211. Gentz à Jean de Müller, 6 janvier 1806.

[2] * Caroline de Wolzogen, *Œuvres posthumes*, I, 44 et 55.

[3] * Comtesse de Voss, *Soixante-neuf années à la cour de Prusse*, 256, 266, 284.

tude de Coppet. Placée par sa nationalité du côté des vainqueurs, ses sympathies, par malheur pour son repos intérieur, étaient tout entières du côté des vaincus, et sous le coup des événements qui ébranlaient le monde, elle ressentait d'autant plus vivement le besoin d'échanger ses pensées avec des amis dont les convictions étaient les siennes. Elle traduisait une expérience personnelle quand, dans *Corinne*, elle nommait les voyages un des plus tristes plaisirs de la vie et ne pouvait s'empêcher de sourire de la hâte que l'on a d'arriver à des endroits où l'on n'est attendu par personne. C'est elle qui comparait les années sur un sol étranger à des branches sans racines, tandis que l'existence qui s'écoule dans les lieux qui nous ont vus naître est soutenue « par les souvenirs qui rajeunissent le cœur et adoucissent l'idée de la mort ». Elle fut de plus en plus saisie de ce que Sainte-Beuve appelle dans sa vie « le mal de la capitale », et qui s'explique en partie par l'extraordinaire surexcitation intérieure qui donna naissance à *Corinne*.

Depuis la mort de son père, Mme de Staël avait été mise officiellement sous la surveillance directe et sévère du préfet du Léman ; mais nous savons qu'en fait elle s'y trouvait depuis bien plus longtemps. Déjà en février 1804 on ne lui accorda que comme une faveur le droit de demeurer à Genève [1]. Interrogé sur ce qu'il ferait si, par un excès de zèle malentendu, un souverain italien la faisait arrêter tandis

[1] H. Welschinger, *La Censure sous le premier Empire*, 108.

qu'elle séjournait au-delà des Alpes, Napoléon répondit qu'en ce cas vingt mille hommes étaient prêts pour sa délivrance [1], et, comme nous l'avons dit, il avait prescrit à ses employés de traiter la voyageuse avec tous les égards. Mais quand pour la première fois depuis son retour à Coppet Mme de Staël tenta de dépasser, rentrant en France, la limite des quarante lieues qui l'éloignait de Paris, elle put voir de quelles mailles étroites était tissé le filet qui l'enveloppait. Le 31 août 1805 le préfet de police — toujours Fouché — lui refusa un passeport et recommanda au préfet du Léman, au cas où elle franchirait la frontière française, de l'arrêter immédiatement. Il était question dès lors de lui interdire le libre mouvement entre Genève et Coppet, qui n'en était éloigné que de quelques kilomètres, et cependant aucune charge n'existait contre elle, sinon cette remarque de Napoléon dans une lettre à Fouché à propos d'une dame russe, la princesse Dolgorouki : « Elle tient à passer pour une femme d'esprit, est liée avec la reine de Naples, et, ce qui est tout aussi choquant, avec Mme de Staël [2] ».

Le 22 octobre on lui accorda cependant le passeport désiré pour la France, à la condition qu'elle ne toucherait pas Paris. Elle n'en fit usage qu'au printemps de 1806. Elle avait passé l'hiver à Coppet et en partie à Genève et cherché à se créer une nouvelle source d'intérêt, en jouant sur une petite scène

[1] Benjamin Constant, *Mémoires sur les Cent Jours*.
[2] H. Welschinger, *La Censure sous le premier Empire*, 168. Napoléon à Fouché, 22 mai 1805.

improvisée dans cette dernière ville quelques-unes de ses pièces favorites du théâtre de Voltaire, *Mérope*, *Alzire*, *Zaïre*, puis la *Phèdre* de Racine et une scène biblique, *Agar dans le désert.*

Des témoins oculaires nous ont parlé de ces représentations. A côté de l'admiration qui déborde dans le récit de Friderike Brun, établie à Genève pendant l'hiver de 1806 [1], se place le compte-rendu de Guillaume Schlegel dans une lettre à la comédienne Bethmann, du Théâtre national de Berlin, et qui garde une plus juste mesure.

Schlegel avait eu l'occasion d'étudier, après l'art dramatique allemand, celui de la France et de l'Italie, mais il ne connaissait ni Talma ni la scène tragique française. Enfin il avait eu le bonheur, écrivait-il à Mme Bethmann, de pouvoir admirer quelque chose d'achevé en ce genre, et cela d'une façon inattendue, sur un théâtre de société et dans la personne d'une dilettante. Le jeu de Mme de Stael lui semble celui d'une artiste incomparable. Afin de se distraire et plus encore afin d'amuser ses amis, elle a choisi des pièces tragiques pour la plupart, que leur difficulté reconnue exclut d'ordinaire en France des scènes de société. Le don particulier à Mme de Staël d'exciter chaque esprit selon sa mesure répandait l'animation autour d'elle, et elle eut bientôt un nombre de talents en état de la soutenir et de rendre possible l'entreprise qu'elle voulait tenter. Schlegel relève les dispositions pleines de goût, surtout dans le

---

[1] * Friderike Brun, *Épisodes de voyages en Suisse, en France et en Italie*, I, 383 et sqq.

choix et l'observation des costumes, et insiste sur ce que, pour cette raison même, la petitesse de la scène n'a fait aucun tort à l'effet de l'ensemble. « Chez Mme de Staël, dit-il, les dons de la nature et de belles dispositions s'unissent aux avantages de l'éducation la plus rare pour assurer son succès dans l'art théâtral. Il faut y ajouter l'habitude du monde, indispensable pour la comédie, mais presque également importante pour la tragédie, du moins pour la tragédie française, où règne à un si haut degré une dignité fondée sur la convention, le don fréquemment exercé, dans la conversation, de la persuasion, de la souplesse et de la présence d'esprit ; une mémoire sûre et infaillible jusque dans le moindre détail, une pratique extraordinaire dans le débit des vers. Elle a été de bonne heure, pour la déclamation, élève de la célèbre Clairon, longtemps après que celle-ci eût quitté le théâtre, il est vrai ; et ceux qui ont vu cette remarquable comédienne assurent qu'ils retrouvent très bien ses traces dans la manière de Mme de Staël.

« Tout cela néanmoins ne suffit pas pour donner une idée complète de la nature de son jeu, qui procède tout entier de son caractère et du fond même de ses sentiments. A l'amour naturel de la langue et de la littérature de son pays Mme de Staël unit l'aptitude extrêmement rare en France de se transporter dans un monde intellectuel étranger et de se l'assimiler par l'imagination. Elle connaît et aime la poésie française, avant tout la poésie dramatique, sans cependant s'y absorber et en être pleinement satisfaite. Ce qu'elle cherche tout d'abord dans la poésie, ce qu'elle-même a tenté de rendre dans ses écrits comme sentiment dominant de sa vie, ce sont les destinées irréparables d'un cœur qui sent, ses secrets, ses souffrances, exprimés de la façon la plus directe et la plus simple. On ne saurait nier que les limites imposées au drame par le goût français, en partie aussi par le caractère de la nation elle-même, sont trop étroites à l'égard de la profondeur des passions représentées comme de l'étonnante vérité de l'expression ; les conditions imposées par leur goût sont surtout extérieures. L'éloquence semble à leurs poètes le premier besoin, et l'éloquence est toujours quelque chose d'apprêté. Par amour des convenances ils ne veulent jamais nous montrer la nature humaine troublée et vaincue par la douleur et débarrassée de tout cet attirail solennel qui fait comparer leurs personnages, par Schiller, en termes frappants, à ces rois des anciennes gravures, qui se mettent au lit revêtus de la pourpre et la couronne en tête. On pourrait dire aussi que les héros de la tragédie française ne parlent et n'agissent presque jamais comme s'ils étaient seuls et inobservés; mais, de même que le comédien ne doit pas tourner le dos au spectateur, le poète ici a pris soin d'adresser ostensiblement ses discours au parterre. Ce sont là quelques-unes des raisons pour lesquelles les meilleures œuvres tragiques des Français nous laissent le plus souvent, nous autres Allemands, froids à la lecture. Mais si elles étaient représentées dans leurs rôles principaux comme Mme de Staël l'a fait dans les siens, elles devraient, malgré cela, toucher et ébranler. Que ne puis-je vous décrire comment son impérieux besoin de vérité a triomphé de la résistance offerte par la forme, comment elle a su pénétrer ces productions compassées d'une âme plus libre, du souffle ardent de son propre cœur, les élevant ainsi par son enthousiasme dans des régions poétiques plus hautes ! Mais n'allez pas conclure de là qu'elle méconnaît les limites du genre. Ce reproche pourrait bien plutôt s'adresser aux célèbres comédiens actuels de Paris, qui, à en croire des juges compétents, traitent bien arbitrairement les œuvres de leurs poètes et bien souvent passent d'une pompeuse déclamation à une violence convulsive accompagnée de contorsions que le texte n'autorise en rien. Ce défaut provient peut-être de ce que, dans les pièces qu'ils ont à représenter, la vie est parcimonieusement distribuée ; en conséquence, dans les rares moments où la passion réclame tous ses droits, ils veulent réparer ce qui manque et concentrer en quelque sorte sur un seul point toute la force qui devrait être répandue sur la pièce entière. Mme de Staël s'entend bien autrement à réparer ces défectuosités ; chez elle toutes les transitions sont harmonieuses, depuis le discours le plus mesuré jusqu'au cri de douleur le plus involontaire. Jamais elle ne dépasse, je ne veux pas dire la ligne délicate de la grâce, mais même les bornes des convenances traditionnelles. On peut dire qu'un charme particulier de son jeu réside dans la conciliation effectuée entre l'instinct intérieur et le respect dû à la règle. C'est un libre mouvement dans la mesure la plus correcte, une âme profonde sous une brillante surface, la sincérité et la cordialité naturelles, sûres d'elles-mêmes, au centre de l'art perfectionné.

« Mme de Staël n'appartient pas aux artistes dramatiques raisonnés qui reproduisent toujours de la même façon ce qu'ils ont trouvé un jour le plus juste ou le plus avantageux. Après avoir médité et répété son rôle avec soin, elle s'abandonne, dans la représentation, aux inspirations du moment. Elle s'identifie à son rôle, lutte, comme le personnage qu'il représente, avec les sentiments les plus divers, souffre, s'épouvante, tombe en défaillance, reprend ses sens ou est poussée aux derniers actes du désespoir ; bref, elle ressent jusqu'à l'illusion, comme s'il s'agissait d'elle-même, tout ce qui, dans la poésie tragique, émeut et ébranle les âmes. Dans ces moments, la respiration plus profonde, le battement plus fort du cœur, le tremblement de la voix, la terreur causée par l'infortune soudaine d'une personne aimée, même les larmes qui débordent, ne sont plus une fiction, mais une réalité. Nulle corde semblable ne peut se refuser de vibrer avec ces cordes-là ; elle a acheté l'émotion de ses auditeurs au prix de sa propre souffrance ».

La série des représentations de Genève s'ouvrit par *Mérope*, tragédie qui, par la douleur maternelle qui en est le fond, répondait tout spécialement au genre de talent de Mme de Staël. Les applaudissements qu'elle recueillit dans le rôle de l'héroïne dissipèrent tous les doutes sur l'issue finale de l'entreprise. On vanta particulièrement la voix de l'interprète, l'abondance et la flexibilité avec lesquelles son organe se prêtait à toutes les exigences de ces rôles. Ses beaux yeux noirs, ses traits pleins d'expression, qui à cette distance paraissaient adoucis à leur avantage, une attitude et des mouvements classiques, un geste particulièrement harmonieux firent le reste. On remarqua la façon dont elle avait conçu le rôle de Palmyre, la grâce et la fraîcheur de vie déployées dans la représentation d'un amour naissant associé à l'enthousiasme religieux.

Guillaume Schlegel regardait *Alzire* comme la composition dramatique la plus heureuse de Voltaire, d'abord à cause de l'idée qui en fait le fond et ensuite parce que les contrastes entre l'ancien et le nouveau monde y donnent lieu à de belles descriptions poétiques. Il trouvait l'action, bien qu'inventée, plus riche en faits historiques que la plupart des autres tragédies françaises. Mme de Staël joua *Alzire* en costume espagnol, contrairement peut-être aux vues de l'auteur, mais certainement dans l'esprit de l'histoire, car elle est déjà chrétienne et à la veille d'être mariée à un grand d'Espagne. Grâce à la façon dont Mme de Staël exprima sa tendresse fidèle et profonde, la noblesse de ses sentiments, Alzire fut pour elle un triomphe presque plus beau encore que Mérope. Le rôle de Zaïre était beaucoup moins avantageux au point de vue poétique. Tandis que tous les mobiles humains militent en faveur de l'amour d'Alzire, l'amour de Zaïre les a tous contre lui. Le critique allemand ne voulait pas comprendre cette sympathie passionnée pour un Turc amoureux et jaloux, qui déclame, il est vrai, avec grandeur d'âme et une tendresse européenne, mais qui retombe à tous moments dans sa fureur brutale et dans ses habitudes despotiques. Il nomme Orosmane un Othello manqué et regrette que Voltaire ait laissé échapper l'occasion de dépeindre le monarque oriental sur le modèle du Saladin de *Nathan le Sage*.

Ces représentations se terminèrent par le rôle à la fois le plus difficile et le plus avantageux du répertoire français, celui de *Phèdre*. Mme de Staël y réussit complètement. Schlegel qualifie son jeu d'interprétation en grand style, qui par la mise en relief du côté involontaire et fatal de la passion à laquelle Phèdre succombe, produisait sur le spectateur la plus profonde impression. Excitée par son succès, Mme de Staël joua seule avec ses enfants la scène lyrique d'*Agar*, sujet déjà traité par Népomucène Lemercier et Mme de Genlis, et qu'elle même avait fidèlement empruntée au récit biblique. Sa fille, une enfant de dix ans pleine d'âme et de talent, joua le rôle d'Ismael, son fils cadet celui de l'ange, et les spectateurs furent touchés jusqu'aux larmes par la simplicité de l'action. Leur surprise ne fut pas mince en voyant, le même soir, l'auteur reparaître, avec toute la gaieté et l'espièglerie imaginables, en fausse Agnès ou en Rosine [1].

Parmi les autres acteurs, le comte de Divonne, qui

---

[1] Mme de Staël, *Agar, scène lyrique. OEuvres complètes*, XVI, 1. — * A. W. Schlegel, *Sur quelques rôles tragiques de Mme de Staël*, à Mme Bethmann, comédienne à Berlin. *OEuvres complètes*, IX, 266-281. D'abord imprimé dans le * *Calendrier des Dames de Berlin*, 1806.

représentait Lusignan dans *Zaïre*, est le seul que Friderike Brun mentionne avec éloges. La dilettante qui jouait Phèdre parvint-elle à communiquer aux Genevois le feu sacré de son art? Le silence suspect de la plupart d'entre eux semblerait indiquer le contraire. D'après Mlle Galiffe, Mme de Staël préférait les rôles comiques aux rôles tragiques, dans lesquels elle ne savait pas subordonner suffisamment aux exigences du poète sa propre personnalité [1]. Mme Necker de Saussure dit de sa cousine qu'elle n'avait pas précisément un talent d'artiste, mais que son jeu était spirituel et pathétique au dernier point; elle faisait verser beaucoup de larmes, et la vérité de son expression remuait le fond du cœur. Sa troupe entière était électrisée par elle, un assemblage un peu hétérogène se mettait en harmonie sous son influence. Comme elle déclamait d'inspiration, son jeu variait beaucoup d'une représentation à l'autre; s'éloignant à chaque instant des routines théâtrales, elle trouvait moyen d'être originale avec ce que tout le monde sait par cœur. Son émotion en jouant la tragédie était très forte. Dans Zaïre, elle ne saisissait jamais la croix sans la briser, mais cette émotion semblait lui donner de l'élan, et non du trouble; elle avait l'esprit parfaitement présent aux divers incidents de la scène, et ne perdait point la direction d'elle-même ni des autres. Mais rien n'était plus piquant que de

---

[1] Galiffe, *D'un siècle à l'autre*, 318. Comparer Philippe Godet, *Histoire littéraire de la Suisse française*, 418-421.

lui voir jouer la comédie ; toute sa verve, toute sa gaieté éclataient dans son jeu ; les rôles de soubrettes l'amusaient surtout. Cependant il est des rôles qu'elle n'a jamais bien saisis ; ainsi, la folie, l'incohérence des pensées n'a pu être comprise d'elle ; sa tête était foncièrement trop bien organisée pour la concevoir.

Cette observation rappelle à Mme Necker de Saussure une anecdote qui sert à faire connaître Mme de Staël sous un autre rapport. Dans un séjour que celle-ci faisait à la campagne chez sa cousine, il fut question de jouer des proverbes. On fit choix d'un canevas de Carmontel, *Le Bavard*, dans lequel une grande dame, malade et vaporeuse, consent à s'intéresser en faveur d'un vieux militaire qui sollicite une pension, mais sous la condition expresse qu'il lui expliquera son affaire en peu de mots. Le Bavard, à qui l'on a fait sa leçon d'avance, se laisse néanmoins entraîner à une telle intempérance de paroles, qu'il excède sa protectrice et qu'elle ne veut plus entendre parler de lui. Mme de Staël représentait la grande dame. Elle remplit d'abord fort bien son rôle ; elle contrefit à merveille la langueur, puis l'ennui, puis le dépit et l'impatience ; mais quand vint le moment d'affliger le vieux soldat, il lui fut impossible de s'y résoudre. Il avait parlé de sa femme et de ses enfants, c'était au fond le meilleur homme du monde ; il fallait trop de dureté pour le repousser. Sortant donc tout à fait de son rôle et manquant net l'épigramme de la pièce, elle lui dit avec une émotion véritable qu'une autre fois il ferait mieux de ne pas tant parler, mais que quant à présent elle se chargeait de son affaire [1].

Ce besoin de vérité et de naturel dans l'expression du sentiment était cause qu'elle n'aimait point la déclamation de Mlle Georges, qu'elle avait entendue jouer à Vienne ; elle trouvait ce genre d'interprétation trop artificiel. De tous les grands artistes dramatiques de son temps, Talma seul l'a complètement satisfaite.

Les représentations théâtrales durèrent jusqu'en avril 1806, où elle fut ressaisie par l'ardent désir de revoir la France, auquel s'ajoutait la nécessité de surveiller l'impression de *Corinne*. A Genève elle s'était acquis un ami dans la personne du préfet impérial, M. de Barante, qui fit suivre son départ pour Auxerre de l'assurance donnée à ses chefs à Paris que pendant toute l'année passée par Mme de Staël dans son voisinage immédiat, elle avait gardé l'attitude la plus correcte, et n'avait exprimé ni sur la guerre, ni sur aucun autre événement politique, des opinions pouvant donner au gouvernement un sujet de plainte contre elle [2].

Par contre, un collègue trop zélé, le préfet du département de l'Yonne, fit de la surveillance de Mme de Staël son affaire personnelle et annonça qu'elle songeait à s'installer au château de Vincelles, dans le voisinage d'Auxerre, où Matthieu de Montmorency était venu lui rendre visite. La mono-

[1] Mme Necker de Saussure, *Notice sur le caractère et les écrits de Mme de Staël*.
[2] H. Welschinger, *La Censure sous le premier Empire*, 169.

tone petite ville de province rendait plus sensible à Mme de Staël la restriction apportée à sa liberté personnelle. Les grandes villes, dit Corinne, sont les seuls séjours supportables pour ceux qui ne suivent pas les sentiers battus et veulent néanmoins mener une vie sociable. Partout où la monotonie est devenue comme une seconde nature et une habitude constante, on n'aime plus à se divertir, pour découvrir ensuite qu'on passe le reste du temps à s'ennuyer. Elle ne tenta même pas de remédier à l'ennui d'Auxerre et en souffrait d'ailleurs assez peu, tant que son ami Matthieu put rester auprès d'elle. Puis, comme il n'y avait dans « cette vraie Scythie » ni professeurs, ni écoles, ni musique, elle dut envoyer ses deux fils à Paris avec Schlegel. Celui-ci, quoique habitué aux petites villes allemandes, s'était senti si mal à l'aise dans cette atmosphère provinciale française, que Mme de Staël écrivait à son sujet : « Le pauvre Schlegel se meurt d'ennui ». « Benjamin Constant », ajoutait-elle, « se tire mieux d'affaire avec les bêtes [1] ». En attendant, ses amis s'employaient en sa faveur à Paris pour obtenir enfin le paiement de l'avance faite par Necker et la cessation d'un exil qu'aucune raison solide n'expliquait plus. Gerando parla dans ce sens à Talleyrand. « Il me semble qu'il lui siérait de me faire rappeler », écrivait Mme de Staël en le remerciant [2].

On espérait que le 15 août, jour de la fête de Na-

[1] Sainte-Beuve, *Portraits de femmes*, 126 : *Mme de Staël.*
[2] De Gerando, *Lettres inédites*, etc., Mme de Staël à Gerando, Auxerre, 9 août 1806.

poléon, amènerait un changement dans sa destinée. Ce qu'elle demandait n'était point grâce, mais justice. La fête s'étant passée sans rien amener de nouveau, elle écrivit, dans une disposition d'esprit assombrie, que la vie commençait à lui devenir insupportable.

Dans une lettre à Friderike Brun elle se laissa aller à ce singulier aveu : « Mon Dieu, s'il y avait dans cette France, ma patrie, dans ce pays dont je parle la langue, quelques étincelles de votre foyer, combien je tirerais parti de moi-même ! Je sais que j'ai en moi des facultés qui pourraient faire plus que je n'ai fait ; mais naître Française avec un caractère étranger, avec le goût et les habitudes françaises et les idées et les sentiments du nord, c'est un contraste qui abîme la vie. Je suis toujours ici dans la même situation, voyant mes amis de temps en temps, et les attendant encore plus que je ne les vois ; profitant mal de la solitude parce que je prends de l'opium pour dormir et que l'opium abîme les nerfs [1] ».

Un court séjour à Blois n'apporta aucune amélioration à cette tension excessive de tout son système, qui lui faisait dire qu'une chaise de poste était encore le séjour le plus tolérable pour elle. Elle lut beaucoup, entre autres la *Vie de Johnson* par Boswell, qui lui parut dépasser la mesure d'admiration permise, et l'Introduction de Sismondi à l'histoire des Républi-

---

[1] * Bonstetten, *Lettres à Friderike Brun*, I, 252. Mme de Staël à Friderike Brun, Auxerre, 15 juillet 1806.

ques italiennes, qui l'enchanta à bon droit [1]. Mais la seule chose qui réellement lui faisait du bien, c'était de revoir ses amis, M™ Récamier, qu'elle avait ardemment désirée et qui cette fois encore répondit à son attente, le poète Lemercier, Lemontey [2], qui, député de Lyon en 1789, avait réclamé le rappel de Necker en disant qu' « il fallait à la France un Sully », et s'était par cela seul inscrit dans le cœur de sa fille. Il lui resta dévoué, tout en risquant, comme directeur de la censure royale, de compromettre sa situation par cette amitié. On vit aussi arriver à Auxerre Camille Jordan, qui avait quelque chose à réparer envers M™ de Staël. Marié depuis peu, il n'avait pas répondu au désir qu'elle avait exprimé, à son passage par Lyon, de connaître sa jeune femme. Quelques années auparavant elle avait écrit à Gerando, au sujet de l'éventualité de ce mariage : « J'ai le plus tendre attrait pour lui, et je pense avec peine que vous le marierez et qu'il aura des affections nouvelles qui me reculeront de plusieurs degrés. Je lui écrirai la première fois contre le mariage ; j'ai un beau morceau sur ce sujet, qui vous convaincrait vous-même, si Annette (M™ de Gerando) n'était pas là ».

Maintenant que Camille était marié et ne lui avait pas amené sa femme, elle lui écrivait d'Auxerre

---

[1] Sainte-Beuve, *Camille Jordan. Nouveaux Lundis*, XII, 304. — * Bonstetten, *Lettres à Friderike Brun*, I, 254.

[2] L'Auteur des Souvenirs de M™ Récamier, *Coppet et Weimar*, 76. M™ de Staël à M™ Récamier. — *M™ Récamier, les amis de sa jeunesse et sa correspondance intime*, 27-31.

qu'elle n'avait renoncé qu'avec une vraie peine à l'espoir de connaître une personne qui lui était aussi chère. « Mais je ne sais pourquoi », continue-t-elle, « vous vous étiez placé d'avance hostilement contre mon jugement. J'ai beaucoup plus de bienveillance que je n'en inspire. Une personne que vous aimez n'a qu'une chose à faire pour me plaire : c'est de me montrer de l'intérêt. Je n'aime pas trop, j'en conviens, que mes amis se marient ; mais quand ils le sont, ce ne serait plus de l'amitié que de ne pas partager leurs sentiments, et si je vois Mme Camille, je serai aussi coquette pour elle que je l'ai été pour vous ; n'est-ce pas bien ? Je ne sais rien du tout de mes affaires, et je suis ici dans la plus solitaire de toutes les retraites, soutenue seulement par l'ineffable bonté de Matthieu. J'espère vous voir. Je voudrais bien ne plus souffrir, car je suis arrivée à un point où je crains de n'avoir plus du tout de forces pour rien supporter ».

Camille Jordan ayant essayé d'arranger la chose, elle lui répondit par une lettre où elle lui disait entre autres : « Je suis misérable d'âme et de santé ; mais le plus beau vers de Voltaire n'est-il pas :

Tout mortel est chargé de sa propre douleur?

Adieu, Camille ; vous êtes un peu rude pour moi. Si vous avez raison, j'en voudrais profiter ; mais il est peut-être vrai seulement que, si vous m'aimiez davantage, vous seriez moins rude ».

Six mois plus tard Camille Jordan était du nombre de ceux qui croyaient devoir taxer d'exagération la douleur de leur amie de se voir exilée de Paris. Elle lui adressa à ce sujet la lettre suivante : « Vous avez écrit à Matthieu que je vous boudais. C'était un peu vrai. Je vous aimais plus que vous ne m'aimiez. De ce désaccord est née de la peine pour moi. Il n'y a aucun chagrin vrai et sincère qui ne doive intéresser, surtout quand ce chagrin, comme vous le verrez par *Corinne*, coûte beaucoup de larmes, mais pas une platitude ; enfin, quand ce chagrin a courbé mille fois plus grands que moi, le Dante, Cicéron, etc. Enfin, croyez-moi, l'on m'a dit sur ma peine, comme on dit sur toutes les peines du monde, mille choses qui m'ont blessée, et je n'ai conservé de rancune que contre vous, parce que je vous aime. N'est-ce pas juste ? Je vais vous envoyer *Corinne*. Quand vous l'aurez reçue, écrivez-moi à Coppet, où je vais passer l'été dès que *Corinne* sera imprimée. Je vous embrasse, rancune tenante [1] ».

Le projet d'aller chercher à Spa, avant ce retour en Suisse, le raffermissement de sa santé ébranlée, dut être également abandonné par suite des difficultés apportées par les autorités, et le 14 septembre elle quitta Auxerre pour Rouen. Elle y fut suivie par Benjamin Constant, le jeune comte Elzéar de Sabran, Guillaume Schlegel et son frère Frédéric, que sa prévoyante bonté avait préservé pendant six mois des durs soucis pécuniaires qui avaient accompagné son séjour à Paris. En retour, elle acceptait avec recon-

---

[1] Sainte-Beuve, *Camille Jordan. Nouveaux Lundis*, XII, Mme de Staël à Camille Jordan, 1er mai et 20 juin 1806, 10 avril 1807.

naissance l'impulsion que cet esprit infatigable et extraordinaire donnait au sien [1]. De Rouen elle écrivit à Bonstetten, resté à Genève auprès de Friderike Brun et de sa fille malade, que la tranquille ville de province n'était nullement préparée à une invasion littéraire comme la sienne, et que, d'ailleurs, elle ne comptait pas y rester longtemps. Elle songeait à retourner en Italie ; puis elle demandait à ses amis de l'attendre à Genève. Elle avait, dit-elle à la fin d'une de ces lettres, acheté une terre aux environs de Paris et saurait dans une quinzaine de jours s'il lui était permis d'y vivre. « Ce sera triste de passer l'hiver dans une campagne et cette tristesse est l'objet de mon ambition ; mais qui peut parler de soi dans ce monde bouleversé ! jamais les événements ne se sont plus joués de la pensée, et quand je pense que j'ai été élevée dans un temps où la gloire littéraire était la première de toutes, je crois avoir changé de planète ».

Peu après la nouvelle année, le 23 janvier 1807, elle reçut l'autorisation d'aller habiter, jusqu'au 1ᵉʳ avril, le château d'Acosta, près Aubergenville (Seine-et-Oise). Ce château était la propriété d'une de ses anciennes amies, Mᵐᵉ de Castellane, et ce fut là que Mᵐᵉ de Stael donna le dernier coup de lime à son roman de *Corinne*.

Dans l'intervalle, en mars, elle avait acheté la propriété de Cernay, près Franconville, dans l'intention d'y faire venir des professeurs de Paris et de s'y fixer

[2] * Raich, *Dorothée de Schlegel*, I, 225, et lettres de Dorothée, de novembre 1806 à avril 1807.

dans l'intérêt de ses enfants. « Ce Paris que j'aperçois à dix lieues de moi », écrivait-elle tristement à Bonstetten, « pâlit à mes regards à mesure que j'en approche, mais ce n'était que moi qui suis changée ; et ceux qui ont quinze ans à présent, ne sont-ils pas en train de la vie comme je l'étais ?... On m'écrit de Genève que les lettres de Mme Brun sont ravissantes, et on me l'écrit pour me faire honte des miennes : en effet, je ne sais pourquoi, depuis que je n'écris plus à mon père, je ne puis m'exprimer par lettres ; je suis encore éloquente dans une lettre qu'un but déterminé, un sentiment passionné m'inspirerait, mais me peindre moi-même à tout autre qu'à lui m'est impossible Dites-lui donc, à Mme Brun, de m'écrire pour me faire jouir de son âme, la mienne est à l'étroit dans cet immense Empire ».

Peu après cependant le livre de Bonstetten sur *La nature et les lois de l'imagination* ayant paru, elle retrouvait sa vivacité d'autrefois pour le louer. « Je viens de lire votre ouvrage, mon cher Bonstetten, et il faut que je vous dise à quel point j'y trouve de l'esprit et de l'imagination ; c'est la première fois qu'en France on a mis dans la métaphysique la connaissance du cœur humain, et de la poésie ; vous avez analysé l'être vivant et j'éprouvais pour ce livre l'intérêt de l'histoire ; c'est en effet l'histoire par excellence que celle de la douleur et du plaisir, telle qu'elle existe dans tous les hommes. Il y a des morceaux écrits avec une grâce et une éloquence remarquable ; j'en veux faire des extraits dans le *Publiciste*..... En lisant toute votre ingénieuse analyse de la douleur, je voudrais bien trouver un moyen de l'éviter ; mais croyez-moi, mon cher Bonstetten, c'est vous que vous avez peint ; chacun de nous voit l'homme en Soi, mais ce sixième sens, auquel je crois comme vous, est le sens de l'existence ; et l'on ne peut rien sur le Soi, puisque le Soi est tout, et qu'on n'a rien qui ne soit pas Soi, pour agir sur Soi ; quand je dis qu'on ne peut rien, je parle du bonheur, car les actions sont l'œuvre immédiate de la volonté, et c'est pour cela qu'il y a une morale ».

A cette même époque. Napoléon écrivait à Fouché qu'il était bien aise de constater que le nom de Mme de Staël ne paraissait plus dans ses rapports : « Quand je m'en occupe », ajoutait-il, « c'est que j'ai des faits devant moi. Cette femme est un vrai corbeau ; elle croyait déjà la tempête arrivée et se repaissait d'intrigues et de folies. Qu'elle s'en aille dans son Léman. Ces Genevois ne nous ont-ils donc pas assez fait de mal ?... Je la laisse d'ailleurs maîtresse d'aller à l'étranger, et elle est fort maîtresse d'y faire autant de libelles qu'il lui plaira [1] ».

Pendant ce temps expirait le permis de séjour au château d'Acosta ; on y reçut un ordre impérial portant que Mme de Staël devait observer plus rigoureusement les quarante lieues de distance de Paris, et, au cas contraire, quitter la France immédiatement. Elle était extrêmement souffrante et alitée lorsque cet ordre lui parvint ; on était au commencement d'avril. Elle se déclara incapable de partir avant le

[1] H. Welschinger, *La Censure sous le premier Empire*, 171.

1ᵉʳ mai et résolue de ne céder qu'à la force : sur quoi on lui accorda un répit.

Le 27 avril, un bulletin de police désignait Mᵐᵉ de Staël comme partie pour Genève. « Je suis fâché, répliquait Napoléon à Fouché, que vous soyez si mal informé. Mᵐᵉ de Staël était les 24, 25, 26, 27 et 28, et probablement est encore à Paris. Elle a fait beaucoup de dîners avec des gens de lettres [1] ». Napoléon était très bien renseigné. Echappée heureusement à l'œil de ses mouchards, Mᵐᵉ de Staël n'avait pu résister à la tentation de faire une courte halte à Paris. Un très petit nombre d'amis furent prévenus de son arrivée. Elle se promenait le soir et une partie de la nuit à la clarté de la lune, n'osant sortir de jour. Mais il lui prit envie, durant cette aventureuse excursion, de revoir une grande dame, Mᵐᵉ de Tessé, celle même qui avait coutume de dire : « Si j'étais reine, j'ordonnerais à Mᵐᵉ de Staël de me parler toujours ». Mᵐᵉ de Tessé, alors fort âgée, s'effraya à l'idée de recevoir Mᵐᵉ de Staël proscrite, et il résulta de la démarche une série d'indiscrétions qui firent que l'Empereur fut averti. Mᵐᵉ de Staël dut bien vite partir et ne revit Paris qu'après la chute de Napoléon.

De Dijon, dans les premiers jours de mai, elle annonça à son amie Juliette l'apparition de son nouveau livre. « Vous avez *Corinne* à présent ; dites-moi ce que vous en pensez, dites-moi ce que vous en entendez dire *littérairement,* et si du côté du gouverne-

[1] H. Welschinger, *La Censure sous le premier Empire,* 171-172.

ment il ne vous revient rien de mauvais ; car c'est de là que j'attends l'adoucissement de ma triste situation ; il me semble qu'une occupation si innocente doit désarmer, si quelque chose désarme [1] ».

La critique de Napoléon dans le *Moniteur,* que nous avons signalée, devait tromper cet espoir.

En cette circonstance, on put de nouveau constater un fait bien connu. Ceux qui, en sûreté sur le rivage, voient les autres se débattre contre le torrent pour sauver leurs convictions, n'entendent pas, pour cela, se priver du plaisir de la critique.

Ce fut contre un reproche de ce genre, lancé par la comtesse d'Albany à l'adresse de Mme de Staël, que Sismondi prit la défense de son amie. Immédiatement après son retour à Coppet il avait passé quatre semaines chez elle, et, revenu dans sa villa de Pescia, il écrivit à la comtesse, à Florence : « Sans doute, moi aussi j'aurais ardemment désiré que Mme de Stael eût assez de fermeté dans le caractère pour renoncer complètement à Paris, et ne faire plus aucune démarche pour s'en approcher ; mais elle était attirée vers cette ville, qui est sa patrie, par des liens bien plus forts que ceux de la société. Ses amis, quelques personnes chères à son cœur, et qui seules peuvent l'entendre tout entier, y sont irrévocablement fixées. Il ne lui reste que peu d'attachements intimes sur la terre, et, hors de Paris, elle se

---

[1] L'Auteur des Souvenirs de Mme Récamier, *Coppet et Weimar*, 78. Mme de Staël à Mme Récamier, 5 mai 1807. (Cette lettre porte dans le volume une date fausse, comme d'ailleurs presque toute la correspondance.)

trouve exilée de ce qui remplace pour elle sa famille aussi bien que son pays. C'est beaucoup, sensible comme elle l'est, passionnée pour ce qui lui est refusé, faible et craintive comme elle s'est montrée souvent, que d'avoir conservé un courage négatif qui ne s'est jamais démenti. Elle a consenti à se taire, à attendre, à souffrir pour retourner au milieu de tout ce qui lui est cher, mais elle a refusé toute action, toute parole qui fût un hommage à la puissance. Encore à présent, comme on la renvoyait loin de Paris et de la terre qu'elle avait achetée, le ministre de la police lui fit dire que si elle voulait insérer dans *Corinne* un éloge, une flatterie, tous les obstacles seraient aplanis et tous ses désirs seraient satisfaits. Elle répondit qu'elle était prête à ôter tout ce qui pourrait donner offense, mais qu'elle n'ajouterait rien à son livre pour faire sa cour. Vous le verrez, Madame, il est pur de flatterie, et, dans nos temps de honte et de bassesse, c'est un mérite bien rare[1] ».

Sismondi était dans le vrai. Mais Napoléon, en reléguant Mme de Staël à Coppet et en la condamnant ainsi à l'opposition, fit de cet endroit un centre et un refuge intellectuels pour tous ceux qui ne voulaient ni ne pouvaient s'incliner sous sa volonté despotique.

Le coin de terre où, sous son sceptre de fer, le sentiment sut rester indépendant et la pensée libre, devint historique. La femme qui, dans le voisinage du maître, aurait été obscurcie par son éclat et poli-

---

[1] Saint-René Taillandier, *Lettres inédites*, etc, 69-70. Sismondi à Mme d'Albany, Pescia, 25 juin 1807.

tiquement annulée, se vit entourée dans son exil de l'auréole de la persécution et de la noble résistance à la tyrannie. A côté de lui, qui savait si merveilleusement gagner les intelligences et utiliser les talents, et qui méconnaissait si étrangement les caractères, Mme de Staël resta debout.

Si la tâche lui a semblé difficile, parfois presque impossible, son mérite n'en est pas diminué.

Après le retour de Mme de Staël en Suisse, la première personne qui vint l'y rejoindre fut Mme Récamier. Dans le cours de l'année 1806 son mari avait perdu presque toute sa fortune, et tous les amis de Mme Récamier lui rendent ce témoignage qu'elle supporta avec une constance pleine de dignité le coup qui, d'une situation brillante, la rejetait dans la médiocrité. La destinée n'avait pas épuisé par ce moyen ses rigueurs contre elle. Au mois de janvier suivant elle perdit sa mère, et quand, cherchant à se remettre, elle vint pour la première fois à Coppet en compagnie du comte Elzéar de Sabran, un accident de voiture la lança elle et ses compagnons dans un abîme, et ils n'échappèrent que par une sorte de miracle. Mme Récamier, légèrement blessée au pied, passa tout l'été auprès de son amie, où des tempêtes d'un autre genre l'attendaient.

Ce fut alors qu'elle connut le prince Auguste de Prusse, frère du prince Louis-Ferdinand. Depuis la journée de Saalfeld, qui avait coûté la vie à son aîné, le prince Auguste était prisonnier de guerre en France. En septembre 1807 il se rendit à Genève et resta pendant six semaines l'hôte de Mme de Staël. A

Coppet il fut si complètement sous le charme de la fascinante beauté de Mme Récamier, qu'il mit tout en œuvre pour l'amener à se séparer de son mari et à se remarier avec lui. Les choses n'allèrent point jusque-là, mais cette fois Juliette ne resta pas insensible et négligea, pendant quelques courts instants du moins, sa coquetterie accoutumée, pour caresser l'idée de cette alliance avec le Hohenzollern, à laquelle elle finit cependant par renoncer [1]. « Un homme distingué », ainsi le qualifie Benjamin Constant, qui était présent et qui ajoute : « Comme les Allemands valent mieux que nous ! [2] ».

En l'honneur du prince, Mme de Staël ouvrit non plus à Genève, cette fois, mais à Coppet, la petite scène où l'on avait tant osé. On joua *Mahomet, Mérope, Pyrrhus, Andromaque, Phèdre*, puis les *Plaideurs*, où Guillaume Schlegel, qui au rapport de Constant s'était montré « comique dans la tragédie », n'était « pas gai du tout dans la comédie », tandis que Mme Récamier, qui représentait Aricie dans *Phèdre*, manqua complètement son rôle ; Mme de Staël, dans celui de Phèdre, arracha à Benjamin Constant l'aveu qu'elle avait « merveilleusement joué ». Elle encouragea celui-ci à une imitation de *Wallenstein*, dont quatre actes en alexandrins furent écrits et terminés sous ses yeux dans l'espace de

---

[1] L'Auteur des Souvenirs de Mme Récamier, *Coppet et Weimar*, 91, 147. Lettres de Mme de Staël, Coppet, 13 octobre 1807 et 25 août 1808.

[2] Benjamin Constant, *Journal intime. Revue internationale*, 25 février 1887, 639.

quelques mois, ainsi qu'elle l'annonçait à la duchesse Louise avec une satisfaction facile à comprendre [1].

Ce *Wallenstein*, une fois achevé, devait être représenté à Paris et inaugurer la réaction contre le théâtre classique français, sur lequel le traducteur de Schiller portait ce jugement, que le goût artificiel de ce théâtre était si opposé à la nature, que dans le *Cid* seul il y avait vingt situations et pour le moins autant de maladresses suffisantes pour faire tomber n'importe quelle pièce moderne. En attendant, la troupe de Coppet était tellement saisie de la fièvre des planches, que l'anecdote suivante courut à Genève. Deux messieurs, dont l'un prenait une part active aux représentations et dont l'autre était un chasseur passionné, s'étaient rendus ensemble à la chasse, quand ce dernier vit tout à coup son compagnon gesticuler vivement à son poste. Soupçonnant du gibier aux environs, il se glissa près de lui et lui demanda tout bas s'il avait vu quelque chose. « Non », répliqua l'autre embarrassé, « j'utilise le temps pour répéter mon rôle [2] ». On attendait beaucoup de la collaboration d'Elzéar de Sabran, qui lui-même faisait des vers et avait commencé sa vie dans les conditions dangereuses d'un enfant prodige, pour la finir

---

[1] Benjamin Constant, *Journal intime. Revue internationale*, 633. — L'Auteur des Souvenirs de Mme Récamier, *Coppet et Weimar*, 92. Mme de Staël à la duchesse Louise, Coppet, 13 octobre 1807.

[2] Mallet d'Hauteville, *Souvenirs des séjours de Mme de Staël à Genève. Bibliothèque universelle de Genève*, 1860.

comme un original. Mais il gâta le rôle d'Hippolyte, tandis que le mince et long Benjamin Constant, qui était myope et portait ordinairement des lunettes, fit un Thésée également douteux.

Le public de Genève s'était dans les derniers temps quelque peu accru. Avant le départ de Mme de Stael pour l'Allemagne, Montlosier, qui séjournait provisoirement près du lac de Genève, lui avait présenté à Coppet M. de Barante, nommé depuis 1802 préfet du Léman. Celui-ci, un ami de Narbonne, avait passé des rangs de l'ancienne magistrature dans ceux de l'administration impériale ; il était une de ces natures indépendantes auxquelles leurs devoirs de fonctionnaires ne font jamais oublier ce qu'elles doivent à leur dignité personnelle. Napoléon devait lui fournir l'occasion de donner à la châtelaine de Coppet une preuve éclatante de cette fermeté de caractère.

Le commerce avec M. de Barante avait charmé les dernières années de Necker ; mais plus encore que par lui Mme de Staël se sentait attirée par son fils Prosper, jeune homme de vingt quatre ans, remarquablement doué, qui commença sa carrière officielle comme auditeur au Conseil d'Etat. Depuis 1806, où l'Empereur l'envoya avec plusieurs collègues dans les provinces prussiennes et polonaises nouvellement conquises, le nom du jeune de Barante revient souvent dans la correspondance de Mme de Stael ; il se forma entre eux un nouveau lien de sympathie, quand elle constata quels mouvements de révolte morale excita dans l'âme du jeune homme la vue de ce triomphe de la force brutale et des moyens auxquels elle devait recourir. Dans l'automne de 1807 il vint retrouver son père à Coppet, pour aller remplir de là les modestes fonctions de sous-préfet à Bressuire, dans le Poitou, l'Empereur voulant le punir ainsi de ce que, à Berlin et à Varsovie, en Silésie et en Pologne, il n'avait été qu'à contre-cœur l'instrument de son oppression. Le séjour en Poitou fut fécond pour son activité littéraire. Au château de Clisson, non loin de Bressuire. il connut la marquise de La Rochejaquelin, veuve de Lescure, le chef héroïque de la Vendée, qui s'entretint avec lui de ce grand passé et lui communiqua les manuscrits des *Mémoires* qui, pour le fond comme pour la forme, sont une des perles de la littérature royaliste et dont la rédaction lui fut confiée. Coppet à son tour exerça sur lui son influence littéraire. Inspiré par le livre de Mme de Staël, Prosper de Barante publia un écrit sur la littérature française au dix-huitième siècle [1]. Ce livre obtint une popularité méritée et fut comme le commentaire du mot connu de Bonald : « La littérature est l'expression de la société et responsable à son tour de ses destinées ». De ce point de vue, le dix-huitième siècle était jugé par l'auteur avec indépendance, son œuvre envisagée comme terminée, le passé rétabli dans ses droits et les solutions de l'avenir réservées à des forces nouvelles.

---

[1] *Tableau littéraire du dix-huitième siècle*, 1809. Reproduit depuis sous ce titre : *Tableau de la littérature française au dix-huitième siècle*.

Puissamment captivée par le courant d'idées du livre, Mme de Stael lui consacra une critique. Citons-en les principaux passages.

« Dans l'ouvrage que nous annonçons », dit-elle, « la littérature du dix-huitième siècle est considérée sous un point de vue général ; plusieurs auteurs y sont jugés avec une sagacité profonde : mais c'est surtout la question principale qui y est approfondie dans tous les sens. Cette question consiste à savoir s'il faut accuser les écrivains du dix-huitième siècle des malheurs de la Révolution, ou si leur tendance était bonne et leurs intentions pures. L'auteur cherche à prouver que leurs erreurs étaient le résultat des circonstances politiques dans lesquelles ils se sont trouvés, de ce relâchement des principes sociaux, préparé par la vieillesse de Louis XIV, la corruption du Régent et l'insouciance de Louis XV. Mais il croit voir un sincère amour du bien dans le désir général qu'éprouvaient alors les hommes éclairés d'accomplir ce bien par les lumières... L'on aime à voir dans les opinions et dans le caractère du jeune écrivain un heureux mélange d'autorité dans les principes et d'indulgence pour les hommes ; mais ce qui domine avant tout dans ce discours, c'est l'esprit français, l'amour de la patrie ; on sent que le mot de France est tout-puissant sur celui qui l'écrit ; il se le prononce à lui-même avec délice. La vieille France parle à son imagination, la France de Louis XIV satisfait sa fierté ; la France du dix-huitième siècle occupe sa pensée, et la France des premiers jours de la Révolution lui semble s'élever à la hauteur de l'éloquence et de l'enthousiasme des peuples libres. Ce patriotisme de sentiments et d'idées fortifie l'esprit public et donne au talent d'écrire une puissance nationale....

« Nous faisons peut-être tort à cet ouvrage, où il y a des pensées à chaque ligne, en en indiquant quelques phrases. Les morceaux brillants de l'enthousiasme peuvent être détachés : mais une force contenue, une réserve animée, des réflexions qui supposent beaucoup d'autres réflexions, des connaissances qu'on aperçoit, et d'autres en plus grand nombre qu'on devine ; tout cela doit être lu depuis la première ligne jusqu'à la dernière.... D'ailleurs l'auteur de cet écrit se destinant à la carrière de l'administration, il a pris de bonne heure cet esprit de justice et de discernement qui convient surtout à la littérature philosophique et à celle qui n'entre point dans l'empire des fictions, dans cet empire où il faut donner la vie, et avec elle toutes les passions qui la signalent...

« On pourrait désirer que l'auteur s'abandonnât plus souvent à ses propres mouvements. Se retenir n'est pas toujours de la force ; et, bien qu'on sente dans l'ouvrage de M. de B. plus de chaleur qu'il n'en montre, on voudrait qu'il dît plus souvent ce qu'il laisse deviner. Son cœur et ses principes sont extrêmement religieux, mais sa manière de voir semble quelquefois empreinte de la doctrine de la fatalité : on dirait qu'il ne croit pas à l'influence de l'action, et qu'avec beaucoup d'esprit il dit pourtant comme l'ermite de Prague, dans Shakespeare, ce qui est *est*.

Il est possible que le dix-neuvième siècle prenne ce caractère de résignation à la force des circonstances, que les faits tout-puissants dont nous avons été les témoins peuvent inspirer. Néanmoins, quand un homme s'annonce avec la supériorité de M. de B., on est tenté de lui demander une direction positive. Le devoir, répondra-t-il. Oui, le devoir dans la vie privée, dans les emplois publics dont le but est déterminé ; mais, dans la route sublime de la pensée, ne faut-il pas que l'impulsion nous vienne d'un caractère enthousiaste? Ne faut-il pas être partial pour ou contre, louer trop, blâmer trop, enfin posséder en soi-même un mouvement et une volonté assez forte pour la communiquer aux autres ?

« Le dix-huitième siècle énonçait les principes d'une manière trop absolue ; peut-être le dix-neuvième commentera-t-il les faits avec trop de soumission. L'un croyait à une nature de choses, l'autre ne croira qu'à des circonstances. L'un voulait commander l'avenir, l'autre se borne à connaître les hommes. L'auteur du discours dont il s'agit est peut-être le premier qui ait vivement pris la couleur d'un nouveau siècle. Il se détache et s'élève au-dessus des temps qui ont été contemporains de son enfance ; il est la postérité dans ses jugements ; mais, quand il voudra créer à son tour, il aura affaire à un avenir aussi, il sentira le besoin, il developpera les moyens d'exercer une influence vive et décidée ».

Quand Mme de Staël accompagnait en termes si chaleureux son jeune ami sur le seuil de la publicité, elle ne soupçonnait pas qu'une partie de l'œuvre de celui-ci consisterait à exposer à cette nouvelle génération sa propre doctrine politique à elle. Prosper de Barante est bien véritablement le premier intermédiaire entre elle et le petit groupe d'hommes distingués qui, sous le nom de doctrinaires, sont parvenus à une importance historique.

Peu après lui, son ami François Guizot, le futur homme d'Etat des doctrinaires, fit la connaissance de Mme de Staël. En août 1807, se rendant à Nîmes, où vivait sa mère, il s'arrêta quelques jours sur le lac de Genève et sollicita par une lettre la permission de se présenter à l'auteur de *Corinne*. Elle était alors à Ouchy, près de Lausanne. Elle invita à sa table le jeune homme de vingt ans complètement inconnu encore, le plaça à son côté et se fit raconter par lui les dernières nouvelles de Paris, d'où il arrivait. Guizot était tout à l'impression produite par l'article publié dans le *Mercure* le 4 juillet 1807, alors que Napoléon se trouvait à Tilsitt, et récita d'une voix émue ce passage qui était une allusion et fut compris comme telle : « La Muse a souvent retracé les crimes des hommes ; mais il y a quelque chose de si beau dans le langage du poète, que les crimes mêmes en paraissent embellis : l'historien seul peut les peindre sans en affaiblir l'horreur. Lorsque, dans le silence de l'abjection, l'on n'entend plus retentir que la chaîne de l'esclave et la voix du délateur ; lorsque tout tremble devant le tyran, et qu'il est aussi dangereux d'encourir sa faveur que de mériter sa disgrâce, l'historien paraît chargé de la vengeance des peuples. C'est en vain que Néron prospère, Tacite est déjà né dans l'empire ; il croît inconnu auprès des cendres de Germanicus, et déjà l'intègre Providence a livré à un enfant obscur la gloire du maître du monde. Bientôt toutes les fausses vertus seront démasquées par l'auteur des *Annales* ; bientôt il ne fera voir dans le tyran déifié que l'histrion, l'incendiaire, et le parricide : semblables à ces premiers chrétiens d'Egypte qui, au péril de leurs jours, pénétraient dans les temples de l'idolâtrie, saisissaient au fond d'un sanctuaire ténébreux la divinité que le crime offrait à l'encens de la Peur, et traînaient à la lumière du soleil, au lieu d'un dieu, quelque monstre horrible ».

L'article, écrit à l'occasion de l'ouvrage de Laborde sur l'Espagne, était de Chateaubriand, revenu peu auparavant de son voyage d'Orient.

Le ton sur lequel Guizot avait dit ces éloquentes paroles frappa tellement Mᵐᵉ de Staël, qu'elle le saisit par le bras : « Restez avec nous », dit-elle vivement, « et prenez un rôle dans *Andromaque* ». Guizot s'excusa en souriant sur son manque de talent pour la scène. Dans sa sérieuse jeunesse, il n'y avait pas de place pour les distractions, dussent-elles consister à jouer la tragédie. Il est curieux de rappeler ici qu'une trentaine d'années plus tard, Rachel ayant entendu Guizot à la tribune, disait à son tour : « J'aimerais jouer la tragédie avec cet homme-là ». A la table de Mᵐᵉ de Stael, la conversation revint sur l'article et sur ses suites probables pour Chateaubriand. Elles ne se firent pas longtemps attendre. Le 27 juillet, l'Empereur était de retour à

Paris, et peu de jours après le *Mercure* fut supprimé sur son ordre [1].

Une autre grandeur européenne, à laquelle Chateaubriand refusait son hommage, fut dédommagée à Coppet du mépris qu'il lui témoignait. Nous voulons parler du Mont-Blanc, que Saussure avait gravi pour la première fois en 1787. Jusqu'au commencement du dix-huitième siècle, les voyageurs qui traversaient les Alpes avaient coutume, à très peu d'exceptions, de prendre congé de la Suisse à peu près dans les termes dont se servait ce touriste allemand du siècle précédent : « Enfin, ces horribles et ennuyeuses montagnes sont derrière nous ! ». En revanche, ils saluaient joyeusement « le beau paysage plat et uni », c'est-à-dire les plaines uniformes du Nord, ou bien celles de la Loire et de la Champagne [2]. L'intelligence des beautés du monde alpestre, qu'Albert de Haller avait d'abord célébré dans un poème, fut révélée au dix-huitième siècle par l'intérêt croissant pour les sciences naturelles. Le savant, le chercheur, le collectionneur, et bientôt aussi le peintre et le touriste, suivirent le chasseur et le pâtre dans les régions solitaires des rochers et des torrents, des forêts et des abîmes, des glaciers et des neiges, seules régions auxquelles, d'après Jean-Jacques Rousseau dans les *Confessions*, puisse s'appliquer l'idée

---

[1] Guizot. *Mémoires pour servir à l'histoire de mon temps*, I. — Sainte-Beuve, *Chateaubriand et son groupe littéraire sous l'Empire*, II, 99-100.

[2] * *Voyages alpestres aux siècles précédents*, II. *Gazette universelle*, supplément, 9 septembre 1885.

de beauté en matière de paysage. Charles Ritter mentionne déjà en 1809, pendant un séjour à Saint-Gervais au pied du Mont-Blanc, les caravanes de touristes, dont beaucoup de femmes et d'étrangers, cheminant à travers la montagne, leur bâton à la main [1]. Un jour la colonie de Coppet fut saisie, elle aussi, du désir ambitieux de contempler de près les merveilles des glaciers, et l'on ne décida rien moins que l'ascension du Mont-Blanc. Par une belle et claire matinée de l'été 1807 l'entreprise fut mise à exécution. On avait déjà atteint une hauteur respectable, quand les rayons toujours plus ardents du soleil commencèrent à pénétrer à travers les vêtements légers des dames. Brûlées aux bras, au cou et au visage, depuis longtemps fatiguées et finalement exténuées, Mme de Staël et Mme Récamier déclarèrent vouloir s'en retourner [2]. Ce fut en vain que les guides promirent, et cela à une distance comparativement rapprochée, les merveilles incomparables de la vue sur les sommets, l'aspect des glaciers et des crevasses, illustrés par tant de déplorables accidents : « Vous me le diriez dans toutes les langues de l'Europe, que je n'irais pas plus loin », répétait Mme de Staël épuisée, et ce fut la fin de l'entreprise.

Au retour de l'automne, Camille Jordan écrivit à Mme de Staël : « Coppet finit-il par se faire aimer de vous, après que vous l'avez tant fait aimer aux autres ? Il n'est bruit que des enchantements que vous avez su y

[1] * G. Kramer, *Charles Ritter*, I, 173.
[2] L'Auteur des Souvenirs de Mme Récamier, *Coppet et Weimar*, 107.

transporter. Mais qu'est-ce que tout cela, je le crains, pour apaiser tout ce qui se remue au fond du cœur qui fit *Corinne !*... Que devient votre projet d'écrit sur la conversation, et l'ouvrage de Benjamin sur les religions, et la dissertation de Schlegel sur Phèdre ?... Croyez à mon attachement, d'autant plus vrai qu'il fut toujours réservé dans ses expressions [1] ».

Mais depuis longtemps Mme de Staël se sentait de plus en plus gagnée par le désir de reprendre une autre tâche, de retourner en Allemagne et de mener à bonne fin l'œuvre interrompue par la mort de son père.

En décembre, quand les derniers hôtes eurent quitté l'hospitalier château du lac de Genève, elle exécuta, accompagnée de ses deux plus jeunes enfants, le projet longuement caressé. Il ne fallait pas oublier, dans sa situation, qu'on ne s'éloignait pas de l'Empire de Napoléon sans dire où l'on allait. Une lettre qu'elle adressa de Lausanne, le 3 décembre, au préfet Barante, expliquait son voyage par la nécessité de faire apprendre à son plus jeune fils la langue allemande. Les pénibles expériences des dernières années, ainsi se terminait la communication officielle de Mme de Stael, l'ont engagée à faire parvenir au gouvernement une explication d'une nature aussi privée. L'autorisation de ce voyage lui fut donnée, mais sous cette réserve que son fils serait dorénavant regardé comme un étranger [2].

---

[1] Mme Récamier, *les amis de sa jeunesse et sa correspondance intime*, 43. Camille Jordan à Mme de Staël, Lyon, 10 septembre 1807.

[2] H. Welschinger, *La Censure sous le premier Empire*, 172.

Le but du voyage était Vienne, en passant par Berne et Munich. De Berne, où elle fut reçue de la façon la plus empressée, elle écrivit à Friderike Brun : « J'ai dit adieu à Benjamin avec une vive peine ; nous nous reverrons, si Dieu le permet, le 1ᵉʳ juin prochain, et notre été se passera ensemble. M. Schlegel est avec moi, et me donne la force de ce voyage. J'ai un besoin de variété et une crainte du changement, qui me rend à peu près le bonheur impossible partout ailleurs que dans cette ville, qui change toujours et reste toujours la même [1] ».

Ses prochaines nouvelles à ses amis leur parvinrent de la Bavière. Elle voulait voir ce pays au moins en passant, pour compléter ses observations sur l'Allemagne. L'incroyable état de stagnation dans laquelle était tombé le peuple bavarois pendant la seconde moitié du dix-huitième siècle avait fait place à une situation bien différente. A la tête de la jeune monarchie était maintenant le prince Maximilien de Deux-Ponts, jadis le compagnon d'armes et l'ami de Narbonne à Strasbourg sous le drapeau français. Il avait trouvé dans le Savoisien Montgelas un ministre qui déblayait d'une main impitoyable les ruines amoncelées. Au cours de ses réformes il mit la patience de ce peuple loyal à une épreuve qui n'était guère moindre que celle qui lui avait été imposée par la réaction un demi-siècle plus tôt. Cette ère nouvelle cependant réussit à fonder un Etat moderne heureux

---

[1] * Bonstetten, *Lettres à Friderike Brun*, I, 260. Mᵐᵉ de Staël à Friderike Brun, Berne, 6 octobre 1808.

et prospère et à donner l'impulsion à la vie intellectuelle dont le centre était Munich. Cette ville ne possédait pas encore d'Université, mais Schelling et Jacobi avaient été appelés à l'Académie nouvellement organisée et le joug qui pesait sur le reste de l'Allemagne était là si peu ressenti, que Jacobi raconte comment, dans les deux clubs du Museum et de l'Harmonie, on pouvait lire sous les yeux des Français le *Morning Post* et le *Mercure Britannique*, ce qui n'était guère possible ailleurs. Napoléon lui-même interdit au maréchal Bernadotte les mesures de répression Il ne voulait pas s'ingérer, disait-il, dans les affaires intérieures de ce petit pays privilégié, et il félicitait le bon Maximilien-Joseph de régner sur les cœurs de ses sujets. Mais à Munich comme partout le progrès ne s'accomplit pas du jour au lendemain. Tandis que sa Bibliothèque, enrichie des trésors accumulés des cloîtres et des couvents, était vantée par les lettrés, la ville ne possédait pas une seule librairie digne de ce nom, et celui qui faisait venir un livre de l'étranger devait l'attendre plusieurs mois[1]. Le caractère de petite ville se faisait encore sentir en beaucoup de choses ; la première, c'est que le milieu social, si limité qu'il fût, n'excluait pas de légères hostilités. Schelling avait dû déployer toute sa puissance de fascination pour concilier son adversaire littéraire Jacobi, qui, s'avouant enfin vaincu, avait coutume de dire qu'ils étaient désormais les meilleurs ennemis du monde.

[1] * M. Isler, *Lettres posthumes de Charles de Villers*. Jacobi à Villers, Munich, 25 janvier 1806.

Quand, le 14 décembre 1807, Mme de Staël arriva à Munich, elle était accompagnée, nous l'avons vu, de Guillaume Schlegel, qui s'exposait ainsi, situation toujours étrange, à retrouver sa femme remariée à Schelling. Mais la difficulté, si jamais elle fut sentie, fut surmontée avec un art souverain, à en juger d'après la lettre écrite par Caroline à son amie Louise Gotter : « Nous avons vu ici un peu avant Noel Mme de Staël avec sa famille et Schlegel. Ce séjour de plus d'une semaine nous a été excessivement agréable. Schlegel était très bien portant et gai ; sa situation est des meilleures et des plus tranquilles. Lui et Schelling étaient inséparables. Mme de Staël, à côté de tout l'esprit qu'elle possède, a eu encore l'esprit et le cœur de se prendre d'amitié pour Schelling. Elle est un phénomène de vie, d'égoïsme et d'activité intellectuelle. Son extérieur est transfiguré par son âme et en a bien besoin ; elle a des moments, ou, pour mieux dire, des vêtements, où elle a l'air d'une vivandière, et en même temps il est possible de la concevoir dans le rôle de Phèdre, et cela dans le sens le plus tragique [1]. »

De cette courte rencontre avec le philosophe du romantisme, Mme de Staël garda l'impression qu'il était un des plus puissants évocateurs d'idées qu'elle eût jamais rencontrés. C'est en ce sens que dans *L'Allemagne* son portrait est esquissé, sommairement il est vrai, mais avec une préférence marquée. Quant à Jacobi, elle le connaissait depuis un séjour qu'il

---

[1] * G. Waitz, *Caroline*. Lettres, II, 343. Caroline Schelling à Louise Gotter, Münich, 15 janvier 1808.

avait fait à Paris en 1802 ; il se constitua son guide pendant les cinq jours qu'elle passa dans la capitale de la Bavière [1]. Quand plus tard, dans son livre, elle vint à parler de lui, elle avait triomphé au fond d'elle-même de la religion du sentiment prônée par Jean-Jacques Rousseau, qu'elle retrouvait chez Jacobi habillée à l'allemande, et quant à ses romans, ils n'étaient pas de nature à lui plaire. Sa critique de *Woldemar*, traduite dans le langage de Caroline Schlegel-Schelling, se résumerait en ceci, que dans ce livre le poète a créé « des natures bien anti-naturelles ». Mme de Staël connaissait trop la vraie passion pour la confondre avec de pareilles subtilités du sentiment. « Il me semble que Jacobi », dit-elle, « entend moins bien l'amour que la religion, parce qu'il veut trop les confondre ; il n'est pas vrai que l'amour puisse, comme la religion, trouver tout son bonheur dans l'abnégation du bonheur même. L'on altère l'idée qu'on doit avoir de la vertu, quand on la fait consister dans une exaltation sans but et dans des sacrifices sans nécessité. Tous les personnages du roman de Jacobi luttent sans cesse de générosité aux dépens de l'amour ; non seulement cela n'arrive guère dans la vie, mais cela n'est pas même beau quand la vertu ne l'exige pas ; car les sentiments forts et passionnés honorent la nature humaine, et la religion n'est si imposante que parce qu'elle peut triompher de tels sentiments [2] ». Toutefois, si l'œuvre de l'écri-

---

[1] * M. Isler, *Lettres posthumes de Charles de Villers*, 198. Jacobi à Villers, Münich, 20 janvier 1808.

[2] Mme de Staël, *De l'Allemagne*, 3me partie, chap. 17.

vain et du philosophe trompèrent son attente religieuse, l'homme, dans Jacobi, lui resta toujours sympathique ; son enthousiasme pour le bien ne pouvait la laisser indifférente. Par contre, elle quitta Munich sans regret, bien qu'elle y eût été accueillie de la façon la plus empressée et la plus aimable. La cour était en Italie. Une heure avant son départ, elle écrivit à Mme Récamier qu'un bracelet orné du portrait de Juliette, qu'elle portait toujours, était cause qu'on lui avait bien souvent baisé la main. Elle renvoyait l'hommage à son amie, et lui disait, en parlant de la ville qu'elle allait quitter : « C'est nous pétrifiés, et nous avons beaucoup plus de grâce dans la même situation [1] ».

La première impression de Vienne, au contraire, fut très favorable. Mme de Staël, parlant de l'accueil reçu à la cour impériale, écrit à la duchesse Louise qu'elle en était aussi touchée qu'étonnée, parce que ce qui pouvait la distinguer personnellement n'était pas de nature à éveiller dans ce milieu un grand intérêt. La société viennoise était très nombreuse, mais comptait très peu de personnalités importantes et surtout peu d'hommes remarquables, de sorte qu'il était difficile de reconnaître des gens auxquels ne s'attachait aucune idée déterminée. Elle eut de longs entretiens avec l'archiduc Jean, une courte conversation avec l'archiduc Charles, et trouva la maison impériale si simple dans ses mœurs et si éloignée de

[1] L'Auteur des Souvenirs de Mme Récamier, *Coppet et Weimar*, 112. Mme de Staël à Mme Récamier, Munich, 20 décembre 1807.

tout amollissement, qu'elle lui parut par cela même préparée à tous les sacrifices pour le bien de la patrie[1]. L'empereur François célébrait alors par de grandes solennités son mariage avec sa troisième épouse, Marie-Louise d'Autriche-Este, et son attitude pleine de prévenances envers la fille de Necker, que celle-ci reporta d'un cœur reconnaissant à la mémoire de son père, détermina aussi celle de l'ambassadeur de France, Andréossy, qui eut toute sorte d'attentions pour elle. Le faste, les fêtes et l'accueil hospitalier qu'elle reçut dans les cercles officiels ne purent cependant lui donner le change sur l'immobilité de l'atmosphère intellectuelle dans la capitale de l'Autriche à l'époque comprise entre les années 1805 et 1809. L'expérience tentée par Joseph n'avait pour ainsi dire pas laissé de traces dans ses pays héréditaires. Ce résultat ne pouvait pas uniquement être attribué à cette circonstance, que ses successeurs avaient abandonné son œuvre. Au cours de ses leçons sur l'histoire moderne, faites à Vienne en 1810, Frédéric Schlegel, entre autres, a trouvé, pour l'expliquer, une raison plus profonde. Les réformes de Joseph II, dit-il, avaient été opérées sans le concours de la nation, sans l'approbation de l'opinion publique [2]. Avant Frédéric Schlegel, Mme de Staël avait porté dans *L'Allemagne* un jugement semblable, emprunté peut-être à ses conversations avec lui. Une partie du passage relatif

---

[1] L'Auteur des Souvenirs de Mme Récamier, *Coppet et Weimar*, 113, 115. Mme de Staël à Mme Récamier, décembre 1807 ; à la duchesse Louise, Vienne, 19 janvier 1808.

[2] * Frédéric Schlegel, *Leçons sur l'histoire moderne*, XIX.

à l'empereur Joseph : « Il réussit momentanément dans ce qu'il voulait, parce qu'il ne rencontra point en Autriche de passion vive, ni pour ni contre ses désirs ; mais après sa mort il ne resta rien de ce qu'il y avait établi, parce que rien ne dure que ce qui vient progressivement », une partie de ce passage, disons-nous, fut supprimée par la censure napoléonienne, qui ne laissa pas non plus passer cette remarque : « Les bases de l'édifice social, en Autriche, sont bonnes et respectables, mais il y manque un faîte et des colonnes pour que la gloire et le génie puissent avoir un temple [1] ».

Toutefois, l'opiniâtre force de résistance du vieil empire ne fit jamais mieux ses preuves que dans la façon dont il surmonta les conséquences des défaites de 1805 et prépara les événements de 1809. Tandis que l'empereur Alexandre, « ce maître dans l'art de se duper lui-même », sacrifiait, dans la période de Tilsitt à Erfurt, sous le joug de l'alliance napoléonienne, les intérêts de la civilisation en Europe aux rêves de la politique d'agrandissement en Orient et que la Prusse se vit forcée d'abandonner sa ressource suprême, le seul homme qui lui restât encore, le baron de Stein, Stadion, le ministre de l'empereur François, et l'archiduc Charles, son général, ne se dissimulaient pas quel coup d'audace énorme ils tentaient quand, seuls sur le continent européen, ils se livraient aux préparatifs de la prochaine guerre contre la France. La situation, dans l'Empire, était devenue si grave et si précaire, que la bouche popu-

[1] Mme de Staël, *De l'Allemagne*, 1re partie, chap. 6 et 7.

laire exprimait sa détresse et ses aspirations vagues
à un meilleur avenir dans ce refrain :

> Qui point ne succombe en l'an *huit*,
> Qui jusques à l'an *neuf* survit,
> Qui dans l'an *dix* existe encor,
> Verra, l'an *onze*, l'âge d'or.

Cependant on conservait malgré tout, dans les provinces autrichiennes, la bonne humeur accoutumée et la landwehr se rangeait gaiement sous les drapaux, armée de piques à défaut de fusils, sans que l'approche du danger parvînt à faire perdre à la population son entrain habituel. Vienne en particulier continuait à être la ville dont Schiller a dit :

Autour de moi habite le peuple des Phéaciens, à l'œil brillant,
Pour lui c'est toujours dimanche, toujours la broche tourne au
(foyer [1].

Ces plaisirs, tels que les décrit Castelli dans ses *Souvenirs de Jeunesse*, n'étaient en effet ni raffinés ni bien variés. Ils se réduisaient à peu près à la vie au Prater, dans les tavernes, derrière les coulisses, même les plus modestes ; ils égayaient les fêtes populaires et l'existence des petites gens dans cette ville où Mme de Staël ne se souvenait pas d'avoir rencontré un mendiant.

A l'homme cultivé il restait pour les heures sérieuses une tragédie de Collin, dont le *Régulus*, à l'occasion de sa représentation à Berlin, en 1802, avait été

[1] Schiller, *Poésies détachées: Les Fleuves*, n° 3.

l'objet d'une si sévère appréciation de Guillaume Schlegel [1]. Pour se distraire, il avait un roman comme l'*Agathocle* de Caroline Pichler, inspiré par l'œuvre de Gibbon et dirigé contre elle [2]. Mais la représentation de *Don Carlos* était défendue ; dans la *Pucelle d'Orléans* Agnès Sorel apparaissait comme la femme légitime de Charles VII ; les bibliothèques n'avaient pas le droit de prêter l'*Esprit des Lois* de Montesquieu, mais, en revanche, les romans de Crébillon circulaient de main en main. Un tel état de choses inspire à Mme de Staël des réflexions comme celles-ci : « C'est aussi, ce me semble, un mauvais système que d'interdire l'entrée des livres étrangers. Si l'on pouvait conserver dans un pays l'énergie du treizième et du quatorzième siècle en le garantissant des écrits du dix-huitième, ce serait peut-être un grand bien ; mais comme il faut nécessairement que les opinions et les lumières de l'Europe pénètrent au milieu d'une monarchie qui est au centre même de cette Europe, c'est un inconvénient de ne les y laisser arriver qu'à demi ; car ce sont les plus mauvais écrits qui se font jour…. Le mal que peuvent faire les mauvais livres n'est corrigé que par les bons ; les inconvénients des lumières ne sont évités que par un plus haut degré de lumières. Il y a deux routes à prendre en toutes choses : retrancher ce qui est dangereux, ou donner des forces nouvelles pour y résister. Le second moyen est le seul qui convienne à l'époque où nous vivons ; car l'innocence ne pou-

---

[1] * A. G. Schlegel, *Ecrits critiques*, Berlin, 1828, II, 122.
[2] Ce roman pseudo-historique parut en 1808.

vant être de nos jours la compagne de l'ignorance, celle-ci ne fait que du mal. Tant de paroles ont été dites, tant de sophismes répétés, qu'il faut beaucoup savoir pour bien juger ; et les temps sont passés où l'on s'en tenait, en fait d'idées, au patrimoine de ses pères. On doit donc songer non à repousser les lumières, mais à les rendre complètes, pour que leurs rayons brisés ne présentent point de fausses lueurs [1] ».

Ce despotisme paternel qui présidait aux destinées des peuples autrichiens servait à confirmer dans Mme de Staël et à augmenter encore chez elle la préférence qu'elle avait toujours eue pour les témoins d'un autre état social. A Vienne, elle rencontrait un de ces survivants du vrai dix-huitième siècle, de celui d'avant Louis XVI, dans la personne du feld-maréchal prince de Ligne. Belge de naissance, il avait servi avec distinction dans l'armée autrichienne et écrit en plusieurs volumes l'histoire de ses campagnes ; il était l'initiateur de maintes innovations et améliorations qui furent dans la suite accomplies par d'autres, à commencer par ses projets relatifs à l'approvisionnement des armées et à la reconstruction de Vienne [2]. Il possédait en outre, comme écrivain et homme d'esprit, cette popularité internationale que lui facilitaient ses relations avec tant de pays et presque toutes les cours de l'Europe. Ses *Mémoires*, dont

---

[1] Mme de Stael, *De l'Allemagne*, 1re partie, chap. 6.
[2] Prince de Ligne, *Mélanges militaires, littéraires, sentimentaires* (sic), II, 182, IX, 230-235,

il n'a paru jusqu'à présent que des fragments [1], sont agréables et superficiels et ne font guère connaître que par des anecdotes l'histoire du temps. Mais ses *Pensées et Lettres* sont plus intéressantes ; elles donnent des détails curieux sur Catherine II, qu'il accompagna en Crimée, et sur l'empereur Joseph, qu'il vit mourir. Mme de Staël, pendant son séjour à Vienne, fit précéder ces lettres d'une préface. Son jugement sur l'auteur se rencontre avec celui de Sainte-Beuve, qui nomme le prince de Ligne un des hommes les plus aimables parmi les heureux de ce monde. Gai, content de vivre, *laudator temporis acti*, admirateur du présent, inépuisable en railleries sur la cour autrichienne et l'état du pays, très peu sérieux pour un vieillard de quatre-vingts ans couvert de plus d'une cicatrice : c'est ainsi que le jeune duc de Broglie retrouva le prince de Ligne quelques années après la visite de Mme de Stael, c'est ainsi aussi que le connut le Congrès de Vienne. Sa maison du Graben, étroite et haute, ressemblait à une cage à perroquet ; les pièces, très simples, étaient meublées de tables et de chaises en sapin. Après l'entrée des Français en Belgique, la fidélité du prince envers l'Autriche lui avait coûté tous ses biens, et quand, en 1803, le sequestre fut levé, il ne reprit pas possession de sa fortune, qui passa à son fils aîné. Pour lui, il ne connaissait pas de plus grande jouissance que de rassembler ses amis dans ces petites chambres modestes, entouré de ses filles, la princesse

---

[1] *Mémoires du prince de Ligne,* avec introduction par Albert Lacroix, Genève et Bruxelles, 1860.

Clary, les comtesses Palffy et Spiegel, et de sa petite-fille Christine, la future comtesse O'Donnell. Tandis qu'on servait un frugal repas ordinairement composé de poulets maigres avec des épinards et des œufs, le maître de la maison revenait à ses souvenirs, aux événements dont il avait été témoin depuis Louis XV, et aimait à comparer les batailles de la guerre de Sept ans à celles de l'Empire[1]. « Le prince de Ligne... est véritablement aimable et bon par excellence », écrivait Mme de Staël à Mme Récamier. « Il a les manières de M. de Narbonne et un cœur. C'est dommage qu'il soit vieux ; mais j'ai pour cette génération un attendrissement invincible[2] ».

En fait d'anciennes connaissances, Mme de Staël retrouvait encore à Vienne le prince Auguste d'Arenberg, comte de La Marck, l'ami de Mirabeau, et le ministre-diplomate comte Louis de Cobenzl. Parmi les célébrités autrichiennes elle connut le poète Collin, l'orientaliste Hammer-Purgstall, l'historien Hormayer, le médecin baron Türkheim et le colonel baron Steigentesch, véritable enfant de Vienne, qui composait des comédies et menait de front des négociations diplomatiques, comme l'avait fait avant lui un autre officier, le feld-maréchal d'Ayrenhoff, lequel vivait toujours et était l'auteur apprécié de tragédies en style classique et de la comédie intitulée *La Diligence*, qui avait ravi le grand Frédéric lui-

---

[1] Duc de Broglie, *Souvenirs*, I, 85-87.
[2] L'Auteur des Souvenirs de Mme Récamier, *Coppet et Weimar*, 113.

même. Le goût d'ailleurs très modéré des Viennois pour les femmes d'esprit trouvait à se satisfaire dans le commerce avec les dames de la maison de Ligne et quelques autres des grandes dames qui avaient été de l'intimité de l'empereur Joseph. Une autre femme d'esprit qui avait réussi à se faire une position à Vienne était Marianne Meyer, baronne d'Eybenberg, israélite convertie, née à Berlin, qui avait épousé un prince de Reuss, et dont l'esprit et la beauté avaient excité l'admiration de Gœthe. Mme de Stael la rencontra souvent dans les salons aristocratiques de la capitale et la détermina à écrire son propre portrait. Toute cette société, qui collabora plus tard, en 1812, au *Musée allemand* de Frédéric Schlegel, se groupait volontiers autour de Caroline Pichler, qui parle de Mme de Staël dans ses *Tableaux de l'époque*. Elle nous la dépeint, à l'occasion d'une fête, se montrant aux Viennois dans une robe de satin couleur d'or parée de diamants, un oiseau de paradis dans les cheveux et sur les épaules un léger fichu de blonde ; elle était accompagnée de Guillaume Schlegel et de ses enfants, une toute jeune fille charmante et un garçon à la chevelure bouclée [1]. Elle jouait aussi des pièces de théâtre, principalement pour faire plaisir au prince de Ligne, qui s'acquittait lui-même de petits rôles, tandis qu'elle interprétait Philaminte dans les *Femmes savantes*, représentation à laquelle le comte Louis de Cobenzl prit une part active et qui confirme sa réputation de comédien accom-

[1] * Caroline Pichler, *Tableaux de l'époque*, II, 144-146.

pli¹. Il avait déjà paru en cette qualité et comme auteur comique à la cour de Catherine II, qui disait en badinant que le gai diplomate autrichien tenait sans doute en réserve la plus folle de ses pièces pour l'entrée des Français à Vienne. La grande époque du Burgthéâtre ne faisait que s'annoncer ; mais Mme de Staël entendit exécuter sur le sol où ils avaient pris naissance les créations de Haydn et le *Requiem* de Mozart.

A la fin du carnaval de 1808, Guillaume Schlegel inaugura devant un auditoire choisi d'environ trois cents personnes ses leçons sur l'art et la littérature dramatiques. En ce qui concernait les tragiques français elles reprirent la lutte contre les étroitesses et les exagérations du classicisme, conformément aux idées de Lessing et au parallèle établi par Guillaume Schlegel lui-même entre la *Phèdre* de Racine et celle d'Euripide. Elles s'élevaient contre la prétention des Français à fixer les lois du goût et contre leur tyrannique obligation des trois unités. Aux Français Schlegel opposait les Grecs, les Espagnols et les Anglais, vrais modèles et types de l'art dramatique, et rappelait l'influence que le théâtre espagnol avait exercée sur les premiers et particulièrement sur Corneille. Les imperfections de ce poète voilaient aux yeux du critique allemand sa force et sa grandeur, et en le louant il faisait ses restrictions, même à l'égard de *Polyeucte*. Quant à Molière, Schlegel le

---

[1] Comte Ouwaroff, *Etudes de philologie et de critique*, Saint-Pétersbourg, 1843.

rabaissait si complètement et d'une façon si incompréhensible, qu'en 1828 encore Gœthe exprimait dans une lettre à Zelter son profond mécontentement à ce sujet. « J'ai gardé le silence pendant de longues années », disait-il ; « mais je veux maintenant exprimer certaines idées pour empêcher, dans le présent et dans l'avenir, et cela pour la consolation des hommes qui pensent, le renouvellement de pareilles erreurs ».

La manière de voir de Mme de Staël, son antipathie pour tout ce qui porte un caractère superficiel et de convention, pour tout ce qui est méprisant et railleur, se retrouve dans les remarques de Schlegel sur le genre de culture et de civilisation qui a inspiré la science et l'art français. La sociabilité, dit-il, aiguise le sens du ridicule, et voilà pourquoi, poussée jusqu'au raffinement, elle est mortelle à l'enthousiasme. Du moment qu'elle devient générale chez une nation, elle a pour conséquence un genre de critique toute négative. Ses limites bornées font oublier les choses plus élevées qui devraient être accomplies. La crainte du ridicule est devenue la conscience de la poésie française ; elle a coupé ses ailes, paralysé son élan.

Bien que Mme de Staël rejette les conclusions de Gillaume Schlegel relatives aux Français, les appréciations esthétiques de ces leçons de Vienne ne sont pas restées sans influence sur elle. L'excellent cha-

---

[1*] Gœthe et Zelter, *Correspondance*, V, 80. — * A. G. Schlegel, *Leçons sur l'art et la littérature dramatiques*, II, 20e et 22e leçons.

pitre sur l'art dramatique, dans *L'Allemagne*, est né de cette controverse [1].

Elle reste convaincue que les Français sont le peuple du monde le plus habile dans la combinaison des effets du théâtre, et qu'ils l'emportent aussi sur tous les autres par la dignité des situations et du style tragique ; mais elle convient que, tout en reconnaissant cette double supériorité, on peut éprouver des émotions plus profondes par des ouvrages moins bien ordonnés ; la conception des pièces étrangères est quelquefois plus frappante et plus hardie, et souvent elle renferme on ne sait quelle puissance qui parle plus intimement à notre cœur et touche de plus près aux sentiments qui nous ont personnellement agités.

Abordant la question des trois unités, elle déclare qu'il n'y en a qu'une d'importante, celle de l'action, et qu'on ne peut jamais considérer les autres que comme lui étant subordonnées. Or, si la vérité de l'action perd à la nécessité puérile de ne pas changer de lieu et de se borner à vingt-quatre heures, imposer cette nécessité, c'est soumettre le génie dramatique à une gêne dans le genre de celle des acrostiches, gêne qui sacrifie le fond de l'art à sa forme.

Les sujets historiques modernes, continue-t-elle ensuite, tels que beaucoup de tragédies de Voltaire, celles de Du Belloy, les *Templiers* de Raynouard, se prêtent encore moins que les sujets antiques ou d'invention aux conditions imposées à nos écrivains ; l'étiquette tragique, qui est de rigueur sur notre

[1] Mme de Staël, *De l'Allemagne*, 2e partie, chap. 15.

théâtre, s'oppose souvent aux beautés nouvelles dont les pièces tirées de l'histoire moderne seraient susceptibles. La pompe des alexandrins est un plus grand obstacle encore que la routine même du bon goût, à tout changement dans la forme et le fond des tragédies françaises. On ne peut dire en vers alexandrins qu'on entre ou qu'on sort, qu'on dort ou qu'on veille, sans qu'il faille chercher pour cela une tournure poétique. Racine est le seul écrivain français qui, dans la scène de Joas avec Athalie, se soit une fois joué de cette difficulté : il a su donner une simplicité aussi noble que naturelle au langage d'un enfant.

Si l'on voulait risquer en France, dans une tragédie, une innovation quelconque, aussitôt on s'écrierait que c'est un mélodrame ; mais n'importe-t-il pas de savoir pourquoi les mélodrames font plaisir à tant de gens ? En Angleterre, toutes les classes sont également attirées par les pièces de Shakespeare. Nos plus belles tragédies en France n'intéressent pas le peuple ; sous prétexte d'un goût trop pur et d'un sentiment trop délicat pour supporter de certaines émotions, on divise l'art en deux : les mauvaises pièces contiennent des situations touchantes, mal exprimées, et les belles pièces peignent admirablement des situations souvent froides à force d'être dignes. Nous possédons peu de tragédies qui puissent ébranler à la fois l'imagination des hommes de tous les rangs.

La conclusion pratique de ces considérations, Mme de Staël la formule ainsi : tout est tragédie dans les événements qui intéressent les nations ; et cet immense drame que le genre humain représente depuis six mille ans fournirait des sujets sans nombre pour le théâtre, si l'on donnait plus de liberté à l'art dramatique. Les règles ne sont que l'itinéraire du génie : elles nous apprennent seulement que Corneille, Racine et Voltaire ont passé par là ; mais si l'on arrive au but, pourquoi chicaner sur la route ? Et le but n'est-il pas d'émouvoir l'âme en l'ennoblissant ? Il serait donc à désirer qu'on pût sortir de l'enceinte que les hémistiches et les rimes ont tracée autour de l'art ; il faut permettre plus de hardiesse, il faut exiger plus de connaissance de l'histoire ; car si l'on s'en tient exclusivement à ces copies toujours plus pâles des mêmes chefs-d'œuvre, on finira par ne plus voir au théâtre que des marionnettes héroïques, sacrifiant l'amour au devoir, préférant la mort à l'esclavage, inspirées par l'antithèse dans leurs actions comme dans leurs paroles, mais sans aucun rapport avec cette étonnante créature que l'on appelle l'homme, avec la destinée redoutable qui tour à tour l'entraîne et le poursuit.

C'était le point de vue du livre *De la Littérature*, mais approfondi, élargi, définitivement établi. L'infatigable Mercier avait osé beaucoup plus. Dès 1773, dans son *Essai sur l'art dramatique*, il avait devancé le programme du romantisme et réclamé pour la scène française un changement intégral de système, le retour à la nature ; si bien qu'un historien littéraire français ne craint pas d'affirmer que si l'on examine toutes les idées nouvelles mises au jour soixante années plus tard sur ces questions et si on les compare aux écrits de Mercier, on les y trouvera toutes [1]. Des idées analogues furent exprimées par le traducteur de Shakespeare, Letourneur, qui tenta de définir le romantisme comme l'expression de ce qui, dans la nature, est à la fois émouvant et pittoresque. Mais la critique officielle, qui tournait dans le cercle des traditions reçues, les considéra tous deux comme des écrivains bizarres et isolés et fit le silence autour d'eux. On dut toutefois changer de tactique, après la publication du spirituel parallèle de Guillaume Schlegel entre les deux Phèdres (1807). Ecrit en langue française, il produisit un effet beaucoup plus considérable et plus immédiat que la polémique des leçons sur l'art et la littérature dramatiques, infiniment plus sérieuse, mais rendue accessible aux Français seulement en 1814 [2].

Le *Journal de l'Empire* répondit à l'attaque contre Racine par une attaque contre Guillaume Schlegel. Il commençait par saluer en lui un des premiers critiques de l'Allemagne, dont son pays avait le droit d'être fier ; mais son érudition, ajoutait-il, manque de ce sens fin, exquis et assez difficile à définir qui s'appelle le goût, et auquel ne supplée aucune dialectique, si ingénieuse qu'elle soit. L'art de l'argumentation ne peut s'appliquer à la littérature sans méconnaître l'essence de celle-ci. Voilà longtemps que ses bases ont été établies, et que les innovations en cette matière sont suspectes aux gens compétents. La tendance générale de la brochure,

---

[1] Alfred Michiels, *Histoire des idées littéraires en France*, I, 283.
[2] Id., Ibid., I, 533 ; II, 76.

est-il dit pour conclure, ne se borne pas d'ailleurs aux décisions arbitraires d'un habile sophiste ; elle est bien plutôt dirigée contre la grandeur du beau siècle que la critique allemande ose calomnier. Une des raisons de cette attitude de Schlegel doit être sans doute cherchée dans ses relations avec une dame française célèbre, dont les œuvres ont toujours révélé plus de talent, de feu d'imagination et d'enthousiasme, que de sûreté de goût [1].

Si des questions esthétiques la polémique passait ainsi à des questions d'un tout autre ordre, la faute cette fois n'en fut pas uniquement au *Journal de l'Empire*. « La brochure (de Schlegel) pétille d'esprit », écrivait Sismondi à la comtesse d'Albany, « mais c'est souvent celui d'un avocat ; l'on sent à chaque ligne un but hostile que l'auteur ne perd pas de vue, quoiqu'il semble ne vouloir jamais marcher vers lui [2] ». A Vienne aussi, où le poète Collin donnait une version allemande de la dissertation, il ne s'agissait plus de règles d'art, mais de politique.

Collin, renonçant au drame d'après les modèles antiques, publia des *Chants de la Landwehr* pour les soldats de 1809. Hormayer, auteur du *Plutarque autrichien*, composa en 1808, sur le modèle de l'ouvrage de Beauchamps consacré à la guerre de Vendée, un écrit politique rempli d'observations importantes sur la guerre de montagne, et entra en négociations avec André Hofer dans le but d'organi-

---

[1] *Journal de l'Empire*, 16 et 24 février, 4 mars 1808.
[2] Saint-René Taillandier, *Lettres inédites*, etc. Sismondi à Mme d'Albany, Pescia, 26 mars 1808.

ser le soulèvement du Tyrol ; ce fut lui aussi qui, l'année suivante, rédigea le manifeste de l'archiduc Jean. Dans le même esprit patriotique fut écrit le *Germanicus* de Caroline Pichler, qui ne parut néanmoins qu'en 1812 sur les planches du Burgtheâtre. Le public devant lequel Guillaume Schlegel critiquait le siècle de Louis XIV songeait avec lui non pas au grand roi, mais à Napoléon, et celui-ci le savait bien. Quand, au printemps de 1809, les leçons parurent imprimées pour la première fois, leur auteur put y rappeler comment il avait trouvé réunis, dans la ville impériale des bords du Danube, la cordialité des temps anciens et cet entrain tout méridional qui manque trop souvent au sérieux germanique. Sa pensée, ajoutait-il, se reportait avec reconnaissance vers cet auditoire qu'il avait quitté sous l'impression profonde et émue « des souvenirs de la vieille gloire allemande, sacrée pour tout patriote [1] ».

Mᵐᵉ de Staël informa la duchesse Louise du succès décisif de ces leçons. « Schlegel », dit-elle, « donne ici un cours de littérature dramatique qui a un immense succès. Il parle de Gœthe d'une manière qui lui serait agréable, si c'est de l'admiration qu'il lui faut... Il va faire imprimer à Heidelberg son cours... Je crois que Votre Altesse en sera singulièrement contente. Je ne connais nulle part plus d'esprit, et dans quelques morceaux, surtout en parlant des Espagnols, il a déployé une éloquence d'âme admirable ; je vou-

---

[1] * A. G. Schlegel, *Préface de la première édition des leçons sur l'art dramatique*, Genève, février 1809.

drais qu'on le traduisît ¹ ». Ce fut Mme Necker de Saussure qui se rendit à ce vœu et publia en français, en 1814, les leçons de Schlegel.

Dans l'intervalle, Sismondi aussi avait profité du printemps pour faire à Vienne une courte visite à Mme de Staël, et il paya l'hospitalité autrichienne par un mémoire sur les finances de l'Empire ². En avril, le jeune Albert de Staël était entré à l'école militaire de Vienne, et six semaines plus tard sa mère reprenait pour la seconde fois, en compagnie de Guillaume Schlegel et de Sismondi, le chemin de Weimar. Presque immédiatement après leur départ, Frédéric Schlegel, appelé par Metternich, arrivait à Vienne. Par ses proclamations contre Napoléon, rédigées avec Gentz, par le *Journal de l'armée* de 1809 et *l'Observateur autrichien*, et, littérairement, à l'aide de différentes brochures et de ses leçons sur la littérature, son œuvre capitale et la plus mûrie, il contribua à déterminer le ton et la direction de la vie intellectuelle de l'Autriche d'alors. La connaissance que fit Mme de Stael de Gentz, à son passage par Teplitz, compléta les impressions qu'elle avait reçues à Vienne et acheva de lui faire comprendre dans quel esprit on s'y préparait à un prochain avenir.

Après Austerlitz, Gentz avait, dans sa douleur patriotique, écrit à Jean de Müller que la mort ne lui

---

[1] L'Auteur des Souvenirs de Mme Récamier, *Coppet et Weimar*. Mme de Staël à la duchesse Louise, 125, Vienne, 8 avril ; 150, Coppet, 13 septembre 1808.

[2] *Mémoire sur le papier-monnaie dans les Etats autrichiens, et des moyens de le supprimer*, Weimar, 1810.

semblait plus à craindre. En 1807, lorsqu'il apprit la défection de cet ami dans le camp napoléonien, Gentz indigné rompit tout commerce avec lui. Sa respectueuse admiration se reporta sur le baron de Stein, qui, partant d'un ordre d'idées analogues à celles de Turgot, mais plus heureux que lui, avait cherché et trouvé dans l'affranchissement du sol, dans l'établissement du self-government local et dans l'affermissement du pouvoir monarchique, comme premier garant de la future unité nationale, le contrepoids aux puissances révolutionnaires. Seulement, Gentz n'était pas fait du même granit que le ministre réformateur des jours de Kœnigsberg. Sa sympathie pour le romantisme et son horreur de la Révolution préparaient déjà chez lui le terrain aux idées réactionnaires de plus tard. Gentz n'a jamais été un initiateur dans le domaine de la pensée ; son besoin d'appui intellectuel fut satisfait pendant des années par un homme qu'il se vantait d'avoir formé, bien que le disciple eût depuis longtemps dépassé le maître [1]. C'était Adam Müller, qu'il recommandait à ses amis comme « un des premiers hommes de ce temps et de tous les temps [2] ». La doctrine de l'État chrétien d'après Müller, qui rappelle Bonald, mais exagéré jusqu'au fantastique, a été définie « comme célébrant dans le Saint Empire romain l'achèvement de la

---

[1] G. Schlesier, *Correspondance entre Gentz et Jean de Müller*, 198.
[2] G Schlesier, *Frédéric de Gentz. Lettres et notes confidentielles.* 123 et 312.

personnalité du Christ¹ ». Gentz se sentit si puissamment attiré par ce commentaire mystique de l'histoire, qu'il affirma être devenu complètement chrétien. « Je considère le christianisme comme le centre véritable du monde », dit-il sous l'impression de l'illusion qui lui faisait confondre des émotions avec des convictions ; « tout ce qu'il y a encore de jeune en moi, je le dois à cette révolution bienfaisante ²».

Il adressa de Teplitz à Adam Müller, à Dresde, une lettre où il le mit au courant de sa rencontre avec Mme de Stael. « Hier », dit-il, « j'ai passé une journée singulièrement intéressante avec elle, et en dépit de toutes les divergences de vues sur quelques points capitaux, j'ai fondé une grande amitié. Vous ne pouvez vous faire une idée de la facilité des rapports avec elle ; au bout d'une demi-heure vous serez aussi à l'aise que si vous la connaissiez depuis des années. Je craignais les éclairs, les saillies de son esprit, un genre, vous le savez, que je n'aime pas trop. Au contraire, je l'ai trouvée aisée, claire, ennemie des digressions, ordonnée, logique, grande, engageante en conversation, comme nulle femme au monde ; il semble qu'on pourrait causer pendant une éternité avec elle. La voilà extérieurement, et cela peut vous suffire. Elle connaît vos articles sur *Corinne :* elle se plaint que vous l'ayez trouvée un peu obscure et mystique. Quant à moi, je lui ai dit sans

---

¹ * H. de Treitschke, *Histoire de l'Allemagne au dix-neuvième siècle*, I, 314.

² * G. Schlesier, *Frédéric de Gentz*. Lettres et notes confidentielles, 123.

détour que vous êtes la première tête de l'Allemagne. Vous savez maintenant comment vous devez vous comporter. Schlegel, qui a également une grande idée de vous, est très changé, très cultivé, aimable, causeur, aisé dans ses manières... »

« J'ai vu Mme de Staël », répond Adam Müller quelques jours plus tard. « Elle est sans le moindre doute, à mes yeux comme aux vôtres, une apparition remarquable. Il y a là vraiment un bouillonnement de sang méridional et une vivacité d'esprit qui sont des garanties contre tout genre de sénilité. J'honore cela. Il faudrait peu comprendre le ton, le regard et le sentiment pour ne pas deviner combien cette nature, qui est son vrai privilège, est attendrie par la vie et transfigurée par la douleur. J'aime cela... »

« Mme de Staël m'a enthousiasmé, je vous le dis franchement », réplique de son côté Gentz. « Une telle universalité et une telle profondeur d'esprit, unie à autant de facilité, de souplesse, de bonne humeur et de grâce dans la conversation, c'est ce que je n'ai encore rencontré nulle part. Je veux et dois la voir encore une fois [1] ».

Cette seconde rencontre eut lieu à Pirna, lors du retour de Mme de Staël. Celle-ci devait d'ailleurs expier ce qu'il y avait d'exagéré dans les éloges que Gentz lui prodiguait alors. Quand elle le revit à Vienne, en 1812, cette admiration avait fait place à la mauvaise humeur. Elle se donna carrière dans une

[1] G. Schlesier, *Correspondance entre Fr. de Gentz et Ad. Müller*, 107, 112, 113, 145. Lettres des 29 et 30 mai, 1er et 2 juin 1808.

lettre à Rahel d'une façon aussi injuste que dépourvue de goût et bien faite pour enseigner une fois de plus aux femmes à se défier des hommages du genre de ceux de Gentz [1].

Selon son habitude, Mme de Staël voulut ignorer les caprices de cette nature variable ; quand Gentz vint à Paris, en 1815, avec son ami Adam Müller, tous deux la retrouvèrent la même à leur égard. Elle n'a pas mentionné plus tard et peut-être n'a-t-elle pas su que le spirituel original, tant surfait par Gentz, agitait déjà dans sa tête, en 1808, l'idée d'une ligue de tous les États sur une base religieuse, d'où est sortie en partie la Sainte-Alliance [2].

De Dresde Mme de Staël continua son chemin vers Weimar, d'où Henriette de Knebel mandait son arrivée à son frère. « Elle a fait son entrée ici avant-hier », écrivait-elle le 10 juin ; « hier dans l'après-midi nous l'avons vue ; le soir elle avait à écrire. Elle est devenue un peu plus silencieuse, comme il convient aux temps où nous sommes. Quant à M. Sismondi et aux autres personnes qui accompagnent Mme de Staël, je ne les ai point encore vus. J'ai emprunté à la Bibliothèque l'*Histoire des Républiques italiennes* de Sismondi, dont Wieland m'a fait un éloge extraordinaire [3].

---

[1] * G. Schlesier, *Frédéric de Gentz*. Lettres et notes confidentielles, 176, 15 juin 1814.

[2] * A. H. Muller, *Eléments de la science politique*, Berlin, 1809. — * R. de Mohl, *Histoire et littérature des sciences politiques*, I, 254.

[3] * H. Düntzer, *Correspondance de Knebel avec sa sœur* 339.

Les quelques années écoulées depuis 1804 avaient suffi pour opérer beaucoup de changements, même dans ce tranquille Weimar. Le 10 avril 1807, l'aimable et spirituelle duchesse Amélie avait suivi son ami Schiller dans la tombe. Au noble témoignage de Gœthe, « elle était de celles que nous invoquions dans la vie comme une protectrice et un appui, et qui maintenant force les regards à se lever vers elle, comme vers une créature parfaite et bienheureuse ». Mais dans la capitale de la Thuringe la mort seule n'avait pas éclairci les rangs et assombri les âmes. De même que Iéna, Weimar portait les traces encore toutes fraîches de la dévastation et du pillage de 1806. Son chevaleresque souverain avait été condamné à entrer dans la confédération du Rhin, et une exorbitante contribution de guerre de 2.200.000 francs avait été le châtiment de sa fidélité à la cause nationale [1].

« C'est une tâche grande et sainte », écrivait, sous l'oppression de cette défaite de l'Allemagne, le poète de *Hermann et Dorothée*, « de rester unis en esprit, afin de préserver au moins avec un soin jaloux, dans la ruine générale, le palladium jusque-là inviolé de notre littérature, et d'empêcher que celui dans la main duquel repose actuellement le destin perde l'estime à laquelle nous l'avons forcé par notre supériorité intellectuelle [2] ».

---

[1] * R. Keil, *Gœthe. Weimar et Iéna, 1806*, 21-47 et 154. — * H. Luden, *Coup d'œil rétrospectif sur ma vie : La bataille d'Iéna*.

[2] * R. Keil, *Gœthe. Weimar et Iéna, 1806*, 152. Gœthe à Fernow, 7 janvier 1807.

A ce moment, un patriote comme Gneisenau lui-même était tenté de se tromper à l'égard du peuple allemand, « si estimable en particulier, si méprisable dans l'ensemble », et de croire la nation aussi mauvaise que son gouvernement [1].

Le patriotisme de Gœthe, qui, dans sa foi en un meilleur avenir, voulait sauver avant tout la culture intellectuelle, qui trouvait « dans la science et dans l'art les ailes pour planer au-dessus du naufrage actuel », qui, appuyé sur la connaissance de soi et sur la résignation, ne voulait pas qu'on prît « des velléités de résistance pour des tentatives de réforme », et, si tard que 1812, demandait à ses compatriotes de ne pas confondre « la délivrance du joug étranger avec la conquête de la liberté [2] », un tel patriotisme courait risque d'être rejeté par les uns comme trop peu ardent, et d'être faussement interprété par d'autres. Mme de Staël elle-même aurait-elle compris, si elle avait entendu Gœthe dire en 1807, au sujet de Napoléon : « Qu'on le juge, lui et tout ce qui se rattache à lui, sans préjugé et sans parti pris, et l'on verra que rien de pareil n'a jamais existé et n'existera jamais [3] ».

Et qu'aurait-elle dit si elle avait entendu l'auteur de la *Phénoménologie de l'Esprit*, le professeur

---

[1] * Treitschke, *Histoire de l'Allemagne au dix-neuvième siècle*, I, 330.

[2] * H. Luden, *Coup d'œil rétrospectif sur ma vie* : Relations avec Gœthe, conversation avec lui, été de 1812, 149-120, 122.

[3] * Gœthe à Knebel, *Correspondance*, I.

Hegel de Iéna, saluer l'empereur des Français comme « l'âme universelle, l'organisateur d'une libre monarchie, l'arbitre des lois ¹ », elle qui, au même instant, prononçait sur Napoléon ce jugement accablant : « Il regarde une créature humaine comme un fait ou comme une chose, mais non comme un semblable. Il ne hait pas plus qu'il n'aime ; il n'y a que lui pour lui. La force de sa volonté consiste dans l'imperturbable calcul de son égoïsme ; c'est un habile joueur d'échecs dont le genre humain est la partie adverse qu'il se propose de faire échec et mat... Il méprisait la nation dont il voulait les suffrages, et nulle étincelle d'enthousiasme ne se mêlait à son besoin d'étonner l'espèce humaine... Il n'a pas plus d'envie de verser le sang qu'un homme raisonnable n'a envie de dépenser de l'argent quand cela n'est pas nécessaire ; mais ce qu'il appelle la nécessité, c'est son ambition ; et, lorsque cette ambition était compromise, il n'admettait pas même un moment qu'il pût hésiter à sacrifier les autres à lui; et ce que nous nommons la conscience ne lui a jamais paru que le nom poétique de la duperie... Il tourna toutes les belles choses en ridicule, excepté la force ; et la maxime proclamée sous son règne était : Honte aux vaincus ! Aussi l'on ne serait tenté de dire aux disciples de sa doctrine qu'une seule injure : Et pourtant vous n'avez pas réussi ! Car tout blâme tiré du sentiment moral ne leur importerait guère ² ».

---

[1] K. Hegel, *Lettres de Hegel et lettres a lui adressées*. A van Ghert, 1822.

[2] Mme de Staël, *Considérations*, XIII, 226, 271.

Entre Gœthe et Mme de Staël, cependant, il n'y eut pas de discussions ni sur ce sujet ni sur aucun autre. **Lorsqu'**elle revint à Weimar il était depuis le 12 mai à **Carlsbad**, où il resta jusqu'en septembre. Une lettre d'elle, **datée** de Vienne, lui proposa en vain une rencontre à Dresde. Il la déclina, et répondit, en allemand cette fois, que le printemps et la solitude étaient de puissants attraits pour le retenir dans l'endroit où il se trouvait : « Donnez-nous bientôt, ajoutait-il, vos réflexions sur nous autres honnêtes Allemands. Nous méritons d'être encouragés par le bon vouloir d'une voisine et d'une demi compatriote, et de nous refléter dans le miroir qu'elle nous présentera si aimablement. Permettez-moi de faire alors ce que j'aurais tant aimé faire après la lecture de *Corinne*, et de vous exprimer ma vive sympathie pour vous, pour vos travaux, l'admiration et le respect dont vous m'avez pénétré [1] ».

Une lettre de Charlotte Schiller à Gœthe, écrite sous la profonde impression de la lecture de la première partie de *Faust*, parue d'abord avec une dédicace à son mari, informa le grand poète de la déception que Mme de Stael avait ressentie en ne le voyant pas paraître. La veuve de Schiller ajoute que l'auteur de *Corinne* est devenue très sérieuse, l'expression de vie et de gaieté a disparu, dit-elle ; elle a l'air de quelqu'un qui a beaucoup souffert, bien qu'elle conserve, dans ses moments d'animation, le

---

[1] *Annales gœthiennes*, 1887, 7, 104. Mme de Staël à Gœthe, Vienne, 21 mai 1808. Gœthe à Mme de Staël, Carlsbad, 26 mai 1808.

caractère vif et un peu bruyant de sa nation[1]. Ces détails sont confirmés par la disposition d'esprit dans laquelle Mme de Staël parle à Mme Récamier, dans une lettre datée de Weimar, de l'effort qu'elle a dû s'imposer pour repasser par des lieux où elle avait tant souffert et où la ramenait la sympathie pour l'infortunée et admirable princesse, si cruellement éprouvée à son tour. « Ah ! que tout le monde est malheureux ! », c'est par cette exclamation qu'elle termine sa lettre.

Dès la frontière saxonne, Mme de Staël reçut l'accueil le plus cordial. A la porte d'une petite ville, le commis de la barrière arrêta la voiture et lui déclara qu'il mourrait content, maintenant qu'il l'avait vue, ce qui était son plus vif désir depuis plusieurs années. Cette scène, sous diverses formes, se renouvela plusieurs fois dans les auberges. « Voilà ce que j'ai, chère Juliette, pour dédommagement de tout le bonheur de ma vie [2] ».

A Weimar, cette fois, on vit Knebel, « avec sa mine d'ancien sage » qui rappelait Socrate aux contemporains. Il était âgé alors de soixante-quatre ans et vêtu d'une espèce de soutane qui, rattachée sur les hanches, faisait paraître encore plus haute sa robuste stature, tandis que sa nature originale, particulièrement accessible aux impressions poétiques,

---

[1] * *Annales gœthiennes*, 1883, 255-258. Charlotte Schiller à Gœthe, Weimar, 14 juin 1808.

[2] L'Auteur des Souvenirs de Mme Récamier, *Coppet et Weimar*, 132. Mme de Staël à Mme Récamier, 13 juin 1808.

explique la prédilection de Gœthe pour lui¹. C'est à Knebel que s'adressait ce dernier pour avoir des nouvelles de Mme de Staël. « Tu m'accorderas », écrivait-il de Carlsbad à son ami, le 2 juillet, « qu'il vaut la peine de la connaître ; on ne peut en effet se faire une idée d'elle que par soi-même, vu que c'est un être si étonnant que, en le décrivant, on dépasse la mesure de la louange comme du blâme² ».

Peu après Knebel répondit au désir de Gœthe. « J'ai passé plusieurs jours de suite dans sa société », lui écrivit-il le 10 du même mois, en parlant de Mme de Staël, « et je n'ai pas eu sujet de regretter l'emploi de mon temps, bien que je n'aie pas ressenti l'envie de passer à côté d'elle tous les jours de ma vie. Pour venir au plus pressé, ses notions et ses idées de la littérature allemande sont tout à fait incomplètes, si toutefois l'on admet qu'il soit possible d'appeler notions ce que son esprit divinatoire tire de lectures et de morceaux isolés.

« L'existence de Mme de Staël et l'intérêt qu'elle porte aux choses de l'esprit sont d'ailleurs très dignes de louanges et très utiles à connaître. Elle voudrait, comme un génie, animer ce monde éteint, mais, il faut le dire, l'animer à sa façon. Ce qui m'a fait le plus de bien dans sa conversation, ce sont les expressions heureuses et les fines combinaisons auxquelles sa grande connaissance du monde donne quelque chose de personnel et d'intéressant. C'est ainsi qu'elle

---

¹ * H. Luden, *Coup d'œil rétrospectif sur ma vie*, 13, 92-93. — * Fr. Strehlke, *Lettres de Gœthe*, I, 348-363.
² * Gœthe et Knebel, *Correspondance*, I, 330.

a dit des Viennois, par exemple, que jamais ils ne feraient rien de bon tant qu'ils s'exprimeraient, comme c'est l'usage dans les hautes classes, dans un idiome étranger. Ce sont, suivant son expression, comme des images de cire qui parlent des langues mortes [1], et cela les empêchera d'avancer dans la vie.

« A un petit souper qu'elle nous a donné et où le duc était présent, je dus lui parler de ton optique, ce que je fis en paroles brèves et confuses. Elle saisit néanmoins mon idée et s'écria : Ah ! mon âge est le rayon affaibli de ma jeunesse, — comme si la jeunesse était jaune et la vieillesse bleue. J'ai encore remarqué plusieurs mots d'elle que je ne me rappelle pas bien en ce moment. Elle s'est toujours montrée bonne et prévenante envers tout le monde. Un soir seulement, chez Mme de Wolzogen, où nous soupions, il y eut entre nous un choc un peu rude, car elle nous entretint des Anglais d'abord, puis de religion, et je raillai légèrement sa vanité. Elle m'adressa le lendemain un billet très obligeant, et la chose en resta là. Elle dit un jour à M. Falk, qui venait de temps en temps la voir : « Vous me plaisez, Monsieur Falk, j'aime les bavards ». Mais en voilà assez sur cette femme honorée et admirée à si bon droit.

« Encore un détail. La Wolff jouait le rôle de Jeanne dans la *Pucelle d'Orléans*. Admirable ! J'étais dans la loge de Mme de Staël. Elle répéta à plusieurs reprises : Elle joue comme une inspirée.

[1] Cette phrase est en français dans la lettre de Knebel.

Cette expression m'a beaucoup plu, pour distinguer dans l'art le vrai d'avec la routine[1] ».

Wieland, lui aussi, arriva du château ducal du Belvédère, qu'il habitait en ce temps-là, pour se présenter à Mme de Staël, qui était allée le voir deux fois, et pour l'accompagner à une soirée chez la duchesse. Cette nouvelle rencontre entre lui et « la femme la plus célèbre de notre temps », comme il la qualifiait, fait l'objet de deux de ses lettres. La première est adressée au baron de Retzer, à Vienne. « Avec sa vivacité et son aménité habituelles et dénuées de prétention, elle dit de la majeure partie de la noblesse des deux sexes de chez vous des choses qui me semblent très justes, et qui sont écoutées avec plaisir. Son protégé, Guillaume Schlegel, paraît avoir exercé peu ou point d'influence sur ses jugements relatifs à la littérature allemande et aux hommes qui, depuis cinquante ans, y tiennent le premier rang. Au contraire, la puissance de son génie semble avoir été d'autant plus forte sur celui de Schlegel, et elle nous fait attendre des deux frères maintes choses qui effaceront et feront oublier les erreurs critiques et les frivolités de leur jeunesse. Le susdit Guillaume ne s'est pas montré ici et a poussé une pointe dans le Hanovre pour visiter sa mère[2] ». Quelques jours plus tard, Wieland écrit à une princesse allemande qui s'était informée auprès de lui de Mme de Staël : « Que ce soleil, lui aussi, ne soit pas sans tache ou du moins ne l'ait pas toujours

---

[1] * Gœthe et Knebel, *Correspondance*, 1, 332.
[2] * Wieland, *Choix de lettres remarquables*, 80. Au baron de Retzer, 20 juin 1808.

été, cela va de soi », dit le poète, alors âgé de soixante-quinze ans ; « mais en tout cas il ne conviendrait à aucun homme d'en parler... Ce qui, à Weimar, l'a rendue aussi aimable que respectable aux yeux de tous, c'est la simplicité de son charmant naturel, qui ne varie jamais, son manque absolu de prétention, qualités mises en évidence pendant les dix jours qu'elle a passés parmi nous.

« Si c'était là un trait permanent de son caractère, j'y verrais moins de la modestie proprement dite qu'une conséquence directe et naturelle du sentiment également naturel de sa dignité, ou plutôt de la conscience de ce qu'elle est, qui l'affranchit de toute crainte d'être en quelque sorte précipitée du trône par une femme plus parfaite en son genre. Qui pourrait-elle redouter et à qui porter envie ?[1] ».

« Elle s'est parfaitement comportée à mon égard », ajoute Wieland à un autre endroit, « et presque comme une bonne fille envers un père aimé et respecté, ce dont je lui sais d'autant plus gré que je ne lui ai pas dit, à dessein, un traître mot de *Corinne*. Cette femme peut être tout ce qu'elle veut ; elle se rend très bien compte que le manque absolu de prétention, avec des qualités et des talents si extraordinaires et les légers et gracieux voiles par lesquels elle sait tempérer d'une façon si aimable la flamme de son esprit, sont précisément le vrai moyen pour enchanter ceux d'entre nous qui, du reste, ont un

---

[1] * Wieland, *Choix de lettres remarquables*, 128. A une princesse allemande, Château du Belvédère, 29 juillet 1808.

talisman sûr contre les enchantements, de quelque nature qu'ils soient [1] ».

Ces paroles du Nestor de la poésie allemande sont le salut d'adieu de Weimar à Mme de Stael. Elle quitta cette ville au bout de dix jours pour se rendre à Coppet par Francfort. « Mme de Staël, née Necker, a été ici », écrivait le 1er juillet à son fils, à Carlsbad, Madame la conseillère, mère de Goethe [2]. Cette remarque laconique n'a pas suffi, on le sait, à Bettina d'Arnim, l'auteur de la *Correspondance de Goethe avec une enfant*, qui décrit en détail une rencontre de la mère de Goethe avec Mme de Staël. Elle place la scène dans la maison d'un citoyen de Francfort bien connu de la société européenne et qu'elle tenait en sérieuse estime, le banquier Moritz Bethmann, dont l'hôtel était dénommé la Cour de Bâle [3].

C'est du 21 septembre 1808 que Bettina, alors âgée de vingt-trois ans et établie depuis 1801 à Francfort ou aux environs, date la lettre suivante, qu'elle dit lui avoir été adressée par la mère de Goethe : « Moritz Bethmann m'annonce la visite de Mme de Staël ; elle revient de Weimar. Je voudrais que tu fusses ici ; il me faudra rassembler le peu de

---

[1] * Wieland, *Choix de lettres remarquables*, 123 et sqq., 9, 10 et 11 juillet 1808, et Wieland à Bœttiger, 30 juin 1808, *Portefeuille historique*, 1839, 450-

[2] * R. Keil, *Madame la conseillère de Goethe, Correspondance*, 156.

[3] Daniel Stern (comtesse d'Agoult), *Mes Souvenirs*, 53. — * Goethe, *Souvenirs d'un voyage sur le Rhin, le Mein et le Neckar dans les années 1814-1815*.

français que je sais¹ ». Or, à cette date du 21 septembre, Madame la conseillère était morte depuis neuf jours et Mme de Staël depuis longtemps de retour à Coppet. Ce qui n'empêche pas Bettina, dans ses notes publiées vingt-quatre années plus tard, d'adresser à la mère de Gœthe la lettre suivante :

« Cette fois-ci, vous n'avez pas été bonne envers moi, Madame la conseillère : pourquoi ne m'envoyez-vous pas la lettre de Gœthe ? Depuis le 13 août je n'ai pas eu un mot de lui, et nous voici à la fin de septembre. Mme de Staël lui aura abrégé le temps, et il n'a pas songé à moi. Une femme célèbre est quelque chose de singulier ; nulle autre ne peut se mesurer avec elle ; elle ressemble à l'eau-de-vie, à laquelle ne peut non plus se comparer le grain dont elle est faite. L'eau-de-vie chatouille la langue et monte à la tête : c'est aussi l'effet que produit une femme célèbre. Pour moi, je préfère le grain pur ; le laboureur le sème dans la terre amollie, d'où le bon soleil et la fécondante pluie d'orage le font bientôt sortir ; alors il colore les prairies de vert, il pousse en épis dorés et amène la joyeuse moisson. Oui, j'aime bien mieux être un simple grain de blé qu'une femme célèbre, j'aime bien mieux être son pain quotidien que de lui porter à la tête à la façon de l'eau-de-vie.

« Maintenant je veux seulement vous dire que j'ai soupé hier à Mayence avec Mme de Staël. Pas une

---

[1] * Gœthe, *Correspondance avec une enfant*, Berlin, 1835, I, 54.

femme ne voulant s'asseoir à côté d'elle à table, je m'y suis mise. C'était fort incommode ; tous les hommes entouraient la table, plantés derrière nous, et se pressaient les uns sur les autres pour pouvoir lui parler et la regarder. Ils se courbaient littéralement sur moi. Je dis à Mme de Staël : Vos adorateurs me suffoquent. — Elle se mit à rire, ajoutant que Gœthe lui avait parlé de moi. Je restai assise près d'elle, désirant savoir ce qu'il lui avait dit ; et pourtant j'étais mécontente, car je préfère qu'il ne parle à personne de moi. Je ne crois d'ailleurs pas qu'il l'ait fait : elle aura imaginé cela. A la fin il arriva tant d'hommes, qui tous se courbaient sur moi pour lui parler, que je ne pus le supporter plus longtemps ; je lui dis : Vos lauriers me pèsent trop fort sur les épaules. — Je me levai et me fis jour à travers ses adorateurs. — Sismondi, qui l'accompagne, s'avança vers moi et me baisa la main, en disant que j'avais beaucoup d'esprit. Il le dit aussi aux autres, qui le répétèrent vingt fois, comme si j'étais un prince ; car, chez ceux-ci, on trouve toujours tout spirituel, quand bien même ils disent les choses les plus ordinaires. — Ensuite j'écoutai Mme de Staël parler de Gœthe. Elle dit qu'elle s'était attendue à trouver en lui un second Werther, mais qu'elle s'était trompée ; que ni sa manière d'être ni sa personne ne convenaient à ce caractère, et qu'elle le regrettait fort. Madame la conseillère, je m'irritai de cette remarque (c'était inutile, allez-vous dire). Je me tournai vers Schlegel et lui dis en allemand : Mme de Staël s'est trompée deux fois : la première dans son attente, la seconde dans son jugement. Nous autres Allemands, nous croyons Gœthe capable de secouer de sa manche vingt héros en état d'imposer ainsi aux Français ; mais nous croyons aussi qu'il est lui-même un bien plus grand héros. — Schlegel a tort de ne pas avoir mieux fait comprendre la chose à Mme de Staël. Elle jeta à terre une feuille de laurier, avec laquelle elle avait joué ; je mis le pied dessus, la poussai dans un coin, et sortis. Voilà mon histoire avec la femme célèbre. Ne vous mettez pas en peine de votre français ; parlez-lui le langage des doigts et commentez ce langage avec vos grands yeux, cela lui imposera. Du reste, elle a une fourmilière de pensées dans la tête ; cela étant, qu'aurait-on à lui dire ? J'arriverai bientôt à Francfort, et nous en recauserons[1] ».

Bettina tint parole. Dans une autre lettre, également consacrée à Mme de Staël, le lecteur est transporté de Mayence à Francfort, remonte de septembre 1808 au mois d'août de la même année, et se trouve en présence non plus de la mère de Gœthe, mais du poète lui-même.

« Mon malheur », écrit cette fois l'*enfant* de vingt-trois ans, « m'amena à Francfort justement comme Mme de Staël y passait ; j'avais déjà joui de sa société toute une soirée à Mayence. Ta mère fut enchantée que je lui vinsse en aide ; elle était déjà prévenue que Mme de Staël lui apporterait une lettre de toi, et elle désirait que je jouasse les intermèdes, en

[1] * Gœthe, *Correspondance avec une enfant*, I, 54-57.

cas où elle aurait besoin de repos au cours de cette grande catastrophe. Ta mère m'a ordonné de te raconter tout cela en détail. L'entrevue eut lieu chez Bethmann, dans l'appartement de Moritz. Ta mère, soit ironie, soit orgueil, s'était merveilleusement parée, mais à l'allemande, et non dans le goût français. Je dois t'avouer que, quand je la vis portant sur sa tête trois plumes qui se balançaient de différents côtés, l'une rouge, l'autre blanche, et la troisième bleue, — les couleurs nationales françaises, s'élevant sur un champ de tournesols, — mon cœur battit de plaisir et d'impatience. Elle s'était fardée avec beaucoup d'art ; ses grands yeux noirs lançaient des feux comme ceux d'un canon ; elle avait au cou la parure d'or que lui donna la reine de Prusse ; des dentelles d'un âge vénérable et d'une grande magnificence, véritable trésor de famille, recouvraient son sein. Une de ses mains, couverte d'un gant blanc glacé, agitait l'air avec un éventail ; l'autre, qui était nue et surchargée de bagues étincelantes, puisait de temps en temps une prise dans une tabatière d'or, où tu es représenté en miniature, la chevelure longuement bouclée et poudrée, la tête pensivement appuyée sur sa main. La réunion des vieilles dames les plus distinguées formait un demi-cercle dans la chambre à coucher de Moritz Bethmann ; sur un tapis pourpre orné au milieu d'un léopard sur fond blanc, la société avait un aspect si magnifique, qu'elle était vraiment imposante. De belles plantes de l'Inde élancées tapissaient les murs, et la pièce était éclairée par des globes de verre mat. Vis-à-vis le demi-cercle dont je viens de te parler s'élevait le lit sur une estrade de deux marches ; lui aussi était recouvert d'un tapis pourpre, avec des candélabres de chaque côté. Je dis à ta mère : Madame de Staël va penser qu'elle est citée devant la Cour d'amour, car ce lit là-bas ressemble au trône voilé de Vénus. — On fut d'avis que, en pareil cas, elle aurait pas mal à se justifier. Enfin, celle que depuis longtemps nous attendions avec impatience s'avança, accompagnée de Benjamin Constant, à travers une file de pièces brillamment éclairées. Elle était habillée en Corinne, avec un turban de soie aurore et orange, une robe de même étoffe recouverte d'une tunique également orange, cette robe serrée très haut, ce qui mettait son cœur a l étroit. Ses sourcils et ses cils noirs étincelaient, ses lèvres étaient d'un rouge mystique ; ses gants rabattus ne couvraient plus que la main, qui tenait la branche de laurier bien connue. Comme la chambre où on l'attendait est beaucoup plus basse que les autres, il lui fallut descendre quatre marches. Malheureusement elle releva sa robe par devant au lieu de la relever par derrière, ce qui porta un coup terrible à la solennité de la réception ; il y eut en effet un moment où il parut plus que comique de voir cette apparition toute orientale s'avancer droit vers les dames empesées de la vertueuse société francfortoise. Ta mère me lança quelques regards courageux lorsqu'on les présenta l'une à l'autre ; je m'étais éloignée pour bien observer la scène. Je remarquai l'étonnement de Mme de Staël à l'aspect de la merveilleuse toilette et de l'attitude de ta mère ; il se manifestait chez celle-ci un puissant orgueil. Elle écarta sa robe de la main gauche, salua de la droite en jouant de son éventail, et, inclinant la tête plusieurs fois d'un air de condescendance, elle dit d'une voix tellement forte qu'on put l'entendre à travers toutes les pièces : *Je suis la mère de Gœthe. — Ah ! j'en suis charmée*[1], répondit la femme écrivain. A cela succéda un silence solennel. Puis vint la présentation des hommes distingués qui composaient la suite de Mme de Staël et qui tous étaient également désireux de connaître la mère de Gœthe. Ta mère répondit à leurs politesses par un compliment de nouvel an en français, qu'elle murmura entre ses dents avec force profondes révérences. Bref, je crois que la réception fut parfaite et de nature à donner un beau témoignage de la *grandezza* allemande. Bientôt ta mère me fit signe de venir servir d'interprète entre elle et Mme de Stael. On ne parla que de toi, de ta jeunesse ; on examina ton portrait sur la tabatière ; il avait été peint à Leipzig avant que tu fisses ta grande maladie. Mais tu étais déjà très maigre ; on reconnaît cependant ta grande taille actuelle, et surtout l'auteur de *Werther*, dans ces traits enfantins. Mme de Stael parla de tes lettres et dit qu'elle voudrait bien lire ce que tu écris à ta mère ; celle-ci lui promit de les lui montrer. Quant à celles que tu m'adresses, je pensai qu'elle ne les verrait jamais, car je ne l'aime point, et chaque fois que ton nom sortait de ses lèvres mal faites, une rage

[1] Les deux phrases soulignées sont en français dans l'original.

intérieure s'emparait de moi. Elle me raconta que tu l'appelais *amie* dans tes lettres. Ah! elle aura certainement remarqué que cela a été bien loin de me faire plaisir. Hélas! elle m'en a dit plus encore. Mais ma patience était à bout. Comment peux-tu être affable à l'égard d'un si désagréable visage? Cela montre bien ta vanité. Ou bien a-t-elle menti? Si j'étais près de toi, je ne souffrirais pas cela. Je défendrais mon trésor de mes regards, comme les fées défendent le leur à l'aide de dragons aux gueules enflammées. Malheureusement je suis loin de toi, je ne sais ce que tu fais, et je dois être déjà contente si nulle vilaine pensée ne me tourmente.

« Je pourrais t'écrire tout un livre sur ce que, pendant ces huit jours, j'ai fait et dit avec ta mère ; c'est à peine si elle avait la patience d'attendre que je revinsse la voir, pour tout récapituler avec elle. Il y eut des reproches ; j'étais affectée qu'elle attachât tant de prix à sa connaissance avec Mme de Staël. Elle me traita d'enfant, de sotte, d'orgueilleuse, et me dit qu'on devait estimer ce qui est estimable, qu'on ne pouvait pas sauter par dessus une telle femme comme par dessus un ruisseau et continuer simplement son chemin ; que c'était toujours un grand honneur que nous faisait la destinée en nous mettant en contact avec une personne remarquable et célèbre. Je sus si bien faire, que ta mère finit par me montrer la lettre où tu la félicites du bonheur qu'elle va avoir de se rencontrer avec ce météore: toute la sagesse qu'elle venait de me prêcher si hautement, elle l'avait empruntée à ta lettre ! Je te pris en pitié et m'écriai : Il a de la vanité, le jeune fils des dieux, et prouve par là sa jeunesse éternelle ! — Mais ta mère n'entendit pas raillerie : elle prétendit que j'allais un peu trop loin ; que je ne dois pas m'imaginer que tu prends d'autre intérêt à moi que celui ressenti pour une enfant jouant encore à la poupée ; qu'avec Mme de Staël tu pouvais faire de la sagesse, avec moi seulement badiner. — Si ta mère avait raison ? Si mes pensées, que je crois seule avoir, n'étaient rien pour toi ?... Tu as plus de confiance en la femme célèbre qui a fait un grand ouvrage sur *les passions*, que je ne connais pas, qu'en moi. Ah ! crois-le bien, tu t'es trompé : aimer, cela seul rend sage [1] ».

Nous le savons : de tous les faits mentionnés dans cette lettre, un seul à peine est exact. Benjamin Constant n'avait pas accompagné Mme de Stael à Francfort, celle-ci se trouvait sur les bords du Rhin non en août ou septembre, mais en juillet 1808, et elle ne parle aucunement d'une rencontre avec Madame la conseillère ou Bettina.

Et pourtant, quel est celui d'entre nous qui, doucement bercé par le flot du Rhin au pied du rocher légendaire, refuserait d'écouter les accents rêveurs du chant de la Loreley, parce que ces strophes sont une fantaisie poétique du dix-neuvième siècle, due à l'inspiration de Clément Brentano ? Or, comme son frère, Bettina a créé des figures plus vivantes que la vie. Madame la conseillère, « merveilleusement pa-

[1] « Gœthe, *Correspondance avec une enfant*, I, 314-319.

rée », disant avec un regard où brillait l'orgueil : *Je suis la mère de Gœthe,* est une de celles-là. A quoi bon répéter que cette scène n'a jamais eu lieu ? N'y avons-nous pas tous assisté ?[1].

Francfort était le dernier tableau de la vie allemande qui s'offrit aux regards de Mme de Stael. En reprenant, à travers les pays de la confédération du Rhin, le chemin de la Suisse, elle dut plus d'une fois se demander si le peuple qui supportait avec tant de résignation apparente le joug de l'étranger pouvait prétendre à un avenir, et s'il était sage, en présence de toutes ces ruines politiques, de parler d'une suprématie intellectuelle assurée.

Et cependant, pour cette foi robuste dans les destinées de l'Allemagne, la justification était proche.

Au Nord, le baron de Stein édifiait, pierre par pierre, l'Etat prussien, et Scharnhorst tenait prête pour lui la landwehr de 1813. Un an plus tard, Guillaume de Humboldt ouvrait à la nation l'asile de l'Université de Berlin. A Heidelberg, les *lieder* des poètes romantiques enflammaient le courage de la jeunesse allemande ; de Weimar enfin, « le plus grand des optimistes » promulguait, avec la première partie de *Faust,* l'évangile de l'action.

---

[1] * R. G. Jacob, *La mère de Gœthe. Portefeuille historique,* 1844, 474 et sqq. — * Düntzer, *Portraits de femmes du temps de la jeunesse de Gœthe,* 578. — * R. Keil, *Madame la conseillère, Correspondance,* introduction, 29. — * G. de Lœper, *Lettres de Gœthe à Sophie Laroche et Bettina Brentano,* introduction, 37.

CHAPITRE IV

M⁽ᵐᵉ⁾ de Staël avait repris le chemin de la Suisse avec la résolution bien arrêtée de consacrer ses forces tout entières à ce qui devait être la grande tâche intellectuelle de sa vie. Pour la mener a bonne fin, elle comptait sur l'échange d'idées avec Benjamin Constant et Guillaume Schlegel, sur leur goût épuré en matière littéraire, qui pouvait au besoin rectifier le sien, sur la sympathie dont elle les savait animés tous deux pour les choses de l'esprit. Elle était à peine de retour à Coppet, qu'un message de Benjamin Constant lui demanda avec instance une entrevue à Sècheron, près Genève [1]. A la petite auberge de l'endroit il vint à sa rencontre, et, sans préambule, lui apprit que depuis le 5 juin précédent il était marié.

[1] L'Auteur des Souvenirs de M⁽ᵐᵉ⁾ Récamier, *Coppet et Weimar*. M⁽ᵐᵉ⁾ de Staël à la duchesse Louise, Coppet, 7 juillet 1808.

Il lui demanda en même temps la permission de lui présenter sa femme. C'était Charlotte de Hardenberg, fille du conseiller de légation et nièce du grand-chancelier de ce nom, la même que Benjamin Constant se félicitait, en 1794, à Brunswick, d'avoir laissée à son premier mari [1]. Ce premier mari était un homme âgé, M. de Mahrenholz, dont elle avait eu un fils. Elle le quitta pour se remarier au général comte Dutertre, catholique et émigré. L'union de celui-ci avec une protestante divorcée fut regardée comme illégitime après sa rentrée en France ; il finit par renoncer, pour de l'argent, dit-on, à ses droits sur sa femme, dont le premier mari était mort dans l'intervalle [2]. On raconte que l'émotion bien naturelle de Mᵐᵉ de Staël fut encore accrue par le fait que la

---

[1] * *Tableaux du passé*, 2ᵉ partie ; *Tableaux de la vie de Charles Seveking*, I, 197, note. — * Helmine de Chézy, *Choses inoubliables*, I, 363. — Sainte Beuve, *Causeries du Lundi*, XI, 438-440. — * Bürger, *Lettres*, IV, 132, 180, 187, 192.

[2] Voir le deuxième volume de cet ouvrage, chap. IV. 235. A comparer : J. H. Menos, *Lettres de Benjamin Constant à sa famille*, 1775-1830, avec Introduction, 1 vol., Paris, 1888. Cette publication fixe en décembre 1808 ou janvier 1809 ce mariage, d'abord tenu secret, entre Benjamin Constant et Charlotte de Hardenberg, et s'appuie sur des lettres de Benjamin Constant avec dates correspondantes. Malgré cela, nous avons cru devoir suivre, d'après Sainte-Beuve, les indications des contemporains, qui nous avaient guidé avant la publication de M. Menos, parce que ces indications s'accordent avec les dates de la vie de Mᵐᵉ de Staël. M. Menos peut s'être trompé d'année, au cas très probable où les lettres qu'il publie étaient imparfaitement datées. Elles sont, de plus, beaucoup moins sincères que le *Journal intime*. A sa tante et à sa cousine, Benjamin Constant n'a pas

nouvelle baronne de Constant ne cessait de répéter : « C'est que Benjamin, voyez-vous, est si bon ! ». Le baron de Voght, qui la connaissait fort bien et était au courant de tout ce qui la concernait, dit que, quoique mariée deux fois, elle eût toujours des amants, ne fut jamais jolie, ni, à son avis, intelligente. Lors de son troisième mariage elle comptait quarante ans et paraissait si peu propre à fixer son inconstant époux, que Sismondi, après avoir fait sa connaissance, écrivait : « Il est vrai que M. Constant a fait un choix bien étrange. Les hommes se figurent souvent que l'orage qui est dans leur cœur est excité par l'objet de leurs affections, et qu'ils se calmeront s'ils s'attachent à un être apathique. C'est une manière de se fuir eux-mêmes que de fuir ce qui leur ressemble ; mais cette manière ne peut leur réussir longtemps [1] ».

Les amis de Mme de Staël n'ignoraient pas combien étaient devenues orageuses, dans les derniers temps surtout, ses longues relations avec l'homme qui les dénouait de cette façon. Bien des années plus tard, un survivant de cette société évanouie, dont on ne nous dit pas le nom, racontait à Sainte-Beuve, infatigable gardien de la tradition de Coppet, une scène dont il avait été le témoin involontaire. « J'étais sorti un matin du château pour prendre le frais ; je m'étais couché dans l'herbe épaisse, près d'une

---

tout dit. De plus, les notes du *Journal intime* fournies par la famille fixent son mariage au 9 mai 1807. (Ce serait 1808 en tout cas.)

[1] Sainte-Beuve, *Nouveaux Lundis*, VI, 48 : *Sismondi*.

nappe d'eau, à un endroit du parc très écarté, et je regardais le ciel en rêvant. Tout d'un coup j'entendis deux voix ; la conversation était animée, secrète, et se rapprochait. Je voulais faire du bruit pour avertir que j'étais là ; mais j'hésitai, jusqu'à ce que, l'entretien continuant et s'établissant à quelques pas de moi, il fut trop tard pour interrompre, et il me fallut tout écouter, reproches, explications, promesses, sans me montrer, sans oser reprendre haleine... [1] ».

En 1802, après la mort du baron de Staël, on arriva à un moment de crise. Benjamin Constant voulut épouser Mme de Staël. Elle refusa, ou du moins elle mit à ce mariage la condition qu'il resterait secret. « Il lui aurait semblé à elle, en y consentant, déroger à quelques égards, faire tort à sa gloire, et, comme elle le disait gaiement, « désorienter l'Europe [1] ». « Preuve de chétif amour », ajoute Sainte-Beuve, qui tenait le fait de Mme Récamier [2]. Benjamin Constant, blessé de ce refus, écrivait peu après à sa cousine, à propos d'un de ces innombrables projets de mariage : « Tout en éprouvant ce que je viens de vous écrire pour Mme de Staël, je ne puis être plus longtemps l'amant en titre d'une femme libre que je n'épouse pas [3] ».

Sainte-Beuve soupçonnait du reste d'autres causes encore à ce refus, qui est, en effet, en contradiction

---

[1] Sainte-Beuve, *Portraits de femmes*, 133 : Mme *de Staël.*
[2] Sainte-Beuve, *Causeries du Lundi*, XI, 438-440.
[3] J. H. Menos, *Lettres de Benjamin Constant à sa famille*, 189. Lettre du 23 juillet 1803.

directe avec toute la manière de voir de Mme de Staël : des détails, obtenus depuis, ont confirmé cette supposition. Elle qui, dans ses œuvres comme dans sa vie, n'a jamais cessé de célébrer le bonheur dans le mariage comme le bien suprême et unique de la femme, savait que Benjamin Constant ne le lui donnerait jamais. Mlle Rosalie de Constant, qui n'aimait guère Mme de Staël, a pourtant laissé échapper cet aveu : « Dans un de ses moments de franchise, elle a dit à quelqu'un qu'elle l'aurait épousé (Benjamin Constant), s'il le lui avait *demandé avec plus de sentiment* et d'envie de l'obtenir ».

Il a été dit ici que Benjamin Constant, dans sa jeunesse, tenait un *Journal*. Cette habitude, il la conserva dans l'âge mûr et continua à noter chaque jour, à côté de maints détails intéressants sur les hommes et les choses, ses jugements si étrangement mobiles, et ses dispositions d'âme infiniment plus changeantes encore. Contemplé dans ce miroir, l'homme mûr que connut Mme de Staël apparaît aussi dépourvu de dignité et d'empire sur lui-même, aussi corrompu au fond de l'âme et incomparablement plus coupable que le correspondant de Mme de Charrière. Le dégoût prend la place de la pitié que pouvaient éveiller encore les écarts de sa jeunesse.

Dans l'histoire des confessions plus ou moins célèbres et de leur publication posthume, histoire qui est encore à faire, il faudra citer le *Journal* de Benjamin Constant comme preuve à l'appui du peu de valeur de l'esprit même le plus supérieur, quand il lui manque la base morale et l'énergie du bien.

Benjamin Constant lui-même semble l'avoir vaguement senti.

Il avait demandé, dans ses dispositions dernières, qu'on ne publiât point la partie de son *Journal* relative à Weimar. Mais c'en était précisément la partie la plus piquante, et la famille n'a pu résister à la tentation de la faire connaître, quoique avec des suppressions.

Elle aurait pu faire valoir pour sa justification que Benjamin Constant avait, dans des lettres à sa cousine Rosalie, qui, aujourd'hui, sont également publiées, parlé une seconde fois, et très en détail, de cet épisode de sa vie[1]. De plus il a laissé des notes destinées à servir de fil conducteur à de futurs mémoires et qui ont été utilisées déjà à diverses reprises[2].

Ces lettres et ces notes, toutefois, ne font que

---

[1] Lettres inédites de Benjamin Constant à sa grand'-mère et à sa cousine Rosalie de Constant, avec quelques lettres de Mme de Staël, conservées à la Bibliothèque de Genève. Eugène Crépet en a donné des extraits dans la *Revue Nationale*, 1861, 10 novembre et 10 decembre, p. 10 et 321. Elles ont été publiées depuis par H. J. Menos, ainsi que nous l'avons dit plus haut.

[2] Trouvées dans les papiers posthumes de Mme Récamier, elles furent communiquées par fragments par Loeve-Weimars, *Lettres sur les hommes d'État de la France*, II, (Benjamin Constant), *Revue des Deux Mondes*, 1833, 225. — Sainte-Beuve, *Portraits littéraires*, III, 283 ; *Causeries du Lundi*, I, 132. — Laboulaye, *Cours de politique constitutionnelle*. Benjamin Constant, notes quotidiennes, 1812-1813, communiquées par Mme Lenormant et tirées des papiers de Mme Récamier. — Benjamin Constant, *Lettres à Mme Récamier*, appendice, 341 : Mme de Staël, fragment de *Mémoires* détruits.

compléter le *Journal intime*, qui, commencé à Weimar le 1ᵉʳ pluviose an XII, c'est-à-dire le 22 janvier 1804, se poursuit, avec de nombreuses interruptions, jusqu'à la Restauration, et est aujourd'hui dans toutes les mains[1].

Ce qui frappe avant tout dans ce *Journal*, c'est le nombre absolument extraordinaire de projets de mariage qui occupent son auteur. Et cela non seulement à l'époque où ses rapports avec Mᵐᵉ de Staël s'étaient refroidis ; mais longtemps auparavant, quand son inclination pour elle paraissait le dominer encore tout entier et passionnément. La première allusion de ce genre se rencontre dans une lettre adressée en 1799 à sa tante, la comtesse de Nassau, qu'il prie de lui trouver une femme[2]. Bientôt après il s'intéresse à une personne très au-dessus de la moyenne, Julie Talma, la femme divorcée du grand tragédien ; sa grâce spirituelle et sa gaieté captivèrent Benjamin Constant, qui lui voua une amitié durable. Dans la dernière maladie de Julie il la compare à un général vaincu qui donne encore des ordres à une armée en déroute, et, au lit de mort de la femme qui avait éloigné « comme importune », des derniers moments de son propre fils, toute pensée

---

[1] Benjamin Constant, *Journal intime. Revue internationale*, janvier-mars 1887. Publié par M. Adrien Constant de Rebecque et sa fille, la comtesse Puckler-Brauitz. L'ordre chronologique des notes a été complètement troublé par les éditeurs et à dû être rétabli d'après d'autres dates.

[2] Benjamin Constant, *Lettres à sa famille. Revue internationale*, 218, 25 avril 1887.

relative à une autre vie, il se livre à des réflexions sur l'immortalité de l'âme. « Ses organes sont détruits : ses yeux n'y voient plus, elle ne respire qu'avec effort, elle ne peut soulever le bras et cependant il n'y a pas d'atteinte portée à la partie intellectuelle. Pourquoi la mort qui n'est que le complément de cette faiblesse y porterait elle atteinte ! L'instrument faussé et demi-brisé la laisse intérieurement telle qu'elle était. Pourquoi l'instrument complètement brisé ne laisserait-t-il pas cet intérieur intact ? ».

Et après la mort de Mme Talma, il ajoute : « J'ai contemplé la mort sans effroi, car je n'ai rien vu d'assez violent pour briser cette intelligence qui me laisse un si vif souvenir [1] ».

Cette inclination qui, d'après le témoignage de Benjamin Constant, resta toujours dans les bornes de l'amitié, n'en empêchait pas une autre pour Mme Lindsay, « la dernière des Ninons [2] ». La circonstance seule qu'elle était âgée de quarante ans et mère de deux enfants naturels, écrivait-il en 1805, l'avait empêché de l'épouser. A Weimar on entend parler d'une veuve, « pauvre cœur lié à un corps déjà fané, qui bat de ses pauvres petites ailes sans pouvoir se dégager de ses liens, et sans inspirer un autre sentiment que la pitié. Triste sort que celui des femmes ! Il est certain que pour leur bonheur une retraite

---

[1] Benjamin Constant, *Journal intime. Revue internationale*. 25 février 1887, 628-629. Id., *Mélanges de littérature et de politique*, 55-75.

[2] Chateaubriand, *Mémoires d'Outre-Tombe*.

presque orientale vaudrait mieux que l'état de demi-indépendance que nous leur laissons. Après trente ans, que leur sert leur liberté, si l'on n'a à offrir que ce dont personne ne veut plus ? ».

Sur les entrefaites paraissent en Suisse une Amélie de trente-deux ans, « point de fortune, et des ridicules que l'âge a consolidés » ; une Antoinette de vingt ans, « de la fortune, et point de ridicules, qui est commune de figure et n'a rien de français » ; une Rosette, qui malheureusement est laide, une Adrienne qui lui est offerte et qu'il se voit dans la nécessité de refuser, bien que sa tante, la comtesse de Nassau, lui promette une fortune considérable, s'il consent à se marier. « Mme de Staël se dresse comme un reproche entre moi et tous mes projets », dit-il, et nous n'avons pas de peine à l'en croire.

Ces projets ne méritent un moment d'attention, que parce qu'ils donnent la mesure de sa sincérité à l'égard de la femme qui continue à rester le grand intérêt de sa vie et celui de son *Journal*. Le passage où pour la première fois il est question d'elle ne fait pressentir en rien le sort qui lui sera réservé. Peu de temps après le départ de Mme de Staël pour Berlin, en 1804, il avait quitté Weimar dans l'intention de se rendre à Leipzig. Là il compare mélancoliquement la solitude qui l'entoure à un bain froid, « assez désagréable quand on y entre; mais », ajoute-t-il, « je suis sûr que je m'y referai. Il n'y a rien de si bon, de si aimant et de si dévoué qu'une femme ! ».

Et cependant on était en 1804 et deux ans s'étaient écoulés depuis le refus de Mme de Staël de l'épouser. Peu après survint la mort de Necker. Benjamin Constant lui portait un sincère attachement, et, de plus, il possédait à un suprême degré la faculté de s'identifier avec tous les états d'âme, avec toutes les dispositions intérieures, même avec celles qui étaient bonnes. Il fut pour son amie un consolateur incomparable. « Tout ce que je respecte sur la terre, c'est la douleur », écrit-il à sa cousine Rosalie, « et je veux mourir sans avoir à me reprocher de l'avoir bravée. Je sens dans ma conscience que non seulement j'ai rempli un devoir, mais que j'ai rendu a un être très bon et très distingué un service plus essentiel que si je lui avais matériellement sauvé la vie ». Cette fois encore, la réaction ne se fit pas attendre. « Je couche à Lausanne. Je ne puis dépeindre ma joie d'être seul. Bizarre situation : j'aime profondément tout ce que je trouve à Coppet, mais cette société continuelle, cette distraction perpétuelle me fatigue et m'énerve ; j'y perds mes forces actives et je me dis avec amertume : Quand cela finira-t-il ?... Je n'ai jamais vu une femme meilleure, ayant plus de grâce et de dévouement, mais je n'en ai jamais vu une qui ait des exigences plus continuelles, sans s'en apercevoir, qui absorbe plus la vie de ce qui l'entoure et qui, avec toutes ses qualités, ait une personnalité plus *avouée* ; toute l'existence, les minutes, les heures, les années, doivent être à sa disposition. Et quand elle se livre à sa fougue, c'est un fracas comme tous les orages et les tremblements de terre. C'est une enfant gâtée, cela résume tout. Mme de Stael est aujourd'hui à Genève. Bonstetten, Schlegel, Sismondi et moi nous avons dîné comme des écoliers dont le régent est absent. Singulière femme ! Sa domination est inexplicable, mais très réelle sur tout ce qui l'entoure. Si elle savait se gouverner elle-même, elle gouvernerait le monde ! ». Ce qu'il déclarait désirer avec tant d'ardeur, arriva. Un jour il se vit abandonné à lui-même. Le *Journal* reprend : « N'ayant point reçu de lettres de Coppet ni d'invitation d'y retourner, cela m'en a donné une prodigieuse envie. Le fait est que, de cœur, d'esprit et d'abandon, je ne suis bon que là. Les autres personnes me sont aussi étrangères que des arbres ou des rochers ».

Le mot décisif de la situation est enfin prononcé et dévoile la cause dernière de tant de tristes récriminations d'une part, de tant de protestations vaines et mensongères de l'autre. « Mme de Staël, qui me comprend mieux que personne, ne veut pas se borner à l'amitié quand je n'ai plus d'amour... Hélas ! je voudrais éviter de monotones lamentations, non pas sur des malheurs réels, mais sur les lois générales de la nature, sur la vieillesse. Je voudrais, moi homme, ne pas avoir à supporter les dépits d'une femme que la jeunesse abandonne. Je voudrais qu'on ne me demande pas de l'amour, après dix ans de liaison, lorsque nous avons tout près de quarante ans, et que j'ai déclaré deux cents fois, depuis longtemps, que de l'amour, je n'en avais plus. Déclaration que je n'ai jamais rétractée que pour calmer des convulsions de douleur et de rage qui me faisaient peur [1] ».

---

[1] Benjamin Constant, *Journal intime. Revue internatio-*

Mᵐᵉ de Staël se rendit en Italie sans Benjamin Constant, duquel elle se sépara à Lyon. Avant de quitter Coppet, en novembre, elle avait fait son testament et exprimé l'espoir qu'à l'heure dernière il serait là, prêt à faire pour elle ce qu'elle n'avait pu faire pour son père. « Je ne lui ai pas fermé les yeux, — fermerez-vous les miens ?[1] »

Les lettres qu'elle recevait de lui pendant son séjour en Italie étaient tristes ; elle le sentait et n'hésitait pas à le lui dire. Il répond dans le *Journal intime* : « Je reçois une lettre de Mᵐᵉ de Staël, qui trouve les miennes tristes et me demande ce qu'il faut pour mon bonheur. Hélas ! ce qu'il me faut c'est ma liberté : précisément ce qu'on ne veut pas m'accorder. Cela me rappelle ce hussard s'intéressant à un prisonnier qu'il devait mettre à mort et lui disant : « Demandez-moi tout ce que vous voudrez, excepté la vie ».

Pendant toute la durée du séjour de Mᵐᵉ de Staël à Rome, le ton dans lequel parle d'elle Benjamin Constant est amer et offensant. On sent qu'elle n'est pas là pour conjurer les fantômes de son imagination. Chose assez singulière ! au nombre des reproches qu'il lui adresse est le besoin d'être bien avec les gens qui sont au pouvoir, et cet autre, de chercher un refuge dans les idées religieuses, dans la dévotion. Il se disait fatigué de ces plaintes incessantes,

---

nale, 25 janvier 1887, 222 , 25 février, 630-631 ; 10 février, 435.

[1] Benjamin Constant, *Journal intime. Revue internationale*, 10 janvier 1887, 101.

et plus encore des justifications qu'il était sans cesse obligé d'y opposer.

Ils se revirent à Coppet pendant l'automne de 1805. « Monti y arrive », remarque Benjamin Constant ; « il a une superbe figure douce et fière. Ses déclamations en vers sont très remarquables. C'est un véritable poète, fougueux, emporté, faible, timide, mobile, le pendant de Chénier en italien, quoiqu'il vaille mieux que Chénier. Le soir, j'ai une scène épouvantable avec Mme de Staël. J'annonce une rupture décisive. Deuxième scène. Fureur, réconciliation impossible, départ difficile. Il faut me marier !... *Mme de Staël m'a reconquis* ».

Ici d'autres informations viennent compléter le récit du *Journal intime*. Pendant cet hiver de 1805, que Benjamin Constant avait passé à Paris, il s'était informé auprès de sa cousine Rosalie de ce qu'il y avait de vrai dans les bruits qui couraient au sujet de Mme de Staël en Italie et qui la disaient « distraite par un autre objet d'intérêt ». D'un autre côté, Coulmann, et Sainte-Beuve sans indication plus précise quant au temps où cela se passait, parlent d'une tentative d'empoisonnement faite par Benjamin Constant à Coppet, pendant la nuit. Tout le château fut réveillé, mis en émoi, à l'exception de Matthieu de Montmorency, que l'on trouva à genoux au bord de son lit. « M. de Constant s'est empoisonné », lui cria-t-on. « Il faut chercher un médecin », répondit-il, et il continua sa prière.

Il est probable que cette scène eut lieu pendant ce même été de 1805 à la suite duquel Benjamin

Constant suivit Mme de Staël à Genève et de là à Auxerre. « Car, raconte le *Journal intime*, la plus grande émotion de ma vie est le besoin d'aimer ; je dois le satisfaire à tout prix ».

A Auxerre se déroule l'épisode qui prépara le dénouement de ce drame intime, et dont l'héroïne fut la future Mme de Constant Son nom reparaît pour la première fois dans une lettre de Benjamin à sa cousine Rosalie, datée de Paris, le 14 novembre 1800. « La seule chose que je voudrais savoir », dit-il, « c'est ce qu'est devenue une Mme de Mahrenholtz ou de Hardenberg, qui doit avoir trente-un ans, et si Victor (un parent) l'a vue et si elle lui a parlé de moi ». Mlle de Constant ayant donné le renseignement qu'on lui demandait, son cousin reprend : « J'ai été très piqué de ce que vous m'avez mandé relativement à une dame qui m'a fort intéressé autrefois. Il faut avoir bien de la légèreté dans la tête et bien de l'insensibilité dans le cœur, pour que sept petites années suffisent pour faire oublier de la sorte quelqu'un dont on n'est séparé que de vingt-cinq lieues [1] ». Après cette lettre, le nom de Mme de Mahrenholtz retombe dans l'oubli jusqu'en 1804. A cette date, le *Journal intime* mentionne une lettre d'elle, dans laquelle elle se plaint d'avoir une seconde fois sacrifié sa liberté, et cela pour le général Dutertre, auquel Benjamin Constant se hâte d'appliquer l'épithète : *Quel sot !*

Bientôt après il la rencontra et resta indifférent, jusqu'à ce qu'il la revît à Paris en 1806. Elle était

[1] J. H. Menos, *Lettres de Benjamin Constant à sa famille*, 175-176.

alors âgée de trente-huit ans, c'est-à-dire à peine plus jeune que Mme de Staël. La comparant à celle-ci, il en vint à conclure « que le sentiment est bien plus détruit par la gêne que par la violence ». Quelques semaines, peut-être seulement quelques jours plus tard, Mme Dutertre était sa maîtresse. Il le constate, puis il ajoute : « Que diable cela veut-il dire ? Il y a douze ans que je n'ai rien éprouvé de pareil : c'est par trop fou. Cette femme que j'ai refusée cent fois me fait aujourd'hui tourner la tête ».

Lorsque Benjamin Constant parlait ainsi, il était bien près, ainsi qu'il le dit lui-même, d'éprouver un sentiment tout contraire. Il s'accuse en effet, et presque à la même page : « La fièvre passerait-elle et l'ennui commencerait-il !... Je frémis à l'idée d'une femme qui ne sera reçue nulle part. Peut-être m'enterrerai-je à Lausanne, sinon je suis sûr que dans six mois je me tuerai ». Cette fois encore il ne se tua pas, mais il n'y a pas lieu de s'étonner que les forces de Mme de Staël aient succombé aux émotions du séjour d'Auxerre. D'après une indication du *Journal*[1], elle n'ignorait pas ce qui s'était passé, mais ne pouvait se résigner à l'idée d'une séparation. Sa surexcitation nerveuse était telle, que Guillaume Schlegel crut devoir prévenir Benjamin Constant que tout était à craindre. L'inclination de celui-ci pour Charlotte de Hardenberg se nourrissait dans l'intervalle du contraste avec la femme malheureuse et passionnée

[1] Benjamin Constant, *Journal intime. Revue internationale*, 25 février 1887, 632 ; 25 janvier 1887, 231 ; 25 février 1887, 635-639.

dont il torturait le cœur, à laquelle il infligeait de mortelles blessures, et que « par une faiblesse indigne » il trompait toujours de nouveau, jusqu'à ce qu'enfin son lâche égoïsme vit en elle « une furie... le poignard à la main ». Alors eut lieu « cette horrible scène » de Lausanne, en septembre 1807, que Rosalie de Constant a racontée à son frère dans tous les détails et avec une amertume que son désir de plaider la cause de son cousin Benjamin ne suffit pas à excuser [1].

Le départ de Mme de Staël pour Vienne mit fin à cette situation intolérable ; mais à la suite de la rencontre de Sècheron éclatèrent de nouveaux orages. Dans le cours de l'année 1809 les époux Constant la suivirent à Lyon, et Benjamin ne la revit pas impunément. Le charme des anciens jours était encore assez puissant pour pousser cette fois Mme de Constant à une tentative d'empoisonnement qui, d'ailleurs, n'eut pas de suites fâcheuses [2]. Mme de Staël et Benjamin ne se retrouvèrent plus jamais comme en cette circonstance. Ce dernier, qui avait promis de ne point publier officiellement son mariage pendant un certain temps, se rendit avec sa femme à Paris, où, pour se distraire, il joua et perdit de fortes sommes. Poursuivi par le souvenir du passé, il ne voulait traverser les rues qu'en voiture fermée, parce qu'il craignait

---

[1] J. H. Menos, *Lettres de Benjamin Constant à sa famille*, introduction, 40, et lettre de Mlle R. de Constant à son frère, 8 sept. 1807.
[2] Sainte-Beuve, sur *Adolphe* de Benjamin Constant, *Causeries du Lundi*, XI, 438-440.

d'être montré du doigt. Ces craintes n'étaient pas tout à fait chimériques, ainsi que le constate une lettre de Benjamin Constant à sa tante, Mme de Nassau, datée de Coppet, 12 juillet 1809 : « J'ai la conviction et la preuve que, si je partais brusquement, le fils aîné de Mme de Staël, qui a dix-neuf ans et qui adore sa mère, la revoyant dans l'état où mon dernier départ pour Dôle l'a jetée (juillet 1807), irait jusqu'à se battre avec moi[1] ». Cette disposition d'esprit passa comme les autres. Dans le courant de l'hiver de 1811 il retourna sur le lac de Genève et à Lausanne, où il eut avec son père une querelle violente et revit Mme de Staël. En février il l'accompagna une dernière fois à Lausanne, où il resta quelque temps. Puis, en mai, ils prirent congé l'un de l'autre « sur l'escalier de l'Hôtel de la Couronne, à Lausanne ». Il indique l'heure : « C'était le matin, à 11 heures. Elle me dit qu'elle pensait que nous ne nous reverrions de notre vie ».

Ces paroles qui, cette fois, furent dites sans amertume, ne se réalisèrent pas. Mme de Staël et Benjamin Constant se rencontrèrent encore souvent. Mais les rôles étaient intervertis. La femme qui, quelques années auparavant, l'avait supplié à genoux de rester fidèle à lui-même et à elle, était enfin non seulement calmée et guérie, elle était aimée. Et lui ?

L'année 1811 n'était pas révolue, qu'il écrivait dans son *Journal* : « Querelles assez fréquentes avec Charlotte. Je ne parierai pas que nous finirons notre

---

[1] J. H. Menos, *Lettres de Benjamin Constant à sa famille*, 325.

vie ensemble... Mme de Staël est en voyage avec Rocca, mais elle ne m'écrit plus. Son souvenir et celui d'Albertine me déchirent. Mon cœur se fatigue de tout ce qu'il a et regrette tout ce qu'il n'a pas... Je fais le projet d'un voyage à Vienne. Cela m'a rappelé les efforts de Mme de Staël pour m'y entraîner avec elle. Donc, ce que je n'ai pas voulu faire avec la plus spirituelle des femmes, je pense le faire aujourd'hui avec Charlotte. Justice de Dieu!... Pour mon travail et les bons conseils, je regrette Mme de Staël plus que jamais... Toute la soirée je me suis occupé de souvenirs et de regrets. Je suis aussi occupé de Mme de Staël qu'il y a dix ans. Elle est perdue pour moi, je ne m'en releverai pas [1] ».

Quatre années plus tard, en 1815, ces impressions étaient encore assez puissantes pour inspirer à Benjamin Constant cette confession adressée à Mme Récamier : « Le souvenir d'une vie si dévastée, si orageuse, que j'ai moi-même menée contre tous les écueils avec une sorte de rage, m'a saisi d'une manière que je ne puis peindre. Quoi qu'il en soit du reste, cela est pourtant vrai que, sans malheur extérieur, j'ai souffert plus d'angoisses que le malheureux sur la roue ; que je les avais méritées, car j'avais aussi fait souffrir, et que j'ai envié cent fois tout ce qui ressemblait à une vie réglée, et que je n'ai trouvé de paix nulle part. Je ne vous dis pas le quart de ce que je sens. Je crains de gâter une impression en essayant de vous la faire passer par

---

[1] Benjamin Constant, *Journal intime* Revue internationale, 10 mars 1887, 765 767.

moi... Je ne vous accuse de rien. Vous n'êtes qu'instrument de ma douleur. Je l'ai été aussi pour une autre, cependant j'y étais moins insensible que vous. Dieu veuille que votre tour ne vienne pas [1] ».

Dans toutes ces communications perce le besoin de s'observer constamment, de s'analyser, de dévoiler sa misère intérieure, de dire tout haut ce qui devrait rester caché au fond de l'âme, et, avec un repentir stérile, de revenir toujours aux anciennes erreurs. L'homme dans Benjamin Constant en était diminué et abaissé, mais il n'est pas moins certain que la façon dont s'exprimaient ces conflits psychologiques était de nature à stimuler l'artiste. Ce que la réalité avait souillé, profané et détruit, l'art, sans doute, ne pouvait plus le transfigurer. Le livre où se reflètent les expériences de Benjamin Constant est, il faut le dire, d'une tristesse désespérante. A Auxerre, pendant son aventure avec Mme Dutertre et les commotions de la lutte avec Mme de Staël, l'idée de raconter son histoire sous forme de roman s'empara de lui. Au bout de quinze jours *Adolphe* était terminé [2]. « J'ai voulu », dit-il dans la préface, « peindre le mal que font éprouver même aux cœurs arides les souffrances qu'ils causent, et cette illusion qui les porte à se croire plus légers ou plus corrompus qu'ils ne le sont ». Celui qui donne son nom au livre et raconte

---

[1] Benjamin Constant, *Lettres à Mme Récamier*, publiées par l'Auteur des Souvenirs de Mme Récamier, 116, 223, 224.

[2] Benjamin Constant, *Journal intime. Revue internationale*, 25 février 1887, 635.

lui-même son histoire se dépeint comme timide, indifférent, ennuyé ; rempli d'une insurmontable aversion pour toutes les maximes communes et toutes les formules dogmatiques ; mettant tout en œuvre pour s'attirer une réputation de légèreté, de persiflage et de méchanceté, et destiné à devenir, contre sa volonté, l'objet d'ardentes inclinations non payées de retour. Il fait une exception en faveur de la femme âgée qu'il a aimée étant jeune, et qui n'est autre que Mme de Charrière [1]. Quelque temps après il rencontre une Polonaise, Ellénore, mère de deux enfants et maîtresse d'un comte de P***. Cette femme n'avait qu'un esprit ordinaire, des idées justes, beaucoup de préjugés, qui d'ailleurs étaient tous en sens inverse de son intérêt. Elle attachait le plus grand prix à la régularité de la conduite, précisément parce que la sienne n'était pas régulière suivant les notions reçues ; c'est ainsi, par exemple, qu'elle élevait ses enfants avec une austérité excessive. Elle était, en un mot, en lutte constante avec sa destinée, et comme elle sentait que la réalité était plus forte qu'elle et que ses efforts ne changeaient rien à sa situation, elle était fort malheureuse. Cette opposition entre ses sentiments et la place qu'elle occupait dans le monde avait rendu son humeur fort inégale. On l'examinait avec intérêt et curiosité, « comme un bel orage ».

Adolphe la rencontre au moment où son cœur a besoin d'amour, sa vanité de succès. Trop timide pour lui faire une déclaration positive, il lui écrit

[1] Voir notre deuxième volume, chap. IV, 230-232.

sous l'empire de sentiments qui répandent dans sa lettre une agitation voisine de l'amour, et il éprouve, en la terminant, quelque chose de cette passion qu'il avait cherché à exprimer. Ellénore, plus âgée que lui de dix ans, lui offre une amitié sincère, mais lui déclare que jusqu'au retour du comte de P*** elle ne pourra le recevoir. Cette réponse le bouleverse. Il se voit traité comme un enfant, menace de se tuer, devient l'ami d'Ellénore, la torture par ses reproches et ses violences, jusqu'à ce qu'enfin il triomphe d'elle. Mais il ne tarde pas à s'avouer qu'Ellénore tient, il est vrai, une grande place dans sa vie, mais qu'elle est pour lui un lien beaucoup plus qu'un but, et cela surtout parce qu'il ne veut pas la compromettre aux yeux du monde, Or, Ellénore est violente. Dans ses relations avec le comte de P***, son cœur avait été froissé par une dépendance pénible ; avec Adolphe elle se trouve parfaitement à l'aise, parce que leur situation est celle d'une complète égalité. Son inclination pour lui augmente à mesure que la sienne diminue et devient une passion dévorante. Lui, au contraire, déplore son existence dépourvue de but, sa liberté perdue, tant d'heures passées dans l'agitation. La première scène orageuse entre eux éclate dans le moment où elle lui a arraché la promesse de rester encore six mois avec elle. Elle lui reproche de l'avoir rejetée, aux yeux du monde, dans la situation équivoque dont elle avait cherché toute sa vie à sortir. Ils prononcent tous deux des « mots irréparables ». Cependant ils se réconcilient. Ellénore bannit toute prudence, parce que la prudence, c'est Adolphe qui veut la lui imposer. Elle se sépare du comte de P***, abandonne ses enfants, et remarque trop tard que l'opinion publique la condamne. Mais elle n'ose confier à son amant les peines qu'elle s'est attirées par un sacrifice qu'il ne lui a pas demandé, elle le sait bien. « On me haïssait, on la plaignait », dit Adolphe, « mais on ne l'estimait pas ».

Pour obéir à son père, qu'il dépeint d'après nature, Benjamin-Adolphe s'éloigne pour quelques mois et écrit « par pitié » à Ellénore des lettres d'amour qui lui donnent le change sur ses vrais sentiments, tandis qu'en lui-même il compare sa vie indépendante et tranquille à la vie de précipitation, de trouble et de tourment à laquelle sa passion le condamne. Bientôt elle le rejoint. La première entrevue est terrible. « Elle me peignit si misérable dans ma faiblesse, qu'elle me révolta contre elle encore plus que contre moi. Une fureur insensée s'empara de nous : tout ménagement fut abjuré, toute délicatesse oubliée. On eût dit que nous étions poussés l'un contre l'autre par des furies. Tout ce que la haine la plus implacable avait inventé contre nous, nous nous l'appliquions mutuellement ; et ces deux êtres malheureux, qui seuls se connaissaient sur la terre, seuls pouvaient se rendre justice, se comprendre et se consoler, semblaient deux ennemis irréconciliables, acharnés à se déchirer ».

A ce moment le père d'Adolphe lui déclare qu'il l'éloignera par force d'Ellénore. Cette menace suffit pour réveiller chez son fils la croyance à un sentiment qui n'a jamais existé. Il fuit avec elle. « Adolphe », lui dit-elle, « vous vous trompez sur vous-même : vous êtes généreux, vous vous dévouez à moi parce que je suis persécutée ; vous croyez avoir de l'amour, et vous n'avez que de la pitié ». Au bout de quelque temps il est plus désillusionné que jamais et reconnaît la nécessité d'une séparation. Ellénore lui fait de nouveaux sacrifices, dont il la récompense par de bons conseils, des promesses d'amitié. « Mais l'amour, ce transport des sens, cette ivresse involontaire, cet oubli de tous les intérêts, de tous les devoirs, Ellénore, je ne l'ai plus ». Elle ne répond pas, chancelle, tombe sans connaissance à ses pieds. Ses protestations la rendent à la vie et à la confiance ; puis il la torture de nouveau. « Nos cœurs défiants et blessés ne se rencontraient plus... La longue habitude que nous avions l'un de l'autre, les circonstances variées que nous avions parcourues ensemble, avaient attaché à chaque parole, presque à chaque geste, des souvenirs qui nous replaçaient tout à coup dans le passé et nous remplissaient d'un attendrissement involontaire, comme les éclairs traversent la nuit sans la dissiper... Mais ces émotions et ce langage ressemblaient à ces feuilles pâles et décolorées qui, par un reste de végétation funèbre, croissent languissamment sur les branches d'un arbre déraciné ».

Une amie officieuse, qui n'est autre que Mme Récamier, fait ce que celle-ci essaya de faire à Coppet, dans l'été de 1806, et échoue comme elle dans la tentative d'amener une réconciliation. « Les reproches d'Ellénore m'avaient persuadé que j'étais coupable », dit Adolphe ; « j'appris de celle qui croyait la défendre que je n'étais que malheureux... » « Quelques jours après, Ellénore alla plus loin. Elle etait incapable de tout empire sur elle-même ; dès qu'elle croyait avoir un sujet de plainte, elle marchait droit à l'explication, sans ménagement et sans calcul, et préférait le danger de rompre à la contrainte de dissimuler... Tour à tour haute et suppliante, tantôt prévenante, tantôt susceptible, il y avait dans ses actions et dans ses paroles je ne sais quelle fougue destructive de la considération, qui ne se compose que du calme ».

Adolphe, de son côté, devient toujours plus dur. Impitoyable dans ses paroles, il se plaît à railler les femmes et à dire tout haut combien il est difficile de se délivrer d'elles quand une fois on a uni son existence à la leur. Une nouvelle tentative qu'il fait pour quitter Ellénore porte e coup mortel à la malheureuse femme. « J'avais brisé l'être qui m'aimait », s'écrie Adolphe dans un tardif repentir. Une lettre qu'il adresse en mourant à l'éditeur du manuscrit renferme la morale du livre. « Le malheur d'Ellénore prouve que le sentiment le plus passionné ne saurait lutter contre l'ordre des choses. La société est trop puissante, elle se reproduit sous trop de formes, elle mêle trop d'amertumes à l'amour qu'elle n'a pas sanctionné ; elle favorise ce penchant à l'inconstance et cette fatigue impatiente, maladies de l'âme, qui la saisissent quelquefois subitement au sein de l'intimité... Malheur donc à la femme qui se repose sur un sentiment que tout se réunit pour empoisonner, et contre lequel la société, lorsqu'elle n'est pas forcée à le respecter comme légitime, s'arme de tout ce qu'il y a de mauvais dans le cœur de l'homme pour décourager tout ce qu'il y a de bon ! L'exemple d'Adolphe ne sera pas moins instructif. si vous ajoutez qu'après avoir repoussé l'être qui l'aimait, il n'a pas été moins inquiet, moins agité, moins mécontent ; qu'il n'a fait aucun usage d'une liberté reconquise au prix de tant de douleurs et de tant de larmes ; et qu'en se rendant bien digne de blâme, il s'est rendu aussi digne de pitié... Vous le verrez dans bien des circonstances diverses, et toujours la victime de ce mélange d'égoïsme et de sensibilité qui se combinait en lui pour son malheur et celui des autres ; prévoyant le mal avant de le faire, et reculant avec désespoir après l'avoir fait ; puni de ses qualités plus encore que de ses défauts, parce que ses qualités prenaient leur source dans ses émotions, et non dans ses principes ; tour à tour le plus dévoué et le plus dur des hommes, mais ayant toujours fini par la dureté après avoir commencé par le dévouement, et n'ayant ainsi laissé de traces que de ses torts... Les circonstances sont bien peu de chose, le caractère est tout ; c'est en vain qu'on brise les objets et les êtres extérieurs, on ne saurait briser avec soi-même. On change de situation, mais on transporte dans chacune le tourment dont on espérait se délivrer ; et comme on ne se corrige pas en se déplaçant, l'on se trouve seulement avoir ajouté des remords aux regrets et des fautes aux souffrances [1] ».

[1] Benjamin Constant, *Adolphe.* Lettre à l'éditeur, et der-

Benjamin Constant, lorsqu'il se livrait à cette anatomie du cœur dont La Rochefoucauld n'eût pas désavoué l'inexorable logique, savait très bien que les choses ne pouvaient être dépeintes telles qu'elles s'étaient passées en réalité. Après avoir une première fois communiqué *Adolphe* à un ami, il écrivit dans son *Journal*: « Il est vrai que ce n'est pas d'imagination que j'ai écrit : *non ignora mali*. Cette lecture m'a prouvé que je ne devais pas mêler un autre épisode de femme à ce que j'ai déjà fait. Ellénore cesserait d'intéresser, et si le héros contractait des devoirs envers une autre et ne les remplissait pas, sa faiblesse deviendrait odieuse ».

En fait, il n'a trompé personne ; il a plutôt provoqué une condamnation dont l'unanimité a dû l'étonner lui-même : « Lu mon roman à Mme de Coigny », raconte-t-il en 1806 ; « elle se révolte contre le héros ! »… « Soirée chez Mme Récamier avec Fauriel. Je leur lis mon roman, qui leur produit un singulier effet. Le caractère du héros les révolte. Décidément, on ne sait pas me comprendre [1] ».

Après ce premier essai, *Adolphe* resta manuscrit jusqu'en 1816, où il fut publié, et Benjamin Constant écrivit à Mme Récamier: « On m'a engagé à imprimer le petit roman que je vous ai lu tant de fois. On s'était mis à me le faire lire, et l'ayant fait

nière réponse et conclusion. Comparer Gustave Planche, *Poètes et romanciers modernes de la France: Adolphe. Revue des Deux Mondes*, 1834, 345.

[1] Benjamin Constant, *Journal intime. Revue internationale*, 25 février 1887, 635, 637.

pour deux ou trois de mes connaissances, je ne pouvais le refuser à d'autres. A présent, je m'en repens. Je ne vois jamais les inconvénients des choses qu'après les avoir faites. Je crains qu'une personne, à qui cependant il n'y a vraiment pas l'application la plus éloignée ni comme position ni comme caractère, ne s'en blesse. Mais il est trop tard. J'ai cédé au dernier mouvement d'amour-propre que j'aurai probablement de ma vie, car mon talent est fini [1] ».

Ses amis pensèrent différemment sur le premier point. Sismondi, après avoir lu et relu *Adolphe*, exprima son opinion sur le livre dans une lettre à la comtesse d'Albany. « Vous trouverez que c'est beaucoup pour un ouvrage dont vous faites assez peu de cas, et dans lequel, à la vérité, on ne prend d'intérêt bien vif à personne. Mais l'analyse de tous les sentiments du cœur humain est si admirable, il y a tant de vérité dans la faiblesse du héros, tant d'esprit dans les observations, de pureté et de vigueur dans le style, que le livre se fait lire avec un plaisir infini. Je crois bien que j'en ressens plus encore, parce que je reconnais l'auteur à chaque page, et que jamais confession n'offrit à mes yeux un portrait plus ressemblant. Il fait comprendre tous ses défauts, mais il ne les excuse pas, et il ne semble point avoir la pensée de les faire aimer. Il est très possible qu'autrefois il ait été plus réellement amoureux qu'il ne se peint dans son livre, mais, quand je l'ai connu, il

---

[1] Benjamin Constant, *Lettres à M*^{me} *Récamier*, 299, juin 1816.

était tel qu'Adolphe, et, avec tout aussi peu d'amour, non moins orageux, non moins amer, non moins occupé de flatter ensuite et de tromper de nouveau, par un sentiment de bonté, celle qu'il avait déchirée. Il a évidemment voulu éloigner le portrait d'Ellénore de toute ressemblance. Il a tout changé pour elle, patrie, condition, figure, esprit. Ni les circonstances de la vie, ni celles de la personne n'ont aucune identité ; il en résulte qu'à quelques égards elle se montre dans le cours du roman tout autre qu'il ne l'a annoncée. Mais à l'impétuosité et à l'exigence dans les relations d'amour on ne peut la méconnaître. Cette apparente intimité, cette domination passionnée, pendant laquelle ils se déchiraient par tout ce que la colère et la haine peuvent dicter de plus injurieux, est leur histoire à l'un et à l'autre. Cette ressemblance seule est trop frappante pour ne pas rendre inutiles tous les autres déguisements [1] ». Plus tard, après la mort de Benjamin Constant, Sismondi relut le livre et son jugement fut plus sévère. « Il est singulier que nous nous soyons remis en même temps à relire *Adolphe* », écrivait-il à une jeune amie; « j'en ai été fort mécontent. Quand je l'avais lu la première fois, les habitudes de l'esprit de Mme de Staël et de sa société avaient plus d'empire sur moi. J'avais une vraie amitié pour Benjamin Constant, je conserve beaucoup d'affection pour sa mémoire ; mais ce livre m'a, en quelque sorte, humilié en lui, comme

---

[1] Saint-René Taillandier, *Lettres inédites*, etc., 300. Sismondi à Mme d'Albany, Pescia, 14 octobre 1816.

vous dites. On dirait que l'auteur ignorait le sentiment de la vertu et du devoir. Et ce n'est pas lui seul qui semble incapable de voir la lumière, on dirait que toute sa génération, que le monde dans lequel il a vécu, avait perdu avec lui le plus précieux des sens, le sens moral [1] ».

Le mot le plus cruel échappa à Barante. « C'est une fille qui mourra à l'hôpital », dit-il en parlant de Benjamin Constant [2].

Une seule personne resta indulgente à son égard. Ce fut Mme de Staël. Elle lut *Adolphe* pendant son séjour à Auxerre, où fut composé le livre, et elle en parle en ces termes dans une lettre à Bonstetten : « Benjamin s'est mis à faire un roman, et il est le plus original et le plus touchant que j'ai lu [3] ». Plus tard, il, est vrai, elle remarque en passant qu'elle n'aime pas le livre : « Je ne crois pas », dit-elle, « que tous les hommes soient Adolphe, mais les hommes à vanité [4] ».

Ni alors, ni plus tard, un seul mot d'elle n'a trahi si elle s'était reconnue ou non dans le portrait d'Ellénore, et Benjamin Constant fut libre d'interpréter ce silence dans le sens le plus favorable à ses désirs. C'est là en effet ce qu'il fit. Après la publi-

---

[1] Sismondi, *Fragments de son Journal et Correspondance*, 1798-1842, Genève et Paris, 1857. Sismondi à Mlle Eulalie Saint-Aulaire, Rome, 20 février 1837, 193.

[2] Sainte-Beuve, *Nouveaux Lundis*, IX, 155, note.

[3] * Bonstetten, *Lettres à Friderike Brun*, I, 254. Mme de Staël à Bonstetten, Rouen, 15 novembre 1806.

[4] Sainte-Beuve, *Nouveaux portraits et critiques littéraires* III.

cation de son roman, en 1816, il écrivit à Mme Récamier : « *Adolphe* ne m'a point brouillé avec la personne dont je craignais l'injuste susceptibilité. Elle a vu, au contraire, mon intention d'éviter toute allusion fâcheuse [1] ». Il lui séyait d'être généreuse.

Benjamin Constant est Adolphe, mais c'est seulement à ses heures les plus malheureuses que Mme de Staël a été Ellénore. En elle vivait la force secrète qui triomphe par l'amour des fautes que l'amour a fait commettre. La réfutation d'Adolphe, c'est *Corinne*. Les deux livres sont nés à la même heure, pendant la même crise morale. Là comme ici le bonheur de la femme trouve son écueil dans les lois qu'il offense, là comme ici la femme tombe victime de l'ingratitude de l'homme. Et cependant ces deux livres sont placés aux deux pôles du monde moral.

La douleur d'Adolphe, impuissante et amère, s'éteint dans l'égoïsme. Sur le sol aride où n'a pu fleurir l'amour, le repentir s'épuise en plaintes stériles, et le réalisme du tableau ne dédommage pas du spectacle de la décomposition intérieure qu'il présente. Mais Corinne a vraiment aimé. A la lumière de cette certitude s'éclaircit le mystère de sa tragique destinée ; elle comprend maintenant à quel prix s'achète le bien suprême ici-bas. Ce qu'il y avait de périssable dans son amour a été détruit : l'amour est resté.

Avec Corinne, — et Benjamin Constant ne s'est

---

[1] Benjamin Constant, *Lettres à Mme Récamier*, 1816, 302.

fait aucune illusion à ce sujet, — s'éteint le souffle idéal qui, aux heures de l'inspiration, l'avait soulevé, lui aussi, et emporté sur son aile : « On n'a point connu Mme de Staël », a écrit Sismondi, « si on ne l'a pas vue avec Benjamin Constant. Lui seul avait la puissance, par un esprit égal au sien, de mettre en jeu tout son esprit, de la faire grandir par la lutte, d'éveiller une éloquence, une profondeur d'âme et de pensée qui ne se sont jamais montrées dans tout leur éclat que vis-à-vis de lui ; comme lui aussi n'a jamais été lui-même qu'à Coppet. Quand, après la mort de Mme de Staël, je l'ai vu si éteint, j'aurais à peine pu croire que ce fût le même homme [1] ».

Sans elle il écrira des brochures excellentes et prononcera d'éloquents discours ; il restera un adversaire politique redouté et un chef parlementaire courtisé des partis. L'ouvrage sur *Les Religions*, auquel il avait travaillé sous les yeux de Mme de Staël et aidé de ses conseils, finit aussi par être achevé. Il lui avait coûté plus de vingt années d'études et était beaucoup plus solide que le poème en prose de Chateaubriand ; Sismondi va plus loin et dit qu'il contient « plus de vérités neuves et mères » que l'on n'en trouve dans aucune des trois écoles opposées de Lamennais, de Cousin et de Tracy. Seulement, suivant le mot de Sainte-Beuve, tous ses écrits sont nés fanés et sans flamme, et celui-ci fit long feu [2]. Le lecteur qui

---

[1] Sismondi, *Fragments de son Journal et Correspondance*, 122-123. A Mlle Eulalie Saint-Aulaire, Chêne, 13 décembre 1830.

[2] Sainte-Beuve, *Nouveaux Lundis*, I, 431.

aurait la patience de se plonger encore une fois dans l'argumentation depuis longtemps surannée de l'auteur, serait contraint d'avouer que ce livre-là est un livre sans âme, écrit entre les cartes et la tribune, à des moments perdus, par un observateur fatigué et blasé qui n'a pas pris au sérieux son propre rôle dans la vie et n'a guère songé à la vie qui va suivre. Les meilleures productions de Mme de Staël, au contraire, les derniers chapitres du livre *De l'Allemagne* et les *Considérations sur la Révolution française*, ont été écrites après sa rupture avec Benjamin Constant. Aujourd'hui comme alors elles savent émouvoir et convaincre, avant tout parce qu'elles conservent les traces lumineuses d'une âme qui n'a jamais su que se donner tout entière.

Après le second voyage d'Allemagne de Mme de Staël, le milieu social de Coppet reçut de plus en plus une empreinte cosmopolite. A l'étranger s'étaient nouées des relations et éveillés des intérêts qui comblèrent les vides faits par le temps. Matthieu de Montmorency n'avait pu résister au désir d'aller retrouver son amie à Coppet ; mais, pour ne pas attirer sur Mme Récamier la disgrâce impériale, on dut le dissuader de venir et éviter en général tout ce qui était de nature à provoquer l'attention du gouvernement. Dans une lettre à Juliette, Mme de Staël parle de Coppet, jadis si animé, comme d'un lieu devenu solitaire et grave. Son petit théâtre était fermé, l'achèvement même du *Wallenstein* de Benjamin Constant ne réveillait pas le goût des représentations dramatiques ; personne ne songeait plus à la distraction, la composition du livre *De l'Allemagne* réclamant toute la force de concentration et tout le temps libre de son auteur. Au mois d'août, après l'arrivée de Sabran, Mme de Staël accompagna cependant avec lui jusqu'à Interlaken Matthieu de Montmorency, qui partait ; là se trouvaient Mme Vigée-Lebrun et le prince royal de Bavière, le futur roi Louis Ier, venus pour assister à la fête populaire célébrée en l'honneur de la fondation de Berne. La vivacité et l'esprit du prince, la chaleur avec laquelle il parlait de Mme Récamier et plus encore l'antipathie qu'il professait à l'égard de Napoléon, tout cela lui assurait la sympathie de Mme de Staël, qui a consigné le souvenir de ces journées dans un des chapitres les plus captivants du livre *De l'Allemagne* [1].

Ce fut pendant ce séjour à Interlaken que Camille Jordan lui amena enfin sa femme, et que le prince royal de Bavière lui présenta un de ses compatriotes, le poète Zacharias Werner, qui en octobre accepta l'invitation de la rejoindre à Coppet. La nombreuse société qui s'y trouvait réunie se composait de Guillaume Schlegel, Benjamin Constant, le comte de Sabran, Sismondi, Bonstetten, Mlle Mendelssohn, et d'un poète danois, Adam Œhlenschlæger, que Mme de Staël avait connu lors de son séjour dans le voisinage de Paris, en 1806. « C'est un arbre sur lequel il croit des tragédies », disait Sismondi en le

---

[1] L'Auteur des Souvenirs de Mme Récamier, *Coppet et Weimar*, 144-147. Mme de Staël à Mme Récamier, 17 juillet, 25 août 1808. — Mme de Staël, *De l'Allemagne*, 1re partie, chap. 20.

présentant aux habitués de Coppet. Le jeune Danois, né en 1779, avait commencé sa carrière comme comédien. Après avoir défendu à la bataille de la Rade, en 1801, sa patrie opprimée, il composa sa première œuvre poétique importante, *Aladin ou la Lampe merveilleuse*, qu'il dédia à Gœthe. La lampe merveilleuse était la poésie, que le jeune homme retrouvait dans la légende et l'histoire des pays du Nord. Ses tragédies de *Hakon Iarl*, *Palnatoke*, *Axel et Valborg*, qui fondèrent sa réputation, furent écrites à Paris, dans une mansarde, alors que le poète était en proie à une situation des plus pénibles. Par suite de la pénurie du Trésor, le gouvernement danois se trouvait dans l'impossibilité de continuer à lui servir la bourse de voyage qu'il lui avait promise, et Œhlenschlæger luttait contre le besoin, lorsqu'il devint pour le Danemark le fondateur du romantisme. Ses œuvres, qu'il traduisit lui-même en allemand, embrassaient, grâce à une versatilité extraordinaire, les situations les plus diverses, et son talent flexible savait s'assimiler le passé avec un don d'intuition comparable à celui de Walter Scott. Le jeune poète réussissait à décrire les conflits les plus tragiques et les plus douces émotions du cœur, à passer des régions mythiques, peuplées de dieux et de héros, aux exigences du drame moderne et même de la comédie, dans lesquels il s'essaya avec succès. Il avait fait le pélerinage de Weimar pour voir Gœthe, « son père et son maître », et, suivant ses propres paroles, il avait personnifié dans *Aladin* le bonheur, dans *Hakon Iarl* la religion, dans *Palnatoke* l'Etat, dans *Axel et Valborg* l'amour, et se préparait, avant trente ans accomplis, à célébrer dans le *Corrège* l'apothéose de l'art. C'est à ce moment qu'il fit son apparition à Coppet[1].

Il arrivait d'un pays où la lutte entre les idées allemandes et les idées françaises avait divisé les esprits et séparé Œhlenschlæger lui-même de son devancier et ami Baggesen, jusqu'au moment où les leçons de Steffens, à Copenhague, conquirent la jeunesse danoise à Gœthe et éveillèrent pour lui un tel enthousiasme, que Baggesen lui-même fit sa soumission et se laissa gagner par *Iphigénie* à l'idéal artistique longtemps méconnu. A Coppet, par contre, on ne trouvait rien à redire au culte d'Œhlenschlæger pour l'Allemagne et pour Gœthe ; Mme de Staël lui assigna à lui-même un rang parmi les poètes allemands, afin de pouvoir le nommer dans son livre[2]. Leurs discussions étaient si animées, qu'un jour, dans la montagne, le jeune poète traversa un cours d'eau impétueux sans ôter ses souliers, afin de ne pas interrompre la conversation avec Mme de Staël, qui était à cheval.

Les idées artistiques d'Œhlenschlæger, qui, dans la vivacité de son talent tout dramatique, critiquait, dans les dernières productions de Gœthe, en particulier dans *La Fille naturelle*, « ce culte abstrait de la diction, cette recherche trop aristocratique du style, qui finit par réduire le mouvement dramatique

---

[1] * *Annales gœthiennes*, 1887, 11. Lettres d'Œhlenschlæger, mai 1807, 4 septembre 1807.

Mme de Staël, *De l'Allemagne*, 2e partie, chap. 25.

à celui du menuet[1] », contribuèrent à éclaircir les vues de Mme de Staël, même sur les points où elle ne partageait pas les opinions de son jeune ami.

Le futur poète national du Danemark était depuis quelques semaines à Coppet, quand on vit s'avancer sous le porche, avec de profondes révérences, un étranger qui portait dans l'étroite poche de son gilet une énorme tabatière et dont le nez était barbouillé de tabac. C'était Zacharias Werner, l'auteur de la tragédie des *Fils de la vallée*, laquelle est une sorte de contre-partie des *Templiers* de Raynouard. Ce poème dramatique à peu près oublié aujourd'hui rappelle aux uns la *Flûte enchantée*, aux autres *Parsival*; il offrit à son auteur l'occasion d'exprimer poétiquement le penchant pour le mysticisme qui l'avait poursuivi toute sa vie. Au début il s'était affilié aux sociétés secrètes et à la franc-maçonnerie, plus tard il devint la dupe de l'imposture flagrante, et enfin arriva le moment où l'élément symbolique du romantisme vint lui offrir une issue désirée. Sous ces influences naquirent *La Croix sur la Baltique*, qui resta inachevée, et, la même année, c'est-à-dire en 1806, la tragédie de *Martin Luther ou la Consécration de la Force*, dont le succès éclatant sur la scène de Berlin ne permit plus de douter qu'on avait à compter ici, en dépit de toutes les bizarreries et de toutes les erreurs, avec un véritable talent. Au moment de l'arrivée du poète à Coppet, son *Attila* était

---

[1] * Georges Brandes, *Gœthe et le Danemark. Annales gœthiennes*, 1881, 26.

achevé. Dans la figure du roi des Huns il avait mêlé des traits de Napoléon et des élans à la Jean-Jacques Rousseau, la sentimentalité de la dernière moitié du dix-huitième siècle et des explosions de cruauté féroce, qui convenaient au milieu historique du drame.

L'existence extérieure du poète était plus orageuse, plus agitée encore que son œuvre. En 1808, à quarante ans, il avait été marié et divorcé trois fois ; il était ravagé par les passions et ballotté dans tous les sens entre des égarements indignes et les tortures du plus affreux remords. A Iéna et à Weimar, où il avait passé quelques mois de l'hiver 1807-1808, Gœthe était venu au-devant de lui avec une bienveillance véritable et avait fait représenter, à l'occasion de la fête de la duchesse, la dernière tragédie de Werner, *Wanda*. Quant à Mme de Staël, elle avait appris avec intérêt qu'une amitié durable s'était formée alors entre Zacharias Werner et la belle-sœur de Mme de Stein, Sophie de Schardt, celle de toutes les dames de Weimar qui, à en croire Mlle Gœchhausen, resta la plus sympathique à l'auteur de *Corinne*. La tentative faite pour fixer dans une biographie la figure de cette femme du reste très attachante et âgée alors de cinquante-quatre ans, n'a pas apporté de résultats bien neufs. Mme de Schardt correspondait beaucoup avec Mme de Staël ; sous l'influence de son ami Werner, elle chercha et trouva plus tard, en se convertissant au catholicisme, le dédommagement des épreuves d'une union qui avait été très malheureuse [1]. Par

---

[1] *H. Düntzer, *Deux convertis. Zacharias Werner et Sophie de Schardt*, 281 et sqq.

allusion à sa tragédie, consacrée à la gloire du réformateur, on s'amusait à Weimar à appeler « docteur Luther » le poète à qui revint plus tard l'initiative de cette conversion. Il arriva à Coppet dans une disposition d'esprit qui alternait entre l'exaltation religieuse la plus exagérée et toutes les distractions terrestres imaginables. Son *Journal* nous renseigne à ce sujet avec un luxe de détails déplorable, et il rivalise avec Jean-Jacques Rousseau dans le besoin de s'avilir, lui et son lecteur [1]. Il était d'une surexcitation si morbide, que la châtelaine de Coppet, qui professait une ardente admiration pour le poète, ressentit pour l'homme une profonde compassion. Elle lui donna une jolie chambre bien tranquille, avec la vue sur le lac, et exprima le désir de le garder auprès d'elle tout l'hiver. Mais Werner, dont l'agitation était incessante, partit dès le mois de novembre pour l'Italie.

Sa présence et celle du poète danois avaient, dans l'intervalle, fait renaître le goût des lectures et des représentations dramatiques. Guillaume Schlegel lut avec larmes, et au milieu de l'émotion de ses auditeurs, le *Prince constant* de Calderon. Werner déclama des morceaux de lui et d'autres auteurs. On joua *Minna de Barnheim* et *Emilia Galotti*, on lut à haute voix les *Euménides* d'Eschyle, *OEdipe à Colone*, de Sophocle, et les odes de Sapho, l'*Iphigénie*

---

[1] * Schütz, *Biographie et caractéristique de Zacharias Werner*, I, 108, 137 et sqq. — * H. Düntzer, *Deux convertis*, 140 et sqq. — * Zacharias Werner, *Fragments d'un Journal*, du 25 juin au 3 novembre 1808.

de Gœthe et des scènes de *Faust*. Sabran donna lecture du *Wallenstein* de Benjamin Constant, Guillaume Schlegel de sa traduction du *Richard III* de Shakespeare. Genevois et étrangers étaient conviés à ces réunions littéraires ; quelques-uns y prenaient une part active, les autres formaient l'auditoire.

De ce nombre étaient le comte de Kotschubey, ancien favori et ministre de l'empereur Paul de Russie, et le baron de Voght, riche négociant et philanthrope danois, dont le nom revient fréquemment dans les souvenirs de ses compatriotes [1]. On vantait la beauté de sa résidence d'été de Flottbeck, dont l'accès était librement ouvert à ses amis. La direction intelligente imprimée par lui à l'établissement de bienfaisance qu'il avait fondé à Hambourg, lui valut de la part de Gerando l'éloge que l'assistance publique sous le premier Empire avait été organisée d'après les idées de Voght [2]. Un séjour de plusieurs années à l'étranger l'amena, en automne, à Genève. Le vif intérêt qu'il portait à l'art, à la science et à la littérature, aurait suffi pour assurer à « l'Alcibiade de l'Allemagne du Nord », comme on le nommait dans sa patrie, l'accueil le plus empressé de la part de Mme de Staël. Sa qualité d'ami de Mme Récamier aurait suffi du reste pour le lui assurer. Mme de Staël lui sembla bientôt un « ange envoyé du ciel pour révéler la

---

[1] * *Tableaux du passé*, 1re partie : *Vie de Piter Poel et de ses amis*, chap. 2. — * Rist, *Souvenirs*, 148.

[2] * Ibid., 2e partie : *Tableau de la vie de K. Sieveking*, 2e partie, 32.

bonté sur la terre [1] ». Ses relations avec elle l'enchaînèrent pour les années suivantes à Coppet, ou à Genève, où ses efforts philanthropiques réveillèrent chez les femmes surtout, en particulier chez Mme Rilliet-Huber, qui s'occupait des mêmes questions, le plus vif intérêt.

Dans la jeune génération de Genève, Mme de Staël comptait un autre ami : c'était Guillaume Favre, alors âgé de trente ans, un élève de Lavoisier, qui, avec tous les avantages de la position, de la fortune et d'une personnalité attrayante, cultivait l'étude par amour d'elle-même, et que Mme de Staël nommait « mon érudit ». Favre savait quantité de choses sur toutes sortes de matières. Un jour, entre autres, que Schlegel et Benjamin Constant discutaient ensemble assez vivement sur l'ordre de succession des princes de Salerne, Mme de Staël lança Favre, qui venait d'arriver, comme arbitre au milieu de la querelle. Il n'eut pas su plus tôt de quoi il s'agissait, qu'il leur prouva qu'ils se trompaient tous les deux. « Il n'y en avait peut-être pas alors un autre que lui », conclut Sainte-Beuve, qui conte l'anecdote, « pour être si ferré à l'improviste sur la succession des princes de Salerne [2] ».

Zacharias Werner faisait encore partie de cette société, quand le théâtre d'amateurs de Coppet fut rouvert et qu'on donna *La Sunamite*, scène bibli-

---

[1] L'Auteur des Souvenirs de Mme Récamier, *Mme Récamier et les amis de sa jeunesse*, 59. Le baron de Voght à Mme Récamier, Sècheron, 23 septembre (1808).

[2] Sainte-Beuve, *Guillaume Favre. Causeries du Lundi*, XIII, 236.—Guillaume Favre, *Mélanges d'histoire littéraire*, préface.

que composée par Mme de Staël[1]. Le rôle du prophète Elisée, qui châtie la vanité de la mère par la mort de sa fille, qu'il rappelle plus tard à la vie, échut à Benjamin Constant. Mme Rilliet-Huber, Mme de Staël et sa fille âgée de douze ans représentèrent la Sunamite, sa sœur et son enfant, « avec une incroyable génialité », au dire de Zacharias Werner, et émurent les spectateurs jusqu'aux larmes[2]. Plus tard, de 1809 à 1811, furent écrites et représentées à Genève des pièces comiques de circonstance, entre autres *La signora Fantastici*, que Mme de Staël composa en vue d'égayer une de ses amies gravement malade, Melle Amélie Fabri. A en croire une de ses lettres à Meister, cette innocente occupation elle-même donna lieu à des commentaires défavorables. Parce que, dans la pièce, un Anglais et un Allemand parlaient français chacun avec son accent, et qu'un Français bégayait, tout cela pour divertir les spectateurs, on raconta en Suisse que Mme de Staël avait voulu tourner en ridicule les patois en usage dans ce pays. « Comment vous êtes-vous imaginé que je faisais une comédie sur Berne et Zürich », écrivit-elle à son vieil ami, quand ce bruit parvint à ses oreilles. « Dites-moi donc si cela ne sert à rien d'avoir trente-six ans, tout triste que ce'a est, et si vous n'êtes pas en état de répondre de moi. Certes ce n'est pas à ces innocentes villes que je m'attaquerais si je voulais faire de la satire, j'irais plus haut ».

[1] Mme de Staël, *OEuvres complètes*, XVI, 83.
[2] * Schütz, *Biographie et caractéristique de Zacharias Werner*, I, 146 et sqq.

Dans la même lettre elle parle de son désir d'écrire un jour sur une terre libre la vie politique de son père. « Le temps est passé », dit-elle à propos d'anciens projets littéraires, « où l'ennui était le plus grand mal [1] ».

La série des essais dramatiques de Mme de Staël se ferma sur une *Sapho*, qui attend sur le rivage de la mer, non loin du temple d'Apollon, l'infidèle Phaon. Il revient, non pour elle, mais à cause d'une jeune fille que Sapho chérit comme sa propre enfant. Cette jeune fille veut se sacrifier pour celle qui lui a tenu lieu de mère. Ce n'est que lorsque Sapho lui demande de faire le bonheur de Phaon, que son secret lui échappe : « Ah ! s'écrie la femme abandonnée, mon malheur me reste encore ; il me reste à moi seule ; c'est l'unique souvenir que tu ne puisses effacer dans le cœur de Phaon ». Et pendant la fête nuptiale elle se précipite dans les flots, afin de ne point survivre à son amour. *Sapho* est la dernière production purement poétique de Mme de Staël, comme un écho lointain de l'inspiration d'où naquit *Corinne*.

Dans l'automne de 1808 le sculpteur Frédéric Tieck, un frère du poète, vint à Coppet et modela le buste de Mme de Staël, dont elle fit présent à la duchesse Louise [2]. Il est placé aujourd'hui dans la Bibliothèque

---

[1] Mme de Staël à Meister, Coppet, 2 janvier 1809. Lettres inédites en possession de M. le docteur Th. Reinhart. (Dans les *Œuvres complètes* on assigne faussement à la *Signora Fantastici* la date de 1811).

[2] L'Auteur des Souvenirs de Mme Récamier, *Coppet et*

de Weimar et garde une expression de jeunesse dans les traits. Par la même occasion, Guillaume Schlegel fut reproduit par le marbre, Zacharias Werner par le dessin, et la statue de Necker préparée pour le tombeau que sa fille voulait lui faire élever plus tard dans l'église de Coppet [1].

Ce furent là les derniers beaux jours dont l'hospitalier château devait être témoin ; ils s'écoulèrent sans nuage, et le mérite, qui n'était pas mince, en revenait tout entier à la maîtresse de la maison. Les « Journaux » de ses amis prouvent en effet combien il était parfois difficile de maintenir l'harmonie entre tant d'éléments si divers, souvent même si hétérogènes.

Tout d'abord Benjamin Constant, qui était aussi difficile à contenter que difficile à vivre. Schlegel s'était à peine acclimaté à Coppet, que déjà le *Journal intime* nous apprend que lui et Sismondi se regardaient réciproquement comme des fous [3] : « La philosophie française, qui ne reconnaît que l'expérience, et la nouvelle philosophie allemande, qui ne raisonne que *à priori*, ne peuvent, je ne dis pas s'entendre, mais pas même s'expliquer... Schlegel est un de ces hommes qui, n'ayant jamais

---

Weimar, 153. Mme de Staël à la duchesse Louise, Genève, 20 février 1809.

[2] * Id., Ibid. Mme de Staël à la duchesse Louise, Genève, 20 février 1809. — * Œhlenschlæger, *Souvenirs*, II, 180. — * Auguste-Guillaume Schlegel, *Œuvres complètes*, VII, 150.

[3] Benjamin Constant, *Journal intime. Revue internationale*, 25 janvier 1887, 218, 225, 237.

rien eu à faire avec la vie réelle, croient qu'on fait tout par des ordonnances et des lois [1]..... Müller est reparti pour Berlin, un peu dégrisé, je crois, de son commencement d'engouement pour la nouvelle philosophie allemande, par les paradoxes que Schlegel lui a débités pendant son séjour ici. Car cette philosophie, sans s'en apercevoir, je crois, professe en politique et en religion tous les infâmes principes de nos journalistes français, dont elle se croit si différente. Geoffroy ou tel autre gueux n'aurait pas parlé autrement que Schlegel sur la liberté et le catholicisme [2]... Le frère de Schlegel (Frédéric) vient d'arriver. C'est un petit homme rond, gras outre mesure, avec un nez pointu qui sort de deux joues luisantes, et sous ce nez pointu une bouche qui sourit assez mielleusement, de beaux yeux, un air subalterne, surtout quand il ne parle pas, et un air de glace quand il écoute. Ses principes sont aussi absurdes que ceux de son frère... C'est un homme que je crois dissimulé, ambitieux, égoïste et ingrat, mais avec de l'esprit et une certaine grâce dans la gaieté ». Gerando et Sismondi sont, à différentes reprises, traités d'ignorants. « C'est un homme sans esprit », est-il dit de ce dernier, « mais qui a des principes très justes et des intentions très pures. Mais il travaille très peu, et se laisse aller au monde, où il est flatté d'être reçu ». Bonstetten, que Benjamin Constant appelle

---

[1] Benjamin Constant, *Journal intime. Revue internationale*, 10 février 1887, 429, 437.
[2] Id., Ibid. 25 janvier 1887, 219, 221, 228 ; 10 février, 425, 433, 438, 442, 445.

« plus remarquable que de Maistre », est mieux partagé : « C'est un homme de beaucoup d'esprit, mais qui a appris à penser trop tard et qui, par conséquent, a de grandes lacunes dans les idées. Il prend aussi des idées déjà depuis longtemps connues pour des découvertes ». Camille Jordan et sa femme sont « des provinciaux ridicules ».

Et Sismondi lui-même, qui ne connaissait aucun sentiment comparable à l'amitié qui l'unissait à Mme de Staël, avait cependant des moments où il l'accusait de n'être pas moins accessible que Bonaparte aux flatteries et aux hommages, d'avoir adopté quelques-uns de ses défauts, l'intolérance à l'égard de la contradiction, l'aigreur dans la dispute, l'incapacité de se mettre à la place des autres. Au lieu d'être supérieure aux flatteries, dit-il, elle se complaît dans la contemplation de son propre mérite [1].

On n'en restait pas toujours aux objections et aux escarmouches oratoires. Guillaume Schlegel se refusant un jour à monter un cheval ombrageux, Benjamin Constant s'élança dessus pour lui faire honte et fut, à la satisfaction des assistants, déposé dans un fossé. Mais Schlegel, de son côté, n'était pas commode. Il aimait la discussion, et Bonstetten, celui de tous qui s'entendait encore le mieux avec lui, trouvait son français-allemand « si drôle, mais en même temps si effectif, qu'en moins de dix minutes l'adver-

---

[1] Sismondi, *Fragments de son Journal et Correspondance*, 70-73.

saire était désarmé ». Celui-ci persistait-il dans son opinion, Schlegel se fâchait et prenait très mal la chose[1]. Après douze années de commerce intime avec lui, le doux Sismondi, qui le traite un jour de « pédant présomptueux », fait l'aveu qu'il aime tous les membres de la société de Coppet, quoique à des degrés différents peut-être, à la réserve du seul Schlegel. « Avec celui-ci, nous avons tant de points d'opposition et de mésintelligence, que la plus longue et la plus intime habitude entre nous ne peut pas prendre le nom d'amitié[2] ». Vaniteux et susceptible, Schlegel mit la patience de Mme de Staël à de rudes épreuves. Bien qu'elle le traitât avec tous les égards imaginables et tout à fait en ami, il trouvait nécessaire de changer de ton en présence des étrangers et de l'appeler, contre son habitude, « ma chère amie ». Sa belle-sœur, Dorothée Weit-Schlegel, qui, de loin, se trompait du reste sur la nature de la position de son beau-frère dans la maison de Mme de Staël, écrit un jour : « Combien de femmes n'ont-elles pas déjà fait l'éducation de Guillaume ! A dire vrai, il ressemble à un ressort qu'on comprime tantôt dans un sens tantôt dans l'autre[1] ». Ce jugement était malheureusement trop vrai. On affirme qu'à Bonn, lorsqu'il se trouva abandonné à lui-même, Schlegel se rendit coupable envers la mémoire de Mme de Staël de torts

---

[1] * Bonstetten, *Lettres à Friderike Brun*, I, 218, Coppet, 11 juin 1804.

[2] Saint-René Taillandier, *Lettres inédites*, etc., 277. Sismondi à Mme d'Albany.

plus graves que d'un manque de tact[1]. Une seule fois et en passant, celle-ci se plaignit à Mme Récamier, en 1812, que Schlegel avait des défauts qui risquaient parfois de faire oublier ses qualités, et rendaient pénible la vie en commun. Mais ces qualités, personne ne les appréciait mieux que Mme de Staël. Ce fut grâce à elle si, pendant quatorze années, leurs relations restèrent intactes et fécondes en résultats pour tous deux.

La duchesse de Broglie, moins indulgente que sa mère à l'égard de ses amis, s'est exprimée franchement sur leur compte. Après la mort de Mme de Staël, elle avait pris soin comme une sœur dévouée, et jusque dans les plus petits détails, des intérêts de Schlegel. Mais celui-ci lui ayant un jour fait des difficultés qu'elle ne trouvait nullement justifiées, elle lui répondit : « Rappelez-vous seulement que les temps d'autrefois, que vous regrettez avec tant de raison, étaient des sujets de plaintes continuelles de votre part, et ce qui me rassure sur mes torts, c'est que vous en trouviez à celle qui n'en a jamais eu [2] ».

La circonstance que deux poètes se rencontraient sous son toit avec Schlegel, qui lui-même briguait les faveurs des Muses, n'était pas faite pour faciliter

---

[1] L'Auteur des Souvenirs de Mme Récamier, *Coppet et Weimar*, 99. — Adolphe Franck, *Principaux publicistes de la première moitié du dix-neuvième siècle : Revue des cours littéraires*, 4e année, 111.

[2] * A. G. Schlegel, *Correspondance inédite*, Bibliothèque de Dresde. La duchesse de Broglie à A. G. Schlegel. (Sans date, mais à rapporter au séjour de Schlegel à Paris en 1820-21).

la tâche de Mme de Staël. Œhlenschlæger trouva Werner « affable, ouvert, s'intéressant aux autres, point arrogant », tandis que lui-même, l'auteur de *Hakon Iarl* et de *Palnatoke*, ne parvenait pas à passer pour poète aux yeux de Schlegel [1]. Mais la bonne entente entre Zacharias Werner et le jeune Danois ne tarda pas non plus à subir une atteinte ; les deux poètes avaient trop peu de rapports l'un avec l'autre pour ne pas se heurter en se rencontrant. Exubérant et impatient de parler de lui comme il l'était, Œhlenschlæger, dès qu'il eut conçu le plan de son *Corrège*, n'eut rien de plus pressé que d'exposer à Werner le sujet de l' « idylle tragique » qui devait lui faire perdre la bienveillance de Gœthe. Le dramaturge allemand, qui par nature et par raisonnement était aussi caché dans ses conceptions qu'un mineur dans sa mine, laissa son expansif confrère dérouler les péripéties de son drame, l'approuva sur presque tous les points, le blâma sur quelques autres, puis, laissant là l'entretien, fit mine de se retirer. Ce n'était pas le compte d'Œhlenschlæger, qui savait que Werner travaillait alors à sa tragédie de *Cunégonde*, et qui attendait de celui-ci un témoignage analogue de confiance. Mais Werner ayant opposé à ses instances des refus obstinés, il s'ensuivit une discussion assez vive, au milieu de laquelle survint Mme de Staël. S'étant informée du motif de la querelle, le poète danois se chargea de l'en instruire. « Jugez-nous ! », s'écria-t-il avec feu ; « je viens de consulter Werner sur la nouvelle pièce dont je m'occupe, et lui ne veut pas me dire un mot

---

[1] Œhlenschlæger, *Souvenirs*, II, 133 et sqq.

de la sienne ; n'est-ce pas une véritable félonie ? »
— « Pourquoi cela ? », répliqua Mme de Staël un peu
à la légère ; « Werner a coutume de se passer de tout
le monde, et il le peut ; c'est un talent fait, qui n'a
plus à gagner. Pour vous, mon ami, c'est autre chose ;
vous avez besoin de vous former ». Œhlenschlæger ne
répondit pas une syllabe, et, quittant brusquement
la place, avec tous les signes de la p'us violente colère, s'en fut dans sa chambre faire ses préparatifs de
départ. Ne le voyant pas reparaître à l'heure accoutumée, Mme de Staël envoya savoir ce qu'il était devenu ; le domestique chargé de ce soin le trouva
en train de faire ses malles. La châtelaine mit en
œuvre, pour le désarmer et le retenir, tout ce que
l'aménité de son esprit pouvait lui suggérer d'aimable. L'auteur irrité finit par céder, non sans une
vive résistance. « Avouez pourtant », disait-il en
s'apaisant, « que j'avais raison. Vous ne connaissez
peut-être pas mes œuvres ; mais j'ai écrit tout autant
que Werner, et je ne crois pas avoir grand'chose à
apprendre de lui. Si j'avais à retourner en classe, ce
ne serait pas à son école que j'irais ». Mme de Staël
l'emmena avec elle passer l'hiver à Genève, où elle
le logea dans une maison voisine de la sienne et
eut pour lui toutes sortes de bons procédés. Le
souvenir des bontés dont il avait été l'objet ne
l'empêcha pas, quand il la revit à Paris en 1815,
de se brouiller avec elle pour un motif futile et de
partir sans lui dire adieu.

Zacharias Werner, au contraire, qui avait pris congé
de Mme de Staël par un sonnet, retourna l'été suivant

auprès d'elle en Suisse, où il retrouva l'accueil accoutumé et où elle lui offrit généreusement des secours pécuniaires ; dans une lettre adressée à Weimar il la nomme « Notre-Dame de Coppet[1] ». Il acheva sous son toit le drame de *Cunégonde* et composa sa pièce en un acte intitulée *Le vingt-quatre Février*, que Gœthe fit représenter quelques années plus tard à Weimar, et dont la traduction italienne parut accompagnée d'une préface de Mazzini sur la *Schicksals-Tragédie*, c'est-à-dire la tragédie reposant, comme celle des anciens, sur l'idée de la fatalité. La pièce fut jouée pour la première fois à Coppet, avec l'aide de Schlegel, en septembre 1809, et ne manqua pas son effet. L'auditoire fut d'abord empoigné, puis saisi par une sorte de terreur, et les hésitations ne se firent jour que lorsque l'effet immédiat, produit par le talent étrange de Werner, se fut dessiné. Dans une lettre à la comtesse d'Albany, Sismondi remarque que la poésie mystique qui a pris complètement le dessus en Allemagne et qui tient désormais toute cette nation dans un somnambulisme perpétuel, est un fait si curieux, qu'on est heureux de pouvoir le juger dans son principal prophète. « Werner est un homme de beaucoup d'esprit, de beaucoup de grâce, de finesse et de gaieté dans l'esprit, ce à quoi il joint la sensibilité et la profondeur, et cependant il se considère comme chargé d'aller prêcher l'amour par le monde. Il est, à votre choix,

---

[1] * H. Düntzer, *Deux convertis. Zacharias Werner et Sophie de Schardt*, 141 et sqq., 161, 170.

apôtre ou professeur d'amour. Ses tragédies n'ont d'autre but que de répandre la religion du très saint amour ; et elles doivent réussir, car c'est la plus admirable versification qu'on ait encore vue en Allemagne, et une imagination si riche et si neuve, qu'en dépit de sa bizarrerie elle commande l'admiration. L'autre jour, je l'entendais qui dogmatisait avec un Allemand très raisonnable, homme d'âge mûr, le baron de Voght : Vous savez ce que l'on aime dans sa maîtresse ? dit Werner. Voght hésitait et ne savait pas trop ce qu'il devait nommer. C'est Dieu ! poursuit le poète. — Ah ! sans doute, reprend Voght avec un air convaincu... S'il vous retombe une fois sur les bras, faites parler le grand convertisseur de son système particulier de théologie et de son culte d'amour. Dieu, dit-il, est *le grand hermaphrodite des mondes*. La religion, c'est de l'aimer ; mais si l'on ne peut s'élever si haut, c'est du moins d'aimer quelqu'un ou quelqu'une, car, et je me souviens de vous l'avoir déjà conté, ce qu'on aime dans sa maîtresse, c'est Dieu, et tout ce que l'amour nous fait faire auprès de notre maîtresse, *tout* se fait pour la gloire de Dieu et la plus grande édification de nos âmes. C'est là le système qu'il s'est efforcé de faire entrer, tantôt clairement, tantôt sous des expressions mystiques, dans ses tragédies ; son confesseur est bien indulgent s'il lui passe tout cela comme article de foi. Pour moi, je ne l'aime ni ne l'estime ; j'aime mieux ne pas le revoir ; mais de tous les tragiques allemands, il n'y en a aucun dans lequel j'ai trouvé des scènes plus sublimes, un plus haut talent poétique.

Quel dommage que l'extravagance la plus enracinée corrompe tout cela ! [1] ».

Le livre *De l'Allemagne* consacre à Werner un chapitre spécial où est analysé le drame du *Vingt-quatre Février*. Mme de Staël se montre saisie par la puissance tragique de cette œuvre, mais elle avertit le poète qu'il a dépassé les bornes permises et immolé les vraies conditions de son art à une série d'effets terribles, parfois même atroces. D'autre part, depuis que Schiller est mort et que Gœthe a renoncé au théâtre, elle regarde Werner comme le premier des écrivains dramatiques de l'Allemagne. Personne mieux que lui n'a su, dit-elle, répandre sur les tragédies le charme et la dignité de la poésie lyrique. Seulement, on dirait qu'il veut propager, à l'aide de l'art dramatique, un système mystique de religion et d'amour, et que ses tragédies sont le moyen dont il se sert plutôt que le but qu'il se propose [2]. « Je les aime dans la chambre », ajoutait-elle à propos de systèmes, en s'adressant à la duchesse Louise. Le désir de Mme de Stael de voir le poète choisir une autre voie ne se réalisa pas, et son talent trop vanté par elle s'épuisa avant l'heure. Dans l'esquisse autobiographique qu'il publia en 1822, étant prêtre catholique, il parle de sa protectrice de Coppet comme d'une coopératrice à l'œuvre de l'affranchissement de l Europe, et en termes auxquels ni le temps, ni le chan-

---

[1] Saint-René Taillandier, *Lettres inédites*, etc. 8, 104. Sismondi à Mme d'Albany, Genève, 8 décembre 1808, 1812.

[2] L'Auteur des Souvenirs de Mme Récamier, *Coppet et Weimar*, 153. Mme de Staël à la duchesse Louise, Genève,

gement d'opinion survenu en lui, n'ont rien enlevé de leur admiration reconnaissante [1].

L'hiver de 1809 s'était écoulé à Genève sans incident particulier, au milieu des devoirs et des relations sociales habituels et d'un travail assidu. La grandeur de la tâche que Mme Staël s'était imposée stimulait son courage, et son œuvre s'accentuait à ses yeux sous des contours de plus en plus nets. Dans une lettre adressée à M. Bérenger, à Lyon, qui s'occupait également de littérature, elle remarque que le cadre du roman ne suffit plus pour peindre un pays dont l'importance philosophique et littéraire était de beaucoup supérieure à la beauté du climat ou aux productions artistiques. Son livre devait être distribué en chapitres et par lettres, mais ne pas manquer pour cela du charme poétique ; car ce pays peu attrayant à première vue, « lourd en apparence », était le seul de l'Europe contemporaine, au moins de l'Europe continentale, où se rencontraient encore l'idéal et l'enthousiasme [2].

Au printemps elle revint à Coppet pour y faire un séjour prolongé, qu'interrompit, en juillet, une courte excursion à Lyon, où Talma, qui y jouait, lui procura une des plus grandes jouissances de sa vie.

20 février 1809. — Mme de Staël, *De l'Allemagne*, 2e partie, chap. 24.

[1] Waitzenegger et Felder, *Dictionnaire des savants et des écrivains du clergé catholique allemand*. Esquisse de la vie de Zacharias Werner, tracée par lui-même.

[2] Regnault-Warin, *Esprit de Mme la baronne de Staël-Holstein*, II, 389-390. Mme de Staël à M. Bérenger, Coppet, juillet 1809. (Lettre faussement datée de 1808).

Après une représentation d'*Hamlet*, son admiration pour le tragédien, qui avait tenu le rôle principal, s'exprima dans une lettre écrite sous l'impression produite par son merveilleux talent. Elle est devenue dans le livre *De l'Allemagne* le chapitre sur la déclamation, et mérite par cette raison d'être lue dans sa forme originale.

« Comme je ne peux vous comparer qu'à vous-même »,lui-dit-elle, « il faut que je vous dise, Talma, qu'hier vous avez surpassé la perfection de l'imagination même. Il y a dans cette pièce, toute défectueuse qu'elle est, un débris d'une tragédie plus forte que la nôtre, et votre talent m'est apparu, dans ce rôle d'Hamlet, comme le génie de Shakespeare, mais sans ses inégalités, sans ses gestes familiers, devenu tout-à-coup ce qu'il y a de plus noble sur la terre. Cette profondeur de nature, ces questions sur notre destinée à tous, en présence de cette foule qui mourra et qui semblait vous écouter comme l'oracle du sort; cette apparition du spectre, plus terrible dans vos regards que sous la forme la plus redoutable; cette profonde mélancolie, cette voix, ces regards qui révèlent des sentiments, un caractère au-dessus de toutes les proportions humaines, c'est admirable, trois fois admirable, et mon amitié pour vous n'entre pour rien dans cette émotion, la plus profonde que les arts m'aient fait ressentir depuis que je vis. Je vous aime dans la chambre, dans les rôles où vous êtes encore votre pareil; mais dans ce rôle d'Hamlet, vous m'inspirez un tel enthousiasme, que ce n'était plus vous, que ce n'était plus moi; c'était une poésie de regards, d'accents, de gestes, à laquelle aucun écrivain ne s'est encore élevé. Adieu, pardonnez-moi de vous écrire quand je vous attends ce matin à une heure et ce soir à huit. Mais si les convenances sociales ne devaient pas tout arrêter, je ne sais pas, hier, si je ne me serais pas faite fière d'aller moi-même vous donner cette couronne, qui est due à un tel talent plus qu'à tout autre ; car ce n'est pas un acteur que vous êtes ; c'est un homme qui élève la nature humaine, en nous en donnant une idée nouvelle... Chacun s'agite pour réussir. Il n'y a que le génie qui triomphe presque à son insu. Ainsi vous êtes[1] ». On se racontait bien longtemps après, à Paris, que, parlant de Talma, Mme de Staël employait l'expression : « l'apothéose du regard[2] ».

Dans un parallèle entre Talma et Iffland, elle dit de l'acteur allemand qu'il est impossible de porter plus loin que lui l'originalité, la verve comique et l'art de peindre les caractères. Il y a dans la comédie des modèles donnés, les pères avares, les fils libertins, les valets fripons, les tuteurs dupés ; mais les rôles d'Iffland, tels qu'il les conçoit, ne peuvent entrer dans aucun de ces moules : il faut les nommer tous par leur nom ; car ce sont des individus qui diffèrent singulièrement l'un de l'autre, et dans lesquels Iffland paraît vivre comme chez lui. Or, ces qualités d'originalité et de naturel, Talma les a introduites sur la scène française, et nul acteur n'obtient au-

---

[1] Regnault-Warin, ouvrage cité, II, 390-391. Mme de Staël à Talma, juillet 1809.

[2] Sainte-Beuve, *Fontanes. Portraits littéraires*, II, 272.

tant que lui de grands effets par des moyens simples.

Elle-même a réussi à conserver, dans la description du plus individuel, et, par conséquent, du plus éphémère de tous les arts, quelque chose de l'inspiration du moment. En la lisant on arrive à se faire une idée de ce qu'était Talma quand, au ton solennel de l'alexandrin français, il savait allier l'inépuisable richesse et la vérité du génie de Shakespeare[1]. Son désir d'offrir l'hospitalité au grand artiste ne se réalisa pas ; il se préparait à se rendre à son invitation, quand le commissaire de police de Lyon lui fit comprendre qu'il serait préférable de renoncer à ce voyage. Ce fonctionnaire rendait compte dans tous les détails du séjour de Mme de Staël, mais il ne put, à son grand regret, faire valoir contre elle le moindre grief[2]. Talma n'alla donc pas à Coppet, mais Cuvier, passant par Genève, alla se présenter à Mme de Staël, et Mme Récamier vint à Lyon rejoindre son amie[3].

Sismondi la suivit de près. Il était inquiet pour Mme de Staël, d'abord parce qu'il la savait très souffrante, et surtout parce qu'il l'observait plus attentivement que ne le faisaient la plupart de ses amis et comprenait mieux ce qui se passait en elle. Tandis que se déroulaient à Lyon les dernières scènes du

---

[1] Mme de Staël, *De l'Allemagne*, 2e partie, chap. 27.
[2] Welschinger, *La Censure sous le premier Empire*, 342-345. Documents relatifs à Mme de Staël, 34.
[3] L'Auteur des Souvenirs de Mme Récamier, *Mme Récamier, les amis de sa jeunesse et sa correspondance intime*, 35, 63.

drame avec Benjamin Constant, dont le mariage avait fini par devenir un secret public, Mme de Staël prenait la résolution d'envoyer son fils aîné aux Etats-Unis, où elle comptait le rejoindre une année plus tard. Dès 1807 elle avait consulté Gouverneur Morris à ce sujet. Celui-ci s'empressa de mettre à sa disposition sa propriété de Morrisiana, ajoutant que si, à la longue, son ermitage ne lui plaisait plus, la vie de New York, avec un bon cuisinier, était tout à fait supportable [1]. Les terres achetées par Necker au-delà de l'Océan offraient un prétexte au voyage d'Auguste de Staël, qui devait tout préparer pour l'arrivée de sa mère. « Celle-ci veut dans une année », écrivait Sismondi à la comtesse d'Albany, « chercher la paix et la liberté au delà de l'Atlantique. Il m'est impossible de dire tout ce que je souffre de cette perspective et combien je suis abîmé de douleur en pensant à la solitude où je me trouverai. Depuis huit ou neuf ans que je la connais, vivant presque toujours auprès d'elle, m'attachant à elle chaque jour davantage, je me suis fait de cette société une partie nécessaire de mon existence : l'ennui, la tristesse, le découragement m'accablent dès que je suis loin d'elle [2] ». Sismondi, par cette lettre, confirmait inconsciemment l'observation de Benjamin Constant, qui disait à propos de Mme de Staël : « Bien qu'elle ne ménage

---

[1] Jared Sparks, *Gouverneur Morris*, III, 242. Morris à Mme de Staël, 23 août 1807.
[2] Saint-René Taillandier, *Lettres inédites*, etc., 85, 87, 89. Sismondi à Mme d'Albany, Coppet, 22 et 28 mai, Lyon, 16 juin 1809.

pas assez les autres, il est vrai qu'elle les aime de façon à ce que, si elle se fait beaucoup d'ennemis, elle acquiert d'ardents amis [1] ».

L'année 1809 lui acquit un dévouement de cette trempe dans la personne d'une Anglaise, miss Randall, qui, demeurée avec elle jusqu'à sa mort, se déclarait prête alors à la suivre au-delà des mers. Il ne pouvait toutefois être question du départ pour l'Amérique qu'après la publication de l'ouvrage sur l'Allemagne. L'automne de 1809 et une partie de l'hiver suivant s'écoulèrent, soit à Genève, soit à Coppet, sans que le livre fût terminé. Elle continuait à beaucoup recevoir chez elle, mais sortait peu et travaillait énormément. Enfin, au printemps de 1810, l'œuvre approchait de sa fin. Il ne s'agissait plus que de faciliter sa tâche à l'éditeur Nicole, à Paris, qui avait déjà une partie du manuscrit entre les mains. Dans ce but, Mme de Staël, tout en respectant l'ordre qu'on lui rappelait sans cesse, de se tenir à une distance d' « au moins cinquante lieues » de la capitale, chercha à s'en rapprocher le plus possible.

Mais avant de quitter Coppet, elle voulut remplir un devoir qu'elle s'était imposé. Le 13 mars 1809, le roi Gustave-Adolphe IV, victime à son tour de la fatalité qui pesait sur sa maison, avait été renversé par une révolution à la tête de laquelle se trouvait son oncle, l'ancien prince-régent. Déclaré déchu du trône, ainsi que son fils encore mineur, on le retint prisonnier dans la forteresse de Grispsholm jusqu'à

[1] Benjamin Constant, *Journal intime. Revue internationale*, 25 janvier 1887, 214.

ce qu'il eut signé l'acte d'abdication aux termes duquel la couronne de Suède passait, après la mort du roi actuel Charles XIII, au duc Christian-Auguste de Schleswig. Banni et fugitif, l'infortuné Gustave-Adolphe IV chercha un refuge auprès de la famille princière de Bade, à laquelle appartenait sa femme. De là, il se rendit à Bâle, en Suisse. Mme de Staël avait demandé au jeune monarque à plusieurs reprises, mais toujours inutilement, de vouloir bien régler la situation financière du baron de Staël. Le roi n'en fit rien et refusa même de recevoir les fils de son ancien serviteur, que leur mère avait désiré lui présenter à Carlsruhe, en 1803 [1]. Maintenant que le malheur rapprochait d'elle l'héritier de Gustave III, tous ces anciens griefs furent oubliés. La duchesse Louise de Saxe-Weimar était une sœur de la margrave de Bade et par conséquent la tante de la reine de Suède. Ce fut à elle que s'adressa Mme de Staël pour offrir à l'infortuné couple royal le château de Coppet. Nulle part, disait-elle, il ne leur serait témoigné plus de respect et de dévouement. En cas d'acceptation, elle se proposait d'aller habiter avec les siens une maison de campagne qu'elle possédait dans le voisinage. Son père, ajoutait-elle, aurait agi de même [2]. Cette offre fut

---

[1] Mme de Staël à Nils de Rosenstein, 17 novembre 1803 ; au roi Gustave-Adolphe IV, Genève, 23 mars 1803. Lettres inédites appartenant à la bibliothèque de l'Université d'Upsal.

[2] L'Auteur des Souvenirs de Mme Récamier, *Coppet et Weimar*, 157-159. Mme de Staël à la duchesse Louise, Coppet, 26 novembre 1809.

déclinée avec reconnaissance, et rien ne s'opposa plus au départ pour la France.

Il fallait cinq jours pour aller en chaise de poste de Coppet à Paris. Mme de Staël se mit en route dans les premiers jours de mars et se rendit au château de Chaumont-sur-Loire, qui n'était pas trop éloigné de la capitale, et où elle comptait faire un court séjour. Depuis janvier elle était munie, pour elle et son fils aîné, de passeports pour les Etats-Unis, qui pouvaient être utilisés à tout instant. Son dessein était de se rendre en Angleterre par l'Amérique. A ce point de sa carrière elle reprit le récit de *Dix années d'exil*, interrompu depuis 1804 et qu'elle continua jusqu'à son arrivée en Suède, en 1813, pour l'abandonner malheureusement sans retour à partir de cette date.

Le château de Chaumont, qui a été rendu de nos jours à son ancienne splendeur, est doublement intéressant, au point de vue de l'art comme à celui de l'histoire. Le cardinal d'Amboise, Diane de Poitiers, Catherine de Médicis et Nostradamus l'ont successivement habité. Situé sur une colline de la rive gauche de la Loire, les créneaux de ses tours gothiques dominent la vaste plaine verdoyante, où alternent moissons et vignobles, forêts et habitations, et l'on peut suivre du haut de ses terrasses le cours du fleuve qui parcourt les plus fertiles campagnes de France. Mme de Staël passa là quelques jours tranquilles en compagnie de Matthieu de Montmorency, de Mme Récamier, des deux Barante, qui étaient venus la rejoindre, et de Guillaume Schlegel, qui l'accompagnait. Il était posssible d'entretenir avec Paris des relations suivies. Mlle Mendelssohn recevait les bonnes feuilles du livre *De l'Allemagne ;* elle les communiqua à Varnhagen, qui, pendant quelques mois de cette année 1810, habita Paris en qualité d'aide de camp du colonel autrichien prince Bentheim. Le premier Allemand qui fut ainsi à même de se prononcer sur le livre consacré à la gloire de son pays oublia qu'il convenait de le juger non au point de vue allemand, mais par rapport à l'influence qu'il était destiné à exercer sur les idées en France. Plus tard, il a regretté lui-même d'en avoir parlé sur un ton de partialité injuste[1].

Avec Varnhagen était venu à Paris son ami Adalbert de Chamisso. Né en 1781 en Champagne, au château de Boncourt, qu'un de ses poèmes a immortalisé, chassé de la France avec les siens par la Révolution, d'abord peintre en miniatures, puis page de la reine Louise, ensuite lieutenant et docteur en philosophie, le jeune homme avait fait de bonne heure le dur apprentissage de la vie et pris part aux luttes de ces temps agités. « L'Allemagne n'existe plus et la France m'est odieuse », écrivait-il en 1806 à Varnhagen[2]. Sur le désir de ses parents il était rentré dans son pays natal pour y reprendre racine et devenir professeur au lycée de Napoléonville, en Vendée. Le préfet du département était depuis 1809, ainsi que nous l'avons dit plus haut, Prosper

---

[1] * Varnhagen von Ense, *Mémoires et divers écrits*, VII, 46-51.

[2] * Karl Fulda, *Chamisso et son temps*, 21.

de Barante, alors âgé de vingt-six ans. On comptait sur le jeune préfet pour acclimater ce Français devenu Allemand. Il commença par introduire Chamisso au château de Chaumont. Celui-ci trouva Mme de Staël et son entourage à peu près tels que le baron de Voght les avait dépeints à Mme Récamier un an auparavant : « Dans tous les coins il y a quelqu'un qui compose quelque ouvrage ». On travaillait en effet toute la journée. Mme de Staël corrigeait des épreuves, Schlegel s'occupait de ses leçons sur l'art dramatique ; on se réunissait pour les repas, à midi, à six heures, et le soir à onze, et au début Chamisso se trouva fort mal à son aise. Il ne convenait pas à ce milieu, écrit-il, manquait de toute liberté, n'aimait personne pas plus qu'on ne l'aimait ; il lui était même très difficile de fumer, habitude dont il ne pouvait se passer. Une allée du jardin se nommait l' « allée des explications », car « le diable est toujours déchaîné, l'amitié, dans ce pays-ci, est plus jalouse que l'amour ». Le soir, autour d'une table ronde, sur laquelle il y avait des plumes, de l'encre et du papier, on s'entretenait au moyen de la « petite poste », tête-à-tête épistolaire auquel Schlege seul ne prenait point de part. Celui-ci, toujours d'après Chamisso, était traité avec toute l'amitié et l'estime possibles, mais il se montrait jaloux et dominateur, tandis que Mme de Staël, qui en apparence semblait tout diriger, s'accommodait de fait aux désirs et aux caprices des autres [1]. Chamisso modifia son

---

[1] * Karl Fulda, *Chamisso et son temps*, 107-111.

opinion sur la maîtresse de la maison, bien qu'elle le tançât fréquemment sur son extérieur négligé et sa pipe. Elle sut gagner sa confiance, parce qu'il la trouvait honnête et franche : « Elle réunit dans sa personne le sérieux des Allemands, le feu des méridionaux et les manières des Français », dit-il. « Elle saisit toutes les idées avec le cœur, elle est passionnée et emportée. La société est son élément, elle ne se sent bien qu'au milieu d'elle ; et, bannie de Paris, elle est bannie de la société... Elle n'entend rien à la peinture, la musique est tout pour elle... La géométrie de la vie lui répugne, elle est également éprise de la liberté et de la chevalerie. C'est une grande dame, et même, en ce qui la concerne, une aristocrate enragée ; elle le sait, et tout ce qu'elle sait, elle le dit à ses amis. C'est un personnage de tragédie ; elle est faite pour recevoir des couronnes ou pour les donner, et aussi pour les refuser ; à ce prix seul elle sait aimer et vivre. Elle sort des régions où se préparent les orages politiques, qui décident des destinées du monde. Il lui faut au moins entendre le bruit des carrosses de la capitale ; elle dépérit dans le bannissement. C'est là ce que Napoléon a bien su et ce qu'il a escompté [1] ».

---

[1] * Karl Fulda, *Chamisso et son temps*, 109-110. — Ampère, *Poètes et romanciers de l'Allemagne. Revue des Deux Mondes*, 1840, II, 558 et sqq. — On trouvera des détails étendus sur les rapports de Chamisso et de Mme de Staël dans l'*Étude* qui précède notre traduction de l'*Histoire merveilleuse de Pierre Schlemihl, ou l'Homme qui a vendu son ombre* (1 vol. gr. in-8°, illustré par Henri Pille, 1888, chez L. Westhausser). (*Note du traducteur*).

Mme de Staël écrivit de Chaumont à Camille Jordan que son fils n'avait pu voir l'Empereur avant son départ, mais qu'il avait des raisons de croire qu'on lui permettrait peut-être de se rapprocher de Paris jusqu'à un rayon de dix lieues ; que, quant à elle, elle en était arrivée à ne plus savoir si elle le désirait. « Toutes mes affections ne sont pour moi que des peines, et je les sens au fond de mon cœur comme un mal ». En attendant, elle continuait à travailler. Elle pensait que c'était une erreur de se limiter aux devoirs domestiques, la possibilité de faire autre chose étant donnée, parce que les dons intellectuels obligent et que l'état de surexcitation qui précède et accompagne toute faculté créatrice indique à lui seul une source d'inspiration plus haute [1]. « Je suis effrayée moi-même de tout ce que j'ai travaillé pour mon ouvrage », écrit-elle à son vieil ami Meister, « et je suis tentée de dire comme l'abbé d'Espagnac que la force de mon discours me fera tomber en faiblesse [2] ». Meister était âgé ; elle le félicitait d'avoir tourné ses pensées vers Dieu et le priait, au cas où elle serait destinée à lui survivre, de dire « à son père » qu'elle ne passait pas un jour sans penser à lui.

A Chaumont il fallut de nouveau et brusquement replier les tentes. Un beau jour le sonneur de trompe, qui annonçait de l'autre rive l'arrivée des voyageurs ou des invités, signala le retour inopiné du proprié-

---

[1] Sainte-Beuve, *Nouveaux Lundis*, XII, 308 : *Camille Jordan.*

[2] Mme de Staël à Meister, Chaumont, 25 mai 1810.

taire du château. Celui-ci, un certain M. Le Roy, était allé avec les siens aux Etats-Unis, d'où il revenait plus tôt qu'il n'en avait eu d'abord l'intention. Il demanda vainement à Mme de Staël de rester. Elle partit pour le château de Fossé, qu'un de ses amis, M. de Salaberry, mettait à sa disposition. A la différence de Chaumont, cette nouvelle résidence était simple et sans attrait ; mais Mme Récamier y avait suivi son amie, le soir on faisait de la musique que les villageois des environs accouraient entendre, et il y avait des allées et venues de connaissances. L'opéra de *Cendrillon*, représenté à Paris avec un grand succès, ayant été donné dans la ville voisine de Blois, Mme de Staël y mena sa société et fut escortée par la foule à sa sortie du théâtre.

Enfin, le 23 septembre, elle acheva la correction de l'ouvrage qui l'avait occupée pendant six années entières. Les formalités extérieures qui restaient à remplir lui étaient indiquées. Un décret impérial en date du 5 février 1810 obligeait les éditeurs à soumettre chaque manuscrit à la censure avant de le livrer à l'impression ; mais cette formalité n'était pas tout, car le décret réservait au directeur général le droit draconien de supprimer les ouvrages, même après avoir été examinés, imprimés et autorisés à paraître. En vertu de cette disposition, l'éditeur de Mme de Staël avait soumis à un censeur l'œuvre qui lui avait été confiée. Puis, sans attendre la décision de celui-ci, il avait, sous sa responsabilité, commencé l'impression [1].

[1] Welschinger, *La Censure sous le premier Empire*, 175.

Dans le courant des dernières années, l'attention de l'Empereur avait été dirigée à plusieurs reprises sur M$_{me}$ de Staël, la première fois à l'instigation de son fils Auguste.

En janvier 1808 Napoléon traversa la Savoie et s'arrêta quelque temps à Chambéry. Le jeune Staël s'y rendit à l'insu de sa mère, pour obtenir de lui la révocation des mesures édictées contre elle. L'audience qu'il sollicitait lui fut accordée le matin, après le déjeuner de l'Empereur, qui entama la conversation en lui disant : « D'où venez-vous ? — Sire, de Genève. — Où est votre mère ? — Elle est à Vienne, ou près d'y arriver. — Eh bien ! elle est bien là, elle doit être contente, elle va apprendre l'allemand. Votre mère n'est pas méchante ; elle a de l'esprit, beaucoup d'esprit, mais elle n'est habituée à aucune espèce de subordination ; elle a été élevée dans la confusion de la Révolution ou de la monarchie tombante ». Le jeune homme, qui heureusement pour lui ne se sentait nullement intimidé, insista et pria pour qu'il fût permis à sa mère de revenir à Paris. « Votre mère, reprit l'Empereur, n'aurait pas été six mois à Paris, que je serais forcé de la faire mettre à Bicêtre ou au Temple ; j'en serais fâché, parce que cela ferait du bruit ; cela me nuirait un peu dans l'opinion : ainsi, dites bien à votre mère que, tant que je vivrai, elle ne rentrera pas à Paris... Elle ferait des folies, elle verrait du monde elle ferait des plaisanteries ; elle n'y attache pas d'importance, mais moi j'en mets beaucoup, je prends tout au sérieux... Vous êtes bien jeune ; si vous aviez mon âge, vous jugeriez mieux les choses ; mais j'aime qu'un fils plaide la cause de sa mère... Encore une fois, pourquoi votre mère veut-elle venir se mettre immédiatement à la portée de cette *tyrannie*, car enfin vous voyez que je tranche le mot ; qu'elle aille à Rome, à Naples, à Vienne, à Berlin, à Milan, à Lyon ; qu'elle aille à Londres si elle veut faire des libelles, je la verrai partout avec plaisir ; mais Paris, voyez-vous, c'est là que j'habite, et je n'y veux que des gens qui m'aiment... N'est-ce pas déjà elle qui m'a perdu le tribunat ? elle ne pourrait se tenir de parler politique ». Il ajouta à propos de Necker : « C'est M Necker qui a fait la Révolution ; vous ne l'avez pas vue, et moi j'y étais. — Sire, répondit Auguste de Staël, la postérité sera plus favorable à mon grand-père que Votre Majesté. — Ah ! la postérité... en parlera-t-elle seulement, la postérité ? — Sire, je le pense. — Enfin, au bout du compte, je ne dois pas me plaindre de cette Révolution, puisque j'ai fini par attraper le trône. Le règne des brouillons est fini, il faut de la subordination ; respectez l'autorité, parce qu'elle vient de Dieu ».

« J'étais extrêmement triste en revenant, disait Auguste de Staël à sa mère en terminant son récit ; je me reprochais beaucoup de ne lui avoir pas bien parlé, de n'avoir pas répondu avec mouvement. Ne seras-tu pas mécontente de mes réponses ? Je trouve que, dans cette lettre, tu dois penser que j'ai eu trop de sécheresse ; mais je crois pourtant lui avoir parlé avec sensibilité dans la première partie de la conversation, avant ce qu'il dit sur mon grand-père. Adieu, chère et mille fois chère maman ; je ne peux pas te dire quel besoin j'aurais d'être auprès de toi[1] ». Six mois après cet épisode de Chambéry, l'Empereur écrivait, le 28 juin 1808, à son ministre Champagny : « Mme de Staël entretient une correspondance très active avec l'écrivain Gentz. Ces relations ne pouvant être que nuisibles, je désire par conséquent que vous fassiez savoir à mes ministres et agents en Allemagne, et particulièrement à celui de Weimar, qu'ils aient à s'abstenir de voir cette dame. Il faut en outre la surveiller quand elle vient dans les villes où résident des ambassadeurs ».

Mais ni alors en Allemagne, ni plus tard à l'occasion des voyages de Mme de Staël à Lyon et à Chaumont, l'œil inquisiteur de la police et des préfets impériaux ne put rien découvrir de défavorable contre elle ou contre son entourage ; on la trouvait exclusivement occupée de travaux littéraires. Aucun changement toutefois ne s'effectuait dans la disposition d'esprit de l'Empereur à son égard, et l'étoile de celui-ci brillait de l'éclat accoutumé. Même en Espagne, le point noir à son horizon politique, son intervention personnelle avait rétabli sa fortune militaire, quand, au commencement de 1809, il rentra à Paris.

Mme de Staël crut devoir compter avec cet état de choses, sinon pour elle, du moins pour ses enfants. Il n'avait pu être question, depuis l'établissement de l'Empire, d'obtenir la restitution des deux millions avancés par Necker, et cependant cette somme était nécessaire pour faire face aux sacrifices pécuniaires

---

[1] Baron Auguste de Staël, *Œuvres diverses*, I, XXIX, Notice sur M le baron Auguste de Staël.

que M. de Staël avait imposés à sa veuve. Ces considérations l'engagèrent à profiter d'un voyage de son fils à Paris, dans le cours de l'hiver de 1809, pour essayer une fois encore de terminer enfin cette affaire. Elle écrivit à Talleyrand.

Il a été dit à diverses reprises, au cours de cette biographie, que Mme de Staël n'aimait guère les correspondances inutiles. Elle écrivait quand elle avait quelque chose à dire et ajoutait d'ordinaire quelques observations sur les événements du jour. Mais ce qu'elle était capable de faire, sous la double impulsion de ses souvenirs et de l'émotion du moment, elle l'a prouvé par cette lettre à Talleyrand, qu'un hasard a placée dans la collection des autographes du British Museum.

« Vous serez étonné de revoir une écriture dont vous avez perdu le souvenir. A la distance où nous sommes, il me semble que je m'adresse à vous comme d'un autre monde, et ma vie a tellement changé, que je puis aisément me faire cette illusion. J'ai dit à mon fils d'aller vous trouver et de vous demander franchement et simplement de vous intéresser à la liquidation de deux millions qui font plus que la moitié de notre fortune et de l'héritage de mes enfants. C'est une douleur cruelle pour moi de penser que je nuis à ma famille, qu'ils seraient payés si demain je n'existais plus. Car le dépôt qu'ils réclament a un caractère si sacré, que les préventions de l'Empereur contre moi peuvent seules l'empêcher de statuer sur cette dette, et cependant il me semble qu'aux yeux de l'Europe, si Europe il y a pour moi, l'exil paraîtrait moins cruel si l'on se montrait juste envers la fortune. J'en ai assez dit sur ce sujet à vous qui devinez tout. Vous m'écriviez, il y a quatorze ans : Si je reste encore un an ici, j'y meurs. — J'en pourrais dire autant du séjour de l'étranger : j'y succombe. Mais le temps de la pitié est passé, la nécessité a pris sa place. Voyez cependant si vous pouvez rendre service à mes enfants ; si vous le pouvez, je le crois, vous le ferez. Je n'ai aucun moyen de vaincre les préventions de l'Empereur contre moi. S'il ne croit pas que sept ans d'exil sont un siècle pour la pensée, s'il ne croit pas que je suis une autre personne, ou que du moins la moitié de ma vie est éteinte et que le repos et la patrie me sembleraient les champs élysées, quel moyen ai-je de l'éclairer à mon égard ! Aussi me suis-je résolue, si mes enfants ne sont pas exceptés de mon malheur, à faire partir le premier ce printemps pour l'Amérique et à le suivre avec les deux autres l'année suivante. Il me faut une patrie pour mes fils et vous voyez s'il en est une en Europe pour qui n'a pas l'appui de l'Empereur. A New-York, je demanderai où vous avez logé. Adieu, ne causerai-je donc pas une fois encore avec vous, avant la vallée de Josaphat? Il y a des moments où malgré mon profond dégoût de la vie je suis encore assez aimable : alors je pense que j'ai appris cette langue de vous, mais avec qui la parler? Adieu, êtes-vous heureux ? Avec un esprit si supérieur, n'allez-vous pas quelquefois au fond de tout, c'est-à-dire jusqu'à la peine. Moi, je voudrais me distraire,

ais j'en ai perdu le pouvoir et bien aussi l'occasion.
e qui me fait surtout mal, c'est l'idée que je nuis à mes
nfants. Soulagez-moi de cela, si vous le pouvez, alors
e joindrai ce service à notre dernier entretien et tout
intervalle qui les sépare sera comblé. Adieu, en-
ore une fois. Je ne sais finir qu'ainsi avec vous [1] ».

Talleyrand a-t-il répondu à cette lettre? on l'ignore.
En tous cas, Mme de Staël n'était pas au courant, quand
elle l'écrivait, de la terrible scène qui avait eu lieu
quelque temps auparavant entre lui et l'Empereur,
de retour d'Espagne. Cette scène fit explosion sur la
fin d'une séance du conseil privé. Napoléon avait
été informé d'un rapprochement, pendant son absence, de Talleyrand avec Fouché, son successeur au
ministère des affaires étrangères, et il soupçonnait le
prince de Bénévent de s'être également entendu
avec Murat en cas d'accident et en prévision de ce
qui pouvait soudainement résulter, dans cette aventure espagnole, d'une balle de guérillas ou d'un
poignard de moine visant droit à sa personne. Il
se joignait à ces raisons irritantes d'autres circonstances encore que des contemporains nous font entrevoir. Napoléon du reste sentait Talleyrand ennemi,
sourdement aux aguets, jouissant tout bas de chaque
échec, de chaque faute, en mesurant la portée et
les suites, n'attendant que l'heure pour l'abandonner.

[1] Mme de Staël à Talleyrand, Genève, 28 février 1809.
British Museum, Add. Ms. 24.024, S. 105. Publiée pour
la première fois, mais avec la date fausse de 1808, par la
Revue rétrospective, n° 9, juin 1834.

Il y avait donc eu, ce jour-là, une de ces scènes marquées par une extrême violence, que Talleyrand dut subir fréquemment de la part de Napoléon, et auxquelles il répondait invariablement par un silence absolu ; c'est au plus si un jour, après une de ces avanies, il se prit à dire à son voisin, en descendant l'escalier : « Quel dommage qu'un aussi grand homme ait été si mal élevé ! ». Cette fois il y avait perdu sa place de grand-chambellan, avec toutes les marques de la disgrâce, et quand la lettre de Mme de Staël parvint entre ses mains, la situation de Talleyrand vis-à-vis de l'Empereur ressemblait assez à la sienne[1].

Un an plus tard, après la triste issue du soulèvement de 1809 et après Wagram, l'empereur François crut que la paix ne serait pas trop chèrement achetée au prix de l'honneur de sa maison et de la main de sa fille. Seize ans après la mort de Marie-Antoinette, on célébra aux Tuileries les fiançailles d'une autre archiduchesse. Le mariage de Napoléon avec Marie-Louise fut l'occasion de tant de marques de la faveur impériale, que les amis de Mme de Staël se reprirent à espérer qu'il lui serait permis de rentrer à Paris. Les expériences qu'elle avait faites dans les derniers temps ne confirmaient en rien cet espoir. Prosper de Barante ayant publié en 1809 son *Tableau de la littérature française au dix-huitième siècle*, elle désira en parler ; mais aucun journal français

---

[1] L. G. Michaud, *Histoire de Talleyrand*, 103-106. — Beugnot, *Mémoires*, 326-328. — Sir Henry Lytton Bulwer, *Talleyrand*, 186 et sqq. — Sainte-Beuve, *Nouveaux Lundis*, XII, 61-63. *Talleyrand*.

ne voulut se charger de la responsabilité d'imprimer un article fait par elle[1]. Un peu plus tard parut le *Wallenstein* de Benjamin Constant, aussi « intolérable pour les idées que pour les vers », selon Caroline Schelling. On savait que cet ouvrage avait été écrit sous l'influence directe des théories littéraires de Coppet. Il provoqua une si violente controverse dans la presse, que le bruit en arriva aux oreilles de l'Empereur, qui voulut jeter dans la balance le poids de son opinion. « Benjamin Constant », dit-il à Rœderer, « a fait une tragédie et une poétique. Ces gens-là veulent écrire et n'ont pas fait les premières études de littérature : qu'il lise les poétiques, celle d'Aristote. Ce n'est pas arbitrairement que la tragédie borne l'action à vingt-quatre heures ! C'est qu'elle prend les tragédies à leur maximum, à leur plus haut degré d'intensité, à ce point où il ne leur est possible ni de souffrir de distraction ni de supporter une longue durée. Il veut qu'on mange dans l'action. Il s'agit bien de pareilles choses ! Quand l'action commence, les acteurs sont en émoi ; au troisième acte ils sont en sueur, tout en nage au dernier [2] ».

Après la publication de *Corinne*, nous l'avons dit, avait paru dans le *Moniteur* une violente critique du roman, due à la plume de l'Empereur. C'était la troisième fois qu'il se déclarait contre la théorie poétique qui allait s'accuser avec plus de netteté encore dans le livre *De l'Allemagne*. Il était d'autant plus indiqué d'éviter tout ce qui pouvait faire inter-

---

[1] Sainte-Beuve, *M*^{me} *de Staël. Portraits de femmes*, 134.
[2] Rœderer, *Œuvres*, III, 547.

prêter la publication du livre comme un acte d'opposition systematique. On s'adressa d'abord, au nom de son auteur, au prince de Metternich. En grande faveur à ce moment auprès de l'Empereur, il pouvait mieux que tout autre plaider auprès de lui la cause de Mme de Staël, parce qu'il n'était pas en relations personnelles avec elle et qu'au fond il ne l'aimait guère non plus. Mais la réponse que reçut Metternich fut celle qui avait été faite à Chambéry à Auguste de Staël[1].

Il restait un dernier moyen de sauvegarder l'avenir, et Mme de Staël se décida à l'employer. Elle écrivit à l'Empereur.

« Sire, je prends la liberté de présenter à Votre Majesté mon ouvrage sur l'Allemagne. Si elle daigne le lire, il me semble qu'elle y trouvera la preuve d'un esprit capable de quelque réflexion, et que le temps a mûri.

« Sire, il y a dix ans que je n'ai vu Votre Majesté, et huit que je suis exilée. Huit ans de malheurs modifient tous les caractères, et le destin enseigne la résignation à ceux qui souffrent.

« Prête à m'embarquer, je supplie Votre Majesté de m'accorder la faveur de lui parler avant mon départ. Je me permettrai une seule chose dans cette lettre ; c'est l'explication des motifs qui me forcent à quitter le continent, si je n'obtiens pas de Votre Majesté la permission de vivre dans une campagne

---

[1] * Prince Richard de Metternich, *Papiers inédits de Metternich*, I, 286, III, 447.

auprès de Paris, pour que mes enfants y puissent demeurer.

« La disgrâce de Votre Majesté jette sur les personnes qui en sont l'objet une telle défaveur en Europe, que je ne puis faire un pas sans en rencontrer les effets ; les uns craignant de se compromettre en me voyant, les autres se croyant des Romains en triomphant de cette crainte, les plus simples rapports de la société deviennent des services qu'une âme fière ne peut supporter. Parmi mes amis, il en est qui se sont associés à mon sort avec une admirable générosité, mais j'ai vu les sentiments les plus intimes se briser contre la nécessité de vivre avec moi dans la solitude, et j'ai passé ma vie depuis huit ans entre la crainte de ne pas obtenir de sacrifices et la douleur d'en être l'objet.

« Il est peut-être ridicule d'entrer ainsi dans le détail de ses impressions avec le souverain du monde, mais ce qui vous a donné le monde, Sire, c'est un souverain génie, et, en fait d'observation sur le cœur humain, Votre Majesté comprend depuis les plus vastes ressorts jusqu'aux plus délicats. Mes fils n'ont point de carrière ; ma fille a treize ans, dans peu d'années il faudra l'établir. Il y aurait de l'égoïsme à la forcer de vivre dans les insipides séjours où je suis condamnée. Il faudrait donc aussi me séparer d'elle ! Cette vie n'est pas tolérable, et je n'y vois aucun remède.

« Sur le continent, quelle ville puis-je choisir où la disgrâce de Votre Majesté ne mette un invincible obstacle à l'établissement de mes enfants, comme à mon repos personnel? Votre Majesté ne sait peut-être pas elle-même la peur que les exilés font à la plupart des autorités de tous les pays, et j'aurais, dans ce genre, des choses à lui raconter qui dépassent sûrement ce qu'elle aurait ordonné.

« On a dit à Votre Majesté que je regrettais Paris à cause du Musée et de Talma. C'est une agréable plaisanterie sur l'exil, c'est-à-dire sur le malheur que Cicéron et Bolingbroke ont déclaré le plus insupportable de tous. Mais quand j'aimerais les chefs-d'œuvre des arts que la France doit aux conquêtes de Votre Majesté ; quand j'aimerais ces belles tragédies, images de l'héroïsme, serait-ce à vous, Sire, à m'en blâmer ? Le bonheur de chaque individu ne se compose-t-il pas de la nature de ses facultés ? et si le ciel m'a donné des talents, n'ai-je pas l'imagination qui rend les jouissances des arts et de l'esprit nécessaires ? Tant de gens demandent à Votre Majesté des avantages réels de toute espèce ; pourquoi rougirais-je de lui demander l'amitié, la poésie, la musique, les tableaux, toute cette existence idéale dont je puis jouir sans m'écarter de la soumission que je dois au monarque de la France ?[1] »

Le ton de cette lettre était respectueux sans flatterie ; la mère ne croyait pas s'abaisser par une prière ; la femme ne faisait aucune concession. Cette lettre eût mérité d'être comprise. Elle reçut du moins une réponse immédiate.

[1] L'Auteur des Souvenirs de Mme Récamier, *Coppet et Weimar*, 165-166. Mme de Staël à Napoléon, 1810 (non daté).

Le 23 septembre, Mme de Staël avait corrigé sa dernière épreuve. Deux jours plus tard le directeur général de la presse, Portalis, apprit que la boutique de l'éditeur avait été fermée par ordre de la police et que cinq mille exemplaires du livre — Mme de Staël dit dix mille — avaient été confisqués. A cette nouvelle, Portalis écrivit aussitôt au ministre de la police — ce n'était plus Fouché, mais Savary, duc de Rovigo — pour s'informer si des raisons particulières l'avaient poussé à s'écarter des prescriptions légales, car l'examen du livre par le censeur impérial n'était pas encore terminé. Le ministre répondit que ces raisons existaient en effet ; le livre, ajoutait-il, est suspect, et l'auteur reçoit constamment des visites, non seulement d'étrangers, mais de royalistes et de fonctionnaires du département de Loir-et-Cher. L'Empereur craint l'exaltation de Mme de Staël, qui pourrait faire des prosélytes ; il exige la subordination et une attitude politique tout à fait correcte. Tandis que le général Savary transmettait cette réponse et maintenait ses mesures, les censeurs présentèrent leur rapport, daté du 29 septembre. Ces censeurs étaient Delasalle, un inconnu, et Pellenc, un nom familier à tous les lecteurs des lettres de Mirabeau, dont il avait été le secrétaire. Pellenc fit observer que l'auteur s'était exprimée défavorablement à l'étranger sur l'état de la France, avait toujours gardé une attitude frondeuse, et, dans les derniers temps, écrit sous l'influence de Guillaume Schlegel, un détracteur de la littérature française. Les Français, dans son livre, sont mis au-dessous des Allemands, et il n'est pas fait mention de l'Empereur. Delasalle ne voulut pas rester en arrière de son collègue et trouva les œuvres de Lessing, de Schiller et Gœthe, louées bien au-delà de leur mérite. Le livre, suivant lui, manquait à la fois de clarté, de méthode et de logique. Il concluait avec Pellenc que la publication pouvait être autorisée, à la condition, cependant, de supprimer onze passages particulièrement choquants.

Le premier de ces passages était celui-ci : « Nous n'en sommes pas, j'imagine, à vouloir élever autour de la France littéraire la grande muraille de la Chine, pour empêcher les idées du dehors d'y pénétrer ». En voici un autre : « Un homme peut faire marcher ensemble des éléments opposés, mais à sa mort ils se séparent ».

Tandis que ceci se passait à Paris, Mme de Staël, encore bercée dans une sécurité trompeuse, s'était rendue avec quelques amis dans une propriété de Matthieu de Montmorency, située en pleine forêt, aux environs de Blois. Matthieu était beaucoup avec elle, et afin de reposer son esprit et de la distraire un peu, il lui parlait de choses tout à fait étrangères aux soucis et aux peines de la vie quotidienne. Au retour, les voyageurs s'égarèrent dans l'immense plaine du Vendômois et s'estimèrent heureux de rencontrer par hasard un jeune homme à cheval, qui leur offrit l'hospitalité dans le château de ses parents. Dans ce château se trouvaient des collections curieuses que les propriétaires avaient rapportées des Indes. Mme de Staël s'y intéressa si vivement, qu'une lettre de son fils, qui cherchait à la préparer

x difficultés que rencontrait la publication de son
re, la laissa assez calme. Elle répondit en pro-
ettant de se soumettre aux exigences de la censure.
ependant, l'attitude de ses amis lui donna à réflé-
ir, car ceux-ci savaient par Auguste de Staël, arrivé
ans l'intervalle, quel nouveau coup lui était porté.
e fut Matthieu de Montmorency qui dut lui appren-
re, avec tous les ménagements possibles, que l'édi-
ion entière de son livre avait été confisquée par la
olice et qu'elle-même avait reçu, depuis le 24 septembre, l'ordre de quitter la France dans les vingt-
quatre heures et de se rendre soit à Coppet, soit aux
Etats-Unis.

Elle ne dut qu'à la bienveillance personnelle du
préfet de Loir-et-Cher, le baron de Corbigny, de pouvoir sauver son manuscrit. Il avait ordre de le livrer,
mais il se contenta d'une mauvaise copie qui lui restait, et pendant ce temps le manuscrit fut déposé en
lieu sûr [1]. « Cette nouvelle douleur me prit l'âme
avec une grande force », lit-on dans *Dix années d'exil*.
Pourtant, Mme de Staël chercha à conserver son calme
et avant tout elle resta digne. Sur sa demande,
Schlegel et un Russe dont le nom revient souvent
dans la correspondance de ses amis, le baron de Balk,
se rendirent à Paris, pour voir ce qui restait à faire.
Sa plus grande préoccupation était de voir paraître
son livre avec des changements auxquels elle n'avait

---

[1] Mme de Staël, *Dix années d'exil*, 2e partie, chap. 1. —
Welschinger, *La Censure sous le premier Empire*, 175-183 ;
appendice, 347-359.

pas consenti, ou même avec des additions en désaccord avec toutes ses idées. De plus, Schlegel était chargé de répondre au nom de Mᵐᵉ de Staël, à ce reproche qu'on lui faisait de n'avoir pas nommé l'Empereur, et de dire que sa situation lui imposait ce silence comme un devoir : « Un éloge qui pourrait laisser soupçonner qu'il a été dicté par l'intérêt, ne serait pas digne de l'Empereur ». Elle réclamait du ministre de la police un court délai pour prendre les dispositions nécessaires à un retour en Suisse ou à son départ pour l'Amérique [1]. Elle voulait s'embarquer sur un bateau américain, mais en tout cas toucher l'Angleterre avant de quitter l'Europe. Dans sa réponse du 3 novembre, le duc de Rovigo lui accordait la première partie de sa demande ; puis il continuait ainsi :

« Il ne faut point rechercher la cause de l'ordre que je vous ai signifié, dans le silence que vous avez gardé à l'égard de l'Empereur dans votre dernier ouvrage ; ce serait une erreur : il ne pouvait pas y trouver de place qui fût digne de lui ; mais votre exil est une conséquence naturelle de la marche que vous suivez constamment depuis plusieurs années. Il m'a paru que l'air de ce pays-ci ne vous convenait point, et nous n'en sommes pas encore réduits à chercher des modèles dans les peuples que vous admirez.

« Votre dernier ouvrage n'est point français ; c'est

[1] L'Auteur des Souvenirs de Mᵐᵉ Récamier, *Coppet et Weimar*, 172. Mᵐᵉ de Staël à Mᵐᵉ Recamier, 5 octobre 1810.

moi qui en ai arrêté l'impression. Je regrette la perte qu'il va faire éprouver au libraire ; mais il ne m'est pas possible de le laisser paraître.

« Vous savez, Madame, qu'il ne vous avait été permis de sortir de Coppet que parce que vous aviez exprimé le désir de passer en Amérique. Si mon prédécesseur vous a laissé habiter le département de Loir-et-Cher, vous n'avez pas dû regarder cette tolérance comme une révocation des dispositions qui avaient été arrêtées à votre égard. Aujourd'hui, vous m'obligez à les faire exécuter strictement ; il ne faut vous en prendre qu'à vous-même ».

Le *post-scriptum* était décisif : « J'ai des raisons pour vous indiquer les ports de Lorient, la Rochelle, Bordeaux et Rochefort, comme étant les seuls ports dans lesquels vous pouvez vous embarquer. Je vous invite à me faire connaître celui que vous aurez choisi [1] ».

Ce *post-scriptum* avait pour but d'empêcher Mme de Staël d'aller en Angleterre ; il la contraignait à choisir entre la route directe des Etats-Unis ou Coppet. Elle se décida à prendre ce dernier parti, à cause de la saison avancée et aussi, comme elle le dit, parce qu'il ne fallait pas trop compter, en s'embarquant pour l'Amérique, sur l'espoir d'être pris en route par les Anglais et conduit dans un de leurs ports Elle revint donc à Coppet, « traînant l'aile comme le pigeon de la Fontaine ». Ce fut à ses yeux un heureux

---

[1] Mme de Staël, *Dix années d'exil*, 2e partie, chap. 1.

présage de voir, le soir de son arrivée, un arc-en-ciel se lever sur la maison de son père. Sa bonne humeur était si peu altérée, que lorsqu'elle sut que Savary avait ordonné de faire des cartons avec le papier de son livre mis au pilon, elle répliqua en riant qu'on aurait dû, au moins, le lui laisser pour ses bonnets. « Monsieur le général Savary, duc de Rovigo, a envoyé ses grenadiers tout à travers de ma métaphysique, de ma poésie », écrivit-elle à Villers [1].

C'en était fait pour le moment de la carrière littéraire. Restaient les dédommagements de la vie privée, de la famille. Ceux-ci aussi devaient être troublés. On interdit aux deux fils de Mme de Staël de séjourner en France, même de franchir la frontière, sans une autorisation spéciale. En même temps le préfet de Loir-et-Cher, M. de Corbigny, tomba dans la disgrâce impériale, parce qu'il avait exécuté avec trop de ménagement les ordres de ses supérieurs et surtout parce qu'il avait laissé aussi échapper le manuscrit de *L'Allemagne*. Ce fonctionnaire prit la chose tellement à cœur, qu'il en tomba malade et fut emporté à la fleur de l'âge. L'autre victime était Barante père, le préfet de Genève. Il reçut l'ordre d'apposer les scellés sur tous les papiers qui se trouveraient à Coppet ; mais il se contenta, au lieu de cela, d'une déclaration écrite de Mme de Staël, semblable à celle qu'elle avait faite à Chaumont, par

---

[1] M. Isler, *Lettres posthumes de Charles de Villers*, 290. Mme de Stael à Villers, Coppet, 21 octobre 1810.

laquelle elle s'engageait à ne faire imprimer elle-même ni publier par des tiers, dans d'autres pays du continent, le livre *De l'Allemagne*[1]. On nia cependant, dans les cercles officiels de la capitale, que ce fût là la cause du mécontentement de l'Empereur contre Barante, et l'on fit valoir, à l'appui de cette affirmation, que celui-ci avait provoqué le mécontentement du maître par une fête qu'il avait donnée, dans l'automne de 1810, à l'impératrice Joséphine, de passage à Genève. Il fut rappelé au mois de décembre et remplacé par un certain M. Capelle, qui ne laissait rien à désirer sous le rapport de la servilité. L'ancien préfet déclina la proposition qu'on lui fit d'entrer dans l'Université et se retira dans la vie privée[2].

Pendant ce temps, l'éditeur Nicole, qui s'était chargé de la publication du livre de Mme de Staël, subissait une perte de cinquante mille francs, qui amenait sa faillite. La censure lui donna cinq cents francs pour le papier de l'ouvrage mis au pilon ; Mme de Staël lui envoya quinze mille francs, mais ne put conjurer sa ruine. « Quoi ! », dit Savary au jeune Auguste de Staël, qui lui adressait des réclamations, « nous aurons fait la guerre pendant quinze ans pour qu'une femme aussi célèbre que madame votre mère écrive un livre sur l'Allemagne et ne parle pas

---

[1] Welschinger, *La Censure sous le premier Empire*, 371-372.

[2] Bardoux, *Le comte de Montlosier et le gallicanisme*, 159-162. Montlosier à Barante, décembre-janvier 1810-1811.

de nous ! ¹ ». « Notre littérature », écrivit un critique officiel, « est trop jalouse de son honneur et de ses prérogatives, pour les céder si facilement à Mᵐᵉ de Staël ² ».

Peu de temps après, Gerando, nommé membre de la Consulte romaine, passa par Genève, sans que lui ni sa femme missent à profit cette occasion d'aller voir leur amie de Coppet. Celle-ci ressentit vivement le procédé. « J'ai trop d'estime pour l'ensemble de votre caractère et de votre vie », lui écrivait-elle le 14 septembre 1810, « pour me permettre de juger ce que je ne comprends pas, et si les circonstances changent, vous me retrouverez ce que j'étais. Il m'est bien impossible de ne pas admirer votre esprit et de ne pas croire à la bonté de votre cœur, mais je m'afflige des circonstances qui ont jeté un voile sur une amitié que je croyais inaltérable. Nous avons deux amis communs qui vous parleront de moi, et cette manière indirecte de tenir à vous préparera peut-être le temps où nous nous retrouverons ». Dans une lettre à Camille Jordan se trouve cette remarque au sujet de Gerando : « Il met trop de philanthropie dans l'amitié, et l'on a peur d'être traitée par lui comme un pauvre ³ ». Elle fit part à la duchesse Louise de

---

[1] Sainte-Beuve, *Camille Jordan. Nouveaux Lundis*, XII, 255. Mᵐᵉ de Staël à Camille Jordan, Coppet, 1ᵉʳ novembre 1810.

[2] Amar de Rivier, *Quinzaine littéraire*, 1810.

[3] Sainte Beuve, *Camille Jordan. Nouveaux Lundis*, XII, 255. Mᵐᵉ de Staël à Camille Jordan, Genève, 16 janvier 1810. — De Gerando, *Lettres inédites*, etc., 76. Mᵐᵉ de Staël à Gerando (1810).

ce qui s'était passé, et comment elle était punie de n'avoir pas loué l'Empereur, ou plutôt de ne point parler ni de lui ni des Français et d'avoir donné trop de louanges aux Allemands et en particulier aux Prussiens, dont, disait Napoléon, « on ne pouvait jamais faire des hommes [1] ».

Ici la mémoire de Mᵐᵉ de Staël l'a trompée ; le mot est de Savary, elle même le cite à Camille Jordan ; le ministre avait même ajouté « qu'on ferait plutôt du vin muscat avec du verjus que des hommes avec des Prussiens [2] ». Après la défection d'York, le 1ᵉʳ mars 1813, Napoléon déclara que les Prussiens n'étaient pas une nation, qu'ils n'avaient pas d'orgueil national, qu'ils étaient les Gascons de l'Allemagne. « Les Prussiens sont des éventuels. Nous les avons toujours méprisés [3] ».

L'Empereur, du reste, avait prononcé contre lui-même un arrêt plus accablant mille fois que toutes les accusations de ses adversaires. « Fontanes, savez-vous ce que j'admire le plus dans le monde ? », dit-il en septembre 1808 au poète, qu'il venait de nommer grand-maître de l'Université. « C'est l'impuissance de la force pour organiser quelque chose. Il n'y a que deux puissances dans le monde, le sabre et

---

[1] L'Auteur des Souvenirs de Mᵐᵉ Récamier, *Coppet e Weimar*, 174-176. Mᵐᵉ de Staël à la duchesse Louise, Coppet, 20 octobre 1808.

[2] Sainte-Beuve, *Nouveaux Lundis*, XII, 315 : *Camille Jordan*. Mᵐᵉ de Staël à Camille Jordan, 1ᵉʳ novembre 1810.

[3] * W. Oncken, *L'Autriche et la Prusse dans la guerre de délivrance*, I, 89, note.

l'esprit. J'entends par l'esprit les institutions civiles et religieuses. A la longue, le sabre est toujours battu par l'esprit[1] ».

[1] Sainte-Beuve, *Portraits littéraires*, II, 267 : **Fontanes**.

CHAPITRE V

Lorsqu'on apprit la persécution tyrannique et brutale dont Mme de Staël était victime, on crut généralement qu'elle ne pourrait supporter le coup qui la frappait en pleine force de production. On partait de la supposition ordinaire, qui fait dépendre nos dispositions intérieures des faveurs ou des rigueurs de la destinée, et c'est en quoi on se trompait. Elle qui, en bien comme en mal, a tant occupé les pensées des hommes, elle avait appris enfin, au cours des épreuves et du temps, à se passer de plus en plus des consolations que donne le monde et à s'élever avec une douceur résignée au-dessus de l'injustice et des offenses.

Irréligieuse, Mme de Staël ne l'avait jamais été. A une époque où les intérêts mondains et ceux de la politique semblaient l'absorber tout entière, en 1796, la foi exprimée par un de ses amis en l'immortalité de l'âme provoqua de sa part les observations suivantes : « Sur tous ces grands sujets je n'ai jamais eu qu'une pensée bien arrêtée : j'ai cru que les idées religieuses valaient mieux pour le bonheur des hommes, et je me suis traitée comme je crois qu'on doit traiter les autres : j'ai craint de me les ôter [1] ». Cette profession de foi, encore toute négative, était insuffisante sans doute. Elle excluait l'idée d'un abandon volontaire, mais elle ne pouvait satisfaire à la longue un cœur comme le sien, condamné, plus que tout autre, à demeurer inquiet jusqu'au jour où, délivré de lui-même, il eut senti que « tout élan, tout effort, tend à l'éternel repos en Dieu même [1] ». Un vague déisme ne pouvait y atteindre. La jeunesse de Mme de Staël, il convient de ne pas l'oublier, s'était écoulée au bruit des railleries voltairiennes. Pour résister au torrent, Mme Necker avait entouré sa foi de la sauvegarde d'une philanthropie sincère et des pratiques d'une piété tant soit peu farouche. Ce n'était point là un élément qui convenait à sa fille. Plus tard, les accès de mysticisme du baron de Staël n'attirèrent pas davantage sa jeune femme. Ses amis les plus intimes, ceux qu'elle admirait le plus, Mirabeau, Talleyrand, Narbonne, Benjamin Constant, professaient un éclectisme philosophique, « c'est-à-dire l'appréciation des choses par la raison, et non d'après les habitudes ». La définition est de Mme de Staël. Pour le reste, ils étaient épicuriens [3]. Mais ils la captivaient par leur supériorité intellectuelle, leur culture achevée, leur science de la vie, surtout par une tolérance dont elle s'exagérait le mérite. Cette

---

[1] Rœderer, *Œuvres*, VIII, 647. Mme de Staël à Rœderer, Lausanne, 20 août 1796.

[2] Gœthe, d'après Giordano Bruno.

[3] Mme de Staël, *Considérations*, I, 189.

tolérance n'a en effet de valeur que lorsqu'elle
est pratiquée par ceux mêmes qui ont des convictions arrêtées. Une seule influence, la plus puissante
sans doute, faisait pencher la balance du côté d'une
piété sérieuse. C'était celle de son père. Au milieu
des négations d'une incrédulité dogmatique et raisonneuse, Necker professa les doctrines de l'Evangile,
comme un de ceux qui veulent vivre chrétiennement
et se préparer ainsi à mourir de même. Après son
retour en Suisse, la politique, sur sa demande expresse, disparut des conversations auxquelles il
prenait part et fut remplacée souvent par des sujets qui se rapportaient aux questions religieuses.
La bibliothèque de Coppet était riche non seulement en livres de piété, mais encore en ouvrages de controverse [1]. M³ᵉ de Staël, lorsqu'elle
voulait décerner à son père un éloge suprême, le
comparait à Fénelon, qui était aux yeux de cette
protestante qu'il eût condamnée le type même de
la charité évangélique. Ce fut surtout appliqué à
elle que se vérifia ce mot de Gœthe, à savoir que nous
n'apprenons que de ceux que nous aimons. Lorsque,
en 1802, Lacretelle alla à Coppet, il la trouva absorbée
presqu'autant que son père par les insondables problèmes de l'existence humaine, et dans les conversations qu'il rapporte on distingue parfois très nettement la voix de M³ᵉ de Staël. Elle parle de la sensation du vide intérieur, que l'activité la plus dévorante ne parvient pas à combler, des heureux et
rares moments de sa vie si mondaine où elle se sent

[1] Duc de Broglie, *Souvenirs*, II, 178, 449.

prise du besoin de s'élever vers la divinité, besoin qui lui faisait comprendre les visions enivrantes des saints. Elle était résolue du moins à faire la guerre à tous les sentiments cruels, à toutes les fourberies qui prennent le masque de la grandeur, à toutes les théories qui profanent le sanctuaire de la conscience. Elle voulait se rapprocher de la source de l'amour par une charité active pour toutes ses créatures et se préparer ainsi à « aborder le terrible tête-à-tête avec Dieu ».

Elle sentait parfois qu'elle n'était pas destinée à compter de longs jours, qu'il régnait comme un malentendu entre ses facultés intellectuelles et sa volonté, que l'incomplet, auquel chacun se résigne, était pour elle un tourment auquel elle succomberait avant le temps. « Mais, ajoutait-elle, Dieu m'a dit : Espère, mais ignore. Il te faudrait d'autres organes, ou bien il faudrait que ta pensée en fût dégagée pour comprendre les peines ou les félicités que je te réserve ; mais il m'a donné sa loi, à moi, dont le christianisme affermit et bride la raison. C'est sous l'image d'un père qu'il veut être adoré ; un père souffre que ses enfants retranchent quelque chose de la sévérité de ses menaces, mais il ne peut être infidèle à ses promesses [1] ».

Pendant son séjour à Weimar, Mme de Staël eut avec Gœthe un entretien où il fut question des deux mondes, le monde intellectuel et le monde des sens. En tout ce qui concerne celui-ci, dit-elle alors, il

---

[1] Lacretelle, *Testament philosophique et littéraire*, II, 73 et sqq., 103.

peut exister une gradation infinie d'esprits, une haute supériorité d'imagination et de faculté créatrice; mais sur tout ce qui a rapport à l'esprit, à la pensée, à l'action réciproque de l'esprit et de la matière, le dernier de mes serviteurs en sait autant que moi : car c'est un mystère. Au moment même où nous parviendrions à le découvrir, nous cesserions d'être des créatures humaines ; nous ne sommes telles en effet qu'à la condition de ne pas savoir si nous continuerons à exister ou si nous serons anéantis. Il faut avoir recours à la foi. Toutes les méditations à ce sujet peuvent avoir leur utilité formelle, mais ne font point avancer d'un pas. Deux issues sont ouvertes, la scholastique et le mysticisme. « Nous employons notre temps à diviser des atômes et à donner une interprétation artificielle à des formules d'école; ou bien nous nous plongeons dans les profondeurs avec Mme Guyon. Cherchons plutôt à reconnaître les limites de l'humanité ».

Tant que vécut Necker, le problème religieux ne s'effaça jamais tout à fait de l'existence de sa fille. Après sa mort, il devint pour elle d'une importance primordiale. Le père qui, pendant sa vie, avait été son protecteur, devint désormais son génie tutélaire et indiquait du doigt le chemin qu'il fallait suivre.

Déjà dans ses conversations avec Lacretelle, Mme de Staël avait fait une profession de foi toute chrétienne. Mais elle était une nature sincère avant tout, et savait bien ce que valait une conviction à laquelle la pratique ne répondait pas. Elle était revenue depuis longtemps de toute illusion sur la bonté innée du cœur humain. Quant à l'erreur de croire que l'homme dont le cœur est partagé sera absous par le juge suprême, elle n'y était jamais tombée [1]. Elle eût été prête à dire avec le poète :

> La foi qui n'agit point, est-ce une foi sincère ?

Au milieu des conflits passionnés d'où naquit *Delphine*, l'auteur se pose cette question : « Que font nos douleurs à nos devoirs ? La vertu que nous adorions dans nos jours de prospérité n'est-elle pas restée la même ? Doit-elle avoir moins d'empire sur nous, parce que l'instant d'accomplir ce que nous admirions est arrivé ? [2] »

Lorsque parut *Corinne*, Mackintosh ne manqua pas de signaler un progrès dans les vues de l'auteur. Sans doute, dit-il, ce n'est pas la connaissance de l'essence des choses, incomplète chez elle, mais la connaissance de la nature humaine, qui impose à sa raison la nécessité de la foi [3].

La lecture de ce même livre a suggéré à un autre profond observateur des considérations qui, dépassant de beaucoup l'objet primitif, pénètrent dans les profondeurs les plus cachées du cœur humain. « Serait-il vrai qu'en aimant davantage on s'expose, on se condamne à être moins aimé, et que le confiant abandon de l'affection est comme un signal donné à l'ingratitude ? Serait ce là un des mystères du cœur humain et de la vie ? Si cela était, certes, il n'y

---

[1] H. Düntzer, *Gœthe et Charles-Auguste*, II, 469.
[2] Voir notre deuxième volume, chap. VII, 494-495.
[3] Sir J. Mackintosh, *Mémoires*, I, 408.

aurait rien de plus tragique. Eh bien ! c'est là une partie du tragique de *Corinne*. Le malheur de Corinne est d'aimer trop. Elle en sera moins aimée ; et ce malheur, qui semble avoir ses racines au fond de la nature humaine, vous fera contempler dans cette œuvre non seulement le martyre de la femme supérieure, et plus généralement le martyre du génie, mais aussi le martyre de l'amour. Révélation saisissante ! L'amour est un sacrifice et non pas un marché ; c'est comme un sacrifice que, dans ce monde malheureux, l'amour doit être pratiqué ; aimer, c'est monter sur l'autel, c'est renoncer d'avance à toute réciprocité ; on n'aime que quand on y renonce, et l'on ne goûte dans sa pureté l'ineffable bonheur d'aimer que lorsqu'on fait de l'amour toute la récompense de l'amour ; et afin que ces vérités sublimes et tristes prennent en nous une vie, il est ordonné, selon l'expression et selon l'expérience de l'apôtre des nations, « qu'en aimant davantage, nous serons moins aimés [1] ». Jusqu'où ne sommes-nous pas conduits par ces considérations douloureuses ? Où s'arrêteront-elles, où nous déposeront-elles, sinon au pied de cette croix où l'amour, abandonné du monde entier, triomphe dans cet abandon ?... *Corinne* est une élégie sur la condition de l'homme en ce monde ; tout ce fardeau des douleurs humaines, c'est elle qui le porte [2] ».

[1] Seconde lettre aux Corinthiens, XII, 15.
[2] Alexandre Vinet. *Etudes sur la littérature française au dix-neuvième siècle*, I : Mme de Staël et Chateaubriand ; Corinne.

Mᵐᵉ de Staël acheva son œuvre dans une disposition d'esprit semblable. Quand elle parut, en 1807, le retour depuis longtemps préparé des doctrines du spiritualisme humanitaire à celles du christianisme était décidé. On possède très peu de renseignements précis sur l'attitude de Mᵐᵉ de Staël à l'égard de l'enseignement dogmatique de sa propre église, dont elle fréquentait les offices à Coppet et à Genève. Son silence confirme seulement sur ce point que, à l'exemple de toute cette génération à laquelle elle appartenait, elle appuyait avant tout, dans le christianisme, sur le côté moral. « Un latitudinarisme piétiste », telle est la qualification donnée plus tard par le duc de Broglie aux croyances religieuses de sa belle-mère. Pendant les dernières années de sa vie elle songeait si peu à mettre en question les dogmes chrétiens, qu'elle déclara avoir abandonné l'idée de la morale naturelle affranchie de la religion, idée à laquelle elle était restée longtemps attachée[1]. Il n'a pas échappé à Alexandre Vinet que l'humilité du cœur est un des caractères de Corinne, qu'il nomme expressément « une âme humble », et Mᵐᵉ Necker de Saussure, qui connaissait si bien sa cousine, a dit d'elle que, tout en ayant conscience de son talent, « elle ne s'est jamais véritablement crue au-dessus de qui que ce fût[2] ». Le livre avait à peine paru, que Mᵐᵉ de Staël écrivait à Gerando : « J'ai bien l'idée que je suis née pour souffrir et je me suis fait tout

---

[1] Mᵐᵉ de Staël, *De l'Allemagne*, 3ᵉ partie, chap. 12, 13 et 14.
[2] Mᵐᵉ Necker de Saussure, *Notice sur le caractère et les écrits de Mᵐᵉ de Staël*.

un système religieux sur cela. Je me reproche d'avoir été légère pendant ma prospérité je m'accuse beaucoup, parce que je crois à la justice divine et que j'ai tant pleuré depuis près de quatre ans, qu'il faut que je l'aie mérité. Vous me reprochez de ne pas vous avoir répondu sur mes dispositions religieuses ; il me semble que je vous écrirai quand je serai tout à fait contente de moi ; mais ce que je fais du moins, c'est soigner l'éducation de mes enfants dans ce genre avec un tel scrupule, que j'espère laisser après moi de dignes descendants de mon père[1] ».

Les circonstances paraissaient venir en aide au travail intérieur dont les effets s'accentuaient chaque jour davantage.

Sous le coup des émotions et des secousses incessantes du dehors s'éveilla le besoin d'un point d'appui plus fort, d'un ordre de choses supérieur et immuable, « pénétrant de haut en bas », le seul, d'après Kant, d'où l'on puisse attendre le progrès vers le bien. A ceux mêmes pour qui les doctrines chrétiennes n'étaient qu'une phase de transition, la nécessité enseignait à prier. « Dans les dix dernières années je suis devenu complètement chrétien », écrivait Gentz en 1811, « et je considère le christianisme comme le véritable point central du monde. Tout ce qu'il y a encore en moi de jeune et de fécond est dû à cette révolution bienfaisante[2] ». Vers le même

---

[1] De Gerando, *Lettres inédites*, etc., 72. Mme de Staël à Gerando, 16 juillet 1807.

[2] * G. Schlesier, *Frédéric Gentz*, lettres confidentielles. A Rahel, 8 août 1810.

temps, Adam Müller disait, dans une lettre à son ami : « Ne sentez-vous pas le vieil empire de la foi, à mesure qu'il s'écroule au dehors, s'élever ferme et pur dans votre âme ? Pour qui donc est la moisson de tous ces jours malheureux ? pour nos ennemis, en apparence si prospères, ou pour nous ?... Je remercie Dieu de ce que toute cette vulgarité qui aboie ne sert qu'à m'inspirer une confiance de plus en plus fière dans le règne à venir de la liberté universelle, que je réconcilie avec sa loi divine [1] ». La Révolution, lui aussi ne cessait de le répéter, doit être combattue au fond de chaque individualité. Quant aux moyens à employer, les avis différaient.

Les chefs de la réaction religieuse française, Joseph de Maistre et Bonald, restaient fidèles aux traditions de la race, qui inclinait à une interprétation sévère et même intolérante de la religion, et que distinguait un penchant à l'ascétisme qui des protestants français a fait des calvinistes, qui a conduit les catholiques à Port-Royal, à la Chartreuse et à la Trappe. Ce trait distinctif du caractère national se retrouve non point dans le catholicisme tout esthétique du novateur Chateaubriand, mais bien dans Bonald et de Maistre, qui réclament pour leur doctrine, à la fois politique et religieuse, les mêmes privilèges d'orthodoxie inflexible qui n'appartenaient jusque-là qu'aux dogmes de l'Eglise.

L'ultramontanisme de de Maistre renie, il est vrai, la tradition dix fois séculaire de l'Eglise de France,

[1] * Fr. Gentz et Adam Müller, *Correspondance*, 124. Adam Muller à Gentz, 25 décembre 1807, 5 juin 1810.

et la théocratie de Bonald ne lui est guère moins étrangère. Mais tous deux savent que le génie français est porté aux extrêmes. Joseph de Maistre dit expressément : « La Révolution était une œuvre française, donc une œuvre exagérée [1] ». Lui et Bonald opposent à sa tête de Méduse le bouclier d'airain de l'autorité absolue. Les hommes de 1793 leur ont appris comment on peut faire circuler pour de l'or pur le clinquant des paradoxes ingénieux. Après Danton, après Robespierre, après Bonaparte, ils ne discutent plus : ils décrètent. « Les erreurs des gens raisonnables, les extravagances des gens d'esprit, les crimes des honnêtes gens, voilà », dit Bonald, « les révolutions ». Aucun crime n'était plus exécrable à ses yeux que la pensée seule d'une transaction avec la France nouvelle. On ne peut, disait-il, convaincre les hommes de la justice ; il faut les y contraindre. Aussi la puissance absolue est-elle à ses yeux la meilleure [2]. « Il ne peut y avoir, dit à son tour Joseph de Maistre, de société humaine sans gouvernement, ni de gouvernement sans souveraineté, ni de souveraineté sans infaillibilité ; et ce dernier privilège est si absolument nécessaire, qu'on est forcé de supposer l'infaillibilité même dans les souverainetés temporelles (où elle n'est pas), sous peine de voir l'association se dissoudre [3] ».

C'est ainsi que se pose le principe. Les difficultés de sa mise en œuvre n'arrêteront pas le « Voltaire

---

[1] Joseph de Maistre, *Considérations sur la France*.
[2] Bonald, *Pensées*, II, et *Discours à la Chambre*, 1816.
[3] Joseph de Maistre, *Du Pape*, I, chap. 19.

catholique ». « Rien n'est plus vrai », dit-il, « la violence ne saurait être repoussée que par la violence ». A un ami qui lui demandait de respecter les personnes, il répondait : « Soyez bien persuadé que ceci est une illusion française ; je vous dis qu'on n'a rien fait contre les opinions tant qu'on n'a pas attaqué les personnes ».

Dans ces mêmes dix dernières années du dix-huitième siècle où les débuts de Bonald et de de Maistre servirent de point de départ au catholicisme politique et militant de notre ère, d'autres âmes cherchèrent la satisfaction du sentiment religieux dans les secrets de la vie contemplative, dans le recueillement et le silence, auprès desquels les tempêtes qui agitaient le siècle passaient inaperçues. Cette tendance trouva également en France des chefs et des adhérents. Le plus intéressant d'entre eux est Louis-Claude de Saint-Martin, « le philosophe inconnu ». Occupé dès son enfance à sonder les problèmes de la vie intérieure, mais obligé par son père à choisir un état, il devint, étant officier, le disciple de Martinez de Pasqualis, dont il trouva plus tard les doctrines occultes trop simples pour ses besoins religieux. Saint-Martin renonça au bout de quelques années à la carrière militaire, sans se séparer extérieurement du monde, au milieu duquel il sut conserver, par un trait distinctif de sa nature, le recueillement intérieur le plus complet. Une ardente amitié l'unit à Paris à la maréchale de Noailles, dont Mme de Staël avait beaucoup connu la famille dans les premières années de son mariage. En 1787 il voyagea en Italie avec un de ses plus enthousiastes partisans, le prince Alexis Galitzin ; c'est alors que la comtesse d'Albany fit sa connaissance [1]. En Italie aussi bien que dans sa patrie il apparut à beaucoup de ses contemporains comme « un de ces esprits d'élite d'un ordre plus élevé, qui surgissent de temps en temps parmi les hommes afin de leur servir d'exemples vivants de leur dignité et de leur beauté originelles [2] ». En 1788, pendant un séjour prolongé à Strasbourg, Saint-Martin s'était plongé dans l'étude des écrits du mystique allemand Jacob Bœhme et y avait trouvé un esprit en affinité avec le sien. Il crut de son devoir de l'étudier, de le commenter, de répandre sa doctrine. Les écrits posthumes du pauvre cordonnier saxon et ceux du théosophe français, dans lesquels les initiés croyaient reconnaître des révélations mystérieuses, inspirèrent une foule de disciples enthousiastes pour lesquels le sol, en Allemagne, était bien préparé [3].

Depuis Klopstock, qui envisageait sa profession de poète comme une vocation sacerdotale, et dont un Français, de Serre, a dit que pour oser parler de lui, il fallait avoir un cœur pur, l'Allemagne comptait toute une génération d'esprits élevés qui, dans la poésie aussi bien que dans la vie, aspiraient surtout à une interprétation religieuse des grands problèmes de l'existence. On trouve chez Hamann, l'auteur de cette définition : « La raison, c'est le langage »,

---

[1] Joseph de Maistre, *Lettres inédites*, publiées par Collombet, Lyon, 1843.
[2] * Varnhagen von Ense, *Mémoires*, I, 404.
[3] * Niebuhr, *Souvenirs de sa vie*, I, 499.

beaucoup des idées que développa plus tard Bonald, bien que celui-ci, très vraisemblablement, n'eût jamais entendu parler du « Mage du Nord ». Mathias Claudius, que Niebuhr mettait au premier rang quant à la valeur morale, traduisit *Erreur et Vérité* de Saint-Martin ainsi que quelques-uns des écrits de Fénelon, et réserva au peuple le trésor de ses chants pieux. Hœlty composa dans le même esprit l'inoubliable prière :

> Fortifie-moi par tes blessures,
> Homme-Dieu, quand l'heure bienheureuse,
> Celle qui tient des couronnes dans la balance,
> S'approchera de mon lit de mort !

Par Mlle de Klettenberg et la princesse Galitzin, par Klopstock et des amis personnels, Jung-Stilling, Lavater, Frédéric de Stolberg et sa sœur Augusta, en partie aussi par Jacobi, cette tendance pénétra jusqu'à Gœthe. Lorsqu'elle fut rentrée pour lui dans le domaine de l'histoire, l'image des femmes qui la lui avaient fait connaître ne s'obscurcit pas pour cela à ses yeux. Il parle avec un respect attendri de la princesse Galitzin ; il adresse à Augusta de Stolberg une lettre d'adieu qui compte parmi les plus belles qu'il ait jamais écrites [1]. Pendant des années Lavater lui parut « le plus grand, le plus sage, le plus tendre de tous les êtres mortels et immortels », et sa vie à lui, comparée à celle de cet homme, lui faisait l'effet d' « une mort spirituelle ». Herder, Jacobi, Merck,

---

[1] * *Lettres de Gœthe à la comtesse Augusta de Stolberg*, veuve comtesse de Bernstorff, 17 avril 1823.

Jean de Muller, même Wieland, ne jugeaient pas autrement. L'homme pour lequel des esprits si supérieurs et si différents l'un de l'autre professaient une admiration si profonde aura toujours droit à un intérêt sympathique. C'est avec raison qu'un critique a recommandé la prudence relativement aux accusations dirigées par les contemporains contre l'exaltation de Lavater [1]. D'autre part, son christianisme tout individuel inclinait, comme celui de Jung-Stilling, aux rêves et aux visions, et l'opposition à la sèche morale du protestantisme orthodoxe de ce temps-là conduisit au piétisme et à une interprétation mystique de la religion. Tandis que les cercles romantiques se rapprochaient du catholicisme, on trouve, dans la génération entrée en scène avec le nouveau siècle, ce trait mystique accusé, passagèrement du moins, chez les hommes les plus divers. Varnhagen traduisit les *Considérations sur la Révolution*, de saint-Martin; François de Baader, le philosophe dont les idées éveillèrent l'attention et gagnèrent le suffrage de Schelling et de Hegel, qualifia Jacob Bœhme et Saint-Martin d'apparitions providentielles dans le petit groupe des élus par lesquels se transmet la vérité sur la terre. L'historien Niebuhr nommait le *Tableau naturel* du mystique français « une école d'enseignement pleine de choses puissantes, sublimes et captivantes [2] ». Aux yeux de Schelling,

---

[1] * Max Koch, *Lavater. Gazette universelle*, supplément, 10 avril 1804. — * F. Munker, *Lavater*.

[2] * Niebuhr, *Souvenirs de sa vie*, II, 98. — *Varnhagen von Ense, *Mémoires*, VI, 303-308.

Jacob Bœhme était « une apparition merveilleuse dans l'histoire de l'humanité et particulièrement dans l'histoire de l'esprit allemand ». Sous l'influence du *Philosophus teutonicus* et des idées de Baader, Schelling apprit à étudier la nature sous un point de vue religieux et prépara ainsi la dernière phase de sa doctrine philosophique [1].

De purement spéculatif qu'il était, le mysticisme revêtit un caractère pratique par l'enseignement et l'apostolat d'Oberlin, entre autres. Nommé en 1767 pasteur de la paroisse de Waldersbach, dans la vallée alsacienne du Rhin, il déploya jusqu'à sa mort, survenue en 1826, dans ce coin de terre inculte et oublié, et pour le bonheur présent et futur de pauvres agriculteurs, toutes les ressources de la prévoyance humaine et de l'amour de Dieu et du prochain, qui subordonne les choses de la terre à celles du ciel [2]. Sous l'influence de Lavater et en union étroite avec Jung-Stilling, il chercha comme eux à scruter les secrets de la vie au delà du tombeau. Le patriarcal pasteur, qui transformait les humbles chaumières de sa commune en fermes modèles, réformait ses écoles et enseignait à ses pauvres ouailles à remplir par d'utiles travaux les longues soirées d'hiver passées jusque-là dans l'oisiveté, avait dans sa chambre une carte murale sur laquelle il cherchait à expliquer quel serait l'état qui attendait les hommes dans la vie à venir, tandis que

---

[1] * C. Frantz, *Philosophie positive de Schelling*, I, 20, 37; III, 181. — J. H. Beckers, *Jacob Bœhme, Schelling, Darwin*. *Gazette universelle*, supplément, février 1883.

[2] * Louis Spach, *Oberlin. Biographie allemande générale*.

lui-même conversait avec l'esprit de sa défunte femme. Lors d'un séjour chez Jung-Stilling à Carlsruhe, en 1808, Mme de Krüdener fit la connaissance d'Oberlin, qu'elle alla visiter dans sa cure solitaire. Elle avait depuis quelque temps demandé à la religion ce que le monde ne pouvait plus lui donner, obéissant en cela à ce goût du merveilleux et du mystère propre aux peuples du Nord, aux Slaves en particulier. Elle fut soutenue dans cette voie par les écrits de Mme Guyon, qu'elle lut avidement. Sa rencontre avec Oberlin fut décisive ; il la fortifia dans la résolution de servir Dieu dans les pauvres et les malades, mais aussi dans la croyance qu'une mission spéciale lui était réservée. Peu de temps après cette entrevue avec lui, elle fit un séjour assez prolongé aux environs de Genève et revit Mme de Staël. Elle lui parla de la paix qu'elle avait trouvée, mais elle jugea prudent de ne point faire allusion aux dons surnaturels qu'elle croyait avoir reçus et ne se fit point d'illusion, à son égard du moins, sur le danger d'un zèle mal entendu. Il faut abandonner Mme de Staël à Dieu, dit-elle avec raison, elle ne pourra se dérober à lui [1]. A ce même moment, le courant d'idées mystiques venu de l'Allemagne pénétra à Coppet par l'intermédiaire de personnalités plus sympathiques à Mme de Staël que la missionnaire russe, qui était dès lors en relations assidues avec des thaumaturges et des prophétesses d'une qualité douteuse.

Sous l'influence de Matthieu de Montmorency et

[1] Charles Eynard, *Vie de Mme de Krüdener*, I, 185, 191. — Sainte-Beuve, Mme *de Krüdener : Portraits de femmes*.

de son frère Frédéric, Guillaume Schlegel songea sérieusement à suivre l'exemple de Mme de Krüdener. Il existe une lettre de lui à Mme de Montmorency dans laquelle il lui dit que, depuis le jour où ses yeux se sont « rouverts aux lumières divines », depuis qu'il a échappé à « l'influence desséchante de ce siècle », il n'a plus vu dans la philosophie qu'un guide qui nous conduit vers la porte du sanctuaire, en écartant les illusions et les erreurs importunes et en nous habituant à ne considérer comme réel que ce qui est invisible, et dans la poésie et les beaux-arts qu'un reflet de la beauté céleste, une faible image de la perfection du monde primitif avant que la corruption l'eût défiguré et en eût détruit la ravissante harmonie. « Je suis habitué », continue-t-il, « à une grande activité d'esprit et d'imagination. Si je voulais imposer silence à ces facultés, leur développement me deviendrait funeste. Il faut que je me fasse un allié de la pensée ; si je ne l'emploie pas au service de la foi, elle se tournera contre la foi même et me rejettera dans ce triste état de doute, dont je suis à peine sorti. La méditation des vérités les plus hautes et peut-être les plus inaccessibles est donc pour moi un besoin impérieux, et c'est plutôt pour mon propre profit que pour celui des autres que je projette un ouvrage qui contiendra ma contemplation religieuse de la nature et de l'homme ; en tâchant de convaincre mes lecteurs, je m'affirmerai moi-même dans le vrai. C'est ce même besoin qui rend pour moi quelques écrivains, appelés théosophiques, presque plus importants encore que ceux qui ont le mieux développé la religion du cœur... Je n'ai pris aucune résolution décidée à l'égard de mon ancien projet de rentrer dans le sein de l'Eglise. Cependant j'ai eu des appels si forts et si réitérés, que je me reproche presque d'y résister par des motifs purement humains. En me prosternant devant la chapelle de Notre-Dame des Ermites, où tant de pauvres pèlerins cherchent un recours, j'ai senti distinctement une voix intérieure qui m'appelait à elle ; mon frère et plusieurs amis respectables ont franchi le passage, et je me réunirai plus étroitement à eux en suivant leur exemple... Comme le culte des protestants ne répond pas à mon cœur, que je ne vois dans le ministre qu'un individu qui, le plus souvent, dit des choses médiocres sur des vérités sublimes, ou qui même se permet d'expliquer la révélation dans le sens de ses opinions particulières, je reste par là totalement privé des bénédictions du culte célébré dans la communion des fidèles. . Je suis convaincu que le temps approche où tous les chrétiens se réuniront de nouveau autour des anciennes et vénérables bannières de la foi. L'œuvre de la Réformation est terminée ; ce qu'elle peut avoir eu de bon est suffisamment assuré : à quoi servirait désormais la séparation au lieu de l'union qui convient aux chrétiens ? L'orgueil de la raison humaine, qui dès le commencement a été un puissant mobile dans les réformateurs, et encore plus dans leurs successeurs, nous a si mal guidés, surtout pendant le dernier siècle, qu'il s'est confondu lui-même et réduit au néant. Ne serait-ce pas bien fait à ceux qui peuvent avoir une influence quelconque sur l'esprit de leurs contemporains, de l'abjurer publiquement et de hâter par là l'époque désirée du retour à l'union primitive de l'Eglise universelle ? Je respecte infiniment les œuvres de Mme Guyon ; c'est une source vivante d'amour et de foi... Si vous êtes convaincu qu'entre le médiateur universel du genre humain et ses interprètes, les écrivains de la nouvelle alliance, Dieu envoie de temps en temps sur la terre des personnes douées d'inspirations et de hautes lumières pour servir de guides dans les voies spirituelles aux individus selon leurs besoins divers, vous admettez aussi qu'il peut y avoir des choix différents et pourtant également bons ; que chacun doit chercher ce qui est le plus analogue à sa manière d'être et ce qu'il s'approprie le mieux. Mme de Staël, par exemple, se sent beaucoup d'attrait pour les œuvres de Fénelon et les lit constamment. Pour moi, j'ai trouvé des impulsions puissantes et un grand affermissement dans la foi dans les œuvres de Saint-Martin, à cause des besoins que j'ai de joindre la contemplation à la prière [1] »

Le séjour de Mme de Krudener à Sècheron, près de Genève, coïncidait avec celui de Zacharias Werner à Coppet, où on lisait la première partie de l'*Histoire de la Religion* de Stolberg. Le christianisme, dit Guillaume Schlegel en parlant de ce livre, ne saurait se prouver par un raisonnement aussi étroit ; que Werner lise Saint-Martin, qui possède des vues

---

[1] L'Auteur des Souvenirs de Mme Récamier, *Coppet et Weimar*, 194-202. A. G. Schlegel à M. de Montmorency, 1811.

profondes éclairées par celles de Jacob Bœhme. Le poète de la *Consécration de la Force* n'était que trop disposé à suivre de pareils conseils et à chercher dans cette interprétation de la religion un dédommagement aux doctrines et aux pratiques de la franc-maçonnerie et des rose-croix. Lorsque le drame biblique de la Sunamite, dramatisé par Mme de Staël, fut représenté à Coppet, la conversion de la mère opérée par la mort de la fille produisit sur Werner une telle impression, qu'il dit à Mme Necker de Saussure, qui en resta toute stupéfaite, qu'ainsi Dieu, par la même voie terrible, saurait ramener à lui Mme de Staël. En prenant congé de Benjamin Constant, il lui recommanda la religion en France, et celui-ci, loin de décliner une pareille mission, répondit : « Qu'y a-t-il à faire avec ce peuple ?[1] ». Le voltairien Bonstetten perdit tant soit peu patience, et son fin bon sens se révolta contre des apôtres qui avaient à la fois des heures de faiblesse et des visions[2]. « Rien n'est aussi changé que Coppet », écrivait-il à Friderike Brun[3]. « Ces gens-là, vous le verrez, deviendront tous catholiques, bohèmes, martinistes, mystiques, et tout cela à propos de Schlegel, qui de plus en fait des Allemands... Mme de Krüdener a aussi passé par ici. Elle est complètement folle et

---

[1] * Schütz, *Biographie et caractéristique de Zacharias Werner*, I, 145-148.

[2] * H. Düntzer, *Deux convertis*, 113-114. Caroline Herder sur Zacharias Werner.

[3] * Bonstetten, *Lettres à Friderike Brun*, Coppet, 12 octobre 1809.

a discouru avec Mme de Staël de l'enfer et du ciel, pas d'autre chose. Tout cela me révolte. Mme de Staël seule reste aimante et bonne ».

Elle ne se laissa entraîner par aucun des courants religieux qui l'entouraient, bien qu'elle ne les rejetât pas absolument, comme faisait son ami Bonstetten. Elle avait ce trait en commun avec Gœthe, que, chez elle aussi, la saine nature réagissait contre tout genre d'exagération. Elle se guérit du romantisme de *Delphine* en voyant la contagion de son langage sentimental envahir son salon et « menacer son antichambre ». « Je marche avec des sabots sur la terre », disait-elle à sa cousine, « quand on veut me forcer à vivre dans les nuages [1] ». Après avoir constaté que, chez nombre de ses amis, le besoin religieux risquait de dégénérer en don de prophétie et de se produire en extases, elle se limita à Fénelon et à l'*Imitation de Jésus-Christ* et s'appliqua plus que jamais à secourir, dans son inépuisable et active compassion, toutes les formes de la détresse humaine. Deux chapitres du livre *De l'Allemagne*, l'un sur le mysticisme et l'autre sur les théosophes, sont consacrés à ces problèmes, alors si vivement agités. Elle y reconnaît très justement que la disposition qu'éveille le sentiment religieux, c'est-à-dire la réunion parfaite du mouvement et du repos, n'est continuelle dans aucun homme, quelque pieux qu'il puisse être. Mais le souvenir et l'espérance de ces saintes émotions décident de la conduite de ceux

[1] Mme Necker de Saussure, *Notice sur le caractère et les écrits de Mme de Staël.*

qui les ont éprouvées. Quant aux écrits des mystiques, elle avoue qu'ils ne sont pas facilement compréhensibles ; mais elle les sait beaucoup plus rapprochés d'elle que les doctrines de la théocratie, parce qu'ils satisfont le besoin qu'elle éprouve de voir dans la religion l'expression suprême de l'amour.

Quand elle se rappelait ses conversations avec Joseph de Maistre à Lausanne ou qu'elle lisait les écrits de Bonald, elle était forcée de convenir comme par le passé qu'elle entendait le christianisme autrement que cette apologétique ingénieuse, mais colère et intolérante. Elle était bien moins disposée encore à vouloir chercher, avec l'auteur de la *Législation primitive*, le salut de la génération future dans le retour au passé, ou, comme le voulait de Maistre, à prétendre revêtir la doctrine politique du caractère inviolable du dogme. Dans les écrits les plus fameux de celui-ci, parus seulement après la mort de Mme de Staël, elle aurait trouvé puérils et frivoles bien des passages célèbres, par exemple sa défense de l'Inquisition, ou celle de la superstition envisagée comme boulevard de la foi [1]. De Bonald elle a dit : « C'est le philosophe de l'anti-philosophie, mais cela ne peut pas mener loin [2] ». Dans la religion elle demandait surtout et avant tout le sérieux de la pensée : une sincérité entière, d'abord envers soi-même. Ce qui répugnait le plus à sa nature, c'était la raillerie,

---

[1] Joseph de Maistre, *Lettres sur l'inquisition espagnole*, 18, 22, 65, 172 ; *Soirées de Saint-Pétersbourg*, 234.
[2] Mme Necker de Saussure, *Notice sur le caractère et les écrits de Mme de Staël.*

le persiflage spirituel qui rabaisse les choses les plus saintes et épie même dans l'acte héroïque le point vulnérable ou accessible à la moquerie. Elle avait besoin de respect, de respect aussi pour l'opinion des autres ; elle n'admettait pas qu'il y eût des vérités dangereuses et appréciait peu la foi qui refusait de se servir des armes intellectuelles et dont la sécurité n'était point le prix de la lutte bravement acceptée[1]. Sur tous ces points, le monde intellectuel allemand, la pensée allemande étaient d'accord avec la science. Enthousiasme sans fanatisme, énergie de la conviction intérieure, empressement à sacrifier les intérêts terrestres aux biens éternels, toutes ces qualités lui apparurent comme les traits caractéristiques des convictions religieuses en Allemagne, quelles que fussent d'ailleurs leurs formes extérieures[2].

Elle n'abdiqua point sa prédilection pour la religion réformée, mais l'attitude du clergé catholique pendant la Révolution et l'esprit de douceur et de tolérance qui pénétrait de son temps le catholicisme en Allemagne effacèrent ses préjugés à l'égard de l'église catholique, dont elle a parlé plus tard avec équité. Lors de la conversion de Zacharias Werner, Mme de Staël fut la seule de sa société qui le félicita d'avoir trouvé dans cette voie l'appui dont il avait tant besoin[3].

---

[1] Mme de Staël, *De l'Allemagne*, 3e partie, chap. 2 et 9, 4e partie, chap. 2.

[2] Id., Ibid., 4e partie, chap. 1 et 2. Rapprocher 3e partie, chap. 3.

[3] * H. Düntzer, *Deux convertis*, 176. Mme de Staël à Mme de Schardt.

Frédéric-Léopold Stolberg, pour lequel elle professait une estime particulière, lui semblait digne de contribuer pour sa part à la réalisation du vœu suprême de la chrétienté : la réunion des églises séparées [1]. Personne ne répondait plus entièrement aux aspirations de son âme que Stolberg, lorsqu'il complétait l'axiome de Descartes : Je pense, donc je suis, par cette autre et inoubliable parole : Nous aimons, donc nous serons [2]. Au contact de ces doctrines de paix et de sérénité, elle aussi trouva le calme, et avec lui la force de la résignation. « J'éprouve quelquefois », écrivait-elle à Mme Récamier, « une sorte de calme qui ne vient pas du tout de moi, mais de Dieu. Cette vie tant agitée que j'ai menée jusqu'à ce jour et dont sa main, et certes pas la mienne m'a tirée, me donne de l'espérance... Les circonstances nous engagent, nul ne peut savoir ce qu'il fait de lui-même. Cependant, je dois vous le dire, la main de Dieu me soutient et je ne suis plus dans ces états de désespoir qui anéantissaient mon être. Je ne sais si cette grâce me sera continuée, car j'ai parfaitement le sentiment que c'est une grâce, et que ce n'est point la force de mon âme qui me la vaut [3] ».

Un fragment de lettre à Camille Jordan révèle une disposition d'esprit semblable : « Je ne pouvais guère,

[1] Mme de Staël, *De l'Allemagne*, 4e partie, chap. 4.

[2] H. Gelzer, *La littérature nationale allemande moderne envisagée au point de vue de ses idées morales et religieuses*, II, 37.

[3] L'Auteur des Souvenirs de Mme Récamier, *Coppet et Weimar*, 178, 182. Mme de Staël à Mme Récamier, Coppet, 1er janvier 1811, Genève, même année.

moi, être plus malheureuse sur cette terre, et il fallait un million de chances pour que ce résultat eût lieu ; mais tel qu'il est jusqu'à ce jour, je n'ai point encore manqué de respect à l'auteur de ma destinée et je dis comme Job : Pourquoi n'accepterai-je pas les maux de la main de Celui dont j'ai reçu les biens ? ». Elle ne devait pas en rester là. Du moment où elle se résigna avec une entière soumission à la volonté suprême, elle sentit la vertu purifiante qui émane de la douleur. « On finit par apercevoir même dans cette vie pourquoi l'on a souffert, pourquoi l'on n'a pas obtenu ce qu'on désirait », lit-on dans *L'Allemagne*. « L'amélioration de notre propre cœur nous révèle l'intention bienfaisante qui nous a soumis à la peine ; car les prospérités de la terre auraient même quelque chose de redoutable, si elles tombaient sur nous après que nous nous serions rendus coupables de grandes fautes : on se croirait alors abandonné à la main de celui qui nous livrerait au bonheur ici-bas comme à notre seul avenir [1] ». A Meister elle dit ces belles paroles : « Il faut avoir soin, si l'on peut, que le déclin de cette vie soit la jeunesse de l'autre. Se désintéresser de soi sans cesser de s'intéresser aux autres met quelque chose de divin dans l'âme [2] ».

C'est ainsi que Mme de Staël devint chrétienne, parce que dans le christianisme seul elle trouva le plein épanouissement de la nature humaine, la satis-

[1] Mme de Staël, *De l'Allemagne*, 4º partie, chap. 5.
[2] Mme de Staël à Meister, Chaumont, 25 mai 1810. Lettres inédites en possession de M. le docteur Th. Reinhart.

faction de l'ardent besoin de liberté et d'amour qui torturait à la fin et pénétrait son âme.

On l'a dit très justement : lorsqu'elle cessa de se placer au point de vue de la jeunesse, elle comprit que les sentiments exaltés ne tenaient pas dans la vie une si grande place qu'elle l'avait cru, et elle fut à partir de ce moment mieux en accord avec tout le monde. En un mot, toute la théorie de l'exaltation fit place à celle de la moralité ; son estime pour les dons naturels se transporta sur les vertus acquises ; le courage et la résignation obtinrent l'admiration qu'elle avait eue pour les grands mouvements de la sensibilité. Elle redouta moins la solitude, ne désira plus étendre le cercle de ses affections et ne chercha plus à en inspirer de nouvelles. Ses pensées revêtirent facilement la forme de prières. Jamais elle n'eut autant de prestige que dans ces dernières années ; ses paroles, plus mesurées, comptaient davantage ; ses éloges, plus justement flatteurs, donnaient plus de plaisir. Tandis que ses amis intimes cherchaient à s'illusionner sur des symptômes qui révélaient une atteinte sérieuse de ses forces physiques, elle produisait sur eux une grande et solennelle impression due à sa modération et à sa sagesse en même temps qu'à la grandeur des intérêts qu'elle défendait. « Elle paraissait d'autant plus imposante qu'elle ne parlait point en son propre nom, mais qu'on la voyait comme l'interprète des éternelles lois de l'équité [1] ».

Elle était âgée de quarante-quatre ans. « La porte

---

[1] Mme Necker de Saussure, *Notice sur le caractère et les écrits de Mme de Staël.*

de mon cœur est fermée », disait-elle, et elle le croyait. Cette fois encore il en advint autrement. Sa destinée semble confirmer la vérité de l'épigraphe mise par Gœthe en tête de sa propre biographie : « Nous recevrons avec usure, aux jours du déclin, ce que nous avons désiré dans la jeunesse ».

En septembre 1808 le deuxième régiment de hussards français fut envoyé de Prusse en Espagne. Il comptait dans ses rangs le Genevois Jean de Rocca, descendant d'une ancienne famille patricienne émigrée du Piémont au temps de la Réforme. Le jeune homme avait terminé avec succès ses études à l'École polytechnique de Paris et était entré dans l'armée française. Il avait vingt-deux ans quand il passa des rives de l'Elbe et du Weser, dont il avait appris à aimer les habitants, sur celles de l'Èbre et du Douro. A peine avait-il franchi les Pyrénées, qu'il comprit clairement qu'une nation comme le peuple espagnol, dont le patriotisme s'exaltait au contact de cette persuasion que la foi était menacée, ne pourrait jamais être domptée par la force. Bien que les armées françaises fussent encore victorieuses, chaque jour le confirmait dans la certitude qu'elles se battaient dans la Péninsule pour une cause absolument perdue. Tout en faisant son devoir de soldat avec un dévouement héroïque, il cherchait en même temps, chaque fois que l'occasion s'en offrait, à épargner et à protéger les innocentes victimes de la guerre. Les incidents de la vie des camps, les dramatiques épisodes d'une lutte continuelle pour l'existence, l'attitude du peuple espagnol, aux yeux duquel l'abolition de l'Inquisition était l'offense la plus sensible portée à son sentiment national), et qui, en dépit de sa haine contre les oppresseurs étrangers, épargnait cependant l'ennemi sans défense, toutes ces impressions émurent si vivement l'âme du jeune officier, que quelques années plus tard il en fit par écrit un récit animé et pittoresque, qui fournit quelques traits précieux à l'histoire de la guerre d'Espagne. Après avoir été envoyé, au mois de mai 1809, sur les côtes de Flandre, Rocca retourna dans la Péninsule à la fin de l'année et dut soutenir, dans les montagnes de l'Andalousie, une lutte contre cette population de bergers et de contrebandiers, qui le conduisit jusqu'à dix lieues de Gibraltar et ne cessa de l'exposer aux plus grands dangers. « Nous aurions pu dire avec vérité, selon le style de l'Ecriture », écrit-il, « que nous mangions notre chair et buvions notre propre sang dans cette guerre sans gloire, pour expier l'injustice de la cause pour laquelle nous nous battions [1] ».

Le jeune officier, dans ses *Mémoires*, ne parle de lui-même qu'autant que ses destinées personnelles ont été en rapport avec la marche générale des événements. Il gagna sur le champ de bataille la croix de la légion d'honneur et passait déjà aux yeux de ses hussards comme invulnérable contre les balles. Mais le 1ᵉʳ mai 1810 il fut atteint, lui et son cheval, dans un ravin des montagnes de Ronda, par les

[1] Rocca, *Memoires sur la guerre des Français en Espagne*. Deuxième édition publiée par G. Revilliod, Genève et Paris, 1887, (avec un curieux portrait représentant Rocca en pied, devant son cheval qu'il tient par la bride), 229.

coups de feu trop sûrs d'une bande de guérillas. Une balle lui fractura la cuisse gauche ; les autres pénétrèrent dans la poitrine et l'épaule. On se racontait à Genève que le jeune homme, tombé sans connaissance de son cheval et laissé pour mort sur la place, avait touché, par son extraordinaire beauté [1], le cœur d'une jeune Andalouse, qui réussit à le soustraire aux femmes qui égorgeaient les blessés, en le faisant placer comme un mort devant l'autel d'une chapelle voisine. Elle veilla là auprès du trépassé (il semblait tel à tous les yeux), jusqu'à ce que la foule eût disparu, puis elle le fit transporter secrètement dans sa demeure, où elle pansa ses blessures et le rappela à la vie par des remèdes énergiques. Quand ses douleurs le tourmentaient, ajoute la personne de qui l'on tient ces détails, sa garde-malade lui chantait des chansons en s'accompagnant sur la guitare [2].

Rocca rapporte seulement que, après avoir été blessé, sentant ses forces s'épuiser, il prit, avec l'espoir de rentrer chez lui, un chemin de traverse par un sentier escarpé, où le précédait un hussard qui conduisait son cheval par la bride. « Comme je perdais tout mon sang, j'étais obligé de rassembler mes forces pour ne pas m'évanouir ; si j'étais tombé de cheval, j'aurais probablement été poignardé... Quand

---

[1] « Il avait la plus magnifique tête que j'aie jamais vue », dit Friderike Brun, qui avait fait la connaissance de Rocca à Coligny, dans l'été de 1806, « et nous l'aimions tous pour l'innocence de son âme, ainsi que pour la franchise grandiose de sa nature ».

[2] Bonstetten, *Correspondance avec Friderike Brun*, II, 137, note de Friderike Brun.

je fus à un quart de lieue de la ville, mon cheval ne pouvait presque plus marcher. Le hussard qui m'accompagnait partit au galop pour prévenir le poste qui était au haut de la montagne, et je fis encore quelques pas seul, n'y voyant presque plus, et entendant à peine des coups de fusil que des paysans, qui travaillaient à couper du bois, tiraient de loin sur moi. Je fus enfin secouru par des soldats qui arrivèrent, et me transportèrent à mon logement dans la couverte de mon cheval. Mes hôtes espagnols vinrent au-devant de moi, et ne voulurent pas permettre qu'on me conduisît à l'hôpital militaire, où il régnait une fièvre épidémique ; j'aurais probablement trouvé là, comme beaucoup d'autres, la mort pour guérison. Mes hôtes avaient eu pour moi, jusqu'à ce jour, une politesse froide et réservée, me considérant comme un des ennemis de leur pays. Par respect pour ce sentiment de patriotisme, j'avais été moi-même peu communicatif avec eux. Quand je fus blessé, ils me montrèrent l'intérêt le plus vif, et me traitèrent avec cette générosité et cette charité qui distingue si éminemment le caractère espagnol. Ils me dirent que depuis que je ne pouvais plus faire de mal à leur pays ils me considéraient comme étant de leur famille ; et sans se lasser un instant pendant cinquante jours, ils eurent en effet de moi tous les soins possibles. Le 4 mai, les insurgés vinrent, à la pointe du jour, attaquer Ronda avec plus de force qu'ils ne l'avaient encore fait. Des balles passèrent si près de la fenêtre à côté de laquelle était mon lit, qu'on fut obligé de le retirer dans la chambre, voisine. Mon hôte et mon hôtesse vinrent bientôt m'annoncer, en s'efforçant de conserver un air calme, que les montagnards étaient au bout de la rue, qu'ils gagnaient toujours du terrain, en avançant de notre côté, et que la vieille ville allait être emportée d'assaut... ils cachèrent en hâte mes armes, mes vêtements militaires, et tout ce qui aurait pu attirer l'attention des ennemis. Ils me transportèrent ensuite, à l'aide de leurs domestiques, au haut de la maison, derrière une petite chapelle dédiée à la Vierge Marie, regardant ce lieu consacré comme un asile inviolable. Mes hôtes coururent chercher deux curés qui se placèrent auprès de la porte de la rue pour en défendre l'entrée et me protéger au besoin par leur présence... Mes hôtes redoublèrent de soins et d'attention pour moi ; ils passaient plusieurs heures de la journée dans ma chambre ; et quand je commençai à me rétablir, ils réunirent chaque soir quelques-uns de leurs voisins, qui venaient causer et faire un petit concert auprès de mon lit pour me distraire de mes maux ; ils chantaient des airs nationaux en s'accompagnant de la guitare. La mère de mon hôtesse m'avait pris en grande amitié, depuis le jour où elle avait prié avec tant de ferveur, pour ma conservation, pendant l'assaut de la ville. Sa seconde fille était religieuse dans le couvent des dames nobles ; cette dame faisait de temps en temps demander de mes nouvelles, et elle m'envoyait des petits paniers de charpie parfumée et recouverte de feuilles de roses [1] ».

[1] Rocca, *Mémoires sur la guerre des Français en Espagne*, 236-240.

Le 18 juin, Rocca se leva pour la première fois ; il dut marcher avec des béquilles, ayant perdu totalement l'usage d'une de ses jambes. « J'allai », dit-il — et c'est là un trait touchant qui fait connaître avantageusement l'homme — « visiter le cheval qui avait été blessé avec moi ; il s'était heureusement guéri, mais il ne me reconnut pas d'abord ; je vis par là combien j'étais changé ». Il partit le 22 de Ronda sur une voiture de munition, finit par arriver à Madrid, où il resta près d'un mois, et fut de là renvoyé en France, avec de nombreux officiers également réformés, sous une escorte de soixante quinze soldats d'infanterie. Ils s'organisèrent en un peloton commandé par le plus ancien blessé, afin de mourir armés si on les attaquait, car ils étaient hors d'état de se défendre, beaucoup d'entre eux étant obligés de se faire attacher sur leurs chevaux pour se soutenir. « Nous avions », dit Rocca, « dans notre convoi deux fous ; le premier était un officier de hussards, qui avait perdu la raison à la suite de blessures profondes reçues à la tête ; il marchait à pied, parce qu'on lui avait ôté son cheval et ses armes, dans la crainte qu'il ne voulût s'échapper ou nuire. Il n'avait pas oublié, malgré sa folie, la dignité de son grade et le nom de son régiment ; quelquefois il découvrait sa tête à nos regards et nous montrait ses blessures réelles, qu'il prétendait avoir reçues dans des combats imaginaires qu'il nous racontait sans cesse. Un jour notre convoi fut attaqué pendant la marche ; il trompa la vigilance des hommes qu'on avait chargé de le garder, et retrouva son ancienne intrépidité pour fondre sur les ennemis avec une simple baguette, qu'il appelait le sceptre magique du grand roi de Maroc, son prédécesseur. Le second de nos fous était un vieux musicien flamand de l'infanterie légère, dans le cerveau duquel la chaleur du vin d'Espagne avait fixé, pour le reste de ses jours, une imperturbable gaieté. Il avait échangé sa clarinette contre un violon et il marchait au milieu de notre triste convoi, jouant et dansant tout à la fois sans jamais se lasser [1] ».

A la fin de 1810 Rocca rentra à Genève, où il était très aimé. Bonstetten, qui l'avait traité une fois de tête chaude, s'accusa plus tard d'avoir été très injuste à l'égard du jeune homme, auquel les fatigues et les souffrances de l'expédition d'Espagne n'avaient rien enlevé de sa brillante bravoure [2]. On raconte qu'un jour, malgré sa jambe blessée, il gravit, au galop de son cheval, l'escalier en pierre de la colline de Genève et redescendit par la rue de la Cité, afin de passer sous les fenêtres de Mme de Staël [3]. Le baron de Voght dit dans une lettre à Mme Récamier. « Le jeune Rocca a quelque chose de bien aimable. La réunion d'un caractère doux, d'une constitution délicate avec la bravoure et le courage. Il est si mince qu'on ne conçoit pas comment toutes ses blessures ont trouvé à se placer : il aime son état et les

---

[1] Rocca, *Mémoires sur la guerre des Français en Espagne*, 240-245.

[2] * Bonstetten, *Correspondance avec Friderike Brun*, II, 143. Genève, 13 août 1817.

[3] A. Stevens, *Mme de Staël*, II, 101.

larmes de son père ne l'arrêteront point ici [1] ». Mais en attendant il était encore trop faible pour rentrer dans la carrière, et de plus menacé d'une maladie de poitrine qui avait emporté de bonne heure sa mère.

Parmi les personnes qui témoignèrent une vive sympathie au jeune homme se trouvait Mme de Staël, qui ne soupçonnait nullement l'effet exercé sur lui par ses paroles. Cet effet fut si profond et si durable, que bientôt Rocca dit à un ami, en parlant d'elle : « Je l'aimerai tant qu'elle finira par m'épouser ». Quelqu'un ayant remarqué qu'elle était assez âgée pour être sa mère, il répondit qu'il était heureux d'avoir ainsi une nouvelle raison de l'aimer. L'invraisemblable arriva. La femme qui n'avait jamais été belle et qui avait manqué sa vie parce qu'elle n'était pas parvenue dans sa jeunesse à éveiller un sentiment durable, devint, alors qu'elle avait renoncé au bonheur, l'objet d'une inclination passionnée que la constance devait ennoblir. Son âme était restée assez sensible pour ne pas repousser la compensation tardive que lui réservait le sort. Mais elle avait perdu sa foi dans l'indulgence du monde envers des vicissitudes si peu communes. Au soin de son nom vint s'ajouter cette fois la crainte de s'exposer aux propos railleurs des indifférents et à la critique de ses amis. Il y eut donc en 1811, à Coppet, un mariage secret entre elle et Rocca. A la suite de la nais-

---

[1] L'Auteur des Souvenirs de Mme Récamier, *Mme Récamier, les amis de sa jeunesse et sa correspondance intime*, 65-66. Le baron de Voght à Mme Récamier, Genève, 22 décembre 1810.

sance d'un fils, le 7 avril de l'année suivante, elle se sentit obligée, dans l'intérêt de cet enfant, de faire reconnaître son union à Stockholm, avec toutes les formalités prescrites par la loi. Mais le monde n'apprit qu'après sa mort que Rocca avait été son légitime époux [1].

Ceux qui lui tenaient de près ne se trompèrent du reste pas longtemps sur la nature de ses rapports avec lui. Dans une lettre adressée en 1811 à Mme de Gerando, qui avait cherché à excuser la conduite de son mari, Mme de Staël elle-même y fait allusion. « Il y a des personnes, Madame, avec lesquelles la sympathie ne peut jamais être détruite. Un nuage s'élève quelquefois, mais il disparaît, car il y a trop de rayons pour qu'il ne soit pas dissipé. Quant à vous, Madame, je n'ai pas même eu le nuage. Je me vante de sentir quelle âme vous avez, quel esprit vous éclaire, et quand je sortirai de l'agitation où me jette un si grand événement dans ma vie, un événement dans lequel je ne puis savoir si mon Saint là-haut m'approuve en tout, j'irai vous voir et causer avec vous, si vous me le permettez [2] ».

Il fallait du reste s'attendre aux contradictions, même de la part de ceux qui lui étaient le plus dévoués. Sismondi, qui se trouvait en Italie, croyait Mme de Staël en route pour les États-Unis, quand il apprit qu'au

---

[1] Bonstetten, *Correspondance avec Frederike Brun*, Genève, 13 août 1817. — Mme Necker de Saussure, *Notice sur le caractère et les écrits de Mme de Staël*.

[2] Baron de Gerando, *Lettres inédites*, etc., 76-77. Mme de Staël à Mme de Gerando, 1811.

contraire elle revenait à Genève. « Il me serait difficile de dire quelle fut ma joie », écrivait-il à la comtesse d'Albany, « lorsque j'appris à deux lieues d'ici que j'allais la revoir : son retour a changé toute mon existence : je n'attendais à Genève que tristesse et solitude, j'y ai trouvé la personne que j'aime avec le plus d'ardeur, et une personne qui, quand on ne l'aimerait pas, répandrait encore du bonheur sur tout ce qui l'approche, par son charme inexprimable ». Peu après il trouva l'humeur de son amie si changée, qu'il écrivit de nouveau à sa noble correspondante : « On ne parle que de bals et de comédies de société. Mme de Staël en joue une ce soir qui est de sa composition ; dans huit jours elle en jouera une autre qu'elle a faite aussi elle-même, et, ce qu'il y a de singulier, d'après son imagination mélancolique et la tristesse extrême de sa situation, toutes deux sont d'une extrême gaieté. Elle a pris désormais son parti, elle ne songe plus à Paris, elle a oublié son livre, et n'en a point d'autre dans la tête ; elle vit dans le présent, sans faire de projets, sans renoncer à ceux qu'elle a faits, car ce serait presque disposer de l'avenir que d'en effacer ce qu'elle y avait mis précédemment. Elle me confond tous les jours davantage ; je n'aurais jamais espéré ce repos d'esprit qu'elle a trouvé, je n'aurais su quel conseil lui donner pour l'atteindre, et il m'étonne si fort, que je ne sais comment compter sur sa durée [1] ».

Vers le même temps Adalbert de Chamisso, poussé

[1] Saint-René Taillandier, *Lettres inédites*, etc., Sismondi à Mme d'Albany, Genève, 19 novembre 1810, 11 février 1811.

par le désir de revoir Mᵐᵉ de Staël, vint à Genève, où il se lia d'une amitié étroite avec Sismondi. Mais il la trouva, suivant son expression, « enchaînée dans des relations qui l'éloignèrent complètement de lui », et une pièce de vers qu'il composa trahit quelles espérances lui aussi, peut-être, avait nourries au fond du cœur :

> J'ai vu la Grèce et retourne en Scythie.
> Dans mes forêts je retourne cacher
> Mes fiers dédains et ma mélancolie.
> Rien désormais ne m'en peut arracher.
> Adieu, Corinne, adieu ! c'est pour la vie.
> Là j'expierai l'erreur qui m'est ravie.
> Corinne, adieu ! tu n'es point mon amie.
>   J'ai vu.

Et, sur le même ton, Sismondi adressa au poète ces lignes d'adieu :

> J'éprouve aussi la souffrance,
> Je vois aussi l'espérance
> Se faner, s'évanouir ;
> Mais si j'ai quelque courage,
> C'est moins pour braver l'orage
> Que pour me taire et souffrir ².

Tous ceux qui se sentaient déçus ou blessés ne s'en tinrent pas à une pièce de vers. Au printemps de 1811 Benjamin Constant, qui se rendait à Lausanne, passa par Genève. Comme nous l'apprennent les notes préparées pour ses *Mémoires*, les plus pénibles explications avec son père l'y attendaient. Il y eut

---

¹ * Karl Fulda, *Chamisso et son temps*, 111-114.

des scènes violentes avec lui, avec Mme de Constant, avec Mme de Staël, qu'il accusa d'éloigner de lui son père, enfin avec Rocca lui-même, qui y mit fin en profitant d'un prétexte futile pour provoquer Benjamin Constant, qui lui était antipathique. Ce dernier déclara qu'il ne voulait pas rendre Mme de Staël, qui ignorait cette provocation, responsable des agissements d'un jeune fou. On réussit cependant à arranger l'affaire, bien que Benjamin Constant fût toute sa vie un duelliste avéré. Le 15 mai il partit pour l'Allemagne [1].

Avec le temps, les amis de Mme de Staël se convainquirent de plus en plus qu'elle avait trouvé dans un caractère d'une parfaite noblesse la compensation aux avantages d'une situation plus brillante selon le monde. « Il est certain que cette union l'a rendue heureuse », dit Mme Necker de Saussure. « Elle avait bien jugé l'âme élevée de M. Rocca : une tendresse extrême, une constante admiration, des sentiments chevaleresques ; et, ce qui plaisait toujours à Mme de Staël, un langage naturellement poétique, de l'imagination, du talent même, comme l'ont prouvé quelques écrits, de la grâce dans la plaisanterie, une sorte d'esprit irrégulier et inattendu qui excitait le sien et mettait de la variété dans sa vie ; voilà ce qu'elle a trouvé en lui. A cela se joignait une profonde pitié pour les maux qu'il

---

[1] Sainte-Beuve, *Benjamin Constant. Portraits littéraires*, III, 185. — Edmond Schérer, *Le Temps*, 20 février 1887. — * Adolphe Strodtmann, *Profils de poètes et figures caractéristiques*, II, 19-20.

endurait, et des craintes toujours renaissantes qui entretenaient son émotion et enchaînaient sa pensée... L'heureuse imprévoyance de son caractère l'a bien servie dans le cours de cette union. Après des alarmes cruelles sur la santé de M. Rocca, elle revenait promptement à croire que sa vie n'était pas attaquée et que ses maux n'étaient qu'accidentels. Il ne lui restait de l'inquiétude qu'une attention continuelle et remarquable chez une personne si vive, pour les soins nécessaires à sa conservation¹ ». « J'aimais bien Rocca », dit lord Byron, qui l'avait connu à Londres ; « c'était un homme intelligent et capable. Nul ne disait de meilleures choses et avec plus de distinction ² ».

Le moment vint bientôt pour Rocca de prouver son dévouement par les faits.

Pour la première fois peut-être depuis que le sort l'y ramenait sans cesse, l'idée de passer en Suisse un temps illimité n'eut pas pour Mme de Staël l'amertume d'autrefois. Tout en continuant à sentir que l'exil affaissait l'esprit, elle avouait que l'âme gagnait en vigueur par la certitude acquise qu'aucune puissance de la terre ne peut rien sur les convictions ³. Restait le sentiment poignant d'exposer ses amis à subir le même sort qu'elle, rien que parce qu'ils la fréquentaient. Cette crainte perpétuelle de

---

¹ Mme Necker de Saussure, *Notice sur le caractère et les écrits de Mme de Staël.*

² Medwin, *Conversations with lord Byron*, 123.

³ Mme de Staël à Meister, 13 juillet 1811. Lettres inédites en possession de M. le docteur Th. Reinhart.

compromettre les autres par de simples actes de politesse alla si loin, qu'elle n'invitait plus personne à sa table sans s'informer très exactement de toutes ses relations, « car si cette personne avait seulement un cousin qui voulût une place, ou qui la possédât, c'était demander un acte d'héroïsme romain que de lui proposer à dîner [1] ». « Quelle douleur d'être comme une pestiférée pour tout ce qui vous approche ! », écrivait-elle au commencement de 1811 à Mme Récamier. Elle ne savait pas encore, quand elle traçait ces lignes, que le nouveau préfet, M. Capelle, brûlait de l'envie de gagner ses éperons. Il lui demanda d'abord de lui livrer le manuscrit original du livre *De l'Allemagne*, à quoi elle se contenta de répondre que le manuscrit était en sûreté à l'étranger et qu'il y resterait. Puis il insista pour obtenir d'elle, sous n'importe quelle forme, l'éloge de l'Empereur. Quelques lignes dans ce sens, répétait-il à toutes les connaissances de Mme de Staël à Genève, suffiraient pour amener un changement complet dans sa situation. Comme par le passé et pour la même raison, c'est-à-dire que, dans la position où elle se trouvait, un tel éloge serait ridicule, méprisable même, elle refusa.

« En m'y refusant, je dois le dire, je n'ai pas eu le mérite de faire un sacrifice », a-t-elle écrit à ce sujet ; « l'Empereur voulait de moi une bassesse, mais une bassesse inutile... Il fallait, pour plaire à notre maître, vraiment habile dans l'art de dégrader ce qu'il reste encore d'âmes fières, il fallait que

---

[1] Mme de Staël, *Dix années d'exil*, 2e partie, chap. 2.

je me déshonorasse pour obtenir mon retour en France, qu'il se moquât de mon zèle à le louer, lui qui n'avait cessé de me persécuter, et que ce zèle ne me servît à rien. Je lui ai refusé ce plaisir vraiment raffiné ; c'est le seul mérite que j'aie eu dans la longue lutte qu'il a établie entre sa toute-puissance et ma faiblesse [1] ». Enfin, lors de la naissance du roi de Rome le 20 mars, l'enthousiaste préfet vint proposer à Mme de Staël de chanter l'impérial enfant. Elle lui répliqua en riant qu'elle n'avait aucune idée sur ce sujet et s'en tiendrait à faire des vœux pour que sa nourrice fût bonne. Déjà auparavant, un ministre de l'Empereur lui ayant fait dire que celui-ci lui rembourserait la créance de son père, si elle l'aimait, elle avait riposté : « Je savais bien que pour recevoir ses rentes il fallait un certificat de vie, mais je ne savais pas qu'il fallût une déclaration d'amour ».

Plus cet état se prolongeait et plus elle sentait qu'il y a parfois comme un sentiment de bien-être physique dans la résistance à l'injustice et à la violence [2].

Cette disposition d'esprit se retrouve dans une de ses communications à Gœthe. A une lettre que lui adressa Guillaume Schlegel, Mme de Staël ajouta en *postscriptum* :

« Permettez-vous que je mette quelques lignes au bas de la lettre de mon excellent ami ? Vous êtes pour moi l'idéal des facultés intellectuelles et personne en

---

[1] Mme de Staël, *Dix années d'exil*, 2e partie, chap. 4.
[2] Mme Necker de Saussure, *Notice sur le caractère et les écrits de Mme de Staël.*

Europe n'a plus que vous le don de la pensée. C'est quelque chose qu'une telle éminence, quoiqu'elle ne donne point d'empire sur la terre. Croyez-vous qu'une telle puissance s'anéantisse jamais. Vous qui êtes pour les autres une preuve de l'immortalité de l'âme, servez-vous en aussi à vous-même. Votre système des couleurs est charmant, il est d'accord avec tout l'ensemble du système de philosophie dont Kant a fait le premier pas. J'aime que tout soit en nous, parce que nous sommes dans le sein de Celui qui s'est fait appeler notre père. Me voilà bien sérieuse et cependant je joue la comédie, j'en jouis, je cherche toutes les jouissances dans la ligne de l'esprit et de l'âme, mais je ne crois pas à la nécessité de se priver de rien, que du mal. Dans ma douce manière de me traiter, je voudrais me rapprocher de vous cet été et vous voir à Carlsbaden. J'espérais aussi présenter mes hommages à la cour par excellence, mais je dépends en tout d'une autre cour. Je vous remercie d'avoir fait représenter la pièce de Schlegel. Je crois que c'est un progrès pour les beaux-arts, et c'est un plaisir pour un homme que j'apprends chaque jour à aimer plus. Dites à Mme de Schardt, je vous prie, que je lui écrirai dans huit jours. Mes pensées sont toujours à Weimar et je vous prie d'en recueillir quelques-unes sur le bord de votre rivière. Adieu[1] ».

Dans le cours de cet hiver, Sismondi fit devant un nombreux public quarante leçons sur la littérature des peuples de l'Europe méridionale, les Ita-

---

[1] « *Annales gœthiennes*, » 1884, 120. Mme de Staël à Gœthe, 15 mars 1811.

liens, les Espagnols et les Portugais, leçons rendues plus intéressantes encore en ce que leur pointe polémique était fréquemment dirigée contre les idées artistiques de Guillaume Schlegel. Au nombre des auditeurs de Sismondi était Karl Ritter, le géographe, homme aimable qui fut plus tard un savant illustre. Il était venu à Genève avec ses deux élèves, le jeune Hollweg de Francfort et le fils de Sœmmering. Plus encore que Genève, « la reine de la Suisse », l'enchanta le ravissant paysage, le lac, sur les rives duquel « alternaient jardins et maisons de plaisance, et où l'on n'apercevait qu'équipages, voitures et promeneurs ». Il se lia avec Pictet, le mathématicien et physicien, montra aux Genevois le premier modèle d'un télégraphe électrique, inventé en 1809 par Sœmmering, et fréquenta beaucoup, à Coppet et à Genève, la maison de Mme de Stael. Un jour que, chez elle, on en vint à parler de l'essence de la religion, Mme de Staël s'exprima sur ce sujet avec tant d'éloquence, que Ritter avoua n'avoir jamais encore été ébranlé ainsi dans tous ses nerfs et jusqu'à la pointe de ses doigts. « Il y a dans ses discours », dit-il, « quelque chose de la puissance de Socrate telle que la décrit Alcibiade dans *Le Banquet* de Platon [1] ».

Au mois de mai, les médecins envoyèrent le plus jeune fils de Mme de Staël aux bains d'Aix, où sa mère l'accompagna. La saison étant peu avancée, il ne se trouvait guère là, en fait de connaissances de

[1] * G. Kramer, *Karl Ritter*, I, 272-279, 283, 285, 288-290.

Mᵐᵉ de Staël, que la comtesse de Boigne, une femme distinguée à laquelle ses relations avec plusieurs des hommes d'Etat de la Restauration et de la monarchie de Juillet ont assuré une place dans l'histoire de la société française [1]. Nous lui devons un souvenir de ce séjour de Mᵐᵉ de Staël à Aix. On était allé passer une journée à Chambéry, et l'on s'en revenait à Aix vers le soir, en deux carrosse. Un orage éclata pendant le retour, un tonnerre épouvantable. Dans l'un des carrosses, les dames avaient eu peur ; on avait fait arrêter, et l'on était descendu au moment où les coups étaient les plus forts ; il y avait eu maint incident qu'on se racontait avec agitation. Dans l'autre carrosse, à l'arrivée, il se trouva qu'on avait fait peu d'attention au temps ; on n'avait presque rien entendu ; de tonnerre et d'éclairs on n'avait qu'une vague idée ; un autre éblouissement avait tout rempli : Mᵐᵉ de Staël y était, et pendant tout le trajet elle avait causé. La conversation avait eu pour point de départ les lettres de Mˡˡᵉ de Lespinasse. Mᵐᵉ de Staël n'avait pas parlé seule, car elle admettait bien la réplique, mais elle avait tout animé, tout élevé et monté à son propre ton, à son degré d'enthousiasme : « une électricité avait fait oublier l'autre [2] ».

A Aix, le préfet du Mont-Blanc lui refusa des chevaux de poste, parce qu'il craignait qu'elle s'en-

---

[1] Guizot, *Mémoires pour servir à l'histoire de mon temps*, I, chap. 2.
[2] Sainte-Beuve, *Mᵐᵉ de Staël. Nouveaux Lundis*, II, 290.

fuit en Angleterre. A Genève, le préfet Capelle l'informa que désormais elle ne pourrait plus franchir la frontière française et que Guillaume Schlegel avait reçu l'ordre de quitter non seulement Genève, mais aussi Coppet, situé sur le territoire suisse ; et comme elle voulut connaître la raison de cette mesure, il répondit que c'était par intérêt pour elle que le gouvernement éloignait de sa maison Schlegel, qui la rendait anti-française : on connaissait ses opinions littéraires et sa brochure où, en comparant la Phèdre d'Euripide à celle de Racine, il avait donné la préférence à la première. Plus tard, lors de l'entrée des alliés à Paris, Schlegel retrouva l'original de la dénonciation à la suite de laquelle il avait été banni de l'Empire français. Elle portait qu'un certain M. Chélègue (*sic*), commensal de Mme de Staël, était anti-napoléonien, hostile à la France, Allemand en un mot, et que sa présence ne pouvait être tolérée plus longtemps.

Bien qu'on eût permis peu après à Schlegel de retourner pour un temps à Genève et ensuite de rester en Suisse, Mme de Staël commença à craindre que l'idée d'une arrestation ne fût rien moins que chimérique. La duchesse de Chevreuse, que l'Empereur avait bannie parce qu'elle avait désapprouvé l'expédition d'Espagne, était morte en exil. Une autre dame, également expulsée, se vit refuser la permission de se rendre auprès de son mari malade [1]. Des personnes de l'entourage intime de Mme de Staël furent saisies d'une

---

[1] L'Auteur des Souvenirs de Mme Récamier, *Mme Récamier et les amis de sa jeunesse*, 71.

telle panique, que le baron de Voght, entre autres, quitta Genève sans prendre congé d'elle [1].

Dans cette situation intolérable elle résolut de fuir. Elle avait toujours à sa disposition un passe-port pour les Etats-Unis, mais des motifs personnels et la sévère application du système du blocus continental rendaient ce voyage presque inexécutable. Elle songea donc à chercher un asile en Suède, où, par suite d'un enchaînement de circonstances, le roi Charles XIII, qui n'avait pas d'enfants, avait désigné en 1810 pour son successeur le maréchal Bernadotte, devenu prince-héritier. Mme de Staël était certaine de la protection de celui-ci, en supposant qu'il lui fût possible d'arriver jusqu'à lui, car le préfet de Genève n'avait nullement laissé ignorer que toute tentative de fuite aurait pour conséquence son arrestation. Elle étudia donc, avec presque autant de zèle que Napoléon lui-même, la carte de Russie, car par ce pays seul elle pouvait espérer gagner la Suède, et elle se flattait de l'idée que si l'Empereur d'Autriche ne la défendait pas, du moins il ne la livrerait pas non plus. Plus approchait le moment fixé pour l'exécution de ce hardi dessein, et plus elle désirait revoir une fois encore Matthieu de Montmorency. Il était le tuteur de ses enfants, et lui aussi ne voulait pas la laisser partir sans lui dire adieu. La rencontre eut lieu non loin de Fribourg ;

---

[1] L'Auteur des Souvenirs de Mme Recamier, *Coppet et Weimar*, 178 ; Mme *Récamier et les amis de sa jeunesse*, 59, 66. — Mme de Staël, *Considérations. OEuvres complètes*, XIII, 299.

il visita avec Mme de Staël le couvent de trappistes de Seligenthal situé dans le voisinage, et retourna à Coppet avec elle par Vevay et Bex. En route il vint aux touristes l'envie de voir une chute d'eau. A peine rentrés à la maison, ils subirent une réprimande de la part du préfet, car la chute d'eau, ils l'ignoraient, était située sur le territoire français, et Mme de Staël avait ainsi contrevenu à l'ordre impérial. Elle répondit avec l'âne de la fable :

> Je tondis de ce pré la largeur de ma langue !

Quelques jours après, Matthieu de Montmorency reçut sous le toit de son amie, qui s'en montra inconsolable, son ordre d'internement au centre de la France. Il n'avait pas encore obéi à cet arrêt, quand Mme Récamier, qui se rendait à Aix-les-Bains, passa par Coppet et ne voulut pas se refuser la satisfaction de s'arrêter au moins pour quelques heures auprès de son amie. Mme de Staël l'avait en vain conjurée de ne ne pas s'exposer à ce danger. Elle la reçut en larmes, la garda une nuit chez elle et l'accompagna le lendemain matin jusqu'à Ferney. Quelques jours plus tard, Mme Récamier reçut à son tour un arrêté de l'Empereur qui l'envoyait à Châlons. « Je me jette à vos pieds, je vous supplie de ne pas me haïr », lui écrivit Mme de Staël au comble de l'émotion. Elle était si épuisée par la lutte, par ce mode de persécution, et par l'insomnie qui en était la suite, qu'elle sentait elle-même que son état devenait de plus en plus maladif. La vie lui apparaissait « comme un bal dont la musique a cessé ». Elle cherchait un refuge dans la prière, ne cessait de se répéter que le châtiment était mérité et que la Providence est juste, mais elle n'espérait plus rien de l'avenir, depuis qu'elle se sentait frappée dans ceux qu'elle aimait. C'est en vain que ses deux amis, tombés victimes de la colère de l'Empereur, essayaient de la calmer et acceptaient pour leur part, sans se plaindre, le sort qui leur était réservé. « Vous me dites que j'ai un avenir », répondait Mme de Staël aux paroles de consolation de son amie Juliette ; « je puis me tromper, les pressentiments sont des aperçus trop fins pour être analysés ; mais je ne me tirerai de rien, je n'arriverai point à cet avenir, et ma vie finira cruellement et bientôt. Je passe des heures entières à me faire à l'idée de la mort. Je regrette mon talent peut-être avec égoïsme, mais enfin je sens en moi des puissances supérieures qui n'ont point encore été développées, et leur destruction m'afflige [1] ».

Depuis le mois d'août 1811, qui lui avait enlevé ses amis, jusqu'au mois de mai suivant, le temps s'écoula pour elle dans cette disposition d'esprit. « Vous et Schlegel, vous ranimiez mon âme qu'ils ont tuée », écrivit-elle à la suite d'une visite que le vieux Meister lui avait faite en compagnie de Schlegel. « Il me semble qu'il n'y a de nouvelles d'aucun lieu du monde, et suivant l'expression du livre dse Macchabées, « la terre se tait devant Alexandre ». Il n'y a que la comète qui ait osé se montrer comme à

[1] L'Auteur des Souvenirs de Mme Récamier, *Coppet et Weimar*, 207, 211 et 219-220, Genève, octobre 1812.

l'ordinaire..... On prétend que le Pape refuse. Quelle puissance que la religion, qui donne de la force aux faibles tandis que tout ce qui était fort n'en a plus. On m'a fait encore offrir de raccommoder le brûlé[1], d'ôter quelque chose, de changer le titre et de le faire paraître. Mais je n'ai plus de talent, plus d'idée, plus d'imagination, et je suis devenue passive, ce qui n'était guère dans ma nature. Le grand événement de ma vie, c'est le soleil. Quand il fait beau, j'espère que le bon Dieu ne m'a pas encore abandonnée[2] ».

En attendant, Coppet devenait de plus en plus une sorte de prison, et le préfet menaçait de placer, à la première occasion, un poste à la porte du château. Mais il ne parvint pas à éveiller chez Mme de Staël la pensée d'acheter sa liberté au prix d'une condescendance indigne. « Je me meurs à la lettre du malheur de mes amis », dit-elle à Camille Jordan, qui une fois encore avait laissé percer un doute sur la correction de son attitude. « Ma santé, qui était forte, est détruite, et il se pourrait très bien que je mourusse avant la traversée. Tout cela est égal. J'aime mieux ma situation que ce qu'on m'offre pour en sortir. Mais je vous le dirai de toute la hauteur de mon âme : je pense qu'en fait de dignité morale, les circonstances me placent aussi haut qu'il est possible, et je m'étonne que vous, qui êtes si indulgent pour l'inconcevable conduite de Gerando, vous tourniez

---

[1] Le livre *De l'Allemagne*.
[2] Mme de Staël à Meister, 5 octobre (1811). Lettres inédites en possession de M. le docteur Th. Rheinhart.

toutes vos foudres contre une malheureuse femme, qui résistant à tout, défendant ses fils et son talent au péril de son bonheur, de sa sécurité, de sa vie, est un moment touchée de ce qu'un jeune homme, d'une nature chevaleresque, sacrifie tout au plaisir de la voir. J'estime avant tout, sur cette terre, le dévouement, l'élévation et la générosité. Je voudrais qu'on y pût joindre l'absence totale de faiblesses d'imagination ; mais de toutes les faiblesses, celles qui souillent le plus à mes yeux, ce sont celles du calcul et de la pusillanimité. On peut encore accomplir toutes les vertus, quand on serait trop susceptible de goût pour les agréments et les qualités ; mais de quoi reste-t-on capable quand on recherche la faveur aux dépens de l'amitié, aux dépens des consolations qu'on peut donner aux malheureux. Que signifient ces aumônes aux pauvres, quand on néglige la charité du cœur..... Je ne vous dirai pas ce que je souffre, vous le comprendrez ; mais excepté le moment où un homme tel que vous m'a fait douter de son estime, Dieu m'a fait la grâce de penser que je donnais un noble exemple à mon siècle [1] ».

Même dans la situation où elle se trouvait alors, cette extraordinaire nature conservait sa vitalité. Elle cherchait dans le monde idéal qu'elle portait en elle un refuge contre les coups de la destinée et la misère de l'heure présente, et conçut le plan d'un poème sur Richard Cœur-de-Lion, qui l'occupa jusqu'à la fin de sa vie. En même temps elle acquitta

---

[1] Sainte-Beuve, *Nouveaux Lundis*, XII, 255. Mme de Staël à Camille Jordan, Coppet, 3 octobre 1811.

une dette morale que lui imposait sa conscience, affinée par de longues années d'expérience et de réflexions.

Dans son livre *De l'influence des Passions* elle avait excusé le suicide, en certaines circonstances, comme la ressource des forts. Maintenant elle prit à tâche de retirer ce mot irréfléchi. Elle le fit en considérant la question de son point de vue le plus élevé et en opposant à l'assertion des stoïciens : la douleur n'est pas un mal, cette affirmation du christianisme : la douleur est un bien, elle est une partie de l'ordre éternel dans lequel règne l'équité. Le sort n'est pas aveugle ; c'est le tribunal secret qui nous juge, et quand il paraît injuste, peut-être sommes-nous seuls à savoir ce qu'il veut nous faire entendre et ce qu'il exige de nous. La souffrance est la condition du perfectionnement ; et, après un certain temps, ce perfectionnement nous rend le bonheur. Car le cercle, se refermant alors, nous ramène aux jours d'innocence qui précédèrent nos fautes. Le but suprême de la vie est le renoncement à la vie. La nature l'atteint par la destruction, la volonté par le sacrifice. L'existence humaine bien comprise n'est autre chose que l'immolation de la personnalité et le retour à la loi universelle, inflexible, absolue, contre laquelle il ne faut pas se révolter, mais à laquelle il convient de se soumettre volontairement. Le suicide n'est pas un acte de lâcheté : cette manière de le définir n'a convaincu personne. Mais c'est un acte de révolte ou de désespoir, et le courage résigné qui accepte la douleur est quelque chose de

plus élevé, même au point de vue purement humain.
A l'égard des différentes causes de suicide, Mme de
Staël exprime l'avis qu'aucun mobile humain, aucun motif se rattachant aux choses qui passent, ne
justifiera jamais la mort volontaire. Parmi les actions humaines, il y en a un grand nombre, sans
doute, qui semblent plus perverses que le suicide ;
il n'en est pas qui nous dérobe plus complètement à
la protection de Dieu. Malgré sa profonde pitié pour
les victimes, l'auteur parle ici en chrétienne, et,
comme telle, elle reconnait le sens profond de la
doctrine évangélique dans l'explication qu'elle donne
de la douleur. Elle cite le sophisme de Rousseau :
« Pourquoi serait-il permis de se faire couper la
jambe, s'il est défendu de s'ôter la vie ? La volonté
de Dieu ne nous a-t-elle pas également donné l'une
et l'autre ? » ; mais elle répond par ce passage de
l'Evangile : « Si votre bras vous est une occasion de
chute, coupez-le ; si votre œil vous égare, arrachez-
le et le rejetez loin de vous ». Ces textes s'appliquent à la tentation, et non au suicide, mais néanmoins on peut y puiser la réfutation de l'argument
de Jean-Jacques. Il est permis à l'homme de chercher à se guérir de tous les genres de maux ; mais
ce qui lui est interdit, c'est de détruire son être,
c'est-à-dire la faculté qu'il a reçue de choisir entre le
bien et le mal. Mme de Staël rappelle alors la mort
du Christ, qui donna au monde le plus haut exemple
de soumission volontaire à la douleur et à la souffrance. Le regard attaché sur elle, le martyr s'est
pris d'enthousiasme et a achevé en lui l'œuvre de

Dieu, qui interrompt pour toujours l'anéantissement de soi-même. Car le problème moral, la dignité de l'existence tout entière se mesurent à la force de résistance que l'homme oppose non seulement à la mort, mais à tous les intérêts égoïstes de la vie[1]. C'est sans doute parce que la trame de ces *Réflexions sur le Suicide* est moins serrée encore que celle de tel autre écrit de Mme de Staël, qu'elles ont été relativement peu remarquées. La philosophie morale les a cependant mentionnées de nos jours. William Hartpole Lecky dit que ce petit traité est un modèle de piété calme, franche et philosophique, qui, au lieu de reprendre des arguments usés, trace l'esquisse idéale de l'homme véritablement vertueux, pour montrer combien un caractère fortement discipliné est à l'abri de la tentation du suicide[2].

Au milieu de ces occupations et de toutes les exigences et les inquiétudes qui se rattachaient à son changement de situation, le printemps était arrivé, et l'on commençait à croire que Mme de Staël se résignait à demeurer à Coppet la prisonnière de Napoléon. Elle n'avait jamais dissimulé que la nature lui avait rendu très difficile le courage physique. « Je suis très facile à ébranler. », dit-elle dans *Dix années d'exil* ; « mon imagination conçoit mieux la peine que l'espérance, et quoique souvent j'aie

---

[1] Mme de Staël, *Réflexions sur le Suicide*. Œuvres complètes, III, 305-388, en particulier pages 314, 315, 317, 319, 336, 346.

[2] W. H. Lecky, *History of European morals*. Traduction allemande de H. Iolowicz, II, 46-47.

éprouvé que le chagrin se dissipe par des circonstances nouvelles, il me semble toujours, quand il arrive, que rien ne pourra m'en délivrer ». Sismondi la qualifie « d'excessivement poltronne[1] ». Bonstetten aussi était d'avis qu'elle resterait jusqu'à ce que le plus grand malheur la frappât, car, dit-il, « on l'a trop offensée, on lui a fait trop de mal, tout pardon est devenu impossible... Le château de Coppet est à moitié abandonné. Sismondi ne le quitte pas. Mme de Staël me remercie chaque jour de ne pas l'abandonner, elle est souvent malade de chagrin, et, chaque semaine, elle se voit obligée de se défendre contre des accusations qui sont absolument fausses, et dont elle ne sait même pas le premier mot[2] ». Les médiocrités se rassuraient sur son sort en se disant qu'après tout une belle propriété, un gros revenu et tous les agréments de la vie, rendaient cette espèce de prison tout à fait tolérable. Ceux qui connaissaient Mme de Staël de près étaient de plus persuadés qu'elle ne parviendrait jamais à s'arracher d'auprès de la tombe de son père et à tant de souvenirs qui lui étaient chers. Pendant que tous ces raisonnements s'échangeaient autour d'elle, Mme Récamier reçut quelques mots de son amie, écrits à la hâte, qui lui disaient ceci[3] : « Chère Ju-

---

[1] Saint-René Taillandier, *Lettres inédites*, etc., 145. Sismondi à Mme d'Albany, Genève, 11 octobre 1811.

[2] * Bonstetten, *Lettres à Friderike Brun*, I, 332, 336, 339, 16 septembre, 10 octobre, 2 novembre 1811.

[3] Saint-René Taillandier, *Lettres inédites*, etc., 145. Sismondi à Mme d'Albany, Genève, 11 octobre 1811.

liette, je me crois obligée de partir, je m'y crois obligée pour vous, pour Matthieu, pour mes enfants et pour moi. Si dans un pays étranger je pouvais vivre avec vous, ce serait un bonheur plus vif, plus idéal que tous ceux que l'amitié peut donner. Mais j'ai horreur de ma situation présente, du mal que j'ai fait, de celui que je peux faire à ceux que j'aime, de ma dépendance, de ma soumission forcée[1] ».

Plusieurs jours avant l'arrivée de cette lettre, Mme de Stael était en sûreté. Le 23 mai, après avoir pris congé de son plus jeune enfant, qui n'avait pas deux mois, et était confié, sous un nom supposé, à Longirod, dans le Jura, aux soins du célèbre médecin Jurine[2], elle avait, un éventail à la main, comme s'il s'agissait d'une excursion ordinaire, quitté en voiture, avec sa fille et son fils cadet, le château de Coppet, où on l'attendait pour le dîner. Elle voyagea ainsi jour et nuit, jusqu'à ce qu'elle atteignît une petite localité aux environs de Berne, où Guillaume Schlegel vint la rejoindre. Rocca, qui était allé au devant d'elle, dut retourner au bout de vingt-quatre heures à Genève, pour régler des affaires urgentes, et ne se rencontra qu'à Salzbourg avec les voyageurs. Auguste de Staël, qui était venu avec lui jusqu'à Berne, réclama du représentant de l'Autriche, qui y résidait, le passeport dont sa mère avait be-

---

[1] L'Auteur des Souvenirs de Mme Récamier, *Coppet et Weimar*, 229.

[2] Bonstetten, *Lettres à Friderike Brun*, II, 38 et 141, 1er novembre 1812 et 11 août 1817. — J. H. Menos, *Lettres de Benjamin Constant à sa famille*, introduction, 62 note.

soin pour continuer son voyage. Jusque-là, elle n'avait eu dans tout le cours de cette expédition qu'un mouvement de faiblesse : ce fut au moment de quitter Coppet, peut-être pour toujours. A présent il lui fallait prendre congé de son fils aîné, qui devait y retourner pour veiller à leurs intérêts matériels. Cette séparation tant redoutée la fit hésiter, et un instant elle fut tentée de revenir sur ses pas. Mais la raison lui dit qu'une décision comme celle qu'elle avait prise ne pouvait plus être modifiée, et cette réflexion ranima son courage.

A Genève, préfet et public n'apprirent que le 2 juin la fuite de Mme de Staël. Les uns — Sismondi était du nombre — admirèrent le courage de la femme qui, avec une santé affaiblie et au milieu des circonstances les plus accablantes, refusait une soumission à laquelle se prêtait à peu d'exceptions près la nation tout entière, et traitèrent d'héroïque la résolution qu'elle avait prise. D'autres, au contraire, mettaient à profit le moment où les apparences paraissaient leur donner raison, pour diriger contre Mme de Staël des imputations contre lesquelles elle ne pouvait se défendre, car elles s'adressaient à la personne de Rocca, qui, on le savait, l'avait suivie. « Je vois », écrivait Sismondi a la comtesse d'Albany, « qu'on vous a écrit les bruits odieux qu'on s'est plu à faire circuler sur mon amie, bruits au reste qui sont partis de l'autorité, et que la malignité publique n'a fait que répéter. Elle s'est laissée entraîner à cette dernière imprudence par des motifs du moins plausibles : quand elle partit, elle ignorait si elle obtiendrait des passeports de Russie, elle savait qu'elle ne pourrait ni revenir en arrière, ni rester en Autriche. Sa seule issue pouvait donc être la Turquie, et comment se hasarder à faire un voyage avec sa fille dans un si terrible pays, à se mettre sous la garde de janissaires inconnus sans avoir avec elle des amis dévoués, accoutumés au danger et à la décision, et qui servissent à ces deux femmes d'escorte contre leur escorte ? M. Schlegel n'est rien moins que cet homme-là. Son fils cadet, qui l'accompagnait, loin de la rassurer, augmentait son danger par sa mauvaise tête... Elle accepta les offres de R(occa), ou plutôt, lorsqu'il partit vingt-quatre heures après elle pour l'aller joindre, malgré une résolution contraire, elle ne le renvoya point. J'espère que dans le nouveau pays où elle arrivera ces bruits injurieux ne seront pris que pour ce qu'ils valent. Elle est devenue tout autrement responsable de sa conduite depuis qu'elle a une fille d'un âge et d'une figure à inspirer des passions, et de qui elle doit écarter même les mauvaises pensées ; elle le sait, elle le sent, et je n'ai pas de doute que ce dernier trait de l'animosité de ses ennemis n'ait fait dans son cœur une profonde blessure[1] ».

Sismondi ne se trompait pas, mais Mme de Staël avait appris, même sous ce rapport, à se soumettre et à pardonner. « J'ai éprouvé plus que personne la calomnie », écrivait-elle à Mme Récamier, « et tout l'ascendant et toute l'adresse de la puissance ont été

---

[1] Saint-René Taillandier, *Lettres inédites*, etc., 163. Sismondi à Mme d'Albany, Pescia, 14 octobre 1812.

réunis contre moi. J'ai trouvé dans les pays étrangers, qui sont la postérité contemporaine, une existence fort au-dessus de celle que j'espérais... Il n'y a rien à craindre que la vérité et la persécution matérielle : hors de ces deux choses-là, les ennemis ne peuvent absolument rien [1] ».

Après des émotions de tout genre, mais en somme sans désagrément sérieux, Mme de Staël se retrouva, le 6 juin 1812, dans la ville impériale des bords du Danube. Au cadran de l'histoire l'aiguille approchait de l'heure fatidique. Depuis le 14 octobre 1808, où, après le Congrès d'Erfurth, il s'était séparé de l'empereur Alexandre avec les témoignages de l'amitié la plus vive, Napoléon était resté convaincu que la lutte décisive avec la Russie était inévitable. Du moment, en effet, où il avait gagné en apparence l'autocrate russe à sa politique, il reconnut que tôt ou tard leurs routes allaient se séparer. L'échec de son projet de mariage avec une sœur d'Alexandre conduisit, par son union avec une archiduchesse, à l'alliance autrichienne. Dès mars 1809, le nouvel ambassadeur russe à Paris, le prince Kourakin, avait réussi à mettre la main sur différents mémoires dérobés au cabinet de l'Empereur et dans lesquels Duroc énumérait, sur le désir de son maître, tous les motifs qui poussaient la France à la guerre contre la Russie [2]. A Pétersbourg on était arrivé à une con-

---

[1] L'Auteur des Souvenirs de Mme Récamier, *Coppet et Weimar*, 151, 152. Mme de Staël à Mme Récamier, 17 septembre 1808.

[2] * Bernhardi, *Histoire de Russie*, II, livre IV, 590-593,

clusion pareille. Elle se fit jour dans la façon dont on éluda l'engagement pris à Erfurth de marcher avec la France contre l'Autriche. Le désaccord s'accentua par le refus de l'empereur Napoléon d'apposer sa signature au bas d'un traité qui interdisait aux parties contractantes toute tentative de rétablissement de la Pologne comme royaume indépendant. Puis vinrent les mesures violentes de 1810, l'incorporation de la Hollande, du Valais, des trois villes hanséatiques, des six cents lieues carrées de territoire allemand situées entre la frontière hollandaise et l'Elbe, enfin la prise de possession du duché d'Oldenbourg, qui violait le traité de Tilsitt dans plusieurs de ses articles et atteignait le tzar dans la personne d'un proche parent. A partir de cette époque commencèrent les préparatifs de la Russie, et ce fut alors qu'Alexandre songea à gagner les Polonais pour enlever des mains de son adversaire un des principaux instruments de ses projets. Les rêves de sa jeunesse se réveillèrent, et dans ses lettres à son ami de cœur, le prince Adam-Georges Czartoryski, reparaît la pensée de rétablir la Pologne dans certaines limites, et avec une constitution libre, sous l'autorité du tzar proclamé roi à Varsovie. Mais le Posa de ce don Carlos ne sut point lui garder sa foi. La réponse de Czartoryski témoigne clairement que, en dehors de toutes les objections qu'il opposa aux projets trop vagues de son impérial ami, c'est sa confiance en Napoléon et dans la durée de sa puis-

654. — Alfred Rambaud, *L'Allemagne sous Napoléon 1er*, 401 et sqq.

sance qui motiva son refus[1]. Quand, un an après ce curieux échange de lettres, la grande armée franchit les frontières russes, Adam-Casimir Czartoryski, le père, présida la diète de Varsovie, qui déclara le royaume de Pologne rétabli, et les troupes polonaises combattirent du côté des Français.

Le 15 août 1811, dans un entretien d'une violence extrême avec l'ambassadeur Kourakin, Napoléon n'avait pas dissimulé qu'il était instruit des projets de son maître au sujet de la Pologne[2]. Alexandre, cependant, ne releva pas la provocation. Il ne voulait pas de guerre offensive et songeait à établir en Lithuanie un système de défense analogue aux lignes de Torres-Vedras. Cette politique échoua par suite des négociations avec la Prusse, qui, cernée de tous côtés par Napoléon, invoqua en vain l'assistance du tzar. Toutes les tentatives, y compris celle qui réclamait l'appui de l'Angleterre, ayant définitivement échoué, Hardenberg conclut un traité d'alliance avec la Prusse, en date du 24 février 1812. Alexandre écrivit à Czartoryski que le roi de Prusse avait, pour Berlin et pour son palais, sacrifié la monarchie[3]. Napoléon, de son côté, dit à l'ambassadeur de Prusse, M. de Krusemark, le 17 décembre 1811, que la légèreté de l'empereur Alexandre l'entraînait à sa perte, qu'il était en train de déchaîner une guerre

---

[1] Prince Ladislas Czartoryski, *Alexandre Ier et le prince Czartoryski*, Paris, 1865, 127-177. Alexandre à Czartoryski, 25 décembre 1810, 31 janvier 1811.

[2] * Bernhardi, *Histoire de Russie*, II, 671-672, 677, 679.

[3] Prince Ladislas Czartoryski, 1er avril 1812.

plus épouvantable que toutes celles qu'on avait vues jusque-là[1]. Au nombre des exigences que Napoléon prétendait imposer à la Russie, il y avait celle de mettre l'embargo sur tous les vaisseaux neutres. Le mot d'ordre de la campagne contre la Russie portait que la France était contrainte à la guerre, parce que la Russie n'observait pas le blocus continental[2]. L'occupation de la Poméranie suédoise et de Stralsund par les troupes françaises, qui avait pour but de contraindre la Suède à fermer sévèrement ses portes à l'Angleterre, éveilla à Stockholm, au lieu de cela, la résistance du désespoir. Une dernière tentative de conciliation de la part de Bernadotte fut rejetée avec colère par Napoléon, et pour ne pas se séparer du peuple qui l'avait choisi, l'ancien maréchal de France se rangea du côté de la Russie. Napoléon exagérait à peine, quand il disait à Mollien, en 1813 : « La France n'a étendu ses conquêtes que pour enlever des tributaires à l'Angleterre[3] ».

Le chapitre des *Considérations* qui traite des moyens employés par Bonaparte pour attaquer l'Angleterre qualifie d' « absurdité tyrannique » le blocus continental. « On ne peut nier », dit à ce propos Mme de Staël, « qu'il ne soit très naturel que la France envie la prospérité de l'Angleterre ; et ce sentiment

---

[1] * W. Oncken, *L'Autriche et la Prusse dans la guerre de délivrance*, I, 1.

[2] Mme de Staël, *Considérations. Œuvres complètes*, XIII, 393.

[3] Comte Mollien, *Mémoires d'un ministre du Trésor public*, IV, 61.

l'a portée à se laisser tromper sur quelques-uns des essais de Bonaparte pour élever l'industrie française à la hauteur de celle de l'Angleterre. Mais est-ce par des prohibitions armées qu'on crée de la richesse ? La volonté des souverains ne saurait plus diriger le système industriel et commercial des nations : il faut les laisser aller à leur développement naturel, et seconder leurs intérêts selon leurs vœux[1] ».

A l'arrivée de Mme de Staël à Vienne, l'empereur François était à Dresde, au troisième rendez-vous assigné par Napoléon aux princes allemands, cette fois pour faire défiler devant eux la grande armée. Tandis que les souverains subissaient les honneurs humiliants de cette hospitalité, leurs hommes d'Etat conféraient dans le plus grand secret, Metternich, sur les moyens de borner la puissance du despote, Hardenberg, sur ceux de l'anéantir. Talleyrand manquait à la suite de Napoléon ; en revanche, un adjudant-général récemment promu semblait jouir de sa confiance. C'était Narbonne, entré en 1809 dans l'armée impériale avec le grade de général, et employé ensuite au service diplomatique. Cela n'empêcha pas Napoléon de dire à Metternich, d'un ton de mépris, qu'il ne se servait de Narbonne que lorsqu'il s'agissait non de négociations, mais de phrases[2]. Celui-ci avait déconseillé aussi vivement qu'inutilement la

---

[1] Mme de Staël, *Considérations. OEuvres complètes*, XIII, 342-344.

[2] * W. Oncken, *L'Autriche et la Prusse dans la guerre de délivrance*, I, 311.

campagne de Moscou ¹. Il eut maintenant le triste honneur d'être envoyé à Wilna comme porteur de l'*ultimatum* à Alexandre, qui se trouvait dans cette ville depuis la fin d'avril, date de l'ouverture des négociations de paix de la Russie avec la Turquie. Le tzar montra à l'envoyé de Napoléon une carte déployée de son empire, qu'il avait sous les yeux. « Je ne me fais point d'illusions », lui dit-il ; « je sais que l'empereur Napoléon est un grand général ; mais vous le voyez, j'ai pour moi l'espace et le temps. Il n'est pas de coin reculé de ce territoire hostile pour vous où je ne me retire, pas de poste lointain que je ne défende, avant de consentir à une paix honteuse. Je n'attaque pas ; mais je ne poserai pas les armes, tant qu'il y aura un soldat étranger en Russie ». Retourné au quartier-général français, Narbonne exprima sa conviction de l'inébranlable résolution du tzar, et donna en même temps l'idée claire et précise du système de défense qu'il s'était fait ².

Le 23 juin, quatre cent mille hommes franchirent le Niémen et mirent le pied, sans rencontrer la moindre résistance, sur le territoire russe. Mme de Stael suivait à Vienne, avec la plus vive émotion, la marche des événements qui allaient décider de l'avenir du monde européen. L'Autriche officielle était entrée dans l'alliance française, parce que, comme la Prusse, elle y avait été contrainte par les circonstances. Mais, tandis que trente mille

---

¹ Villemain, *Souvenirs contemporains d'histoire et de littérature*, I, 167, 173.
² Id., ibid., I, 187.

hommes étaient envoyés par le gouvernement autrichien pour rétablir la confédération de Pologne à Varsovie, presque autant d'espions s'attachaient aux pas des Polonais de Galicie, pour les empêcher d'envoyer des députés à cette même confédération. Il fallait donc, comme le fait remarquer Mme de Staël, que le gouvernement autrichien parlât contre les Polonais, en soutenant leur cause, et qu'il dît à ses sujets de Galicie : je vous défends d'être de l'avis que je soutiens ! « Quelle métaphysique ! », ajoute-t-elle ; « on la trouverait bien embrouillée, si la peur n'expliquait pas tout ».

L'attitude de Napoléon dans la question polonaise ne paraissait guère moins équivoque à l'auteur de *Dix années d'exil*. « Parmi les nations que Bonaparte traîne après lui », écrit-elle, « la seule qui mérite de l'intérêt, ce sont les Polonais. Je crois qu'ils savent aussi bien que nous qu'ils ne sont que le prétexte de la guerre, et que l'Empereur ne se soucie pas de leur indépendance. Il n'a pu s'abstenir d'exprimer plusieurs fois à l'empereur Alexandre son dédain pour la Pologne, par cela seulement qu'elle veut être libre : mais il lui convient de la mettre en avant contre la Russie, et les Polonais profitent de cette circonstance pour se rétablir comme nation. Je ne sais s'ils y réussiront, car le despotisme donne difficilement la liberté, et ce qu'ils regagneront dans leur cause particulière, ils le perdront dans la cause de l'Europe [1] ». Elle ignorait, quand elle traçait ces lignes, que Napoléon avait dit quelques mois aupa-

[1] Mme de Staël, *Dix années d'exil*, 2e partie, chap. 7.

ravant à Narbonne : « J'aime les Polonais sur le champ de bataille ; c'est une vaillante race ; mais quant à leurs assemblées délibérantes, leur *liberum veto*, leurs diètes à cheval, sabre nu, je ne veux rien de tout cela... Ne vous y trompez pas ; la résurrection de la Pologne demi-républicaine serait un bien autre embarras que sa durée sans interruption. Elle pouvait vivoter sous son ancienne forme, sans trop grand dommage. Aujourd'hui, il lui faudrait mettre le feu aux maisons voisines, pour assurer les siennes. Elle n'aurait de force que par une propagande diabolique. J'y ai bien songé : je veux dans la Pologne un camp, et pas de *forum*. Nous aurons cependant un bout de diète, à l'appui des levées à faire dans le grand-duché de Varsovie ; mais rien au-delà... Non, mon cher Narbonne, je ne veux de la Pologne que comme force disciplinée, pour meubler un champ de bataille[1] ». Après l'entrée de la grande armée en Russie, Napoléon dit à M. de Balascheff, ministre de la police de cet empire : « Croyez-vous que je me soucie de ces jacobins de Polonais ? ». « Et en effet », ajoute Mme de Stael qui rapporte ce mot, « on assure qu'il existe une lettre adressée, il y a quelques années, à M. de Romanzoff, par un des ministres de Napoléon, dans laquelle on propose de rayer de tous actes européens le nom de Pologne et de Polonais[2] ».

Le même manque de sincérité qui caractérisait en

---

[1] Villemain, *Souvenirs contemporains d'histoire et de littérature*, I, 165-166.

[2] Mme de Stael, *Dix années d'exil*, 2e partie, chap. 10.

Autriche la conduite des affaires extérieures se faisait sentir dans le maniement des affaires à l'intérieur. Mme de Staël retrouva à Vienne Frédéric Gentz au service de Metternich, et Guillaume de Humboldt en qualité de ministre de Prusse. Avec lui et ses amis, beaucoup de patriotes autrichiens appelaient de leurs vœux la dissolution de l'alliance contre nature qui avilissait l'Etat et la nation. Mais dans les bureaux de la police régnait la défiance à l'égard de tous ceux qui voulaient marcher dans leurs propres voies, et avant tout la crainte de déplaire à Napoléon. L'ambassadeur de Russie, le comte de Stackelberg, avait demandé au tzar pour Mme de Staël un passeport destiné à assurer à celle-ci le libre passage à travers le territoire russe : mais il aurait fallu des mois pour permettre à ce passeport d'arriver, et, en attendant, des espions la suivaient à pied quand sa voiture allait doucement, et en cabriolet quand elle faisait des excursions à la campagne. La présence de Rocca compliquait la situation. Quoiqu'il eût donné sa démission, et que ses blessures le missent hors d'état de continuer son service militaire, nul doute en effet que, s'il avait été livré à la France, on ne l'eût traité avec la dernière rigueur. Et les autorités françaises insistaient pour qu'on le leur livrât. Cette demande fut rejetée à Vienne, mais Mme de Staël dut renoncer de son côté à le présenter officiellement dans la société. Elle trouva cette prétention injuste et affirma énergiquement son droit. « Mais, Madame », lui dit le président de la police Hager, le bras droit de Metternich, « devons-nous faire la guerre à cause de M. Rocca ? ». « Pourquoi pas ? », répondit-elle ; « M. Rocca est mon ami et deviendra mon mari ». Le prince de Metternich a cru utile de critiquer, dans ses *Mémoires*, avec une pédanterie qui ne lui est pas toujours étrangère, cette réponse lancée un peu légèrement[1]. Il aurait pu se contenter de s'en tenir à son œuvre par excellence, l'action diplomatique secrète de 1813. Elle comblait tous les vœux de Mme de Staël, car dans les mailles de ce filet habilement tendu Napoléon s'enlaça sans retour[2].

Au printemps de 1812 et assez longtemps après on était du reste encore fort éloigné, à Vienne, de croire à la possibilité de la destruction de la grande armée. Mme de Staël ne pouvait compter sur aucun appui de la part du gouvernement autrichien, si l'ambassadeur de France Otto, absent à ce moment, insistait sur son expulsion avant qu'elle eût reçu le passeport russe attendu. Dans cette pénible incertitude elle songea une fois encore à fuir par le territoire turc, et elle conclut à tout hasard un accord avec un Arménien pour qu'il la conduisît à Constantinople, d'où elle reviendrait en Angleterre par la Grèce, la Sicile, Cadix et Lisbonne. Mais on lui déclara au bureau des affaires étrangères qu'on ne pouvait mettre à sa disposition un passeport pour deux frontières différentes et qu'il fallait choisir entre la

---

[1] * Prince Richard Metternich, *Papiers inédits de Metternich*, III, 447.

[2] * W. Oncken, *L'Autriche et la Prusse dans la guerre de délivrance*, II, 87, 203, 322, 384, 395.

route de Constantinople par la Hongrie ou celle de Saint-Pétersbourg par la Galicie ; elle se décida donc pour la dernière, en laissant à Vienne Rocca, qui devait aller la rejoindre après la réception du passeport russe.

Elle eut bientôt sujet de regretter cette résolution, car les employés subalternes des provinces se montrèrent beaucoup moins accommodants que la direction de la police de Vienne. A peine Mme de Staël était-elle arrivée à Brünn, qu'on lui suscita tous les genres de tracasseries ; on exigea les passeports, on éleva des difficultés à leur sujet, et la voyageuse ayant réclamé l'autorisation d'envoyer son fils dans la capitale pour donner les éclaircissements nécessaires, on lui déclara qu'il était interdit à celui-ci comme à elle de faire une lieue en arrière. Le gouverneur de la Moravie finit par lui annoncer qu'elle pouvait continuer son voyage, à la condition de traverser la Galicie le plus vite possible et de ne pas s'arrêter en route jusqu'à la frontière russe. Mme de Staël commença à comprendre — c'est elle qui le dit — pourquoi les peuples du Midi aiment presque mieux être pillés par des Français que régentés par des Autrichiens.

Le spectacle de la Galicie, de son côté, n'était pas de nature à égayer l'humeur. La contrée était triste et monotone, le peuple ignorant et paresseux, le commerce aux mains des juifs, qui faisaient vendre aux paysans, pour une provision d'eau-de-vie, toute la récolte de l'année à venir. Les propriétaires ne prenaient aucun souci de leurs paysans, qu'ils laissaient mourir de faim, tandis qu'eux-mêmes vivaient dans le luxe, et les fonctionnaires allemands faisaient sentir aux uns comme aux autres l'arbitraire de la domination étrangère. La Galicie était alors divisée en cercles administratifs ; dans chacun de leurs chefs-lieux Mme de Staël dut faire viser son passeport et lut un placard ordonnant de la surveiller quand elle passerait. Des ordres plus sévères encore concernaient Rocca ; son signalement avait été envoyé à toutes les autorités, avec injonction de l'arrêter en sa qualité d'officier français. La seule satisfaction que se promettait Mme de Staël de ce voyage en Galicie, c'était une courte halte chez des amis au château de Lanzut, à peu de distance de la frontière russe.

Ces amis étaient le prince Lubomirski et sa femme, sœur du prince Adam-Casimir Czartoryski, qui présidait en ce moment la diète de Varsovie. Lanzut était une résidence magnifique, dont les maîtres s'étaient liés avec Mme de Staël pendant un séjour assez long à Genève. A la dernière station on remplit une fois encore les formalités des passeports et l'on put se croire enfin à l'abri de nouvelles tracasseries, quand Guillaume Schlegel et Albert de Staël revinrent de la poste en annonçant que le capitaine du cercle leur avait déclaré que la voyageuse ne pouvait rester plus de huit heures à Lanzut, et que, pour s'assurer de son obéissance à cet ordre, un de ses commissaires la suivrait jusqu'au château, y entrerait avec elle et ne la quitterait que quand elle en serait partie. Ils étaient effectivement accompagnés d'un individu à la physionomie duquel un sourire gracieux sur des traits stupides donnait l'expression la plus désagréable. Il se confondait en profondes révérences, mais sans modifier en rien sa consigne, et il monta dans une calèche dont les chevaux touchaient les roues de derrière de la berline de Mme de Staël. Ce qui la révoltait surtout, c'est que cette mesquine et indigne persécution lui fût imposée par des Allemands, par ces mêmes Allemands pour l'amour desquels elle parcourait ainsi l'Europe en fugitive. Aux souffrances physiques que lui causaient l'inclémence du temps, les mauvaises auberges, l'état incroyable des routes polonaises, vint s'ajouter, à présent que le passeport russe était arrivé, l'angoisse de voir Rocca, qu'il ne lui était plus possible d'avertir et qui pouvait paraître à chaque moment, tomber entre les mains du commissaire qui la surveillait. Sa crainte était justifiée, car Rocca, arrivé avant elle à Lanzut, s'était jeté à cheval pour venir à sa rencontre, plein de joie de la revoir et dans une sécurité parfaite quant à lui-même. Mme de Staël, glacée de terreur, n'eut que le temps de lui faire signe de retourner sur ses pas ; et sans la généreuse présence d'esprit d'un gentilhomme polonais, qui lui fournit les moyens de s'échapper, il eût infailliblement été reconnu et arrêté [1].

Toutes ces émotions occasionnèrent à Mme de Staël une violente attaque de nerfs au milieu de la route ; on fut obligé de la descendre de sa voiture et de la coucher sur le bord du fossé. Le commissaire effrayé envoya, sans sortir lui-même de sa voiture, son do-

[1] Auguste de Staël, note ajoutée par lui à *Dix années d'exil*, 2e partie, chap. 9.

mestique chercher un verre d'eau. La voyageuse ne se pardonnait pas la faiblesse de ses nerfs ; la compassion de cet homme était une dernière offense qu'elle aurait voulu s'épargner.

C'est de cette façon qu'elle fit son entrée dans la cour du château de Lanzut. Le prince Lubomirski et la princesse accoururent au devant d'elle et firent tout ce qui était en leur pouvoir pour la tranquilliser et relever son courage, en l'informant tout d'abord que Rocca était en sûreté. Mais ils ne pouvaient empêcher l'odieux commissaire de s'établir à leur table. Après le souper, celui-ci s'approcha d'Auguste de Stael et lui dit d'un ton mielleux : « Je devrais, d'après mes ordres, passer la nuit dans la chambre de Madame votre mère, afin de m'assurer qu'elle n'a de conférence avec personne ; mais je n'en ferai rien, par égard pour elle ». « Vous pouvez ajouter aussi par égard pour vous », répondit Auguste de Stael ; « car si vous mettez, de nuit, le pied dans la chambre de ma mère, je vous jetterai par la fenêtre ».

Mme de Staël quitta Lanzut sans avoir vu ses beaux jardins ni ses célèbres collections artistiques ; le commissaire la conduisit jusqu'aux confins de son cercle, et, en prenant congé d'elle, lui demanda si elle était contente de lui. « La bêtise de cet homme désarma mon ressentiment », dit-elle. « Ce qu'il y a de particulier à toutes ces persécutions, qui n'étaient point jadis dans le caractère du gouvernement autrichien, c'est qu'elles sont exécutées par ses agents avec autant de rudesse que de gaucherie ; ces ci-devant honnêtes gens portent, dans les vilaines choces qu'on exige d'eux, l'exactitude scrupuleuse qu'ils mettaient dans les bonnes...... Ils prennent la massue d'Hercule pour tuer une mouche, et pendant cet inutile effort les choses les plus importantes pourraient leur échapper ».

En sortant du cercle de Lanzut, elle rencontra, jusqu'à Léopol, des grenadiers qui étaient placés de poste en poste pour s'assurer de sa marche. Arrivée à Léopol, elle retrouva « l'ancienne Autriche » dans le gouverneur et le commandant de la province, qui la reçurent tous les deux avec une politesse parfaite. « Telle fut », dit-elle en terminant le récit de son passage en Pologne, « la fin de mon séjour dans cette monarchie, que j'avais vu puissante, juste et probe. Son alliance avec Napoléon, tant qu'elle a duré, l'a réduite au dernier rang parmi les nations. L'histoire n'oubliera point, sans doute, qu'elle s'est montrée très belliqueuse dans ses longues guerres contre la France, et que son dernier effort, pour résister à Bonaparte, fut inspiré par un enthousiasme national très digne d'éloge ; mais le souverain de ce pays, cédant à ses conseillers plus qu'à son propre caractère, a détruit tout à fait cet enthousiasme, en arrêtant son essor. Les malheureux qui ont péri dans les champs d'Essling et de Wagram, pour qu'il y eût encore une monarchie autrichienne et un peuple allemand, ne s'attendaient guère que leurs compagnons d'armes se battraient, trois ans après, pour que l'empire de Bonaparte s'étendît jusqu'aux frontières de l'Asie et qu'il n'y eût pas, dans l'Europe entière, même un désert où les proscrits, depuis les rois jusqu'aux sujets, pussent trouver un asile: car tel est le but et l'unique but de la guerre de la France contre la Russie [1] ».

Après les incidents des dernières semaines, les voyageurs saluèrent comme une terre de liberté l'empire russe, seul Etat du continent où la tyrannie de Bonaparte ne se faisait plus sentir. C'est le 14 juillet que Mme de Staël entra en Russie, et cet anniversaire de la Révolution la frappa singulièrement. « Ainsi », dit elle, « se refermait pour moi le cercle de l'histoire de France ».

La route directe de Saint-Pétersbourg était déjà occupée par des troupes, et il fallait passer par Moscou pour s'y rendre ; c'était un détour de deux cents lieues, mais qui, sur quinze cents, entrait peu en ligne de compte. Seulement, il fallait se hâter d'avancer, parce que les Français marchaient sur la Volhynie et pouvaient y entrer dans huit jours. Mme de Staël se dirigea sur Kiew, capitale de l'Ukraine, dont les maisons ressemblaient à des tentes et donnaient de loin à la ville l'air d'un camp ; les hommes et les femmes étaient habillés à l'orientale, et la voyageuse prit tellement goût à ces costumes, qu'elle n'aimait pas à voir des Russes vêtus comme le reste des Européens. Le gouverneur de la province, le général Miloradowitsch, aide-de-camp de Souwarow, la combla des soins les plus aimables. Les préparatifs matériels de tout genre ne faisaient pas seuls songer à la guerre ; les anecdotes circulant de bouche en bouche indiquaient le genre de résistance auquel il

---

[1] Mme de Staël, *Dix années d'exil*, 2e partie, chap. 9.

fallait s'attendre. Napoléon ayant demandé à un de ses généraux, devant M. de Balascheff, le ministre de la police russe, s'il avait jamais été à Moscou et ce que c'était que cette ville, le général répondit qu'elle lui avait paru plutôt un grand village qu'une capitale. « Et combien y a-t-il d'églises ? », continua l'Empereur. — « Environ seize cents ». — « C'est inconcevable », reprit Napoléon, « dans un temps où l'on n'est plus religieux ». — « Pardon, Sire », dit M. de Balascheff, « les Russes et les Espagnols le sont encore [1] ». Les observations de Mme de Stael sur le peuple russe sont aussi curieuses que bienveillantes. Sous ce rapport encore elle devança son temps, en se dégageant des idées reçues et des préjugés répandus par ses compatriotes et tout particulièrement par Diderot. Elle sut éviter l'erreur commune de juger la Russie d'après Saint-Pétersbourg et la nation d'après les individus qui, à l'étranger et particulièrement à Paris, venaient chercher les plaisirs et les raffinements d'une autre civilisation. Rien ne lui parut si faux que ce jugement de Diderot : les Russes sont pourris avant d'être mûrs. Elle trouva, au contraire, le peuple vigoureux jusque dans les erreurs qui rappelaient l'état barbare, résigné dans la douleur et les privations, travailleur patient, porté à la mélancolie, riche en contrastes comme tous les peuples jeunes, enclin à la rêverie

---

[1] Mme de Stael, *Dix années d'exil*, 2e partie, chap. 10. D'après Th. de Bayern, *Impressions et esquisses de Russie*, 71, Moscou, depuis l'incendie, compte encore quatre cents églises.

et à la dévotion, comme toutes les races qui ont des affinités étroites avec l'Orient. Ces mêmes seigneurs, dont les demeures réunissaient tout ce que les diverses parties du monde produisent de plus beau, savaient mener, quand il le fallait, la même vie dure que le peuple. Le trait caractéristique du Russe, suivant Mme de Stael, c'est le gigantesque en tout ; sa hardiesse, son imagination sont sans bornes ; chez lui tout est colossal plutôt que proportionné, audacieux plutôt que réfléchi, et si le but n'est pas atteint, c'est parce qu'il est dépassé. Le tiers-état n'existait pour ainsi dire pas ; mais malgré le servage, les rapports entre propriétaires et paysans étaient d'ordinaire excellents. Les basses classes parurent à Mme de Staël douces et remplies d'égards non seulement vis-à-vis leurs supérieurs, mais vis-à-vis leurs égaux, et parmi les reproches élevés contre l'administration, elle ne trouva pleinement justifiés que ceux qui s'adressaient aux employés civils inférieurs, à tous ceux qui attendent leur fortune de leur souplesse ou de leurs intrigues. Les Russes, qui sont Anglais, Français, Allemands dans leurs manières, selon que les circonstances les y appellent, ne cessent jamais d'être Russes, c'est-à-dire, suivant elle, impétueux et réservés tout ensemble, plus capables de passion que d'amitié, plus fiers que délicats, plus dévôts que vertueux, plus braves que chevaleresques, et tellement violents dans leurs désirs, que rien ne peut les arrêter lorsqu'il s'agit de les satisfaire. Elle parle de la douceur et de l'éclat des sons de leur langue, qu'elle jugea très propre à la musique et à la poésie ;

cette langue, dit-elle, est singulièrement retentissante et a pour ainsi dire quelque chose de métallique ; on croit entendre frapper l'airain quand les Russes en prononcent certaines lettres. Bien que leur civilisation, dans son ensemble, fût peu avancée encore, elle trouva leur talent d'assimilation extraordinaire, et les ombres du caractère populaire, l'inconstance du tempérament slave, son goût pour la dissimulation, son manque de réflexion, disparurent à ses yeux devant l'abnégation héroïque avec laquelle les Russes firent face à la grande crise nationale.

Dans le gouvernement de Toula la femme du gouverneur la reçut à l'orientale, avec du sorbet et des roses, et plusieurs gentilshommes des environs vinrent à son auberge la complimenter sur ses écrits. Quoiqu'on la conduisît sur les routes avec une grande rapidité, il lui semblait qu'elle n'avançait pas, tant la contrée était monotone. Il devenait de plus en plus difficile de se procurer des chevaux de poste, parce que les armées réquisitionnaient toutes les montures Il y avait des moments où Mme de Staël commençait à craindre de n'être venue si loin que pour retomber aux mains de Napoléon. Lorsqu'elle passait cinq ou six heures devant une porte, — car il y avait rarement une chambre dans laquelle on pût entrer, — elle pensait, en frémissant, à cette armée qui pouvait l'atteindre à l'extrémité de l'Europe et rendre sa position tout à la fois tragique et ridicule. Enfin elle vit émerger de loin, sur la plaine monotone, les coupoles dorées de Moscou. Elle et ses compagnons étaient les derniers voyageurs, ve=

nant de l'Ouest, qui devaient voir encore le vieux Moscou, « la Rome asiatique », comme elle le nomme, auquel il ne manquait, au milieu des splendeurs innombrables de l'Orient et de l'Occident, que les arts qui les auraient ennoblies. Dans l'été de 1812 tous les autres intérêts étaient sacrifiés au patriotisme, auquel la population de cette ville immolait ce qu'elle avait de plus cher. Des particuliers levaient des régiments entiers pour l'Etat, d'autres donnaient le quart de leur revenu. Le comte Rostopschin vint visiter Mme de Stael, l'invita à dîner, et la reçut dans sa maison de campagne, située à l'intérieur de la ville, et à laquelle on arrivait par un lac et un bois ; c'est cette maison qu'il devait lui-même réduire en cendres à l'approche de l'armée française [1]. Un mois après la visite de Mme de Stael, dans la nuit du 14 au 15 septembre, Moscou etait brûlé ; « mais le malheur même de Moscou a régénéré l'empire et cette ville religieuse a péri comme un martyr, dont le sang répandu donne de nouvelles forces aux frères qui lui survivent [2] ».

Rostopschin, un homme du monde accompli en apparence, mais, au fond, une nature primitive de despote, a nié plus tard, sous prétexte que le tzar ne l'avait pas ordonnee, l'action dont Mme de Staël, elle aussi, lui fait gloire dans ses notes de 1812. L'histoire toutefois a jugé comme elle et cru non à la dé-

---

[1] * Bernhardi, *Souvenirs de la vie du comte de Toll*, II, 238.

[2] Mme de Staël, *Dix annees d'exil*, 2ᵉ partie, chap. 14.

négation de Rostopschin, mais à son acte héroïque [1].

Pour se rendre à Saint-Pétersbourg il fallait passer par Nijni-Novgorod. En présence de ce colossal marché de deux parties du monde, dont le tzar Iwan détruisit en 1569 les puissantes institutions républicaines, Mme de Staël dit pour la première fois le mot célèbre qui se retrouve dans les *Considérations* : « On se plaît à dire que la liberté n'a été réclamée en Europe que dans le dernier siècle ; c'est plutôt le despotisme qui est une invention moderne [2] ».

Ce que la voyageuse aperçut d'abord, à son arrivée à Saint-Pétersbourg, ce fut le pavillon anglais, « signal de la liberté », flottant sur la Néva. Elle y vit un signe de salut pour elle. Un sentiment d'indépendance qu'elle n'avait pas connu depuis dix ans rentra dans son âme. Une des tentations les plus douloureuses, celle qui jette entre nous et notre destinée l'ombre d'un homme, afin d'obscurcir le rôle de la Providence, disparaissait de sa vie.

A Saint-Pétersbourg, Mme de Staël demeurait sur le quai, non loin de l'Amirauté, et apercevait de ses fenêtres la fameuse statue équestre due au ciseau de son compatriote Falconet et sur le piédestal de laquelle on lit cette orgueilleuse inscription : **A Pierre premier, Catherine seconde.** Jamais les flots d'aucun

---

[1] Bernhardi, *Souvenirs de la vie du comte de Toll*, II, 146-165.

[2] Mme de Staël, *Dix années d'exil*, 2° partie, chap. 15. A rapprocher des *Considérations sur la Révolution française*, *Œuvres complètes*, XII, 25. Voir plus haut, dans notre troisième volume, page 80.

fleuve ne lui avaient paru aussi limpides que ceux de la Néva. Elle reçut dans les résidences d'été de la noblesse russe l'accueil le plus flatteur et le plus empressé. Cet accueil néanmoins ne put lui faire prendre le change sur les ombres de la société russe ; l'état de choses qui régnait à Saint-Pétersbourg lui arracha une critique que la résignation honnête des populations des campagnes et l'héroïsme de la noblesse de Moscou avaient étouffée jusque-là.

Les salons aristocratiques étaient ouverts aux Bennigsen, aux Subow, meurtriers de Paul Ier. Le tzar Alexandre, apprenant que Louis XVIII ne voulait pas accepter le régicide Fouché, répondit, on le sait : « Louis XVIII en demande trop, vraiment. Et moi, n'ai-je pas déjeuné pendant tout ce dernier hiver avec Platon Subow[1] ! ». A côté de semblables plaies morales, le manque d'instruction solide dans les hautes classes, l'absence d'une bourgeoisie intelligente, l'influence funeste de l'arbitraire d'en haut et d'une administration mal organisée et sur laquelle on ne pouvait absolument compter, se faisaient d'autant plus péniblement sentir. Mme de Stael remarque que la culture d'esprit, qui multiplie le sentiment par la poésie et les beaux-arts, est très rare chez les Russes, et, quand elle existe, elle est tout extérieure, dirigée non sur les pensées abstraites et les idées générales, mais sur les faits. Pour avoir des informations, on s'adressait aux hommes et non aux livres ; on recevait en un mot de seconde main la civilisation euro-

---

[1] Forneron, *Les émigrés et la société française sous le règne de Napoléon Ier*. *Correspondant*, 1887, 221, note.

péenne tout entière. Le libre échange des idées faisait complètement défaut, parce qu'on se savait observé en tout lieu et que le plus souvent même on s'enviait. Même les incidents de la guerre formidable d'où dépendait le sort de l'Europe et sur lesquels étaient fixés anxieusement les regards de la nation entière, la prise de Smolensk, la marche sur Moscou, Mme de Staël ne les apprit que par des étrangers.

L'ennemi était aux portes de l'ancienne capitale et menaçait la nouvelle, et après comme avant on taisait aux Russes les vicissitudes de la guerre, le sort de leurs armées, après comme avant des fonctionnaires vénaux s'enrichissaient aux dépens de l'Etat et des soldats mourant de faim, et l'intrigue régnait même dans la distribution des plus hauts emplois de l'armée, desquels dépendait le salut de la patrie. L'existence d'une opinion publique, même en Russie, se révéla cependant à la veille de Smolensk, quand le tzar dut nommer le prince Koutousow généralissime de l'armée russe, à la place de Barclay de Tolly, tombé, en sa qualité d'Ecossais, victime de la haine qui poursuivait les étrangers [1]. Par contre, le chancelier Rumanzow, qui avait complètement épousé le système de Napoléon, resta à la tête de l'administration, et Mme de Staël, en prenant congé du vieux Koutusow, désespérait pour l'Europe et pour lui de la possibilité d'un succès [2].

Seul, en Russie, le tzar Alexandre lui parut supé-

[1] * Bernhardi, *Souvenirs de la vie du comte de Toll*, II, 1-9.
[2] Mme de Staël, *Dix années d'exil*, 2e partie, chap. 20.

rieur aux circonstances et offrir un gage sérieux d'avenir. Elle ne le vit qu'un instant, car, revenu de Moscou dans les premiers jours d'août, il se rendit bientôt à Abo, capitale de la Finlande, où il se rencontra avec Bernadotte et s'obligea avec lui à lutter jusqu'à la dernière extrémité contre Napoléon. Mme de Stael fit la connaissance d'Alexandre à l'occasion de l'audience qu'elle avait obtenue de la tzarine. Il entra, vint à elle, et, à l'opposé de la plupart des souverains, « qui ont peur de prononcer des mots ayant un sens réel », il s'entretint avec elle « comme l'auraient fait les hommes d'Etat de l'Angleterre, qui mettent leur force en eux-mêmes, et non dans les barrières dont on peut s'environner ». Il lui parla des choses les plus importantes et les plus intimes, de ses anciens rapports avec Napoléon, des destinées futures de son peuple, de son désir d'abolir le servage en Russie et d'être un réformateur, et non un despote. C'est à cette occasion que, Mme de Stael lui ayant dit : « Sire, votre caractère est une constitution pour votre empire, et votre conscience en est la garantie », il répondit : « Quand cela serait, je ne serais jamais qu'un accident heureux ».

Après le départ d'Alexandre, elle fit à Saint-Pétersbourg la connaissance de plusieurs étrangers que la conformité des sentiments rapprochait d'elle.

La conclusion de la paix avec l'Angleterre y amena lord Tirconnel comme ambassadeur, l'amiral Bentinck et sir Robert Wilson. Lorsque ce dernier se fut rendu au quartier-général russe, elle resta en correspondance avec lui. « Il me semble que les Russes ont triomphé à cause de vous », lui écrivait-elle à la fin de 1812 ; « tâchez qu'il en soit de même de la délivrance de l'Europe et ménagez-vous, pour conserver l'exemple de la plus parfaite union de l'esprit de chevalerie et de l'amour de la liberté [1] ». Joseph de Maistre étant pour lors absent, elle ne trouva dans la capitale russe, en fait de Français, qu'Alexis de Noailles, un parent de La Fayette, qui bientôt se rendit également en Suède et combattit aux côtés du prince-héritier pendant la campagne de 1813. Il avait été expulsé de France en 1811, à cause de ses opinions royalistes, et éprouva, sous la Restauration, qui le trouva trop modéré, la disgrâce du monarque en faveur duquel il avait travaillé auprès d'Alexandre et en Suède.

Une autre rencontre mémorable fut celle de Mme de Staël et du baron de Stein, venu d'Autriche en Russie, afin d'être à son poste dans la lutte contre l'oppresseur. Au mois d'août, le poète Ernest-Maurice Arndt avait rejoint à Saint-Pétersbourg l'homme d'Etat prussien exilé, qui l'employa à la formation d'une légion russo-allemande et à des travaux littéraires. C'est alors qu'Arndt vit Mme de Staël et Guillaume Schlegel. Il porte sur elle le jugement suivant : « Elle comprend immédiatement à qui elle a affaire et comment il lui faut se comporter, talent royal qui manque à beaucoup de rois ». « C'était un plaisir », continue-t-il, « de voir la façon dont elle

---

[1] Mme de Staël to Sir Robert Wilson to the Army, Stockholm, 12 décembre 1812. British Museum, Sir Robert Wilson, Correspondence, II, Add. Mss. 30, 106, f. 368.

traitait Stein et comment elle et lui, les deux êtres les plus vivants qu'il y eût, carambolaient l'un avec l'autre quand ils étaient assis sur le même sopha ». Un soir que Mme de Staël avait à sa table quelques amis, parmi lesquels Stein et Arndt, Rocca et son fils revinrent du théâtre, où une troupe française donnait *Phèdre*, et racontèrent que le public russe avait fait un tel vacarme, que la représentation avait dû être interrompue. Alors, oubliant le temps et les circonstances pour ne songer qu'à l'instant présent, Mme de Staël fondit en larmes. « Les barbares », s'écria-t-elle, « ne pas vouloir entendre la *Phèdre* de Racine ! [1] ». Un sentiment du même genre s'empara d'elle à une fête donnée par le grand-chambellan Narischkin. Comme celui-ci proposait de porter un toast au succès des armes réunies des Russes et des Anglais, elle éclata en pleurs : « Je souhaite », dit-elle, « la chute de celui qui opprime la France comme l'Europe ; car les véritables Français triompheront s'il est repoussé ». Elle sentait que dans le combat à outrance qui allait se livrer, il s'agissait des biens suprêmes communs à tous les hommes, sans distinction de nationalité. L'indomptable patriote, qui faisait de la Prusse l'enjeu du relèvement de l'Allemagne, l'homme d'Etat et le ministre réformateur tel que le rêvait le dix-huitième siècle, qui fit pour sa nation ce que Turgot avait voulu faire pour la sienne, ne pensait guère autrement. Quand le baron de Stein se trouva

---

[1] * Ernest-Maurice Arndt, *Mes voyages et pérégrinations avec le baron de Stein*, 56-60 ; *Souvenirs de ma vie extérieure*, 168-169.

pour la première fois en présence de Mme de Staël, il avait plus d'un scrupule à vaincre. Elle ne répondait pas à ses idées de l'épouse, de la mère, de la matrone ; dans ses lettres à la noble femme allemande qui présidait à son foyer abandonné, il rend responsables de ce qu'il trouvait d'abord de défectueux dans Mme de Staël, la corruption, les égarements et les passions de l'état social au milieu duquel elle avait grandi [1]. Mais bien mieux qu'il ne sut le deviner lui-même, celle-ci avait pénétré le fond de cet idéaliste, pratique entre tous, sa haine et son amour, sa douleur virile et son indestructible espoir. Un soir, chez le comte Orloff, en petite compagnie, elle lut quelques parties du livre *De l'Allemagne*, entre autres le chapitre sur l'enthousiasme. « Il m'a fortement ému », écrivit Stein à sa femme, « par la profondeur et la noblesse des sentiments ainsi que par l'élévation des pensées, qu'elle exprime avec une éloquence qui va au cœur ». « Je t'envoie, chère amie », ajoute-t-il quelques jours plus tard, « une copie du chapitre sur l'enthousiasme ; je souhaite que tu le lises avec autant de plaisir et d'intérêt que j'en ai eu à le copier, parce qu'il t'était destiné. Si Mme de Stael prolonge son séjour, je pourrai encore en transcrire un chapitre à ton intention [2] ». Avant de se

---

[1] * G. H. Pertz, *La vie du ministre baron de Stein*, III, 162 et sqq. Lettres de Stein à sa femme, Saint-Pétersbourg, 15 et 17 août 1812.

[2] * G. H. Pertz, Id., Ibid., III, 163. Lettres de Stein à sa femme, Saint-Pétersbourg, 31 août et 2 septembre 1812. A rapprocher du livre d'Ernest Maurice Arndt, *Mes voyages et pérégrinations avec le baron de Stein*, 58.

séparer l'un de l'autre, Mme de Staël donna au baron de Stein son portrait, que plus tard on put voir dans son château, suspendu au-dessus de son bureau de travail. « Mme de Staël », écrivit-il le 8 septembre, « nous a quittés hier. Elle se rend à Stockholm, où elle veut faire entrer son fils au service ; sa société était très agréable et je regrette son départ ».

Le 7 septembre, jour où les deux exilés s'adressèrent leurs adieux, avait lieu la bataille de Borodino. La tragique importance du moment et l'incertitude de l'avenir rendirent ces adieux plus pénibles. « Il s'agissait de défendre, ou plutôt de rétablir », est-il dit dans *Dix années d'exil*, « toutes les vertus morales que l'homme doit au christianisme, toute la dignité qu'il tient de Dieu, toute l'indépendance que lui permet la nature... Jamais le sort du monde n'avait couru plus de dangers ; personne n'osait se le dire, mais chacun le savait ; moi seule, comme femme, je n'étais pas exposée ; mais je pouvais compter pour quelque chose ce que j'avais souffert [1] ».

[1] Mme de Staël, *Dix années d'exil*, 2e partie, chap. 20.

CHAPITRE VI

M#me# de Staël quitta la Russie sous l'impression que le vent soufflait déjà glacé sur les chaumes, et pourtant l'hiver de 1812 ne fut pas un des mauvais hivers de ces régions du Nord ; le froid les envahit relativement tard. Les deux tiers environ de l'armée française étaient hors de combat avant que celle ci atteignît Moscou, et ce qui restait fut moins décimé par le froid que par la faim et par un genre de tactique qui, avec l'habitude de la victoire, avait désappris l'art d'opérer une retraite[1].

Les voyageurs devaient s'embarquer à Abo. Ils passèrent donc par la Finlande, qui depuis 1809 appartenait à la Russie. En mentionnant ce fait, M#me# de Staël parle d'« une des idées dominantes du dix-neuvième siècle, les limites naturelles », qui rendaient la Finlande aussi nécessaire à la Russie que la Norwège à la Suède ; elle ajoute que partout où ces limites naturelles n'ont pas été observées, elles ont

---

[1] * Bernhardi, *Souvenirs de la vie du comte de Toll*, II, 355.

été l'objet de guerres perpétuelles. Par le traité du 9 avril, le tzar Alexandre avait promis l'union des deux royaumes du Nord, la Suède et la Norwège, comme prix de l'alliance suédoise. Il se sépara de l'illustre voyageuse en promettant de rester inébranlable dans la lutte contre Napoléon.

Sur le bateau qui emportait Mme de Staël en Suède se trouvait un Allemand qu'elle avait connu à Weimar, le professeur R. J. Schüz, qui devait raconter plus tard à ses compatriotes la vie de la fille de Necker[1]. Sa femme, la comédienne Hendel-Schüz, était la plus grande artiste mimique de l'Allemagne ; on assure qu'elle dépassait de beaucoup, en fait de talent plastique, lady Hamilton elle-même. Elle offrit aux voyageurs un échantillon de son art sur le rivage désert d'Aland, où une violente tempête les avait jetés[2]. Mme de Staël, qui craignait la mer, s'estima heureuse d'avoir atteint Stockholm sans autre accident. Elle amenait dans la patrie suédoise, où tant d'années auparavant, comme jeune épouse, on l'avait inutilement attendue, deux fils qui se destinaient au service de leur pays.

Depuis la mort de leur père, les choses, à Stockholm, avaient bien changé. Le dernier roi de la race des Wasa, sous lequel le baron de Staël avait servi, menait tristement en exil une existence assombrie, même dans ses jours heureux, par une morne mélan-

---

[1] *Sur le caractère et les écrits de* Mme *de Staël*, dans *Les Contemporains*, III, 1818.

[2] Bonstetten, *Lettres à Friderike Brun*, II, 44. Mme de Staël à Friderike Brun, Stockholm, 18 novembre 1812.

CHAPITRE SIXIÈME

colie. On montra à Mme de Staël l'endroit où, le 20 juin 1810, le comte de Fersen avait été massacré. Ce serviteur fidèle de la grandeur déchue avait été aussi le serviteur et l'ami de Gustave-Adolphe IV. Après la chute du roi et la mort prématurée du successeur qu'on lui avait choisi, Christian-Auguste de Schleswig, Fersen fut accusé d'avoir donné du poison à ce prince, pour aplanir au fils de Gustave le chemin du trône de ses pères. L'accusation était absolument dépourvue de fondement, car Fersen vivait retiré et ne s'occupait plus de politique. Mais Charles XIII, qui avait remplacé son neveu, ne pouvait souffrir le comte. Il prononça à son sujet des paroles tout à fait inconsidérées ; on distribua à la populace, le jour de l'enterrement du prince de Schleswig, des rations d'eau-de-vie, et on la lança contre Fersen, qui suivait le convoi. Il fut tiré hors de son carrosse, traîné par les cheveux, lapidé, et, blessé grièvement à la tête, fut mené à l'Hôtel-de-Ville et littéralement assommé au moment où il entra dans la cour. Quoiqu'il fût seulement âgé de cinquante-cinq ans, il avait les cheveux tout blancs. Il rendit l'âme en prononçant ces paroles : « Oh ! mon Dieu, qui m'appelles bientôt à toi, je t'implore pour mes bourreaux, auxquels je pardonne ! » Ce crime resta isolé. Il eût été facile de l'empêcher, car on avait des troupes sous la main [1].

Depuis le 16 octobre 1793, la vie du comte de Fersen était restée vouée au deuil. Peut-être vit-il,

[1] Klinckowström, *Le comte de Fersen et la cour de France*, introduction, LXXII et sqq.

à ses derniers instants, la pâle figure de la reine à laquelle il avait voué un culte respectueux, qu'il avait en vain tenté de sauver, et dont l'exemple a dû soutenir son courage dans le supplice de la dernière agonie.

Par contre, Mme de Staël retrouva Bernadotte dans la situation d'un mortel favorisé par la destinée. Fils de ses œuvres, formé au métier des armes et à l'administration, dont il avait appris à connaître les ressorts à la tête des armées, en qualité de ministre de la guerre et de diplomate d'abord, puis comme gouverneur du Hanovre et des villes hanséatiques, Bernadotte, devenu prince de Pontecorvo, avait été appelé, dans toute la force de l'âge, à la tête de l'Etat suédois, avec la perspective de succéder à la couronne. Son entente avec Napoléon, auquel, au 18 Brumaire, il avait refusé sa coopération, n'avait jamais été des meilleures[1], bien que, en sa qualité de beau-frère de Joseph Bonaparte, il tînt de très près à la maison de l'Empereur. Celui-ci mentionne rarement le nom de ce maréchal sans y ajouter des commentaires désobligeants, et à Sainte-Hélène il est revenu sur tous les griefs qu'il croyait avoir contre lui[2]. Il donna à contre-cœur son consentement lorsqu'il fut élu par les Etats de Suède. Ce choix, dit-il à Met-

---

[1] Gohier, *Mémoires*, I, 227. — La Fayette, *Mémoires*, V, 535, appendice III.

[2] Gourgaud et Montholon, *Mémoires pour servir à l'histoire de France sous Napoléon*, IV, 205, I, 209-222. Notes sur l'ouvrage intitulé : *Mémoires pour servir à l'histoire de Charles XIV Jean, roi de Suède*.

ternich, compromettait ses rapports avec la Russie ; de plus, il pensait que désigner un particulier pour le trône, cela nuisait au prestige des maisons régnantes. Il regrettait, ajoutait-il, d'avoir distribué des couronnes à sa famille ; quant à lui, il n'avait pas pris l'héritage d'un autre. « C'est une tête », ainsi s'exprimait-il au sujet de Bernadotte, un vieux Jacobin à idées à l'envers, comme ils le sont tous, qui n'avait que du talent militaire et dont il était content d'être débarrassé[1].

Les rapports de l'Empereur et de Bernadotte avaient subi une forte altération bien avant que celui-ci prît congé de Napoléon, sans promettre expressément l'adhésion de la Suède au système du blocus continental. L'occupation par les Français, en janvier 1812, de la Poméranie suédoise et de l'île de Rügen, amena la rupture. Depuis la perte de la Finlande, l'opinion publique en Suède était plus que jamais hostile à la Russie. Bernadotte mit, au contraire, toute son influence en œuvre pour la réconcilier avec l'idée de cette perte, et il prit à cet effet, comme but de sa politique, l'acquisition de la Norwège. L'alliance entre la Russie et la Suède avait été conclue à Abo depuis quelques semaines, quand Mme de Staël arriva à Stockholm, là elle apprit la nouvelle de la victoire remportée par les Français sur la Moskowa. Bernadotte, étant roi, a raconté à un de ses anciens compatriotes comment, à cette nouvelle,

---

[1] * Prince R. de Metternich, *Papiers posthumes de Metternich*, II. Conversation entre Napoléon et Metternich à Paris, 8 septembre 1810.

Mme de Staël était accourue en hâte au château royal et comment lui, Bernadotte, avait répondu à ses pressantes questions sur la signification de cette victoire, en la priant de se calmer. Napoléon, lui dit-il, a conquis un champ de bataille, et s'il offre la paix à l'empereur Alexandre et proclame un royaume de Pologne constitutionnel et indépendant, son succès est assuré. « Mais il ne le fera pas », ajouta prophétiquement Bernadotte, « et c'est pourquoi il est perdu[1] ». Il n'était pas besoin, sous la pression des événements et vu sa disposition d'esprit et son ambition, de l'influence que Mme de Staël avait à jeter dans la balance, pour le pousser à la résistance contre Napoléon. Le prince-royal de Suède répétait en chaque occasion que la paix serait surtout bienfaisante pour la France épuisée, celle-ci devrait-elle rentrer dans ses anciennes limites ; il déclarait ne pas vouloir contribuer personnellement à la chute de Napoléon, mais insistait, d'accord sur ce point avec Metternich, que la guerre était dirigée contre l'Empereur et non contre la France. « Arrêter le vol de l'aigle, et non pas l'écraser », c'est ainsi que Bernadotte s'exprimait après le retour de l'île d'Elbe, en mars 1815, quand Napoléon lui sembla de nouveau préférable à un Bourbon[2]. Il ne cherchait pas seule-

---

[1] Xavier Marmier, *La Suède sous Bernadotte*. Revue des Deux Mondes, 1844, II, 680. — Galiffe, *D'un siècle à l'autre*, 2e partie, 320. Mme de Staël à Galiffe, Stockholm, 6 octobre 1813.

[2] * W. Oncken, *L'Autriche et la Prusse dans la guerre de délivrance*, I, 357, note, II, 425, note. — Geffroy, *La Suède*

ment à se délivrer aussi du pénible dilemme qui l'enserrait entre les obligations du passé et ses nouveaux devoirs, il poursuivait de plus un but très différent En 1813, Bernadotte voulait acquérir la Norwège pour la Suède, mais pour lui-même il ne rêvait rien moins que la couronne de France. Différentes indications ne permettent pas de douter que cette pensée l'occupait dès 1812, que le tzar Alexandre, pour s'assurer de son appui, avait fait à Abo des allusions à ce sujet, et que Bernadotte entretenait à cette fin des intelligences en France. Pour les faire réussir il fallait avant tout épargner la nation française. Les opérations militaires et les conseils du prince-royal de Suède se laissèrent plus d'une fois dominer par cette considération, et au désavantage des alliés, dans le cours de l'année 1813[1].

L'amitié de Bernadotte pour Mme de Stael ne se démentit pas. Il s'attacha Auguste de Staël comme aide-de camp, bien que celui ci ne se préparât pas à la carrière militaire, et fit entrer son frère cadet dans l'armée. Il employa plus tard Guillaume Schlegel comme secrétaire particulier. Mme de Staël qui, depuis son arrivée en Russie, avait cru prudent de garder le silence envers ses amis, leur donna à ce moment de ses nouvelles. « Ce n'est pas la première fois que l'être qui se fie en Dieu a été conduit au

---

avant et après le traité de Paris. Revue des Deux Mondes, juin 1856, 460.

[1] * Bernhardi, *Souvenirs de la vie du comte de Toll*, III, 109, 284, 285, 328, 347, 397, 447 ; le même, *Histoire de Russie*, II, 757.

bonheur par la peine », écrivit-elle à la duchesse Louise¹. Dans toutes les lettres qu'elle adresse à celle-ci, à Friderike Brun, qui l'engageait à venir chez elle à Copenhague, l'éloge de Bernadotte, répété sans cesse, devint excessif. Elle lui dédia ses *Réflexions sur le Suicide*, parce que, lui dit-elle, en dépit du rang éminent où il était placé, « le sang des guerriers, les pleurs du pauvre, les inquiétudes même du faible » étaient l'objet de son humanité prévoyante, et qu'elle attendait de son talent militaire le triomphe de la bonne cause.

Au Genevois Galiffe, qu'elle avait connu à Saint-Pétersbourg chez le banquier de la cour baron Rali, auquel il était attaché comme correspondant, elle écrivait de Stockholm : « Savez-vous ce qu'il faut faire à présent? Désintéresser les Polonais de la question, parce qu'il n'y a qu'eux de bonne foi et que les gens de bonne foi sont les seuls redoutables. L'empereur Alexandre devrait se déclarer leur roi pour qu'ils redevinssent une Pologne. Une nation est toujours respectable et l'Europe va se relever par l'esprit national ² ». A Saint-Pétersbourg, l'économiste sir Francis d'Ivernois, qui en 1794 s'était enfui de Genève en Angleterre et s'était fait naturaliser dans ce pays, n'avait pas rendu visite à Mme de Staël, parce qu'en 1795 il avait attaqué un de ses écrits,

---

¹ L'Auteur des Souvenirs de Mme Récamier, *Coppet et Weimar*, 243. Mme de Staël à la duchesse Louise, Coppet, 12 janvier 1813.

² Galiffe, *D'un siècle à l'autre*, 2ᵉ partie, 325. Mme de Staël à Galiffe, 20 novembre 1812.

les *Considérations sur la paix*[1]. Elle pria Galiffe de lui exprimer son regret de cette attitude et d'utiliser son influence auprès d'Alexandre dans l'intérêt de la question polonaise. « Ne vous inquiétez pas de la mauvaise disposition de M. d'Ivernois et ne vous acharnez pas à en dire du mal ; car la meilleure manière de se conduire avec les autres, c'est d'oublier leurs ressentiments contre nous. Plus j'avance dans la vie et plus je crois que l'Evangile est le meilleur code de conduite dans ce monde, sous le rapport même de l'esprit et de la sagesse [2] ». Elle ajoutait que la Suède faisait tous les préparatifs pour être prête au printemps. « Dieu protégera ceux qui combattent pour l'honneur de son nom, car la vraie liberté est sacrée ». « Oh ! quel mal nous a fait l'amiral Tchitchagoff ! », s'écria-t-elle quand on apprit à Stockholm qu'il avait laissé échapper Napoléon à la bataille de la Bérésina. La grande armée était détruite et le tzar fit graver une médaille avec cette inscription :

« *Non nobis, Domine, non nobis, sed nomine tuo.*»

Comme l'avait prévu l'auteur de *Dix années d'exil*, les négociations diplomatiques de 1813 entre la Prusse et la Russie insistèrent sur ce fait, que l'esprit national, que l'opinion publique réclamaient une alliance contre Napoléon. La Prusse, dit Hardenberg

---

[1] F. d'Ivernois, *Réflexions sur la guerre, en réponse aux Réflexions sur la paix de M*me *de Staël*.
[2] Galiffe, *D'un siècle à l'autre*, 2e partie, 325, 330. Mme de Staël Galiffe, 20 novembre 1812 et 5 janvier 1813.

à l'envoyé français Saint-Marsan, se transformera en une seconde Espagne, si l'on songe à Paris à faire la paix à ses dépens[1]. Ainsi fut conclu le traité de Kalisch, l'entente secrète entre Metternich et Hardenberg ; dans le même sens suivirent l'appel du roi de Prusse, en date du 17 mars, pour la formation de corps de volontaires, et celui de Koutousoff aux Allemands pour la délivrance de la patrie. Aux termes de cet appel, tout prince allemand traître à la cause de l'Allemagne tombera « justement frappé par la puissance de l'opinion publique et par la force non moins juste des armes[2] ». Ces paroles étaient datées de Kalisch, 25 mars ; dans le même mois, le prince-royal de Suède adressa à Napoléon sa déclaration de guerre, fondée sur ce que son système détruisait les droits naturels des peuples[3]. Dès la fin de janvier Mme de Stael écrivait à Saint-Pétersbourg qu'il n'y avait plus moyen de retenir Bernadotte. Elle vivait dans une perpétuelle émotion, le regard fixé sur les plaines de l'Allemagne du Nord où devait s'achever l'œuvre de délivrance, et pourtant toujours douloureusement impressionnée quand elle entendait parler de défaites de la France. Ce sentiment s'exprima dans une lettre adressée à Friderike Brun après que les Français eurent été repoussés de Hambourg. « Les Français », dit-elle, « n'étaient point

[1] W. Oncken, *L'Autriche et la Prusse dans la guerre de délivrance*, I, 95, 131, 175, 226, 278.

[2] * Id., Ibid., I, 329-330.

[3] *Correspondance de Bernadotte avec Napoléon*. Lettre de Bernadotte, 23 mars 1813.

faits pour être ainsi détestés, et sans un Corse, ils seraient restés ce qu'ils sont : créés pour être le plaisir du monde. Mais ils ont réduit l'Europe au point de voir dans les Kalmoucks des libérateurs ; quels singuliers professeurs d'idées libérales que les Cosaques ! Mais qu'ils soient les bienvenus, s'ils rendent à chaque nation comme à chaque homme son individualité naturelle [1]. Au commencement de février, Guillaume Schlegel publia son écrit intitulé : *Du système continental*, où il parlait de l'Empire français comme de la révolution devenue permanente [2]. Cet écrit, réimprimé en Allemagne et en Angleterre sous le nom de l'auteur, fut beaucoup lu, et on l'attribua à Mme de Staël. « Où avez-vous pris que je suis l'auteur du *Système continental*? », écrivit-elle à ce sujet à Galiffe ; « c'est M. Schlegel qui l'a écrit, je ne me mêle point ainsi de politique. Si je publiais jamais rien là-dessus, ce serait du point de vue philosophique [3] ». Elle avait commencé à rédiger ses *Considérations sur la Révolution française*, bien que l'hiver du Nord eût été très préjudiciable à sa santé. « Vos nouvelles relativement à l'état de Mme de Staël m'ont beaucoup affligé », écrivait vers ce temps Schelling à Schlegel ; « elles m'ont été confirmées depuis d'un autre côté. Puisse le printemps, si tardif

---

[1] * Bonstetten, *Lettres à Friderike Brun*, II, 48. Mme de Staël à Friderike Brun, Stockholm, 30 mars 1813.

[2] A. G. Schlegel, *Essais littéraires et historiques* (en français), 3-70.

[3] Galiffe, *D'un siècle à l'autre*, 340. Mme de Stael à Galiffe, Stockholm, 7 mai 1813.

qu'il ait été, exercer sa vertu salutaire et rétablir la vigueur et la santé de la femme dont l'existence doit être précieuse à tous les gens de cœur et d'esprit ! [1] ».

Elle demeura avec Rocca et sa fille à Stockholm, tandis que ses fils et Schlegel se rendaient à Stralsund au quartier-général de l'armée du Nord, commandée depuis le 18 mai par Bernadotte à la tête de son contingent suédois. Les premières opérations de celui-ci ne répondirent pas à la haute idée que Mme de Staël s'était faite du rôle militaire auquel il était appelé. Il sacrifia une fois encore aux Français la ville de Hambourg à peine délivrée, pour rejeter sur le compte du Danemark la responsabilité de cette perte, bien que ce pays n'eût retiré ses troupes de Hambourg qu'après avoir été informé que la réunion de la Norwège à la Suède était irrévocablement décidée par les alliés [2].

C'est dans l'intérêt suédois que sont écrites aussi les lettres en français que Guillaume Schlegel, devenu secrétaire du prince-royal, adressait à Gentz du quartier-général de celui-ci. Elles peuvent, en tant qu'elles se réfèrent aux affaires de Suède, se résumer dans cette courte conclusion : le prince-royal veut la Norwège, il la veut à tout prix. Quant à l'Allemagne, Schlegel se prononçait en faveur d'une

---

[1] A. G. Schlegel, Correspondance inédite, Bibliothèque de Dresde. Schelling à Schlegel, Maria-Einsiedel près Zürich, 9 mai 1812.

[2] * W. Oncken, *L'Autriche et la Prusse dans la guerre de délivrance*, II, 410-413.

fédération, sous l'autorité d'un empereur de la maison de Habsbourg. Ce qui est curieux, c'est son jugement sur le baron de Stein.

Celui-ci s'était exprimé en ces termes sur le compte de l'Allemagne, dans une lettre qu'il lui écrivait, en novembre, de Saint-Petersbourg : « Il faut de l'unité et de la force à l'Allemagne, et tout cet échafaudage de princes doit être abandonné. Leur conduite abjecte les a rendus odieux et méprisables aux yeux de la nation [1] ».

Le 9 avril, à l'occasion du traité de Breslau, on l'envoya à Dresde : cette mission répondait à l'attitude adoptée par Stein à l'égard des petits États allemands. De cette ville il devait, à la tête du conseil central d'administration établi par les alliés, réorganiser les pays allemands occupés et confisquer leurs revenus. La conclusion de l'alliance avec l'Autriche et l'apparition des armées françaises sur le sol saxon empêchèrent l'exécution de ces mesures [2] C'est contre celles-ci et avant tout contre Stein lui-même que sont dirigées les critiques de Guillaume Schlegel dans ses lettres officielles à Gentz. Il reproduit la missive de Stein, puis il ajoute : « Il veut conduire l'Allemagne à la liberté par une voie plus despotique que celle de Napoléon. C'est-à-dire qu'il voudrait accabler de coups un cheval qui avait envie de courir. Le but dont M. de Stein depuis longtemps

---

[1] A. G. Schlegel, Correspondance inédite, Bibliothèque de Dresde. Le baron de Stein à Schlegel, 7 novembre 1712.
[2] * Pertz, Vie de Stein, III, 314. — * W. Oncken, L'Autriche et la Prusse dans la guerre de délivrance, II, 274-275.

ne s'est pas caché, c'est de jeter tous les princes allemands par la fenêtre et de transformer le nord de l'Allemagne en une seule monarchie. Le midi deviendra ensuite ce qu'il pourra ou se transformera de la même manière... M. de Stein connaît mal les Allemands. Leur faible est précisément un trop grand attachement à la famille et à la personne de leurs souverains, j'entends leurs anciens souverains... Quel besoin y a-t-il de ce corset de force que M. de Stein veut mettre à toute l'Allemagne. Son projet est impraticable, également contraire à la politique européenne et aux vœux de la nation. Quoi qu'il arrive et quoiqu'éloignées que soient à présent ces espérances, il me semble que l'Allemagne ne peut jamais être rétablie que sous une forme fédérative quelconque [1] ».

A Vienne, on éprouvait toujours du plaisir à entendre blâmer, comme le faisait Schlegel à ce moment, « le caractère impétueux et les idées absolument incalculables » du baron de Stein. Aux yeux de Metternich, celui-ci restait un Jacobin, et Gentz, tout à fait changé, ne reconnaissait plus, aux jours de son déclin, l'esprit de liberté qu'il avait évoqué dans la jeune ardeur de ses débuts. L'accord de l'Autriche et de la Prusse réalisait, par contre, une partie des vœux du prince-royal de Suède. Pendant l'armistice qui avait suivi les victoires inutiles de Napoléon à Gross-Gœrschen et à Bautzen, Metternich montra tout d'abord les avantages que les alliés

[1] A. G. Schlegel, Correspondance inédite, Bibliothèque de Dresde. Schlegel à Fr. Gentz, Stockholm en mai, Stralsund au commencement de juin et 6 juillet 1813.

étaient en droit d'attendre du concours actif de Bernadotte[1]. Au mois de juin, ce concours fut assuré aux conférences de Trachenberg.

Depuis le départ du prince-royal, toutes les pensées de Mme de Staël se portaient de Stockholm vers l'Allemagne. Ce pays, écrivait-elle à Schlegel, était devenu pour elle une seconde patrie[2], celle de l'enthousiasme pour la plus noble des causes. Elle éprouvait une sorte de nostalgie à rester éloignée des événements. « Tous ces pays délivrés », ajoutait-elle, « ne sont pas le mien... L'esprit public d'Allemagne va à merveille... J'aurais quelque idée d'aller à Berlin, mais je crains ma propre peur[3] ». Elle écrivait dans le même sens à la princesse Radziwill, née Louise de Prusse : « Le cœur me bat sur la destinée de l'Allemagne, comme si le théâtre de la guerre était en Prusse[4] ».

Elle ne pouvait y aller, mais, après des luttes prolongées, elle aussi se rapprochait enfin du but tant désiré. Au mois de mai, conformément à son désir, son fils aîné revint à Stockholm, afin de s'embarquer pour l'Angleterre avec elle, sa sœur et Rocca. Les dernières nouvelles de France annonçaient l'emprisonnement à Vincennes, sur l'ordre de Savary,

---

[1] * W. Oncken, *L'Autriche et la Prusse dans la guerre de délivrance*, II, 410.

[2] A. G. Schlegel, Correspondance inédite, Bibliothèque de Dresde. Mme de Staël à A. G. Schlegel, Stockholm, 14 mai 1813.

[3] Galiffe, *D'un siècle à l'autre*, 2e partie, 339. Mme de Staël à Galiffe, 30 mars, 13 et 24 avril 1813.

[4] * Pertz, *Vie de Stein*, III, 314.

d'Elzéar de Sabran, pour l'unique motif qu'il avait conservé des relations avec Mme de Staël et qu'une lettre à elle adressée était tombée entre les mains de la police impériale. Retenu prisonnier plusieurs mois, il fut ensuite expulsé de Paris [1]. Mme de Staël informa Schlegel de cette nouvelle persécution, par une lettre datée de Gothenbourg, 5 juin. « Que je voudrais causer avec vous tous les jours, qu'il y a loin de vous à tout le monde ! », ajoutait-elle. « Je ne puis me passer de votre entretien, il me semble que je n'ai plus d'idées depuis que nous sommes séparés. Mes enfants vous écrivent. N'oubliez pas que nous sommes votre famille. Adieu ». « Que faites-vous sur cette terre, où nous sommes si souffrants et si séparés ! », écrivait-elle d'autre part à Villers ; « un jour, un jour nous réunira-t-il ? nous dirons alors comme l'abbé Delille au moment de la Résurrection :

Qu'en nous reconnaissant nous serons attendris !

J'ai failli mourir de douleur dans une moitié de l'Europe, dans l'autre on m'a comblé d'hommages. J'attends le reste de ma vie, si elle doit encore longtemps durer, et je regarde couler ma destinée comme si je n'en étais pas [2] ».

Elle adressa aussi à Benjamin Constant, qui depuis deux ans habitait alternativement le château de Har-

---

[1] Bardoux, *Madame de Custine. Revue des Deux Mondes*, 15 mars 1888.

[2] * M. Isler, *Lettres posthumes de Charles de Villers*, 300. Mme de Staël à Villers, 29 novembre 1812.

denberg et la ville de Gœttingue, la lettre d'adieu suivante :

« Depuis deux mois je n'ai eu aucune nouvelle de vous, depuis deux ans je ne vous ai pas vu. Vous rappelez-vous que vous assuriez que nous ne serions pas séparés ? Je puis bien dire que vous avez, indépendamment de tout le reste, laissé échapper une belle carrière, et moi, que va-t-il advenir de moi dans l'isolement de mon esprit ? Avec qui puis-je parler, et comment me soutenir ? Mon fils aîné est auprès de moi, il est nommé secrétaire d'ambassade aux États-Unis... Ma fille est charmante, elle vous écrira de Gothenbourg. Ce sera son dernier adieu, comme aussi le mien ; mais j'espère encore que vous éprouvez le besoin de nous revoir, et de ne pas laisser se perdre ce que Dieu vous avait donné...

« J'irai chez les Doxat ; j'y resterai et y mourrai peut-être ; qui sait ce que Dieu demande de nous ! J'ai toujours des lettres de vous avec moi, je n'ouvre jamais mon secrétaire sans les prendre en main, je regarde l'adresse ; tout ce que j'ai souffert par ces lignes d'écriture me fait frémir, et pourtant je voudrais encore en recevoir. Mon père, vous et Matthieu habitez dans une partie de mon cœur qui est pour toujours fermée. C'est là que je souffre, et toujours d'une façon nouvelle ; c'est là que je suis morte et que je revis, et si je périssais dans les flots, ma voix invoquerait ces trois noms, dont un seul a été fatal. Est-il possible que vous ayez ainsi brisé tout cela ! est-il possible qu'un désespoir comme le mien n'ait pu vous arrêter ! Non, vous êtes coupable, et votre admirable esprit veut arriver encore à me tromper. Ah ! si vous pouviez comprendre ce que je souffre ! [1] ».

Bientôt les amis de Mme de Staël apprirent son heureuse arrivée à Londres. Elle éprouva un sentiment semblable à celui exprimé par le poète :

> No Sea
> Swells like the bosom of a man set free.

Elle se logea dans une petite maison, d'abord Georges Street, (Hannover Square), puis Argyle Street, (Regent Street), et l'accueil qu'elle reçut à Londres surpassa son attente. Cet accueil ne s'adressait pas seulement à la femme supérieure, mais au principe qu'elle représentait, aux persécutions contre

---

[1] * Adolphe Strodtmann, *Profils de poètes et caractères de la littérature étrangère*, 1879, II, 24. — C'est dans un essai sur Mme *de Staël et Benjamin Constant*, qui occupe les pages 3 à 42 du tome II de l'ouvrage signalé ici, que se trouvent cette lettre de Mme de Stael et les quatre qui suivront. Strodtmann, le consciencieux biographe de Henri Heine, les a trouvées dans les papiers posthumes de Benjamin Constant. Seulement, il n'en a pas donné le texte français, et comme il est mort depuis, — le 17 mars 1879, — il est difficile de savoir au juste ce que sont devenus les originaux. Heureusement, il affirme avoir traduit ces lettres « aussi mot à mot que possible », et malgré ce qu'il y a de fâcheux à se voir contraint de retraduire ces cinq morceaux de Mme de Staël d'allemand en français, nous croyons notre traduction assez fidèle, en somme, non seulement à l'esprit, mais aussi à la forme du style de Mme de Stael.

(*Note du traducteur.*)

lesquelles ne la garantissaient ni son sexe, ni son isolement, à l'inébranlable confiance enfin qu'elle avait mise dans le triomphe de la cause qui était avant tout la cause de l'Angleterre. Sur ce sol hospitalier de vieux amis vinrent à sa rencontre ; les hommes d'État et les politiques lui témoignèrent tous les égards et une sympathie profonde. Et maintenant aussi pouvait paraître le livre qui, elle l'espérait, serait son titre à la gloire, l'œuvre durable de sa vie. En mars l'éditeur Campe, de Hambourg, s'était offert à publier ce livre *De l'Allemagne*, « détruit à Paris par la mauvaise conscience ». Mais Mme de Staël était liée, en ce qui concernait le continent, par la promesse que lui avait arrachée Napoléon. Dans ces conditions, son jeune ami des jours de Weimar, qu'elle retrouvait à Londres, Henry Crabb Robinson, entra en négociations avec l'éditeur Murray, qui acquit l'ouvrage au prix de quinze mille guinées. Mme de Staël n'était arrivée que depuis peu de jours dans la capitale de l'Angleterre, quand on y reçut la nouvelle de la bataille de Vittoria, qui décidait non seulement du sort de la domination française en Espagne, mais, selon le mot de Wellington, chassait Napoléon de l'Allemagne [1].

« Il ne faut pas se dégoûter des principes à cause des malheurs », écrivit-elle alors à Moreau, proscrit comme elle ; « la vérité, et par conséquent la liberté, seront toujours la seule force des honnêtes gens. Le pays que j'habite est bien une grande preuve de la gloire attachée aux gouvernements limités et repré-

[1] Lord Acton, *Historical Review*, juillet 1887, 598.

sentatifs ; le mérite personnel y est au-dessus de tout et peut tout [1] ».

Elle-même était en droit d'espérer que, après tant de tempêtes, elle approchait du port. Cet espoir fut trompé. A la fin de juillet elle reçut la nouvelle que son fils Albert avait succombé dans un duel contre un officier de Cosaques ; le coup qui lui avait ôté la vie conserva, dans l'histoire des duels, une triste célébrité, car le malheureux jeune homme avait été littéralement décapité par son adversaire [2]. Albert de Staël avait causé à sa mère bien des chagrins, sur la nature desquels renseigne une lettre qu'elle lui écrivait de Stockholm, en 1812 [3]. Contrairement à son frère aîné, homme sérieux et rassis, il était léger, bouillant, et ne voulait pas se plier à la règle, bien qu'il ne manquât pas de capacités. « Ce pauvre Albert avait pris le mouvement de travers, mais il en avait », écrivait plus tard sa mère à Schlegel. Il était à peine entré en qualité d'officier au service de la Suède, qu'il se sentit humilié par de petites contrariétés, et sa mère dut le prêcher et recourir à l'intervention de Schlegel, pour l'empêcher de commettre des extravagances. Chargé par son général d'une mission à Hambourg, Albert de Staël, qui était lieutenant de hussards, sollicita et obtint de ses chefs la

---

[1] L'Auteur des Souvenirs de Mme Recamier, *Coppet et Weimar*, 248.

[2] E. M. Arndt, *Souvenirs de ma vie extérieure*, 177. — * Varhagen von Ense, *Mémoires*, III, 140, 187. — Pictet de Sergy, *Souvenirs*, dans Stephen, *Life of Madame de Staël*, II, 205.

[3] *Revue rétrospective*, 1re série, III, 1834.

permission de rester auprès du colonel Tettenborn, entré au service de la Russie, dont le corps était composé de volontaires de toutes les nations. Parmi ceux-ci se trouvait aussi Varnhagen von Ense. Ce dernier se lia d'amitié avec le jeune Staël, et put vanter plus tard à sa mère la vaillance qu'il avait déployée dans les divers combats auxquels ils avaient pris part ensemble. Ce fut par lui également qu'elle sut enfin tous les détails de la catastrophe qui avait coûté la vie à son fils. L'entrée du jeune homme dans le corps de Tettenborn avait eu lieu contre la volonté de sa mère. Elle était extrêmement inquiète de lui, quand elle reçut la nouvelle de sa mort. On se raconta à Genève qu'elle avait supporté cette perte avec fermeté, avec trop de fermeté peut-être [1]. Quant à elle, elle parle du complet affaissement qui succéda à la première et violente douleur [2].

Cette perte fut bientôt suivie d'une autre.

Le comte de Narbonne s'était tiré heureusement des fatigues excessives et des dangers de la campagne de Russie. Au printemps de 1813, l'Empereur l'envoya comme ambassadeur à Vienne; il ne se fit aucune illusion sur la tournure prise par la politique autrichienne et s'expliqua à ce sujet avec toute la clarté désirable [3]. De plus, la gaucherie et l'inexpé-

---

[1] Saint-René Taillandier, *Lettres inédites*, etc., 198. Sismondi à la comtesse d'Albany, Genève, 3 septembre 1813.

[2] A. G. Schlegel, Correspondance inédite, Bibliothèque de Dresde. Mme de Staël à A. G. Schlegel, Londres, 25 septembre 1813.

[3] * W. Oncken, *L'Autriche et la Prusse dans la guerre de*

rience des jeunes soldats que levait incessamment Napoléon le remplissaient d'une inquiétude trop justifiée. Il contait à cet égard au duc de Broglie et au général Mathieu Dumas l'anecdote suivante. Il parcourait à Dresde, où ils se trouvaient tous trois en ce moment, avec l'Empereur lui-même, le champ de manœuvres ; les jeunes soldats se montraient fort peu habiles et les instructeurs les rudoyaient à qui mieux mieux. Napoléon, mécontent, se prit à invectiver ceux-ci, qui n'en pouvaient mais ; il arracha même le fusil à l'un d'eux et prit sa place sans plus de succès. Puis, se tournant vers Narbonne, et lisant sur son visage les pensées qui lui traversaient l'esprit, il lui dit d'un ton moitié railleur, moitié fâché : « Vous ne croyez pas aux miracles ? — Si fait, mais pourvu que j'aie le temps de faire le signe de la croix ». Sur quoi Napoléon rompit la conversation, parla d'autre chose et rentra[1]. Quatre semaines plus tard, Narbonne dut se rendre à Prague, avec le duc de Vicence, pour représenter la France au Congrès et conjurer à la dernière heure une catastrophe dont il avait inutilement signalé l'approche. Pour le punir de n'avoir pas réussi, il fut envoyé en qualité de commandant à Torgau, où le typhus, qui sévissait parmi ses troupes, l'enleva à l'âge de cinquante-huit ans.

Rien dans l'attitude de Mme de Stael ne trahit aux regards curieux qui l'observaient quelle impression

---

délivrance, II, 198, 209, 312, 315, 332. — Duc de Broglie, Souvenirs, I, 213-215.

[1] Duc de Broglie, Souvenirs, 227.

avait faite sur elle la nouvelle de cette mort[1] ; mais elle revint plus tard sur les souvenirs qui s'attachaient à cette mémoire. Des lettres à Guillaume Schlegel mentionnent la sympathie que lui inspirait la femme du général Moreau, qui était restée à Londres ; après la mort du général, le 2 septembre Mme de Staël entoura sa veuve de la plus ardente sollicitude. « J'ai pour elle une pitié déchirante », écrivait-elle dans un état d'esprit qui ajoutait quelque chose de plus tendre à sa compassion habituelle. En même temps elle se sentait arrivée à une période de sa vie où la douleur maternelle elle-même ne pouvait l'empêcher de sentir que son œuvre menaçait de rester inachevée, et que, pour la terminer, elle avait besoin de toute la force dont elle disposait encore.

En octobre 1813 parut le livre *De l'Allemagne*, dont la première édition fut épuisée en trois jours[2].

Destiné à la glorification d'une nation vaincue, et cela à l'heure la plus sombre de son histoire, il fut au contraire témoin de son relèvement et de son triomphe. A la hardie affirmation de la *Préface* : « Ce que les philosophes mettaient en système s'accomplit, et l'indépendance de l'âme fondera celle des Etats », répondit le canon de Leipzig.

Depuis la publication du livre de Mme de Staël, près de quatre-vingts années se sont écoulées ; ce

---

[1] Miss Berry, *Journals and Correspondence*, II, 546.
[2] Henry Crabb Robinson, *Diary, reminiscences and correspondence*, I, 267. — A. G. Schlegel, Correspondance iné-

livre a eu à subir l'épreuve du temps, et l'on peut affirmer aujourd'hui qu'il y a résisté et que Mme de Staël a créé une œuvre durable. Si l'on veut se rendre compte de la nature de l'impression générale exercée, avant et après Iéna, par l'Allemagne du temps classique, par ses poètes et ses penseurs, ses écrivains et ses savants, son peuple et ses mœurs, sa situation politique et sociale, on ne trouvera nulle part cette impression fixée d'une manière plus directe et plus vivante que dans *L'Allemagne*. Jamais encore un étranger n'avait observé et décrit l'Allemagne d'une façon à la fois si perspicace et si bienveillante, si exempte de préjugés et si sympathique. Il n'y a pas à s'étonner que la critique ait trouvé, dans les détails, maintes choses à rejeter, et plus de choses encore à reprendre ; ce qui a droit d'étonner davantage, c'est que tant de choses aient tenu devant elle. Si l'on considère l'étendue de la tâche, la brièveté du temps, les obstacles de tout genre qu'il s'agissait de vaincre avant de franchir les barrières élevées par l'ignorance et les préjugés, la nationalité et la langue étrangères, le courant d'idées insolite, l'éloge ne doit pas rester borné à la valeur littéraire de l'entreprise. Ainsi que plus d'un grand livre écrit avant celui de Mme de Staël, le sien était surtout un fait, et pour être juste à son égard, il convient de l'apprécier comme tel. Il fallait un grand courage, une rare indépendance d'esprit, pour parler aux vainqueurs de biens qui ne se laissaient pas conqué-

dite, Bibliothèque de Dresde. Mme de Staël à A. G. Schlegel, Londres, 9 novembre 1813.

rir sur les champs de bataille, pour opposer à la domination napoléonienne l'empire de la pensée, et prédire que cet empire triompherait du sien. Que l'Empereur l'ait ainsi compris, la condamnation du livre le prouve, et à ce point de vue cette condamnation était entièrement justifiée. Il suffisait, en effet, d'accepter les conclusions de l'ouvrage pour se déclarer par là même affranchi du joug de la force. « Ce n'est sûrement pas pour les avantages de cette vie, pour assurer quelques jouissances de plus à quelques jours d'existence, et retarder un peu la mort de quelques mourants », est-il dit dans le chapitre sur la morale, « que la conscience et la religion nous ont été données. C'est pour que des créatures en possession du libre arbitre choisissent ce qui est juste en sacrifiant ce qui est profitable, préfèrent l'avenir au présent, l'invisible au visible, et la dignité de l'espèce humaine à la conservation même des individus. Les individus sont vertueux quand ils sacrifient leur intérêt particulier à l'intérêt général, mais les gouvernements sont à leur tour des individus qui doivent immoler leurs avantages personnels à la loi du devoir. Si la morale des hommes d'Etat n'était fondée que sur le bien public, elle pourrait les conduire au crime, si ce n'est toujours, au moins quelquefois, et c'est assez d'une seule exception justifiée pour qu'il n'y ait plus de morale dans le monde ; car tous les principes vrais sont absolus ; si deux et deux ne font pas quatre, les plus profonds calculs de l'algèbre sont absurdes ; s'il y a dans la théorie un seul cas où l'homme doive manquer à son devoir, toutes les maximes philosophiques et religieuses sont renversées, et ce qui reste n'est plus que de la prudence ou de l'hypocrisie[1] ».

On ne pouvait se mettre plus résolument qu'elle ne le fait, dans ce passage et dans beaucoup d'autres, du côté des victimes, des Allemands par conséquent. Il est d'autant plus remarquable que Mme de Staël l'ait fait, parce que, aussi peu que Fichte, qui s'imaginait avoir fait entendre dans le désert, en 1807-1808, « en des jours profondément corrompus », ses *Discours à la nation allemande*, Mme de Staël croyait à une régénération politique des Allemands[2]. « Celui qui, en Allemagne, ne s'occupe pas de l'univers, n'a vraiment rien à faire », dit-elle quelque part sur un ton moitié plaisant, moitié sérieux. « Les sectes philosophiques et religieuses qui, sous divers noms, ont existé en Allemagne, n'ont presque point eu de rapport avec les affaires politiques, lit-on à un autre endroit ; et le genre de talent nécessaire pour entraîner les hommes à des résolutions vigoureuses, s'est rarement manifesté dans ce pays. On peut discuter sur la philosophie de Kant, sur les questions théologiques, sur l'idéalisme ou l'empirisme, sans qu'il en résulte jamais rien que des livres[3] ». — Elle se trompait, et les quelques années qui s'écoulèrent entre la rédac-

---

[1] Mme de Staël, *De l'Allemagne*, 3e partie, chap. 13 : De la morale fondée sur l'intérêt national. Rapprocher la 1re partie, chap. 2 : Des mœurs et du caractère des Allemands.

[2] * H. de Treitschke, *Fichte et l'Idée nationale. Etudes historiques et politiques*, I, 132.

[3] Mme de Staël, *De l'Allemagne*, 1re partie, chap. 18 ; 4e partie, chap. 8.

tion du livre et sa publication suffirent pour rejeter de tels jugements dans le domaine des anachronismes.

A part cette exception, elle a excellemment observé le caractère allemand et laissé peu de choses à découvrir à ceux qui vinrent après elle. Elle trouve la séparation des classes plus prononcée en Allemagne que partout ailleurs, ce qui mène à cette conséquence, que les nobles y ont trop peu d'idées, et les gens de lettres trop peu d'habitude des affaires ; mais elle reconnaît en même temps que cette démarcation n'a dans le fait rien d'offensant, car « la bonhomie se mêle à tout en Allemagne, même à l'orgueil aristocratique ; et les différences de rang se réduisent à quelques privilèges de cour, à quelques assemblées qui ne donnent pas assez de plaisir pour mériter de grands regrets : rien n'est amer, dans quelque rapport que ce puisse être, lorsque la société, et par elle le ridicule, a peu de puissance. Les hommes ne peuvent se faire un véritable mal à l'âme que par la fausseté ou la moquerie ; dans un pays sérieux et vrai, il y a toujours de la justice et du bonheur ..... Les Allemands, à quelques exceptions près, sont peu capables de réussir dans tout ce qui exige de l'adresse et de l'habileté ; tout les inquiète, tout les embarrasse, et ils ont autant besoin de méthodes dans les actions que d'indépendance dans les idées. (Eux) qui ne peuvent souffrir le joug des règles en littérature, voudraient que tout leur fût tracé d'avance en fait de conduite ; ils ne savent pas traiter avec les hommes ; et moins on leur donne à cet égard l'occasion de se décider par eux-mêmes, plus ils sont satisfaits. Les institutions politiques peuvent seules former le caracctère d'une nation ; la nature du gouvernement de l'Allemagne était presque en opposition avec les lumières philosophiques des Allemands. De là vient qu'ils réunissent la plus grande audace de pensée au caractère le plus obéissant. La prééminence de l'état militaire et les distinctions de rang les ont accoutumés à la soumission la plus exacte dans les rapports de la vie sociale : ce n'est pas servilité, c'est régularité chez eux que l'obéissance ; ils sont scrupuleux dans l'accomplissement des ordres qu'ils reçoivent, comme si tout ordre était un devoir[1] ».

A l'Allemagne septentrionale, active et capable de privations, Mme de Staël oppose l'Allemagne méridionale, qui « se maintient dans un état de bien-être monotone, singulièrement nuisible à l'activité des affaires comme à celle de la pensée ». Ce qui la frappe le plus en Autriche, c'est l'antipathie instinctive contre tout ce qui s'élève au-dessus de la médiocrité et qui menace d'interrompre la routine, de sorte qu'on est en droit de se demander, en présence de ce bien-être silencieux, si le bonheur, loin de résider dans le développement des facultés intellectuelles, ne se trouvait pas plutôt dans leur étouffement. Une société qui ne s'intéresse ni à la politique, ni à la littérature, ni aux beaux-arts, tombe nécessairement dans la vulgarité. « Un commérage ennobli par les grands noms qu'on prononce, mais qui a pourtant le même fond que celui des gens du peuple », tel est

[1] Mme de Staël, *De l'Allemagne*, 1re partie, chap. 2.

l'effet que lui firent les réceptions des salons viennois, où les mêmes individus se rencontraient toujours pour reparler des mêmes choses. Mme de Staël, qui avait fait un si long voyage pour s'entretenir avec les Allemands des choses de l'Allemagne, trouva des gens qui en étaient encore aux anecdotes de la cour de Louis XIV ou qui ressassaient, le tout en langue française, de vieilles plaisanteries qui avaient fait leur temps à Paris et qu'on avait exportées à l'étranger. Or, comme elle le dit très justement, « la véritable force d'un pays, c'est son caractère naturel, et l'imitation des étrangers, sous quelque rapport que ce soit, est un défaut de patriotisme ». Cette érudition de boudoir, cet attachement opiniâtre à quelques idées reçues, ce manque de naturel et de vie, lui faisaient appliquer à tous ces esprits, à tous ces ouvrages imités du français, l'éloge que Roland, dans l'Arioste, fait de sa jument qu'il traîne après lui : Elle réunit, dit-il, toutes les qualités imaginables ; mais elle a pourtant un défaut, c'est qu'elle est morte. Et Mme de Staël, il convient de ne pas l'oublier, était moins sévère pour les défauts du caractère allemand sous ce rapport qu'Aurélie, dans *Wilhelm Meister*. « Certes, c'est un bien de ne pas toujours connaître ceux pour qui nous travaillons ! », s'écrie la fantasque comédienne. « Moi aussi, je me suis trouvée dans cet heureux état, lorsque j'entrai au théâtre ; j'avais la plus haute idée de moi-même et de mon pays. Que n'étaient pas les Allemands dans mon imagination, que ne pouvaient-ils pas être !... Je les ai tous vus en mouvement, et, par le ciel ! il s'en trouvait peu là-dedans qui fussent en état de m'inspirer même un intérêt vulgaire... J'arrivai à les mépriser de tout mon cœur, et il me sembla que toute la nation se fût entendue pour venir se prostituer auprès de moi par l'entremise de ces représentants. Je la trouvai en tout si gauche, si mal élevée, si peu instruite, si dénuée de charme, si privée de goût ! Souvent je m'écriais : Un Allemand ne peut donc lacer un soulier, sans l'avoir appris d'une nation étrangère !... Il me faut porter la peine d'être une Allemande ; car c'est le caractère des Allemands qu'ils pèsent sur tout et que tout pèse sur eux ». Cette même Aurélie s'exprime ainsi au sujet de la langue française : « Une malheureuse impression, un souvenir odieux de mon infidèle ami m'a fait perdre le goût de cette langue si belle et si parfaite. Comme je la hais maintenant de tout mon cœur ! Tant que notre liaison fut sincère, il m'écrivit en allemand, et quel cordial, quel énergique allemand ! Puis, lorsqu'il voulut se détacher de moi, il se mit à m'écrire en français, ce qu'il n'avait fait jusqu'alors qu'en façon de plaisanterie. Je sentis ce que cela signifiait. Ce qu'il rougissait de me dire dans sa langue maternelle, il pouvait alors me l'écrire en toute sécurité. Pour les réserves, les demi-mots, les mensonges, c'est une langue parfaite. C'est une langue *perfide* ; je ne trouve pas, grâce à Dieu, de mot allemand pour rendre *perfide* dans toute son étendue ; notre pauvre *treulos* n'est à côté de cela qu'un innocent enfant Perfide, c'est *treulos* avec jouissance, avec insolence, avec malice. Elle est enviable, la civilisation d'une nation qui sait en un seul mot exprimer des nuances aussi délicates ! Le français est la langue du monde digne de devenir la langue universelle, pour que chacun puisse se tromper et se mentir à l'envi !... Je frissonne lorsque j'entends un mot de français ![1] »

Mme de Staël pensait à peu près de même et a rappelé de son côté la boutade d'Aurélie. « L'esprit de conversation », dit-elle en termes frappants, « a quelquefois l'inconvénient d'altérer la sincérité du caractère ; ce n'est pas une tromperie combinée, mais improvisée, si l'on peut s'exprimer ainsi. Les Français ont mis dans ce genre une gaieté qui les rend aimables ; mais il n'en est pas moins certain que ce qu'il y a de plus sacré dans ce monde a été ébranlé par la grâce, du moins par celle qui n'attache de l'importance à rien et tourne tout en ridicule[2] ».

Plus le caractère allemand se montrait naturel et original et plus il plaisait à Mme de Staël ; mais le cas était plus fréquent dans le Nord que dans le Midi. « On ne saurait s'imaginer en France », écrit l'auteur, « à quel point les lumières sont répandues en Allemagne. J'ai vu des aubergistes, des commis de barrières, qui connaissaient la littérature française. On trouve jusque dans les villages des professeurs de grec et de latin. Il n'y a pas de petite ville qui ne renferme une assez bonne bibliothèque, et presque

---

[1] * Gœthe, *Les années d'apprentissage de Wilhelm Meister*, livre IV, chap. 16 et 20 ; livre V, chap. 16, *passim*.

[2] Mme de Staël, *De l'Allemagne*, 1re partie, chap. 11 et 12.

partout on peut citer quelques hommes recommandables par leurs talents et par leurs connaissances. Si l'on se mettait à comparer, sous ce rapport, les provinces de France avec l'Allemagne, on croirait que les deux pays sont à trois siècles de distance l'un de l'autre. Paris, réunissant dans son sein l'élite de l'empire, ôte tout intérêt à tout le reste ». Picard et Kotzebue ont composé chacun une comédie sur les habitants des petites villes. L'auteur français représente les provinciaux cherchant sans cesse à imiter la capitale, et l'auteur allemand les bourgeois enchantés et fiers du lieu qu'ils habitent et qu'ils croient incomparable. « La différence des ridicules donne toujours l'idée de la différence des mœurs. En Allemagne, chaque séjour est un empire pour celui qui y réside ; son imagination, ses études, ou seulement sa bonhomie, l'agrandissent à ses yeux ; chacun sait y tirer de soi-même le meilleur parti possible... Les hommes distingués de l'Allemagne, n'étant point rassemblés dans une même ville, ne se voient presque pas et ne communiquent entre eux que par leurs écrits ; chacun se fait sa route à soi-même, et découvre sans cesse des contrées nouvelles dans la vaste région de l'antiquité, de la métaphysique et de la science. Ce qu'on appelle étudier en Allemagne est vraiment une chose admirable : quinze heures par jour de solitude et de travail, pendant des années entières, paraissent une manière d'exister toute naturelle ; l'ennui même de la société fait aimer la vie retirée ». D'autre part, dans chaque Université allemande, plusieurs professeurs étant en concurrence pour chaque branche d'enseignement, tous doivent nécessairement avoir de l'émulation, intéressés qu'ils sont à l'emporter les uns sur les autres, en attirant un plus grand nombre d'élèves ; et de là vient l'universalité de connaissances que l'on remarque dans presque tous les hommes instruits de l'Allemagne. Quant aux Universités elles-mêmes, on ne peut mieux les louer qu'en disant que leur enseignement commence là où il cesse chez la plupart des autres nations. A propos de l'éducation, la méthode de Pestalozzi est soigneusement passée en revue. Mme de Staël l'oppose aux idées chimériques de Jean-Jacques Rousseau, et dit que, contrairement à celles-ci, elle est réelle, applicable, et peut avoir une grande influence sur la marche future de l'esprit humain. Elle « simplifie et gradue les idées de telle manière qu'elles sont mises à la portée de l'enfance, et que l'esprit de cet âge arrive, sans se fatiguer, aux résultats les plus profonds. En passant avec exactitude par tous les degrés du raisonnement, Pestalozzi met l'enfant en état de découvrir lui-même ce qu'on veut lui enseigner... L'instruction qu'on acquiert chez lui donne à chaque homme, de quelque classe qu'il soit, une base sur laquelle il peut bâtir à son gré la chaumière du pauvre ou le palais des rois ». Les établissements analogues de Fribourg, Berne et Yverdun, et leurs efforts pour rendre accessibles même aux plus pauvres les bienfaits d'une meilleure éducation, éveillaient du reste à Coppet le plus vif intérêt ; on y suivait avec une ardente curiosité les résultats des différentes méthodes de Pestalozzi,

Fellenberg, et celle du Père franciscain Gérard, qui tentait de son côté une réforme des écoles populaires, grâce à l'emploi systématique de la science du langage [1].

Mme de Staël trouvait le peuple allemand un peu lent et lourd, mais en somme plus instruit qu'en France, sincère et fidèle. Ses défauts comme ses qualités, dit-elle, le soumettent à l'honorable nécessité de la justice. Elle parle de « cette vie intime », de « cette poésie de l'âme » qui caractérise les Allemands. « Les habitants des villes et des campagnes, les soldats et les laboureurs, savent presque tous la musique ; il m'est arrivé d'entrer dans de pauvres maisons noircies par la fumée de tabac, et d'entendre tout à coup non seulement la maîtresse, mais le maître du logis, improviser sur le clavecin, comme les Italiens improvisent en vers. L'on a soin presque partout que, les jours de marché, il y ait des joueurs d'instruments à vent sur le balcon de l'hôtel-de-ville qui domine la place publique : les paysans des environs participent ainsi à la douce jouissance du premier des arts. Les écoliers se promènent dans les rues, le dimanche, en chantant les psaumes en chœur [2] ».

Dans le tableau varié que Mme de Staël trace de la vie allemande, une lacune pourtant est sensible. La classe moyenne, qui conservait bien plus fidèlement que la noblesse le trait national et les mœurs traditionnelles, échappait alors plus qu'aujourd'hui à

[1] Duc de Broglie, *Souvenirs*, II, 48-62.
[2] Mme de Staël, *De l'Allemagne*, 1re partie, chap. 2.

l'observation, et fermait aux étrangers sa scène active mais étroite. Pour faire connaissance avec ce monde, Mme de Staël aurait dû recourir aux descriptions de *Werther* et de *Wilhelm Meister*, de *Hermann et Dorothée*, d'*Egmont* et de *Faust*, où est dépeinte si fidèlement et en traits si fins la vie dans le ménage et à l'atelier, sur le marché et sous le porche, à l'église et à la maison, à une époque où la bourgeoisie, qui occupait les situations les plus diverses, gardait cependant encore ces mœurs patriarcales qui répondent si bien au caractère allemand. Mme de Staël a négligé ces peintures. Ce qui captive son intérêt dans *Werther*, c'est le merveilleux développement psychologique ; dans *Wilhelm Meister*, elle est fascinée par les idées philosophiques de Gœthe ; elle remarque que le héros de son roman est un tiers importun qu'il a mis, on ne sait pourquoi, entre son lecteur et lui ; ce qui la charme avant tout, c'est l'épisode de Mignon. Dans *Egmont*, qui lui paraît d'ailleurs la plus belle des pièces dramatiques de Gœthe, elle critique le mélange du ton populaire avec la dignité tragique, qui lui semble troubler la marche héroïque du drame » ; Mme de Stein traitait, on le sait, Claire, l'amante d'Egmont, de « *fille*» ; Mme de Staël, qui a enrichi le vocabulaire français du mot *vulgarité*, l'applique à la mère de la jeune fille aimée par Egmont, qu'elle déclare « très vulgaire ». Mais plus encore que ces jugements, l'appréciation qu'elle porte sur *Hermann et Dorothée* révèle le manque de sens pour la diversité infinie des situations humaines et pour les exigences de la réalité.

Sans doute, elle parle bien de l'émotion douce qui se fait sentir dans cet ouvrage depuis le premier vers jusqu'au dernier, de la dignité naturelle qui règne dans les moindres détails et qui ne déparerait pas les héros d'Homère. « Néanmoins, il faut en convenir », ajoute-t-elle, « les personnages et les événements sont de trop peu d'importance. Le sujet suffit à l'intérêt quand on le lit dans l'original ; dans la traduction, cet intérêt se dissipe. En fait de poème épique, il me semble qu'il est permis d'exiger une certaine aristocratie littéraire ; la dignité des personnages et des souvenirs historiques qui s'y rattachent peut seule élever l'imagination à la hauteur de ce genre d'ouvrage [1] ». L'œuvre, par contre, dans laquelle la différence des rangs s'accuse jusqu'à amener le conflit tragique entre eux, *Cabale et Amour*, n'est mentionnée qu'en passant dans *L'Allemagne*, et comme un ouvrage que les principes de l'art aussi bien que ceux de la morale peuvent réprouver. Dans un pays tel que l'Allemagne et particulièrement la Prusse, où chacun était maître de dire et de faire imprimer ce qui lui plaisait, et où, en dépit de cette liberté, Mme de Staël ne rencontra pas, durant tout son séjour, un seul individu qui se plaignît d'actes arbitraires de la part du gouvernement [2], elle conclut à juste titre que la satire du poète ne répondait que très exceptionnellement aux faits réels, et qu'on pou-

---

[1] Mme de Staël, *De l'Allemagne*, 2e partie, chap. 12.

[2] Mme de Staël, *De l'Allemagne*, 1re partie, chap. 16.

vait s'en remettre tranquillement à l'action du temps pour les changements nécessaires. Cette action a été lente. Aujourd'hui encore, à la veille d'un nouveau siècle et après tant de transformations politiques radicales, beaucoup de choses, dans la vie sociale des Allemands, sont restées à peu près telles que nous les décrit le livre de Mme de Staël. Elle fait ses réserves à leur sujet, pour passer sur le terrain intellectuel, où elle pouvait satisfaire son besoin de justice à notre égard.

Cette justice était-elle si facile ?

Trente ans avant Mme de Staël, Frédéric II avait exprimé son opinion sur la littérature de son pays dans un écrit intitulé : *De la Littérature allemande, des défauts qu'on peut lui reprocher, quelles en sont les causes et par quels moyens on peut les corriger.* Cet écrit donna lieu à une foule de répliques, les unes polémiques, les autres apologétiques [1]. Ce qui fut dit pour et contre n'empêche pas ceci : la brochure du roi, publiée en novembre 1780, c'est-à-dire quelques mois avant la mort de Lessing, survenue le 15 février de l'année suivante, ne mentionne en aucune façon ce réformateur de la littérature allemande. Klopstock et Wieland ne sont pas nommés davantage, quoique Frédéric connût le premier. Il parle de *Gœtz de Berlichingen*, mais en quels termes !
« Voilà encore un Gœtz de Berlichingen qui paraît sur la scène, imitation détestable de ces mauvaises pièces anglaises, et le parterre applaudit et demande

---

[1] * Krause, *Frédéric le Grand et la poésie allemande*, II, 16 et sqq., *Revue historique* de Sybel, 1887, 505-521.

avec enthousiasme la répétition de ces dégoûtantes platitudes ». Ces *mauvaises pièces anglaises* sont celles de Shakespeare, qu'il traite même d' « abominables » quelques lignes plus haut. Frédéric II ne savait qu'imparfaitement l'allemand ; mais ceux qui le savaient ne voyaient souvent pas plus clair que lui au sujet des chefs-d'œuvre de la littérature allemande. Ce que les plus grands représentants de celle-ci avaient à essuyer de la part de la critique contemporaine et de la presse du jour, on peut en juger par des appréciations comme celles que Victor Hehn entre autres a rassemblées relativement à Gœthe [1]. Ce n'était pas le grand public, mais Lessing, qui disait de l'auteur de *Werther* et de *Gœtz de Berlichingen*, que si jamais il arrivait au bon sens, « il ne serait pas beaucoup plus qu'un homme ordinaire ». Klopstock trouvait *Hermann et Dorothée* inférieur à la *Louise* de Voss, et travestissait les noms de Schiller et de Gœthe en ceux de Schüler (écolier) et de Gothe (Goth). Iffland osait dire de l'*Iphigénie* du poète que la simplicité grecque y dégénérait en trivialité. Schiller critiquait le libéralisme politique de la rhétorique d'*Egmont*, et *Faust*, publié en fragment, ne sut point tout d'abord lui plaire. Plus tard, en 1804, Benjamin Constant, nous l'avons dit, jugeait que ce premier *Faust* valait moins que *Candide*, comme, d'autre part, Guillaume Schlegel, d'ailleurs si fin et pénétrant, ne comprenait pas la grandeur de

---

[1] *Victor Heyn, Pensées sur Gœthe. Gœthe et le public*, 57, 62, 64, 86, 87.

Molière, reconnue depuis longtemps en Allemagne par des juges moins compétents¹.

Mme de Staël a eu, pour sa part, à payer ce tribut d'erreur, même du goût le plus épuré. Il faut citer au premier rang, sous ce rapport, la conclusion de son appréciation de *Faust*. Cette pièce, dit-elle, « n'est certes pas un bon modèle. Soit qu'elle puisse être considérée comme l'œuvre du délire de l'esprit ou de la satiété de la raison, il est à désirer que de telles productions ne se renouvellent pas²». On a, par contre, relevé la justesse de cette remarque, que le Faust survivant, c'est-à-dire le Faust de la seconde partie du drame, était mort.

La critique des *Affinités électives* s'en tient aux côtés extérieurs du roman. Rien n'indique qu'elle ait remarqué que précisément cette œuvre de Gœthe lui aurait offert ce qu'elle chercha toute sa vie : la plus profonde analyse psychologique des rapports entre l'homme et la femme dans le mariage, leurs conflits tragiques et le salut intérieur des individus dû au renoncement volontaire à l'ordre moral. La Française avait peine, sans doute, à comprendre la noble et calme figure d'Éléonore d'Este, une des plus ravissantes de la poésie de tous les temps, si délicate, fragile presque dans son enveloppe de souffrance résignée, qu'elle se dérobe à tout contact trop rude. Or, Mme de Staël s'est rendue coupable à son égard d'un traitement de ce genre, lorsqu'elle dit que Gœthe a peint

---

[1] * Jakobs, *Molière*. Appendice à la *Théorie générale des beaux-arts* de Sulzer, 1795, IV.

[2] Mme de Stael, *De l'Allemagne*, 2ᵉ partie, chap. 23.

la sœur du duc de Ferrare « comme appartenant par ses vœux à l'enthousiasme, et par sa faiblesse à la prudence ». La prudence, en effet, n'avait rien à voir ici. Tout le mérite du renoncement d'Eléonore est d'être le fait de la nature, et non des exigences extérieures. Au sujet de la *Fiancée de Messine*, dans laquelle Schiller introduisit des chœurs à l'imitation de la tragédie antique, Mme de Staël dit que la poésie en est superbe, mais que les interlocuteurs lyriques n'en sont pas moins, quoi qu'ils disent, des « chœurs de chambellans ». Son erreur de jugement vient de ce que, dans ces chœurs, elle n'a pas su discerner la voix populaire. Le recueil de Herder intitulé *Voix des Peuples* est faussement traduit par *Chansons populaires,* et c'est mal apprécier Gœthe que de dire de lui : « le temps l'a rendu spectateur ».

Mais, en revanche, justement dans cette partie du livre, que de choses excellentes ! Avant tout la figure de Schiller. Son sens historique, sa rhétorique entraînante, son accent pathétique, l'ardeur sévère avec laquelle il aspirait, dans la vie et dans l'art, à un idéal de grandeur et de pureté morale, la puissance dramatique prodigieuse avec laquelle il le réalisait poétiquement, tous ces traits essentiels étaient infiniment plus accessibles à la Française que les sentiers enchevêtrés de la poésie de Gœthe. Son roman préféré reste *Werther*, mais le drame allemand le plus remarquable et le plus achevé est à ses yeux *Marie Stuart*, dont les qualités purement théâtrales ne la captivaient pas moins que les caractères donnés aux principaux personnages. Chez Schiller plus que chez nul autre elle retrouva, transfigurée par le plus noble enthousiasme, la pensée libérale qui resta jusqu'à la fin le ton dominant de sa propre conviction ; c'est à lui surtout que se rapporte cet aveu qu'on lit dans son livre : « Lorsque j'ai commencé l'étude de l'allemand, il m'a semblé que j'entrais dans une sphère nouvelle où se manifestaient les lumières les plus frappantes sur tout ce que je sentais auparavant d'une manière confuse [1] ».

A côté de Gœthe et Schiller, Lessing et Herder occupent, dans *L'Allemagne*, la place la plus importante. Elle dit du poète de *Nathan le Sage* que, « dialecticien spirituel et serré dans ses arguments, l'enthousiasme pour le beau remplissait cependant le fond de son âme ; il avait une ardeur sans flamme, une véhémence philosophique toujours active, et qui produisait par des coups redoublés des effets durables ». Grâce à lui, « on osa se dire Allemand en Allemagne », et c'est là le plus grand éloge que peut accorder Mme de Staël à l'illustre pionnier intellectuel. « La critique », ajoute-t-elle, « est un traité sur le cœur humain autant qu'une poétique littéraire ». En appréciant *Emilia Galotti*, elle laisse son ami Frédéric Schlegel « geler en admirant et admirer en gelant » ; elle est d'un avis différent du sien sur cette pièce, dont elle trouve les sentiments trop forts pour le cadre, mais qui au demeurant n'en est pas moins tragique. Quant à Herder, elle trouvait que ses *Idées sur la philosophie de l'histoire de l'Humanité* étaient peut-être le livre allemand écrit avec le

[1] Mme de Staël, *De l'Allemagne*, 2e partie, chap. 31.

plus de charme. « C'est une lecture délicieuse », dit-elle, « que les divers chapitres sur Persépolis et Babylone, sur les Hébreux et sur les Egyptiens ; il semble qu'on se promène au milieu de l'ancien monde avec un poète historien qui touche les ruines de sa baguette et reconstruit à nos yeux les édifices abattus ». Elle avait des motifs personnels pour louer un procédé littéraire qui devait lui rappeler par plus d'un côté sa propre façon de produire. « On a dit (de Herder) », ainsi se termine le chapitre qui lui est consacré, « que ses écrits ressemblaient à une conversation animée : il est vrai qu'il n'a pas, dans ses ouvrages, la forme méthodique qu'on est convenu de donner aux livres. C'est sous les portiques et dans les jardins de l'Académie que Platon expliquait à ses disciples le système du monde intellectuel. On retrouve dans Herder cette noble négligence du talent toujours impatient de marcher à des idées nouvelles. C'est une invention moderne, que ce qu'on appelle un livre bien fait. La découverte de l'imprimerie a rendu nécessaires les divisions, les résumés, tout l'appareil enfin de la logique. La plupart des ouvrages scientifiques des anciens sont des traités ou des dialogues qu'on se représente comme des entretiens écrits. Montaigne aussi s'abandonnait de même au cours naturel de ses pensées. Il faut, il est vrai, pour un tel *laisser-aller*, la supériorité la plus décidée : l'ordre supplée à la richesse, et si la médiocrité marchait au hasard, elle ne ferait d'ordinaire que nous ramener au même point avec la fatigue de plus ; mais un homme de génie intéresse davantage quand il se montre tel qu'il est, et que ses livres semblent plutôt improvisés que composés [1] ».

Au sujet de Winckelmann, elle dit cette belle parole : il faut que l'attention qu'excitent les beaux-arts vienne de l'amour, et elle ajoute à la fin de son chapitre sur les richesses littéraires de l'Allemagne, qu'on peut comparer la manière d'Auguste-Guillaume Schlegel, parlant de poésie, à celle de Winckelmann décrivant des statues, et que c'est ainsi seulement qu'il est honorable d'être un critique. Tous les hommes du métier suffisent pour enseigner les fautes ou les négligences qu'on doit éviter : mais, après le génie, ce qu'il y a de plus semblable à lui, c'est la puissance de le connaître et de l'admirer [2].

Dans la troisième partie du livre, consacrée à la philosophie et à la morale, Kant occupe la même place prépondérante que Schiller dans la poésie. Avant de se hasarder sur ce terrain si peu fait pour l'esprit des femmes, Mme de Staël s'est expliquée clairement sur le dessein qu'elle poursuivait : « Il y a », dit-elle, « deux manières d'envisager la métaphysique de l'entendement humain : ou dans sa théorie ou dans ses résultats. L'examen de la théorie exige une capacité qui m'est étrangère ; mais il est facile d'observer l'influence qu'exerce telle ou telle opinion métaphysique sur le développement de l'esprit et de l'âme... Cette vie n'a quelque prix que si elle sert à l'éducation religieuse de notre cœur, que si elle nous prépare à une destinée plus haute par le

---

[1] Mme de Staël, *De l'Allemagne*, 2e partie, chap. 30.
[2] Mme de Staël, *De l'Allemagne*, 2e partie, chap. 31.

choix libre de la vertu sur la terre. La métaphysique, les institutions sociales, les arts, les sciences, tout doit être apprécié d'après le perfectionnement moral de l'homme : c'est la pierre de touche qui est donnée à l'ignorant comme au savant... Je demandais un jour à Fichte, l'une des plus fortes têtes pensantes de l'Allemagne, s'il ne pouvait pas me dire sa morale plutôt que sa métaphysique. — L'une dépend de l'autre, me répondit-il. — Et ce mot était plein de profondeur : il renferme tous les motifs de l'intérêt qu'on peut prendre à la philosophie [1] ». Mme de Staël rappelle à ses compatriotes que le problème de la liberté morale a été infiniment mieux compris par les philosophes français du dix-septième siècle que par ceux du dix-huitième, parce que les derniers, au lieu de continuer l'œuvre de leurs prédécesseurs, subirent complètement l'influence de la philosophie anglaise, qu'ils mirent en action dans le sens des doctrines matérialistes. Le fil qui se rompit alors entre les mains des Français fut repris et renoué par les Allemands. Descartes et Malebranche ont pour successeur Leibnitz, et c'est pour combattre l' « optimisme » de celui-ci que Voltaire fit *Candide*, « cet ouvrage d'une gaieté infernale, car il semble écrit par un être d'une autre nature que nous, indifférent à notre sort, content de nos souffrances, et riant comme un démon, ou comme un singe, des misères de cette espèce humaine avec laquelle il n'a rien de commun... *Candide* met en action cette philosophie moqueuse si indulgente en apparence, si

[1] Mme de Stael, *De l'Allemagne*, 3ᵉ partie, chap. 1.

féroce en réalité ; il présente la nature humaine sous le plus déplorable aspect, et nous offre pour toute consolation le rire sardonique qui nous affranchit de la pitié envers les autres, en nous y faisant renoncer pour nous-mêmes... S'il n'y a rien dans l'âme que ce que les sensations y ont mis, l'on ne doit plus reconnaître que deux choses réelles et durables sur la terre, la force et le bien-être, la tactique et la gastronomie. On a connu de tout temps ces maximes ; mais on les croyait réservées aux valets dans les comédies... Notre pauvre nature est souvent égoïste et vulgaire, il faut s'en affliger ; mais c'est s'en vanter qui est nouveau. L'indifférence et le dédain pour les choses exaltées sont devenus le type de la grâce, et les plaisanteries ont été dirigées contre l'intérêt vif qu'on peut mettre à tout ce qui n'a pas dans ce monde un résultat positif... L'incrédulité dogmatique, c'est-à-dire celle qui révoque en doute tout ce qui n'est pas prouvé par les sensations, est la source de la grande ironie de l'homme envers lui même ; toute la dégradation morale vient de là ».

Il importe donc d'examiner ce qu'a gagné la nation qui a rejeté une métaphysique menant à de semblables conclusions et qui est arrivée par d'autres voies au développement de ses facultés et aux règles de sa conduite morale [1].

Il est advenu ici aux Allemands ce qui advint aux alchimistes : le secret de l'univers ne s'est pas révélé à eux, mais en se plongeant dans la spéculation, ils rencontrèrent d'autres vérités qui leur seraient res-

[1] Mme de Staël, *De l'Allemagne*, 3e partie, chap. 4.

tées inconnues. Les monades de Leibnitz ont beau n'être qu'une hypothèse aussi gratuite que toutes celles dont on s'est servi pour expliquer l'origine des choses ; cela n'empêche pas sa *Théodicée* d'être un des ouvrages les plus profonds et les mieux raisonnés sur la théorie de l'infini. Kant a continué l'œuvre de son grand prédécesseur, en ce que, lui aussi, il a tout spécialement insisté sur le droit de la personnalité intellectuelle et sur la liberté morale.

Le chapitre sur Kant est traité avec tout le soin possible, comme étant de beaucoup le plus important du livre, et comme le pivot autour duquel gravite tout le reste. Ce travail parut si étonnant, que la critique au premier moment ne voulut pas croire qu'il sortait de la main d'une femme et l'attribua à des plumes plus compétentes. Mais quand cette supposition fut devenue inadmissible et que l'impulsion donnée par Mme de Staël eut porté ses fruits, il s'opéra une réaction, et on l'accusa de n'avoir pas l'intelligence des choses philosophiques [1]. Ce reproche non plus n'était pas justifié. Trente ans après la publication du livre de Mme de Staël parurent les premiers essais de Victor Cousin sur la philosophie de Kant [2]. L'éducation, la vocation et le talent l'avaient préparé à la tâche de donner un aperçu général de la doctrine du philosophe de Kœnigsberg ;

---

[1] Alexandre Vinet, *Etudes sur la littérature française du dix-neuvième siècle*, I : Mme *de Staël*.

[2] Victor Cousin, *Kant et sa philosophie*. Publié d'abord dans la *Revue des Deux Mondes*, 1840. — Paul Janet, *Victor Cousin*. Même revue, 1884.

mais, à côté du travail de l'homme du métier, ne pâlit pas trop l'essai de la femme qui disait du sien : « Je ne me flatte assurément pas d'avoir pu rendre compte, en quelques pages, d'un système qui occupe, depuis vingt ans, toutes les têtes pensantes de l'Allemagne ; mais j'espère en avoir dit assez pour indiquer l'esprit général de la philosophie de Kant, et pour pouvoir expliquer dans les chapitres suivants l'influence qu'elle a exercée sur la littérature, les sciences et la morale ».

Comme c'était là son but véritable, elle pouvait s'abstenir de mentionner les luttes entre les diverses tendances et les différentes écoles. La quantité d'idées neuves, dit-elle, qui circulent en Allemagne depuis plusieurs années sur les sujets littéraires et philosophiques, pourraient tromper un étranger et lui faire prendre pour un génie supérieur celui qui ne ferait que répéter ces idées. La conviction de plus en plus répandue que l'existence morale est régie par des lois immuables, fait que la société a moins de pouvoir sur chaque homme, et que l'individu traite ainsi de tout avec soi-même. Cette notion fondamentale réagit même sur l'art, car elle seconde l'essor de la pensée. Mais qu'ici il y eût un écueil caché, c'est ce qui n'a pas échappé à l'auteur. Les idées ingénieuses qui dérivent des théories font, dit-elle, illusion sur la véritable nature du talent. On prouve spirituellement que telle ou telle pièce n'a pas dû plaire, et cependant elle plaît, et on se met alors à mépriser ceux qui l'aiment. On prouve aussi que telle pièce composée d'après tels principes doit intéresser, et cependant, quand on veut qu'elle soit jouée, quand on lui dit *lève-toi et marche*, la pièce ne va pas, et il faut donc encore mépriser ceux qui ne s'amusent point d'un ouvrage composé selon les lois de l'idéal et du réel. Néanmoins il vaut infiniment mieux, pour la littérature d'un pays, que sa poétique soit fondée sur des idées philosophiques, même un peu abstraites, que sur de simples règles extérieures ; car ces règles ne sont que des barrières pour empêcher les enfants de tomber.

La haute idée de la science allemande qui s'exprime dans le livre *De l'Allemagne*, Mme de Staël la reçut de son commerce personnel avec Jean de Muller, les deux Humboldt, Charles Ritter et les frères Schlegel. Elle trouva les lettrés allemands particulièrement préparés à servir la vérité avec un absolu désintéressement. « Ils sont vraiment le peuple de Dieu », s'écrie-t-elle, « ces hommes qui ne désespèrent pas encore de la race humaine et veulent lui conserver l'empire de la pensée [1] ». Ce que disait Fichte de la sagesse kantienne, qu' « il lui devait son caractère, jusqu'à l'effort qu'il faisait pour en avoir un », cela s'applique à toute la manière de voir de Mme de Staël relativement aux Allemands. Elle remarque avec autant de vérité que de pénétration que « quand les moralistes français sont sévères, ils le sont à un degré qui tue le caractère individuel dans l'homme [2] » ; car il est dans l'esprit de la nation d'aimer en tout l'autorité. Aussi l'enthou-

---

[1] Mme de Staël, *De l'Allemagne*, 3ᵉ partie, chap. 31.
[2] *Id*, *De l'Allemagne*, 3ᵉ partie, chap. 16.

siasme des Français dégénère-il facilement en fanatisme. Il en est autrement en Allemagne, où le besoin d'indépendance intérieure se traduit par ce fait, entre autres, « que la religion catholique elle-même, qui, par sa nature, exerce une discipline uniforme et sévère, est interprétée cependant par chacun à sa manière ». Car les Allemands sont une nation enthousiaste. « Dieu préserve tout ce qui est allemand du découragement et du mépris de soi-même », écrivait Villers en 1807. « Un Allemand doit rester fier et inébranlable par la conviction qu'aucune autre culture intellectuelle ne surpasse la sienne, qu'il a pénétré, plus loin que tout autre, dans la voie qui conduit à tout ce qui est grand et éternel ».

Les Allemands, dit Mme de Stael, sont pieux comme la race germanique en général, et le dernier motif de leur moralité est leur religion. C'est à tort que, sur ce point, elle se prive du témoignage de Kant, car il est d'accord avec elle sur la nécessité de donner un fondement religieux à la pratique de la morale. Le philosophe de Kœnigsberg dit, lui aussi : « Il faut se demander jusqu'où les motifs moraux intérieurs peuvent amener un homme. Ils l'amèneront peut-être à rester bon sans trop de tentations dans l'état de liberté. Mais si l'injustice d'autrui ou le pouvoir de l'illusion lui font violence, alors cette moralité intérieure n'a pas assez de force. Il lui faut la religion et l'espoir d'une récompense dans la vie à venir ; la nature humaine n'est pas capable d'une pureté morale immédiate. Mais si d'une façon surnaturelle on exerce une action sur sa pureté, les récompenses futures n'ont plus le caractère de mobiles [1] ».

La tolérance des Allemands en matière religieuse n'est point attribuée par M*me* de Staël à l'indifférence ; elle la ramène à une notion plus profonde de l'essence et des exigences du besoin religieux. La recherche de la vérité, dit-elle, est à leurs yeux la plus noble des occupations, et sa publication un devoir. Tandis qu'en France l'esprit philosophique plaisantait sur le christianisme, on en faisait en Allemagne un objet d'érudition. On gagna plus qu'on n'avait perdu. Si le Nord de l'Allemagne est le pays où les questions théologiques ont été le plus agitées, c'est en même temps celui où les sentiments religieux sont le plus universels ; le caractère national en est empreint, le génie des arts et de la littérature y puise toute son inspiration. Enfin, parmi les gens du peuple, la religion a dans le Nord de l'Allemagne un caractère idéal et doux, qui surprend singulièrement dans un pays dont on est accoutumé à croire les mœurs très rudes [2]. C'est précisément en Allemagne que le mysticisme, qui n'est qu'une manière plus intime de sentir et de concevoir le christianisme, a trouvé le plus de disciples, parce que chez les mystiques règne avant tout la conviction que la religion n'est rien si elle n'est pas tout, si l'existence n'en est pas remplie, si l'on n'entretient pas sans cesse dans l'âme cette foi à l'invisible, ce dévouement,

---

[1] * F. W. Schubert, *Emmanuel Kant. Lettres et fragments posthumes*, Leipzig, 1842, 231-232.

[2] M*me* de Staël, *De l'Allemagne*, 4ᵉ partie, chap. 2.

cette élévation de désirs qui doivent triompher des penchants vulgaires auxquels notre nature nous expose [1].

Le résultat par excellence d'une telle conception de la vie, c'est l'affranchissement de la douleur, une douce résignation en face de l'œuvre de destruction qui s'opère incessamment en nous et hors de nous, la faculté de l'enthousiasme, le *Deus in nobis*, suivant la belle définition des Grecs. Ce qui distingue les siècles n'est pas la somme des talents, mais la tendance définitive de l'époque. On ne peut toutefois qualifier d'heureux que les siècles et les hommes pénétrés par un courant d'idées élevées, qui donnent l'essor à toutes les forces de l'âme. À leurs yeux seuls se transfigurent l'art et la nature, l'honneur et le devoir, la patrie et l'amour. Ce n'est que pour les êtres susceptibles d'enthousiasme que Raphael a peint, Mozart chanté, le poète tragique ébranlé l'âme jusque dans ses fondements. A ces êtres seuls se découvrent les trésors qui gisent cachés dans les plus naïves comme dans les plus hautes sensations du cœur humain. Enfin, quand on arrive à « la grande lutte », quand il faut à son tour « se présenter au combat de la mort, sans doute l'affaiblissement de nos facultés, la perte de nos espérances, cette vie si forte qui s'obscurcit, cette foule de sentiments et d'idées qui habitaient dans notre sein et que les ténèbres de la tombe enveloppent, ces intérêts, ces affections, cette existence qui se change en fantôme avant de s'évanouir, tout cela fait mal,

[1] Mme de Staël, *De l'Allemagne*, 4e partie, chap. I.

et l'homme vulgaire paraît, quand il expire, avoir moins à mourir ! Dieu soit béni cependant pour le secours qu'il nous prépare encore dans cet instant : nos paroles seront incertaines, nos yeux ne verront plus la lumière, nos réflexions, qui s'enchaînaient avec clarté, erreront isolées sur de confuses traces ; mais l'enthousiasme ne nous abandonnera pas, ses ailes brillantes planeront sur notre lit funèbre ; il soulèvera les voiles de la mort, il nous rappellera ces moments où, pleins d'énergie, nous avions senti que notre cœur était impérissable, et nos derniers soupirs seront peut être comme une noble pensée qui remonte vers le ciel ».

Le livre se termine par l'apostrophe connue à la France.

« O France ! terre de gloire et d'amour ! si l'enthousiasme un jour s'éteignait sur votre sol, si le calcul disposait de tout et que le raisonnement seul inspirât même le mépris des périls, à quoi vous serviraient votre beau ciel, vos esprits si brillants, votre nature si féconde ? Une intelligence active, une impétuosité savante vous rendraient les maîtres du monde ; mais vous n'y laisseriez que la trace des torrents de sable, terribles comme les flots, arides comme le désert ! ».

Ces passages et bien d'autres semblables expliquent comme il se fit que toutes les attaques dirigées en France contre le livre *De l'Allemagne* laissèrent intacte la popularité littéraire de son auteur. Mme de Staël fut libre de dire à ses compatriotes les choses les plus dures, de les accuser de frivolité et d'une estime exagérée d'eux-mêmes, de leur reprocher d'avoir perdu le courage de leur opinion et de se décider, en matière d'amour et de religion, non d'après la conviction, mais d'après la mode [1] : on sentait néanmoins, en la lisant, que son cœur était resté en France, tandis que ses pensées s'occupaient de l'Allemagne. Elle répétait aux Français de mille façons qu'ils pouvaient apprendre ce qu'ils ignoraient, que la supériorité qu'avaient sur eux les Allemands était chose susceptible d'être acquise. Mais qui remplaçait pour elle ce que la nature avait prêté à son peuple, la grâce aimable, la sûreté du goût, la clarté de l'intelligence, l'indulgence dans la supériorité, la valeur héroïque et souriante ! « C'est en vain », dit-elle, « que l'esprit juge avec impartialité le pays qui nous a vus naître ; nos affections ne s'en détachent jamais, et quand on est contraint à le quitter, l'existence semble déracinée, on se devient comme étranger à soi-même [2] ».

La découverte du pays qu'ils pensaient avoir assujetti fut si imprévue pour les Français, qu'un de leurs premiers critiques, Dussault, ne trouva à invoquer qu'un déclinatoire d'incompétence pour le livre de Mme de Staël. « Quant à la philosophie de Kant et de ses disciples », dit Suard, « je regrette le temps et le talent que Mme de Staël a perdus à l'expliquer et à l'adorer [3] ». Aucun des hommes distin-

---

[1] Mme de Stael, *De l'Allemagne*, 1re partie, chap. 11.
[2] Mme de Staël, *De l'Allemagne*, 1re partie, chap. 13.
[3] Jules Simon, *Une Académie sous le Directoire*, 216. — Saint-René Taillandier, *Lettres inédites*, etc., 257.

gués qui avaient eu occasion, comme fonctionnaires impériaux, de connaître l'Allemagne par eux-mêmes, Beugnot, de Serre, Barante, de Broglie, n'éleva d'objection contre une semblable assertion. « Qu'eussent-ils donc voulu ? », dit Mme de Staël. « L'Italie pouvait être chantée, mais il fallait raconter l'Allemagne ». Le seul Henry Beyle-Stendhal, un partisan de l'Empereur, qui parlait allemand et avait visité Weimar, s'exprima plus justement, quoique sur un ton hostile à l'égard de l'œuvre de sa compatriote. Ce tableau de l'Allemagne, dit-il, est complètement faux, et il reproduisit à l'adresse de l'auteur le reproche immérité de ne pas savoir l'allemand. Certaines remarques, cependant, attestaient son étonnante perspicacité. « Ce livre », remarquait-il, « est le meilleur ouvrage de Mme de Stael, qui pourra survivre une vingtaine d'années à ses autres écrits. Cet ouvrage tombera dès que nous aurons deux volumes bien faits sur la littérature romantique [1] ». Il lui aurait fallu attendre longtemps ces deux volumes. Vingt années plus tard, en effet, un connaisseur tel que Xavier Marmier énumérait toute une série de livres français sur l'Allemagne, en remarquant que pas un seul n'était de nature à faire oublier l'ouvrage de Mme de Staël. Un remaniement de celui-ci, avouait-il, serait toujours encore la route la meilleure pour arriver à la connaissance des choses de l'Allemagne [2]. Henri Heine ne pensait pas autrement

[1] Stendhal, *Correspondance inédite*, I, 77.
[2] Xavier Marmier, *Préface* mise en tête du livre *De l'Allemagne*, dans l'édition Charpentier, Paris. Les livres qu'il

et donnait en 1833 son *Histoire de la littérature moderne en Allemagne*, comme continuation du livre de Mme de Staël. Ce qui n'est pas moins curieux, c'est que la critique de Sainte-Beuve, qui n'avait pas coutume d'éviter les obstacles, recula devant celui-ci, et s'acquitta envers le livre *De l'Allemagne* au moyen de quelques phrases insignifiantes, dont une seule est à relever : les dernières pages de cet ouvrage lui semblaient de nature à réveiller l'écho de l'étonnante conversation de son auteur.

Tandis que, en France, il fallait s'orienter d'abord dans le monde que révélait le livre, les Allemands jouissaient du plaisir plus subtil de suivre les phases de son progrès depuis le moment où l'œuvre de Villers sur Kant avait donné l'impulsion première.

L'auteur a expliqué elle-même à plusieurs reprises qu'elle avait lu Lessing, Winckelmann et Herder non moins attentivement qu'elle avait fait les philosophes et les moralistes et les productions du romantisme. Parmi les écrits qui exercèrent la plus vive impression sur elle, elle cite le traité de Schiller *Sur la poésie naïve et la poésie sentimentale*, et les essais esthétiques de Guillaume de Humboldt, que celui-ci publia en langue française, en 1802, dans le *Magasin encyclopédique*, et qu'elle connut sans doute sous cette forme, plus favorable à la clarté de l'expression. Parmi les historiens allemands on lisait à Coppet

cite sont Cousin, *Ecrits philosophiques* ; Barchou de Penhoën, *Philosophie allemande* ; Saint-Marc Girardin, *Notices littéraires et politiques sur l'Allemagne* ; Lerminier, *Au-delà du Rhin* ; Edgar Quinet, *Allemagne et Italie*.

surtout Jean de Müller, le livre de Heeren ayant pour titre : *Idées sur la politique et le commerce de l'antiquité*, et l'*Histoire d'Allemagne* de Mascow, que Frédéric II a nommée « la moins défectueuse de toutes ». Mme de Staël n'a pas tenu compte, et avec raison, de certains traités contemporains sur la littérature allemande, tels, par exemple, que les *Lectures* faites par Adam Müller en 1807 ; ils lui auraient fourni peu de choses utiles. Certains traits de son livre sont des réminiscences de conversations avec des amis. C'est ainsi que la phrase suivante, appliquée surtout à *La Fille naturelle* : « Ses ouvrages (à Gœthe) ont les belles formes, la splendeur et l'éclat du marbre, mais ils en ont aussi la froide impassibilité », a été prononcée devant elle par Huber, le mari de Thérèse Heyne. Dans le chapitre sur le style, elle dit, en parlant de la langue allemande, que, « à la liberté de former une seule épithète de deux ou trois, se joint celle d'animer le langage en faisant des noms avec les verbes : *le vivre, le vouloir, le sentir*, sont des expressions moins abstraites que la vie, la volonté, le sentiment, et tout ce qui tend à changer la pensée en action donne toujours plus de mouvement au style ». Or, nous savons par Bœttiger que c'est Schiller qui avait arrêté son attention sur ce point. Quand Mme de Staël remarque que la littérature allemande n'a jamais trouvé un centre ou l'appui de l'Etat, et que c'est peut-être à cet isolement comme à cette indépendance qu'elle a dû plus d'originalité et d'énergie, elle se trouve d'accord sur ce point avec Frédéric II. Mirabeau ayant demandé au roi pourquoi, César de l'Allemagne, il n'avait pas voulu en devenir aussi l'Auguste, en tant que protecteur de la littérature, le roi lui avait répondu : « Vous ne savez pas ce que vous dites. En laissant les Allemands suivre leur propre voie intellectuelle, j'ai fait plus pour eux que si je leur avais imposé une littérature [1] ».

Une chose tout indiquée, c'était d'imputer la part du lion, dans la naissance du livre *De l'Allemagne*, aux frères Schlegel, et tout spécialement au commensal de Coppet, Auguste-Guillaume. Même sans recourir au témoignage des contemporains, la composition entière de l'ouvrage indique que ses problèmes esthétiques et philosophiques, comme d'ailleurs tous les écrits de Mme de Staël en général, ont été agités et discutés de vive voix avant qu'elle les confiât au papier. De là le fréquent décousu de la trame, les remarques incidentes en faveur de personnes amies, les transitions non motivées et les épisodes parfois étrangers. Un connaisseur comme Schlegel rendait inutiles les lourds résumés des Küttner et des Koch, destinés à remplacer les histoires de la littérature [2], et dans lesquels Mme de Staël ne se serait jamais retrouvée. Les leçons faites en 1802 par Guillaume Schlegel, et reproduites dans l'*Europe*, ont souvent servi à Mme de Staël pour ses cha-

[1] * L. Hæusser, *Histoire de la Révolution française*, publiée par W. Oncken, Berlin, 1865, 104-105.
[2] * K. A. Küttner, *Caractère des poètes et prosateurs allemands*. — * Koch, *Résumé de l'histoire de la littérature allemande*, 1798.

pitres sur l'art et la science. Le cours de Schlegel sur la littérature dramatique exerça sur elle une action qui la surprit elle-même, car elle ne l'avait jusque-là jamais entendu parler en public, et elle fut captivée par son talent oratoire. Elle ne fut pas moins séduite par l'originalité et la richesse de pensées de Frédéric Schlegel, dont elle loue chaleureusement l'*Histoire de la poésie des Grecs et des Romains*[1]. Quant aux choses littéraires, elle les jugeait d'une façon personnelle. Les excellentes études de Frédéric Schlegel sur le *Woldemar* de Jacobi et le *Wilhelm Meister* de Gœthe, celles de Guillaume Schlegel sur Bürger et *Hermann et Dorothée*, ont été connues d'elle, et elle n'est pas parvenue à atteindre à la profondeur de cette critique. Mais ce n'est pas toujours au détriment de l'ensemble que son jugement est resté indépendant. Elle n'a suivi que sous réserves ses amis dans le pays romantique et n'a pas partagé leurs antipathies individuelles. C'est ainsi que la préférence marquée qu'elle accorde à Novalis et l'éloge qu'elle fait du « grand caractère de simplicité » de ses poésies ne portent aucune atteinte à son admiration pour Schiller. Le mot inoubliable du premier : « Il faut être si l'on veut devenir », s'applique de la façon la plus juste à la nature de ses relations avec Guillaume Schlegel[2].

C'est aussi dans ce sens d'action réciproque, dont

---

[1] Mme de Staël, *De l'Allemagne*, 3e partie, chap. 31.
[2] * J. Minor, *Ecrits en prose de la jeunesse de Frédéric Schlegel*, II, 72, 165. — * A. G. Schlegel, *Ecrits critiques*, I, 34, II, 1.

le profit ne fut pas le partage exclusif de Mme de Staël, que ces relations ont été jugées par les contemporains. C'est à elle qu'on attribua la transformation survenue dans les idées de Schlegel et qu'il exprima à La Motte-Fouqué dans une lettre écrite de Genève en 1806 : « Le temps des fantaisies poétiques est passé, il faut maintenant une poésie énergique, patriotique, et les vers doivent céder la place à l'éloquence [1] ». Les vieux amis de Schlegel, en le revoyant au bout de plusieurs années, le trouvèrent transformé à son avantage. Déjà à Rome, Guillaume de Humboldt l'avait trouvé « beaucoup plus doux »; Gentz le dépeignait comme devenu « très cultivé, sociable, causeur, aisé de manières »; Wieland écrivait à son sujet qu'il semblait n'avoir eu qu'une influence très restreinte ou même nulle sur les jugements de Mme de Staël relatifs à la littérature allemande et aux hommes qui, depuis cinquante ans, avaient le mieux mérité d'elle. Henriette Herz constate, de son côté, que c'est pendant son séjour auprès de Mme de Staël, que Guillaume Schlegel a composé ses meilleures œuvres [2].

Lorsque le livre *De l'Allemagne* tomba pour la première fois sous les yeux de Niebuhr, celui-ci exprima un jugement analogue : « Les chapitres sur Gœthe, l'Allemagne du Nord, Vienne », dit-il, « sont tout à fait excellents, et même les erreurs et les omissions notables des diverses notices prouvent que l'ouvrage n'appartient rien moins qu'à Schlegel sous le

---

[1] * W. Hehn, *Pensées sur Gœthe*, 127.
[2] * J. Fürst, *Henriette Herz, sa vie et ses souvenirs*, 207.

nom de Mme de Staël. Il ne peut même pas l'avoir corrigé avant l'impression. Elle parle de Gœthe avec un profond respect et d'une façon extrêmement fine et perspicace, ce qui fait le plus grand honneur à ses capacités [1] ». A côté du jugement de Gœthe lui-même dans ses *Annales*, que nous avons reproduit, il en existe un autre de lui, qu'on lit dans une lettre à Mme de Grotthuss, où il parle de l'œuvre de Mme de Staël comme d'un régal intellectuel. « Vous l'avez lue vous-même », dit-il, « et elle n'a pas besoin de mon appui. J'en connaissais une grande partie en manuscrit, mais je la lis toujours avec un nouvel intérêt. Le livre fait très agréablement penser, et l'on n'est jamais tenté de contredire l'auteur, bien que l'on ne soit pas toujours absolument de son avis. Tout ce qu'elle loue dans la société parisienne, on peut le louer dans son œuvre. On peut mettre l'étrange destinée de ce livre au nombre des événements surprenants de notre époque. La police française, assez intelligente pour comprendre qu'une œuvre comme celle-ci devait augmenter la confiance des Allemands en eux-mêmes, la fait prudemment mettre au pilon; des exemplaires sauvés dorment, tandis que les Allemands s'éveillent et se sauvent sans recourir à cette incitation intellectuelle. Dans le moment actuel, le livre produit un effet étonnant. S'il avait existé plus tôt, on lui aurait imputé une influence sur les grands événements qui viennent d'avoir lieu; mais maintenant il reste là comme une prophétie et un

---

[1] * G. Niebuhr, *Nouvelles de sa vie*, I, 579. Niebuhr au docteur Hensler, Berlin, 25 janvier 1814.

appel tardifs à la destinée, il semble même avoir été écrit il y a nombre d'années. Les Allemands s'y reconnaîtront à peine, mais ils y trouveront l'appréciation la plus exacte de l'attitude décisive qu'ils ont prise. S'ils pouvaient à cette occasion élargir leur connaissance d'eux-mêmes et faire le second pas en avant, c'est-à-dire reconnaître réciproquement leurs mérites, au lieu de continuer éternellement à se contrecarrer dans la science et dans l'art, ainsi qu'ils ont fait jusqu'ici ; s'ils pouvaient enfin agir de concert, et, après avoir triomphé de l'oppresseur étranger, triompher aussi à l'intérieur de l'esprit de parti qui les met jalousement aux prises les uns avec les autres, nul peuple vivant, alors, ne les égalerait jamais [1] ».

C'est Reinhard qui avait envoyé le manuscrit dont il est question dans cette lettre, et qu'il avait sans doute reçu de Benjamin Constant ou de Villers. C'était, dit-il, « un fragment du livre *De l'Allemagne* ». Gœthe lui répondit : « Comme je ne crois pas mal me connaître, je trouve là-dedans de très bons aperçus, et je puis d'autant mieux les utiliser, que l'auteur m'a dit tout cela en pleine face, et plus durement et plus vivement encore [2] ». A Henri Meyer, qui avait également reçu communication du fragment, Gœthe écrivit, lorsque parut *L'Allemagne*, qu'on

---

[1] * Varnhagen von Ense, *Mémoires et écrits mêlés*, IV, 237 : Mme de Grotthuss et M. de Eybenberg. Gœthe à Mme de Grotthus, 17 février 1814. Voir dans le même sens une lettre à la comtesse O' Donnell, *Lettres* publiées par R. Werner, 114.

[2] * Gœthe et Reinhard, *Correspondance*, 121, 6 décembre 1811 ; 122, 13 février 1812.

la recevait par livraisons, vraisemblablement pour en dissimuler le prix élevé et en rendre difficile la reproduction ; le tout, ajoutait-il, est semblable aux parties que nous avons lues tous deux en manuscrit.

Un des hommes qui connaissent le mieux les littératures européennes, le professeur Bernays, aux yeux duquel les choses même insignifiantes en apparence ne sont pas dépourvues de valeur, a montré que Gœthe s'est inspiré à deux reprises du texte du livre *De l'Allemagne*, et cela dans ses *Pensées* en prose. La première fois, c'est quand il dit : « Mythologie — luxe de croyance ». Le passage de Mme de Stael qui fait le fond de cette définition se trouve dans la page qu'elle consacre à la *Lénore* de Bürger. Elle dit, à propos de cette ballade fameuse, que les superstitions populaires ont toujours une analogie quelconque avec la religion dominante, et elle ajoute : « C'est un luxe de croyance qui s'attache d'ordinaire à la religion comme à l'histoire [1] ». Une autre fois Gœthe écrit : « Il y a aussi dans l'homme un besoin de servir, et la chevalerie des Français est un servage ». C'est là une réminiscence du tableau que trace Mme de Staël, dans son chapitre sur la *Marie Stuart* de Schiller, des rapports entre la reine Élisabeth et ses courtisans. « Les courtisans aussi ont, avec une reine, un genre de bassesse qui tient de la galanterie. Ils veulent se persuader qu'ils l'aiment pour lui obéir plus noblement et cacher la crainte servile d'un sujet sous le servage d'un chevalier [2] ». Ce n'était

---

[1] Mme de Staël, *De l'Allemagne*, 2e partie, chap. 13.
[2] Mme de Staël, *De l'Allemagne*, 2e partie, chap. 18. —

donc pas de la part de Gœthe une simple façon de parler, quand il disait dans sa lettre à Henri Meyer que le livre de Mme de Staël, par son contenu serré, vous forçait constamment à penser. « Elle s'est donné une peine incroyable pour se faire une idée exacte de nous autres Allemands, et elle mérite d'autant plus de louanges, qu'on voit clairement qu'elle a agité avec des hommes distingués la matière de son œuvre, tandis qu'elle ne doit qu'à elle-même ses vues et ses appréciations ».

Après un tel éloge, il ne faut guère tenir compte des propos épigrammatiques de Gentz, des plaisanteries sans sel de Rahel contre « la poule aveugle, la femme anti-musicale et qui ne prévoit rien », que Varnhagen a reproduites en les délayant pour les retirer plus tard, car lui aussi finit par comprendre que ce qui avait déterminé le succès du livre, ce n'était pas son importance littéraire [1]. Le vieux Knebel avait reconnu cela beaucoup plus tôt. « Si tout livre qui nous rend meilleurs est bon », écrivait-il, « le livre de Mme de Staël l'emporte sur beaucoup d'autres [2] ». Et en ce sens il a rempli la mission qu'il s'était tracée.

Un autre et singulier hommage était réservé au li-

---

* Michel Bernays, *Annales gœthiennes*, 1885, 336-337.

[1] * G. Schlesier, *Frédéric de Gentz. Lettres et feuilles confidentielles*, 176. A Rahel, Vienne, 15 juin 1814. — * *Correspondance entre Rahel et Varnhagen*, tirée des papiers posthumes de celui-ci, III, 369, IV, 5, 13. — * Varnhagen von Ense, *Mémoires*, VI, 138.

[2] * Knebel, *Œuvres posthumes*, III, 89. Au chancelier de Muller, 31 mai 1824.

vre *De l'Allemagne*. Arthur Schopenhauer, le philosophe du pessimisme, l'avait lu dès 1814. Il détestait les femmes en théorie, mais il avait pour Mme de Stael une admiration extrême. Un de ses disciples, le Dr D. Ascher, crut devoir appeler l'attention du maître sur le passage suivant de *L'Allemagne* : « L'homme parvient par la chimie comme par le raisonnement au plus haut degré de l'analyse, mais la vie lui échappe par la chimie comme le sentiment par la raison ». Et plus loin : « Quoiqu'il en soit, la volonté qui est la vie, la vie qui est aussi la volonté, renferment tout le secret de l'univers et de nous-mêmes, et ce secret-là, comme on ne peut ni le nier, ni l'expliquer, il faut y arriver nécessairement par une sorte de divination [1] ». Schopenhauer en fut très frappé. « C'est une preuve à l'appui de mon principe fondamental », écrit-il à son correspondant. Et à l'observation de celui-ci, que le texte de Mme de Stael pouvait servir de prétexte à une accusation de plagiat, Schopenhauer répond : « Ce serait ridicule, car un système comme le mien ne saurait s'inspirer de personne ». Après sa mort, on trouva copiés de sa main plusieurs passages tirés des écrits de Mme de Stael, celui-ci entre autres, qui se trouve dans les *Réflexions sur le Suicide* : « On croirait en effet que la vie a pour but de renoncer à la vie. La nature physique accomplit cette œuvre par la

---

[1] *De l'Allemagne*, livre 3e, chap. 10, cité par le Dr D. Ascher dans un écrit remarquable : *A. Schopenhauer interprète du Faust de Gœthe*, introduction, II, note. Berlin, 1871.

destruction, la nature morale par le sacrifice [1] ».

Quelques années après la publication du livre, Bonstetten constatait qu'il avait opéré une sorte de révolution dans les idées des Genevois ; tous, aujourd'hui, voulaient apprendre l'allemand [2]. Quand on commença, par delà l'Océan, à s'occuper de Gœthe, ce furent les pages consacrées à sa gloire par Mme de Staël qui frayèrent la voie. Les Polonais témoignent, de leur côté, que pour eux aussi l'impulsion vint d'elle [3]. L'Américain Ticknor raconte que ses premières informations sur l'Allemagne lui furent apportées par Mme de Staël [4], et l'Anglais sir James Mackintosh nommait son livre l'œuvre la plus virile qui eût été écrite jusque là par une femme. Dans la *Revue d'Edimbourg*, fondée en 1802, cet éloge fut encore dépassé. La livraison de février 1813 disait, dans un long article sur le livre *De la Littérature*, dont une traduction anglaise avait paru l'année précédente, que Mme de Staël était très certainement la première femme écrivain de son temps. Cet article était dû à Jeffrey, le critique le plus considérable de son époque, dont la plume redoutée donnait et enlevait la célébrité littéraire.

En octobre, sir James Mackintosh publia à son tour, dans cette même revue, un compte rendu dé-

---

[1] * E. Grisebach ; *Edita et Inedita d'A. Schopenhauer*, Leipzig, 1888, 107.
[2] * Bonstetten, *Lettres à Matthisson*, I, 49, 222.
[3] * Horatio White, *Gœthe en Amérique. Annales gœthiennes*, 1884, 222. *Gœthe en Pologne*, 1887, 313.
[4] G. Ticknor, *Life, letters and journals*, I, 9.

taillé de *L'Allemagne*. Il y a trente ans, dit-il, Londres, où régnait une dynastie allemande, comptait vraisemblablement autant de personnes qui parlaient allemand que de personnes qui parlaient persan. Les noms de Schiller et de Gœthe ne suffisaient pas à bannir d'une part l'ignorance, de l'autre le préjugé qui flétrissait la littérature allemande, comme l'alliée de la philosophie incrédule et de la politique révolutionnaire des Français. Il applaudit ensuite à la comparaison tracée par Mme de Staël entre le caractère anglais et le caractère allemand. La philosophie anglaise se propose un but pratique, destiné à servir la cause du bien-être de l'espèce. Les Allemands se préoccupent de la vérité abstraite ; ils se complaisent dans l'idéal, parce que rien, dans la réalité ambiante, ne parle à leur imagination ; ils sont plus indépendants, parce qu'ils sont moins libres. Les Anglais, au contraire, sont fiers de ce qu'ils ont, de ce qu'ils sont, de ce qu'ils peuvent encore devenir ; ils exigent l'accord entre leurs actes et leurs principes, et, en dépit de toute l'originalité de leur caractère, ils éprouvent une certaine crainte des nouveaux systèmes ; ils sont un peuple sage ; ils n'ont pas, comme les Allemands, rêvé la liberté, mais ils l'ont conquise. Par contre, ils se rapprochent bien plus que les Français de l'idéal artistique allemand, car leur génie à eux aussi est bien plus gothique que classique et aspire à un idéal romantique et chevaleresque transfiguré par l'idéalisme religieux. Milton a inspiré Klopstock ; la philosophie anglaise n'a pas trouvé moins de partisans en Allemagne qu'en Angleterre même. Le livre de

Mᵐᵉ de Staël est pour ce dernier pays une nouvelle incitation à étudier mieux qu'on ne l'a fait jusqu'ici le monde intellectuel allemand [1]. Ce conseil venait trop tard pour la jeune école poétique anglaise, déjà familiarisée avec les modèles allemands. Tandis que Walter Scott traduisait les ballades de Burger et *Gœtz de Berlichingen*, et édifiait sur cette base le romantisme écossais, Wordsworth et Coleridge, liés d'amitié depuis 1797, accomplissaient un pèlerinage poétique en Allemagne, où ils visitèrent Klopstock ; Coleridge, de plus, apprit l'ancien et le moyen haut allemand, lut Hans Sachs et les Meistersænger, étudia Kant, et donna de *Wallenstein* une traduction magistrale. A leur retour, les deux amis fondèrent avec Southey l'école lakiste, qui imprima au romantisme anglais l'empreinte de la contemplation poétique de la nature et d'un culte épuré de la liberté, auquel les théories du livre *De l'Allemagne* se montraient sympathiques.

Sous l'impression d'une première lecture, lord Byron, alors âgé de vingt-cinq ans, écrivit ce qui suit : « Il y a de beaux endroits, et qu'est ce qu'un livre, ou plutôt chaque livre, sinon un désert avec des fontaines, des bosquets et quelques charmilles pour se reposer après les fatigues du voyage ? Sans doute, ce qui, chez Mᵐᵉ de Staël, nous attire irrésistiblement et nous déçoit, c'est le courant rafraîchissant qui, examiné de près, se trouve n'être qu'un mirage (c'est-à-dire du verbiage). Mais à la fin nous arrivons pour-

---

[1] *Edinburgh Review*, octobre 1813 : *De l'Allemagne*, par Mᵐᵉ de Staël.

tant à quelque chose qui ressemble au temple de Jupiter Ammon, et nous ne nous rappelons la solitude qui y conduit que pour nous réjouir du contraste [1] ».

Dès le lendemain de son arrivée à Londres, le 22 juin, Mme de Staël avait, à une soirée chez lady Jersey, rencontré le poète, avec lequel elle dîna le jour suivant, en compagnie de Sheridan, Whitbread, Grattan et le marquis de Lansdowne, chez sir Humphrey Davy et sa femme, qui s'étaient liés avec elle pendant un séjour à Genève. Byron, tout en avouant que la société était des plus choisies, se trouvait dans un jour de mauvaise humeur. « Elle est très changée », écrivait-il à Thomas Moore au sujet de Mme de Stael ; « elle est à la fois pour le lord d'Israel et pour le lord de Liverpool, un indigne mélange de méthodiste et de tory, ne parle que de piété et du ministère, et compte, il me semble, que Dieu et le gouvernement l'aideront à attraper une pension... Elle a écrit contre le suicide un essai tout-à-fait de nature à vous y pousser » « On me demande de faire soixante milles pour voir Mme de Stael », écrivait-il quelque temps après, « moi qui en ai fait une fois trois mille pour rencontrer des gens qui se taisent, tandis que cette dame écrit des in-octavos et parle des in-folios [2] ».

Plus tard, à Ravenne, en 1821, Byron revint, dans une disposition d'esprit bien différente, sur ce jugement excessif et bizarre, et il écrivit, songeant à

[1] Thomas Moore, *Lord Byron, Letters*, etc., 202, novembre 1813.
[2] Thomas Moore, *Lord Byron, Letters*, etc., 187, 188, 200.

la morte, cette page mélancolique : « Même dans la vie ordinaire, il serait déjà assez triste d'avoir à dire que les trois convives les plus remarquables qui se trouvaient alors réunis autour de cette table sont aujourd'hui couchés dans leurs tombeaux, et avec eux la femme qui les voyait pour la première fois, et celui qui avait été, du moins en Angleterre, la cause principale de cette rencontre. Il n'y a pourtant de cela que sept courtes années, et aucun d'entre eux n'était âgé ; de sorte qu'il n'est pas seulement triste, mais solennellement grave de nommer leurs noms, car ils nous disent combien ils étaient éphémères dans leurs grandeurs et comment nous, qui leur survivons, nous nous écroulons complètement dans le néant. Du « banquet » de ces convives devenus des immortels, je ne saurais dire que peu de chose. Qui a jamais conservé intact le souvenir des joies qu'il a goûtées ? L'impression générale reste, les tons ont perdu leur couleur. En outre, j'étais encore trop jeune et trop passionné pour être entièrement juste à l'égard de mon entourage.

« Le temps, l'absence et la mort adoucissent et sanctifient tout. J'avais alors des rapports quotidiens avec les grands chefs de la vie publique. Je les respectais et les estimais, mais je les voyais, et ni la beauté ni la gloire ne résistent à cette épreuve chaque jour renouvelée. Je vis la femme dont on m'avait dit merveille ; elle justifiait ce que j'avais entendu, mais c'était une mortelle, et elle tenait de longs discours devant des hommes qui n'étaient habitués à en entendre que devant les deux Chambres.

Elle interrompait Whitbread, pérorait avec lord Lansdowne, prenait les plaisanteries de Sheridan pour une marque d'assentiment, haranguait, dissertait, et prêchait la politique anglaise devant les premiers de nos whigs, et cela dès le lendemain de son arrivée en Angleterre. Si je ne suis pas faussement informé, elle a répété ce jeu le jour suivant en face de nos torys, et elle n'a pas fait d'exception même pour le souverain[1] ».

Mais lord Byron, « l'homme le plus séduisant de l'Angleterre », suivant Mme de Staël, fut à son tour captivé comme les autres. « Elle était vaine », dit-il, « mais qui aurait le droit de l'être, si ce n'avait pas été elle? ». Il sentit qu'elle « était bonne comme aucune autre femme, d'une véritable bonté de cœur[2] ». Quelques années plus tard, quand tout le monde se crut en droit de refuser l'indulgence à ce révolté, seule elle lui parla tendrement et aurait presque réussi à calmer cette nature indomptable. Dans les notes de la *Fiancée d'Abydos*, Byron loua le parallèle établi par Mme de Stael entre la peinture et la poésie. Elle le remercia par une lettre où elle le nommait le premier poète de son temps, et à laquelle il répondit qu'il avait dit ce qu'il pensait. « Ses œuvres », disait-il à propos de *Corinne*, « font ma joie, et elle aussi... pour une demi heure. Ce que je ne puis souffrir, c'est sa politique, ou plutôt son changement de politique[3] ».

[1] Lord Byron, *Some recollections of my acquaintance with Madame de Staël, Murray's Magazine*, janvier 1887, 4-5.
[2] Medwin, *Conversations with lord Byron*, 212-213.
[3] Thomas Moore, *Lord Byron, Letters*, etc., 209, 237.

Sous cette impression absolument erronée, le fougueux romantique anglais devint paradoxal et affirma que cette Angleterre, si admirée par Mme de Staël, était faible et tombée en décadence, que sa Constitution vantée avait besoin d'une réforme, que sa puissance était menacée ; un moment encore, et la ruine l'atteindrait. « Eh bien », répondait Mme de Staël lorsque ces sarcasmes s'étaient épuisés, « et la liberté de dire tout cela, et même de le dire devant les domestiques, cette liberté, ne la comptez-vous pour rien ? « Elle nous souhaitait une petite défaite, comme antidote à notre pléthore politique », ajoute la personne qui avait été témoin de ces conversations[1].

L'intérêt éveillé par Mme de Staël ne se bornait pas aux milieux littéraires et politiques. Le beau monde de Munich et de Vienne, de Saint-Pétersbourg et de Stockholm, avait plutôt vu dans sa célébrité littéraire, ainsi qu'elle-même le sentit très bien, un élément de trouble ; dans la capitale de l'Angleterre il en fut autrement Le « lion » du jour, en 1802, avait été Byron ; l'année suivante ce fut une « lionne », miss Edgeworth ; mais elle avait déjà quitté Londres lorsque Mme de Staël y fit son entrée et devint, avec « le Cosaque », comme disait Byron par allusion à la présence du tzar Alexandre, l'objectif de l'attention générale. Le prince-régent, la reine, la duchesse d'York ouvrirent la série ; elle

Mme de Staël à lord Byron, février 1814, British Museum, M. M. S. S. 31,037 f. XIII.

[1] Miss Catherine Fanchawe, fragment de lettre inédit.

fit ensuite un séjour assez prolongé chez lord Lansdowne, à Bowood, où se trouvaient Dumont et sir Samuel Romilly [1]. Bowood passait pour une des plus belles habitations de campagne de l'Europe ; son propriétaire l'avait arrangée avec un goût exquis et enrichie d'une galerie de chefs-d'œuvre. Lord Lansdowne choisissait ses hôtes non moins soigneusement que ses tableaux et utilisait les longs loisirs que lui faisait le gouvernement des torys, comme à un chef désigné du parti opposé, pour cultiver, à côté de la politique, les arts et la littérature. C'était un Mécène aussi bienveillant que fin connaisseur ; dans son habitation de Londres, un vrai palais, on montra bien des années plus tard le salon où Mme de Staël, à une de ses premières apparitions dans la société, avait appelé auprès d'elle le poète Rogers, afin de faire son entrée dans ce monde nouveau en union étroite avec la littérature. Rogers, le glacial auteur des *Plaisirs de la Mémoire*, passait aux yeux de tous ceux qui le connaissaient pour un ami dévoué, qui disait des choses dures à entendre, mais dont on citait les actions dévouées et charitables et qui avec des ressources limitées offrit pendant un demi-siècle, dans sa petite maison de Londres, l'hospitalité la plus cordiale à des hôtes illustres. Il pouvait raconter à Mme de Staël comment, en 1789, à Edimbourg, il avait vu Robertson et Adam Smith, et comment, la même année, il avait dîné chez La Fayette avec Condorcet. Chez lui Mme de Staël se lia

---

[1] Sir Samuel Romilly, *Memoirs of his Life*, III, 119, octobre 1813.

avec Sheridan, que la mort de son ami, James Fox, avait isolé, et que les vicissitudes de la vie politique excluaient depuis 1812 du Parlement, qu'il avait tenu si longtemps sous le charme de son éloquence. Le pauvre Irlandais qui avait écrit de si bonnes comédies et trouvé des mots restés fameux, était alors un homme déjà usé qui succombait à de misérables ennuis et que ceux qu'il avait si longtemps divertis, à peu d'exceptions près, laissaient mourir de faim. Rogers était parmi ces exceptions. En 1816 il sauva son ami mourant, au prix de cent cinquante livres, des poursuites de ses créanciers [1].

A ce moment l'étoile poétique de Rogers se trouvait dans une constellation favorable, car son *Christophe Colomb*, publié en 1812, inspira à Byron son *Giaour*. « Walter Scott est incontestablement le monarque du Parnasse et le plus anglais des bardes », écrivait celui-ci en 1813 dans son *Journal* ; « après lui, parmi les vivants, je nommerais Rogers. Je vois en lui quelque chose de mieux que le dernier en titre de la meilleure école ; Moore et Campbell viennent en troisième ligne ». Presque aussitôt après, Rogers succomba à la dangereuse épreuve d'avoir fait paraître sa pâle *Jacqueline* dans le même volume qui renfermait *Lara*.

Mme de Stael a connu Coleridge ; elle remarque au sujet de celui qui à la gloire du poète, du philosophe et du critique, unissait un rare talent de conversation, « qu'il était très grand dans le monologue,

[1] A. Hayward, *Selected Essays*, I, 74 et sqq. : *Samuel Rogers*.

mais n'avait aucune idée du dialogue [1] ». Mme de Staël lui ayant demandé s'il y avait des spectres, il répondit qu'il en avait trop vu pour y croire, à quoi Mme de Staël ajouta : « Je n'y crois pas, mais je les crains ». Campbell est fréquemment cité parmi les hôtes de cette dernière, de même que Johanna Baillie, dont les tragédies furent attribuées à Walter Scott, qui dans *Marmion* a célébré l'auteur, qu'il n'estimait pas moins pour ses qualités aimables que pour son rare talent. Mais lui et Thomas Moore se prononcèrent défavorablement à l'égard de Mme de Staël, et celui-ci ne se fit pas présenter à elle. En décembre 1813 Walter Scott écrivait à miss Baillie qu'il ne pouvait regretter les circonstances qui empêchaient le voyage de Mme de Staël en Ecosse ; il devait craindre, ajoutait-il, de donner une preuve de mauvais goût et de la trouver fatigante comme plusieurs de ses livres. Pour lui, il avait publié jusque-là ses poésies lyriques et ses ballades, et en 1805 le *Chant du dernier ménestrel*. La prophétie faite par un critique à l'occasion de ses poésies, qu'elles contenaient l'étoffe de cent romans, ne se vérifia qu'en 1814 par la publication anonyme de *Waverley*. La route de Mme de Staël ne se croisa ni avec la sienne ni avec celle des deux grandes romancières de leur temps, miss Austen et miss Edgeworth. James Mackintosh avait cherché à l'intéresser aux œuvres de miss Austen, mais elle lui renvoya un roman de celle-ci en observant qu'elle le trouvait vulgaire, et la tentative ne fut pas renouvelée. Elle désira en revanche faire la connaissance

[1] Henry Crabb Robinson, *Diaries*, etc., I, 201.

du philosophe radical William Godwin, dont le roman de *Caleb William*, publié en 1794, avait obtenu d'elle une mention si flatteuse dans son livre *Sur la Littérature*. Entre Mme de Staël et cet énergique avocat de la démocratie anglaise, qui avait dit ce mot demeuré célèbre : « Dieu lui-même n'a pas le droit d'être un tyran », s'engagea une discussion sur Milton. Godwin défendit le dévouement du poète à la cause de Cromwell par cette raison que le protecteur n'avait été ni un tyran ni un homme cruel. « Tous les Jacobins sont ainsi », fit observer, quand il fut parti, Mme de Staël à lady Mackintosh ; « ils sont partout pour les despotes ; en France ils n'agissent guère autrement [1] ».

Cette anecdote est racontée par Henry Crabb Robinson, qui depuis les jours de Weimar avait été correspondant du *Times* en Espagne, et qui, faisant allusion à la prédilection de sa protectrice pour les institutions anglaises, la qualifiait en ces termes : « a bigotted admirer of our government, which she considers to be perfect ». Parmi les personnalités éminentes des deux partis, elle connut surtout lord Grey, lord Harrowby, lord Erskine, Canning, lord Holland et le frère de Wellington, lord Wellesley. A Holland-House elle salua une grandeur naissante dans la personne de Brougham. Le célèbre orateur parlementaire irlandais Curran lui fut présenté par James Mackintosh. « C'était la jonction du Rhône et de la Saône », observe lord Byron, qui était présent ; « tous deux sont si laids, que je ne pouvais m'empê-

[1] Henry Crabb Robinson, *Diaries*, etc., I, 269, 271.

cher de m'étonner que les meilleures intelligences de France et de l'Irlande se fussent choisi de telles demeures ¹ ». Curran, un excellent conteur d'anecdotes, était au fond mélancolique ; il dit à Mme de Staël qu'il ne se couchait jamais sans souhaiter de n'avoir plus à se lever ; puis il parla de l'autre monde et de ceux qu'il espérait y rencontrer. « Pour moi », lui répliqua Mme de Stael, « après ceux que j'aime je voudrais voir Adam et Eve et leur demander où ils sont nés ² ». A cette même occasion elle fit la connaissance de Malthus.

Miss Berry, qui la fréquentait beaucoup et avec plaisir, disait que si l'on souhaitait voir des ministres, il fallait se rendre chez Mme de Staël, qui en était toujours entourée. Sir James Mackintosh remarque que, bien que les whigs fussent beaucoup plus rapprochés de sa manière de voir, ils lui étaient cependant devenus étrangers par suite de la nature de leur politique continentale. Il ne pouvait en être autrement, car si l'attitude des libéraux anglais l'avait emporté, la guerre n'aurait jamais été menée à bonne fin et Napoléon, par conséquent, n'aurait pas été précipité du trône. Il comptait en effet dans leurs rangs des partisans comme Fox, qui saluait les défaites de son propre gouvernement « avec une joie difficile à cacher ³ », ou comme Canning, qui disait ouvertement que « s'il était un misérable Portugais,

---

[1] Thomas Moore, *Lord Byron, Letters*, etc., 304.
[2] Henry Crabb Robinson, *Diaries*, etc., I, 269.
[3] W. Hartpole Lecky, *History of England in the XVIII century*, VI, 130-137, et notes.

Prussien ou Hollandais, il n'hésiterait pas un instant à préférer les Français¹ ». Plus tard lord Byron ne fut pas seul à regarder l'issue de la bataille de Waterloo comme un véritable désastre.

En 1813 ils étaient passés, les jours au sujet desquels Sheridan avait coutume de dire : « Que pensera la postérité, lorsqu'elle lira les discours de Burke et qu'on lui dira qu'il n'a été regardé ni comme le premier ni comme le second orateur de son temps ?² » Mme de Staël ne se fit aucune illusion sur la médiocrité de lord Liverpool et de son ministre des affaires étrangères, lord Castlereagh. « Les grands hommes dans la carrière civile, Pitt et Fox, n'existaient plus », dit-elle dans les *Considérations*, « et personne encore n'avait succédé à leur réputation ; l'on ne pouvait citer aucun nom historique à la tête des affaires, et le seul Wellington attirait l'attention de l'Europe³ ». Mais la meilleure preuve à ses yeux de la vitalité d'un Etat, consistait à pouvoir se passer de grands hommes. La pureté des caractères, la chaleur du patriotisme, l'énergie des individualités suffisent aux besoins de la totalité ; il est salutaire à tous de rendre difficile au génie de dépasser la somme de ces qualités. Elle s'intéressait tout particulièrement aux efforts humanitaires venus de l'Angleterre ; grâce à l'intermédiaire d'un prince royal, le duc de Glocester, elle renoua une

---

[1] Lord Acton, *English Historical Review*, juillet 1887, 594.
[2] Samuel Rogers, *Recollections*, 89.
[3] Mme de Staël, *Considérations. Œuvres complètes*, XIV, 191.

relation qui remontait jusqu'au second ministère de Necker et fit la connaissance personnelle de William Wilberforce. Vingt-quatre années s'étaient écoulées depuis qu'il avait essayé de s'assurer l'appui du gouvernement français pour la suppression de la traite des nègres, et en 1807 seulement il avait obtenu gain de cause au Parlement. Mais il s'agissait maintenant d'arriver partout à un semblable résultat, et Wilberforce consacra toute son énergie à la cause de cet affranchissement de la race humaine. Il le fit si complètement, qu'on ne le rencontrait presque pas dans le monde, car il considérait comme une perte de temps tout ce qui n'était pas utile à la grande tâche de sa vie. Mme de Staël le vit pour la première fois à un meeting en faveur d'Allemands tombés dans la misère ; elle le nomme « l'homme le plus aimé et le plus considéré de l'Angleterre [1] ». Après le dîner chez le duc de Glocester, Wilberforce promit à Mme de Staël d'être aussi son hôte : il s'amusa si bien avec elle, qu'il s'en fit des reproches : « The whole scene was intoxicating, even to me. The fever arising from it is not yet gone ». Dans sa conversation avec lui elle avait assigné comme fin à l'art non l'utilité, mais la beauté, et s'était prononcée contre le livre alors si répandu de Paley [2]. Elle était depuis longtemps acquise aux idées de Wilberforce, mais à partir de ce moment elle s'entremit activement en leur faveur, comme le prouvent la préface

[1] Mme de Staël, *Considérations. Œuvres complètes*, XIV, 203.
[2] S. Wilberforce, *Life of William Wilberforce*, IV, 157-166.

qu'elle mit en tête de la traduction d'un écrit du défenseur des noirs et l'appel qu'elle adressa à ce sujet aux alliés[1]. La traduction était un premier travail d'Albertine de Staël, qui eut pour récompense une plume d'or, « sa dot dans le ciel », suivant le mot de sa mère. Auguste de Staël, qu'à Londres on trouva un peu farouche et replié sur lui-même, s'enthousiasma d'une façon durable pour l'œuvre de la libération, à laquelle il se dévoua jusqu'à la fin de sa vie[2].

Dans les intervalles de cette existence agitée de Londres il se présenta encore des curieux pour demander à Mme de Staël des renseignements qu'ils auraient pu lire dans son livre. C'est ainsi que Cyrus Redding voulut savoir d'elle pourquoi les Allemands n'aspiraient pas, comme les Anglais, à la liberté politique. Elle lui donna l'explication désirée, et, au cours de l'entretien, définit la religion « science de l'âme » ; puis elle s'informa de la situation des cercles ouvriers. Redding lui ayant répondu que, sous l'influence corruptrice du gouvernement tory alors aux affaires, cette situation était nécessairement très mauvaise, son interlocutrice l'interrompit en s'écriant : « Cela peut-il arriver dans la patrie de Locke ? ». « Sa patience était inépuisable », remarque Redding, qui paraît avoir mis cette qualité de Mme de Staël à une rude épreuve[3]. Une grande jouissance pour elle, ce fut sa connaissance avec

[1] Mme de Staël, Œuvres complètes, XVII, 369-382.
[2] Guizot, Le Globe, t. VI, n°2.
[3] Cyrus Redding, Past Celebrities, II, 100, 109, 114.

Kemble et sa sœur Mrs Siddons, dont elle put comparer le jeu dramatique à celui de Mlle Clairon et de Talma. La célèbre cantatrice Angelica Catalani enchanta à son tour les habitués du salon de Mme de Staël à Londres. Dans le courant de l'automne celle-ci visita lord et lady Jersey à Middleton, lord et lady Hardwicke, lord Liverpool à Coombe Wood, et d'autres demeures aristocratiques qui, aujourd'hui comme alors, cachent aux profanes l'éclat et le charme de la vie anglaise, comme les coquillages leur perle. Pour son excursion à Coombe Wood Mme de Staël avait été confiée, ainsi que les siens, à la sollicitude de sir James Mackintosh, pour lequel elle s'était prise d'une prédilection toute particulière. Celui-ci, toutefois, les dirigea mal, vers un autre endroit qui portait à peu près le même nom, et ce n'est que dans l'obscurité et à pied qu'ils atteignirent leur but. « Coombe par ci, Coombe par là, nous avons été par tous les Coombe de l'Angleterre », soupirait tout épuisée Mme de Staël, quand on se mit enfin à table. Mais elle ne devait pas parvenir à se reposer.

Parmi les hôtes de lord Liverpool se trouvait M. Croker, le politique et l'essayiste, qui collabora, en 1809, à la fondation de la *Quarterly Review*. Son poème sur la bataille de Talavera mérita de la part de Wellington cet éloge : « I did not think a battle could be turned to anything so entertaining ». Croker passait en Angleterre pour un des hommes qui connaissaient le mieux l'histoire de la Révolution française, et il suivait les conversations de Mme de Staël avec l'attention impitoyable du critique et de l'historien. Il fut avant tout question de choses politiques et de l'admiration partagée par le continent tout entier pour l'opiniâtre force de résistance et les inépuisables ressources de l'Angleterre dans sa lutte contre Napoléon. « Les étrangers sont la postérité contemporaine », remarqua Mme de Stael, qui répète aussi ce mot dans *Dix années d'exil*. « Cette idée n'est pas neuve », note Croker dans son *Journal* ; « je l'ai trouvée depuis chez Camille Desmoulins ». Lord Liverpool ayant demandé ensuite si l'ambassadeur de France à Berlin, le comte de Ségur, était parent d'un de ses amis de la vieille famille du même nom, Mme de Staël répondit que, sans doute, ils « étaient parents du côté des syllabes » ; et comme lord Liverpool, qui n'avait pas saisi, reprenait sa question : « Milord, ils sont du même alphabet », répliqua Mme de Staël. Cela avait un air tout à fait naturel et spontané, observe de nouveau le soupçonneux M. Croker, « et cependant cette réponse était préparée, car Mme de Stael devait savoir que les deux Ségur appartenaient à une seule et même famille ». Il lui a laissé, en revanche, le mérite d'une autre réplique. Quelqu'un se moquait des personnages officiels d'Haïti, tels que le comte de Limonade et le duc de Marmelade. « Nous autres Français nous ne sommes pas en droit de rire de ces titres », interrompit Mme de Staël, « puisque nous ne trouvons rien de ridicule dans les noms du marquis de Bouillé et du duc de Bouillon [1] ».

Elle avait désiré faire la connaissance du poète

[1] Croker, *Correspondance and Diaries*, I, 336 et sqq.

Bowles, le « faiseur de sonnets », comme Byron le nommait, dont elle admirait fort le poème intitulé *Spirit of maritime Discovery*. Pour répondre à ce désir, lord Lansdowne invita le poète à venir le voir à Bowood. Celui-ci habitait les environs, où il exerçait les fonctions de pasteur ; en route son cheval fit un faux pas et Bowles se blessa assez sérieusement. Mme de Staël lui ayant exprimé tous ses regrets de cet accident, il lui assura qu'elle pouvait se tranquilliser, qu'il aurait risqué bien plus encore « pour voir une telle curiosité ». Cela la fit rire ; on peut, dit-elle, être un grand poète, et n'avoir pas le sens commun [1]. Mais si Bowles avait parlé à la légère, il n'en avait pas moins exprimé un fait vrai. « A Londres », disait miss Berry, « il faut que les lions rugissent, dussent-ils en mourir ». Elle prédit que Mme de Stael se lasserait d'être appréciée presqu'exclusivement d'après la somme de jouissances qu'elle avait à offrir à des épicuriens intellectuels [2]. En dépit de toute son affection pour l'Angleterre, une impression de ce genre domine en effet ses lettres écrites de Londres. « J'admire ce pays-ci à quelques égards », écrivait-elle à Schlegel, « je m'y plais, mais il faut en être pour le préférer à tous les autres. Nos habitudes continentales valent moins, mais nous conviennent mieux. Ce qui est admirable, c'est la sécurité, la liberté et les lumières. Lire est ici une chose nouvelle, tant il y a de vie dans les écrits ».

[1] Helen Zimmern, *Miss Edgeworth. Eminent Women series*, 142.

[2] Miss Berry, *Journals and Correspondence*, II, 538.

Ce qui rendait plus difficile sa vie en Angleterre, c'est que ses enfants ne pouvaient se faire aux habitudes de ce pays, que son fils s'y ennuyait et aspirait tout naturellement à prendre sa part des événements de la guerre, que nulle perspective de situation ne s'offrait pour sa fille, alors âgée de dix-huit ans. Il lui échappa cet aveu à Schlegel : « Il n'y a point de ressources du tout dans l'esprit de mes enfants ; ils sont éteints, singulier effet de ma flamme ». Et de Schlegel lui-même ne venaient plus de lettres depuis des mois. « Ne sentez-vous pas que votre oubli me nâvre l'âme ? », lui disait-elle. « Il n'arrive pas une malle qui ne me coûte des nuits sans sommeil... Je suis déchirée dans ma solitude par la perte de ma confiance en votre amitié, qui était mon plus grand trésor en ce monde, et depuis la perte de mon pauvre fils je n'ai pas éprouvé un chagrin plus amer. Ces deux malheurs se mêlent... La cause pour laquelle je donnerais ma vie ne se gagnerait pas sans qu'un ami m'en félicitât. Ah ! si vous aviez besoin de moi comme j'ai besoin de vous, vous abandonnerais-je ainsi ?... Je suis abîmée de spleen, quoi qu'on soit très bien pour moi... Croyez qu'en me détruisant, c'est votre propriété que vous prodiguez. Adieu. Ma santé est toujours mauvaise. Vous me regretterez un jour ». Une lettre de Schlegel lui étant bientôt parvenue, elle lui répondit : « Il est vrai qu'il faut de l'absence pour savoir tout ce qu'une personne chérie est pour vous, et sans doute que nous sommes de même ingrats envers Dieu pour la jeunesse, l'amour et la vie. Si donc je vous trouve jamais des défauts, rappelez-vous ce que j'ai souffert d'être séparée de vous et je serai douce comme un mouton... Mon ouvrage a un succès fou, mais rien de tout cela ne m'ôte un poids sur le cœur. Depuis notre séparation et la mort d'Albert je me sens isolée, l'air pèse sur moi, ma santé se détruit, enfin j'ai mal à la vie [1] ». Le meilleur de ses amis anglais était James Mackintosh. Elle lui dit un jour qu'elle avait d'autant plus besoin de lui, qu'elle souffrait douloureusement, sur la terre étrangère, du manque de souvenirs, et que sa société seule lui faisait oublier cela ; avec les autres, ajoutait-elle, je trouve en parlant anglais des idées, mais pas de paroles [2] ».

Dans les *Considérations*, la sociabilité anglaise est dépeinte avec finesse et profondeur. Bien que l'Angleterre, y est-il dit, renferme les hommes les plus éclairés et les femmes les plus intéressantes, les jouissances que la société peut procurer ne s'y rencontrent que rarement. On est tous les jours invité à Londres à d'immenses assemblées, où l'on se coudoie comme au parterre et où il n'est jamais question d'aucun agrément de l'esprit. Il faut une grande force physique pour traverser les salons sans être étouffé, et pour remonter dans sa voiture sans accident ; mais nulle autre supériorité n'est nécessaire dans une telle cohue. La liste des visites que reçoit

---

[1] A. G. Schlegel, Correspondance inédite, Bibliothèque de Dresde, Mme de Staël à Schlegel, Londres, 5 octobre, 9 et 30 novembre 1813.

[2] Sir James Mackintosh, *Memoirs of his life*, II : Madame de Staël, 1813.

une dame anglaise est quelquefois de douze cents personnes. Les hommes, en vivant beaucoup dans leurs terres, chassent ou se promènent à cheval la moitié de la journée ; ils reviennent fatigués à la maison et ne songent qu'à se reposer, quelquefois même à boire. Un tel genre de vie ne rend point propre aux agréments de la société. En Angleterre la vie politique se fait sentir dans toutes les provinces. Lorsque les intérêts de l'Etat sont du ressort de chacun, la conversation qui doit attirer le plus est celle dont les affaires publiques sont le but ; or, dans celle-là, il s'agit avant tout de l'importance réelle des choses. Aussi, en Angleterre, les femmes ne se mêlent jamais aux entretiens à voix haute ; les hommes ne les ont point habituées à prendre part à la conversation générale : quand elles se sont retirées du dîner, cette conversation n'en est que plus vive et plus animée. Une maîtresse de maison ne se croit point obligée, comme chez les Français, à conduire la conversation, et surtout à prendre garde qu'elle ne languisse. On est très résigné à ce malheur dans les sociétés anglaises, et il paraît beaucoup plus facile à supporter que la nécessité de se mettre en avant pour relever l'entretien. Les femmes, à cet égard, sont d'une extrême timidité ; car, dans un Etat libre, les hommes reprenant leur dignité naturelle, les femmes se sentent subordonnées. D'ailleurs, le bonheur des Anglais étant fondé sur la vie domestique, il ne leur conviendrait pas que leurs femmes se fissent, comme en France, une famille de choix d'un certain nombre de personnes constamment réunies. On a de la peine à se rendre parfaitement compte de ce qu'on appelle en Angleterre la mauvaise honte (*shyness*), c'est-à-dire cet embarras qui renferme au fond du cœur les expressions de la bienveillance naturelle ; car l'on rencontre souvent les manières les plus froides dans les personnes qui se montreraient les plus généreuses envers vous, si vous aviez besoin d'elles. Les Anglais sont mal à l'aise entre eux, au moins autant qu'avec les étrangers ; ils ne se parlent qu'après avoir été présentés l'un à l'autre : la familiarité ne s'établit que fort à la longue. Mais une fois établie, on y trouve presque invariablement la sûreté et la vérité, qui sont la base de toutes les jouissances, puisqu'elles les garantissent toutes. Vous n'avez point à craindre ces tracasseries continuelles qui, ailleurs, remplissent la vie d'inquiétudes. Ce que vous possédez en fait de liaison et d'amitié, vous ne pouvez le perdre que par votre faute, et vous n'avez jamais aucune raison de douter des expressions de bienveillance qui vous sont adressées : car les actions les surpasseront, et la durée les consacrera. On s'est plu à répéter sur le continent que les Anglais étaient impolis ; et une certaine habitude d'indépendance, une grande aversion pour la gêne, peuvent avoir donné lieu à ce jugement. En tout cas, il n'y a pas une politesse ni une protection aussi délicate que celle des Anglais pour les femmes, dans toutes les circonstances de la vie. S'agit-il d'un danger, d'un embarras, d'un service à rendre, il n'est rien qu'ils négligent pour secourir les êtres faibles [1].

[1] Mme de Staël, *Considérations. OEuvres complètes*, XIV, 264.

A elle qui n'usa jamais de la permission qu'ont en Angleterre les honnêtes gens d'être, suivant son mot, ennuyeux dans un salon, on rendit à Londres cette justice que, en dépit de tout ce qu'on exigeait d'elle, elle était toujours bienveillante et modérée dans ses jugements. « Jamais méchante », dit miss Berry ; « elle a accompli ce miracle de rendre Ward poli envers les dames et pieux envers Dieu ». M. Ward, le futur lord Dudley, était un spirituel railleur qui ne savait pas, comme Mᵐᵉ de Staël, ménager son prochain. Elle ressentait elle-même parfois dans le milieu le plus bienveillant, comme l'était en somme pour elle la société anglaise, l'état pénible de sa situation mal déterminée. Il n'y a pas à s'étonner que lord Byron, parlant de Rocca, le nomme tout rondement *Monsieur l'amant*. Mais de plus Mᵐᵉ de Staël sentait la nécessité d'invoquer, avec la douceur qui lui était propre, les bons procédés de miss Berry. « Aimez-moi avec indulgence à de certains égards », lui disait-elle un jour, « parce que vous avez su faire plus de sacrifices que moi ; mais ce qui ajoute à votre mérite, c'est que nos caractères ont plus d'analogie que nos actions ».

Avec Mackintosh, avec Robinson, elle discuta le livre dans lequel elle voulait faire pour l'Angleterre ce qu'elle avait fait pour l'Allemagne. La partie littéraire n'en a pas été écrite ; quant à la partie politique, elle forme une portion importante du troisième volume des *Considérations*, qui nomme l'histoire du gouvernement anglais le plus beau monument de grandeur morale qui ait été jamais élevé par des hommes. Elle étudie dans cet esprit les destinées du peuple qui, depuis 1688, a mis une avance de cent vingt ans de perfectionnement social entre lui et le continent[1].

La Révolution qui appela Guillaume III sur le trône est le point de départ de l'histoire moderne, et le vaisseau qui l'amena vers la côte d'Angleterre portait les destins du monde. Sur la base des droits constitutionnels s'accomplit à partir de ce moment, d'une façon continue quoique lente, la délivrance, pour les personnes, de tous les liens des préjugés de caste et de la tutelle qui aujourd'hui encore — c'est elle qui parle — empêchent le gentilhomme français d'acquérir des richesses, et irritent le bourgeois, parce que le travail de toute une vie ne lui confère pas les privilèges que le hasard de la naissance assure à d'autres dès le berceau. Ce respect des droits individuels a pour corollaire la protection que la loi anglaise accorde à l'accusé, l'institution du jury, les garanties contre les meurtres juridiques, la façon dont les criminels politiques sont protégés contre les représailles de leurs adversaires. En France, Lally-Tollendal fut exécuté injustement, et Damiens, coupable d'avoir attenté à la vie de Louis XV, mis à mort après avoir subi des tortures effroyables. En Angleterre, après trois attentats dirigés contre Georges III, on fit chaque fois grâce de la vie aux assassins, qu'on regarda comme ayant l'esprit égaré, et cela n'ébranla ni la royauté ni

[1] M#me# de Staël, *Considérations. Œuvres complètes*, XIV, 166.

l'amour pour le monarque. Et cependant la cour n'y distribue presque aucune faveur, et tous les honneurs publics doivent être acquis dans l'arène politique. Seule une ignorance complète de la situation peut accuser de corruption le gouvernement anglais ; ce qui n'était pas possible alors est plus impossible encore aujourd'hui, et l'honneur politique commande de renoncer complètement à tout avantage personnel, dès que le parti auquel on appartient quitte le gouvernement. Jamais on n'entend la même bouche proférer deux opinions opposées, et cependant il ne s'agit dans l'état actuel des choses, en Angleterre, que de nuances et non de couleurs. « Les torys, a-t-on dit, approuvent la liberté et aiment la monarchie, tandis que les whigs approuvent la monarchie et aiment la liberté [1] ». Mais entre ces deux partis il ne saurait être question de république ou de monarchie, de dynastie ancienne ou nouvelle, de liberté ou de servitude. Depuis près de cinquante ans, les membres de l'opposition n'ont pas occupé plus de trois ou quatre années le ministère ; cependant, la fidélité de parti n'a point été ébranlée parmi eux. Mme de Staël a vu des hommes de loi refuser des places de sept à huit mille livres sterling, qui ne tenaient pas même d'une façon immédiate à la politique, seulement parce qu'ils avaient des liens d'opinion avec les amis de Fox. « Si quelqu'un », dit-elle à ce propos, « refusait chez nous une place de huit mille louis d'appointements, en vérité, sa famille se

[1] Mme de Staël, *Considérations. Œuvres complètes*, XIV, 225.

croirait en droit de le faire interdire juridiquement ».

Les deux grands partis anglais sont le rempart de la liberté ; le despotisme est le résultat de l'unanimité, s'il n'en est pas la cause. Or, comme le pouvoir et les grâces dont il dispose ont de l'attrait pour les hommes, la liberté ne saurait exister qu'avec cette fidélité de parti qui met, pour ainsi dire, une discipline d'honneur dans les rangs des députés enrôlés sous diverses bannières ; et cette fidélité de parti consiste à ne point isoler ses intérêts personnels de ceux de ses amis politiques, et à ne pas traiter séparément avec les hommes au pouvoir. Enfin, et pour tout dire d'un mot, l'opinion règne en Angleterre, et c'est là ce qui constitue la liberté d'un Etat. Cette opinion se préoccupait depuis de longues années de la question de la réforme parlementaire, et les *Considérations* nous renseignent en détail à ce sujet. Elles prononcent le mot d'évolution lente, sans condamner avec trop de rigueur les abus existants, car « dans quel pays peut-il exister des élections populaires, sans qu'on cherche à captiver la faveur du peuple ? C'est précisément le grand avantage de cette institution. Il arrive alors une fois que les riches ont besoin de la classe qui, d'ordinaire, est dans leur dépendance [1] ». En revanche, l'aristocratie a su pénétrer la vie politique de cet esprit chevaleresque que les nouvelles institutions ne peuvent s'assimiler, et unir l'amour de la liberté aux souvenirs du passé. Un généalogiste est en droit de trouver l'aristocratie

---

[1] Mme de Staël, *Considérations. Œuvres complètes*, XIV, 232.

anglaise plus mélangée que celle de la France ; mais la nation anglaise semble, pour ainsi dire, un corps entier de gentilshommes : la noblesse, en effet, est accessible à chaque talent et à chaque mérite. Mais cette noblesse, de quelque façon qu'elle soit acquise, n'est pas l'oisive aristocratie d'un gentilhomme français, qui n'était plus rien dans l'État dès que le roi lui refusait sa faveur ; c'est une distinction fondée sur tous les intérêts de la nation. Et chez quel peuple au monde les services rendus sont-ils sentis et récompensés avec plus d'enthousiasme ? Quand on entre dans l'église de Westminster, toutes ces tombes consacrées aux hommes qui se sont illustrés depuis plusieurs siècles, semblent reproduire le spectacle de la grandeur de l'Angleterre parmi les morts. Les penseurs et les rois reposent sous la même voûte ; là, leurs querelles sont apaisées, suivant le mot d'un poète.

Ce qui constitue les lumières d'une nation, ce sont des idées saines en politique, répandues chez toutes les classes, et une instruction générale dans les sciences et la littérature. Sous le premier de ces rapports, les Anglais n'ont point de rivaux en Europe ; sous le second, il n'y a guère que les Allemands du Nord qu'on puisse leur comparer. Encore les Anglais auraient-ils un avantage qui ne saurait appartenir qu'à leurs institutions : c'est que la première classe de la société se livre autant à l'étude que la seconde. Les grands seigneurs anglais seraient honteux de n'avoir pas reçu une éducation classique distinguée, et leurs hommes d'État d'ailleurs ne sauraient s'en passer. Les institutions, dans ce pays, favorisent en effet tous les genres de progrès intellectuels ; les jurés, les administrateurs de provinces et de villes, les élections, les journaux, donnent à la nation entière beaucoup d'intérêt pour la chose publique. De là vient qu'elle est plus instruite, et qu'au hasard il vaudrait mieux causer sur des questions politiques avec un fermier anglais qu'avec la plupart des hommes, même les plus éclairés, du continent. Un pays maritime et commerçant est nécessairement plus éclairé qu'un autre ; néanmoins il reste beaucoup à faire pour donner au peuple anglais une éducation suffisante, et une grande portion de la dernière classe ne sait encore ni lire ni écrire. « La science de la liberté, si l'on peut s'exprimer ainsi, au point où elle est cultivée en Angleterre, suppose à elle seule un très haut degré de lumières. Rien n'est plus simple, quand une fois vous avez adopté les principes naturels sur lesquels cette doctrine repose ; mais il est certain toutefois que sur le continent on ne rencontre presque personne qui comprenne d'esprit et de cœur l'Angleterre. On dirait qu'il y a des vérités morales dans lesquelles il faut être né, et que le battement de cœur vous les apprend mieux que toutes les discussions théoriques [1] ». Un exemple en ce genre parle plus haut que tous les autres. En France et en Italie la littérature a atteint, au dix-huitième siècle, malgré les restrictions gênantes auxquelles on la soumettait, un degré de licence qui

---

[1] Mme de Staël, *Considérations. Œuvres complètes*, XIV, 252.

fait horreur. En Angleterre, au contraire, grâce à la tolérance, aux institutions politiques et à la liberté de la presse, il y a plus de respect pour la religion et pour les mœurs que dans aucun autre pays de l'Europe. Des missionnaires en partent en grand nombre pour aller propager le christianisme dans les contrées où sa lumière est obscurcie ou non encore développée ; leur renoncement à tous les plaisirs, leur zèle persévérant pour faire le bien, annoncent aux hommes qu'il y a dans l'Evangile des germes de sentiments et de vertus plus féconds encore que tous ceux qu'on a vus se développer jusqu'à ce jour, et dont « les saintes fleurs sont destinées peut-être aux générations à venir ». Pour les mêmes raisons, la poésie anglaise est restée riche, animée, et n'éprouve pas cette décadence qui menace successivement presque toutes les littératures de l'Europe. « La sensibilité et l'imagination entretiennent la jeunesse immortelle de l'âme ».

S'il était besoin d'une autre preuve pour démontrer que ces bienfaits sont une conséquence des institutions existantes, on la trouverait dans ce fait que, partout où ils ne sont pas enchaînés par les lois constitutionnelles, les Anglais se sont rendus coupables des mêmes abus de pouvoir que tous les autres peuples. Ce n'est que peu à peu que des hommes tels que lord Cornwallis et lord Wellesley sont parvenus à assurer à l'empire des Indes une meilleure et juste administration. L'abolition de la traite des nègres a été effectuée malgré la puissante ligue des intérêts personnels, malgré les sarcasmes et les reproches des colons, qui traitaient Wilberforce de Jacobin. Beaucoup d'Anglais parlent avec dédain, en les qualifiant de « marchands », des habitants d'un pays qui sera bien grand un jour, l'Amérique, et s'expriment à leur sujet comme s'exprimaient précisément sur leur compte à eux les courtisans du temps de Louis XIV.

En Irlande, l'ignorance du peuple est effrayante ; mais il faut s'en prendre, d'une part, à des préjugés superstitieux, et, de l'autre, à la privation presque entière des bienfaits d'une constitution. L'Irlande n'est réunie à l'Angleterre que depuis peu d'années : jusqu'ici elle a éprouvé tous les maux de l'arbitraire. et elle s'en est vengée souvent de la façon la plus violente. La nation étant divisée par deux religions qui forment aussi deux partis politiques, le gouvernement anglais, depuis Charles Ier, a tout accordé aux protestants, afin qu'ils pussent maintenir dans la soumission la majorité catholique. L'exclusion politique à laquelle les catholiques irlandais sont condamnés est contraire aux vrais principes de la justice, et il est à souhaiter qu'elle prenne fin pour le bien des deux nations sœurs.

Il n'est pas non plus dépourvu de fondement, le reproche qu'on a fait à l'Angleterre d'avoir traité la liberté comme un monopole sur lequel les autres nations ne possèdent aucun droit. Il faudra bien qu'elle comprenne à l'avenir que son propre intérêt lui commande de défendre l'esprit de progrès contre la réaction, qui est la conséquence logique de la Révolution française et le grand danger du continent européen

CHAPITRE SIXIÈME

La liberté anglaise échappera-t-elle à cette action du temps qui a tout dévoré sur la terre ? La prévision humaine ne saurait pénétrer dans un avenir éloigné ; mais dans l'état actuel de l'ordre social en Angleterre, après un siècle de durée des institutions qui ont formé la nation la plus religieuse, la plus morale et la plus éclairée dont l'Europe puisse se vanter, il serait difficile de concevoir de quelle manière la prospérité du pays, c'est-à-dire sa liberté, pourrait être jamais menacée. Tout à coup la Providence a permis que l'Angleterre ait résolu le problème des monarchies constitutionnelles, et l'Amérique, un siècle plus tard, celui des républiques fédératives. Depuis cette époque, ni dans l'un ni dans l'autre de ces deux pays les tribunaux n'ont fait verser injustement une goutte de sang ; depuis soixante ans, les querelles religieuses ont cessé en Angleterre, et il n'en a jamais existé en Amérique. Enfin, le venin du pouvoir, qui a corrompu tant d'hommes depuis tant de siècles, a subi par les gouvernements représentatifs l'inoculation salutaire qui en détruit toute la malignité. Depuis la bataille de Culloden, en 1746, qu'on peut considérer comme la fin des troubles civils qui avaient commencé cent ans auparavant, on ne saurait citer un abus du pouvoir en Angleterre. Il n'est pas un citoyen honnête qui n'ait dit : *Notre heureuse constitution*, parce qu'il n'en est pas un qui ne se soit senti protégé par elle. Cette chimère, car c'est ainsi qu'on a toujours appelé le beau, est là, réalisée sous nos yeux. Quel sentiment, quel préjugé, quel endurcissement de tête et de cœur, peut faire qu'en se rappelant ce que nous lisons dans notre histoire, on ne préfère pas les soixante années dont l'Angleterre vient de nous offrir l'exemple ? Nos rois, comme les siens, ont été tour à tour bons ou mauvais ; mais, dans aucun temps, leurs règnes n'offrent soixante ans de paix intérieure et de liberté tout ensemble [1].

C'est ainsi que Mme de Staël jugeait de haut l'état politique du pays qui, en 1803, après tous les sacrifices que lui avait coûtés une guerre prolongée pendant vingt et un ans, lui offrit un tableau si prospère. Non seulement, pendant cette période, sa population était montée de quatorze millions à dix-neuf, mais, en même temps que la dette croissante, la richesse de la nation s'était accrue dans des proportions si inespérées, que le crédit anglais pouvait être regardé comme inépuisable. Plus encore qu'au succès de ses hommes politiques et aux victoires de ses armées et de ses flottes, cet essor inattendu était imputable aux savants et aux inventeurs, aux Watt et Davy, aux Hargreave et Crompton, aux Arkwright et Cartwright, qui conquéraient pacifiquement le domaine du commerce et de l'industrie, et, au moyen du charbon, du fer et de la vapeur, révolutionnaient le monde. En 1780, à l'heure critique où l'Angleterre était attaquée par l'Espagne, la France, la Hollande et les colonies d'Amérique, et que ses possessions des Indes étaient menacées par Heyder Ali, Necker et ses partisans lui étaient restés fidèles et n'avaient cessé de croire à la durée de sa puissance. Trente-

---

[1] Mme de Staël, *Considérations. Œuvres complètes*, XIV, 352-353.

trois années plus tard l'aspect des choses était transformé et la foi robuste dans les destinées futures de la forme gouvernementale anglaise récompensée audelà de toute attente. Non seulement, en effet, l'issue de la longue lutte contre Napoléon ne pouvait plus être douteuse, mais, au lieu de la ruine, la guerre avait amené la domination incontestée sur les mers et le bien-être de la nation. Il n'y avait donc guère lieu de s'étonner si ceux pour lesquels le résultat final n'était pas seulement la continuation de toutes les espérances, mais aussi la justification longuement attendue, furent aveuglés par son éclat.

Sans doute, il manque des ombres au tableau tracé par Mme de Staël, bien qu'il soit loin d'être aussi incomplet que ses adversaires politiques l'ont prétendu. C'est ainsi, entre autres, qu'elle avait vanté comme un modèle la législation criminelle anglaise[1], tandis que deux de ses amis, Samuel Romilly et James Mackintosh, travaillaient à obtenir la réforme du système considéré par des Anglais eux-mêmes comme « formulated on no principle and regulated by no justice[2] ». Elle ne s'est pas livrée à de moindres illusions en dépeignant, dans la vie publique des Anglais, le désintéressement des partis, l'absence de motifs personnels et de mobiles intéressés, et en écartant l'imputation de corruption par cette raison que les ministres ne disposent pas de sommes d'ar-

---

[1] Mme de Staël, Considérations. Œuvres complètes, XIV, 209 et sqq.
[2] Alison, History of Europe, VIII, 63.

gent pour acheter leurs adversaires [1]. En revanche elle ne s'est pas dissimulé les défectuosités de la loi civile anglaise et l'ignorance qui régnait dans le pays relativement aux affaires du continent.

Toutefois, ce qui constitue le centre de gravité des *Considérations*, c'est bien moins la louange ou le blâme qui s'attache à l'examen des institutions politiques de l'Angleterre prises une à une, que la faculté qui lui est reconnue de « se perfectionner sans secousse [2] ». Cette impossibilité de se réformer avait été l'écueil de l'ancienne France. Pendant son séjour à Londres, à une époque où chaque jour rendait sensible le contraste entre l'expérience réussie de 1688 et les espérances déçues de 1789, Mme de Staël écrivit dans la première partie des *Considérations* l'histoire de l'immense naufrage qui avait abouti au despotisme. La raison du succès de l'entreprise dans un pays, de son échec dans l'autre, elle la trouva avant tout dans ceci, que la France avait été traitée « comme une colonie sans passé », tandis qu'en Angleterre, s'il reste des formes anciennes, remontant au droit féodal, qui surchargent les lois civiles d'une foule de longueurs inutiles, « la constitution s'est établie en greffant le nouveau sur l'ancien, et s'il en est résulté le maintien de quelques abus, on peut dire aussi que l'on a donné, de cette manière, à la liberté l'avantage de tenir à une ancienne origine [3] ».

[1] Mme de Staël, *Considérations. Œuvres complètes*, XIV, 222.
[2] Id., Ibid., XIV, 219.
[3] Id., Ibid., XII, 367, XIV, 218.

Les questions relatives au commerce, à l'armée, aux finances, doivent être décidées d'après les diversités des pays; les bases d'une constitution restent partout les mêmes. Le roi ou le président, la Chambre haute, les Communes, sont les trois éléments indispensables de toutes les constitutions représentatives. Dès que l'un d'eux est atteint aux dépens de l'autre, ou la liberté électorale lésée, l'édifice politique commence à vaciller.

La France, ajoute-t-elle d'autre part, est arrivée à une crise où il lui faut régler sa destinée. Objecter qu'il ne lui convient pas d'être une copie, et une mauvaise copie, du gouvernement anglais, c'est là un lieu commun sans portée. Les Français devraient-ils, par hasard, rejeter l'usage de la boussole, parce que ce sont les Italiens qui l'ont découverte ? Mme de Stael ne croit pas que « la Providence ait placé ce beau monument de l'ordre social si près de la France seulement pour *lui* inspirer le regret de ne pouvoir jamais l'égaler [1] ». La plainte serait d'autant moins justifiée, que la France possède les trois éléments du gouvernement représentatif. « Je ne craindrai point », continue l'auteur des *Considérations*, « de professer un sentiment que beaucoup de personnes appelleront aristocratique, mais dont toutes les circonstances de la Révolution française m'ont pénétré : c'est que les nobles qui ont adopté la cause du gouvernement représentatif, et par conséquent de l'égalité devant la loi, sont en général les Français

[1] Mme de Stael, *Considérations.* Œuvres complètes, XIV, 208, 331.

les plus vertueux et les plus éclairés dont nous ayons encore à nous vanter. Ils réunissent, comme les Anglais, l'esprit de chevalerie à l'esprit de liberté ; ils ont de plus le généreux avantage de fonder leur opinion sur leurs sacrifices, tandis que le tiers-état doit nécessairement trouver son intérêt particulier dans l'intérêt général. Enfin, ils ont à supporter tous les jours l'inimitié de leur classe, quelquefois même de leur famille. On leur dit qu'ils sont traîtres à leur ordre, parce qu'ils sont fidèles à la patrie, tandis que les hommes de l'extrême opposé, les démocrates sans frein de raison, ni de morale, les ont persécutés comme des ennemis de la liberté, en ne considérant que leurs privilèges, et en ne croyant pas, quoique bien à tort, à la sincérité du renoncement. Ces illustres citoyens, qui se sont volontairement exposés à tant d'épreuves, sont les meilleurs gardiens de la liberté sur lesquels un Etat puisse compter ; et il faudrait créer pour eux une chambre des pairs, quand la nécessité de cette institution, dans une monarchie constitutionnelle, ne serait pas reconnue jusqu'à l'évidence [1] ».

Restait la question de la dynastie. Depuis les défaites de 1812, « le commencement de la fin », comme Talleyrand les nommait, elle était devenue un objet de sérieuses réflexions pour les cabinets européens. Du moment où les alliés eurent franchi la frontière, elle entra dans une période aigue. De sa solution dépendaient les destinées futures de la France.

[1] Mme de Staël, *Considérations. OEuvres complètes*, XIV, 333-334.

CHAPITRE VII

Même à l'observateur superficiel, l'existence de Mme de Staël apparaît dominée par deux sentiments tout puissants : son amour pour son père et son antipathie pour Bonaparte. La connexité de ces sentiments a des sources profondes et s'explique par une conception philosophique que l'expérience avait mûrie.

Comme tous ceux qui ne passent pas indifférents devant les énigmes et les conflits de l'existence, Mme de Staël, elle aussi, a souhaité sinon la suppression impossible, du moins l'adoucissement de la misère individuelle et de la souffrance humaine. Elle a travaillé à cette tâche en ce sens qu'elle voulait que la volonté des grands et des puissants de ce monde fût soumise aux mêmes conditions morales que la conscience du plus pauvre de leurs sujets. Il a été dit souvent, dans le cours de cette biographie, de quelle façon elle célèbre la croyance de son père à l'identité de la morale et de la politique comme le mérite suprême de la vie publique de Necker, et comment elle-même s'était proposé pour but de maintenir haute et ferme cette croyance et de la répandre autour d'elle. La « sublime perfection de la liberté » lui semblait consister en ceci, « qu'elle ne peut rien faire à demi », que, lorsqu'on s'est une fois donné à elle, il faut la suivre jusqu'au bout. « Si vous voulez persécuter un seul homme dans l'Etat, la justice ne s'établira jamais pour tous [1] ». Ce qui lui fit adopter le système de la monarchie modérée, c'était la conviction que cette forme de gouvernement pouvait en quelque sorte être comparée à l'existence de l'homme de bien, dont chacune des actions est déterminée par la conscience. Lorsqu'elle entendait accuser les institutions libérales, ainsi que cela arrivait si fréquemment, des scènes cruelles qui ont déshonoré la Révolution française, elle répondait que celles-ci, n'étant que la tyrannie sous des formes populaires, n'avaient pu, par conséquent, faire aucun tort au culte de la liberté. La France eût-elle le malheur de ne pas savoir posséder le plus noble des biens, il ne faudrait pas pour cela le proscrire de la terre. « Quand le soleil disparaît de l'horizon des pays du Nord, les habitants de ces contrées ne blasphèment pas ses rayons qui luisent encore pour d'autres pays plus favorisés du ciel [2] ». Mais celui qui, de sa seule autorité, retardait l'heure et cachait la lumière sous le boisseau, ne trouvait point grâce devant ses yeux, fût-il tribun du

---

[1] Mme de Staël, *Considérations. Œuvres complètes*, XIII, 137.

[2] Mme de Stael, *Dix années d'exil*, livre 1er, chap. 1-2.

peuple ou empereur. « Le plus grand grief de l'empereur Napoléon contre moi », a pu dire avec raison Mme de Staël, « c'est le respect dont j'ai toujours été pénétrée pour la véritable liberté. Ces sentiments m'ont été transmis comme un héritage ; et je les ai adoptés dès que j'ai pu réfléchir sur les hautes pensées dont ils dérivent, et sur les belles actions qu'ils inspirent [1] ».

La valeur de son témoignage sur Napoléon est amoindrie par cette circonstance, que l'antagonisme d'opinion entre eux s'accrut jusqu'aux proportions d'une hostilité ouverte : de là à soupçonner que, dans l'Empereur, elle condamnait le persécuteur politique, il n'y avait qu'un pas. En réalité, cependant, le souvenir de tant d'autres choses qu'elle ne pouvait lui pardonner se dressait entre eux, qu'il n'était pas besoin d'un motif personnel pour que son antipathie allât jusqu'à l'exagération. Ceci avant tout, qu'elle avait cru autrefois à la modération de Bonaparte, à la sincérité de ses idées républicaines, et qu'il l'avait trompée, que la transformation qui, du sauveur de la société en avait fait le tyran, fut pour elle une surprise [2].

Depuis le coup d'État de Brumaire, Mme de Staël était inquiète ; mais c'est seulement le Consulat à vie qui lui parut inaugurer l'œuvre du despotisme. A partir de ce moment, les raisons s'entassèrent dans son esprit pour condamner au point de vue moral le nouveau maître de la France. Mme de Staël

[1] Mme de Staël, *Dix années d'exil*, livre 1er, chap. 1.
[2] Voir notre deuxième volume, p. 450-458.

n'en a laissé échapper aucune, mais il est certain que la notion de la grandeur de Napoléon s'est dérobée à elle. Le portrait de celui-ci a tenté un grand nombre de maîtres. Les uns n'ont pas reculé devant une apothéose, les autres ont signé une condamnation. L'histoire psychologique construit le barbare de génie, qui vint châtier une race corrompue ; la légende historique couronne le buste de l'empereur-soldat, que ceux de la vieille garde, en mourant, saluaient encore comme le dieu de la victoire ; les biographes pathologiques scrutent les mystères de l'atavisme et expliquent Leipzig et Waterloo par le procès-verbal d'autopsie de Sainte-Hélène. Mme de Staël, elle non plus, n'a pas toujours été heureuse en parlant de Napoléon. Dans *Dix années d'exil* et dans les *Considérations*, il revêt parfois une physionomie presque bourgeoise et mesquine. Quant à la façon dont il parvint à soulever un monde, elle n'en dit rien, et l'on ne soupçonnerait pas, à lire des passages comme ceux que nous allons citer, que, de retour du champ de bataille, il confondait, dans les délibérations de ses conseils, la sagesse éprouvée des hommes chargés de jours et d'expérience. « Quelques personnes », dit-elle, « ont cru que Bonaparte avait une grande instruction sur tous les sujets, parce qu'il a fait à cet égard, comme à tant d'autres, usage de son charlatanisme. Mais, comme il a peu lu dans sa vie, il ne sait que ce qu'il a recueilli par la conversation... Sans doute il faut avoir beaucoup d'esprit d'un certain genre, de l'esprit d'adresse, pour déguiser ainsi son ignorance ; toutefois, il n'y a que les personnes éclairées par des études sincères et suivies, qui puissent avoir des idées vraies sur le gouvernement des peuples ». Et ailleurs : « Que Bonaparte fût un homme de génie transcendant à beaucoup d'égards, qui pourrait le nier ? Il voyait aussi loin que la connaissance du mal peut s'étendre ; mais il y a quelque chose par delà, c'est la région du bien. Les talents militaires ne sont pas toujours la preuve d'un esprit supérieur ; beaucoup de hasards peuvent servir dans cette carrière ; d'ailleurs, le genre de coup d'œil qu'il faut pour conduire les hommes sur le champ de bataille ne ressemble point à l'intime vue qu'exige l'art de gouverner. L'un des plus grands malheurs de l'espèce humaine, c'est l'impression que les succès de la force produisent sur les esprits ; et néanmoins il n'y aura ni liberté ni morale dans le monde, si l'on n'arrive pas à ne considérer une bataille que d'après la bonté de la cause et l'utilité du résultat, comme tout autre fait de ce monde [1] ». Peut-être une force intellectuelle et une carrière comme celles de Napoléon se dérobaient-elles à la compréhension même de la femme la plus distinguée ; des triomphes et des vicissitudes tels que les siens ont mis l'imagination des hommes à une si unique épreuve, qu'en bien comme en mal la poésie a été plus équitable envers lui que l'histoire.

Mais ce qu'une femme était incomparablement mieux préparée à comprendre, c'est qu'à ce merveilleux esprit manquait la noblesse de caractère, c'est

[1] Mme de Staël, *Considérations. Œuvres complètes*, XIII, 242-243, 351, 378.

que l'égoïsme avait faussé sa conscience, et que lui aussi ne pouvait échapper aux conséquences de ses actes. Le résultat final donna raison à Mme de Staël, et son mérite incontestable, c'est de n'avoir jamais eu de doutes à cet égard. Le jour — et il pouvait être long — appartenait à l'Empereur; mais le lendemain, il ne le possédait pas. Contre lui, qui avait anéanti tant d'armées, se dressaient les idées, et contre les principes il luttait vainement. Mme de Staël respira quand survint la catastrophe. Un ministre anglais lui demandait en 1813 quelle solution elle préférerait. « Je désire », répondit-elle, « que Bonaparte soit victorieux et tué ». Depuis 1812 son regard était moins dirigé sur lui que sur cette France, que la démocratie égalitaire avait étendue sous ses pieds comme un tapis, et qui avait versé pour lui tout le sang de ses veines. Jusqu'au dernier moment elle nourrit l'espoir que le peuple français séparerait sa cause de la sienne. Cela n'arrivant pas, et les alliés marchant sur Paris, elle ressentit « une douleur insupportable » en même temps qu'un vif sentiment d'humiliation. « Pour la première fois depuis que Paris occupait un tel rang dans le monde », dit-elle, « les drapeaux de l'étranger flottaient sur ses remparts ». Et la vue des Allemands, des Russes, des Cosaques, des Baskirs, campés autour de la cathédrale de Saint-Denis, lui arrache ce cri : « Ô France ! ô France ! il fallait un tyran étranger pour vous réduire à cet état ; un souverain français, quel qu'il fût, vous aurait trop aimée pour jamais vous y exposer ».

Ce n'est que très difficilement et après de longs efforts qu'elle se résigna à la restauration des Bourbons. En janvier 1814 encore, miss Berry crut remarquer que, en ce qui concernait la France, Mme de Staël était « dans le vague de l'infini ». Mais elle revenait sans cesse sur la nécessité du gouvernement constitutionnel, et c'était prêcher en pure perte que de lui objecter que la France était préparée à un gouvernement de ce genre à peu près comme l'eût été la Turquie [1].

Elle s'exprimait plus clairement dans les communications relatives aux affaires françaises qu'elle adressait au quartier-général suédois. On a d'elle, en date du 30 novembre, pendant les négociations de paix à Francfort, une lettre qu'elle écrivait à Guillaume Schlegel et qui était destinée en réalité à Bernadotte. Celui-ci continuait à suivre la tactique qui distinguait entre la cause de Napoléon et celle de la France. Tandis que, dans ses proclamations et ses bulletins militaires, il devenait toujours plus offensant pour le premier, il mettait en garde le tzar Alexandre contre le danger de passer les frontières françaises. On déchaînerait la lutte du désespoir, lui disait-il, et on se rendrait coupable d'une injustice tout aussi grande que celle pour laquelle Napoléon devait être châtié. Le prince-royal de Suède avait, après le 18 octobre, rendu des honneurs royaux à l'infortuné souverain de la Saxe, et il ne voulait pas que ni Murat ni Eugène de Beauharnais fussent dépouillés de leur couronne. Mme de Staël

[1] Miss Berry, *Journal and Correspondence*, III, 2.

s'appuyait sur des opinions semblables, quand elle écrivait au sujet de la disposition d'esprit qui régnait à Londres : « On a dit (prétend-on chez le prince-régent) que dans le bulletin du prince il avait eu tort de dire *le roi de Saxe* ; au lieu de l'électeur il avait eu tort de dire *le roi de Westphalie* et de parler de la barrière du Rhin pour la France ; enfin quelques-uns ont prétendu pour *la première fois* que le prince ménageait la France pour succéder à l'empereur Napoléon. Dites-lui ces commérages qui en valent la peine ; ils viennent des Bourbons. Je vous manderai tout ce que je saurai, mais faites-moi valoir auprès du prince. Ce que j'entends par faire valoir, c'est lui dire combien je l'aime. Ce serait trop de bonheur que — mais enfin le bon Dieu nous protégera. Peut-être ce qui manque à la France pour se débarrasser de son chef actuel, c'est l'idée claire et agréable d'un lendemain. Dites cela de ma part au prince, il comprendra ce que je souhaite. Les lettres de Paris expriment de la haine de ce qui est, mais de l'ignorance de ce qui serait... J'ajoute encore des petits faits qu'il peut importer au prince de savoir. Le comte de Lieven va très souvent chez le comte d'Artois ; ils répandent le bruit qu'il y a un parti pour eux dans le midi et dans le sénat. Il est question de les envoyer à lord Wellington. L'Angleterre a fait dire au prince du Brésil de revenir à Lisbonne ; le duc de Berry, second fils du comte d'Artois, insiste pour avoir sa fille. Un émigré en sous-ordre a dit : le prince-royal de Suède se fera sûrement Monk, car à la contre-révolution il ne peut rester sur le trône. Les Anglais ont fait marcher l'armée portugaise en France sans leur demander si cela leur convenait. Du côté des Portugais il y a un peu d'ennui de la puissance anglaise trop prononcée. Vous direz tout cela au prince et je vous écrirai des petits faits de ce genre que Rehausen sûrement n'écrit pas [1]... Comme j'avais fini cette lettre, voici ce qui m'est arrivé. Le comte Édouard Dillon est venu chez moi de la part du premier ministre de Louis XVIII, M. de Blacas, me demander de le recevoir et de prêter ma plume et ma conversation à leur désir de remonter sur le trône. Tout ce que vous désirez, m'a-t-il dit, sera le fruit de cette condescendance. J'ai répondu que je n'y pouvais rien. Il m'a dit que les poèmes et les journaux anglais venaient d'imprimer que j'étais la première femme du monde, (ce qui vient, il est vrai, d'être publié), et qu'à ce titre on pouvait tout. J'ai encore répondu que je ne me mêlais pas de politique — et j'en suis restée là... Mon Dieu, quelle campagne ! Adieu, cher ami, écrivez-moi pour le repos de mes nuits et le charme de mes jours. *God bless you* ».

Quelques semaines plus tard, Mme de Staël reprenait la plume pour dire à Schlegel : « Vous êtes tous au moment délicat, et ce que vous avez fait était plus facile que ce qui vous reste à faire. Vous voulez mettre des princes souverains en Hollande, attaquer la Suisse, attaquer la France — sans doute, tant que l'homme vit, il n'y a rien de fait, mais c'est difficile de renverser quatre-vingts millions d'hommes pour en

---

[1] Rehausen était l'envoyé de Suède à Londres.

atteindre un. Ma position ici s'améliore chaque jour, mais mon cœur n'en est que plus triste. Au reste, à quoi servirait de vous dire tout cela? Vous y intéressez-vous ? Mon livre m'a portée ici très haut, et j'en écris un ici maintenant qui sera le tableau de la France et de l'Angleterre. Que fait Benjamin ? Est il employé par votre prince ? Et de grâce dites-moi si le prince est bien pour moi — il le devrait pour le zèle avec lequel je me joins à ses admirateurs et combats les envieux ».

Mme de Stael reçut au bout d'un long intervalle une lettre de Benjamin, « plus passionnée », dit-elle, « que dans le temps où il m'aimait le plus ». Il ignorait son second mariage, et, en mars 1814, en niait encore la possibilité. Il lui envoyait en même temps un mémoire ayant trait à la situation politique et destiné au ministère anglais, et lui promettait à bref délai une brochure : *De l'esprit de conquête et d'usurpation*, qu'il était en train d'achever. « Non, vraiment, je ne vous oublie pas », lui répondit Mme de Stael; « je voudrais le pouvoir, car je porte au fond de l'âme une douleur que les distractions peuvent apaiser un moment, mais qui se réveille dès que je suis seule. C'est celle du bonheur irrémédiablement perdu ! Si vous aviez eu le caractère de l'ami qui m'est si fidèlement dévoué, j'aurais été trop heureuse ; je ne le méritais pas. Vous revoir aurait été le réveil de mon esprit et d'une faculté d'espérance qui est pour toujours éteinte en moi avec tout le reste. Si vous ne venez pas ici, je voyagerai sur le continent. Il me semble qu'actuellement on le peut ; mais qui sait ce que deviendra le monde ! La liberté court autant de danger d'un côté que de l'autre ; mais avant tout il est indispensable que celui qui est en dehors de la nature humaine ne gouverne pas plus longtemps. J'ai remis ici aux ministres un mémoire que m'a envoyé Schlegel ; c'était écrit comme tout ce qui vient de vous. Je ne crois pas que ce style, cette fermeté, cette clarté de langage puissent se trouver nulle part ailleurs. Vous seriez né pour le plus haut rang, si vous aviez connu la fidélité envers vous-même et envers les autres... Avez-vous vu la préface de mon livre (il s'agit de *L'Allemagne*) et connaissez-vous l'effet de cette préface sur le continent ? Si vous vouliez vendre ici vos ouvrages, je crois pouvoir vous être utile sous ce rapport, et ce qui se référerait à l'état de choses actuel aurait beaucoup de succès. Quand je vous aurai revu, je voyagerai en Grèce. Le poème de *Richard* est ma dernière pensée. Ah ! Benjamin, vous avez détruit ma vie ! Depuis dix ans pas un jour ne s'est écoulé sans que mon cœur ait souffert par vous ; et cependant je vous aimais tant ! C'est cruel — laissons cela, mais je ne pourrai jamais vous pardonner, parce que je ne cesserai jamais de souffrir. Le pauvre M. de Narbonne ! il était seulement léger, mais lui aussi a couru à sa perte... Ah ! le sable mouvant de la vie est une chose pénible, et rien n'a d'existence solide que la douleur. Ecrivez-moi [1] ».

La pensée de poser, à la fin de l'automne 1813,

---

[1] *Adolphe Strodtmann, *Profils de poètes et caractères de la littérature étrangère*, II, 26-27. Mme de Staël à Benjamin Constant, Londres, 8 janvier 1814.

la candidature de Bernadotte à la couronne de France, rappelle jusqu'à un certain point la tentative hasardée en 1792 en faveur de la candidature du duc de Brunswick. Mais cette pensée ne resta pas limitée à un nombre de personnes privées. Si pour un moment au moins elle occupa princes et hommes d'Etat, il faut en chercher la raison dans autre chose que des intrigues passagères. Une restauration française, en effet, menaçait tant d'intérêts, éveillait de si nombreuses appréhensions et si justifiées, que, avec une rare unanimité, bien que pour les motifs les plus divers, on la reculait aussi longtemps que possible.

Qu'elle fût odieuse aux vieux Jacobins et aux républicains, cela allait de soi. « Débourbonailler la France », comme l'avait dit un jour d'Esprémesnil, « la déroiter », comme on pouvait lire dans un cahier de 1789 [1], tel restait le mot d'ordre dans le camp républicain. Personne, écrivait encore de Paris, en 1815, le comte Schlabrendorf, ne veut accepter si aisément le sot régime des fleurs de lis; la fureur prussienne et la sottise de la coalition pourraient peut-être réaliser le miracle de jeter enfin dans les bras de leur nation les plus indignes princes de la terre [2]. En tout cas, il n'y avait pas en France de parti républicain; on confondait l'idée de ce parti avec celle du jacobinisme, et le souvenir de ce qu'avait accompli celui ci, quand il s'était trouvé à la tête de l'Etat, était de date encore trop récente,

---

[1] A. Cherest, *La chute de l'ancien régime*, II, 86, 424.
[2] * Caroline de Wolzogen, *Œuvres posthumes*, II, 97.

pour qu'il eût été possible de lui réserver une place dans les nouvelles combinaisons. Très différente se présentait la question pour ceux qui ne voulaient aucune réaction, aucun abandon des principes dans l'intérêt desquels la Révolution avait commencé en France, et ceux-là formaient la majorité dans le pays. A cette majorité appartenaient tous ceux que la Révolution avait enrichis ou l'Empire élevés, le nombre assez grand de ceux qui se savaient compromis et craignaient pour leurs biens matériels et leur considération sociale, du moment où l'on pouvait revendiquer contre eux d'anciens droits ; et enfin aussi les gens fidèles à leurs convictions, qui s'étaient attachés par libre choix au principe de l'égalité civique. Tous savaient que les Bourbons ne reviendraient pas seuls, mais accompagnés d'un cortège de rancunes, de prétentions et d'oppositions irréconciliables, qu'émigrés et royalistes, sauf d'imperceptibles exceptions, ne suivraient le roi qu'autant que celui-ci ferait de leur cause la sienne. Cette manière de voir fut adoptée par le tzar Alexandre : il déclara que le retour sans condition des Bourbons menacerait la liberté de conscience en France et ouvrirait l'ère des représailles. Si tard que le 17 mars, dans un entretien avec leur négociateur, le baron de Vitrolles, il posa la question de savoir si une république ne serait pas préférable au retour de l'ancienne maison régnante [1]. Le 31 du même mois il s'obligea, lui et les alliés, à respecter la constitution que la France se donnerait. Metternich suivait une autre politique.

[1] Baron de Vitrolles, *Mémoires*, I, 118-119.

Le 10 novembre, il avait traité de « profession de foi » la conviction où il était que jamais Napoléon ne conclurait la paix [1]. Mais il continuait à lui en ménager la possibilité, même après que la route de Paris fut ouverte aux alliés. Si en effet on parvenait à maintenir Napoléon sur le trône grâce à l'intervention de l'Autriche, on pourrait alors utiliser son influence contre la Russie en Pologne et contre la prépondérance de la Prusse en Allemagne. Le tzar dut le pousser en avant et aussi fortifier le roi de Prusse dans la résolution de décider à Paris de la situation de la France. Celui qui contribua le plus à maintenir Alexandre dans cette disposition d'esprit, ce fut son conseiller, le général Pozzo di Borgo, un Corse qui était l'ennemi juré de Napoléon. Les événements lui vinrent en aide grâce à l'échec des négociations de Châtillon. Non seulement son égoïste aveuglement, mais le principe même de la Révolution qu'il incarnait faisait à Napoléon une obligation absolue de conserver ses conquêtes et d'assurer au moins à la France les frontières dites naturelles, encore consenties à Francfort : les Alpes, les Pyrénées et le Rhin. Une nécessité non moins impérieuse de leur situation intérieure forçait, en attendant, les alliés à mettre un terme aux attaques des Français et à les ramener dans leurs limites d'avant la Révolution [2].

[1] * W. Oncken, *La crise des dernières négociations de paix avec Napoléon. Portefeuille historique*, 1886, 4.

[2] * Ranke, *Hardenberg et l'histoire de l'État prussien, 1793-1813. Œuvres complètes*, XLVII, 339. — * W. Oncken, *La crise des dernières négociations de paix avec Napoléon. Portefeuille historique*, 1886, 8-12.

C'est ainsi que, le 1ᵉʳ mars, fut conclue la quadruple alliance entre l'Autriche, l'Angleterre, la Prusse et la Russie, pour la continuation en commun de la guerre pendant une durée de vingt ans, et que le 24 fut donné l'ordre de marcher sur Paris. Le 30, la capitale de la France capitula. Cet événement terminait la campagne militaire, mais non point la campagne diplomatique qui marchait de pair avec elle.

A Châtillon, dans la conférence du 13 février, Metternich avait posé aux cabinets alliés, parmi d'autres possibilités, la question de savoir « si les puissances devaient se déclarer pour Louis XVIII ou laisser cette initiative aux Français » ; ensuite avaient été discutées les éventualités relatives à la façon dont on devrait se conformer dans l'un ou l'autre cas. Hardenberg répondit alors, au nom de la Prusse, que pour le moment rien n'indiquait chez la nation française l'intention de se dérober à la domination de Napoléon. Cela étant, une restauration des Bourbons pouvait bien faire l'objet des désirs du gouvernement prussien, mais il ne fallait pas sacrifier à des aspirations aussi incertaines l'avantage certain d'une prompte conclusion de la paix ni imposer aux Français la nécessité de trancher la question dynastique : à quoi l'Autriche répondit qu'elle était tout à fait d'accord avec ce point de vue de la Prusse. Alexandre Iᵉʳ avait déjà songé à Langres, le 29 janvier, à soumettre à une assemblée d'électeurs primaires la question de la forme du futur gouvernement français. Ce projet de plébiscite, qui n'effrayait pas son libéralisme, avait échoué contre les résistances des autres puissances. Sous l'influence de son ancien précepteur La Harpe, qui était à son quartier-général, il proposa alors d'abandonner les soins de la réorganisation de la France aux corps constitutionnels, ce qui transportait le centre de gravité à Paris et entre les mains des fonctionnaires nommés par Napoléon. A ce projet se rattachait cet autre, également rejeté par les alliés, de confier la capitale, une fois qu'on s'en serait emparé, à un gouverneur russe. Le tzar croyait ne pouvoir mieux affirmer sa résolution sincère de se soumettre à la volonté nationale, qu'en assurant qu'il ne s'opposerait pas même à une consolidation de la puissance napoléonienne, si les Français la demandaient. A Troyes, causant avec lord Castlereagh, il indiquait le duc d'Orléans comme candidat au trône de France ; un mois plus tard, le 17 mars, dans un entretien avec le baron de Vitrolles, il en faisait autant pour le vice-roi Eugène de Beauharnais. Il avoua dans la même occasion qu'il avait songé lui-même à Bernadotte, à cause de son influence sur l'armée et de ses relations avec les amis de la Révolution, mais que, pour différentes raisons, il l'avait écarté à son tour [1].

Ces raisons ont été connues depuis et reposaient en partie sur le peu de confiance qu'on pouvait avoir en Bernadotte, que dévorait l'envie de devenir roi de France, et qui, cependant, ne comptait pas pour

---

[1] * W. Oncken, *La crise des dernières négociations de paix avec Napoléon. Portefeuille historique*, 1886, 16-31. — Baron de Vitrolles, *Mémoires*, I, 119.

cela renoncer au trône de Suède [1]. De plus il avait renseigné faussement les alliés sur les dispositions qui régnaient en France à son égard. Le tzar, il est vrai, a encore une fois prononcé le nom du prince-royal de Suède, et cela le jour même de l'entrée des troupes alliées à Paris, mais uniquement pour s'acquitter d'une promesse faite en d'autres circonstances [2]. Il convient cependant de rappeler que, au mois de mars, Bernadotte lui-même n'était pas encore complètement convaincu de l'inanité de ses projets ; à partir de cette époque seulement, il les rattachait à l'éventualité d'une régence pour le fils de Napoléon. Il avait réussi à éveiller quelque chose de sa propre confiance chez Benjamin Constant ; celui-ci le suivit en Belgique, obtint de lui l'ordre de l'Etoile du Nord, et crut un temps à la possibilité de fonder en France grâce au « Béarnais », comme le *Journal intime* nomme Bernadotte, originaire de Pau, une monarchie libérale et modérée [3].

La Fayette reçut quelques lignes du prince-royal de Suède, avec prière de juger favorablement sa conduite jusqu'au moment où il lui serait possible de donner des témoignages de son dévouement à la France et à la liberté [4]. Par l'intermédiaire de Benja-

[1] Loève-Veimars, *Benjamin Constant. Revue des Deux Mondes*, 1833, 240-241.
[2] Viel-Castel, *Histoire de la Restauration*, I, 203. — La Fayette, *Mémoires*, V, 304, note.
[3] Benjamin Constant, *Journal intime. Revue internationale*, 10 mars 1887, 768-769. — Loève-Veimars, *Benjamin Constant. Revue des Deux Mondes*, 1833, 240-241.
[4] La Fayette, *Mémoires*, V, 537, appendice.

men Constant, l'influence de Mᵐᵉ de Staël auprès d'Alexandre Iᵉʳ devait également s'exercer en sa faveur [1].

Benjamin Constant avait envoyé à Mᵐᵉ de Staël en janvier le manuscrit de sa brochure contre l'Empire. Il y parlait sur un ton irrité de la nation française, au sujet de laquelle il disait à Villers qu'elle rejetait sans cesse le bien loin d'elle et qu'il n'y avait plus rien à attendre d'un peuple resté prosterné quatorze ans dans la poussière aux pieds du « Corse ». « La Chine européenne », ainsi lui échappe-t il une fois d'appeler la France. Il avait prié Mᵐᵉ de Staël de faire publier sans nom d'auteur sa brochure en Angleterre. Elle lui répond à ce sujet et continue : « Enfin une dernière question, et la plus importante de toutes : votre humeur est-elle encore la même qu'il y a trois mois? Ne voyez-vous pas le danger de la France? Ne sentez-vous pas le vent de la contre révolution, qui souffle en Hollande, en Suisse, et qui bientôt détruira tout en France? Je suis comme Gustave Wasa, j'ai attaqué Christiern, mais on a placé ma mère sur le rempart. Est ce le moment de mal parler des Français, quand les flammes de Moscou menacent Paris? Songez à tout cela et décidez, — mais, sans flatterie! Dites-vous que votre talent est incomparable ; fixez-lui sa voie, mais ne soyez pas dans l'incertitude sur sa force!

« Le duc de Berry est venu me voir, et je ne suis pas mal avec les Bourbons. S'ils reviennent, il faut

---

[1] La Fayette, *Mémoires*, V, 537, appendice. — * Bernhardi, *Souvenirs de la vie du comte de Toll*, III, 97.

se soumettre, car tout vaut mieux que de nouveaux troubles ; mais ils n'ont changé en rien, et encore moins ceux qui les entourent ; le pouvoir absolu de Napoléon avait l'Europe contre lui ; le leur sera raffermi par elle. Je voudrais bien causer avec vous, mais je ne voudrais pas causer de cela. C'est cependant nécessaire, car nos esprits au moins resteront toujours en sympathie l'un avec l'autre.

« Voulez vous qu'on mette votre nom sur votre œuvre? Tout le monde le saura, excepté le public qui donne à l'écrivain son renom. Il n'est plus temps d'irriter l'opinion contre les Français, on ne les hait que trop — et quant à *l'homme*, quel cœur libre pourrait désirer qu'il fût renversé par des Cosaques? Les Athéniens disaient d'Hippias : Nous vous le refuserons, si vous nous le réclamez. — Il doit signer une paix humiliante, et la France doit réclamer une constitution représentative ; mais tant que les étrangers occupent le pays, pouvons-nous leur venir en aide? L'opposition ici est de mon avis, et vous savez si je hais Napoléon. Pesez mûrement ce que vous allez faire. Dans un grand ouvrage on peut tout dire ; mais pour un pamphlet, qui est un acte, il faut bien choisir son moment. Il ne faut pas parler mal des Français, quand les Russes sont à Langres. Que Dieu me bannisse plutôt de la France, que de m'y faire rentrer par le secours des étrangers ! je vous ai dit mon opinion ; comptez dans la suite que je vous servirai avec zèle et empressement. Ecrivez-moi ; je n'ai pas cessé de vous écrire, je ne cesserai jamais de le faire. Vous m'avez fait beaucoup de mal, et plus je vis ici, plus je vois que votre caractère n'est pas moral ; mais je respecte en vous votre talent et le sentiment qui a rempli pendant tant d'années mon cœur. Aussi serai-je toujours pour vous une amie ; vous ne devez jamais en douter.

« Quelle crise, ce moment! La liberté est la seule chose qui circule avec le sang, dans toutes les époques, dans tous les pays, dans toutes les littératures, — la liberté et ce qu'on ne peut en séparer, l'amour de la patrie. Mais quelle combinaison que celle qui nous fait trembler devant la défaite d'un tel homme! La France n'a-t-elle donc pas deux bras, l'un pour repousser les étrangers, et l'autre pour renverser la tyrannie? Pourquoi le Sénat ne ferait-il pas appel au prince de Suède pour négocier la paix? Il devrait être le Guillaume III de la France. Pourquoi ne lui rendez-vous pas visite? pourquoi ne pousse-t-il pas avec ses Suédois seuls une pointe vers Paris? Cela serait possible. Je l'ai vu de près, et je le tiens pour le meilleur et le plus noble de tous les hommes qui peuvent régner. Je me laisse aller à causer avec vous... Le pays [1] n'est pas pour eux (les Bourbons), mais bien contre Bonaparte. En réalité, un armistice seul est possible avec lui. Et la France, la France, si elle aimait la liberté ! [2] »

Lues à la lumière de l'histoire du temps, ces lignes, en dépit de toute la sympathie personnelle qui

---

[1] C'est-à-dire l'Angleterre.
[2] * Adolphe Strodtmann, *Profils de poètes et caractères de la littérature étrangère*, II, 27-29 Mᵐᵉ de Stael à Benjamin Constant, Londres, 23 janvier 1814.

ne cesse de s'y faire jour pour Bernadotte, n'en répudient pas moins ses projets relatifs à la France. A partir de ce moment il n'est plus question de ceux-ci dans la correspondance de Mme de Staël. Ce qui détermina son attitude à leur égard, ce fut l'échec de l'espoir partagé d'ailleurs par Chateaubriand, entre autres, que la France, à la dernière heure, séparerait sa cause de celle de Napoléon, qu'elle arrêterait ainsi la marche des alliés et sauverait la capitale. Cela ne s'étant pas produit et l'opinion publique flottant chancelante en tous sens, selon que la fortune des armes abandonnait Napoléon ou recommençait à lui sourire[1], le patriotisme de Mme de Staël reconnut qu'il ne restait d'autre solution que le retour de l'antique race royale. Elle seule pouvait, sans humiliation pour elle-même comme pour la nation, reprendre le gouvernement de la France de 1814 dans les conditions territoriales où elle se trouvait en 1792. Ce fait était décisif pour Mme de Staël, bien qu'elle sût que tout le reste était en suspens, et que nulle illusion sur ce que ses vues politiques avaient à attendre des Bourbons ne facilitât sa résolution[2]. Elle a toujours parlé avec une certaine sympathie de Louis XVIII, qu'elle a nommé « un roi favorable à la littérature »; mais le comte d'Artois avait été l'adversaire personnel de son père, et ni le temps ni l'expérience, tout le monde le savait, n'avaient mo-

---

[1] Baron de Vitrolles, *Mémoires*, I, 96. — Henri Houssaye, *La France en 1814. Revue des Deux Mondes*, octobre 1887, 788.

[2] Miss Berry, *Journal and Correspondence*, III, 10-11.

difié ses idées. Si Mme de Staël se déclara en faveur de la maison de Bourbon, ce fut son amour de la France qui décida son choix. Benjamin Constant ne le comprit pas. Il écrivit à Mackintosh, le 27 mars, qu'une nation qui attente à la liberté et à l'humanité doit être mise au banc des autres nations [1], et il plaida une fois encore, dans des mémoires adressés aux ministres anglais, la cause de la régence. Mme de Staël avait bien le droit de lui répondre ceci : « Vous me dites que je suis *désintéressée dans mes vœux* : oui certes. Mais vous, vos relations ont fait de vous un chambellan. Croyez-vous donc que Bonaparte ne peut pas se montrer dans une réunion de princes? Quarante batailles sont pourtant une noblesse. Je hais l'homme, mais je querelle les événements, qui me forcent à lui souhaiter du succès en ce moment. Voulez-vous donc qu'on foule la France aux pieds? Un homme, quel qu'il soit, trouve sa fin ; mais le sort de la Pologne trouve t-il une fin? Si les Français rappelaient les Bourbons sous certaines conditions, ce serait très bien ; mais ne voyez-vous pas qu'on fera de vingt-cinq années un long crime et des princes légitimes un article de foi ? — J'ai lu votre mémoire, Dieu me garde de le montrer ! — Je ne ferai rien contre la France, je ne tournerai contre elle dans son malheur ni la réputation que je lui dois, ni le nom de mon père, qu'elle a aimé ; ces villages brûlés sont sur la route où les femmes se jetaient à genoux pour le voir passer. Vous n'êtes pas Français, Benjamin ; vous n'avez pas sur cette terre de France tous les

[1] Sir James Mackinstosh, *Memoirs*. II, 270.

souvenirs de votre enfance ; de là la différence entre vous et moi. Mais pourriez-vous réellement désirer voir les Cosaques dans la rue Racine ? Le tyran est en ce moment encore revêtu de la gloire militaire des Français ; mais que seraient ces Français, s'il ne leur restait plus que le souvenir de leurs actes législatifs, de leurs actions civiques ? Enfin, si en 1792 vous craigniez l'invasion des étrangers, quand chaque jour on égorgeait, quand la France n'avait pas l'Europe pour ennemie, qu'est-ce donc maintenant ? Je sens en moi-même que j'ai raison, parce que mon émotion est involontaire et en opposition avec mes intérêts personnels [1] ».

Cette manière de voir de Mme de Staël relativement au retour des Bourbons était partagée par le baron de Stein, qui reconnaissait l'impossibilité de tout programme réactionnaire [2], et par Talleyrand, dont la défection bien calculée fit pencher la balance. Il devait accompagner à Blois l'impératrice-régente, Marie-Louise, et s'arrangea en sorte d'être arrêté à la barrière de Paris. « Les Bourbons sont un principe, tout le reste est une intrigue », disait-il. Vitrolles témoigne que jusqu'en mars et longtemps après encore, personne ne croyait à une restauration [3], personne, sauf les hommes d'État anglais, qui, contrai-

---

[1] * Adolphe Strodtmann, *Profils de poètes et caractères de la littérature étrangère*, II, 29-30. Mme de Staël à Benjamin Constant, Londres, 22 mars 1814.

[2] * Pertz, *Vie de Stein*, VI, supplément 2, 193.

[3] Baron de Vitrolles, *Mémoires*, I, 47-48, 133, 140, 181, 312. — Viel-Castel, *Histoire de la Restauration*, I, 202.

rement au préjugé de leur propre pays, continuaient à croire à la légitimation historique des Bourbons, et sauf Napoléon, que guidait l'instinct de la conservation. « Les Bourbons s'en tireraient », avait-il dit lors de la retraite de Russie. « Si j'étais mon fils », répétait-il maintenant, « je pourrais continuer à combattre jusqu'à ce que j'eusse le dos contre les Pyrénées ». A la période extrême de son pouvoir il tentait encore d'évoquer contre Louis XVIII l'ombre de Favras [1]. Mais il ne réussit pas à s'emparer des papiers qui auraient compromis ce prince, et rien d'ailleurs n'eût été changé au résultat final. Les *Mémoires* de l'agent de la cause royale, le baron de Vitrolles, confirment ce que l'on savait déjà : le comte d'Artois revenait en France dans une complète ignorance des hommes et des choses; il était destiné à devenir la proie du premier intrigant qui s'emparerait de lui, et rempli déjà alors de ce fanatisme qui, sous la conduite du prince de Polignac, partisan de ses idées, devait, quinze ans plus tard, accomplir sa destinée. Louis XVIII possédait beaucoup plus d'habileté et savait dissimuler le caractère superficiel d'une érudition de parade sous la dignité toute royale de son attitude. La haute idée qu'il avait de ses droits ne le cédait en rien aux prétentions de son frère, et une question d'étiquette contrebalançait chez tous deux l'importance des décisions politiques les plus vitales [2]. Mais, comme on l'a très justement

---

[1] Droz, *Histoire de Louis XVI*, III, 92. — La Fayette, *Mémoires*, V, 346-347.

[2] Baron de Vitrolles, *Mémoires*, II, 184.

remarqué, la situation était telle que les Bourbons pouvaient commettre vingt-cinq sottises en un jour, en supposant qu'ils n'en commissent pas cinquante [1].

On les rappela, non parce qu'on les aimait ou qu'on croyait en eux [2], mais parce qu'ils étaient indispensables, pour le conventionnel Carnot comme pour le maréchal de l'Empire Marmont, pour les constitutionnels survivants de 1789 comme pour les sénateurs de 1814, qui avaient été nommés par Napoléon et qui n'en prononçaient pas moins sa déchéance.

Le tzar Alexandre de son côté resta fidèle à la parole donnée. En dépit de son antipathie personnelle contre les Bourbons, il consentit à leur restauration, quand elle fut réclamée officiellement par les premiers dignitaires de l'Empire, Talleyrand en tête, et par le Sénat. Mais il tint bon sur un point. Ce fut que Louis XVIII reviendrait non comme roi légitime des royalistes, mais en qualité de frère de Louis XVI choisi par la libre volonté du peuple en vertu de la Constitution rédigée par le Sénat, et qu'il devrait prêter serment à cette Constitution avant de monter sur le trône. Le 2 mai, Alexandre alla au devant du roi jusqu'à Compiègne et eut un long entretien avec lui. Plus tard, dans le salon de Mme de Stael, il dit à La Fayette, au sujet de cet entretien, qu'il aurait voulu que les Bourbons reçussent la Constitution des mains du pays, au lieu de la lui donner. « Mais », ajouta le tzar, « une députation du Corps législatif

---

[1] Baron de Vitrolles, *Mémoires*, II, 59.
[2] Id., Ibid., I, 169.

était déjà arrivée avant moi pour reconnaître le roi sans condition, et contre les deux je fus impuissant[1] ».

L'entrée de Louis XVIII à Paris était fixée au lendemain ; mais même dans ces conditions si favorables pour le roi, elle n'était possible que si des garanties étaient données au sujet de la question constitutionnelle. C'est dans cette vue que fut publiée le 3 mai la Déclaration de Saint-Ouen — ainsi nommée du château où le monarque avait passé la dernière nuit — qui rejetait, il est vrai, le projet de Constitution du Sénat et s'exprimait avec une équivoque calculée sur des points importants, mais qui garantissait cependant, de son autorité souveraine, les principes les plus essentiels de la Charte constitutionnelle. Elle s'obligeait de plus à en soumettre le texte, avant sa publication, à une commission de membres du Sénat et du Corps législatif.

Quand, un mois plus tôt, la nouvelle de la capitulation de Paris était arrivée à Londres, on avait félicité Mme de Staël de ce que son exil était terminé. « De quoi me faites-vous compliment, je vous prie ? de ce que je suis au désespoir ! », avait-elle répondu. Elle était résolue d'abord à ne pas rentrer à Paris aussi longtemps que des troupes étrangères s'y trouveraient. « Verriez-vous sans peine vingt-cinq ans d'efforts à jamais considérés comme vingt-cinq ans de crimes », lit-on dans une de ses dernières lettres à Charles de Villers, « les progrès de l'esprit humain condamnés, et la tyrannie méprisée comme un par-

[1] * Bernhardi, *Histoire de Russie*, II, 824.

venu qu'il faut remplacer par un grand seigneur, le despotisme ? ¹ ». Mais son fils avait regagné dès le mois d'avril la capitale de la France avec Benjamin Constant, qu'il avait rencontré en route à Bruxelles, et Mme de Staël dut s'y rendre à son tour le 8 mai, pour des affaires privées qui ne souffraient aucun délai. Elle voyagea avec le comte de Montlosier, dont elle recusait les sévères théories monarchiques, tandis que lui, au contraire, lut avec la plus vive satisfaction les premiers chapitres des *Considérations*, qu'elle lui avait communiqués ². Le 12 elle fit sa rentrée dans Paris. On la trouva pâle, le visage empreint d'une expression de souffrance, d'ailleurs point changée, mais mûrie et ennoblie par l'expérience et la vie. Son retour de l'exil aurait été en toute circonstance un événement. Mais dans le moment où la Charte revenait à un si grand nombre des idées dirigeantes de ses amis les constitutionnels de 1789, et où la Déclaration de Saint-Ouen avait, par une coïncidence historique, vu le jour dans l'ancienne demeure de son père, la présence de Mme de Staël à Paris prit les proportions d'un incident politique. Quelques jours après son arrivée, par un soir mémorable, elle reçut chez elle le tzar Alexandre, Charles-Auguste de Saxe-Weimar, les envoyés des puissances, beaucoup de célébrités politiques et littéraires, parmi elles les deux Humboldt, Gentz, La Fayette, Lally-Tollendal, Matthieu de Montmorency, le cousin

---

¹ * M. Isler, *Lettres posthumes de Charles de Villers*, 301. Mme de Stael à Villers, Londres, 6 avril 1814.

² Bardoux, *Le comte de Montlosier*, 175.

de celui-ci, le duc de Laval, Sabran, la duchesse de Courlande. « Cela dura trois heures, avec un intérêt soutenu », écrivit un témoin oculaire, Pictet de Rougemont, plénipotentiaire de la Suisse [1].

Le tzar Alexandre déploya toute son amabilité et ne négligea pas l'occasion de s'exprimer dans un sens absolument libéral. Il manifesta tout son mépris pour Ferdinand VII, qui, retourné un peu auparavant en Espagne, avait dès le 4 mai aboli la Constitution, qu'il avait remplacée par son absolutisme étroit et d'avance condamné. Parlant de la servilité de la presse française, Alexandre dit qu'on ne trouverait rien de semblable en Russie. Il se plaignit de ce que ses bonnes intentions à lui n'avaient été, en France, ni comprises ni secondées. « Les Bourbons », ajouta-t-il, « sont remplis de tous les préjugés de l'ancien régime, non corrigés et incorrigibles. Seul le duc d'Orléans a des idées libérales ; quant aux autres, il n'y a rien à en espérer ». Il promit à Mme de Staël, qui dirigeait surtout la conversation avec lui, de demander au futur Congrès l'abolition de l'esclavage. « On ne reconnaîtra pas », remarqua Alexandre, « au chef d'un pays où existait le servage, le droit de s'entremettre pour la délivrance des esclaves ; mais je reçois chaque jour de bonnes nouvelles relatives à la situation intérieure de mon empire ; avec l'aide de Dieu, le servage sera aboli sous mon gouvernement même ». Il prononça ces derniers mots à haute voix en se tournant vers La Fayette, auquel Mme de

---

[1] Pictet de Rougemont, *Fragments de lettres*. Bibliothèque de Genève, 1840, 63.

Staël avait écrit de Rome, en 1805, que, tant qu'il vivrait, elle ne désespérerait pas de la race humaine[1], et qu'elle revit avec joie. Talleyrand était également présent. Il comptait, en faveur de leurs rapports respectifs, sur la difficulté qu'éprouvait Mme de Staël à rompre d'anciennes relations.

Wellington, qui avait reçu quelques semaines plus tôt le titre de duc, revint de Londres à Paris dans ce même mois de mai. Après sa première rencontre avec lui, Mme de Staël dit ce mot connu : « Jamais la nature n'a fait un si grand homme à si peu de frais ». « Il porte la gloire comme si ce n'était rien », ajoutait-elle. Un jour qu'elle lui demandait s'il était vrai que le lord-chancelier parlait au roi en s'agenouillant, et comment il pouvait bien faire, le vainqueur de Vittoria, chevalier accompli à l'égard des dames, se laissa tomber à genoux devant elle [2]. Il parlait d'elle avec la plus grande sympathie et aurait voulu seulement la tenir à l'écart de la politique. « Mais ce n'était pas facile », racontait plus tard le « duc de fer » ; « plus d'une fois je lui ai dit : Je déteste parler politique, — ce à quoi elle répondait : Pour moi, parler politique, c'est vivre. Nous étions bons amis, et à son lit de mort elle désira encore me voir ; mais je n'étais pas alors à Paris[3] ».

En 1814 il eût en effet été difficile de ne pas tou-

---

[1] La Fayette, *Mémoires*, V, 309-311, 202. — * Varnhagen von Ense, *Mémoires*, VI, 136-140.

[2] *Quarterly Review*, juillet 1881, 17.

[3] Philipp Henry, 5e comte de Stanhope, *Notes of conversations with the duke of Wellington*, 205.

cher à la politique. Chaque ami qu'elle revoyait remettait Mme de Staël en contact avec les événements du jour, bien que de la manière la plus différente Le ministre de l'intérieur était l'abbé de Montesquiou, une ancienne connaissance de Mme de Staël. A cause de ses opinions royalistes, Talleyrand l'avait surnommé le « drapeau blanc » du ministère La composition de ce ministère rappelait d'ailleurs constamment au roi que les Bourbons étaient redevables de leur rappel non aux royalistes, mais à un compromis des partis. Le ministre de la marine Malouet, qui mourut bientôt après, et le ministre des finances, le baron Louis, comptaient également parmi les amis de Mme de Staël. Dans la commission de la Constitution elle retrouva Fontanes, Boissy d'Anglas, Barbé-Marbois, et parmi les conseillers du roi, Jaucourt. Camille Jordan était arrivé à Paris en qualité de représentant de la ville de Lyon, restée fidèle à la monarchie ; Suard se réjouissait du rétablissement de l'Académie. « Je n'en saurais dire autant », écrivait Mme de Staël à Meister ; « mais on espère que ce rétablissement fera moins de tort que l'on craignait, et que le nom et l'organisation de l'Institut seront conservés ». L'abbé Morellet, qui avait jadis combattu les projets de Necker au nom de Turgot et de l'école économiste, était maintenant un vieillard de quatre-vingt neuf ans, que son grand âge retenait au lit, mais qui avait conservé toute la fraîcheur et la gaieté de son esprit. Dupont de Nemours, plus jeune de dix ans, avait été en 1814 membre du gouvernement provisoire, et appelé ensuite par Louis XVIII au Conseil d'Etat.

Depuis le printemps de 1813, Sismondi était à Paris, où les amis de la comtesse d'Albany, ceux de Mme de Stael et bientôt celle ci elle-même, lui firent le meilleur accueil. Elle l'introduisit chez une femme extrêmement spirituelle, qui demeurait dans son voisinage. C'était la duchesse de Duras, une fille du comte de Kersaint, qui à la Convention représentait le parti modéré et avait payé ses opinions de sa tête. Son mari au contraire, le duc de Duras, appartenait par ses traditions de famille et par sa situation personnelle aux intimes de la cour. La duchesse, dont l'extérieur avait avec celui de Mme de Stael une ressemblance frappante qu'elle se plaisait à constater, avait de la peine à maintenir intactes ses sympathies libérales sous les exigences de sa situation officielle. « Une personne vraie dans un cercle factice », ainsi la nommait Mme de Stael. Depuis le Consulat, la duchesse de Duras était liée avec Chateaubriand, qui avait coutume de lui dicter et qui fréquentait beaucoup sa maison [1]. Pendant les derniers temps de l'Empire, le grand écrivain passa à la politique. Il écrivit la brochure : *De Bonaparte et des Bourbons*, qui donna le signal de l'apothéose de la vieille monarchie et de l'insulte à l'Empereur, aussitôt après la chute de celui-ci. L'un ni l'autre ne faisait l'affaire de Mme de Stael, que séparaient encore de l'auteur d'autres divergences d'idées ; la duchesse de Duras rétablit cependant les rapports de société entre eux.

[1] Sismondi, *Fragments de son Journal et Correspondance. Revue historique*, 1877, 76.

Pendant ce temps, Benjamin Constant travaillait dans la presse à établir le contrepoids politique nécessaire. Depuis l'écho des projets du prince-royal de Suède, « la sotte chute de Bernadotte », comme il disait à présent, le désir s'accroissait chez lui de prendre une part active aux événements. Il écrivit de Belgique à Talleyrand. A Paris et grâce à La Harpe, il s'approcha du tzar Alexandre, qui promit une décoration, fréquenta Pozzo di Borgo. Lacretelle, Beugnot, Garat, Suard, Guizot, et aussi Fouché, qui avait su s'arranger de façon à se rendre, depuis le 31 mars, indispensable dans les deux camps. Le salon de Mme de Staël était toujours ouvert à Benjamin Constant. Déjà avant l'arrivée de celle-ci à Paris, il s'était prononcé sur la politique intérieure de la France. Le 21 avril, un article de lui, dans les *Débats*, exposait la doctrine de la neutralité de la couronne entre les partis, doctrine dont il faisait le centre de gravité du mécanisme parlementaire. Presque chaque jour, à partir de là, il se tint sur la brèche en faveur de la monarchie parlementaire, en faveur du drapeau blanc entouré d'institutions libérales. Former les Français au gouvernement constitutionnel, telle fut la tâche qu'il proposa à son activité politique, et il publia successivement et coup sur coup une série d'articles et de brochures qui défendaient cette idée. Son humeur changeait constamment, mais le but restait immuable devant ses yeux. La plus importante de ces publications fut l'*Esquisse d'une Constitution*, qui parut à la fin de mai 1814. Elle est pénétrée du vif désir d'éviter les défauts de la Constitution de 1791, « dirigée comme une machine de guerre contre le pouvoir exécutif », comme le dit maintenant aussi Benjamin Constant à l'instar de Necker [1]. La nouvelle Constitution ne devait pas renouveler cette faute à l'égard du peuple. Deux Chambres, l'une héréditaire, l'autre sortie des élections directes, des ministres responsables et parlementaires, un pouvoir exécutif fort et planant au dessus des partis, la liberté de la presse, le jury et la garde nationale accordés, tout un système de garanties légales combiné d'après les idées anglaises pour la défense des institutions libérales, telle était la doctrine dirigée par Benjamin Constant contre les partis extrêmes et défendue par lui avec une habileté consommée. Il mérita le suffrage de Mme de Staël, qui dans les *Considérations*, et sous certaines réserves, s'est inspirée d'idées semblables.

Elle gardait encore moins d'illusions que lui, si faire se pouvait, sur le prochain avenir. Le roi s'essayait au jeu de reprendre d'une main ce qu'il avait donné de l'autre. C'est en vain que Fouché, dans une brochure anonyme, mit en garde contre les royalistes extrêmes, qui cherchaient leur point d'appui auprès du comte d'Artois [2]. Le roi fit savoir à Chateaubriand, au sujet de sa brochure dépourvue de toute mesure, qu'elle lui avait été plus utile que

---

[1] Benjamin Constant, *Journal intime*. Revue internationale, 10 mars 1887, 776.

[2] *Les remontrances du Parterre, ou Lettre d'un homme qui n'est rien à tous ceux qui ne sont rien*. A Paris, chez les marchands de nouveautés, 1814, in-8° de 16 pages.

cent mille hommes. Il dit à Beugnot, qui était membre de la commission de la Constitution, qu'il ne devait rien communiquer à Talleyrand de ces délibérations. Beugnot lui ayant répondu qu'il craignait que cela arrivât pourtant, et de la part d'un de ses vingt-quatre collègues : « C'est possible », fit Louis XVIII, « mais il ne faut pas que ce soit par vous [1] ». Or, Talleyrand était premier ministre, et il avait des hommes de confiance dans toutes les régions de la cour et du gouvernement ; ce qui se passait, il le savait, et très exactement, même si le roi ne le lui disait pas. Et ce qui se passait était non seulement de la plus haute importance, mais aussi d'un caractère tout particulier. La fiction des dix-huit années de règne du nouveau monarque était considérée comme assurée du moment où n'aboutissait pas la Constitution sénatoriale, qui rappelait le frère de Louis XVI, mais non pas Louis XVIII. Or, à cette fiction le roi rattachait l'essence même de son autorité. Il se regardait comme l'héritier d'une souveraineté absolue, d'un droit inaliénable. Il laissait les hommes qu'il avait convoqués disputer tranquillement la Charte constitutionnelle, cette Constitution sur le modèle anglais, qui, disait-on, répondait à ses vœux et était cautionnée par la Déclaration de Saint-Ouen. Il lui suffisait qu'on lui accordât deux points importants. Le premier, qu'il donnât les garanties constitutionnelles de sa volonté libre et indépendante ; le second, que tout ce que la nouvelle Constitution ne mentionnait ni ne modifiait pas expressément fût considéré

[1] Beugnot, *Mémoires*, II, 147.

comme existant de droit, ainsi qu'il en avait été avant la Révolution, et pût être remis à chaque moment en application, suivant son bon plaisir. Cette idée venait de Vitrolles, qui était secrétaire d'Etat. « J'attachais plus d'importance à ce qui ne devait pas être mis dans la Charte qu'à ce qu'on pouvait y inscrire [1] », dit-il en termes très nets et très significatifs. C'est ainsi que ni la situation ni les droits de la monarchie ne furent mentionnés dans la Charte, et furent considérés comme indépendants d'elle. A ce prix Louis XVIII accepta patiemment une égalité à peu près complète des cultes et une composition de la Chambre des pairs qui inspirèrent autant de sérieuses préoccupations aux torys anglais que de satisfaction illimitée au tzar.

Talleyrand s'était montré favorable jusqu'à un certain point à l'idée de la puissance royale telle que la concevait Louis XVIII. Lui aussi, même avant le départ pour le Congrès de Vienne, faisait de la légitimité, c'est-à-dire de la reconnaissance des droits de l'ancienne monarchie, la base du nouvel ordre politique, dans la prévision sans doute que la liberté de la presse, la publicité de la discussion et la liberté électorale suffiraient à la longue, fût-ce après beaucoup de difficultés, pour retenir, en dépit de toute pression contraire, la couronne dans les bornes constitutionnelles. Cette attente ne fut pas trompée. Dans sa seconde phase tout au moins, la Restauration a été plus favorable que tout autre gouvernement en

[1] Baron de Vitrolles, *Mémoires*, II, 238-240, 248, 249. — Viel-Castel, *Histoire de la Restauration*, I, 410-416.

France au développement de la liberté constitutionnelle et de la prospérité nationale sous le rapport à la fois intellectuel et matériel.

En 1814 cependant, on était dominé par le souci légitime que les menées passionnées de la réaction, qui s'étendait jusqu'au trône, réussiraient à tout remettre en question. Le tzar Alexandre, à qui Louis XVIII, dans des occasions solennelles, indiqua du doigt une simple chaise à côté de son fauteuil, ne cachait pas qu'il ne quitterait Paris qu'après la promulgation de la Charte. « Quel homme que cet empereur de Russie », écrivait Mme de Staël en Angleterre ; « sans lui nous n'aurions rien qui ressemblât à une Constitution... il veut la voir proclamée [1] ». Le 4 juin, après que les souverains alliés se furent rendus de Paris à Londres, le roi fit connaître en séance solennelle le contenu du traité de paix de Paris. Par rapport à la situation, ce traité pouvait être regardé comme relativement favorable ; après cette communication, la proclamation de la Charte par le ministre d'Etat Ferrand ouvrit l'ère constitutionnelle.

Le parti libéral n'y trouva pas réalisée la promesse, faite à Saint-Ouen, d'abandonner aux deux grands corps de l'Etat l'examen du texte de la Constitution ; il dut se contenter pour l'instant de faire glisser dans la réponse au discours du trône une observation d'après laquelle la Charte devait être considérée comme un contrat entre le prince et le peuple, non

---

[1] Miss Berry, *Journal and Correspondence*, III, 24. — Mme de Stael, *Considérations*, XIV, 28 et sqq.

comme un présent du premier [1]. Dans l'entourage intime du roi on regardait le régime constitutionnel comme une expérience qui, on l'espérait, ne résisterait pas aux premières desillusions. Dans la presse se faisaient voir des talents qui voulaient obliger la monarchie au parlementarisme, mais mettaient, en attendant, la consolidation de cette monarchie au-dessus de tous les autres intérêts. Ainsi pensaient les deux fondateurs de l'école doctrinaire, consultés par l'abbé de Montesquiou en leur qualité de fonctionnaires du ministère de l'intérieur. L'un était le protestant Guizot, l'autre un professeur de philosophie à la Sorbonne, partisan éprouvé des Bourbons, Paul Royer-Collard. La tâche était déjà très ardue, car les dangers qu'on avait prévus pour la monarchie assombrissaient de plus en plus l'horizon politique. Le ministre de la police, Beugnot, déclarait que celle-ci était l'alliée de la religion et de la morale. Les anciens officiers de mérite des troupes napoléoniennes furent non seulement assimilés aux émigrés, que le roi incorpora dans l'armée, mais fréquemment subordonnés à eux. Une partie du clergé, banni et rentré avec les Bourbons, protesta contre le Concordat ; la noblesse appauvrie se répandit en menaces contre les possesseurs de ses biens, dont le droit de propriété avait été affirmé inviolable par la Déclaration de Saint-Ouen. Au nombre des libertés garanties était celle de la presse, que dirigeait Royer-Collard. Dans les circonstances actuelles néan-

[1] Mme de Staël, *Considérations. Œuvres complètes*, XIV, 56 et sqq.

moins, on trouva si grave d'accorder cette liberté, que lui et Guizot, qui lui était adjoint, ne se rendirent à la demande d'une loi sur la presse que leur adressa la majorité de la Chambre, qu'avec des réserves qu parurent tout à fait exagérées même à quelques feuilles royalistes, telles que le *Journal de Paris* et les *Débats*. Benjamin Constant parla au nom de l'opposition dans une brillante brochure. Le gouvernement, y était-il dit, assumerait lui-même, en établissant la censure, la responsabilité de toutes les assertions de la presse, et s'enlèverait ainsi la possibilité de former l'opinion publique et d'utiliser l'influence des départements contre celle de la capitale.

La loi sur la presse présentée par le gouvernement ayant été acceptée, avec quelques changements, pour les trois années suivantes, Benjamin Constant répliqua une fois encore, en prenant surtout à parti les affirmations de l'abbé de Montesquiou, ministre de l'intérieur. Dans son *Journal* sa colère éclate en ces termes : « La loi a passé. Adieu la Constitution et au diable la France ! [1] ». Talleyrand l'invita à table. Lui aussi, à ce moment, éprouvait la tentation de se rapprocher de l'opposition parlementaire ; mais il se rangea à un meilleur avis et échappa aux pénibles difficultés de la situation intérieure en partant pour le Congrès de Vienne. Il y fit son apparition, le 23 septembre, comme envoyé de la France, et s'y prépara un brillant triomphe diplomatique. En juin, Mme de Stael était retournée à Coppet. Elle aurait préféré

---

[1] Benjamin Constant, *Journal intime*. *Revue internationale*, 10 mars 1887, 771.

quitter Paris plus tôt, comme nous l'apprend une lettre d'elle à miss Berry, si ses affaires ne l'y avaient retenue. « Nous sommes ici dans un calme plat », écrivait-elle à son amie, à Londres, le 14 juin ; « heureux de n'être plus persécutés et transportant toutes nos flatteries à de plus honnêtes gens que Bonaparte, mais sans conserver pour cela plus de dignité en nous-mêmes. Cependant à la fin nous serons libres, parce que rien en ce genre ne rétrograde définitivement. Quant à la société, elle est encore nulle, il s'en rassemble quelques débris chez moi, mais il n'y a point d'ensemble [1] ».

Une lettre du même temps à la duchesse Louise parle également de la situation : « Les étrangers ont été reçus avec une douceur parfaite, car rien ne réveille plus la triste apathie du pays. Quinze ans de tyrannie ont fini tout esprit public. Je crois cependant que le gouvernement actuel est bien établi. Le roi a de l'esprit et de l'adresse, et tous les moyens pris par Bonaparte pour établir la tyrannie servent à l'existence des choses actuelles. L'histoire d'Angleterre se recommence. Puissions-nous revenir à la Restauration de 1688 [2] ».

D'autres raisons contribuaient à ne plus lui rendre aussi cher ce Paris qu'elle avait jadis si ardemment désiré revoir. Ses nerfs avaient tellement souffert, que seul un calme relatif parvenait à lui donner du soulagement et les forces nécessaires pour achever

[1] Miss Berry, *Journal and Correspondence*, III, 27-28.
[2] L'Auteur des Souvenirs de Mme Récamier, *Coppet et Weimar*, 266.

sa tâche. Or, au milieu des passions déchaînées, il ne lui était plus possible de conserver à la fois son repos et ses amis, car ceux-ci étaient dispersés dans les camps politiques les plus différents. Matthieu de Montmorency, qui servait maintenant aveuglément la cause royaliste, lui reprochait de faire de l'opposition à toute mesure gouvernementale. Elle-même se sentait incapable de renoncer aux principes afin de s'entendre sur les questions du jour, et elle avait donné à sir James Mackintosh, auquel elle reprochait en riant de se livrer à cette tentative, le surnom de *M. Harmony*. Benjamin Constant aussi lui préparait, dans le cours de cet été 1814, une nouvelle surprise. Pendant des années il avait vu Mme Récamier dans le cercle intime de Coppet et à Paris, sans sortir de son indifférence. Un jour elle le fit prier, à Paris, de vouloir bien se rendre chez elle, car elle voulait recommander à sa plume les intérêts de Murat, qui lui avait rendu maints services. Il garda de cette entrevue une impression qui prit bientôt les proportions d'une passion folle. La coquetterie de la jolie femme éveillait un espoir que son bon sens savait être chimérique, et, ballotté entre deux courants si contraires, il tomba dans un état tel, que Mme de Staël, qui n'en connaissait pas le motif, mais qui le soupçonnait, lui fit observer un jour qu'il serait sage à lui de s'éloigner, du moins pour un temps. « Vous blessez tout le monde », lui dit-elle, « en n'écoutant pas, en ne répondant pas, en ne vous intéressant à rien de ce qu'on vous dit ; il ne vous restera pas un ami si vous continuez. Moi, je ne me soucie déjà plus de vous.

Votre femme s'en détachera aussi, et, si c'est l'amour qui vous met dans cet état, la personne que vous aimez n'aura jamais d'affection pour vous ». « Il y avait bien de la vérité dans ce discours », ajoute Benjamin Constant, qui le rapporte lui-même. « Je le niais, mais je le sentais[1] ».

La chose avait son côté sérieux, car dans le salon de Mme Récamier on était résolûment royaliste. Là fréquentait le président de la Chambre, Lainé, qui avait eu le courage de réclamer de Napoléon, au nom du Corps législatif, l'octroi des droits constitutionnels, et que le duc d'Angoulême avait placé depuis à Bordeaux, à la tête de l'administration royale. La droite royaliste était représentée par les deux Montmorency, la monarchie d'après la Charte par Chateaubriand, auquel Mme de Duras avait fait obtenir le poste d'ambassadeur de France en Suède ; mais il préféra attendre à Paris le cours des événements. Sous ces influences, Benjamin Constant qui, en janvier 1814 encore, suppliait le ciel de le préserver d' « un petit crétin d'Angoulême », devint de plus en plus royaliste ; il disait du gouvernement qu'il était débonnaire et pénétré des meilleures intentions, et enregistrait avec satisfaction dans son *Journal* que le favori du roi, le duc de Blacas, semblait bien disposé en sa faveur. Mme de Staël ne pouvait, elle, envisager avec autant de confiance l'avenir. Elle écrivait, il est vrai, de Coppet à

---

[1] Benjamin Constant, *Journal intime. Revue internationale*, 10 mars 1887, 772 et sqq. *Lettres à Mme Récamier*, 107-108, février 1815.

Mme Récamier : « On m'a reçue avec des boîtes, des fleurs et des couplets, mais je n'ai pas l'âme assez champêtre pour ne pas regretter votre petit appartement, et nos querelles et nos entretiens, et toute cette vie qui est en vous [1] ». Cela toutefois ne l'empêchait pas de s'avouer dans son for intérieur qu'il valait mieux pour elle sous tous les rapports rester éloignée de la capitale.

En été elle reçut la visite de sir Humphrey Davy et de sa femme et de sir James Mackintosh. Caroline de Humboldt profita également d'un séjour en Suisse pour aller voir son amie de Coppet [2]. A Genève, écrivait Bonstetten à Friderike Brun, on sent bien que Mme de Staël est revenue couronnée de lauriers. L'été s'écoula tranquillement. Des raisons pressantes la ramenèrent plus tôt qu'elle ne l'avait voulu, dans l'automne de 1814, à Clichy, près de Paris, où elle loua une maison de campagne. Il s'agissait de l'avenir de sa fille Albertine, à la main de laquelle aspirait un prétendant qui par sa situation comme par sa personnalité remplissait tous les vœux de Mme de Staël. C'était le duc de Broglie, alors âgé de vingt-neuf ans et dont elle avait connu les parents dès sa jeunesse. Le père, un constitutionnel de 1789, était mort sur l'échafaud ; Mme de Staël avait travaillé à arracher la mère aux cachots de la Terreur. Le jeune homme avait servi l'Empire ; la Restauration l'ap-

---

[1] L'Auteur des Souvenirs de Mme Récamier, *Coppet et Weimar*, 273.

[2] * R. Haym, *Lettres de Guillaume de Humboldt et lettres à lui adressées*. A Welcker, août 1814.

pela dans la Chambre des pairs comme l'aîné de sa maison. Des études sérieuses et des expériences acquises au service de l'administration napoléonienne, l'avaient préparé dès sa jeunesse à la vie publique. Avec le contentement de soi qui caractérise le parti doctrinaire, dont il devait bientôt devenir un des chefs, il dit de lui-même : « Mes sentiments étaient sains, mes intentions droites, mes opinions sensées ». Ces dernières consistaient surtout en ceci : il considérait la Révolution comme inévitable, et, somme toute, salutaire, l'ancien régime comme mort à jamais ; la Constitution des Etats-Unis lui semblait l'idéal de l'avenir, et la forme gouvernementale anglaise celui du temps présent[1]. Sa mère avait épousé en secondes noces le marquis d'Argenson, homme excellent mais républicain fanatique, qui refusa de servir sous Louis XVIII. Les amis du jeune duc de Broglie étaient tous dans le camp libéral ; parmi eux se trouvait Auguste de Stael, *a matter of fact man*, comme il le nomme, dont la nature haute et généreuse le captivait. Il devint bientôt l'hôte quotidien de Mme de Staël, et conçut pour sa fille une inclination profonde et durable.

Celle-ci était belle, sérieuse, pieuse, et passait pour un peu sévère auprès de ceux qui ne la voyaient qu'à distance. Quand on la connaissait, on ne jugeait pas ainsi. Elle avait beaucoup hérité de l'esprit de sa mère, écrivait excellemment, sans rien publier elle-même, et méritait l'éloge enthousiaste que Guizot, entre autres, lui a accordé. Le duc de Broglie,

[1] Duc de Broglie, *Souvenirs*, I, 262.

lui, s'habillait négligemment et avait coutume d'enfoncer profondément sur sa tête son chapeau démodé ; il était distrait, sauvage, et mit plus d'une fois à l'épreuve, ainsi qu'il l'avoue lui-même, la patience de sa belle-mère, qui était aimable, sociable, toujours occupée des autres, mais non pas précisément endurante. Elle passa sa plume à travers le manuscrit de son premier discours et le lui rendit en observant qu'elle ne savait pas ce qu'il voulait dire. On se racontait à Paris qu'un soir un invité, s'étant trouvé dans l'embrasure d'une fenêtre à côté du jeune duc, qui s'entretenait avec sa fiancée, ne put s'empêcher d'entendre ce qu'il lui disait. Sa discrétion fut rassurée : il lui expliquait l'impôt sur le sel.

Mme de Stael ne se trompa point, cependant, en remettant entre les mains du duc de Broglie le bonheur de son enfant. Au bout de vingt deux ans de mariage, pas un nuage ne l'avait troublé. Alors mourut la duchesse de Broglie. Son mari n'a jamais soulevé le voile qui cachait aux profanes l'histoire de son bonheur intime. Mais quand celui-ci eut pris fin et qu'il resta seul, il écrivit ceci au vieil ami de la famille, Guillaume Schlegel [1] : « Vous me plaignez et vous avez raison. Nul n'est plus à plaindre que moi... Ce qui reste de la vie est décoloré et solennel. Je n'ai pu, comme vous, prendre le parti de me retirer tout à fait du monde et des affaires pour me consa

---

[1] A. G. Schlegel, Correspondance inédite. Le duc de Broglie à A. G. Schlegel, Paris, 31 décembre 1838 et 9 janvier 1841.

crer tout entier à l'étude et à la méditation, mais autant qu'il dépend de moi, et en ce qui ne concerne que moi, autant que l'avenir des enfants me le permet, je vous imite et j'espère que le moment viendra où rien ne me retiendra plus dans un monde et dans des affaires auxquels je ne suis plus propre ».

Pareils vœux sont souvent exprimés, rarement réalisés. Le duc de Broglie mourut chargé de jours, en 1870 ; mais sa carrière politique se termina en fait à la mort de sa femme.

Riche, il ne l'était plus depuis la Révolution. Cependant, quand il déclara son intention, dans l'automne de 1814, de devenir l'époux d'Albertine de Staël, la famille de Broglie rejeta l'idée d'une telle union comme une mésalliance. Seule sa mère se mit de son côté et ne crut pas « le moment venu de raviver la lutte entre les Capulet et les Montecchi ». « Bénissez ce mariage au nom de mon père, par qui il se fait », écrivit Mme de Staël à Meister. Le roi avait promis de faire inscrire, au nombre des dettes de la famille royale que la France prenait à son compte, les deux millions prêtés par Necker à Louis XVI[1]. En attendant, les derniers jours de 1814 et les trois premiers mois de 1815 s'écoulèrent rapidement pour le fiancé. Il se couchait tard et se levait de grand matin, étudiait ardemment durant une partie de la nuit et la première moitié de la matinée, — ne négligeant rien pour se rendre digne de la position qui lui était échue, — politique, jurisprudence, économie politique, finances, administration. Il mentionne dans

[1] Duc de Broglie, *Souvenirs*, I, 272-287.

ses *Souvenirs* les étrangers qu'il rencontrait dans le salon de sa future belle-mère, au premier rang Canning, sir James Mackintosh, lord Harrowby, Alexandre de Humboldt, et enfin le duc de Wellington ; mais, dit-il à propos de ce dernier, il « m'inspirait tout ensemble de l'éloignement et du respect... Dans la position où se trouvait la France, tout commerce avec les étrangers, quels qu'ils fussent, me répugnait à certain degré ». Parmi les Français, il y vit quelquefois Chateaubriand, et habituellement La Fayette et Benjamin Constant. Ce dernier célébrait alors la légitimité des princes et maudissait l'usurpation en termes qu'un habitué de Coblentz n'aurait pas désavoués ; il ne voyait de salut pour le peuple et d'espoir pour la liberté qu'à l'ombre des trônes antiques et des institutions traditionnelles ; tout roi de fraîche date était, pour lui, un usurpateur, et tout usurpateur un tyran. Cet accès d'orthodoxie ultrarhénane n'était pas trop bon teint, aussi ne lui dura-t-il guère ; mais, affirme le duc de Broglie, il eut cet heureux effet de l'engager sincèrement dans les vues et les intérêts du gouvernement nouveau et d'employer, au service de la cause constitutionnelle, « le trésor de sages réflexions et d'informations utiles qu'il avait en portefeuille ; il s'y consacra de tout son cœur et sans arrière-pensée ». C'est Benjamin Constant qui a vraiment enseigné le gouvernement représentatif à la nation nouvelle, tandis que Chateaubriand l'enseignait à l'émigration et à la gentilhommerie. Le duc de Broglie l'assistait dans le travail de ses brochures « en qualité de manœuvre », nous dit-il allégrement ; il l'aidait à faire passer, dans le langage technique de notre législation, des idées empruntées à la législation britannique, à ménager les transitions entre l'un et l'autre. Il est telle de ses brochures entre autres, « et ce n'est pas la meilleure », celle sur la responsabilité des ministres et autres agents du pouvoir exécutif, dont il lui suggéra les données principales. Une transformation d'un autre genre s'était opérée en outre dans l'esprit du grand publiciste : sous l'influence de Mme de Krüdener, rentrée en France, le sceptique était devenu non seulement croyant, mais mystique, et sans entrer en rien dans cette « rêverie » de la Sainte-Alliance, qui se préparait à petit bruit, il ne demeura pas entièrement étranger aux jongleries du moment. Ainsi, par exemple, il lui arrivait de passer, lui et maints autres néophytes, des nuits entières dans le salon de Mme de Krüdener, tantôt à genoux et en prière, tantôt étendu sur le tapis et en extase ; le tout sans fruit, « car ce qu'il demandait à Dieu », ajoute plaisamment le narrateur, « c'est ce que Dieu souffre parfois dans sa colère, mais qu'il tient en juste détestation. Epris de Mme Récamier, belle encore à cette époque, bien que déjà sur le retour, ce que Benjamin Constant demandait à Dieu, c'était les bonnes grâces de cette dame, et Dieu faisant la sourde oreille, il ne tarda pas à s'adresser au diable, ce qui était plus conséquent. » Et cela est à la lettre. Un jour, en effet, ou plutôt une nuit, que le duc de Broglie, Auguste de Staël et Benjamin Constant revenaient en voiture d'une maison de campagne aux environs, le dernier fit à ses deux amis la singulière confidence des efforts qu'il avait tentés dans le dessein d'entrer en marché avec l'ennemi du genre humain ; à mesure qu'il leur expliquait les simagrées auxquelles il s'était soumis, ses expériences conçues et déçues, son récit devint si expressif et si poignant, que, lorsqu'il l'eut terminé, ni lui ni ses amis n'étaient tentés de rire. Tous trois tombèrent dans une rêverie pénible et pleine d'angoisse et rentrèrent à Paris sans s'être dit un seul mot.

En attendant, la situation politique devenait de plus en plus grave, bien que le ministre des finances, le baron Louis, administrât son ressort avec une rare habileté et un succès inattendu. Mais son collègue, le ministre Ferrand, excita au plus haut degré, dans la question des indemnités à accorder aux émigrés, les passions politiques, en représentant le roi comme tout particulièrement obligé envers cette portion de ses sujets. « Je suis venu, le discours de M. Ferrand à la main, convaincu que le peuple allait retourner vers moi [1] », dit plus tard Napoléon, pour expliquer comment, en 1815, il avait rallié le peuple à sa cause. La partie de la nation la plus mécontente était l'armée, qui se sentait blessée par toute une série d'ordonnances, et qui voyait un outrage dans l'obligation de parader en des combats simulés sous les yeux des ducs d'Angoulême et de Berry, tandis que les affronts n'étaient pas épargnés à ses chefs les plus illustres, quand ceux-ci étaient obligés de paraître à la cour, ou de se voir remplacer

[1] Lavalette, *Mémoires et Souvenirs*, II, 419.

à l'armée par des nullités de l'aristocratie légitimiste. Il était injuste, par contre, de rendre la monarchie responsable des grosses pertes matérielles subies au cours de longues guerres ainsi que du revirement de fortune par lequel tant de Français autrefois employés à l'étranger se trouvèrent sans pain. Toutefois le mécontentement s'accrut, et deux feuilles, le *Censeur* et le *Nain jaune*, la première sérieuse, la seconde plaisante, ouvrirent le feu de la réaction morale contre la première Restauration. Le conventionnel Carnot, un des premiers qui, en 1814, s'était prononcé pour la nécessité de la Restauration, essaya maintenant de prouver que la responsabilité de la mort de Louis XVI incombait aux royalistes, et non aux Jacobins, et mit en garde la monarchie contre ses propres amis. Chateaubriand, dans sa réponse, resta relativement modéré, et fit valoir quelques circonstances atténuantes en faveur des « régicides ». Il recommanda le maintien de la Charte comme traité de paix entre les partis.

Le 30 décembre, les Chambres se séparèrent, déçues et irritées. La tentative de se concilier l'armée en nommant le maréchal Soult ministre de la guerre, échoua complètement ; bonapartistes et révolutionnaires se liguèrent en secret contre le gouvernement détesté. Le seul point lumineux pour celui-ci, c'était l'action diplomatique de Talleyrand au Congrès de Vienne. Les puissances coalisées avaient, dans la capitale de l'Autriche, réduit au rôle de spectatrice la France, dont la situation avait été réglée peu auparavant par la paix de Paris. Mais dès le 3 janvier 1815, le plénipotentiaire de Louis XVIII concluait avec l'Angleterre, l'Autriche, les Pays-Bas et trois petits États allemands, une alliance secrète qui sauvait l'existence du royaume de Saxe et contraignait en même temps le tzar à céder à l'Autriche et à la Prusse des portions de territoire polonais. La France, qui était allée jusqu'aux menaces de guerre, ne recouvrait pas seulement ainsi son influence en Europe ; du même coup était réglé le compte personnel de Louis XVIII avec le tzar Alexandre, dont les principes en matière politique équivalaient, aux yeux du roi de France, à ceux de Bonaparte [1].

Talleyrand dut sa victoire à la mise en avant d'une définition qui existait longtemps avant lui dans le répertoire de la langue, mais à laquelle il donna le premier, au Congrès de Vienne, une application constitutionnelle et politique. C'était la définition de la légitimité, qui depuis a fourni matière à tant d'interprétations [2]. Nous n'avons à nous occuper ici que de celle de son inventeur, Talleyrand. Il la présenta comme le rétablissement d'une « politique toute morale », comme une restauration générale des dynasties, opposée au règne de la force, à la Révolution, aux États et dynasties créés par elle, dont le sort dépend ou d'une faction ou des chances de la guerre,

---

[1] *Correspondance inédite du prince de Talleyrand et du roi Louis XVIII pendant le Congrès de Vienne*, publiée par M. G. Pallain, 85, 186, 207 et sqq.

[2] * J. Held, *Légitimité et principe de légitimité*. Wurzbourg, 1859. — * F. Brockhaus, *Le principe de légitimité*, 1-44.

et il fit voir que c'était surtout pour l'intérêt des peuples, qui ont besoin d'institutions stables, qu'il fallait consacrer la légitimité des gouvernements¹ ». « Que vient faire le droit public dans nos délibérations? », demandait à la Conférence de Vienne le prince de Hardenberg, chargé de présenter les revendications de la Prusse par rapport à la Saxe. « Il fait que vous êtes ici », répliqua Talleyrand, qui, au nom du principe de la légitimité, prit résolument parti pour le maintien de la Saxe. Il n'était pas devenu soudainement le champion d'une cause idéale. Ni lui, ni Louis XVIII, ni Metternich, qui adopta le principe en question, ne songeaient à en tirer les conséquences pratiques. Non seulement, en effet, Bernadotte restait en Suède et l'Autriche dans la Vénitie ; l'ancienne Pologne demeurait partagée², et il n'était pas question de revenir sur les sécularisations non plus que sur les médiatisations. Mais ce principe, qui sauvait la Saxe, empêchait par là même la prépondérance de la Prusse en Allemagne et devait, appliqué à Murat, ramener les Bourbons sur le trône de Naples³. Les négociations à ce sujet étaient en train. Gentz reçut, le 27 décembre, vingt-quatre mille florins de Talleyrand, pour parler, comme il le fit effectivement et avec l'assentiment de Metternich, du désintéressement

---

¹ *Correspondance inédite du prince de Talleyrand et du roi Louis XVIII pendant le Congrès de Vienne.* Rapport fait au Roi pendant son voyage de Gand à Paris, juin 1815. Voir particulièrement p. 446-448.
² Ibid., 311, note.
³ Ibid., 265, 267, 281.

de la France et de la stabilité de ses institutions sous Louis XVIII[1].

Tout à coup la scène changea, et le gouvernement apprit, le 5 mars, que Napoléon avait débarqué à Cannes. Paris ne fut informé de cette nouvelle que le lendemain.

Mme de Stael avait passé l'hiver dans une réserve commandée par les circonstances. Jaucourt, dans ses lettres à Talleyrand, mentionne parfois en passant son nom, en ajoutant que l'on continue à la considérer comme la grande-prêtresse de la liberté et de la paix, et qu'elle est revenue de Clichy à Paris « pour faire rage constitutionnelle[2] ». Elle-même écrivait le 28 février à Meister : « La France me paraît tranquille, grâce à la sagesse du roi. Mais il n'y a de fondé que la reconnaissance qu'il inspire. Les vieux préjugés sont comme Inès de Castro, couronnée après sa mort ». Ce qu'elle pensait réellement de la situation, on le vit seulement quand elle eut appris le retour de l'île d'Elbe. « Dès le premier mot, elle vit le bout des choses », écrit le duc de Broglie : « l'armée en révolte, le pays résigné, le royalisme en déroute, et l'Empereur aux Tuileries. Elle écouta avec la plus tranquille incrédulité, plutôt même avec un peu de compassion contenue, le déluge de promesses et de

---

[1] *Auguste Fournier, Sur l'histoire des Guerres de délivrance Allgemeine Zeitung, supplement, 7 janvier, 1887. — *Gentz, Mémoire du 12 février 1815, imprimé dans les Mémoires de Metternich, II, 473 et sqq.

[2] *Correspondance inédite du prince de Talleyrand et du roi Louis XVIII*, 162-163, notes.

menaces, d'invectives et d'imprécations qu'on vociférait autour d'elle ; exhortant chacun à faire son devoir par respect pour soi-même, pour l'honneur de la cause et du drapeau, mais sans pousser personne à se compromettre, avec un amour persévérant pour la France *quand même*, mais pas la moindre confiance dans la France du moment. Son parti fut également pris sur-le-champ... La promesse (faite par Louis XVIII du remboursement des deux millions) tombait naturellement avec celui qui l'avait faite. Les bonapartistes, dans l'avant-goût de leur triomphe, pressaient Mme de Staël de ne pas s'éloigner, de rester, de se déclarer pour l'Empereur, lui promettant alors monts et merveilles. J'ai entendu à ce sujet M. de Lavalette, qui demeurait dans la même maison qu'elle, redoubler d'instances à mesure que le moment fatal approchait, et le prince de Beauvau, le gouverneur du roi de Rome, se faisait fort de tout obtenir. Mme de Staël recevait ces insinuations avec le dédain qu'elles méritaient, faisait ses paquets à la hâte, en m'exhortant à rester aussi longtemps qu'il y aurait quelque chance de résistance à la nouvelle invasion du despotisme impérial, et en me donnant rendez-vous à Coppet, lorsqu'il n'y en aurait plus [1] ».

Les *Mémoires* de Lavalette complètent ce qu'on vient de lire. « J'habitais alors », nous dit celui-ci, « une partie de l'ancien hôtel de Lamoignon ; Mme de Staël occupait le rez-de-chaussée. Le lendemain du

---

[1] Duc de Broglie, *Souvenirs*. I, 290-291. Comparer * Bonstetten, *Lettres à Friderike Brun*, II, 81, 23 mars 1815.

jour où le débarquement de l'Empereur fut connu, elle me fit prier de descendre chez elle. En entrant dans son salon, elle vint au-devant de moi, les bras croisés sur la poitrine, et d'une voix émue, mais éclatante : « Eh bien ! Monsieur, le voilà de retour. — Il n'est pas encore arrivé ; la route est longue, et je crains que les obstacles... — Il arrivera ; il sera ici dans peu de jours ; je ne me fais pas d'illusions. Ah, mon Dieu ! voilà donc la liberté perdue sans retour ! Pauvre France ! après tant de souffrances, malgré des vœux si ardents, si unanimes... Puisque son despotisme l'emporte, je m'éloigne de ce pays, je vais le quitter pour toujours, sans doute... — Mais, Madame, pourquoi cette résolution extrême ? Vous n'avez rien à craindre de l'Empereur ; le malheur et l'opinion si puissante auront une grande influence sur lui. — Non, je veux partir. Que puis-je faire ici ? J'aurais trop à souffrir, hélas ! quand je les vis, ces princes, en Angleterre, ils écoutaient la vérité ; je leur peignais l'État de la France, ce qu'elle demandait, ce qu'il était si facile de lui donner. Je croyais les avoir convaincus, et ici, pendant onze mois, croiriez vous que je n'ai pu leur parler une seule fois ? Je les voyais s'avancer vers l'abîme, et ma voix a été repoussée... Je crois bien que Bonaparte n'osera pas m'opprimer maintenant ; mais vivre sous ses yeux ! jamais ». Puis, me regardant en face : « Je ne veux pas pénétrer vos secrets, ni savoir ce que vous avez fait dans cette équipée ; mais je compte sur vous pour échapper aux mauvais traitements, aux persécutions qui peuvent commencer même avant son arrivée, car tout ceci me paraît si bien préparé. De mon côté, comptez sur moi. Si j'apprends qu'on veut vous maltraiter, vous trouverez mes portes ouvertes à toute heure, et les moyens de vous échapper par le jardin vous seront ménagés ». Je la quittai, profondément ému de ce qu'elle m'avait dit et de son noble procédé [1] ».

« C'en est fait de la liberté si Bonaparte triomphe, et de l'indépendance nationale s'il est battu », tels sont les termes qui lui servirent à résumer plus tard, dans les *Considérations*, son impression d'alors [2]. Mme de Stael ne se laissa égarer dans cette manière de voir ni par les illusions feintes et réelles des royalistes sur leur force de résistance à l'égard de Bonaparte, ni par les insultes lancées contre celui-ci. Elle reçut une fois encore huit cents personnes de la cour et de la ville dans l'hôtel de Lamoignon, au Marais, qu'elle avait loué. Villemain nous décrit une de ses apparitions dans le salon de Mme de Rumford, la veuve de Lavoisier. Il l'avait vue, depuis quelques mois, dans cette même maison et ailleurs, « éclairer d'une vive lumière quelque entretien accidentel sur la politique, les lettres, les arts, parcourir le passé et le présent comme deux régions ouvertes partout à ses yeux, deviner ce qu'elle ne savait pas, aviver par le mouvement de l'âme ou l'éclair de la pensée ce qui n'était qu'un souvenir enseveli dans l'histoire, peindre les hommes en les rappelant, juger,

---

[1] Lavalette, *Mémoires et Souvenirs*, II, 147-148, note.
[2] Mme de Stael, *Considérations*. *Œuvres complètes*, XIV, 129.

par exemple, le cardinal de Richelieu avec une sagacité profonde, et, il faut ajouter, une noble colère de femme, puis l'empereur Napoléon qui résumait pour elle tous les despotismes, et que sa parole éloquente retrouvait, à tous les points de l'horizon, comme une ombre gigantesque qui les obscurcissait... Mais ce soir-là, toute cette vivacité de libres pensées et de verve originale, toute cette chaleur de sympathie et de bienfaisance était comme éteinte par un seul et absorbant intérêt. Sous la parure qu'elle portait d'ordinaire à la fois brillante et négligée, sous ce turban de couleur écarlate qui renfermait à demi ses épais cheveux noirs et s'alliait à l'éclat expressif de ses yeux, Mme de Staël ne semblait plus la même personne. Son visage était abattu et comme malade de tristesse. Ce feu d'esprit qui habituellement le traversait et l'animait de mille nuances rapides, ne s'y marquait plus que par une expression singulière de mobile et pénétrante inquiétude, une sorte de divination dans le chagrin. On se sentait affligé en la voyant On avait devant les yeux non plus l'historien, mais la victime de *dix années d'exil*. Quelques jours auparavant, son âme était tout entière à des soins de famille, à l'union la plus digne préparée pour sa fille, à la pensée du jeune homme de si noble nom et de si grande espérance que sa fille et elle avaient choisi ; et maintenant, c'étaient les apprêts d'une fuite nouvelle, l'attente d'un nouvel ébranlement de l'Europe, d'une ruine publique, où pouvait s'abîmer tout bonheur privé, qui, de toutes parts, obsédaient cette âme active, que les incertitudes ordinaires de la vie suffisaient parfois à troubler jusqu'à la souffrance [1] ». Elle serra longtemps la main de La Fayette et lui dit, devant deux amis qui mêlaient leurs vœux aux siens : « Dans le chaos prochain, vous devez demeurer, vous devez paraître, pour résister au nom du droit et représenter 1789. Moi, je n'ai que la force de fuir. Cela est affreux ». La veille, La Fayette s'était rendu auprès du roi en arborant la cocarde blanche. Mme de Staël, aussi, que les impertinences du parti royaliste, comme le dit Sismondi, auraient pu fortifier dans ses principes [2], alla faire sa première visite aux Tuileries ; il lui sembla que Louis XVIII, à travers beaucoup de courage, avait une expression de tristesse, et elle trouva très touchante sa « noble résignation » dans un pareil moment. « Restez tranquille ici, vous, chère Madame », lui fait dire Villemain à Mme de Rumford ; « votre maison sera parfois, comme a été la mienne, l'hospice des blessés politiques de tous les partis... Mais moi, Bonaparte me hait ; il hait en moi mon père, mes amis, nos opinions à tous, l'esprit de 1789, la charte, la liberté de la France et l'indépendance de l'Europe. Il sera ici demain. Quelle comédie jouera-t-il au début? Je l'ignore ; mais vous savez ce qu'il a dit à Lyon, ses promesses générales d'oubli et ses affiches de proscriptions individuelles. Les griffes ont déjà reparu tout entières,

[1] Villemain, *Souvenirs contemporains d'histoire et de littérature*, 2° partie, 24-28.
[2] Sismondi, *Lettres pendant les Cent-Jours*. Revue historique, 1878, 128 129.

avant qu'il ait bondi jusqu'à nous. Je n'ai pas d'armée entre lui et moi, et je ne veux pas qu'il me tienne prisonnière ; car il ne m'aura jamais pour suppliante [1] ».

La même nuit elle quitta Paris, tandis que Napoléon inaugurait à Lyon son nouveau gouvernement, et que dans la capitale on tentait, comme dernière ressource, un appel de la monarchie aux constitutionnels, à La Fayette et à ses amis [2].

Cette tentative venait trop tard, ainsi que l'avait très justement prévu Mᵐᵉ de Stael. Le 20 mars, quand Napoléon entra dans Paris, elle était déjà à Coppet. Le 19, jour où Louis XVIII, abandonné de la plus grande partie de la force armée et préservé par son apathie de tout oubli de sa dignité [3], quitta la capitale, Benjamin Constant publia dans le *Journal des Débats* un article fameux qui, il l'espérait, lui vaudrait la reconnaissance de Mᵐᵉ Récamier. Il y parlait de Napoléon comme d'un Gengis-Khan et d'un Attila et terminait par une phrase qu'on a souvent citée : « Parisiens ! non, tel ne sera pas notre langage, tel ne sera pas du moins le mien. J'ai vu que la liberté était possible sous la monarchie, j'ai vu le roi se rallier à la nation. Je n'irai pas, misérable transfuge, me traîner d'un pouvoir à l'autre, couvrir l'infamie par le sophisme, et balbutier des mots profanes pour racheter une vie honteuse ».

---

[1] Villemain, *Souvenirs contemporains d'histoire et de littérature*, 2ᵉ partie, 29.

[2] La Fayette, *Mémoires*, V, 372-373. — Viel-Castel, *Histoire de la Restauration*, II, 324 et sqq., 356.

[3] Baron de Vitrolles, *Mémoires* II, 348 359.

Comme saisie d'un pressentiment, Mme de Staël avait écrit en route à Mme Récamier, au sujet d'un article analogue de lui paru dans le *Journal de Paris*, le 11 mars, qu'elle pouvait lui rendre un dernier service en prenant soin de faire partir Benjamin [1]. Elle songeait avant tout à la colère de l'Empereur. Le hardi publiciste avait effectivement essayé de s'y soustraire, en allant provisoirement se réfugier à Nantes. « Je suis certainement, avec Marmont, Chateaubriand et Lainé, l'un des quatre hommes les plus compromis de France », écrivait-il à Mme Récamier. En arrivant à Nantes, il constata que le préfet, Prosper de Barante, avait pris la fuite, et que la ville s'était déclarée pour Napoléon. Il retourna donc vers la capitale, où il reçut quelques jours plus tard, au lieu de la visite de gendarmes, celle du général Sebastiani, de Gerando et de quelques autres bonapartistes, qui l'engagèrent vivement à se rallier à la cause de l'Empereur, résolu à donner maintenant à la France une Constitution représentative et libérale.

Ils ne disaient pas trop. Napoléon avait gravi avec une pointe d'émotion vraie l'escalier du palais des Tuileries ; mais nul mouvement de sensibilité passager ne lui faisait prendre le change sur la modification de sa situation. « Mon cher, dit-il à Mollien, le temps des compliments est passé : ils m'ont laissé arriver comme ils les ont laissés partir [2] ». Il

---

[1] L'Auteur des Souvenirs de Mme Récamier, *Coppet et Weimar*, 283. 12 mars (en route, six heures du matin.)

[2] Mollien, *Mémoires d'un ministre du Trésor*, IV, 187.

cachait sa déception intérieure sous un calme apparent, écoutait tranquillement des discours qui autrefois l'auraient mis hors de lui, et exprimait à son entourage les idées d'un homme que la nécessité a convaincu. La tentative de regagner Talleyrand échoua. Celui-ci obligeait au contraire une fois encore les puissances à la lutte contre Bonaparte, et vantait au roi, dans sa dernière dépêche de Vienne, la fidélité d'Alexandre. Puis, au lieu de se rendre auprès de Louis XVIII, il alla provisoirement à Carlsbad Quant à Napoléon, il revint à Paris sur une idée qu'avait émise Talleyrand au printemps de 1813, quand les destins de l'Empire étaient encore douteux. « Maintenant », dit il alors à Schwarzenberg, « le moment est venu où l'empereur des Français doit devenir roi de France [1] ». Déjà à Fontainebleau Napoléon pensait que ce n'était pas la coalition, mais les idées libérales qui l'avaient renversé, et que du moment où les peuples s'élevaient contre lui, il n'y avait plus rien à espérer [2]. Il se résigna donc à subir le courant démocratique-libéral qui l'avait porté de Cannes à Paris, s'exprima dans un sens qui lui était favorable et se borna à tenir à distance l'oligarchie des Jacobins, qui cherchait à s'emparer du pouvoir.

Le 20 avril, cent coups de canon annoncèrent que, à l'exception de la Corse, le drapeau impérial

[1] Auguste Fournier, *Sur l'histoire des guerres de délivrance*. *Allgemeine Zeitung*, supplément, 5 janvier 1887.
[2] La Fayette, *Mémoires*, V, 398.

tricolore flottait de nouveau sur tout le territoire français. Mais, en dehors de son monde officiel, dans lequel Carnot, ministre de l'intérieur, représentait la nouvelle politique, et Fouché, ministre de la police, la tradition révolutionnaire et l'art de la conservation personnelle, les soutiens de l'Empire libéral n'étaient pas encore trouvés. Et déjà l'Europe entière avait l'arme au bras contre celui que Talleyrand nommait « l'homme de l'Elbe » et qu'il faisait mettre au ban de la civilisation. La France restait seule pour sauver Napoléon, et la presse, qu'il avait rendue libre, les adresses et les manifestations des grands corps de l'Etat, ne permettaient pas de douter un seul instant qu'une nouvelle ère de despotisme était désormais impossible.

Dans le voisinage immédiat de l'Empereur un seul homme de confiance s'offrait pour le rapprochement avec le parti libéral : c'était son frère Joseph. Il échoua auprès de La Fayette, qui refusa la pairie, parce que, « pour rentrer dans la vie publique, il attendait le choix du peuple » ; mais il promit de combattre l'invasion étrangère aux côtés du gouvernement [1]. On fut plus heureux avec Benjamin Constant. Sebastiani lui avait garanti sa sûreté personnelle ; Fouché le tranquillisa à sa façon, le vit beaucoup, et les promesses relatives à un régime libéral furent rendues plus alléchantes par la perspective de sa nomination au conseil d'Etat. Il commença à s'exprimer, dans le *Journal de Paris*, d'une façon

[1] La Fayette, *Mémoires*, V, 418-419.

optimiste sur la situation, mais réclama en même temps à tout hasard ses passeports [1].

Pendant ce temps, Napoléon s'était informé de Mme de Staël, et avait exprimé à son frère Joseph le regret qu'il éprouvait de ce qu'elle eût quitté la capitale ; il lui fit dire qu'on avait besoin d'elle à Paris, dans l'intérêt des idées constitutionnelles. Elle refusa, en disant : « L'Empereur s'est bien passé de constitution et de moi pendant douze ans, et à présent même il ne nous aime guère plus l'une que l'autre [2] ».

Toutefois dans une lettre à Mme Récamier, qui était restée à Paris et était liée à la fois avec Joseph et avec Hortense, devenue duchesse de Saint-Leu, Mme de Staël s'exprimait ainsi : « Voici ce que je désire et demande, d'après la bienveillance que l'Empereur m'a fait connaître directement par son frère. C'est qu'on ne refuse pas à la trésorerie la promesse d'inscription que le ministre du roi a donnée à mon fils avant son départ. Comme la dette de mon père a été déclarée dette de l'Etat par le comité de liquidation, il n'y a rien de contraire aux principes de l'Empereur dans la justice que je réclame. Sans cette liquidation, je ne sais comment pourrait aller le mariage d'Albertine, car ils n'auraient pas assez de fortune... Ma fortune personnelle est si dérangée par

---

[1] Benjamin Constant, *Journal intime. Revue internationale.* 25 mars 1887, 934-935.

[2] Mme Necker de Saussure, *Notice sur le caractère et les écrits de Mme de Staël.* — * Bonstetten, *Lettres à Friderike Brun*, II, 81.

dix ans d'exil, que je ne puis faire pour Albertine ce qui la mettrait à l'aise [1] ».

Benjamin Constant, lui, composait à Paris un mémoire sur la paix, dont la tendance devait venir en aide au gouvernement impérial ; il note dans son *Journal* que Mme de Staël aussi bien que La Fayette lui écrivirent des lettres d'avertissement. « Ils ont raison, imprimons et partons », remarque-t-il à ce sujet. A ce moment il reçut par l'intermédiaire de Fouché, qui avait répondu à l'Empereur du succès, une invitation à venir s'entretenir avec celui-ci. La conversation dura longtemps. Napoléon insista sur ce point, qu'il ne devait pas son retour à l'armée, qu'il n'était pas seulement, comme on le prétendait, l'Empereur des soldats, qu'il était aussi celui des paysans, des plébéiens. « Le peuple, ou, si vous l'aimez mieux, la multitude ne veut que moi. Vous ne l'avez pas vue, cette multitude, se pressant sur mes pas, se précipitant du haut des montagnes, m'appelant, me cherchant, me saluant... Malgré tout le passé, vous voyez le peuple revenir à moi. Il y a sympathie entre nous. Ce n'est pas comme avec les privilégiés. La noblesse m'a servi, elle s'est lancée en foule dans mes antichambres. Il n'y a pas de place qu'elle n'ait acceptée, demandée, sollicitée. J'ai eu des Montmorency, des Noailles, des Rohan, des Beauvau, des Mortemart. Mais il n'y a jamais eu

---

[1] L'Auteur des Souvenirs de Mme Récamier, *Coppet et Weimar*, 31 mars 1815. Mme de Staël à Meister, Coppet, 25 avril 1815. Lettres inédites en possession de M. le docteur Th. Reinhart.

analogie. Le cheval faisait des courbettes, il était bien dressé : mais je le sentais frémir. Avec le peuple, c'est autre chose. La fibre populaire répond à la mienne. Je suis sorti des rangs du peuple : ma voix agit sur lui. Voici ces conscrits, ces fils de paysans ; je ne les flattais pas, je les traitais rudement. Ils ne m'entouraient pas moins, ils n'en criaient pas moins : Vive l'Empereur ! C'est qu'entre eux et moi il y a même nature. Ils me regardent comme leur soutien, leur sauveur contre les nobles... Je n'ai qu'à faire un signe, ou plutôt à détourner les yeux, les nobles seront massacrés dans toutes les provinces. Ils ont si bien manœuvré depuis dix mois !... mais je ne veux pas être le roi d'une jacquerie. S'il y a des moyens de gouverner par une constitution, à la bonne heure... J'ai voulu l'empire du monde, et, pour me l'assurer, un pouvoir sans borne m'était nécessaire... Le monde m'invitait à le régir. Souverains et sujets se précipitaient à l'envi sous mon sceptre. J'ai rarement trouvé de la résistance en France ; mais j'en ai pourtant rencontré davantage dans quelques Français obscurs et désarmés, que dans tous ces rois si fiers aujourd'hui de n'avoir plus un homme populaire pour égal... Voyez donc ce qui vous semble possible ; apportez-moi vos idées. Des discussions publiques, des élections libres, des ministres responsables, la liberté de la presse, je veux tout cela... La liberté de la presse surtout ; l'étouffer est absurde... Je suis l'homme du peuple ; si le peuple veut réellement la liberté, je la lui dois. J'ai reconnu sa souveraineté. Il faut que je prête l'oreille à sa volonté, même à ses caprices. Je n'ai jamais voulu l'opprimer pour mon plaisir. J'avais de grands desseins ; le sort en a décidé. Je ne suis plus un conquérant ; je ne puis plus l'être... Je ne hais point la liberté. Je l'ai écartée lorsqu'elle obstruait ma route ; mais je la comprends, j'ai été nourri dans ses pensées. Aussi bien l'ouvrage de quinze années est détruit, il ne peut se recommencer... Je ne demande pas mieux que d'être éclairé. Je vieillis. On n'est plus à quarante cinq ans ce qu'on était à trente. Le repos d'un roi constitutionnel peut me convenir. Il conviendra plus sûrement encore à mon fils [1] ».

Benjamin Constant le quitta encore libre, mais déjà hésitant.

Quelques jours après il fut nommé conseiller d'Etat, revit l'Empereur, qu'il trouva « d'une sagacité infinie », et rédigea non pas le texte, mais les principales dispositions de la nouvelle Constitution désignée sous le nom d'*Acte additionnel*, et que les Parisiens qualifièrent de ce titre : *le Benjamisme* . Elle renfermait des articles qui, non seulement aux yeux de La Fayette, mais aussi à ceux de Chateaubriand, étaient plus libéraux que la Charte. Mais elle en comptait d'autres qui révélaient la volonté despotique de laquelle ils émanaient. Elle décrétait des confiscations et excluait à jamais le rappel de la

---

[1] Benjamin Constant, *Mémoires sur les Cent-Jours*, 2ᵉ partie, 22-25.
[2] Benjamin Constant, *Mémoires sur les Cent-Jours*, 2ᵉ partie, 30, 66 et sqq. — Bardoux, *Le comte de Montlosier*, 176 et sqq.

maison de Bourbon des droits qui appartenaient à la nation. Deux écrivains politiques prirent chaleureusement parti pour elle. L'un était Sismondi, que son antipathie pour la maison de Bourbon rendait favorable à toute solution qui l'écartait, et qui, à la suite d'un entretien avec Napoléon, se prononça vigoureusement pour l'*Acte additionnel* dans le *Moniteur* [1]. L'autre était Benjamin Constant, qui dans un écrit de quatre cents pages, intitulé *Principes politiques*, défendit son œuvre. Il essayait de se justifier lui-même en se répétant qu'il avait tout fait pour préserver la Restauration de ses propres fautes ; après sa chute il ne restait plus qu'un devoir, celui de sauver la situation existante et de protéger la France contre l'invasion. Alors et plus tard cependant il chercha à s'appuyer sur des témoignages propres à justifier son attitude. Les *Mémoires sur les Cent-Jours* énumèrent, dans ce dessein, les noms de Lanjuinais, de La Bourdonnaye et de Chateaubriand, comme ceux des trois hommes qui, dans des camps politiques absolument divers, se sont montrés justes envers les concessions libérales de l'*Acte additionnel* [2].

L'opinion de Mme de Staël à ce sujet avait une valeur d'autant plus considérable, qu'elle était dans le plus étroit rapport avec celle de l'école libérale de

---

[1] Sismondi, *Examen de la Constitution française*. — Villari, *Une conversation de Napoléon 1er et de Sismondi*. *Revue historique*, janvier-mars 1876.

[2] Benjamin Constant, *Mémoires sur les Cent-Jours*, 2e partie, 68-99.

Genève, dans les rangs de laquelle on avait gagné Sismondi. Benjamin Constant n'était pas le seul qui eût intérêt à représenter Mme de Staël comme convertie à l'Empire. Beaucoup d'années plus tard parurent les *Mémoires* de Joseph Bonaparte, où se trouvait cité un fragment d'une lettre de Mme de Staël que son fils avait apportée à Paris quand il y revint en mai 1815 pour les affaires de sa mère. Ce fragment portait ce qui suit relativement à l'*Acte additionnel :* « C'est aujourd'hui tout ce qu'il faut à la France, rien que ce qu'il faut, pas plus qu'il ne faut. Ce qui se passe en France depuis votre départ de Prangins dépasse tout ce que l'histoire nous raconte de plus merveilleux. Je vous recommande mon fils. Faites qu'il voie l'Empereur [1] ». Joseph Bonaparte avait, en mars, quitté précipitamment la Suisse pour se rendre auprès de Napoléon. Il est donc possible que ces lignes lui soient adressées. Mais, tandis que les autres lettres de Mme de Staël à Joseph sont imprimées dans les *Mémoires* de l'ancien roi d'Espagne, cette lettre ne s'y trouve pas, et le fragment communiqué ne dit rien autre chose, sinon que la Constitution répondait aux vœux de Mme de Stael. Son fils fut conduit aux Tuileries par Benjamin Constant et très bien accueilli par l'Empereur. « Le Benjamisme a Auguste de Staël et Sismondi pour lui », écrivit alors Montlosier. Les choses en restèrent là, car le temps manquait pour s'oc-

---

[1] Du Casse. *Mémoires du roi Joseph*, X, 228, 337. Ce fragment de lettre est également reproduit dans les *Mémoires de Savary*, VIII, 56.

cuper du règlement d'affaires privées. Plus tard, après la mort de sa mère, le baron de Staël ayant appris qu'une gazette allemande avait publié des anecdotes sur la conduite de Mme de Staël pendant les Cent-Jours, il pria Guillaume Schlegel de réfuter « cette absurdité », puisque lui-même savait mieux que personne comment les choses s'étaient passées [1]. Auguste de Staël était mort à son tour, quand Thiers, de son côté, répéta que M^m de Staël avait, pendant les Cent-Jours, modifié son opinion à l'égard de Napoléon. Il s'appuyait pour cela, indépendamment des *Mémoires du roi Joseph*, sur les communications de M. Crawford, ministre des Etats-Unis à Paris, qui, en ce moment, abandonnait ce poste pour aller occuper celui de secrétaire d'Etat de la guerre dans le cabinet de Washington. M. Crawford quitta le continent dans les derniers jours d'avril, environ un mois après le retour de Napoléon. Arrivé en Angleterre, il écrivait à lord Castlereagh, le 29 avril, qu'il avait reçu différentes lettres de Mme de Staël dans lesquelles elle parlait de la crainte qu'inspiraient les Jacobins, de leur nombre et de leur influence ; du danger, s'ils l'emportaient, de voir se renouveler les scènes révolutionnaires à l'intérieur, et leurs efforts employés à exciter des commotions au dehors. La dernière traitait la question de la puissance croissante de Napoléon et de la probabilité d'un soulèvement national en sa faveur, qui faisait paraître désirable la conclusion de la paix entre lui et l'Angle-

---

[1] * *Gazette privilégiée de Berlin*, n° 138, 18 novembre 1819. — Cousin d'Avallon, *Staëlliana*, 106.

terre ; aussi Crawford l'envoyait-il à lord Castlereagh.

La correspondance de celui-ci renferme en effet l'incluse annoncée, sous la date du 23 avril, portant pour susciiption : « Mme de Staël à M. Crawford ». Cette lettre, cependant, n'est pas signée et suppose la présence à Paris de la personne qui l'écrivait, tandis que Mme de Staël était de retour à Coppet depuis le 16 mars. L'historien *du Consulat et de l'Empire* n'a pas tenu compte de ce fait et porte la lettre à l'actif de Mme de Stael. A quoi Sainte-Beuve répond que, même au cas où son authenticité serait prouvée, rien, dans cette lettre, ne porterait atteinte à la dignité et aux convictions de celle qui est supposée en être l'auteur. Il ajoute : « Bien, très bien ! et qui que tu sois qui l'as écrite, tu es un brave cœur [1] ! ». Depuis la première Restauration, Mme de Staël était un peu revenue de son enthousiasme pour l'Angleterre, qui ni en France, ni en Espagne, ni au Congrès de Vienne, n'avait défendu la cause de la liberté. Elle n'en rendait pas responsable la nation, mais un parti, les torys, qui étaient à la tête du gouvernement. « On trompe le peuple anglais », dit-elle à Canning ; « il ne sait pas qu'on l'emploie à priver les autres peuples de la liberté qu'il possède, à protéger l'intolérance envers ses frères en religion s'il le savait, il renierait ceux qui abusent de son nom [2] ».

[1] Sainte-Beuve, *Nouveaux Lundis*, II, 320-321.
[2] Mme Necker de Saussure, *Notice sur le caractère et les écrits de Mme de Staël*. — La Fayette, *Mémoires*, V, 387. —

Le *Journal intime* de Benjamin Constant aussi s'est mis de la partie et ne laisse pas douter un instant de la bonne volonté qu'avait son auteur de compromettre politiquement Mme de Staël, s'il le pouvait, car il nourrissait alors contre elle des griefs tout particuliers. Dans l'hiver de 1815 il avait acheté une maison à Paris, pour devenir par là éligible et député, et Mme de Staël lui avait avancé à cet effet quatre-vingt mille francs, sous cette clause que la moitié de cette somme devrait être remboursée au mariage de sa fille. Elle dut lui rappeler la chose au printemps, et le fit dans plusieurs lettres excessivement désagréables à écrire, vu la nature de l'affaire. Benjamin Constant fut si irrité, qu'il se livre dans son *Journal* à cette menace : « Lettre furieuse de Mme de Stael. Je l'attends et je l'écrase. J'ai ce qu'il faut pour cela [1] ». Cette menace ne fut pas mise à exécution, par la bonne raison qu'elle ne trouva rien à quoi se prendre. Au contraire, le point de vue de Mme de Staël devient beaucoup plus

---

Mme de Staël *Considérations. Œuvres complètes*, XIV, 297, 325.

[1] Benjamin Constant, *Journal intime*. Revue internationale, 25 mars 1887, 939. A comparer : J. H. Menos : *Lettre de Benjamin Constant à sa famille*, p. 632. Les lettres écrites par Benjamin Constant à sa cousine Rosalie pendant les années 1814-1815 jettent sur sa véracité un doute pénible. Il est impossible de comparer ces lettres avec celles de Mme de Staël, que Strodtmann a publiées, sans s'apercevoir que Benjamin Constant trompait les siens sur la nature de ses relations d'affaires avec Mme de Stael. Sur d'autres points, il n'était guère plus sincère.

clair lorsqu'on lit, dans ses lettres à Benjamin Constant, ses remarques sur la situation politique. C'est ainsi qu'elle emploie les propres termes de la fameuse phrase de Benjamin Constant, que nous avons citée plus haut, pour lui dire : « Je ne veux pas parler politique avec vous et *balbutier des mots profanes* ». Elle ajoutait, dans une lettre du 10 avril : « S'il est vrai que vous travaillez à la Constitution, je vous conseille de songer aux garanties, plutôt qu'à la déclaration des droits ». Dans l'intervalle, la Constitution avait été rédigée, et elle remarquait à son sujet : « La Constitution m'a fort satisfaite. Cependant j'ai quelques objections à faire. Quels sont les attributs des conseillers d'Etat ? sont-ils responsables ou inviolables ? que signifie leur présence dans la Constitution ? Quelle sera la tâche des pairs ? on n'a pas tout dit en prononçant ce mot. Une chambre de militaires n'offrirait pas de garantie à la liberté. L'administration dans les provinces sera-t-elle confiée aux élus du peuple ? Quoi qu'il advienne, on doit louer ce qui est à louer, et je conçois que vous soyez très heureux d'avoir collaboré à cette œuvre ; mais ce que vous me dites sur la satifaction que vous ressentez ne me paraît pas provenir uniquement de la conscience. Formuler de bons principes est toujours une grande chose : les principes mènent parfois les hommes plus qu'ils ne sont menés par eux. En ce qui vous concerne, vous savez mieux qu'aucun autre ce qu'il y aurait à dire contre vous par rapport à votre attitude politique. Moi-même j'incline à tout comprendre, excepté ce qui se rapporte au manque de sentiment, et là vous n'étiez pas lié ¹ ».

Elle-même éprouvait d'autant moins la tentation de sortir de sa réserve, que son opinion sur Napoléon n'était en rien modifiée. Quand Sismondi la revit à Coppet, dans le cours de l'été de 1815, il trouva cette opinion « toujours encore exagérée », tandis qu'elle-même écrivait à la comtesse d'Albany : « Je suis de votre avis sur Sismondi, c'est un homme de la meilleure foi du monde ; nous avons eu des querelles terribles par lettres sur Bonaparte ; il a vu la liberté là où elle était impossible. Mais il faut convenir aussi que pour la France *tout* valait mieux que l'état où elle est réduite actuellement ²».

Dans l'intervalle se produisirent Waterloo et les vicissitudes de la seconde Restauration. Une fois encore l'antique dynastie était revenue sous la protection des armées étrangères, mais avec cette différence que la représentation nationale convoquée par Napoléon, après avoir donné, à la suite de la bataille perdue, le coup de grâce au souverain auquel elle avait juré fidélité, se déclara, à son tour, avec toute la violence de l'animosité politique, contre les Bourbons. Mais les provinces du midi et une partie de l'Ouest se levèrent pour la cause royaliste, en faveur de laquelle le Congrès de Vienne avait renouvelé le traité de Chaumont.

---

[1] * Adolphe Strodtmann, *Profils de poëtes et caractères de la littérature étrangère*, II, 36-38.
[2] Saint René Taillandier, *Lettres inédites*, etc., Mme de Staël à la comtesse d'Albany, 8 decembre 1815. — Sismondi, *Lettres*, etc. *Revue historique*, 1877, 129.

Relativement aux puissances, la situation, depuis 1814, était également devenue très différente. Ce ne fut plus le tzar Alexandre, mais le duc de Wellington, Gneisenau et Blucher, qui dirigèrent alors les opérations militaires, et ce fut une lettre du duc qui, le lendemain de Waterloo, rappela, sous la conduite de drapeaux anglais, le roi en France. Jusque là la petite cour, réfugiée à Gand, était restée livrée aux intrigues contre lesquelles le royalisme libéral de Molé et de Royer-Collard, de Guizot et de Chateaubriand, luttait en apparence vainement. A Mons encore, où Louis XVIII se rendit directement en quittant Gand, il était accompagné de son favori le duc de Blacas et entouré d'émigrés. Talleyrand, qui y arriva quelques heures après le roi, et, avec une mauvaise humeur calculée, évita la cour, apprit la même nuit que Louis XVIII avait donné l'ordre de poursuivre le voyage. Il n'eut que le temps de donner au dernier moment des conseils qui furent repoussés. C'est alors que Wellington intervint. Sur sa demande, Talleyrand se rendit à Cambrai, le 27 juin, comme conseiller du monarque, qui déjà s'était obligé de nouveau à respecter les principes fondamentaux du régime constitutionnel.

Le programme de ce régime, Talleyrand l'exposa dans son célèbre *Rapport* à Louis XVIII. « Le principe de la légitimité était attaqué aussi par les fautes des défenseurs du pouvoir légitime, qui, confondant deux choses aussi différentes que la tenue du pouvoir et son exercice, se persuadaient ou agissaient comme s'ils étaient persuadés que, par cela même qu'il était légitime, il devait aussi être absolu. Mais quelque légitime que soit un pouvoir, son exercice doit varier selon les objets auxquels il s'applique, selon les temps et selon les lieux. Or, l'esprit des temps où nous vivons exige que, dans les grands États civilisés, le pouvoir suprême ne s'exerce qu'avec le concours de corps tirés du sein de la société qu'il gouverne... Avec cette disposition qui se montre aujourd'hui chez tous les peuples, et dans un temps où l'on discute, où l'on examine, où l'on analyse tout, et surtout les matières politiques, on se demande ce que c'est que la légitimité, d'où elle provient, ce qui la constitue. Lorsque les sentiments religieux étaient profondément gravés dans les cœurs et qu'ils étaient tout puissants sur les esprits, les hommes pouvaient croire que la puissance souveraine était une émanation de la Divinité. Ils pouvaient croire que les familles que la protection du ciel avait placées sur les trônes, et que sa volonté avait longtemps maintenues, régnaient sur eux de droit divin. Mais dans un temps où il reste à peine une trace légère de ces sentiments, où le lien de la religion, s'il n'est rompu, est au moins bien relâché, on ne veut plus admettre une telle origine de la légitimité. Aujourd'hui, l'opinion générale, et l'on tenterait vainement de l'affaiblir, est que les gouvernements existent uniquement pour les peuples : une conséquence nécessaire de cette opinion, c'est que le pouvoir légitime est celui qui peut le mieux assurer leur bonheur et leur repos. Or, il suit de là que le seul pouvoir légitime est celui qui existe depuis une longue succession d'années; et en effet, ce pouvoir, fortifié par le respect qu'inspire le souvenir des temps passés.., livre plus rarement qu'aucun autre le sort des peuples au funeste hasard des révolutions; c'est donc celui auquel leurs plus chers intérêts leur commandent de rester soumis. Mais si l'on vient malheureusement à penser que les abus de ce pouvoir l'emportent sur les avantages qu'il faut procurer, on est conduit à regarder la légitimité comme une chimère ».

Comme Necker l'avait fait jadis, Talleyrand, lui aussi, proposa de conjurer le danger en faisant appel à l'opinion publique. « Que faut-il donc pour donner aux peuples la confiance dans le pouvoir légitime, pour conserver à ce pouvoir le respect qui assure sa stabilité ? Il suffit, mais il est indispensable, de le constituer de telle manière que tous les motifs de crainte qu'il peut donner soient écartés... La puissance souveraine ne peut trouver d'appui que dans l'opinion, et pour cela il faut qu'elle marche d'accord avec cette même opinion ». Or, cette opinion réclame la garantie de la liberté individuelle, la liberté de la presse, l'indépendance de l'ordre judiciaire, la responsabilité ministérielle comme celle de toutes les personnes qui entrent dans les conseils du souverain [1]. Dans la proclamation du 7 juillet, ces garanties se trouvent presque toutes énumérées. Elles sont accompagnées de promesses d'oubli et de pardon, qui n'excluaient que quelques traîtres. Pen-

[1] *Correspondance inédite du prince de Talleyrand et du roi Louis XVIII pendant le Congrès de Vienne*, 463-473.

dant que les troupes françaises se retiraient derrière la Loire pour obéir aux termes stipulés à la convention de Saint-Cloud, les troupes prussiennes et anglaises occupaient Paris et Louis XVIII arrivait à Saint-Denis sous la conduite de Wellington.

Là le monarque allait se trouver en face d'une situation qui, selon toute probabilité, n'était point inattendue. Déjà à Gand, Fouché, encore ministre de Napoléon, lui avait adressé des propositions, et Wellington avait dit un mot au roi sur la nécessité de se servir de lui [1]. Maintenant Wellington aussi bien que Talleyrand déclarèrent qu'il était indispensable de l'appeler comme ministre dans le conseil de Louis XVIII. Fouché était depuis le 22 juin le chef du gouvernement provisoire. Parmi les nombreuses raisons qui plaidaient en faveur de cette mesure, il fallait compter la crainte où l'on était qu'il transportât les Chambres et le gouvernement au-delà de la Loire, au milieu de l'armée. Ce qui était plus décisif encore, c'est qu'il connaissait tous les secrets, qu'il avait usé toutes les personnalités et tous les partis en les mettant aux prises les uns avec les autres. Et Wellington savait de son côté que le tzar Alexandre et La Fayette songeaient au duc d'Orléans, Metternich à une régence, et que, par conséquent, l'entente des puissances relativement aux Bourbons n'était qu'apparente [2]. Il s'agissait donc d'installer Louis XVIII aux Tuileries avant le retour des princes alliés dans

---

[1] * Bernhardi, *Histoire de Russie*, I, 258.
[2] * Bernhardi, *Histoire de Russie*. I, 188, 352, 375, 430-434. — La Fayette, *Mémoires*, V. Première Restauration et

la capitale. A ce prix, Fouché devint ministre avec l'assentiment des royalistes [1]. Après qu'il eut proclamé solennellement ce mensonge, que le rétablissement des Bourbons était réclamé par les puissances, le gouvernement et les Chambres se dispersèrent, et l'entrée de Louis XVIII précéda de quelques heures celle des princes alliés. Chateaubriand, quand il revit le roi, qu'il avait élevé sur le bouclier, en compagnie de Fouché et de Talleyrand, « le vice appuyé sur le crime », sentit en gentilhomme l'affront. C'était à Saint-Denis, et Louis XVIII l'engagea vivement à dire ce qu'il pensait : « Sire, je crois la monarchie finie », répondit-il. « Je suis de votre avis », répliqua le roi [2].

Mme de Staël pensait de même. Cette possibilité d'appeler Fouché dans le conseil du roi avait été pesée devant elle en présence de Fouché lui-même et de Benjamin Constant, et elle avait déclaré sans détours que cela ne devait pas se faire [3]. Elle alla plus loin, et dans les *Considérations* rompit ouvertement avec Talleyrand. Nul doute, en effet, que les lignes suivantes ne visent directement son ancien ami : « Mais ces hommes dégagés de tout scrupule politique, comment compter sur leurs promesses ? Ils ont de l'esprit, dit-on. Ah ! qu'il soit maudit, l'esprit, s'il dispense d'un seul sentiment vrai, d'un seul acte de moralité droit

---

Cent-Jours, 308-309, 339, 373. — Viel-Castel, *Histoire de la Restauration*. III, 1.

[1] Baron de Vitrolles, *Mémoires*, III, 104-113 et sqq.
[2] Chateaubriand, *Mémoires d'Outre-Tombe*, IV, 33, 36.
[3] Benjamin Constant, *Mémoires sur les Cent-Jours*, I, 97.

et ferme ! Et de quelle utilité sont donc les facultés de ceux qui vous accablent, quand vous succombez ? Qu'un grain noir se montre sur l'horizon, par degrés leur physionomie perd son empressement gracieux ; ils commencent à raisonner sur les fautes qu'on a commises, ils accusent leurs collègues amèrement, et font des lamentations doucereuses sur leur maître ; enfin, par une métamorphose graduée, ils se changent en ennemis, eux qui naguère avaient égaré les princes par leurs flatteries orientales [1] ». Les succès même de la diplomatie française à Vienne lui arrachèrent la remarque que celle-ci aurait dû se proposer pour tâche d'organiser non pas l'Allemagne, mais la France.

Dans une lettre à Meister, peu de semaines après Waterloo, ce mot lui échappa : « A l'honneur près, nous avons tout sauvé ». A la comtesse d'Albany, qui partageait sa manière de voir, elle écrivit de Pise : « Vous dites avec raison qu'on est aussi libre ici que dans une république ; certainement, si la liberté est une chose négative, il ne s'y fait aucun mal quelconque ; mais où est l'émulation ? où est le mobile de la distinction dans les hommes ? Je conviens avec vous que c'est un grand bonheur pour l'Europe que l'affranchissement de Bonaparte et qu'un peu de bêtise dont on est assez généralement menacé vaut mieux que la tyrannie ; mais la France, la France ! Dans quel état elle est ! et quelle bizarre idée de lui donner un gouvernement qui a de bien nombreux

---

[1] Mme de Stael, *Considérations. Œuvres complètes*, XIV, 110.

ennemis, en ôtant à ce pauvre bon roi qu'on lui fait prendre tous les moyens de se faire aimer ! Car les contributions et les troupes étrangères se confondent avec les Bourbons, quoiqu'ils en soient à beaucoup d'égards très affligés. J'ai dit, quand à Paris la nouvelle de cet affreux débarquement de Bonaparte m'est arrivée : *S'il triomphe, c'en est fait de toute liberté en France ; s'il est battu, c'en est fait de toute indépendance.* N'avais-je pas raison ? et ce débarquement, à qui s'en prendre, si ce n'est à ceux qui l'ont mis à l'île d'Elbe ? Nous n'avons cessé de nous en plaindre à Paris tout l'hiver. Se pouvait-il que l'armée tirât sur un général qui l'avait menée vingt années à la victoire ? Pourquoi l'exposer à cette situation ? et pourquoi punir si sévèrement la France des fautes qu'on lui a fait commettre ? J'aurais plutôt conçu le ressentiment en 1814 qu'en 1815 ; mais alors on craignait encore le colosse abattu, et après Waterloo c'en était fait. Voilà ma pensée tout entière dite à vous ; ai-je raison ? C'est à votre noble impartialité que j'en appelle [1] ».

La confiance de Mme de Staël dans les intentions d'Alexandre Ier demeurait inébranlable. Elle résista même aux rapports qu'on lui fit de l'influence exercée sur celui-ci par Mme de Krüdener, que pourtant elle n'aimait guère. A Mme de Gérando, qui l'avait entretenue de ces incidents, elle répondit par la lettre suivante : « J'ai une très grande admiration pour l'empereur Alexandre, et si, contre l'ordinaire des

---

[1] Saint-René Taillandier, *Lettres inédites*, etc. Mme de Staël à la comtesse d'Albany, Pise, 20 décembre 1816.

souverains, il est moins loué qu'il ne le mérite, c'est parce que les idées libérales qu'il aime du fond du cœur ont peu de partisans dans les salons. Je souhaite, de toute mon âme, tout ce qui peut élever cet homme qui me paraît un miracle de la Providence pour sauver la liberté menacée de toutes parts. Je n'ai pas besoin de vous dire que la liberté et la religion se tiennent dans ma pensée, religion éclairée, liberté juste : c'est le but, c'est le chemin. Je crois le mysticisme, c'est-à-dire la religion de Fénelon, celle qui a son sanctuaire dans le cœur, qui joint l'amour aux œuvres, je le crois une réformation de la Réformation, un développement du christianisme qui réunit ce qu'il y a de bon dans le catholicisme et le protestantisme, et qui sépare entièrement la religion de l'influence politique des prêtres.

« Quelle belle chose pour l'empereur Alexandre que d'être à la tête de ces deux nobles perfectionnements de l'espèce humaine, la religion intime et le gouvernement représentatif ! J'aurais eu grande envie d'aller porter aussi mon tribut de pensées à l'empereur Alexandre, mais j'ai craint la douleur que me causerait la présence de l'étranger, j'ai craint la violence de l'esprit de parti sous des rapports tout à fait opposés à mes opinions, et pénétrée, comme je le suis, de respect et d'attachement pour le Roi, j'ai cru que ne rien dire était le mieux. Faites qu'il y ait encore une France et une France avec des Français, et nous nous en tirerons [1] ».

[1] De Gerando, *Lettres inédites*, etc. Mme de Staël à Mme de Gerando, 27 septembre 1815.

Le deuil de la patrie, de tant d'espérances avortées et d'humiliations subies, pénètre les derniers chapitres des *Considérations*. L'auteur n'acceptait la doctrine de la légitimité sous sa conception première que dans les limites constitutionnelles qui lui avaient été assignées par Talleyrand en 1815. Elle admettait la consécration que le temps et le droit héréditaire prêtent à une ancienne dynastie, mais elle disait en plaisantant, à ceux qui comptaient uniquement sur cela pour le maintien de la monarchie, que les Turcs jouissant de cet avantage, il y a lieu de penser qu'il faut encore quelques autres conditions pour assurer le bien d'un Etat. Elle demandait si par hasard le servage, parce qu'il avait duré plus de dix siècles, en était plus équitable, si la traite des nègres, l'Inquisition et la torture, pour être, elles aussi, d'assez vieille date, devaient être rétablies. Tout gouvernement qui voudrait résister aux temps nouveaux, serait nécessairement brisé par eux. Est-ce de sang-froid qu'on peut discuter si les formes des gouvernements d'aujourd'hui doivent être en accord avec les besoins de la génération présente, ou de celles qui n'existent plus? Les Cent-Jours n'auraient pas été possibles, si les ministres du roi avaient franchement établi le gouvernement représentatif et les principes de la Charte, et si l'intérêt de la liberté constitutionnelle eût remplacé celui de la gloire militaire. La France ne peut se relever qu'à l'aide d'un gouvernement constitutionnel soutenu par l'assentiment de la nation ; un pacte honnête entre eux peut seul tranquilliser les esprits, affermir le trône. Les Français seront alors aux yeux de toute l'Europe non des rebelles qui demandent grâce, mais des citoyens unis avec leur chef par des devoirs réciproques. Les défauts mêmes qu'on se plaît à attribuer aux Français ne peuvent servir de prétexte pour leur refuser de tels droits. Quand ils seraient des enfants mutinés, c'est alors qu'il conviendrait d'autant plus de leur donner une Constitution qui fût à leurs yeux la garantie de l'équité dans ceux qui les gouvernent ; car les enfants mutinés, quand ils sont en si grand nombre, peuvent plus facilement être corrigés par la raison que comprimés par la force. Ne pas accorder ces droits, c'est ne pas se rendre compte des exigences de la société moderne. « Nous avons certainement pour nous la raison de tous les temps, ce qui ne laisse pas d'être une légitimité comme une autre [1] ». L'auteur des *Considérations* insiste sur ce point que, si le gouvernement a commis des fautes, la nation dans son ensemble a pourtant été plus coupable que lui ; elle avait désappris la signification du mot de *liberté*. Les royalistes de *seconde main*, c'est-à-dire ceux qui avaient servi sous Bonaparte, s'offraient pour mettre en vigueur les mêmes principes de despotisme sous la Restauration, et, ne pouvant inspirer que le mépris, n'étaient propres à conduire que des intrigues. Les émigrés attendaient des dédommagements pour les biens qu'ils avaient perdus en restant fidèles à l'ancienne dynastie ; leurs plaintes étaient naturelles, mais il fallait venir à leur

---

[1] Mme de Staël, *Considérations. Œuvres complètes*, XIV, 7, 43, 57, 63, 66, 74.

secours sans porter atteinte en aucune manière à la vente des propriétés nationales, et leur faire comprendre qu'ils devaient consentir, pour le bien de l'Etat, à ce que le monarque se préoccupât avant tout de l'intérêt général du pays. Le clergé redemandait son ancienne existence ; mais est-il nécessaire que le clergé soit un corps politique dans l'Etat et qu'il possède des richesses territoriales, pour que le peuple français redevienne plus religieux ? Sans doute, l'instruction du peuple est négligée à un degré qui menace toute espèce de gouvernement. S'ensuit-il qu'on doive remettre l'éducation publique exclusivement aux prêtres ? Le pays le plus religieux de l'Europe, l'Angleterre, n'a jamais admis une telle idée. On n'y songe ni dans l'Allemagne catholique, ni dans l'Allemagne protestante. L'éducation publique est un devoir des gouvernements envers les peuples, sur lequel ils ne peuvent prélever la taxe de telle ou telle opinion religieuse. Ce que veut le clergé en France, ce qu'il a toujours voulu, c'est le pouvoir ; en général, les réclamations qu'on entend, au nom de l'intérêt public, se réduisent à des ambitions de corps ou d'individus. Se publie-t-il un livre sur la politique, avez-vous de la peine à le comprendre, vous paraît-il ambigu, contradictoire, confus, traduisez-le par ces paroles : Je veux être ministre, et toutes les obscurités vous seront expliquées. Les sénateurs et les députés portent encore le même uniforme que Napoléon leur a donné ; ils font encore les mêmes révérences, en se tournant vers l'orient, au lieu de l'occident ; mais ils saluent tout aussi bas que de coutume. Ils ont tellement l'habitude de la soumission, que tous les sourires habituels de leurs physionomies servent, comme d'ordinaire, à admirer le pouvoir. Le premier paragraphe des Droits de l'Homme est pour chaque Français le droit de vivre de l'État ; la fureur d'être employé par l'État et pensionné par lui dévore la France [1].

Quelle était donc, au milieu de ces difficultés, la tâche du gouvernement? Il devait, dit Mme de Staël, tenir exactement ses obligations envers l'armée, ne pas favoriser outre mesure les officiers supérieurs aux dépens des officiers du second rang, détacher par degrés cette armée de ce besoin de la guerre, de cette frénésie de conquêtes avec laquelle on avait obtenu tant de succès militaires et fait tant de mal au monde ; mais le respect de la loi, le sentiment de la liberté pouvaient seuls opérer ce changement, sans qu'on dût néanmoins jamais compter que les soldats français, qui la plupart ne connaissaient pas les Bourbons, les préféreraient au général qui les avait conduits vingt ans à la victoire. En matière religieuse, le gouvernement devait pratiquer la tolérance universelle et la liberté, « à partir des choses telles qu'elles sont ». Vouloir se servir du clergé pour ramener l'ancien régime, ce serait, on peut en être certain, accroître l'incrédulité par l'irritation. Qu'a-t-on pu avoir en vue, par exemple, en substituant à la fête de Napoléon, le 15 août, une procession pour célébrer le vœu de Louis XIII, qui consacre la France

[1] Mme de Staël, *Considerations. Œuvres complètes*, XIII, 364.

à la Vierge ? « Il faut convenir que cette nation française a terriblement d'âpreté guerrière, pour qu'on la soumette à une cérémonie si candide ». Les courtisans suivent cette procession dévotement, pour obtenir des places ; mais quel bien fait-on au pays en voulant mettre en honneur d'anciens usages qu n'ont plus d'influence sur le peuple? C'est l'accoutumer à se jouer de la religion, au lieu de lui rendre l'habitude de la révérer. Quant au passé, il ne faut pas se livrer à son sujet à de vaines récriminations. Le rétablissement de l'influence politique du clergé n'a point de rapport avec la juste pitié qu'ont inspirée les souffrances des prêtres, et les privilèges de la noblesse ne doivent point lui être rendus en compensation des injustices dont elle a été l'objet. « De même aussi, parce que le souvenir de Louis XVI et de sa famille inspire un intérêt profond et déchirant, il ne s'ensuit pas que le pouvoir absolu soit la consolation nécessaire qu'il faille donner à ses descendants. Ce serait imiter Achille, qui faisait immoler des esclaves sur le tombeau de Patrocle ». Quand on peint les horreurs qui se sont commises en France, seulement avec l'indignation qu'elles doivent inspirer, tout le monde s'y associe ; mais quand on en fait un moyen d'exciter à la haine contre la liberté, on sèche les larmes que les regrets spontanés auraient fait couler. C'est la conduite de la maison de Hanovre, et non celle des Stuarts, qu'il faut prendre pour modèle. La pairie doit être héréditaire, composée des anciennes familles de France qui lui donneront de la dignité, et des hommes qui s'acquerront un nom honorable dans la carrière militaire ou civile. Les nouveaux tireront du lustre des anciens, et les anciens des nouveaux ; c'est ainsi qu'on marchera vers cette fusion constitutionnelle des classes, sans laquelle il n'y a jamais que de l'arrogance d'une part, et de la subalternité de l'autre. La plus grande erreur de la Charte, la condition d'éligibilité, fixée à quarante ans et qui étouffe ainsi toute espèce d'émulation, et le mode d'élection qui fait des députés bien moins les élus de la nation que les créatures du roi, doivent céder la place à une représentation qui mérite vraiment ce nom. Une Chambre de représentants nombreux (six cents députés au moins : la Chambre des Communes en Angleterre en a davantage) donnera plus de considération au corps législatif, et, en rendant nécessaire le suffrage de leurs concitoyens à beaucoup d'individus qui s'en sont « terriblement » passés, on peut faire renaître chez eux le besoin de l'estime. Il importe d'autre part d'établir des autorités locales dans les villes et dans les villages, de créer des intérêts politiques dans les provinces, afin de diminuer l'ascendant de Paris, « où l'on veut tout obtenir par la faveur ». Seulement, comme l'on ne peut gouverner les nations libres qu'à l'aide des hommes qui sont d'accord avec les opinions de la majorité, il en est qu'on doit exclure. Aucun de ceux qui se sont souillés d'un crime pendant la Révolution, c'est-à-dire qui ont versé le sang innocent, ne peut être utile en rien à la France. Le public les repousse, et leur propre inquiétude les fait dévier en tous les sens. « Celui qui n'a pas su tirer sa conscience et son honneur intacts de quelque lutte que ce soit, peut encore être assez adroit pour se servir lui-même, mais ne peut jamais servir sa patrie ». Cependant, sécurité pour eux ! car nul ne peut dire ce qu'il aurait fait dans de si grandes tourmentes. Ces exclusions prononcées, il ne reste à choisir que des amis de la liberté, soit ceux qui ont conservé cette opinion, sans la souiller, depuis 1789, soit ceux qui l'ont adoptée plus récemment au milieu des efforts que l'on fait pour l'étouffer. De tels hommes sont appelés à terminer la Révolution par la liberté, et c'est le seul dénouement possible à cette sanglante tragédie. « Tous les efforts pour remonter le torrent feront chavirer la barque : mais faites entrer ce torrent dans des canaux, et toute la contrée qu'il ravageait sera fertilisée. Aucune confiscation, aucun exil, aucune arrestation illégale n'a eu lieu pendant dix mois : quels progrès en sortant de quinze ans de tyrannie ! Si l'on a parlé constitution à Bonaparte, c'est parce qu'on avait respiré pendant dix mois sous Louis XVIII. La paisible sagesse du roi achèvera la réconciliation, si la France, rendue à elle-même, peut reprendre son œuvre politique, interrompue par le retour du tyran. Les hommes éclairés n'ont pu voir en celui-ci qu'un despote ; mais, par un concours de circonstances bien funestes, on a présenté ce despote au peuple comme le défenseur de ses droits. Tous les biens acquis par la Révolution, « auxquels la France ne renoncera jamais volontairement », étaient menacés par les continuelles imprudences du parti qui veut refaire la conquête

des Français, comme s'ils étaient encore des Gaulois;
et la partie de la nation qui craignait le plus le retour de l'ancien régime a cru voir dans Bonaparte un
moyen de s'en préserver. La plus fatale combinaison
qui pût accabler les amis de la liberté, c'était qu'un
despote se mît dans leurs rangs, se plaçât, pour ainsi
dire, à leur tête, et que les ennemis de toute idée libérale eussent un prétexte pour confondre les violences populaires avec les maux du despotisme, et
faire ainsi passer la tyrannie sur le compte de la liberté même. Il est résulté de cette fatale combinaison que les Français ont été haïs par les souverains
pour vouloir être libres, et par les nations pour
n'avoir pas su l'être. Sans doute, il a fallu de grandes fautes pour amener un tel résultat ; mais les injures que ces fautes ont provoquées plongeraient toutes les idées dans la confusion, si l'on n'essayait pas
de montrer que les Français, comme tout autre peuple, ont été victimes des circonstances qu'amènent
les grands bouleversements dans l'ordre social [1].

C'est à Coppet et en Italie, où Mme de Staël s'était
rendue à la fin de 1815, que fut écrite cette partie
des *Considérations*. On était au temps de la Terreur
blanche dans le Midi de la France, alors que la populace égorgeait sans distinction protestants et bonapartistes, — le maréchal Brune comme les plénipotentiaires du roi, les généraux Ramel et de La Garde,
— tandis que Fouché, à Paris, dressait des listes de
proscription, et que la presse couvrait d'injures les

[1] Mme de Staël, *Considérations*. OEuvres complètes, XIV, 118.

vaincus de Waterloo et leurs partisans. Mme de Staël, qui continuait à travailler, vit le moment où elle serait proscrite sous les Bourbons pour les convictions même qui lui avaient valu l'exil sous Bonaparte. Elle se retournait contre les auxiliaires de sa propre cause, lorsqu'ils la défendaient par des moyens blâmables, car son besoin de vérité la ramenait à la justice, et par là même à la modération. C'est ainsi qu'un homme connu sous plus d'un régime lui ayant dit, après la bataille de Waterloo, que Bonaparte n'avait ni talent ni courage, elle lui lança cette riposte : « C'est aussi par trop rabaisser la nation française et l'Europe, que de prétendre qu'elles aient obéi quinze ans à une bête et à un poltron [1] ». A cela s'ajoutait le sentiment intolérable de l'occupation du sol français par les armées étrangères victorieuses. Une invitation personnelle et toute gracieuse du roi, qui lui fut transmise par l'ambassadeur de France en Suisse, ne put la décider à rentrer à Paris. « Il me semble qu'il n'y a plus rien de possible », écrivit-elle à ce sujet à Meister. Un mot de Burke explique très bien ce qui se passait en elle. Un jour qu'on parlait devant lui du grand amour de Fox pour les Français : « Oui », répondit-il, « son attachement était grand et il a duré longtemps ; comme le chat, il est resté fidèle à la maison après que la famille en était partie [2] ».

« Les Français sont-ils faits pour être libres ? ».

[1] Mme Necker de Saussure, *Notice sur le caractère et les écrits de Mme de Staël.*
[2] Samuel Rogers, *Recollections*, 81-82.

Tel est le titre du premier chapitre de la sixième et dernière partie du livre de Mme de Staël. Selon toute probabilité, cette partie a été écrite au moment où Louis XVIII lui-même s'effrayait de la composition de la Chambre que l'histoire parlementaire connaît sous le nom de « Chambre introuvable », et qui se montra si réactionnaire dans le sens royaliste, que Chateaubriand se fit l'interprète de sa manière de voir, en qualifiant l'exécution du colonel La Bédoyère de « bienfait dont le peuple était redevable à la sévérité paternelle du roi ». « Ce sont des fous », s'écria le monarque lorsqu'il fut instruit de ce qui se passait.

Cette Chambre ainsi composée fut pourtant le point de départ d'un revirement de l'opinion. Elle immola d'abord à ses idées Fouché, puis Talleyrand, qui par son attitude à Vienne s'était à jamais aliéné la confiance du tzar Alexandre. A la tête du nouveau ministère le roi appela le duc de Richelieu. Celui-ci était âgé de cinquante ans et avait passé la plus grande partie de sa vie en Russie, où, comme gouverneur de la Crimée, il fonda, grâce à une administration modèle, le bien être du pays et de la ville d'Odessa. « En dépit de l'Assemblée nationale », écrivait Catherine II quand, en 1791, elle le reçut pour la première fois à sa cour, « je veux qu'il reste duc de Richelieu et qu'il aide à rétablir la monarchie [1] ».

Après vingt-cinq années, la prophétie était à la

---

[1] * Grot, *Lettres de l'impératrice Catherine II à Grimm*. Catherine II à Grimm, Tsarsko-Sélo, 2 mai 1791.

veille de s'accomplir, et le gouvernement de la France était entre les mains de cet homme, dont l'intégrité absolue de caractère et d'opinions imposait à tous les partis. Le 25 septembre, Richelieu devint ministre. Quelques jours plus tard, son impérial ami le tzar Alexandre quitta pour la seconde fois Paris, après avoir proclamé solennellement cette Sainte-Alliance dont l'idée mère, due à quelques penseurs allemands, lui avait été suggérée par Mme de Krudener.

Au duc de Richelieu échut avant tout la lourde tâche de conclure la paix; puis il rassembla toute son énergie pour faire face aux difficultés de la situation intérieure.

Afin de les indiquer, il suffit de dire que c'était le roi qui maintenant se sentait obligé envers la Charte, tandis que la majorité s'attaquait à elle et obligeait à des mesures répressives. Le royaliste extrême La Bourdonnaye réclamait, rien que pour le châtiment de la « trahison » des Cent-Jours, des centaines de vies humaines. Ni l'exécution de La Bédoyère et de Ney, ni le bannissement de cinquante-sept personnes pour leur vote dans le procès de Louis XVI, ne parvinrent à apaiser la soif de vengeance de la majorité, qui ne voulut pas même permettre qu'il fût fait mention des atrocités commises dans le Midi. Les fonctionnaires favorisaient les dénonciations et récompensaient les auteurs de rapports secrets. Des députés demandèrent que la direction de l'instruction publique fût retirée à l'Université et rendue au clergé. Bonald obtint l'abolition du divorce en opposant la légitimité à la Révolution ; des évêques lancèrent des mandements contre la tolérance et firent acte de foi envers la royauté par la grâce de Dieu sous sa forme la plus absolue. « Le bon sens en réchappera-t-il ? », se demandait Mme de Stael en enregistrant ces aberrations, et elle ajoutait avec non moins de raison : « Et, ce qui est pis encore, le sentiment religieux, sans lequel les hommes n'ont point d'asile en eux-mêmes, pourra-t il résister à ce mélange de la politique et de la religion, qui porte le caractère évident de l'hypocrisie et de l'égoïsme ?[1] ».

Le paroxysme atteignit son comble quand La Bourdonnaye, au cours des débats sur la loi d'amnistie, réclama des chaînes, des bourreaux et des exécutions, et l'avocat Corbière des confiscations en masse. On entrevoyait déjà la possibilité d'un ministère Chateaubriand, Bonald ou Blacas, ou d'un ministère Matthieu de Montmorency. Mme Récamier ayant, dans cet état de choses, engagé Mme de Staël à rentrer à Paris, celle-ci lui répondit: « Vous avez la bonté de me dire que je ferais mieux d'être à Paris. Non, en vérité, je n'aimerais pas à jouir des *franchises* du peuple, moi qui crois les nations *affranchies nées*. Je prononcerais de certains mots qui ne sont point à la mode, et je me ferais des ennemis sans nécessité... Matthieu, que je ne veux pas blesser, est dans une ligne tout exagérée ; les étrangers, qui sont bons pour moi, me font mal à Paris ; les divisions de partis sont telles qu'on ne peut les

---

[1] Mme de Staël, *Considérations*. Œuvres complètes, XIV, 355 et sqq.

réunir dans une chambre, à moins d'être, comme vous, un ange de bonté, qui couvre tout de ses ailes. Croyez-moi, j'ai raison, et c'est aussi l'avis d'Auguste [1] ». « Il règne ici un tel courant de légitimité », lit-on dans une des lettres de Mme de Staël à la comtesse d'Albany, « que je ne serais pas étonnée, Madame, de vous voir remonter sur le trône d'Angleterre ». « Les revenants », répondit la veuve de Charles-Edouard, qui avait fait ses expériences par rapport aux anciennes dynasties, « les revenants font de grandes bêtises [2] ». De leur côté, les défenseurs de la cause libérale s'étaient aguerris dans la lutte : Pasquier, Guizot, Barante, Royer-Collard, de Serre, à la Chambre des pairs le duc de Broglie, s'unissaient dans un commun effort pour défendre la monarchie contre l'opposition ultra-royaliste, et le pays contre les menaces de la contre-révolution. Les débats sur la loi d'amnistie firent valoir ses talents à la tribune et dans la presse, et ils offrirent au ministère la réserve d'énergie, de modération et de convictions arrêtées dont il avait besoin pour sauver « les royalistes malgré eux ». Le mot est de Richelieu, qui jeta à un irréconciliable de la droite ces mots inoubliables : « En vérité, je ne vous comprends pas, avec vos haines, vos passions, vos ressentiments, qui ne peuvent amener que de nouveaux malheurs. Je passe tous les jours devant l'hôtel qui a appartenu à mes pères ; j'ai vu les terres immenses de ma famille

---

[1] L'Auteur des Souvenirs de Mme Récamier, *Coppet et Weimar*, 306-307.
[2] Ugo Foscolo, *Lettere inedite*, 110.

dans les mains des nouveaux propriétaires ; je vois dans les musées des tableaux qui lui ont appartenu ; cela est triste, mais cela ne m'exaspère pas ni ne me rend implacable. Vraiment, vous me semblez quelquefois fous, vous qui êtes restés en France ». Au cours de la même discussion, de Serre, répondant à la droite qui demandait la tête de Lavalette réfugié en Allemagne, s'écria : « C'est précisément parce que les révolutionnaires ont tué, confisqué et incendié, que vous ne devez pas imiter leur odieux exemple ».

Plus éclatant encore fut le succès de Royer-Collard, dont le dévouement à la monarchie, à un moment où celle ci paraissait perdue sans retour, prêtait d'autant plus de force à ses paroles. Au cours des débats de 1816 sur la loi électorale, un ultra bel-esprit s'écria, en réponse à un discours dirigé contre son parti : « Voilà bien les doctrinaires ! ». Ce mot servit peu à peu à désigner une tendance politique qui a toujours protesté contre l'imputation d'être une école particulière et qui emprunta ses idées aux courants nationaux et intellectuels les plus divers. « Que parle t-on de doctrinaires ? », avait coutume de dire plus tard Royer-Collard, lorsqu'il entendait appliquer ce mot aux tendances les plus diverses ; « je sais seulement qu'au début nous étions trois, de Serre, Camille Jordan et moi ». Puis vinrent s'adjoindre un néophyte, Beugnot, et trois jeunes recrues, Guizot, Barante et le duc de Broglie. En ce temps les doctrinaires, selon le mot de l'un d'eux, trouvaient « place sur un canapé ». Camille

Jordan n'avait d'ailleurs pas été envoyé à la « Chambre introuvable ». Il répondit à la question de Mᵐᵉ de Staël : « Etes-vous disposé à faire pour la liberté ce que vous avez fait contre l'injustice ? », par son attitude au lendemain des nouvelles élections de 1816. Il devint le véritable intermédiaire entre elle et le petit groupe doctrinaire ; sur plus d'un point d'ailleurs, la théorie qu'il représentait se rencontrait avec la sienne et avec celle de son père [1].

Historiquement, elle se rattachait à la doctrine des constitutionnels de 1791, parce que, comme celle-ci, elle cherchait à rapprocher les partis et à concilier les différentes classes de la société. Elle avait, comme l'opinion de Mᵐᵉ de Staël, un caractère cosmopolite. Royer-Collard, le véritable chef des doctrinaires, cherchait, comme professeur à la Sorbonne, à introduire en France la philosophie écossaise. François Guizot représentait la tradition de l'école protestante libérale de Genève, à laquelle l'auteur du livre *De l'Allemagne*, Guillaume Schlegel et Benjamin Constant, avaient inculqué les théories esthétiques allemandes, la notion du droit et la morale empruntées de Kant. Un séjour de plusieurs années au delà du Rhin avait préparé Camille Jordan et de Serre, Broglie et Beugnot, à accepter ces idées. De plus, Mᵐᵉ de Staël consentait à ce que, dans les choses religieuses, l'opinion doctrinaire appuyât sur la morale, qu'elle se prononçât pour l'égalité de droits de tous les cultes et pour la liberté religieuse. Elle qui,

---

[1] De Gerando, *Lettres inédites*, etc. Mᵐᵉ de Staël à Gerando, 27 septembre 1815.

pendant des années, avait fait profession de foi républicaine, ne faisait aucune difficulté à admettre que pour les doctrinaires la chose importante n'était pas la forme politique en soi, mais plutôt l'adaptation de leurs idées aux circonstances, qui réclamaient une constitution monarchique en France, républicaine à Genève, — à condition, bien entendu, qu'aucune atteinte ne serait portée à certains principes primordiaux, dont le plus sacré était le respect de la morale et de la justice.

Mais, dans ces limites, les doctrinaires voulaient qu'il fût tenu compte, autant que possible, du droit existant, et eux-mêmes usaient de la façon la plus large de cette liberté. Sur plus d'une question importante, ils suivaient des voies si différentes, qu'un de leurs représentants les plus dignes et les plus remarquables, de Serre, a pu dire que, à proprement parler, son parti consistait à n'en point avoir [1]. Royer-Collard, qui partait de cette conviction que la victoire des ultras royaux devait nécessairement aboutir à une réaction révolutionnaire [2], voulait en 1816 un contrôle parlementaire et non un gouvernement parlementaire, et, en opposition au parti libéral, demandait que ce pouvoir tout entier fût remis aux mains du roi. Quatorze années plus tard, ce n'était plus Louis XVIII, mais Charles X qui gouvernait ; les choses, en apparence, étaient bien changées, et le même homme politique défendait en 1830, comme président de la Chambre,

[1] De Serre, *Correspondance*. II, 140.
[2] Barante, *Vie politique de Royer-Collard*, I, 266, 122.

les prérogatives parlementaires contre celles du roi et de son ministre Polignac. La contradiction toutefois était bien plus apparente que réelle. C'étaient toujours les ultras que les doctrinaires combattaient. Seulement, en 1816, ces ultras étaient maîtres, de la Chambre, et en 1830 ils étaient maîtres du ministère.

De Serre, qui ne s'était rallié à la monarchie qu'en 1814, mais pour lui vouer à partir de cet instant une fidélité à toute épreuve, voulait l'organisation du droit électoral sur la base des intérêts sociaux. Les autres, avec eux Guizot dans le *Moniteur*, étaient partisans d'un cens de trois cents francs, qui transportait aux classes moyennes le centre de gravité, et, par la loi électorale du 5 février 1817, assurait leur prépondérance politique pour les trente années suivantes. Le duc de Broglie avait pris une autre route et recommandé, évidemment sous l'influence de La Fayette, en mars 1815, un peu avant la fuite de Louis XVIII et le retour de Napoléon, l'expérience de 1830, la candidature du duc d'Orléans. « J'indiquai la branche cadette », dit-il, « comme l'unique espoir des gens de bien et de bon sens [1] ». Il ne s'agissait nullement d'un complot, encore moins d'une prédilection personnelle, car il ne connaissait presque pas le duc d'Orléans. Quand, au lieu de cette solution, qui lui semblait seule désirable, les Cent-Jours commencèrent, le duc de Broglie prêta sans hésitation, pour la seconde fois, serment de

---

[1] Duc de Broglie, *Souvenirs*, I, 290. Comparer La Fayette, pages 620, 638 639 de ce volume.

fidélité à l'Empereur, qu'il haïssait, uniquement en vertu de ce principe, qu'il faut tirer parti des situations existantes, et que cette fois la phase constitutionnelle des Cent-Jours pouvait servir à l'organisation d'un gouvernement assez fort pour débarrasser la France de l'Empereur[1]. Mme de Staël, aussi, s'est toujours montrée fort reservée sur la question dynastique. Pourtant, le commentaire qu'en donna son futur gendre lui sembla un peu trop indépendant. Lui-même sentit plus tard qu'il était allé trop loin, et du camp libéral il passa dans le camp doctrinaire.

Il y avait d'autres différences plus profondes entre les opinions politiques de Mme de Staël et celles des premiers doctrinaires. Elle regardait la mise en pratique des institutions constitutionnelles comme possible à une seule condition : c'est qu'une forte aristocratie représentât la cause de la liberté nationale. En cela elle s'appuyait absolument sur les idées anglaises. La première génération des doctrinaires, au contraire, ne cachait pas ses préférences pour l'élément bourgeois ; elle se prononça de la façon la plus formelle contre toute tentative d'adapter les institutions anglaises aux choses de la France[2]. Quand il fut question, en 1814, de récompenser le royalisme de Royer-Collard par un titre de noblesse, celui-ci ne manqua pas de répondre qu'il professait assez de dévouement à la personne du roi pour oublier cette impertinence. Ce ne fut qu'après la publi-

---

[1] Duc de Broglie, *Souvenirs*. I, 306, II, 210, 299.
[2] Viel-Castel, *Histoire de la Restauration*, IV, 525. — Barante, *Vie politique de Royer-Collard*, I, 139, 236.

cation des *Considérations*, quand des jours plus calmes permirent le fonctionnement paisible du mécanisme parlementaire, que Mᵐᵉ de Staël connaissait incomparablement mieux que la majorité encore très inexpérimentée des parlementaires français, que ses vues à elle exercèrent une action décisive sur la jeune génération des doctrinaires.

Au mois d'avril 1816 toutefois, quand la première Chambre dont ils faisaient partie fut prorogée, le but qu'ils se proposaient d'atteindre parut indéfiniment ajourné. Des conjurations et des soulèvements sur les points les plus différents du pays servaient aux ultras à démontrer la nécessité d'une sévérité implacable, et leurs députés furent accueillis à leur retour avec des acclamations frénétiques. En octobre, la réouverture de la session devait être signalée par la chute du ministère. Les choses, cependant, étaient destinées à prendre un autre cours.

Au nombre des collègues du duc de Richelieu était Decazes, qui avait remplacé le duc de Blacas dans la faveur du roi. Decazes savait combien Louis XVIII avait en antipathie la majorité, qui représentait non ses idées, mais celles de son frère, et qui poussait constamment l'autorité royale, dont elle blessait les prérogatives, à des mesures funestes. Decazes résolut en conséquence de dissoudre la Chambre. D'abord le duc de Richelieu refusa, surtout parce que la Conférence européenne, qui continuait à représenter à Paris les puissances, mettait constamment en garde contre les ultras et indiquait cette même solution. L'idée de se savoir appuyé par les étrangers était insupportable au patriotisme du duc de Richelieu : « Plutôt périr par des Français qu'être sauvé par des étrangers », dit-il à Decazes. Mais sur la France pesaient, avec l'occupation, de lourdes charges pécuniaires, et aussi longtemps que cette Chambre dirigeait les affaires, il ne fallait songer ni à un arrangement financier favorable, ni à des concessions de la part des puissances. Cette considération l'emporta dans la balance. L'opinion publique, elle aussi, finit par réagir d'une façon de plus en plus énergique, Richelieu se laissa convaincre de la nécessité de la dissolution de la Chambre, nécessité à laquelle furent également gagnés Lainé, Pasquier, Royer-Collard, de Serre, Guizot, et finalement le roi lui-même. Il décréta cette dissolution par son ordonnance du 5 septembre, et assura ainsi, au milieu des applaudissements de l'Europe, la durée de son gouvernement. Les élections décidèrent en faveur du ministère en assurant la majorité aux royalistes constitutionnels. Ainsi fut réfutée la prédiction de Chateaubriand, qui dans sa brochure de *La monarchie suivant la Charte*, avait annoncé une Chambre de conventionnels.

Les choses ayant pris cette tournure, Mme de Staël se décida enfin à rentrer en France.

L'état de santé de Rocca, qui empirait de jour en jour, l'avait déterminée en octobre 1815 à se rendre pour un temps en Italie ; elle se dirigea vers Pise par le Piémont et la Toscane. Sa fille et Guillaume Schlegel l'accompagnaient. Auguste de Staël et le duc de Broglie vinrent la rejoindre au mois de janvier. Le gouvernement français termina enfin l'affaire si longtemps ajournée de la restitution des deux millions de francs avancés par Necker, en faisant inscrire Mme de Stael sur le grand-livre pour une rente de cent mille francs, et le 15 et le 20 février eurent lieu à Pise et à Livourne les cérémonies du mariage du jeune couple. Ce mariage fut célébré d'après les deux rites différents auxquels chacun des époux appartenait, sous cette clause que les fils qui naîtraient de cette union seraient élevés dans la religion du père, les filles dans celle de la mère. Des petits-enfants de M^ne de Staël ont, de nos jours, porté l'habit du prêtre catholique et la robe de la diaconesse. Un salut poétique de Guillaume Schlegel à la fiancée renfermait ce passage :

« Un rayon de ta mère éclaire ton être, rayon encore à demi voilé, gracieux reflet. De bonne heure ton esprit a déployé ses ailes, pour suivre le sien, pour planer au dessus des vains mirages de la terre... Apporte comme pénates au foyer de ton époux l'image de ta mère et l'ombre de son père [1] ».

Benjamin Constant était alors à Londres. Il avait éprouvé, à la suite de la seconde Restauration, le désir très naturel de faire oublier par un éloignement temporaire de Paris, où certaines gens demandaient sa tête, sa confiance précipitée dans l'efficacité de la feuille de papier par laquelle Napoléon avait garanti la liberté. Quand il apprit le mariage de Pise, il écrivit à Mme Récamier : « Je n'ai rien de Mme de Staël,

[1] *A. G. Schlegel, *OEuvres complètes*, I, 154. A Albertine de Staël.

quoique je lui aie écrit. Ma lettre a peut-être été perdue. Je sais Albertine mariée, je la souhaite heureuse. Son mari est un homme excellent, et je ne lui crois pas à elle, telle que l'éducation l'a faite, un besoin impérieux d'une sensibilité expansive. Mme de Stael a ramené ses enfants à une raison parfaite par l'excès et les démentis de son enthousiasme [1] ». En mai, il reçut de ses nouvelles, datées, cette fois, de Florence. Elle lui parlait de son dessein d'aller en Grèce et de son poème de *Richard Cœur-de-Lion*, qui lui tenait fort à cœur. « Je crois que je ferai une belle peinture des effets de l'imagination dans l'âge mûr », lui dit-elle, « cet âge où les objets qui vont bientôt s'obscurcir sont encore illuminés par les rayons pourprés du soleil qui baisse. Mais ma santé décroît, et plus encore mon intérêt pour une existence désormais si courte. J'y tiens cependant, à présent qu'elle est heureuse, et je regrette le temps que le malheur m'a coûté. Qui oserait rendre compte de tous ces jours à celui qui nous a fait ce merveilleux présent? [2] ». Elle écrivit dans une disposition d'esprit analogue à Mme Récamier : « J'ai souffert cruellement le mois dernier par un catharre violent qu'a eu M. de Rocca. Grâce à Dieu, il en est rétabli. Mais un jour, je vous dirai tout ce qui s'est passé dans mon âme pendant ce temps. Vous serez étonnée de ce qu'il a gagné sous tous les rapports. Tant de patience, tant d'études, tant de reconnaissance pour

---

[1] Benjamin Constant, *Lettres à Mme Récamier*, 295-296.
[2] * Adolphe Strodtmann, *Profils de poètes et caractères de la littérature étrangère*, II, 40-41.

mes soins font de lui le plus parfait ami dont mon imagination eut l'idée [1] ». Les Anglais établis à Pise, qui y formaient presque exclusivement la société de Mme de Staël, retrouvèrent chez elle tout l'intérêt d'autrefois pour ses amis et pour toutes les grandes questions qui préoccupaient ses contemporains. Les pensées de Mme de Stael revenaient souvent aussi vers l'Allemagne. Elle pria Meister de lui envoyer la partie de la *Correspondance* de Wieland où il était question d'elle ; par l'intermédiaire de la duchesse Louise, elle demanda à Gœthe sa bénédiction poétique pour ses enfants. Son amour pour l'Italie souffrait douloureusement d'y voir partout la réaction à l'œuvre. Le gouvernement autrichien y poursuivait, entre autres journaux, la feuille libérale de son ami de Brême, *Le Conciliateur*, et si en Toscane on procédait plus doucement, tout élan n'était pas moins paralysé. « Certainement », écrivait Mme de Staël à la comtesse d'Albany, à propos de l'Italie, « si la liberté est une chose négative, il ne s'y fait aucun mal quelconque ; mais où est l'émulation! où est le mobile de la distinction dans les hommes ? ».

Coppet, où Mme de Staël retourna en juin 1816, vit encore, pendant ces derniers temps, des jours mémorables. Un de ces souvenirs ramène à l'année 1815. A cette époque, le jeune Alphonse de Lamartine, qui avait alors vingt-cinq ans, était l'hôte de Mme de V***, qui habitait un château tout près de Coppet. Il voyageait « à pied, en veste de toile », et n'avait ni titre

---

[1] L'Auteur des Souvenirs de Mme Récamier, *Coppet et Weimar*, '16.

ni prétexte pour se présenter chez Mme de Staël, qu'il brûlait de voir, ne fût-ce qu'en passant.

Un jour, raconte-t-il, « en sortant, comme à l'ordinaire, du château pour aller au lac, je pris la grande route de Coppet, et je me postai à l'ombre d'un saule, sur le revers du fossé, au bord du chemin. J'avais emporté avec moi un volume de *Corinne*, comme pour me porter bonheur ; le livre et le jour me portèrent en effet bonheur. Après avoir attendu une grande partie de la journée sans apercevoir autre chose sur la route que les petits nuages de poussière soulevés par le vent d'été, qui soufflait du lac vers les montagnes, le soleil baissait, j'allais reprendre tristement le chemin pour rentrer à V***..., quand un grand nuage de poussière et un bruit de roues attirèrent mes regards du côté de Coppet. Le cœur me battit, le livre me tomba des mains ; j'avais eu le temps de me rasseoir au pied de mon saule, quand deux calèches découvertes, courant au grand trot des chevaux, vers Morges, défilèrent à demi-voilées par la poussière devant moi. La première ne contenait que des jeunes gens sur le siège et des jeunes personnes dans la voiture ; elles étaient charmantes, mais ce n'était pas la beauté que je cherchais. Dans la seconde, deux femmes d'un âge plus mûr étaient assises seules et causaient ensemble avec animation. L'une, — on m'a dit le soir que c'était Mme Récamier, — m'éblouit comme le plus céleste visage qui ait jamais éclairé les yeux d'un poète, trop beau comme un éclair pour être jamais autre chose qu'une apparition ! La seconde, un peu massive, un peu colorée, un peu virile pour une apparition, mais avec de grands yeux noirs et humides qui ruisselaient de flamme et de beauté, parlait avec une vivacité et avec des gestes qui semblaient accompagner de fortes pensées ; elle se soulevait en parlant comme si elle eût voulu s'élancer de la calèche ; ses cheveux, mal bouclés, s'épandaient au vent ; elle tenait dans sa main une branche de saule qui lui servait d'éventail contre le soleil de juin. Je ne vis plus qu'elle. Elle m'aperçut et me montra du regard à son amie, qui se pencha à son tour pour regarder de mon côté.

« Est-ce mon costume ? Est-ce mon livre ? Est-ce l'enthousiasme involontaire exprimé par la rougeur ou par la pâleur sur mon visage ? Me prirent-elles pour un étudiant allemand qui cherchait des fleurs dans la poussière des grands chemins, ou pour un poète italien qui rêvait un sonnet à la liberté, à l'amour ou à la gloire de Corinne ? Je ne sais... Hélas ! comme tout le monde, je n'ai saisi ma vision qu'au vol, et je n'ai vu l'amour et la gloire qu'à travers la poudre d'un grand chemin [1] ».

Un an plus tard, un autre poète s'arrêtait à son tour sur les rives du Léman. Lord Byron, séparé de sa femme et proscrit par la société anglaise, répandait une telle terreur autour de lui, que lors de sa visite à Coppet la romancière Mrs Hervey, qui était présente, s'évanouit en l'apercevant, « comme si elle avait vu Sa Majesté satanique ». Byron lui-même n'était pas venu sans hésitations à Coppet. Mais

---

[1] Lamartine, *Souvenirs et portraits*, XI, 293. En rapprocher ses *Mémoires inédits*.

Mme de Staël se montra invariablement la même à son égard, et il trouva qu'elle avait rendu sa demeure « aussi agréable que lieu sur terre puisse le devenir par la société et par le talent ». Il lui apporta comme nouveautés littéraires l'*Antiquaire* de Walter Scott et *Glenarvon*, un roman que lady Caroline Lamb avait écrit à ses dépens. « Je lui crois juste assez de sensibilité pour abîmer le bonheur d'une femme », tel était le jugement que Mme de Staël avait porté sur lord Byron pendant son séjour en Angleterre. « Elle prit la part la plus généreuse à ma querelle avec lady Byron », raconte-t-il, « ou plutôt à la querelle de lady Byron avec moi, et elle avait sur ma femme quelque influence autant que n'importe qui en dehors de sa mère, ce qui ne veut pas dire beaucoup. Je crois que Mme de Staël fit tout ce qui lui fut possible pour amener une réconciliation. C'était la meilleure creature du monde ».

Parmi ses derniers hôtes de l'hospitalier château des bords du Léman se trouvaient, outre lord Byron et son ami Hobhouse, le baron de Stein, qui se rendait en Italie pour s'épargner la vue de la réaction en Allemagne, le général La Harpe, ami du tzar Alexandre, les lords Breadalbane et Lansdowne, Henry Brougham, Pictet, Saussure, la comtesse Montgelas, et « un jeune Italien plein d'esprit et de vie ». Ce dernier était Pellegrino Rossi, le futur ministre réformateur de Pie IX. C'est par sa figure noble et tragique que nous fermerons le cercle des personnalités célèbres qui, à Coppet, entouraient Mme de Staël.

Elle était revenue à Paris avec la résolution d'y mener une existence tranquille. Mais, à peine rentrée, elle se sentit reprise par son intérêt pour tous les incidents de la vie politique et littéraire, pour les hommes et pour les idées, et, sans se ménager, elle s'imposa, comme par le passé, les obligations et les fatigues de la vie mondaine. Entourée et fêtée comme elle l'était, il ne lui échappait cependant pas qu'une atmosphère de plomb pesait sur les esprits, que personne ne disait ce qu'il pensait, et que les antipathies politiques étaient toujours près de se terminer en haine personnelle.

Une autre conséquence singulière de la lutte des partis était celle-ci, que beaucoup de royalistes extrêmes réclamaient à présent, d'accord avec Chateaubriand dans *La monarchie suivant la Charte*, une interprétation de la Constitution dans le sens de la Constitution anglaise, « afin de délivrer de cette manière le roi de ses ministres ». Dans son appel à l'union, par lequel il fit sa rentrée en France, Benjamin Constant félicita ironiquement les deux grands porte-paroles de la droite, Chateaubriand et Fiévée, de s'être, eux aussi, convertis à la liberté [1].

Les dernières luttes de la tribune dont fut témoin Mme de Stael concernaient la loi électorale et la dotation du clergé. Son gendre prit part à la première de ces discussions et défendit la loi. L'autre offrait au talent oratoire de Camille Jordan une brillante occasion de se déployer, à propos de la question ecclé-

[1] Benjamin Constant, *De la politique qui peut réunir tous les partis en France*, 1817.

siastique, dans l'intérêt des droits de l'Etat et d'une politique impartiale. Mme de Staël l'avait regagné à la vie publique en lui faisant remarquer que, pour la première fois depuis 1789, il était possible aux individus d'exercer une action décisive sur les affaires. C'est également à l'influence de Mme de Staël qu'on attribua en grande partie le consentement donné enfin par Wellington, qui y répugnait beaucoup, à une réduction des troupes d'occupation.

Par contre, on lit ceci dans la *Correspondance* de lord Castlereagh : « Dès son arrivée à Paris, à la fin d'octobre, Mme de Staël, par la vivacité de ses discours contre l'occupation armée de la France, avait fort irrité les ministres étrangers. Quand elle sut que la plupart des cours étaient favorablement disposées et que l'Angleterre seule faisait obstacle au soulagement désiré, toute l'ardeur de son indignation patriotique se porta sur sir Charles Stuart et sur M. Canning, et, un jour que ce dernier dînait chez elle, elle le prit ouvertement à partie, en opposant, avec sa verve ordinaire, la conduite libérale et généreuse de l'empereur de Russie à la conduite égoïste et illibérale des ministres anglais [1] ; à quoi M. Canning répondit par une vive attaque contre la nation française et contre l'empereur de Russie, que l'on détournait, dit-il, de son devoir et de qui l'on faisait un Jacobin [2].

La *Correspondance* de Villèle mentionne Mme de Staël en ces termes : « Wellington est décidément

---

[1] Duvergier de Hauranne, *Histoire du gouvernement parlementaire*, IV, 97.

[2] * Bernhardi, *Histoire de Russie*, III, 438.

acquis au ministère par l'entremise de Mme de Staël, qui joue un grand rôle ici cette année. Il s'entend avec Pozzo pour trouver très bon un ministère qui les consulte sur tout et fait tout ce qu'il peut pour les payer [1] ».

Mme de Staël et Royer-Collard se rencontrèrent à un dîner chez M. de Barante, qui avait été arrangé à cette intention. Ils s'entendirent sur les questions du jour, sans cependant se lier autrement. Elle avait en matière de relations sociales un besoin de naturel et de simplicité que le ton dogmatique du futur chef des doctrinaires n'était guère propre à satisfaire [2]. Sainte-Beuve mentionne un dîner plus gai, qui cette fois eut lieu chez elle et où se réunirent le ministre Pasquier, Mme de Vintimille, Lally, qui n'était pas seulement *le plus gras*, mais encore *le plus gai des hommes sensibles*. Il s'agissait pour Mme de Staël d'une réconciliation avec son ancien adversaire littéraire, Fontanes, et avec son adversaire politique, Chateaubriand. Elle y « fut d'une grâce suprême et de la plus belle patte de velours que femme puisse faire ». Fontanes, dont la position était plus difficile, s'y montra aussi très aimable et très spirituel [3]. A une autre occasion, Lemercier, « avec ses grands yeux bleus noblement animés, sa physionomie opiniâtre

---

[1] Villele, *Mémoires et correspondance*, II, 161, 8 janvier 1817.
[2] Duc de Broglie, *Souvenirs*, I, 372-373.
[3] Sainte-Beuve, *Chateaubriand et son groupe littéraire*, I, 194, note.

et pénétrante [1] », lut dans son salon sa tragédie de *Clovis*.

Un des derniers livres qui l'aient occupée est l'*Histoire de la session de 1815*, par Fiévée. « Ce n'est que de nos jours », écrivait-elle à cette occasion à Meister, « qu'il est possible d'employer les formes de la logique pour s'attaquer au bon sens ».

A ce moment, au sein de cette existence fiévreuse partagée entre le travail intellectuel et le monde, la force, soudain, lui fit défaut.

Un soir, à une fête donnée à l'hôtel Decazes, Mᵐᵉ de Staël s'évanouit sur l'escalier. On la ramena chez elle, où elle essaya en vain de serrer la main de son mari ; la sienne était devenue comme privée de vie. Ceci se passait en février. A partir de ce jour se produisit peu à peu une paralysie qui ne laissa intactes que les facultés intellectuelles. Pour ajouter à la tristesse de sa situation, elle qui, pendant les dernières années, avait souffert d'insomnies à peu près continuelles, elle fut prise à présent de l'angoisse que, pendant qu'elle reposait, les yeux de Rocca ou les siens pourraient se fermer pour toujours. Il la pria de dormir au moins cinq minutes, en lui promettant de l'éveiller au bout de cinq autres minutes, puis de vingt minutes, et elle s'accoutumait ainsi petit à petit à dormir suivant ses forces. Elle avait toujours craint la vieillesse, la maladie et la mort. Cependant ces dernières épreuves, lorsqu'elle eut à les subir, la trouvèrent pleinement résignée. Dans

[1] Villemain, *Souvenirs contemporains d'histoire et de littérature*, II, 12.

la maladie, comme en santé, elle réunissait ses amis autour d'elle. Quand elle ne put plus écrire, elle dicta. Dans une de ses lettres, adressée à miss Berry en mai 1817, elle dit : « Il m'est arrivé, *my dear friend*, un accident vraiment épouvantable à la suite de ma maladie ; c'est de ne pouvoir faire presqu'aucun usage ni de mes pieds, ni de mes mains, à cause des crampes cruelles que j'éprouve. Je suis donc couchée sur le dos depuis quatre-vingt-dix jours comme une tortue, mais avec beaucoup plus d'agitation d'esprit et de souffrance d'imagination que cet animal. Je comptais partir le premier juin : je voudrais me flatter du premier de juillet, et je passe ma vie à me tromper, ou à me désespérer ; il y a véritablement une punition du ciel, quand la personne du monde la plus active se trouve pour ainsi dire comme pétrifiée. Je ne le suis pourtant pas, ni d'esprit, ni de cœur, voilà pourquoi je regrette votre entretien et votre amitié... Puisse le bon Dieu me faire sortir de cet abîme où sa main seule peut m'être secourable ! ».

Ses souffrances ne l'empêchaient pas, cependant, de se faire porter chez Rocca quand il était malade, et d'entourer les siens de la plus tendre sollicitude. Sur son désir, on dut continuer les habitudes hospitalières de sa maison dans son dernier logement, Rue-Neuve des Mathurins, n° 9, où on l'avait transportée de son appartement de la rue Royale, à cause du jardin. Au sortir de table les invités étaient appelés auprès de son lit. Le souvenir de son père restait toujours présent à son esprit ; dans son testament elle demanda qu'on fît une édition complète de ses œuvres. Son portrait ne la quittait pas. Elle ne s'en était séparée qu'une fois, déjà bien malade, pour l'envoyer à sa fille près d'accoucher. Elle espérait qu'il exercerait sur celle-ci le même effet consolateur que sur elle-même. « Regarde-le », lui avait-elle écrit, « regarde-le quand tu souffriras ». « Mon père m'attend sur l'autre bord », répétait-elle souvent. Un jour, sortant d'un état de rêverie, elle dit : « Je crois savoir ce que c'est que le passage de la vie à la mort, et je suis sûre que la bonté de Dieu nous l'adoucit. Nos idées se troublent, la souffrance n'est pas très vive ». Chateaubriand vint la voir ; ce fut à lui qu'elle dit : « J'ai toujours été la même, vive et triste. J'ai aimé Dieu, mon père et la liberté ». C'est à tort qu'on a nommé cet aveu incomplet. Aux rayons du soleil couchant les bas-fonds disparaissent dans l'ombre ; les hauteurs restent dorées.

Durant ses longues nuits sans sommeil on l'entendait réciter l'oraison dominicale, dont la paix divine rassérénait son âme. La veille de sa mort, elle se fit encore traîner en fauteuil au jardin et distribua aux nobles êtres qu'elle allait quitter des roses en guise de souvenir, et de saintes paroles. Le lendemain matin elle vit Matthieu de Montmorency et le duc d'Orléans. Le soir venu, dix heures environ, elle demanda qu'on fît prendre à Rocca sa potion. « J'ai fait faire du feu dans ta cheminée », lui dit-elle, « il fait si froid ce soir ! ». Elle voulut ensuite avoir de l'opium.

Miss Randall, sa compagne dévouée, qui réchauffait ses mains dans les siennes, lui en refusa d'abord en disant qu'elle en prenait trop souvent. Elle s'assoupit environ deux heures, puis, comme elle ne pouvait se rendormir, miss Randall lui donna la dose accoutumée. Elle demanda ensuite à la malade si elle se sentait l'envie de dormir, à quoi celle-ci répondit : « Lourdement et profondément ».

Dans la chambre voisine veillaient sa fille et son fils aîné. Vers cinq heures du matin, quand miss Randall s'éveilla d'un court sommeil, elle sentit que la main qu'elle tenait dans la sienne était glacée et raidie. Elle poussa un cri d'effroi et appela. Le 14 juillet, au matin d'un jour de liberté qui déchaîna la tempête, Mme de Staël avait franchi en silence le seuil de l'éternité.

Le docteur Friedlaender, un médecin allemand qui embauma le corps, trouva tous les organes sains, le cerveau extraordinairement développé, les muscles et les nerfs faibles.

Dans les lettres posthumes de Schlegel on rencontre une feuille de papier jaunie. Elle contient en gros caractères très lisibles les lignes suivantes : « Je suis très allarmé de ce qu'on me rapporte ; n'y a-t il donc aucun moyen de voir Mme de Staël ? D'autres la voyent. Je ne puis vous peindre ce que j'éprouve. Est ce qu'elle ne veut pas me voir ? Croyez-moi, le passé est un terrible spectre, quand on craint pour ceux qu'on a pu faire souffrir. Enfin, dites ce qui en est, je vous en conjure, et faites, si cela ne lui fait pas de mal, que je la voye ». Ces lignes ne sont ni signées, ni datées, mais leur origine n'est pas douteuse.

Benjamin Constant veilla une nuit entière auprès de Mme de Staël morte ; il était sincèrement ému. Puis ses enfants et Schlegel accompagnèrent ses restes à Coppet, où les attendaient Bonstetten et Sismondi. Le duc de Broglie les fit déposer dans la chambre sépulcrale où étaient étendus l'un près de l'autre, dans une cuve de marbre noir, le visage découvert, les corps de Necker et de sa femme.

Enfants et amis n'étaient pas seuls à sentir qu'un monde s'était effondré pour eux avec celle qu'ils pleuraient, qu'aucune autre sympathie ne remplacerait jamais ce qu'ils avaient perdu. « Voyez comme tous les sots ont grandi depuis qu'elle n'est plus », écrivait de Brême à Bonstetten, et ce fut à celui-ci que Rocca dit ces paroles : « Quelle couronne pourrait remplacer ce que j'ai perdu ! ». Il avait espéré mourir avant elle et la suivit dans le court délai de six mois ; il succomba à Hyères le 29 janvier 1818, le jour où il entrait dans sa trente-neuvième année. Le duc de Broglie, si sobre de paroles, a dit celles-ci : « Ce qu'était Mme de Staël pour ses enfants et pour ceux qui vivaient dans son intimité, ne sera jamais compris que par eux [1] ».

---

[1] Duc de Broglie, *Souvenirs*, I, 377-384. — Portal, *Notice sur la maladie et la mort de Mme la baronne de Staël*, 1817.

EPILOGUE

Quelques mois après la mort de Mme de Staël parurent les *Considérations sur les principaux événements de la Révolution française*, dont la dernière partie avait été revue, pour le style, par le duc de Broglie et Auguste de Staël. En peu de jours on en vendit 60,000 exemplaires.

Ce livre se proposait un triple but : justifier la politique de Necker, commenter l'histoire de France depuis 1789, et tracer le programme de l'avenir.

L'apologie de Necker part surtout de ce point de vue, que le principe des monarchies, qui place l'honneur dans l'obéissance, était attaqué par sa base et la Révolution devenue inévitable à l'époque où Necker fut appelé pour la seconde fois au ministère : « Ceux qui considèrent la Révolution comme un événement accidentel n'ont porté leurs regards ni dans le passé ni dans l'avenir. Ils ont pris les acteurs pour la pièce ». La Révolution fut faite, du moment où les Parlements abdiquèrent en faveur de la nation le droit d'enregistrer l'impôt, qu'ils avaient défendu avec opiniâtreté contre le trône.

Ce que voulait la nation elle-même, dans son immense majorité, c'était la suppression du régime féodal, l'égalité devant la loi, la tolérance religieuse et l'établissement des institutions anglaises. Necker avait le dessein d'obliger la monarchie à se prêter à ces revendications. Mais le parti de la cour resista, et « une partie des députés voulaient la Révolution ».

Cependant, par la déclaration royale du 23 juin, le ministre réformateur de 1789 a assuré la suppression des privilèges et la liberté civile en France. Au témoignage de Jefferson entre autres, on n'a pas obtenu davantage dans tout le cours de la Révolution, et ce gain même a été remis en grande partie en question.

L'œuvre réformatrice s'est trouvée menacée du moment où le sang innocent a été versé en son nom, ce qui eut lieu avant le 14 juillet 1789 Elle a échoué contre la lutte des factions non pour l'établissement de la liberté, mais pour la possession du pouvoir. Avec l'Assemblée législative commença le règne de la démocratie égalitaire. Les armes forgées par la Gironde contre l'autorité royale se tournèrent contre elle-même et amenèrent sa destruction. Ainsi commença la Terreur. « Pendant les quarante années de l'histoire d'Angleterre, qu'on peut assimiler à celle de France sous tant de rapports, il n'est point de période comparable aux quatorze mois de la Terreur. Qu'en faut-il conclure? Qu'aucun pays n'avait été aussi malheureux depuis cent ans que le peuple français. Si les nègres à Saint-Domingue ont commis bien plus d'atrocités encore, c'est parce qu'ils avaient été plus opprimés ». C'est à l'école du terrorisme de Robespierre, qui fixait la mesure du patriote d'après l'orthodoxie du Jacobin, que s'est formé un peu plus tard le despotisme de Napoléon.

Entre eux deux il y eut la Constitution républicaine de l'An III. Les principes de celle-ci étaient infiniment mieux adaptés aux circonstances que ceux de la Constitution républicaine de 1791. Mais « on avait jeté trop de serpents dans le berceau d'Hercule ». Les traditions de la Convention survivaient dans le gouvernement du Directoire, et les théories que Daunou et ses amis politiques avaient consignées dans la Constitution se montraient sans force contre la pratique jacobine. C'en était fait de la République après le 18 Fructidor. Dès lors, il n'y eut plus de parti en France qui n'appelât la dictature.

Le dictateur parut.

Le jugement des *Considérations* sur lui, sur les devoirs imposés à la Restauration, est connu des lecteurs de M*me* de Staël. Le but suprême de l'œuvre pacifique de 1814-1815, la réconciliation des partis, ne pouvait être atteint que si la France revenait au point de départ de la Révolution, à la doctrine de Montesquieu, à la monarchie modérée sur la base du gouvernement parlementaire d'après le modèle anglais. Et cela sous un prince qui, en 1789, par son vote en faveur du doublement du Tiers, avait adopté l'opinion populaire et déclaré ouvertement qu'il était du devoir du roi de se mettre à la tête du mouvement.

Tel est, avec les ménagements que lui imposaient les difficultés de la situation faite au ministère du duc de Richelieu, l'esprit du testament politique de Mme de Staël.

L'action de cet écrit fut instantanée. Pour la première fois dans l'histoire politique moderne, la parole d'une femme, qui n'avait à donner que son opinion personnelle, tomba d'un poids décisif dans la balance.

Louis XVIII jugea le livre fortement républicain ; mais il s'y trouvait compris comme il voulait l'être. Le tzar Alexandre remercia en ces termes Auguste de Staël de le lui avoir envoyé : « Une plume éloquente et justement célèbre a entrepris la défense des principes que notre siècle a proclamés... Je m'estimerais heureux si, à la conscience d'avoir voulu le bien, je pouvais ajouter la certitude de l'avoir accompli ».

Au nom de la génération nouvelle, qui sous le drapeau doctrinaire se vouait aux idées libérales, Charles de Rémusat écrivit l'article pénétré d'un assentiment enthousiaste qui parut sous ce titre : *De l'influence du livre de Mme de Staël sur la jeune opinion publique*, et Guizot accompagna le travail de son ami de paroles sympathiques. Royer-Collard lui-même se laissa gagner : « Je vous ai relu, Monsieur », dit-il à Rémusat. Le premier livre historique sur la Révolution avait été écrit par une femme.

Les attaques ne pouvaient pas manquer.

Au nom des idées catholiques-royalistes, Bonald consacra une réfutation spéciale à l'œuvre de Mme de

Staël. « Un roman sur la société et la politique, pénétré de l'esprit de la Réforme », c'est ainsi que la nomme l'auteur de la *Législation primitive*. Joseph de Maistre écrivit de son côté, à propos du dernier livre de Mme de Staël, qu'il était à la fois le meilleur et le pire de ses ouvrages, le produit d'un talent indiscutable au service non pas du bien, mais du mal, « une brillante guenille ». Bailleul, l'interprète de la démocratie égalitaire, plus modéré, vit dans les *Considérations* un acte d'accusation contre la Révolution et rejeta l'interprétation de Mme de Staël, d'après laquelle le but du mouvement aurait changé dès le mois d'octobre 1789. « L'égalité, dit-il, qui n'était autre que la sévère justice, tel était, dès le début, le but de la Révolution ».

Après la polémique vint l'histoire.

A travers le sombre labyrinthe d'une investigation de soixante années, elle s'est frayé sa voie vers la lumière.

Il est définitivement acquis aujourd'hui que la Révolution française n'a pas été, comme celle d'Angleterre, un changement de dynastie, une révolution politique, mais un mouvement social, une translation de la propriété. Sous le rapport politique elle ne s'appuya pas sur les bases solides de la tradition nationale, mais sur le sol mouvant d'une théorie captieuse, la souveraineté du peuple, d'après le commentaire du *Contrat social*. Elle fonda non point la liberté, mais le despotisme au nom de l'égalité, et la devise même de la Révolution était une contradiction impossible à résoudre, qui entraîna sa ruine.

A l'époque où furent écrites les *Considérations*, les événements étaient encore trop proches pour qu'il eût été possible de les discerner avec clarté. Mais Mme de Stael a pressenti avec une perspicacité surprenante qu'en France surtout il serait difficile de fonder la liberté.

Quand elle parle de l'Angleterre, son ton est animé d'une confiance que n'ébranle aucun doute sur l'avenir.

Aux Italiens elle a prédit l'unité nationale, et ceci également, qu'un Etat ecclésiastique ne serait possible, dans la vie moderne, que sous la protection des étrangers. Le dernier problème posé par les *Considérations*, la forme future des rapports entre la puissance spirituelle et la puissance temporelle, a été reprise par un autre penseur sur les bords mêmes du lac de Genève, et les méditations de ce noble esprit, qui fut Alexandre Vinet, ont abouti, dans la pensée de son ami Cavour, à la formule de l'Eglise libre dans l'Etat libre, qui est la solution de l'avenir.

Pour l'Allemagne, Mme de Staël a souhaité une forte fédération et repoussé, au nom du droit qu'ont les peuples de disposer d'eux-mêmes, l'égoïste politique d'immixtion dans les affaires de ce pays.

En ce qui concerne la France, elle a cru devoir insister en toute occasion, dans *L'Allemagne* comme dans les *Considérations*, sur ce fait qu'il ne fallait pas désespérer de la liberté, même quand il serait prouvé qu'en France la liberté était impossible. Si le temps nécessaire à l'achèvement de son dernier li-

livre, son œuvre par excellence, lui avait été accordé, peut-être aurait-elle élargi sa pensée, en ajoutant que trois fois, dans le cours de son histoire moderne, par la destruction de la vieille Eglise gallicane, la persécution des protestants et l'extermination des Jansénistes, le caractère national français a été entravé dans son développement naturel et soumis ainsi à une épreuve à l'action destructive de laquelle nul peuple, si grand et si bien doué qu'il soit, ne saurait résister à la longue.

Ce n'est pas la Révolution seule qui, selon le mot de Necker, a révolutionné les caractères en France. L'Eglise et l'Etat l'avaient fait bien longtemps avant elle, et porté ainsi une atteinte mortelle à l'amour désintéressé de la liberté, à la foi en la grandeur morale de l'homme. Le problème de savoir s'il est possible d'asseoir un Etat sur une base négative, l'histoire ne saurait d'ailleurs le résoudre, car sa tâche à elle est de fouiller le passé, et le passé n'a pas à nous offrir une espérance de ce genre.

Or, Mme de Stael a conservé cette foi robuste dans la victoire définitive du bien, et la est le secret de son talent et de sa puissance sur les hommes.

Nulle œuvre humaine ne résiste complètement à l'action du temps. On a dit de la sienne que le style en était trop fragmentaire, la composition trop décousue, qu'aucune phrase de ses livres ne pouvait prétendre à la perfection du langage, en un mot que les académies ne lui auraient jamais décerné leurs palmes. On a ajouté que le plus important de ses écrits politiques était une histoire de famille, et qu'elle n'était pas parvenue à transformer en un grand homme d'Etat un homme animé de bonnes intentions sans aucun doute, mais ordinaire. « La perfection de la médiocrité », c'est ainsi que Thiers a qualifié l'œuvre littéraire de Mme de Staël.

Et pourtant, cette même critique, en brisant le moule, a, par là même, dégagé l'esprit, et fourni la preuve que cet esprit ne saurait périr. « Elle restera » : tel est le jugement final porté sur elle par Napoléon à Sainte-Hélène.

Mme de Staël a toujours été fort éloignée de mettre tout son mérite dans sa supériorité intellectuelle Elle croyait au contraire très fermement que, sous ce rapport, la différence entre les hommes signifie relativement peu de chose, qu'elle est compensée par d'autres avantages. Mais un point sur lequel elle n'a pas fléchi, c'est qu'elle avait à apporter au monde un message de liberté. Elle pensait que personne ici-bas n'était assez pauvre pour qu'on ne lui dît pas l'entière vérité, assez abandonné pour qu'on ne l'entourât pas d'un complet amour. Et c'est ainsi que son message a été compris.

Tout récemment encore, une des plus importantes correspondances du temps de la Restauration, celle de Mme de Rémusat, a raconté comment les contemporains voyaient, dans le talent débordant de sève de Mme de Staël, dans la continuité ascendante de son développement intérieur, l'expression la plus achevée des problèmes et des espérances qui agitaient leurs propres âmes, la fleur de toute une civilisation. A leurs yeux, les dons individuels de cette femme s'effaçaient devant sa grandeur tout humaine et secourable à tous, qui leur apparaissait sous le jour d'une mission spéciale.

La postérité a ratifié ce jugement.

Des quatre enfants de Mme de Staël, pas un n'a atteint sa quarantième année ; nul petit-fils ne porte son nom, et la trace de son passage sur cette terre semblait destinée à s'effacer. C'est alors que les âmes lui ont préparé un asile, et elle est restée la compagne des heures d'enthousiasme. Car elle est du nombre des êtres qui transfigurent les choses qui passent par le sentiment des choses éternelles, et à eux s'appliquent les vers du poète :

> Heaven does with us as we with torches do,
> Not light them for themselves...

FIN DU TROISIÈME ET DERNIER VOLUME

TABLE DES MATIÈRES

CHAPITRE PREMIER

Gœthe et Schiller s'occupent des travaux de Mme de Stael	1
Lettre de Guillaume de Humboldt à son sujet	7
Enthousiasme de Rahel Levin	11
Arrivée de Mme de Stael à Weimar, le 13 décembre 1803	13
Première rencontre avec Schiller	17
Mme de Stael et Gœthe	19
Ils se voient pour la première fois chez la duchesse-mère	26
La Fille naturelle	27
Gœthe et les Français	27
La cour de Weimar	38
Mme de Staël y conserve l'indépendance de ses idées	44
Son appréciation du genre de vie qu'on y mène	45
Elle se lie avec l'Anglais Henry Crabb Robinson	50
Elle retrouve Jean de Muller	53
Gœthe, Wieland, Schiller et Herder jugés par Benjamin Constant	53
Situation irrégulière de bon nombre de femmes allemandes	59
Comment Mme de Stael s'exprime sur leur compte	59
Caroline de Wolzogen et Mme de Stael	60
Jugement porté sur cette dernière par la société de Weimar	62
Témoignage de Gœthe dans ses *Annales*	68
Différente conception de la vie de la part des Allemands et de celle des Français	76

CHAPITRE DEUXIÈME

Mme de Staël à Berlin	86
Sa réception à la Cour	86
La société berlinoise	88
Rencontre avec Fichte	91
La situation politique	94
Lettre de Mme de Staël à Gœthe	97
Le romantisme à Berlin	100
Les frères Schlegel	101
Auguste-Guillaume Schlegel devient précepteur des fils de Mme de Staël	110
Assassinat du duc d'Enghien	112
Mort de Necker, le 10 avril 1804	114
Douleur de sa fille	115
Son écrit intitulé : *Du caractère de M. Necker et de sa vie privée*	122
Visite de Matthieu de Montmorency	125
Mme de Staël se prépare à partir pour l'Italie	126
Bonaparte libérateur de ce pays	130
Arrivée de Mme de Stael à Milan	131
Vincenzo Monti	132
La littérature italienne au commencement du dix-neuvième siècle	135
Mme de Staël arrive à Rome	140
Les artistes allemands dans la ville éternelle	145
Naples	149
Situation politique et morale de ce royaume	150
Départ de Rome	151
Visite faite à Florence à la comtesse d'Albany	156
Retour à Milan	157
Chateaubriand et sa femme vont voir Mme de Staël à Coppet, en 1805	163
Résultat intellectuel du voyage en Italie	166
Corinne	168

Comment Mme de Staël y juge l'Italie	182
Problème psychologique de ce roman	187
Accueil qu'il reçoit de la critique	197
Influence exercée par ce livre sur la littérature et l'art.	202

CHAPITRE TROISIÈME

Napoléon et la reine Louise de Prusse.	208
L'hiver de 1806 à Genève	210
Le théâtre d'amateurs de Coppet.	211
Appréciation par Auguste-Guillaume Schlegel du talent dramatique de Mme de Staël.	212
Séjour de celle-ci à Auxerre	221
Ses pérégrinations en France.	223
Elle retourne en Suisse.	233
Elle fait la connaissance du prince Auguste de Prusse.	233
Prosper de Barante	236
François Guizot	241
Excursion au Mont-Blanc.	243
Second voyage en Allemagne.	245
La Bavière et Munich	247
Arrivée à Vienne	250
Situation de l'empire d'Autriche.	252
Leçons faites à Vienne par Auguste-Guillaume Schlegel sur l'art dramatique.	259
Frédéric Gentz et Adam Muller	267
Mme de Staël retourne à Weimar	271
Napoléon jugé par Gœthe, Hegel et Mme de Staël	273
Gœthe et Knebel	276
Wieland	279
Mme de Staël à Francfort et *Correspondance de Gœthe avec une enfant*.	281
Adieux à l'Allemagne	190

CHAPITRE QUATRIÈME

Tempêtes intérieures.	291
Le *Journal* de Benjamin Constant	295
Adolphe	309
Adolphe et *Corinne*	320
Coppet en 1809.	322
Zacharias Werner et Adam Œhlenschlaeger	323
Ecueils de l'amitié	333
Excursion à Lyon. Talma dans le rôle d'Hamlet	343
Séjour au château de Chaumont.	350
Adalbert de Chamisso	351
Achèvement du livre *De l'Allemagne*	355
Napoléon accorde une audience au fils aîné de Mme de Staël	356
Lettre de Mme de Staël à Talleyrand	359
Lettre de la même à Napoléon	364
Confiscation du livre *De l'Allemagne*	367
Les suites de cette confiscation	370
Napoléon et Fontanes	375

CHAPITRE CINQUIÈME

Opinions religieuses de Mme de Staël dans sa jeunesse.	377
Le problème religieux passe chez elle au premier plan.	384
La réaction. Joseph de Maistre et de Bonald	386
La poésie religieuse en Allemagne	389
Oberlin	392
Point de vue de Mme de Staël.	398
Aventures d'un officier français en Espagne.	404
Mme de Staël se remarie secrètement à M. de Rocca	411
L'hiver de 1811 à Genève	413
Isolement à Coppet	418

TABLE DES MATIÈRES

Craintes incessantes d'arrestation 422
Réflexions sur le Suicide. 428
Mme de Staël s'enfuit en Autriche 432
Situation de l'Europe en 1812. 435
Mme de Staël traverse la Galicie 445
Mésaventures de son voyage 446
Elle arrive en Russie. 450
Moscou et le comte Rostopschin. 453
Saint-Pétersbourg et le tzar Alexandre. 455
Ernest-Maurice Arndt et le baron de Stein 459

CHAPITRE SIXIÈME

Mme de Staël en Suède 463
Souvenir posthume du comte de Fersen. 465
Bernadotte 466
Brochure d'Auguste-Guillaume Schlegel sur le *Système continental.* 473
Comment cet écrivain apprécie le rôle du baron de Stein 475
Arrivée de Mme de Staël à Londres, en juin 1813 . . 480
Publication du livre *De l'Allemagne.* 481
Le second fils de Mme de Staël est tué en duel. . . 482
Mort du comte de Narbonne 483
L'Allemagne jugée par Mme de Staël dans son livre . 486
Justesse de ses appréciations. 489
Lacunes de l'ouvrage 496
Parties excellentes de celui-ci. 502
Haute idée de la science allemande. 510
Action et mérite durables de ce livre 514
Les Français n'étaient pas préparés à une révélation de ce genre. 515
Jugement de Niebuhr et de Gœthe sur *L'Allemagne* . 521
L'ouvrage de Mme de Staël révèle l'Allemagne aux Genevois, aux Américains et aux Polonais . . . 527
Accueil dont il est l'objet en Angleterre 527

Mme de Staël et lord Byron. 530
Mme de Staël et la société anglaise 533
La littérature et la politique 534
Visites à la campagne 542
Les *Considérations sur la Révolution française* et leur jugement sur l'Angleterre 547
Application des doctrines politiques anglaises à l'avenir de la France. 560

CHAPITRE SEPTIÈME

Idée que se faisait Mme de Staël de la liberté. . . . 563
Son hostilité à l'égard de Napoléon. 565
Lettres écrites par Mme de Staël en 1813-1814 . . . 569
Les partis en France. 574
Manière de voir des puissances eu sujet de la restauration des Bourbons 575
Patriotisme de Mme de Staël 580
Elle croit la restauration nécessaire. 583
Sa rentrée à Paris en mai 1814. 589
Le tzar Alexandre et le duc Charles-Auguste de Saxe-Weimar assistent à une soirée chez elle. 589
Le duc de Wellington 591
La situation intérieure de la France. 592
Mme de Staël à Coppet, été de 1814 600
Mariage de sa fille Albertine avec le duc de Broglie . 604
Talleyrand et la légitimité. 612
Napoléon revient de l'île d'Elbe 614
Mme de Staël quitte Paris et rentre à Coppet. . . . 620
Conversation de Napoléon avec Benjamin Constant . 625
L'*Acte additionnel* 627
La seconde Restauration. 634
Le ministère Foucher-Talleyrand 638
Les *Considérations sur la Révolution française*. . . . 643
Les Français sont-ils faits pour être libres 651
Le ministère Richelieu 652

Le parti doctrinaire. 656
Points de contact entre les vues de ce parti et celles
   de Mme de Staël. 657
Celle-ci fait une dernière excursion rapide en Italie. 662
Elle retourne à Coppet en juin 1816 et quitte ce
   séjour pour n'y plus revenir 665
Mme de Stael dépeinte à ce moment par Lamartine . 665
Dernière maladie et mort de Mme de Staël, le 14 juillet
   1817. 672
Epilogue. 677

FIN DE LA TABLE DU TROISIÈME ET DERNIER VOLUME

Imprimerie DESTENAY, Saint-Amand (Cher.)

En Vente à la même Librairie

Mémoires du Comte de Beust. — Trois quarts de Siècle, 2 forts vol. in-8. Les deux vol. Prix . . 15 fr.

A de Bertha. — **François-Joseph Ier et son règne**, 1 beau volume in-8, orné de gravures dont une eau-forte de Manesse. Prix . . . . 3 fr. 50

— **L'Archiduc Rodolphe.** — Le Kronprinz l'Écrivain, 1 beau volume in-8, orné de gravures dont une eau-forte de Manesse. Prix . . . . 3 fr. 50

Comte Léon Tolstoï. — *Physiologie de la guerre*. — **Napoléon et la Campagne de Russie**; traduit du russe par Michel Delines; 4_e édition, 1 vol. in-18 avec un croquis dans le texte. Prix . . . . . . 3 fr. 50

— Les Grands Problèmes de l'histoire. — **Pouvoir et Liberté**, traduit du russe par Michel Delines, 1 vol. in-18. Prix. . . . . 3 fr. 50

M. Nordau. — **Le Mal du Siècle**, traduction par Aug. Dietrich. 1 fort vol. in-18. Prix . . . . . 3 fr. 50

** **Bismarck-Intime**, 3e édition, 1 vol. in-18, avec couverture illustrée. Prix . . . . 3 fr. 50

Baronne d'Ebner-Eschenbach. — **Trois Nouvelles**, 1 vol. in-18. Prix . . . . 3 fr. 50

---

www.ingramcontent.com/pod-product-compliance
Lightning Source LLC
Chambersburg PA
CBHW050052230426
43664CB00010B/1292